FORMAÇÃO HUMANÍSTICA
para Concursos

O GEN | Grupo Editorial Nacional – maior plataforma editorial brasileira no segmento científico, técnico e profissional – publica conteúdos nas áreas de concursos, ciências jurídicas, humanas, exatas, da saúde e sociais aplicadas, além de prover serviços direcionados à educação continuada.

As editoras que integram o GEN, das mais respeitadas no mercado editorial, construíram catálogos inigualáveis, com obras decisivas para a formação acadêmica e o aperfeiçoamento de várias gerações de profissionais e estudantes, tendo se tornado sinônimo de qualidade e seriedade.

A missão do GEN e dos núcleos de conteúdo que o compõem é prover a melhor informação científica e distribuí-la de maneira flexível e conveniente, a preços justos, gerando benefícios e servindo a autores, docentes, livreiros, funcionários, colaboradores e acionistas.

Nosso comportamento ético incondicional e nossa responsabilidade social e ambiental são reforçados pela natureza educacional de nossa atividade e dão sustentabilidade ao crescimento contínuo e à rentabilidade do grupo.

Alvaro de Azevedo Gonzaga
Nathaly Campitelli Roque

FORMAÇÃO HUMANÍSTICA
para Concursos

5ª edição
reformulada, atualizada e ampliada

- A EDITORA FORENSE se responsabiliza pelos vícios do produto no que concerne à sua edição (impressão e apresentação a fim de possibilitar ao consumidor bem manuseá-lo e lê-lo). Nem a editora nem o autor assumem qualquer responsabilidade por eventuais danos ou perdas a pessoa ou bens, decorrentes do uso da presente obra.
- Nas obras em que há material suplementar *on-line*, o acesso a esse material será disponibilizado somente durante a vigência da respectiva edição. Não obstante, a editora poderá franquear o acesso a ele por mais uma edição.
- Todos os direitos reservados. Nos termos da Lei que resguarda os direitos autorais, é proibida a reprodução total ou parcial de qualquer forma ou por qualquer meio, eletrônico ou mecânico, inclusive através de processos xerográficos, fotocópia e gravação, sem permissão por escrito do autor e do editor.

  Impresso no Brasil – *Printed in Brazil*

- Direitos exclusivos para o Brasil na língua portuguesa
  Copyright © 2020 by
  EDITORA FORENSE LTDA.
  Uma editora integrante do GEN | Grupo Editorial Nacional
  Travessa do Ouvidor, 11 – Térreo e 6º andar – 20040-040 – Rio de Janeiro – RJ
  Tel.: (21) 3543-0770 – Fax: (21) 3543-0896
  faleconosco@grupogen.com.br | www.grupogen.com.br

- O titular cuja obra seja fraudulentamente reproduzida, divulgada ou de qualquer forma utilizada poderá requerer a apreensão dos exemplares reproduzidos ou a suspensão da divulgação, sem prejuízo da indenização cabível (art. 102 da Lei n. 9.610, de 19.02.1998). Quem vender, expuser à venda, ocultar, adquirir, distribuir, tiver em depósito ou utilizar obra ou fonograma reproduzidos com fraude, com a finalidade de vender, obter ganho, vantagem, proveito, lucro direto ou indireto, para si ou para outrem, será solidariamente responsável com o contrafator, nos termos dos artigos precedentes, respondendo como contrafatores o importador e o distribuidor em caso de reprodução no exterior (art. 104 da Lei n. 9.610/98).

- Capa: Aurélio Corrêa

- Data de fechamento: 25.10.2019

- Até a 4.ª edição esta obra era intitulada *Vade Mecum Doutrina - Humanístico*

CIP – BRASIL. CATALOGAÇÃO NA FONTE.
SINDICATO NACIONAL DOS EDITORES DE LIVROS, RJ.

F82

Formação humanística para concursos / coordenação Alvaro de Azevedo Gonzaga, Nathaly Campitelli Roque. – 5. ed. – Rio de Janeiro: Forense; São Paulo: MÉTODO, 2020.

ISBN 978-85-309-8822-7

1. Direito – Brasil. 2. Direito – Filosofia. 3. Sociologia jurídica. 4. Serviço público – Brasil – Concursos. I. Gonzaga, Alvaro de Azevedo. II. Roque, Nathaly Campitelli.

19-60351 CDU: 340.12

Meri Gleice Rodrigues de Souza – Bibliotecária CRB-7/6439

Autores

Alvaro de Azevedo Gonzaga

Livre-docente em Filosofia do Direito pela PUC/SP. Pós-doutorados pela Faculdade de Direito da Universidade Clássica de Lisboa e pela Universidade de Coimbra. Doutor, mestre e graduado em Direito pela PUC/SP. Graduado em Filosofia pela Universidade de São Paulo (USP). Professor concursado da Faculdade de Direito da PUC/SP, tanto na graduação como na pós-graduação *stricto sensu*. Coordenador da OAB e professor de Ética Profissional no Curso Forum. Membro do Instituto Euro-Americano de Derecho Constitucional, na condição de membro internacional. Ex-presidente do Instituto de Pesquisa, Formação e Difusão em Políticas Públicas e Sociais. Coordenador, autor e coautor de inúmeras obras e artigos. Advogado.

Cauê Hagio Nogueira de Lima

Graduado em Direito pela FMU e em Letras pela USP. Especialista em Direito Penal pela FMU e Mestre pela USP. Professor da Faculdade de Direito da FMU, de cursos preparatórios e da Escola da Magistratura do TRT da 2.ª Região. Diretor executivo da *Revista FMU de Direito*. Foi membro da Comissão dos Direitos da Criança e do Adolescente da OAB/SP. Autor de obras jurídicas e palestrante em Congressos Nacionais e Internacionais. Advogado.

Cláudio De Cicco

Professor-Associado e Livre-Docente em Filosofia do Direito e Teoria Geral do Direito pela Faculdade de Direito da Universidade de São Paulo. Mestre em Ciências da Comunicação pela Escola de Comunicações e Artes da Universidade de São Paulo. Professor-Assistente Doutor de Teoria Geral do Estado e Ciência Política da Faculdade de Direito da Pontifícia Universidade Católica de São Paulo, instituição na qual também leciona, em nível de pós-graduação, Teoria Geral do Direito e do Estado e Filosofia do Direito. Ex-Professor de História do Direito e Filosofia do Direito na Faculdade de Direito da Universidade de São Paulo. Membro do Instituto Brasileiro de Filosofia. Professor convidado do Instituto dos Advogados de São Paulo.

Dalton Oliveira

Mestre em Filosofia do Direito e do Estado pela PUC-SP. Especialista em Direito Público pela Escola Paulista de Direito – EPD. Professor de Direito Constitucional, Filosofia do Direito, Psicologia Jurídica de graduação, pós-graduação e diversos cursos preparatórios, como Marcato, Damásio, Ebradi, entre outros. Analista Judiciário do Tribunal Regional Federal da 3.ª Região.

Edson Luz Knippel

Doutorando, Mestre e Graduado em Direito pela PUC-SP. Professor da Faculdade de Direito da Universidade Presbiteriana Mackenzie e das Faculdades Metropolitanas Unidas – FMU.

Integrou a banca examinadora do concurso público de ingresso à carreira de Delegado de Polícia do Estado de São Paulo (2011). Foi pesquisador do Instituto Latino-Americano das Nações Unidas para Prevenção ao Crime e Tratamento do Delinquente (2004-2006). Foi Coordenador da Pós-Graduação em Direito da FMU. Conferencista e Palestrante. Autor de várias obras jurídicas. Advogado.

Julio Comparini

Graduado em Direito pela PUC-SP e em Filosofia pela USP. Mestre em Filosofia pela USP. Doutorando em Filosofia pela USP. Advogado. Professor-assistente voluntário do programa de estudos pós-graduados em Direito da PUC-SP e professor da Uninove.

Maria Carolina de Assis Nogueira

Mestre em Direito Internacional e em Relações Internacionais pela Universidade de Lisboa. Especialista em Direito Internacional pela PUC-SP. Graduada em Direito pela FMU. Professora e assistente de coordenação do Curso Dogma. Foi aluna de cursos na área de Direito Internacional na Universidade de Coimbra (Portugal) e na Academia de Direito Internacional de Haia (Corte Internacional de Justiça); e de Direitos Humanos e Direito Internacional Humanitário da Universidade de Roma – La Sapienza (Itália). Foi estagiária da Missão Permanente do Brasil junto à Organização das Nações Unidas em Genebra (Suíça). Advogada.

Nathaly Campitelli Roque

Pós-doutorados na Faculdade de Direito da Universidade Clássica de Lisboa e na Universidade de Coimbra. Doutora, mestre e graduada em Direito pela PUC/SP. Professora da PUC/SP, tanto na graduação como na pós-graduação *stricto sensu*. Procuradora do Município de São Paulo, aprovada em 1.º lugar na segunda fase do concurso. Ex-diretora da Escola Superior de Direito Público Municipal (ESDPM). Possui larga experiência em cursos preparatórios para concursos públicos, nos quais exerceu a docência por vários anos. Coordenadora, autora e coautora de inúmeras obras publicadas. Aprovada em diversos concursos públicos, entre eles o de Procurador do Estado de São Paulo.

Roberto Beijato Junior

Mestrando em Filosofia e Teoria do Direito pela PUC-SP. Bacharel em Direito pela FMU. Professor de Teoria do Direito. Advogado.

Wallace Ricardo Magri

Mestre e Doutor em Semiótica e Linguística Geral pela FFLCH-USP. Bacharel em Direito pela FMU. Professor de Introdução ao Estudo do Direito, Linguagem Jurídica e Filosofia do Direito em faculdades de Direito e cursos preparatórios.

Nota dos Coordenadores à 5.ª Edição

Para apresentar este livro é preciso embarcar em uma viagem aos textos. Devemos compreender porque as matérias estão organizadas nesta ordem, embora seja possível ler os capítulos separadamente. Pois bem: pleonasticamente, o início de nossos estudos sempre se dá com a Introdução ao Estudo do Direito. Para esse intento, Wallace Magri apresenta, de maneira simples, esquemática e didática, um convite ao leitor para compreender, se não lembrar, os primeiros passos no estudo do Direito.

Praticamente de maneira conjugada, devemos estudar a História do Direito, pois somente um esquizofrênico social não volveria seus olhares ao passado para seguir no futuro. Nathaly Campitelli Roque expõe esse conteúdo e proporciona um rico aprendizado.

Logo após, Alvaro de Azevedo e Cláudio De Cicco apresentam a Ciência Política, cujo estudo só é possível de maneira mais clara depois de se ter estudado a História.

Ao estudar as tramas da política, chegamos a fenômenos universais e globais. Assim, as preocupações recorrentes dos Direitos Humanos são expostas de forma precisa pela autora Maria Carolina de Assis Nogueira.

Chegamos, então, ao estudo da Filosofia, no qual Alvaro de Azevedo, com o imprescindível auxílio de Julio Comparini, apresenta conceitos iniciais e, posteriormente, faz um remonte histórico do pensamento ocidental, tendo como fio condutor as teorias da justiça de alguns pensadores.

Ao chegar à modernidade, a Filosofia se junge com a Teoria do Direito e, nesse momento, estudaremos os pensadores que sistematizam o Direito.

Caminhando pari passu com as Teorias do Direito, a preocupação com a interpretação ganha força com a Hermenêutica, grafada por Alvaro de Azevedo e Roberto Beijato, que destacam a Hermenêutica Constitucional.

Após esses estudos, o elã das três últimas disciplinas é feito pela Ética Geral. Elaborada pelo docente Cláudio De Cicco que, com altíssimo gabarito, mostra-nos como a Ética se faz mister no labor jurídico. Por conseguinte, temos o ótimo trabalho de Dalton Oliveira, que apresenta a Psicologia Jurídica. Logo após, na Sociologia do Direito, Alvaro de Azevedo mostra como o fenômeno jurídico é também um fenômeno social.

Cauê Hagio Nogueira de Lima apresenta importantes notas sobre a Antropologia e enriquece a compreensão do Direito na perspectiva propedêutica. Logo em seguida, o mesmo autor faz notas sobre metodologia do trabalho científico, que é exigida tanto para os estudos em geral como também para a produção dos trabalhos de conclusão de curso. Findamos a obra com as notas de Edson Luz Knippel nos estudos de Criminologia, mostrando como o Direito é também uma Ciência Social aplicada.

Esperamos que tais relações sejam possíveis na leitura deste livro e aguardamos observações que possam renovar um trabalho que tem como pressuposto o dinamismo e o constante aprimoramento.

Boa leitura!

Sumário

INTRODUÇÃO AO ESTUDO DO DIREITO
Wallace Ricardo Magri

Capítulo I – Introdução	3
Capítulo II – Dogmática Jurídica – Notas Preliminares	5
Capítulo III – Fontes do Direito	7
Capítulo IV – Lei	8
Capítulo V – Costume	10
Capítulo VI – Jurisprudência	12
Capítulo VII – Doutrina	14
Capítulo VIII – Sistemas Jurídicos	15
Capítulo IX – Ramos do Direito	17
Capítulo X – Norma Jurídica – Conceituação e Caracteres	20
Capítulo XI – Classificação da Norma quanto à Hierarquia	23
Capítulo XII – Outros Critérios de Classificação da Norma	26
Capítulo XIII – Gnosiologia e Epistemologia Jurídica – Linguagem Jurídica, Lógica Formal e Método Dedutivo	28
Capítulo XIV – Método Dedutivo e Raciocínio Jurídico	31
Capítulo XV – Método Indutivo e Raciocínio Jurídico	34
Capítulo XVI – Intuição e Raciocínio Jurídico	36
Capítulo XVII – Validade, Vigência, Eficácia e Aplicação da Norma Jurídica – Noções Gerais	37
Capítulo XVIII – Justiça, Validade e Eficácia	38
Capítulo XIX – Solução de Antinomias	43
Capítulo XX – Integração do Ordenamento Jurídico	47
Capítulo XXI – Interpretação da Norma	51
Capítulo XXII – Espécies de Interpretação – Quanto à Origem	52
Capítulo XXIII – Espécies de Interpretação – Quanto ao Método	54

Capítulo XXIV – Espécies de Interpretação – Quanto ao Alcance 56
Capítulo XXV – Teoria do Direito Subjetivo 58
Capítulo XXVI – Relação Jurídica 61

HISTÓRIA DO DIREITO

Nathaly Campitelli Roque

Capítulo I – Direito na Idade Antiga 65
Capítulo II – O Direito em Roma 69
Capítulo III – O Direito na Idade Média 76
Capítulo IV – Direitos Germânicos 78
Capítulo V – Direito Canônico 80
Capítulo VI – Direito Inglês (*Common Law*) 85
Capítulo VII – O "Redescobrimento" do Direito Romano – Baixa Idade Média e Idade Moderna 88
Capítulo VIII – Direito na Idade Contemporânea 91
Capítulo IX – O Direito em Portugal 94
Capítulo X – Direito no Brasil Colonial 96
Capítulo XI – Direito no Brasil Império 99
Capítulo XII – Direito no Brasil República 103

CIÊNCIA POLÍTICA

Alvaro de Azevedo Gonzaga / Cláudio De Cicco

Capítulo I – Ciência Política 111
Capítulo II – O Pensamento Político Grego – Platão e Aristóteles 113
Capítulo III – O Pensamento Político Romano – Cícero e Santo Agostinho 116
Capítulo IV – O Pensamento Político Medieval – São Tomás de Aquino, Dante Alighieri e Marsílio de Pádua 118
Capítulo V – O Pensamento Político Renascentista – Do Fundador da Ciência Política aos Utopistas 120
Capítulo VI – O Pensamento Político do Antigo Regime 123
Capítulo VII – O Iluminismo 126
Capítulo VIII – O Pensamento Político da Revolução Francesa 131
Capítulo IX – O Pensamento Político Norte-Americano na Independência 133

Capítulo X – O Pensamento Político do Século XX.. 134
Capítulo XI – A Globalização e a Pós-Modernidade... 138

DIREITOS HUMANOS
Maria Carolina de Assis Nogueira

Capítulo I – Direitos Humanos: Definição e Evolução Histórica.......................... 143
Capítulo II – Direito Internacional Humanitário... 149
Capítulo III – Direitos Humanos e o Princípio da Dignidade Humana 152
Capítulo IV – Classificações e Características dos Direitos Humanos................ 156
Capítulo V – Direito Internacional dos Direitos Humanos................................... 158
Capítulo VI – Tratados Internacionais de Proteção dos Direitos Humanos 160
Capítulo VII – Sistemas Internacionais de Proteção dos Direitos Humanos..... 170
Capítulo VIII – Os Tratados de Direitos Humanos no Ordenamento Jurídico Brasileiro... 174
Capítulo IX – Instituições Públicas Nacionais de Defesa e Promoção dos Direitos Humanos 178

FILOSOFIA DO DIREITO
Alvaro de Azevedo Gonzaga / Julio Comparini

Capítulo I – A Filosofia 185
Capítulo II – Ciência, Filosofia e Conhecimento Vulgar 188
Capítulo III – Tipos, Leis e Princípios – A Estrutura do Conhecimento 190
Capítulo IV – Filosofia do/no Direito.. 191
Capítulo V – Direito e Moral... 193
Capítulo VI – O Jusnaturalismo e o Direito Natural 197
Capítulo VII – Antiguidade – Os Sofistas e os Pré-Socráticos 201
Capítulo VIII – O Conceito de Justiça na Antiguidade – Sócrates 204
Capítulo IX – O Conceito de Justiça na Antiguidade – Platão.............................. 207
Capítulo X – O Conceito de Justiça na Antiguidade – Aristóteles 211
Capítulo XI – Epicurismo... 217
Capítulo XII – Estoicismo 218
Capítulo XIII – A Medievalidade – Santo Agostinho 220
Capítulo XIV – A Medievalidade – São Tomás de Aquino 223

Capítulo XV – A Modernidade – O Contratualismo 227
Capítulo XVI – A Modernidade – Thomas Hobbes 228
Capítulo XVII – O Método de René Descartes 230
Capítulo XVIII – A Modernidade – O Criticismo Filosófico de Immanuel Kant....... 232
Capítulo XIX – A Modernidade – A Dialética de Hegel 236
Capítulo XX – A Modernidade – Stuart Mill 238
Capítulo XXI – Um Ponto de Contato da Filosofia do Direito e da Teoria do Direito (Um teórico) – Herbert Hart.. 240

TEORIAS DO DIREITO

Alvaro de Azevedo Gonzaga / Julio Comparini

Capítulo I – Teorias do Direito – O Direito Organizado Sistematicamente.............. 243
Capítulo II – Hans Kelsen – O Sistema Fechado.. 246
Capítulo III – Norberto Bobbio – É Preciso Abrir o Sistema.. 250
Capítulo IV – Alf Ross – O Realismo Jurídico... 253
Capítulo V – A Superação do Modelo Lógico Formal pela Lógica do Razoável...... 255
Capítulo VI – John Rawls – Uma Teoria da Justiça 258
Capítulo VII – Modelos de Decidibilidade – Modelo Subsuntivo............................... 261
Capítulo VIII – Modelos de Decidibilidade – Modelo de Sopesamento 263
Capítulo IX – Modelos de Decidibilidade – Modelo de Argumentação ou da Tópica 265
Capítulo X – Teóricos Brasileiros – Miguel Reale 267
Capítulo XI – Teóricos Brasileiros – Tercio Sampaio Ferraz Junior............................. 270
Capítulo XII – Direito e Ideologia... 272

HERMENÊUTICA JURÍDICA

Alvaro de Azevedo Gonzaga / Roberto Beijato Junior

Capítulo I – A Hermenêutica 277
Capítulo II – Interpretação – Espécies.. 282
Capítulo III – Considerações sobre a Hermenêutica Constitucional......................... 287
Capítulo IV – Hermenêutica Constitucional 289
Capítulo V – Análise dos Métodos de Hermenêutica Constitucional....................... 292
Capítulo VI – Princípios de Interpretação Constitucional 298

ÉTICA GERAL

Cláudio De Cicco

Capítulo I – Ética	305
Capítulo II – Finalidade Ética	307
Capítulo III – Racionalidade da Ética	309
Capítulo IV – Partes da Ética e suas Distinções	310
Capítulo V – Ética, Leis e Hierarquia	311
Capítulo VI – Direito, Ética, Dever, Virtudes e Vícios	312
Capítulo VII – Moral Pessoal e Moral Social	315
Capítulo VIII – A Gnosiologia e as Teorias Éticas	317
Capítulo IX – Escolas ou Teorias Éticas	319

PSICOLOGIA JURÍDICA

Dalton Oliveira

Com revisão técnica de Andrea Cristiane Vaz

Capítulo I – Importância do Estudo da Psicologia Jurídica	325
Capítulo II – Introdução à Psicologia	326
Capítulo III – Correntes Teóricas: Behaviorismo, Gestalt e Psicanálise	332
Capítulo IV – Personalidade	340
Capítulo V – Relações entre Psicologia e Direito	343
Capítulo VI – Psicologia e Comunicação: Relacionamento Interpessoal, Relacionamento do Magistrado com a Sociedade e a Mídia	346
Capítulo VII – Assédio Sexual	350
Capítulo VIII – Assédio Sexual – Disciplina Jurídica	355
Capítulo IX – Assédio Moral	359
Capítulo X – Assédio Moral – Disciplina Jurídica	363
Capítulo XI – A Teoria do Conflito e os Mecanismos Autocompositivos. Técnicas de Negociação e Mediação. Procedimentos, Posturas, Condutas e Mecanismos Aptos a Obter a Solução Conciliada dos Conflitos	366
Capítulo XII – O Processo Psicológico e a Obtenção da Verdade Judicial. O Comportamento de Partes e Testemunhas	373

SOCIOLOGIA DO DIREITO
Alvaro de Azevedo Gonzaga

Capítulo I – Sociologia – Conceitos Preliminares 381
Capítulo II – Os Precursores da Sociologia 384
Capítulo III – Os Fundadores da Sociologia 386
Capítulo IV – A Sociologia no Fim do Século XIX e Começo do XX 389
Capítulo V – Sociologia e Direito 391
Capítulo VI – Direito como Ciência Social 392
Capítulo VII – As Tarefas da Sociologia Jurídica 394
Capítulo VIII – Algumas Subdivisões da Sociologia do Direito 396
Capítulo IX – A Sociologia Jurídica na França 399
Capítulo X – A Sociologia Jurídica na Alemanha 403
Capítulo XI – A Teoria dos Sistemas de Niklas Luhmann 405
Capítulo XII – Por uma Sociologia da Administração da Justiça. De Portugal ao Brasil 407

ANTROPOLOGIA JURÍDICA
Cauê Hagio Nogueira de Lima

Capítulo I – Antropologia – Noções Introdutórias 419
Capítulo II – Subdivisões e Métodos 422
Capítulo III – Cultura 426
Capítulo IV – Determinismo, Etnocentrismo e Alteridade 429
Capítulo V – Escolas Antropológicas – Evolucionismo 433
Capítulo VI – Escolas Antropológicas – Difusionismo 438
Capítulo VII – Escolas Antropológicas – Funcionalismo 441
Capítulo VIII – Escolas Antropológicas – Configuracionismo 443
Capítulo IX – Escolas Antropológicas – Estruturalismo 445
Capítulo X – Foucault e a Antropologia Jurídica 447
Capítulo XI – Antropologia Brasileira 451

METODOLOGIA DE PESQUISA CIENTÍFICA
Cauê Hagio Nogueira de Lima

Capítulo I – O Conhecimento Humano 459

Capítulo II – Tipos de Pesquisa Científica 461
Capítulo III – Raciocínios Empregáveis à Pesquisa Científica 462
Capítulo IV – Técnicas de Coleta de Dados 465
Capítulo V – Linguagem Científica 467
Capítulo VI – A Importância da Leitura e dos Gêneros Auxiliares no Trabalho Científico 470
Capítulo VII – Elaboração do Projeto de Pesquisa 472
Capítulo VIII – Elaboração da Monografia: Elementos Formais Introdutórios 475
Capítulo IX – Elaboração da Monografia: Introdução, Desenvolvimento e Conclusão 482
Capítulo X – Elaboração da Monografia: Elementos de Apoio – Aspectos Materiais 484
Capítulo XI – Elaboração da Monografia: Citações – Aspectos Formais 486
Capítulo XII – Elaboração da Monografia: Referências Bibliográficas – Aspectos Formais 489
Capítulo XIII – Elaboração da Monografia: Apêndices, Anexos, Índices e Glossário 492
Capítulo XIV – Apresentação e Defesa da Monografia 494

CRIMINOLOGIA

Edson Luz Knippel

Capítulo I – Noções Introdutórias 499
Capítulo II – Objetos de Estudo 502
Capítulo III – Breve História do Pensamento Criminológico 509
Capítulo IV – Teorias da Pena e Prevenção 512
Capítulo V – Sistemas Penitenciários 514
Capítulo VI – Política Criminal 517

INTRODUÇÃO AO ESTUDO DO DIREITO

Introdução

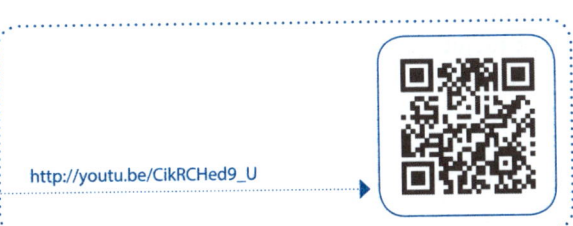

http://youtu.be/CikRCHed9_U

1. Apresentação. A introdução ao estudo do Direito tem como objeto de estudo temas essenciais que importam a todas as áreas do conhecimento jurídico.

Neste e nos próximos capítulos, vamos determinar os conceitos gerais que são tomados como pressupostos de conhecimento ao longo do curso de bacharelado em Direito, notadamente nas disciplinas dogmáticas, tais como direito civil, penal, empresarial etc.

2. Conteúdo dos estudos de introdução ao estudo do Direito. Os autores que se dedicam a esta disciplina divergem sobre a divisão dos tópicos essenciais a serem estudados, mas podemos resumir da seguinte forma os temas que devem ser tratados nesta seara:

a) dogmática jurídica;
b) princípios de gnosiologia e epistemologia jurídica;
c) Validade, vigência, eficácia e aplicação da norma jurídica;
d) interpretação da norma jurídica;
e) teoria dos direitos subjetivos.

3. Dogmática jurídica. Apresenta definições essenciais para a abordagem conceitual do Direito. *Dogma* significa o ponto fundamental de uma doutrina religiosa e, por extensão, de qualquer doutrina ou sistema. Pode-se discutir um dogma; porém, não se pode o negar. É neste tópico que estudamos a própria definição de Direito, suas fontes, as subáreas pelas quais o direito se distribui, bem como o que se entende por norma jurídica e sua classificação.

4. Princípios de gnosiologia e epistemologia jurídica. Gnosiologia pode ser definida como "teoria do conhecimento" em toda sua abrangência. Já epistemologia significa "teoria do conhecimento científico" especificamente. Aqui estudamos os mecanismos que tornam possível o conhecimento do fenômeno jurídico e o estatuto científico, linguístico e lógico por meio do qual o Direito se apresenta.

5. Validade, vigência, eficácia e aplicação da norma jurídica. Sob o enfoque do Direito como processo, é necessário compreender como se dá seu funcionamento enquanto sistema de normas integradas em um determinado ordenamento jurídico. Neste tópico estudamos os pressupostos de validade, vigência e eficácia da norma jurídica, inclusive no que tange à sua aplicação, quando entram em jogo critérios de colmatação de lacunas para a integração do ordenamento jurídico e solução de conflitos aparentes de normas.

6. Interpretação da norma jurídica. O Direito também pode ser observado por meio de sua face discursiva. Daí a necessidade do jurista recolher conhecimentos teóricos que lhe permitam a interpretação técnica do fenômeno jurídico, por meio da análise do sentido e alcance das normas jurídicas. Com base nas técnicas extraídas da Hermenêutica Jurídica, a doutrina elencou os principais métodos de interpretação da norma jurídica, determinado seu significado e alcance, na análise do caso em concreto.

7. Teoria dos direitos subjetivos. Além do universo normativo, ocupa-se a Teoria do Direito com o conflito de interesses dos indivíduos que são sopesados por lei e que, por isso, são regulados por normas jurídicas, sempre que se estabelecem relações humanas juridicamente relevantes (relação jurídica).

Finalmente, nesse tema, tratamos do direito, que é conferido ao sujeito, de realizar aquilo que é previsto em lei (*facultas agendi*), qual a natureza jurídica deste direito de acordo com as principais correntes de pensamento que abordam a questão, expondo, ao final, os elementos componentes de uma relação jurídica.

Dogmática Jurídica – Notas Preliminares

Definição de Direito. Não existe apenas uma definição do que se entede por Direito, variando seu conteúdo conforme o ponto de vista e linha de pensamento de cada um dos autores que enfrentaram o tema. Buscando sistematizar a pesquisa, podemos dividir as definições com base em alguns critérios:

1.1. Etimológico: Sob o aspecto etimológico, /direito/ deriva de *directum, rectum*, termos do latim que significam "direito", "reto", utilizados na Roma Antiga para se referir a regras de conduta. Como nossa língua portuguesa é derivada do latim, por evolução histórica da linguagem, chegamos ao termo 'direito'.

1.2. Lógico: Sob o aspecto lógico, temos que o gênero próximo do Direito o aproxima da ética, da religião e outras tantas regras que governam a vida em sociedade. Já a diferença específica do Direito reside no fato de que suas regras são coercitivas, cuja observância é imposta pelo Estado através de seus poderes constituídos.

1.3. Semântico: por fim, é importante estar atento para o fato de que o Direito possui diversas acepções, dependendo do contexto em que é utilizado, podendo ser compreendido como:

a) Direito-norma – quando é relacionado à norma jurídica;
b) Direito-ciência – quando é relacionado à Ciência do Direito;
c) Direito-justiça – quando é visto como instrumento de busca da justiça
d) Direito-fato social – quando é observado em seu processo social e histórico evolutivo;

2. Dogmas Elementares da Ciência do Direito: como dogmas auxiliares para a compreensão do direito, a ciência a ele dedicada também se vale dos seguintes conceitos auxiliares:

2.1. Direito positivo. A expressão é utilizada para se referir ao Direito como um conjunto de normas. Em outras palavras, trata do Direito em forma de imperativos de conduta postos pelo Estado e definidos como obrigatórios, o que corresponde à legislação vigente em um dado ordenamento jurídico.

2.2. Sistema jurídico ou ordenamento jurídico. Corresponde ao conjunto de normas jurídicas em vigência em determinado Estado, completado pelas regras de integração e interpretação da norma. (SIQUEIRA JÚNIOR, Paulo Hamilton. *Teoria do direito*. São Paulo: Saraiva, 2007, p. 24), a conferir segurança jurídica para os indivíduos.

2.3. Direito estatal x Direito não estatal. Há pensadores do Direito que limitam ao Estado o poder de criar normas que vinculam coercitivamente as condutas humanas em sociedade. Para eles, o ordenamento jurídico é composto apenas pelas normas emanadas pelo Estado (Hans Kelsen, por exemplo).

Outros pensam que o ordenamento jurídico é composto, além das normas jurídicas emanadas do Estado, também pelas regras criadas por grupos sociais particulares, ou até mesmo em relações contratuais, de ordem bilateral (Norberto Bobbio e Miguel Reale, por exemplo).

2.4. Monismo jurídico e pluralismo jurídico. Destas duas linhas de pensamento antes expostas, depreendemos duas correntes:

a) *Monismo Jurídico*: só reconhece as leis emanadas do Estado;

b) *Pluralismo Jurídico*: admite regras criadas por grupos sociais particulares e em relações contratuais.

De acordo com o art. 611-A da Consolidação das Leis do Trabalho (CLT), a convenção coletiva e o acordo coletivo de trabalho **têm prevalência sobre a lei** quando tratarem de certos temas elencados em seus incisos, devendo a Justiça do Trabalho, em sua aplicação, observar o disposto no art. 8º, §3º da CLT, que determina que, no exame de convenção coletiva ou acordo coletivo de trabalho, a Justiça do Trabalho analisará exclusivamente a conformidade dos elementos essenciais do negócio jurídico e balizará sua atuação pelo princípio da atuação mínima na autonomia da vontade coletiva.

7. Direito natural x direito positivo. O primeiro já teve diversas acepções ao longo da história do pensamento ocidental, sendo ora o direito advindo da natureza (enquanto *physis*), para os Antigos (Grécia); o direito advindo da Divindade, na Idade Média, sendo contemporaneamente entendido como aquele derivado da razão humana (como elemento natural a conferir identidade a todos os homens). O direito positivo é aquele posto pelos homens, positivado em determinado espaço (um País, por exemplo) e tempo (a legislação atualmente em vigência no Brasil, por exemplo).

> Os Direitos Humanos são *declarados*, isto porque são considerados preexistentes a toda e qualquer legislação posta pelos homens. Como advêm da natureza humana, cabe ao legislador apenas reconhecê-los e declará-los.
>
> Já as normas criadas em cada Estado politicamente organizado são *elaboradas* pelo legislador e impostas como normas de conduta de observância obrigatória. Estas normas positivas devem respeitar os direitos naturais previamente declarados, sob pena de serem reconhecidas como inconstitucionais.

8. Direito objetivo x direito subjetivo. O *Direito objetivo* é o que é determinado pela norma jurídica, geralmente relacionado a um poder/dever-fazer em sociedade (*norma agendi*).

Direito subjetivo, em sentido amplíssimo, refere-se à faculdade do efetivo exercício pelos cidadãos de fazer ou deixar de fazer alguma coisa em virtude de lei (*facultas agendi*).

 Exemplo

A norma jurídica permite contrair casamento e define os critérios para a sua celebração juridicamente válida – Direito Objetivo.

Os nubentes, observando os comandos legais, exercem a faculdade de celebrar casamento (poder-fazer) – Direito Subjetivo.

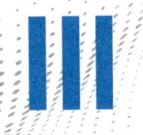

Fontes do Direito

1. Fontes do Direito. Nesse caso, o termo *fonte*, ("nascente de água"), é utilizado no Direito como origem, *gênese* do discurso jurídico.

2. Divisão das fontes do Direito. As fontes do Direito são geralmente divididas em fontes materiais e fontes formais.

3. Fonte material. A fonte primordial do Direito é a realidade social, as relações estabelecidas entre os indivíduos e o valor que se atribui a estas relações, cabendo ao Direito regulamentar essas relações, por meio de normas jurídicas. As fontes materiais são estudadas pela História, Filosofia e Sociologia do Direito.

4. Fontes formais. Meios pelos quais a realidade social é tornada discurso jurídico. São estas fontes que importam diretamente à dogmática jurídica. Os doutrinadores, com alguma divergência, classificam as fontes formais em imediatas (ou primárias, diretas) ou mediatas (ou secundárias, indiretas), sendo a lei e o costume jurídico pertencentes às primeiras espécies, e a jurisprudência e a doutrina, às segundas.

5. Outras classificações. Os estudiosos defendem outras classificações das fontes do direito.
André de Franco Montoro (*Introdução à ciência do direito*. 28. ed. São Paulo: RT, 2007, p. 375) divide as fontes do direito em *fontes históricas e sociológicas* (vontade social preponderante ou realidade social) e *fontes imediatas ou técnicas* (lei, costume jurídico, jurisprudência e doutrina).
Miguel Reale (*Lições preliminares de direito*. 27. ed. São Paulo: Saraiva, 2007) admite como *fontes formais* do direito a lei, o costume, a jurisprudência, a doutrina e a fonte negocial.
Maria Helena Diniz (*Compêndio de introdução à ciência do direito*. 18. ed. São Paulo: Saraiva, 2006) classifica as fontes em *materiais* e *formais*, subdividindo estas em estatais (legislação, produção jurisprudencial) e *não estatais* (prática consuetudinária, atividade científico-jurídica, poder negocial e poder normativo dos grupos sociais).
Hans Kelsen (*Teoria pura do direito*. 6. ed. São Paulo: Martins Fontes, 2003) entende que apenas a lei emanada pelo Estado é fonte formal do Direito, que só passa a existir a partir do momento em que é aperfeiçoada por meio de determinado comando legal.

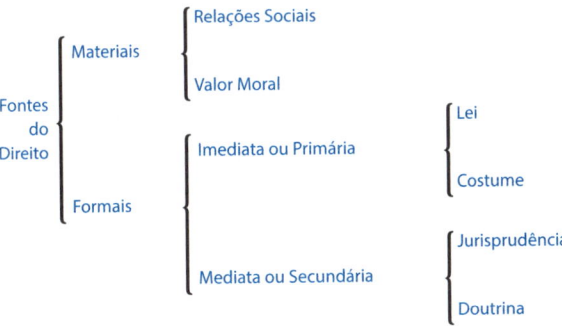

IV | Lei

1. A lei. O termo *lei* é utilizado aqui como norma escrita constitutiva de direito (REALE, Miguel. *Lições preliminares de direito*. 27. ed. São Paulo: Ed. Saraiva, 2007, p.163), que, principalmente a partir do Estado Moderno, tornou-se primordial fonte do direito, obrigando a todos os cidadãos que se encontram vinculados a determinado Estado de Direito.

É função essencial do Estado estabelecer as regras de vida em sociedade por meio de um dos seus Poderes, o Legislativo que, ao lado do Poder Executivo e Judiciário, são responsáveis pela condução do Estado.

> Lei, em sentido estrito, é a norma criada pelo Poder Legislativo. Este é o órgão estatal que efetivamente representa os anseios dos cidadãos os quais, modernamente, exercem a participação nos rumos da sociedade por meio de sufrágio universal, ou seja, elegendo seus representantes vereadores, deputados estaduais, federais e senadores.
>
> Sobre as espécies normativas, vide capítulo X – Classificação da norma quanto à hierarquia.

2. Elementos da lei. As leis são compostas por três elementos essenciais: material, formal e instrumental.

3. Elemento material. A lei é um preceito geral, abstrato e permanente.

a) *Geral*: porque obriga a todos os jurisdicionados indistintamente;

b) *Abstrato*: porque prevê casos em tese que abarcam variadas situações da vida social;

c) *Permanente*: porque, uma vez validamente inserida no ordenamento jurídico, tem vocação de perdurar no tempo, observadas as regras de vigência e revogação da norma jurídica.

4. Elemento formal. A lei, para que passe a integrar o ordenamento jurídico, deve obedecer a determinadas formalidades, daí falarmos em *elemento formal* da lei que corresponde ao *processo legislativo*.

5. Etapas do processo legislativo. O processo legislativo é composto das seguintes etapas:

a) *Iniciativa*: para sua criação, depende da apresentação de um *projeto de lei* por um ente a quem a Constituição Federal (ou Estadual ou a Lei Orgânica Municipal) confere tal prerrogativa;

b) *Debates*: o *projeto de lei*, após análise pelas Comissões, é encaminhado a *debates* nas Casas Legislativas (Câmara dos Deputados e Senado Federal, no âmbito federal, Assembleia Legislativa, nos Estados e Câmaras de Vereadores nos Municípios);

c) *Aprovação*: se não for *arquivado*, os parlamentares deliberarão sobre a sua *aprovação*, com eventuais emendas e modificações, por meio de votação em plenário.

> Vale lembrar que, no âmbito federal, sendo o projeto de lei de iniciativa de uma das Casas do Congresso Nacional (Câmara dos Deputados ou Senado Federal), a outra funciona como Casa Revisora, devendo a votação e aprovação ocorrer em ambas.

d) *Sanção ou veto*: após passar pelas Casas Legislativas, a lei é encaminhada ao Presidente da República para *sanção* ou *veto*.

> Caso o Chefe do Poder Executivo permaneça silente ou manifeste sua concordância ao texto legal ele automaticamente o sanciona, tornando-o válido. O veto deve ser expresso e manifesta a discordância do Presidente em relação à lei em debate, quer em termos gerais (a rejeição total da lei), quer em termos pontuais (vetando alguns artigos de lei que compõem a legislação).

e) *Promulgação*: é a declaração do efeito prático da concordância com a lei por quem de direito.

f) *Publicação*: a lei está apta à *publicação*, surtindo efeitos a partir da data em que a própria lei assim o determinar, ou ausente previsão expressa, 45 dias após sua publicação (*vacatio legis*), sendo a publicidade essencial e inerente à eficácia da norma.

6. Elemento instrumental. A lei, por ser um comando que obriga acoercitivamente, deve ser escrita para que seja do conhecimento de todos.

O art. 3.º da Lei de Introdução às normas do Direito Brasileiro é claro ao determinar que não nos escusamos de cumprir a lei alegando a sua ignorância. Para que não se possa alegar desconhecimento, é necessário que o texto escrito seja levado ao conhecimento de todos por meio da sua publicação no Diário Oficial (conhecimento ficto da lei).

7. Artigos, parágrafos, incisos e alíneas. Desde o período da República em Roma, com a edição da Lei das XII Tábuas, é habitual tornar escrito e de conhecimento de todos os comandos de lei.

Tal forma de apresentação é o que confere ao texto legal poder de concisão, distribuindo suas disposições por meio de artigos, parágrafos, incisos e alíneas:

a) *Artigo*: pode ser definido como uma unidade básica de lei.

b) *Parágrafos*: abordam temas periféricos, é escrita marginal que serve para determinar exceções complementar a exposição central do artigo de lei.

c) *Incisos e alíneas e itens*: servem, conforme o caso, para elencar, dividir o disposto no *caput* ou em cada parágrafo.

> Essa estrutura sintática decorre da técnica legislativa, que é o conjunto de preceitos que orientam a elaboração racional da lei visando à simplificação quantitativa e qualitativa do material legislativo, sendo que nas leis não há palavras inúteis e cada termo possui um significado jurídico específico (para mais detalhes sobre edição e alteração de leis, consulte a Lei Complementar 95/1998).

V | Costume

1. Costume. Pode ser conceituado como a prática reiterada de determinada conduta pelos membros de determinada sociedade. O costume torna-se juridicamente relevante quando é praticado de forma contínua com a consciência da obrigatoriedade de sua observância pelo povo

2. Elementos do costume jurídico. São dois os elementos constitutivos do costume jurídico:

a) *elemento objetivo*: é o *uso* reiterado de determinado costume. Não há, atualmente, previsão de tempo para se considerar um costume como fonte válida do Direito, tal como ocorria na Lei da Boa Razão, segundo a qual o costume só era considerado como fonte do direito se fosse praticado por mais de 100 anos;

b) *elemento subjetivo*: é a *consciência social* de que o costume é necessário ao interesse da sociedade, tornando sua observância obrigatória em determinados casos (*opinio iuris*).

3. Classificação do costume jurídico. O costume, em relação à lei, é classificado em *secundum legem*, *praeter legem* e *contra legem*.

a) *secundum legem*: quando a própria lei prevê a aplicação do costume em determinados casos.

 Exemplo

O art. 569, II, do CC/2002 prescreve que o locatário é obrigado a pagar pontualmente o aluguel nos prazos ajustados, e, em falta de ajuste, segundo o *costume* do lugar.

b) *praeter legem*: é o costume aplicado quando há lacuna da lei, como meio de integração da norma, ou seja, como mecanismo para suprir possível ausência de norma jurídica aplicável a determinado caso. Sua aplicação é prevista no art. 4.º da LINDB.

c) *contra legem*: alguns autores (exemplo, DINIZ, Maria Helena. *Compêndio de introdução à ciência do direito*. 18. ed. São Paulo: Saraiva, 2006, p. 317) reconhecem o costume contrário à lei como fonte de direito, sempre que a aplicação da lei puder resultar em injustiça no caso em concreto. Nesse caso, o costume pode sobrepor-se à lei em virtude de seu *desuso*, ou tomar feição de costume *ab-rogatório*, quando revoga norma em vigência e eficaz.

A doutrina reconhece o costume jurídico *secundum* e *praeter legem* como fontes do direito. No entanto, o reconhecimento do costume *contra legem* não é unânime.

Os contrários afirmam sua impossibilidade em virtude do disposto no art. 2.º da LINDB, que estabelece: "não se destinando à vigência temporária, a lei terá vigor até que outra a modifique ou revogue".

Sendo assim, a LINDB é expressa ao determinar que apenas *lei* pode revogar disposição legal anterior.

4. A aplicação do costume como fonte do direito. Ganha relevo em determinadas áreas do Direito e é vedada em outras, conforme segue:

a) *direito empresarial*: a própria legislação aponta os costumes como fonte do direito, como, por exemplo, os "usos e costumes da Praça de São Paulo", editado pela JUCESP (Junta Comercial do Estado de São Paulo);

b) *direito civil*: acima apresentamos exemplos de aplicação de costumes *secundum* e *praeter legem* previstos pelo Código Civil;

c) *direito internacional*: em virtude da inexistência de um Estado Internacional para legislar, os costumes internacionais são fontes do direito, ao lado de Convenções e Tratados Internacionais;

d) *direito penal*: em virtude da estrita legalidade, prevista no art. 1.º do CP ("não há crime sem lei anterior que o defina. Não há pena sem prévia cominação legal"), não é possível capitular conduta como criminosa em virtude de costume. Do mesmo modo, a prática reiterada de conduta delitiva em sociedade não desfigura aquela que é assim prevista na norma (por exemplo, jogo do bicho);

e) *direito tributário*: do mesmo modo que no direito penal, os tributos só podem ser criados por lei, e o fato do não pagamento do tributo ser reiterado socialmente não tem força de torná-lo inexigível.

Lei	Costume
Emanada do Poder Legislativo	Surge de prática social reiterada
Data de início determinada	Surgimento indeterminado
Vigência permanente	Vigência condicionada ao uso
Vigência presume eficácia	Eficácia presume vigência

Importante

Não é critério relevante para a distinção entre lei e costume o fato de a primeira ser comando escrito e o segundo ser oral. Isto porque, conforme vimos, é possível conferir forma escrita para os usos e costumes, como o fazem, por exemplo, as Juntas Comerciais.

VI | Jurisprudência

1. Jurisprudência. Em tradução literal do latim, *prudência da justiça*. É o conjunto de decisões reiteradas de um Tribunal, tratando de determinado tema. É da análise dos casos em concreto e de decisões no mesmo sentido que surge a jurisprudência.

> Uma única decisão judicial não pode ser considerada como fonte de direito, pois um caso isolado não pode servir de parâmetro para todos os demais em nosso ordenamento. Isso ocorre no sistema da *common law*, em que as Cortes reconhecem uma decisão em concreto como precedente de corte.

Em nosso sistema, apenas as decisões reiteradas dos *tribunais* podem ser consideradas como fonte de direito. Além disso, consideramos aqui apenas a jurisprudência que cria linha de conduta judiciária e não as decisões de cunho meramente interpretativo da norma.

 Importante

Há autores que classificam as decisões reiteradas dos tribunais como vinculantes, como orientadoras de decisões e como limitadoras de direito. Exemplo das primeiras seriam as súmulas vinculantes emanadas pelo STF (que veremos logo a seguir); exemplo das segundas seriam as decisões que conferem parâmetros para a condenação da parte em danos morais; exemplo das terceiras seriam as decisões que impedem o recebimento de recursos quando não há divergência jurisprudencial no juízo *ad quem* a respeito do tema objeto do apelo.

2. Obrigatoriedade da jurisprudência. Ao contrário da lei, a observância de jurisprudência não seria obrigatória, de acordo com uma visão ainda relutante da tradicional doutrina da Introdução ao Direito, daí alguns autores não a qualificarem como fonte formal direta de direito, mas como fonte formal indireta ou mera forma de orientação para a interpretação da norma.

No entanto, nos últimos tempos, o próprio ordenamento jurídico vem conferindo força de lei a determinadas súmulas de Tribunais Superiores.

 Importante

b) Direito Processual Civil: O Código de Processo Civil, no art. 927, , parece deixar clara a obrigatoriedade de observância de precedentes judiciais quando os magistrados proferirem suas decisões, o que é reiterado no art. 928 que trata de julgamento de casos repetitivos, que determina a observância de incidente de resolução de demandas repetitivas e recursos especiais e extraordinários repetitivos, esclarecendo, ainda, o seu parágrafo único, que o julgamento de casos repetitivos têm por objeto questão de direito material ou processual

Súmulas. Representam o extremo da consolidação das decisões judiciais, a ponto de servirem como fonte de direito, ao menos a todos aqueles que trabalham diretamente com a aplicação da norma jurídica.

Entenda como se dá esse processo de consolidação jurisprudencial, até que se consolide em uma Súmula:

Diariamente os juízes singulares proferem decisões, criando a "lei do caso concreto".

As partes que perdem cada uma dessas ações ingressam com um recurso, devolvendo o exame da matéria ao Tribunal *ad quem*.

Este Tribunal, à medida que vai julgando os casos em grau de recurso, vai criando um rol de decisões colegiadas. O mesmo ocorre nas Sessões Plenárias do TST, STJ e STF, instâncias especiais.

Com isso, temos o surgimento de jurisprudências, que vão se tornando majoritárias ou minoritárias dentro do respectivo Tribunal.

O próximo passo é a *uniformização* da Jurisprudência dos tribunais, de onde surgem as *súmulas*.

4. Súmula vinculante. A jurisprudência ganha reconhecimento definitivo como fonte do direito em nosso sistema jurídico com o advento das *súmulas vinculantes*.

Incluída na Constituição Federal de 1988 no art. 103-A, por meio da Emenda Constitucional 45/2004, autorizou ao Supremo Tribunal Federal, de ofício ou por provocação, por *quorum* qualificado, aprovar súmula que terá efeito vinculante em relação aos demais órgãos do Poder Judiciário e à Administração Pública direta e indireta, nas esferas federal, estadual e municipal.

Para que seja reconhecida súmula vinculante, todos os elementos abaixo devem ser observados:

a) quanto à origem, são emanadas unicamente pelo STF, de ofício ou mediante provocação;
b) deve haver reiteradas decisões sobre matéria constitucional;
c) quanto ao *quorum*, devem ser votadas por 2/3 dos membros do STF;
d) para se tornar vinculante, deve ser publicada na Imprensa Oficial.

 *Importante*

Os juízes *a quo* podem deixar de aplicar a súmula vinculante em suas decisões, desde que o façam de modo fundamentado, em casos que divirjam substancialmente das circunstâncias previstas em tais súmulas.

VII | Doutrina

1. Doutrina. É formada pela atividade dos juristas quando ensinam, proferem pareceres, enfim, quando emitem suas opiniõese elaboram princípios e conceitos acerca dos diversos temas que compreendem o saber jurídico.

2. Doutrina como fonte de Direito. Muitos autores negam o caráter de fonte de direito à doutrina, afirmando que, por mais que deva ser respeitada a opinião de um jurisconsulto, ela nunca teria autoridade de observância obrigatória.

Tal afirmação certamente se baseia no reconhecimento da doutrina como comentário à legislação em vigência. Toda vez que nova lei ingressa no ordenamento jurídico, surgem uma série de obras jurídicas voltadas à análise e aplicação desta lei. Este aspecto da doutrina, com efeito, importa ao ramo da interpretação do direito.

> Quando pensamos no caráter criador da doutrina, devemos remontar nosso pensamento aos jurisprudentes do Direito Romano, ao chamado "Tribunal dos Mortos", composto pelos estudos dos grandes pensadores da área jurídica do Império Romano, que compunham os *Digestos* ou *Pandectas* do *Corpus Juris Civilis*.

3. Doutrinadores. Não há como negar o poder de criação do Direito aos modelos de pensamento advindos da doutrina. (REALE, Miguel. *Lições preliminares de direito*. 27. ed. São Paulo: Saraiva, 2007, p. 176).

É inegável a influência da doutrina de Álvaro Villaça de Azevedo, por exemplo, para a criação do instituto da união estável, reconhecida nos tribunais bem antes de sua recepção pela Constituição Federal de 1988 e, posteriormente, pelo Código Civil de 2002.

Do mesmo modo, não há como não se reconhecer toda a forma de pensar de Miguel Reale, de sua "teoria tridimensional do direito", de seu culturalismo, impregnados ao longo de todo Código Civil de 2002.

4. Conclusão. A doutrina, como fonte do direito, informa a própria criação da jurisprudência, do reconhecimento dos costumes, da elaboração das leis, a partir dos estudos dos grandes juristas a respeito dos temas relevantes para o ramo do Direito.

VIII - Sistemas Jurídicos

1. Sistema. Pode ser definido como o conjunto de partes coordenadas entre si que dão origem ao todo.

É assim que nos referimos ao nosso organismo como um sistema, formado por órgãos, tecidos, células e moléculas, sendo que todas essas partes têm suas atividades coordenadas para o funcionamento e sobrevivência da vida orgânica dos seres.

2. Sistemas do Direito. O Direito pode se ordenar por meio de dois sistemas básicos: o da *civil law* e o da *common law*.

3. Civil Law. Fundamenta-se em um sistema legal integrado de acordo com critérios de subordinação e hierarquia de normas emanadas do Poder Legislativo, sendo os princípios do sistema erigidos das respectivas determinações legais.

O Brasil sofreu forte influência das nações europeias de tradição romanística, notadamente em virtude do processo de colonização.

Foi assim que, a partir do Império e principalmente a partir do Brasil República, foram criados, além das inúmeras Constituições, diversos Códigos, Estatutos e leis esparsas.

4. Common Law. Ao lado do sistema jurídico de tradição romana, temos o sistema jurídico anglo-saxão, conhecido como *common law*, , aquela consolidada com base em decisões de cunho judicial sem apoio em conceitos ou normas jurídicas previamente determinadas em legislação.

Este sistema se estrutura por meio dos precedentes de Corte, ou seja, de decisões judiciais que vinculam a atuação do juiz em casos semelhantes, ao lado do sistema da *equity*. Sempre que a aplicação da *common law* puder implicar injustiça, é possível, observadas certas formalidades, aplicar-se a *equity*, que seria a amenização do rigor de determinado precedente de corte por meio da equidade Com efeito, há tempos que os sistemas da *common law* e da *equity* foram unificados e, no caso de conflito entre ambos, a equidade deve prevalecer.

É, portanto, um sistema jurídico fundamentado em princípios erigidos da apreciação do caso concreto em face das provas apresentadas, pois é por meio de provas que os juízes decidem as ações colocadas a sua frente e criam os chamados precedentes (*binding decisions, stare decisis, case law*).

 **Dica**

A diferença entre os sistemas relaciona-se não somente com a importância dos precedentes no sistema da *common law* e a relativa falta de importância dos mesmos no sistema *civil law*, mas também pelo fato de as Cortes atuarem com métodos distintos (a primeira, a partir do precedente e a segunda, a partir da lei).

No sistema da *common law*, as Cortes extraem princípios das decisões em casos prévios, enquanto, no sistema da *civil law*, as Cortes se voltam para as leis escritas, a fim de determinarem um dado princípio e, então, aplicam-no aos fatos de um caso concreto.

Se a lei for silente em relação ao problema apresentado, o juiz irá, então, atentar às regras de integração da norma para solucionar a situação fática específica apresentada diante de si.

IX | Ramos do Direito

1. Direito público x Direito privado. A dicotomização do Direito em *público* e *privado* revela-se mais importante historicamente do que derepresenta atualmente, isso porque modernamente não é possível determinar com exatidão em quais ramos do Direito prevalece o interesse do Estado e em quais prevalecem os interesses individuais ou coletivamente organizados dos particulares.

É por isso que, atualmente, é preferível a divisão dos ramos do Direito em público, privado e difusos, coletivos e individuais homogêneos.

Cabe à *Introdução ao Direito*, como disciplina unificadora dos estudos jurídicos, apontar qual o objeto de estudo de cada ramo do Direito. Esta distinção tem finalidade meramente didática.

2. Direito público. Nesta disciplina, são estudadas relações jurídicas nas quais o Estado se encontra no exercício dos poderes e deveres estabelecidos na Constituição Federal, em condição diferenciada quando comparado ao particular.

São ramos tradicionalmente identificados como abarcados pelo Direito Público:

a) *direito constitucional*: estuda a estrutura básica do Estado de Direito, ou seja, a sua forma, a competência dos órgãos que o compõem, os direitos fundamentais dos cidadãos e as normas programáticas de condução do Estado;

b) *direito administrativo*: conjunto harmônico de princípios jurídicos que regem os órgãos, os agentes e as atividades públicas tendentes a realizar concreta, direta e imediatamente os fins desejados pelo Estado;

c) *direito tributário*: regula as relações jurídicas entre o Estado (fisco) e os particulares (contribuintes), no que concerne à instituição, fiscalização e extinção de tributos, taxas e contribuições ao Estado;

d) *direito processual:* regulamenta o exercício da função jurisdicional, que é função soberana do Estado e consiste em administrar a justiça. Em razão das lides a serem solucionadas, existem três grandes sistemas: o Direito Processual Penal (apuração e punição de crimes), Direito Processual do Trabalho (lides que envolvem relações de trabalho) e Direito Processual Civil (as demais lides não penais e não trabalhistas);

e) *direito penal*: regula a atividade repressiva do Estado por meio de um conjunto de normas que descrevem os delitos, cominando-lhes sanções em virtude de sua infração;

f) *direito eleitoral*: consiste no conjunto de normas que disciplinam a escolha dos membros do Executivo e do Legislativo. Tais normas estabelecem os critérios e condições para o eleitor votar, para alguém ser votado e demais aspectos envolvidos nas eleições;

g) *direito militar*: regula as normas que afetam os militares;

h) *direito internacional público*: regula as relações entre Estados Soberanos ou entre esses e os organismos internacionais, podendo ser conceituado como um corpo de regras costumeiras e convencionais, consideradas obrigatórias pelos Estados ou organismos internacionais, em suas relações recíprocas.

3. Direito privado. Nestas disciplinas, são estudadas relações jurídicas nas quais os envolvidos estão em pé de igualdade no exercício de seus direitos e deveres. Pode o Estado estar envolvido nestas relações jurídicas, desde que em condição semelhante à de um particular.

São ramos tradicionalmente identificados como abarcados pelo Direito Privado:

a) *direito civil*: regula o estado e a capacidade civil das pessoas, desde o momento de sua concepção até a sucessão patrimonial em virtude de morte, bem como todos os atos praticados ao longo da vida civil;

b) *direito empresarial*: regula as relações comerciais ou empresariais, a existência jurídica das empresas enquanto atividade (isto é, conjunto de atos unidos finalisticamente) organizada (fatores de produção dispostos conforme o titular da empresa) para produção ou circulação de bens e serviços a serem disponibilizados no mercado, de modo profissional, com o intuito de lucro (fim econômico), bem como os deveres e obrigações dos empresários.

4. Direitos difusos, coletivos e individuais homogêneos. A doutrina atual é praticamente unânime em asseverar que a separação do direito positivo em público e privado é insuficiente, uma vez que novos direitos começam a surgir, tais como o Direito do Trabalho, do Consumidor e o Ambiental.

Pertencem ao ramo do Direito Difuso Interno, os seguintes Direitos:

a) *direito do consumidor*: regula as relações de consumo entre fornecedor de produtos e serviços e seus respectivos consumidores, considerados individualmente e também enquanto coletividade;

b) *direito do trabalho*: regula as relações de trabalho, podendo ser definido como o ramo do direito privado que regula as relações individuais e coletivas de trabalho e a condição social dos trabalhadores;

c) *direito previdenciário*: é direito difuso que surgiu como uma conquista dos direitos sociais no início do século XX. Tal direito abrange as normas jurídicas que cuidam da Previdência Social enquanto mecanismo utilizado pelo Estado e norteado, principalmente, pelo princípio da solidariedade, com vistas a assegurar as condições de vida do trabalhador diante de contingências (fatos imprevisíveis ou inevitáveis) que possam influenciar as mesmas;

d) *direito econômico*: consiste no estudo da ordenação (ou regulação) jurídica específica da organização e direção da atividade econômica por parte dos poderes públicos e (ou) pelos poderes privados, quando dotados de capacidade de editar ou contribuir para a edição de regras;

e) *direito ambiental*: regula a preservação dos elementos da natureza. É composto de normas e princípios destinados a impedir a destruição ou degradação de elementos da natureza;

f) *direito internacional privado*: disciplina as relações entre particulares no plano internacional. É composto pelo conjunto de normas jurídicas que regem as relações privadas no seio da sociedade internacional.

Introdução ao Estudo do Direito | 19

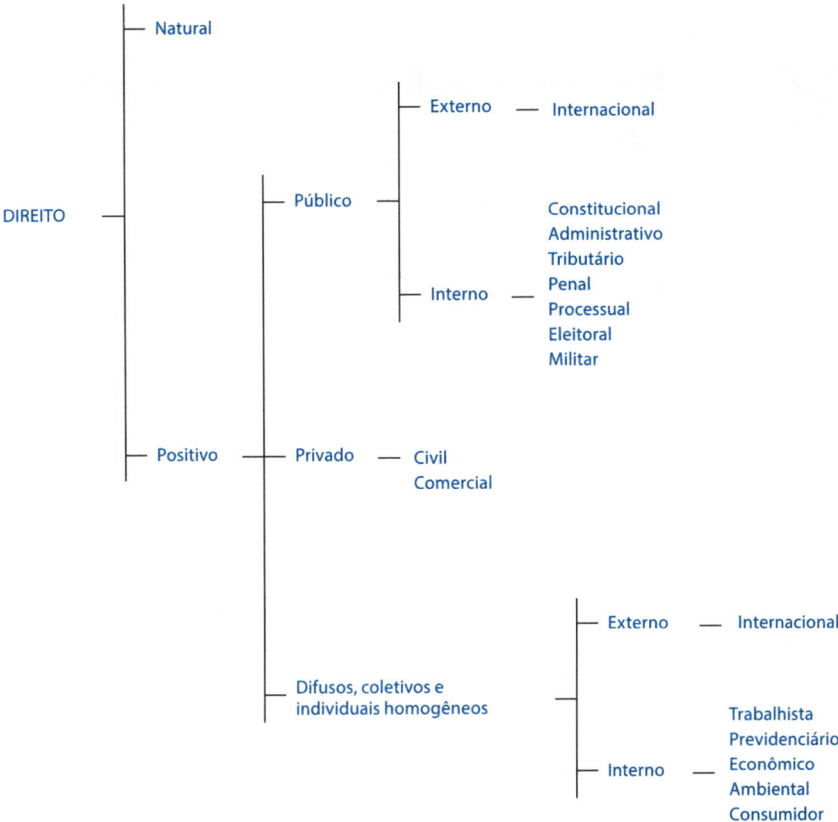

Norma Jurídica – Conceituação e Caracteres

1. Norma jurídica. É definida como regra de conduta que regula a vida em sociedade, de observância obrigatória, sob pena de sanção. É o caráter sancionatório que, em linhas gerais, diferencia uma norma jurídica de uma norma social, por exemplo.

As regras de direito, ao contrário de uma regra obedecida pelas ciências naturais, não têm a finalidade de descrever um fenômeno tal como é observado na natureza. Também não são estabelecidas por relações de causa e consequência, como ocorre na normatização dos fenômenos sociais.

Trata-se de preceito de observância obrigatória em virtude da imputação de uma sanção a uma conduta descrita pela norma jurídica, a ser cumprida de modo coercitivo com amparo do Estado, entendido como Instituição. Aqui é predicado o que *deve-ser* e não o que *é*.

A norma jurídica, pois, opera com modais deônticos de proibição, de obrigatoriedade e também de permissão, em forma de comandos (imperativos). De acordo com Noberto Bobbio ("O Positivismo Jurídico – Lições de Filosofia do Direito". São Paulo: Ícone, 1995, pág. 181), "Os expoentes do positivismo jurídico concordam em definir a norma jurídica como tendo a estrutura de um comando", referindo-se à conceituação da teoria imperativista de norma jurídica, a qual sofre diversos ataques, em virtude de suas premissas legalistas-estatais e pela dificuldade que enfrentam em explicar a existência de norma permissivas.

1.1. Comandos e Conselhos – Importa esclarecer que a concepção imperativista da norma jurídica remonta a pensadores da Roma Antiga, atrelando a esta ideia, a noção de comando e diferenciando-a do que seria um mero conselho. Hobbes se vale desta distinção para distinguir a natureza das prescrições do Estado da natureza das prescrições da Igreja, justificando a subordinação da Igreja ao Estado – que seria aquele dotado efetivamente de poder para prescrever comandos.

1.2. Distinção entre comando e conselho – Norberto Bobbio, na obra acima mencionada, com base na tradição jusfilosófica, traça seis traços distintivos entre o comando e o cosenlho (obra citada, págs. 183 a 185):

a) Em relação ao sujeito ativo: para o *comando* se requer *autoridade*, para o *conselho* a *respeitabilidade*.

b) Em relação ao sujeito passivo: no *comando* o destinatário se encontra em situação de *obrigação*, já no *conselho*, em situação de *faculdade*, ou meramente de obrigação interna;

c) Em relação à razão de obedecer: ao *comando* se obedece por ser uma manifestação de vontade superior; ao *conselho* se obedece pela capacidade de convencer o destinatário;

d) Em relação ao fim: o *comando* é dado no comando daquele de quem procede, no *conselho* é dado no interesse de quem é dirigido (esclarecendo o autor que esta distinção de Hobbes perde o sentido em sociedades democráticas, uma vez que é o povo o destinador e o destinatário das normas jurídicas);

e) Em relação às consequências de acatamento: é o inverso do enunciado no item 'b', ou seja, no caso do *comando*, se seu cumprimento causa consequências negativas, é responsável aquele que a impôs; no caso do *conselho*, responde aquele que o cumpriu e não aquele quem o deu.

f) Em relação às consequências do inadimplemento: no caso do *comando*, gera uma sanção na forma de uma consequência institucional, efetivada pelo próprio sujeito que estabeleceu o comando; no caso do *conselho*, a consequência desagradável é algo natural, de acordo com aquilo que fora previsto pelo conselheiro ao prever o que ocorreria caso o conselho fosse descumprido.

Exemplo

Uma placa de trânsito que sinaliza ser proibido estacionar, caso seja desobedecida, a consequência é a imposição de uma multa (sanção), haja vista tratar-se de um comando.

Uma placa que indica a existência de uma curva perigosa, caso seja desrespeitada pelo motorista, pode gerar um acidente automobilístico (consequência indesejada), haja vista tratar-se de um conselho.

1.3. Normas permissivas e a teoria imperativista – A compreensão da norma jurídica como prescrições imperativas de conduta é de fácil assimilação quando se trata de comandos proibitivos e obrigatórios, uma vez que se relacionam com um dever-não-fazer ou um dever-fazer por parte dos jurisdicionados, sob pena de sanção.

O problema da concepção imperativista da norma jurídica reside na sua adequação às normas permissivas, questão esta que é enfrentada por Bobbio na obra que vimos analisando de perto neste capítulo. Em primeiro lugar, o autor faz distinção entre normas permissivas em sentido próprio (que atribuem uma faculdade, como seria, por exemplo, a possibilidade implícita do parágrafo único do art. 74 do Código Civil da pessoa natural determinar seu domicílio quando há mudança de residência) e as normas permissivas atributivas (que conferem poder, como seria o caso do locador exigir o pagamento de alugueres do locatário).

Para o autor, as normas permissivas em sentido próprio não contrariam a doutrina imperativista, uma vez que não são autônomas, ou seja, fazem referência à um imperativos anteriormente estabelecido (no nosso exemplo, o parágrafo único do art. 74 do Código Civil está relacionado ao *caput* de referido artigo legal, que prevê a mudança de domicílio com a mudança de residência com a intenção de permanência).

No que diz respeito às normas atributivas, o que se tem é um *poder* que é correlato a um *dever*. Em outras palavras, todo direito que determinada norma jurídica constitui a alguém de fazer alguma coisa, representa o dever de outrem de se submeter a esta obrigação, também prevista em norma jurídica. Mais uma vez, portanto, o conteúdo da norma permissiva remete a um fundo imperativista relacionado aos modais de obrigação ou proibição.

De acordo com Bobbio, para concluir a defesa da imperatividade da norma jurídica:

"Em síntese: enquanto a faculdade é criada por uma norma permissica, que nega o dever estabelecido por uma norma imperativa predecente, o poder e o dever são duas situações correlatas criadas relativamente a dois sujeitos diversos a partir da mesma norma, que pode assumir indiferentemente a forma estilísitica imperativa ou atributiva. A norma atributiva então é apenas uma norma imperativa na qual o legislador se exprime em termos de poder, em lugar de se exprimir em termos de dever, dirigindo-se ao destinatário do poder, ao invés de dirigir-se àquele do dever. (Neste sentido alguns autores qualificam as normas jurídicas como imperativo-atributivas) (...)" (obra citada, pág. 188)

2.0. Definições de Norma Jurídica e autores brasileiros – do mesmo modo como ocorre com a definição do termo /direito/, basta folhear os diversos manuais de introdução ao Estudo de Direito para se deparar com uma infinidade de definições do que se entende por norma jurídica. A seguir trazemos as definições de alguns autores:

2.1. De acordo com Miguel Reale, "o que efetivamente caracteriza uma norma jurídica, de qualquer espécie, é o fato de ser uma estrutura proposicional enunciativa de uma forma de organização ou de conduta, que deve ser seguida de maneira objetiva e obrigatória" ("Lições Preliminares de Direito", Miguel Reale, pág. 95).

2.2. Segundo, André Franco Montoro, em sua obra *Introdução à Ciência do Direito* (28. ed., São Paulo: RT, 2009, p. 355/356), caracteriza norma jurídica (ou lei jurídica) em sentido amplo como "norma de conduta do homem com seus semelhantes (gênero próximo); garantida pela eventual aplicação de força social (elemento formal); tendo em vista a realização da justiça (elemento material)", esclarecendo que este conceito se aplica a todas as normas jurídicas (incluídos aí o costume jurídico, as decisões normativas do judiciário ou da administração e a todos os preceitos que constituem, em cada sociedade o campo de seu direito, efetivamente reconhecido). Mais adiante, o autor esclarece que "É somente graças ao grande Hans Kelsen que a atitude antiimperativista no conceituar a natureza da norma toma corpo e alcança os foros da dignidade teorética e não apenas mero jogo verbal, como ocorre em Binding. As normas não são ordens ou imperativos, mas juízos - juízos hipotéticos – dirá Kelsen".

2.3. De acordo com Maria Helena Diniz, em sua obra *Compêndio de Introdução à Ciência do Direito* (18. ed. São Paulo: Saraiva, 2006, p. 3), após longa digressão acerca do tema, conclui, alinhando seu pensamento com o de Goffredo Telles Jr, o seguinte:

"A norma jurídica é imperativa porque prescreve as condutas devidas e os comportamentos proibidos e, por outro lado, é autorizante, uma vez que permite ao lesado pela sua violação exigir seu cumprimento, a reparação do dano causado ou ainda a reposição das coisas ao estado anterior. Por conseguinte, a norma jurídica se define, como ensina Goffredo Telles Jr., 'imperativo-autorizante'. Conceito este que é, realmente, essencial, pois constitui a síntese dos elementos necessários que fixam a essência da norma jurídica. Esta, sem qualquer um destes elementos eidéticos, afigura-se incompreensível. Deveras, uma norma jurídica que careça de autorizamento será uma norma moral, e sem a nota da imperatividade, apenas uma lei física".

XI | Classificação da Norma quanto à Hierarquia

1. Classificação das normas jurídicas. O ato de classificar pressupõe um recorte de determinada realidade, levando em consideração apenas um ou alguns de seus aspectos. Considerando o sistema de normas jurídicas, elas podem ser classificadas segundo vários critérios, dos quais destacamos:

2. Classificação das normas quanto à hierarquia. É certo que as normas jurídicas, para criarem um sistema de relações, devem guardar certa ordem que impeça sua criação e disposição aleatórias.

Para a compreensão de determinada realidade é necessário, primeiro, sistematizá-la e, nesse caso, o critério é a relação de hierarquia e subordinação entre as normas. Para a melhor incorporação do sistema piramidal de normas remetemos à leitura da *Teoria pura do direito*, de Hans Kelsen.

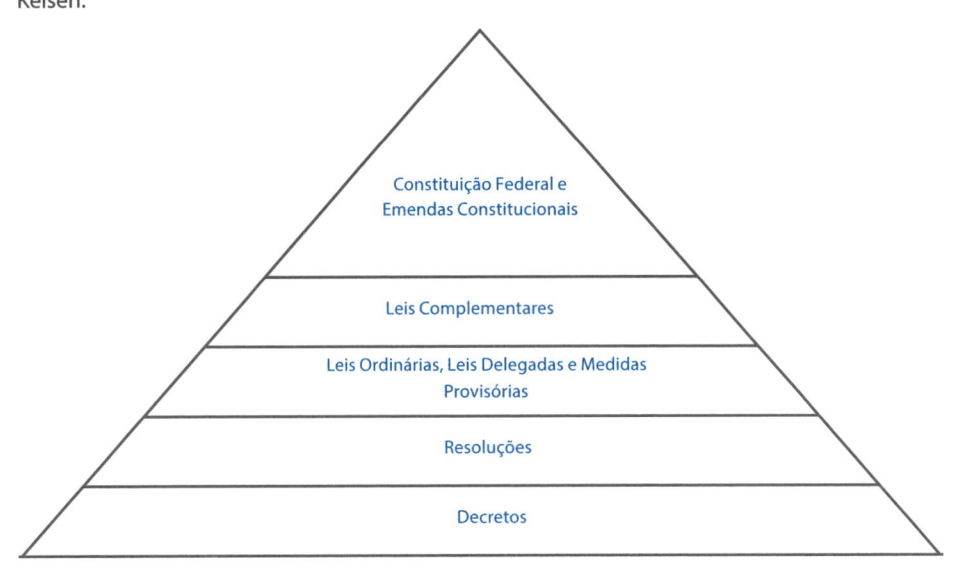

```
              /\
             /  \
            / CF \
           /Emendas\
          /Constituc.\
         /------------\
        / Leis Complem.\
       /----------------\
      /Leis Ordinárias,  \
     / Leis Delegadas e   \
    /  Medidas Provisórias \
   /------------------------\
  /       Resoluções          \
 /----------------------------\
/          Decretos             \
---------------------------------
```

- Constituição Federal e Emendas Constitucionais
- Leis Complementares
- Leis Ordinárias, Leis Delegadas e Medidas Provisórias
- Resoluções
- Decretos

Isso quer dizer que as normas jurídicas são dispostas no ordenamento jurídico segundo critérios de prevalência, que determinam que uma lei seja hierarquicamente superior à outra, tendo cada uma delas seu campo de atuação próprio.

3. Classificação brasileira (art. 59 da CF/1988). Sob esse critério, podemos classificar as normas jurídicas em:

a) constitucionais;
b) complementares;

c) ordinárias, delegadas, medidas provisórias;
d) decretos legislativos e resoluções.

Esses tipos legais são previstos no próprio texto constitucional (art. 59 da CF/1988) que determina por quais mecanismos é possível o Poder Legislativo e o Executivo inovarem o sistema jurídico pátrio.

3. Constituição Federal. Advém do Poder Constituinte Originário, como representação dos legítimos anseios do povo de uma determinada nação em decorrência de determinado momento histórico.

Em suma, a Constituição Federal não se subordina à lei alguma e é hierarquicamente superior a todas as outras normas do sistema jurídico, tornando-se responsável pela própria existência das demais, uma vez que lhes determina a forma e o conteúdo.

4. Emendas à Constituição. São aquelas que têm força para modificar, ampliar ou complementar o texto constitucional.

Muito embora o Brasil esteja sujeito a uma Constituição considerada rígida, isso não significa que é impossível alterar ou ampliar os conceitos constitucionais.

Dizer que uma constituição é rígida significa que determina critérios específicos e rigorosos para sua alteração.

O mecanismo adequado para a alteração e ampliação do texto constitucional são as *emendas à constituição*, que, conforme art. 60 e ss. da CF/1988, devem ser aprovadas por 3/5 dos membros de cada Casa Legislativa e em dois turnos de votação.

5. Lei complementar à Constituição. Trata-se de técnica especial de elaboração de regras, à qual a Constituição vincula a elaboração de normas jurídicas sobre determinados assuntos.

A lei complementar é aprovada por maioria absoluta em votação nas casas legislativas federais, podendo sofrer emendas e são submetidas ao veto do Presidente da República.

6. Lei ordinária. Como o próprio nome sugere, são as leis comuns de um Estado e recebem esse nome porque podem ter como objeto qualquer matéria que não seja de exclusividade de emendas à constituição e lei complementar, sendo aprovadas por maioria simples.

Podem ser propostas pelos entes que elencamos como legitimados para a elaboração de leis complementares. São leis ordinárias todas as nossas codificações.

7. Leis delegadas. São previstas no art. 68 da CF/1988, cuja elaboração é entregue ao Presidente da República mediante autorização expressa do Congresso Nacional e que pode ser alterada por lei ordinária e sujeita à apreciação pelo Congresso.

Nesse caso, o Poder Legislativo abre uma exceção ao seu poder criador absoluto, recepcionando no ordenamento jurídico lei de criação do Poder Executivo, excetuados os casos previstos em lei.

A lei delegada não está sujeita a veto, o que seria um contrassenso, uma vez que é proposta pelo próprio Presidente da República e sua elaboração é tarefa do Poder Executivo.

O que o Poder Legislativo pode fazer é delimitar a matéria a ser tratada e, eventualmente, submeter o projeto de lei à sua apreciação, vedada a emenda ao projeto pelas casas legislativas.

No primeiro caso, estamos diante de uma delegação típica ou própria. Quando sujeita a apreciação pelo Congresso, dizemos delegação atípica ou imprópria.

8. Medidas provisórias. Estão previstas no art. 62 da CF/1988 e são atos normativos com força de lei, editados pelo Presidente da República em caso de relevância e urgência, que devem ser submetidas de imediato ao Congresso Nacional.

Os requisitos de relevância e urgência são cumulativos, ou seja, a edição de medida provisória não pode se concretizar alicerçado em apenas um dos requisitos.

Para ingressar no ordenamento jurídico, deve ser aprovada pelo Congresso Nacional no prazo de 60 dias a contar da data de sua publicação, prorrogável pelo mesmo período, se necessário.

9. Decretos legislativos. São ferramentas do Congresso Nacional para tratar de matéria de sua exclusiva competência, não sendo objeto de sanção governamental por não terem caráter de lei em sentido material, mas apenas formal, sendo aprovados por maioria simples.

10. Resoluções. Regulam matéria de competência do Congresso Nacional e que produzem efeitos internos, não estando sujeitos à sanção governamental e são promulgadas pela Casa Legislativa que as expedir.

XII — Outros Critérios de Classificação da Norma

1. Quanto à eficácia. As normas são classificadas em cogentes e dispositivas.

Tipo	Definição	
Cogentes	São normas de ordem social de observância obrigatória, não podem ser afastadas pela vontade das partes	**Exemplo**: O contrato de compra e venda de bem imóvel, em regra, é ato solene, exigindo escritura pública para ser válido (art. 108, do CC) e, para irradiar a eficácia da transferência da propriedade, necessita ter o acordo de transmissão (inserto na escritura pela fórmula "vendo e transmito/transfiro") registrado no Cartório de Imóveis (art. 1.245, do CC c/c arts. 167, I, 29 e 172, da Lei 6.015/1976)
Dispositivas	São normas que prescrevem determinada conduta, no entanto, conferindo à parte possibilidade de agir de modo diverso	**Exemplo**: O contrato individual de trabalho não exige forma prescrita em lei, cabendo tal decisão à vontade das partes contratantes

2. Quanto ao âmbito espacial. Podem ser normas de direito externo, de direito interno e estas últimas dividem-se ainda em federais, estaduais e municipais.

Tipo	Definição
Normas de direito externo	São aquelas pertencentes a outro país, a outro sistema jurídico, que podem ser aplicadas no Brasil, conforme disposições da LINDB
Normas de direito interno	São aquelas que vigoram em território nacional, como direito positivo de determinado país. Conforme competência determinada pela Constituição, a *Federação*, *Estados* e *Municípios* podem editar leis, cada qual em seu âmbito de abrangência, não havendo que se falar em hierarquia entre tais normas

3. Quanto à sanção. Podem ser perfeitas, mais que perfeitas, menos que perfeitas ou imperfeitas.

Normas perfeitas	Impõem a nulidade do ato praticado em desconformidade a elas e o restabelecimento do *status quo* anterior à prática do ato
Normas mais que perfeitas	Impõem não só a nulidade do ato e restabelecimento do *status quo* anterior, mas também sanção ao infrator

Normas menos que perfeitas	Acarretam a sanção do infrator, mas não preveem a nulidade do ato
Normas imperfeitas	São aquelas que são desprovidas de sanção

4. Quanto à natureza das disposições. Podem ser normas substantivas ou materiais, ou normas adjetivas ou formais.

Normas substantivas	São as que regulam as relações sociais, como é o caso do Código Civil
Normas adjetivas	São as que regulam as relações processuais, como é o caso do Código de Processo Civil

5. Quanto à sistematização. As normas podem ser codificadas, consolidadas, extravagantes ou esparsas.

Codificadas	São aquelas pertencentes à determinada codificação, que perfazem um todo normativo
Consolidadas	São normas reunidas em virtude de similitude de matérias de que tratam, como é o caso da CLT
Extravagantes ou Esparsas	São as normas que constituem as leis que tratam de tema específico, como é o caso da Lei dos Condomínios Edilícios e Incorporações Imobiliárias

XIII. Gnosiologia e Epistemologia Jurídica – Linguagem Jurídica, Lógica Formal e Método Dedutivo

1. Compreensão do Direito. A compreensão do Direito é uma atividade intelectual. Para que seja cientificamente aceitável, deve observar certos princípios, tipos e leis.

Compreender é trazer para dentro de si algo que está à sua frente. O conhecimento é uma conquista. Neste ato, é estabelecida uma relação entre o *sujeito* do conhecimento e o *objeto* a ser conhecido.

2. Linguagem jurídica. Toda ciência é enunciada por meio de linguagem que a torna ramo específico do saber. A Linguística é a área das ciências humanas que busca definir as relações semânticas, sintáticas e pragmáticas que estão em jogo na linguagem verbal humana.

A linguagem jurídica é considerada linguagem de segundo grau, uma vez que, embora se valha de determinada língua natural para desenvolver suas proposições e conceitos, confere aos termos sentido específico. Analisar os mecanismos pelos quais se desenvolve a linguagem jurídica representa um dos caminhos para a compreensão do estatuto científico do Direito.

2.1. Polissemia e monossemia. A semântica (semiologia) estuda a significação das palavras e expressões que utilizamos (o que denomina signos linguísticos), sendo certo que em língua natural as palavras podem possuir mais de uma significação. Já a linguagem jurídica torna os signos linguísticos monossêmicos, de modo que cada termo possui apenas um significado.

> *Exemplo*
>
> Em uma matéria jornalística é comum os termos "roubo" e "furto" serem utilizados um pelo outro, no entanto, na linguagem jurídica não é possível a utilização destes termos como sinônimos, uma vez que as consequências jurídicas na utilização de um ou outro termo são bem diversas.

3. Teorias da linguagem. As três principais formas de se estudar a linguagem dão-se por meio da análise do sistema de signos linguísticos que compõem determinada língua natural ou científica, pela significação que é empregada a cada signo linguístico, ou pelo processo de produção de enunciados realizados pelos falantes de determinada língua. À primeira forma de abordagem chamamos Semiótica Jurídica, à segunda chamamos Teoria dos Signos, à terceira chamamos de Teoria dos atos da fala (Pragmática).

a) Semiótica Jurídica: trata da sintaxe utilizada pelo Direito para determinar as prescrições e proibições que elenca como sistema de normas e o valor que estes termos ganham em oposição, analisando o que confere ao direito uma 'gramática' própria, que permite a fluência de sentido ao discurso jurídico.

b) Teoria dos Signos: Ocupa-se das relações entre significante e significado dos signos jurídicos considerados em si mesmos, enumerando as diversas formas pelas quais um conteúdo normativo pode ser veiculado (farol de trânsito, placa de trânsito, gestual, texto verbal).

c) Teoria dos Atos da Fala (Pragmática): trata a significação como processo de produção de enunciados, levando em consideração também os indivíduos envolvidos na comunicação humana e o alcance do enunciado quando é levado em consideração o contexto comunicacional.

4. Lógica formal. É a ciência das leis do pensamento enquanto estrutura formal, de acordo com Alaor Caffé Alves (*Lógica*. 4. ed. São Paulo: Quartier Latin, 2005, p. 78).

Estrutura formal corresponde a uma forma de raciocinar em abstrato. Ou seja, precisamos compreender nosso pensamento de acordo com os elementos que o tornam possível.

5. Método. É o ângulo específico por meio do qual contemplamos um objeto. Pode-se afirmar que é o ponto de vista que cria o objeto formal de estudos de determinada ciência.

Exemplo

Os fatos sociais, tomados como objeto material, podem ser estudados sobre diferentes pontos de vista. No caso de uma subtração de coisa alheia móvel, tal fato pode ser abordado sob o ponto de vista do sociólogo, do psicólogo e do jurista, por exemplo. Cada um deles vai observar o fato sob ângulos diversos, criando o objeto formal de suas respectivas ciências: o sociólogo vai indagar das causas socioeconômicas que levam à subtração de patrimônio; o psicólogo vai se ocupar das motivações psíquicas que levam o indivíduo a subtrair patrimônio; já o jurista ocupa-se em determinar o tipo penal aplicável àquele que comete crime de subtração de patrimônio.

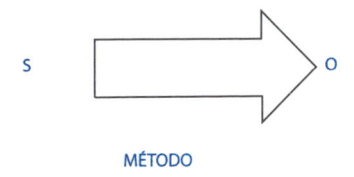

S ⟹ O

MÉTODO

6. Método da ciência jurídica. Dedução. Oferece um modo de desenvolvimento de pensamentos encadeados de maneira lógica. Desenvolve-se por meio de premissas, inferência e conclusão.

a) *Premissas*: são estruturas de pensamento passíveis de comprovação de veracidade. Premissa maior serve para assinalar uma verdade geral e incontestável; premissa menor serve para assinalar um fato particular, relacionado à premissa maior.

b) *Inferência*: é o modo de raciocínio que permite concluir alguma verdade com base no raciocínio.

c) *Conclusão*: é o produto da inferência.

Exemplo 1

Todo homem é ser mortal	Premissa maior
Sócrates é homem	Premissa menor
Logo	Inferência
Sócrates é ser mortal	Conclusão

Ser mortal é o termo maior
Todo homem é o termo médio
Sócrates é o termo menor

📢 Exemplo 2

Todo estado nacional é soberano	Premissa maior
Brasil é estado nacional	Premissa menor
Logo	Inferência
Brasil é soberano	Conclusão

Soberano é o termo maior
Todo estado nacional é o termo médio
Brasil é o termo menor

7. Dedução categórica. Do confronto de uma premissa maior com uma premissa menor, tiramos uma conclusão passível de verificação. É possível negar a validade das premissas, mas nunca o raciocínio formal em si.

8. Dedução hipotética. É uma possibilidade de ocorrência, pendente de uma condição a se realizar.

📢 Exemplo

Este quadro é preto ou vermelho
Ora, este quadro é preto,
Logo, este quadro não é vermelho.

XIV | Método Dedutivo e Raciocínio Jurídico

1. Método dedutivo e o Direito. No Direito, operamos todo tempo com raciocínio dedutivo categórico e hipotético.

Em primeiro lugar, a norma jurídica é um mandamento que se realiza formalmente. Por trás de todas as normas, temos a seguinte estrutura lógico-formal:

Se A é, então B deve-ser.

Exemplo

Se fulano empregado é, então salário deve-ser

Se sicrano homicida é, então a pena deve-ser

1.1. Norma jurídica como norma hipotética: Sob a perspectiva da lógica formal, a norma jurídica é concebida como uma norma hipotética ('Se quiser B, deve realizar A'), de acordo com as lições de Emmanuel Kant em "Metafísica dos Costumes", do que se distinguem das normas morais, que são governadas pelos 'imperativos categóricos'.

Em outras palavras, enquanto imperativos categóricos comandam uma ação que é boa em si mesma, incondicionalmente, o imperativo hipotético prescreve uma ação que não é boa em si mesma, mas que é condicionada para atingir determinado fim. No caso do direito, deve se agir conforme a norma jurídica para se obter benefício ou evitar uma sanção.

1.2. Norma principal e norma secundária: No exemplo acima, Hans Kelsen chamaria o primeiro imperativo de norma secundária, pois se dirige aos cidadãos, que a observam para escaparem da sanção, sendo que o autor entende como norma principal aquela que tem o juiz como destinatário final, impodo-lhe a aplicação de sanção àqueles que desobedecerem ao comando legal, tal como ocorre no segundo caso (aplicação de pena ao homicida).

2. Silogismo. Atividade intelectual por meio da qual praticamos tanto as deduções categóricas quanto as deduções hipotéticas. É por meio de um silogismo que encerramos a subsunção do fato à norma.

Neste caso, operamos com dedução categórica, sendo a premissa maior a norma jurídica, a premissa menor o caso em análise e a aplicação da norma (conclusão) se dá no confronto do caso concreto com a norma em análise.

> **Exemplo**

Homicídio é crime	Premissa maior (art. 121 do CP)
Beltrano é homicida	Premissa menor (caso em concreto)
Logo	Inferência (silogismo jurídico)
Beltrano cometeu crime	Conclusão (subsunção do fato à norma)

> **Importante**
>
> Aplicar a norma ao caso concreto não é produto de mero silogismo; trata-se de atividade intelectual complexa, pois, como já dissemos, as premissas podem estar equivocadas, devendo o magistrado se atentar a esse fato.

3. Norma jurídica e proposição jurídica. A norma jurídica tem função prescritiva, ou seja, dada uma determinada conduta, a aplicação da norma deve ocorrer, apoiada na noção de imputação.

Proposição jurídica tem função descritiva, relacionada à atividade dos juristas ao tratar da aplicação da norma. Trata-se de ato de conhecimento dos termos de determinada norma jurídica.

4. Distinção entre norma e proposição jurídica. Embora as duas sejam enunciados muito parecidos, a norma jurídica prescreve uma conduta à qual relaciona uma sanção, sendo submetida à verificação por meio da categoria *validade* x *invalidade*.

A verificação da proposição jurídica é realizada pela categoria *verdade* x *falsidade*.

> **Exemplo**

Art. 121, CP: enuncia a conduta matar alguém e determina a aplicação de sanção àquele que pratica a conduta prevista no tipo penal	Norma válida (não cabe indagar se é verdadeiro ou falso que matar alguém é crime)	Caráter prescritivo
A doutrina enuncia que todo aquele que matar alguém responderá por sua conduta cumprindo determinada pena	Enunciado verdadeiro (seria falso se dissesse que não é crime matar alguém)	Caráter descritivo

4. Princípio da imputação. A norma jurídica não trabalha com relações de causa e efeito, ou seja, como as coisas *são*, como ocorre, por exemplo, com as ciências naturais.

Por isso dizemos que os comandos legais são deônticos, da ordem do *dever-ser*. O antecedente da aplicação da norma é a conduta por ela descrita.

Não faz sentido buscar a *causa* da imputação de sanção a determinada conduta, já que ocorre a simples *obediência* ao comando legal para não sofrer as consequências nele prescritas.

XV | Método Indutivo e Raciocínio Jurídico

1. Indução. O sujeito do conhecimento, da observação de dados que lhe são apresentados, percebendo que os fenômenos se dão de modo recorrente, enuncia uma verdade geral com base nessa verificação.

2. Distinção entre indução e dedução. *Na indução*, o raciocínio parte do particular para o geral, ao passo que *na dedução*, primeiro é enunciada uma verdade geral que, depois, é confrontada com os casos particulares.

3. Indução generalizadora. É preciso, em primeiro lugar, observar determinada amostragem de dados e, verificando-se a recorrência e identidade de ocorrências, passamos à enunciação geral.

Dica

Pense nas cobaias utilizadas em laboratórios para verificar a eficácia de um medicamento.

Aplica-se o produto em 1.000 ratos; se funciona na maior parte da amostragem, pode-se inferir que é válido como meio de tratamento de determinada enfermidade para todos os casos.

4. Direito e indução generalizadora. Os juristas utilizam este método nos seguintes casos:

a) *Criação de jurisprudência*: diante de casos em concreto recorrentes e com objetos idênticos, os *tribunais* passam a decidir mais desta (jurisprudência dominante) ou daquela forma (jurisprudência minoritária). É por indução que se criam *súmulas*, como uma verdade geral a ser observada nos próximos casos semelhantes àqueles que criaram a jurisprudência.

b) *Aplicação dos costumes jurídicos*: para comprovação do efetivo uso do costume também aplicamos a indução, uma vez que devemos observar se aquela prática é constantemente adotada no cotidiano do corpo social.

c) *Criação de leis e verificação de eficácia*: o legislador induz, dos fatos em concreto, o tema a ser tratado pela lei. É também da observação dos fatos sociais que avalia a eficácia da norma.

Exemplo

As alterações no tipo penal do estupro para incluir estupro de vulneráveis, certamente em razão da reiterada veiculação na imprensa de violência sexual contra crianças.

5. Indução analógica. É aquela que aproxima casos semelhantes, concluindo que se funciona para o caso *A*, deve funcionar também para o caso *B*, em virtude de serem parecidos.

Exemplo

Retomando o exemplo da verificação da eficácia de um medicamento aplicado em ratos, tendo o resultado sido positivo, as indústrias químicas passam a produzir tal remédio em larga escala para utilização pelos homens.

Isto porque, sendo o organismo dos ratos muito parecido com o dos homens, é muito provável que funcione para estes também, por analogia.

6. Indução analógica e direito. É prevista no art. 4.º da Lei de Introdução às normas do Direito Brasileiro (LINDB) como meio de superar lacunas do ordenamento jurídico.

Exemplo

Aplicar uma norma que trata de comunicação via fax para comunicação via e-mail.

XVI - Intuição e Raciocínio Jurídico

1. Intuição. É forma de contato direto com determinado objeto que se coloca diante do sujeito do conhecimento. Seria o pensamento do tipo filosófico que, do contato com o sensível, enuncia uma proposição de caráter inteligível.

Antes de operarmos pensamento racional (dedutivo ou indutivo), tomamos contato direto com determinado objeto e passamos a estimá-lo sob determinado prisma de valor.

A intuição se relaciona com a força criadora, original de nosso pensamento, a ser processada, posteriormente, por nossa razão.

2. Direito e intuição. Tem a intuição relevância no Direito, uma vez que a aplicação da norma ao caso concreto não se encerra em mero raciocínio silogístico. O juiz, na análise das provas do processo, toma contato direto com objetos e deve estimá-los, sempre sob prisma de valor.

Daí a importância da intuição para aplicação do Direito, devendo o magistrado sempre dirigir sua intuição para a busca da justiça no caso concreto, não só para a aplicação da norma, mas também para a dosimetria da sanção.

Exemplo

O juiz, ao tomar contato com uma reclamação trabalhista, deve valorar a prova produzida, de acordo com sua livre convicção; esta livre convicção significa que ele lançará mão de seus valores para analisar o caso em concreto; do depoimento das partes, da oitiva de testemunhas, cujas declarações nem sempre convergem, deve o juiz intuir a ocorrência dos fatos pelo valor de veracidade que atribui aos depoimentos prestados em juízo.

XVII — Validade, Vigência, Eficácia e Aplicação da Norma Jurídica – Noções Gerais

1. Aplicação das normas jurídicas. Para iniciarmos o processo de aplicação da norma ao caso concreto, devemos verificar se, ao menos, ela possui existência, pois não se aplica norma que não foi promulgada e publicada no Diário Oficial, por ter sido objeto de veto presidencial, por exemplo.

Também é preciso verificar se está em vigência, tanto no âmbito espacial quanto no âmbito temporal.

2. Justiça, validade e eficácia. Importa à teoria do Direito abordar o processo de aplicação das normas jurídicas, tarefa complexa que supõe que o analista volte sua atenção para questões primordiais do Direito, tais como as noções de justiça, validade e eficácia das normas jurídicas.

3. Solução de antinomias. Considerando a aparente possibilidade de aplicação de duas normas a um mesmo caso em concreto, surge o problema da antinomia das normas jurídicas, cabendo à lei e à doutrina esclarecerem qual o caminho para se chegar à norma efetivamente aplicável.

4. Integração da norma jurídica. Embora se considere o ordenamento jurídico como um todo completo e harmônico, diante da impossibilidade de se prever todas as possíveis condutas humanas e ocorrências em sociedade, surge o problema das lacunas de direito, quando o aplicador da norma deve se socorrer dos meios de integração da norma (costume, analogia, princípios gerais de direito e equidade).

XVIII — Justiça, Validade e Eficácia

1. Validade e eficácia. Validade significa que a norma jurídica encontra amparo em determinado fundamento, que pode ser a justiça, a efetividade social ou a harmonia sistêmica com o ordenamento jurídico.

Eficácia significa que esta norma é observada pelos indivíduos em determinado tempo e espaço.

2. Divergências teóricas. Não há concordância entre os vários autores que tratam da validade e eficácia da norma jurídica.

Há aqueles que acreditam que o ideal de justiça é o que torna uma norma válida e eficaz; há os que sustentam que a validade é questão meramente formal; há os que pensam que a eficácia é o que confere validade à norma.

Temos, assim, três formas diferentes de tratar o tema:

a) *idealista*: o que confere validade à norma é a sua conformidade com o ideal de justiça, não sendo possível se falar em norma válida se for injusta. Leva a discussão sobre a validade para o campo da Ética;

b) *formalista*: para ser considerada válida, a norma deve ser emanada de autoridade competente, estar em vigência e ser compatível com o ordenamento jurídico em que se sustenta. Leva a discussão da validade para a Teoria Geral do Direito;

c) *realista*: é a observância da norma jurídica pelo corpo social (efetividade) que lhe confere validade. Leva a discussão da validade para a Sociologia Jurídica, ou para o processo histórico de consolidação das leis, ou, ainda, para a consideração da lei como fenômeno nascido das relações sociais.

Idealismo	Validade e eficácia = fundamento de justiça
Formalismo	Validade e eficácia = sistema lógico-formal
Realismo	Validade e eficácia = fenômeno social/histórico

3. Crítica à concepção idealista. O que é considerado justo para uma pessoa, pode ser considerado injusto para outra. Se o conceito de justiça remonta ao Direito Natural, conclui-se que não há concordância entre esses autores a respeito do que seria efetivamente esse ordenamento derivado da natureza, o que levaria à variação do conceito de validade da norma.

4. Crítica à concepção formalista. Até mesmo Hans Kelsen, na obra *Teoria pura do direito*, afirma que é condição para a validade da norma que seja observado o mínimo de eficácia.

Da mesma forma, deve haver conteúdo ético nas normas de conduta, uma vez que a redução da validade a mero aspecto formal já sustentou muitos regimes de exceção, como foi o caso da ditadura militar no Brasil.

5. Crítica à concepção realista. A ideia de um direito nascido da análise do caso concreto, considerando válidos apenas os comandos que são eficazes em determinada sociedade, abala alicerces fundamentais do direito, que são a segurança jurídica e a estabilidade das próprias relações sociais.

6. Os três critérios são independentes. De acordo com Norberto Bobbio (*Teoria geral do direito*. 3. ed. São Paulo: Martins Fontes, 2010, p. 40), tais critérios não se confundem, pois justiça não depende de validade e eficácia; validade não depende de justiça e eficácia; eficácia não depende de justiça e validade, de onde derivam as seguintes proposições:

Proposição	Exemplo
Uma norma pode ser justa sem ser válida	Normas de Direito Natural que, embora consideradas justas, não seriam válidas, por não estarem previstas em ordenamento jurídico.
Uma norma pode ser válida sem ser justa	Norma que previsse a segregação racial (*apartheid*), que fere senso de justiça, mas seria válida, se devidamente inserida em ordenamento jurídico.
Uma norma pode ser válida sem ser eficaz	Proibição do porte de substâncias entorpecentes no Brasil que, embora válida, não encontra eficácia no corpo social.
Uma norma pode ser eficaz sem ser válida	Certas normas de etiqueta que, embora não previstas em lei, são obedecidas pela sociedade.
Uma norma pode ser justa sem ser eficaz	Lei que proíbe dirigir embriagado; é justa porque quem o faz coloca em perigo a vida dos outros, mas não é eficaz, pois invariavelmente não é observada.
Uma norma pode ser eficaz sem ser justa	Escravidão no Brasil, plenamente eficaz até 1888, embora evidentemente injusta.

7. A posição de Norberto Bobbio. O autor critica o *reducionismo*, ou seja, a limitação da validade e eficácia da norma tanto sob o fundamento de sua justiça, de sua validade formal ou de sua eficácia, ponderando que para a compreensão da experiência jurídica todos os aspectos devem ser observados (*Teoria geral do direito*. 3. ed. São Paulo: Martins Fontes, 2010, p. 43-44).

8. A posição de Miguel Reale. O autor diferencia as diversas abordagens do tema, considerando o valor de justiça como fundamento da norma, a vigência da norma como validade formal (legitimidade do órgão, competência *ratione materiae*, legitimidade do procedimento) e a eficácia da norma como um de seus elementos fundamentais, na linha de sua "teoria tridimensional do direito" (*Lições preliminares de direito*. 27. ed. São Paulo: Saraiva, 2007, p. 105-115).

9. Validade formal. A questão do ideal de justiça da norma é tema que tratamos em Filosofia do Direito; a efetividade da norma é analisada na Sociologia do Direito, cabendo aqui tratar da validade formal da norma, que abrange sua existência, validade e vigência.

Existência	É a norma que é promulgada pelo Congresso Nacional e sancionada pelo Presidente da República, passando à sua publicação no Diário Oficial.
Validade	É a norma emanada de órgão competente, de acordo com as regras estabelecidas pelo ordenamento jurídico que integra, sendo que é a validade deste ordenamento que confere sustentação para todas as normas editadas pelos legisladores, de acordo com o conceito de norma fundamental de Hans Kelsen.
Vigência	A norma é de observância obrigatória em determinado território de acordo com o estabelecido na Lei de Introdução às normas do Direito brasileiro (LINDB), podendo ter vigência imediata, ou respeitar a *vacatio legis*, que pode ser prevista nas suas disposições finais e transitórias ou, na ausência de determinação, passará a vigorar 45 dias após a sua publicação.

10. Esferas de vigência. O estudo da vigência da norma pode se dar em diversas esferas: em relação às pessoas, à matéria, à sua aplicação no tempo e no espaço.

11. Vigência em relação às pessoas. Em regra, as normas são gerais, ou seja, aplicam-se a todos os jurisdicionados indistintamente. No entanto, há normas que se aplicam apenas a pessoas em situações específicas, como é o caso da Lei Orgânica da Magistratura, Código de Ética e Disciplina da Advocacia e até mesmo as sentenças judiciais.

12. Vigência em relação à matéria. As normas formam um sistema harmônico, de modo que a vigência de cada uma delas é limitada ao respectivo âmbito de aplicação, de acordo com o critério de divisão dos ramos do direito.

13. Vigência das leis no tempo. De acordo com o art. 1.º da Lei de Introdução às normas do Direito Brasileiro, a lei passa a vigorar, em todo país, 45 (quarenta e cinco) dias depois de oficialmente publicada, salvo disposição contrária.

A disposição contrária deve ser expressa, como ocorreu, por exemplo, no Código Civil de 2002, art. 2.044, que determinou prazo de 01 ano entre sua publicação e posterior vigência. A este período entre a publicação e vigência chamamos *vacatio legis*.

> **Importante**
>
> Nos termos do § 1.º, art. 1.º da LINDB, nos Estados estrangeiros, quando a lei brasileira for admitida, a *vacatio legis* entre a publicação e vigência é de 03 (três) meses.
>
> Havendo nova publicação de lei ao longo da *vacatio legis*, com a finalidade de corrigir o texto, os prazos mencionados passam a correr da nova publicação (art. 1.º, § 3.º, da LINDB). Se a lei já estiver em vigência, sua correção é considerada lei nova, nos termos do § 4.º do art. 1.º da LINDB.
>
> A Lei Complementar 95/1998, em seu art. 8.º, § 1.º, estabelece que a contagem de prazo das leis que estabelecem vacância far-se-á computando o dia da publicação e do último dia de prazo, entrando em vigor no dia subsequente à sua consumação integral.

14. Prazo de vigência. De acordo com o art. 2.º da LINDB, não se destinando a vigência temporária, a lei permanece em vigência até que lei nova a modifique ou revogue. É o princípio da continuidade das normas. Podemos citar as Leis Orçamentárias como leis que se destinam a vigência temporária.

15. Revogação. Significa tornar sem efeito uma norma, retirando sua obrigatoriedade. A revogação é termo amplo, que abrange dois outros termos: ab-rogação, que é a supressão total da norma anterior; e derrogação, quando torna sem efeito apenas um aparte da norma. (SIQUEIRA JUNIOR, Paulo Hamilton. *Teoria do direito*. São Paulo: Saraiva, p. 152).

Revogação
- Ab-rogação – revogação total
- Derrogação – revogação parcial

Introdução ao Estudo do Direito | **41**

> **Importante**
>
> Não obstante a disposição contida no § 1.º do art. 2.º da LINDB ("a lei posterior revoga a anterior quando expressamente o declare, quando seja com ela incompatível ou quando regule inteiramente a matéria de que tratava a lei anterior"), falando-se em revogação expressa (quando prevista na lei) ou tácita, a Lei Complementar 95/1998 determina, em seu art. 9.º, que haja cláusula de revogação enumerando expressamente leis e disposições legais revogadas.

16. Repristinação. O fato de lei revogadora deixar de ter vigência, não torna vigente a lei que revogara anteriormente, salvo disposição contrária, nos termos do § 3.º do art. 2.º da LINDB.

17. Direito intertemporal. A lei válida e em vigor é plenamente aplicável até que nova lei a revogue. No momento da revogação e vigência de nova norma, temos o que se convencionou chamar direito intertemporal, que analisa os casos ocorridos nos limites entre ambas.

Embora a lei nova tenha efeito imediato, deve respeitar o direito adquirido, o ato jurídico perfeito e a coisa julgada. É o que se depreende da leitura conjugada do art. 5.º, XXXVI, da CF/1988 e art. 6.º, § 2.º da LINDB e o que chamamos de *princípio da irretroatividade das leis*.

Direito adquirido é aquele já incorporado à esfera jurídica da pessoa, quer ao setor patrimonial (também conhecido como patrimônio), quer ao setor não patrimonial (os direitos e deveres não patrimoniais, inclusive os direitos de personalidade). É assim que, em matéria processual, por exemplo, se nova lei mudar o prazo de interposição de recurso já em contagem, o prazo será o da lei anterior. No entanto, se, por exemplo, antes de prolação de sentença, o prazo para interposição de recurso contra ela for alterado por lei nova, o prazo será o por esta determinado, uma vez que neste caso haveria, apenas, expectativa de direito.

Ato jurídico perfeito e a *coisa julgada* são fenômenos relacionados com os direitos adquiridos, sendo o primeiro aquele já consumado segundo a lei vigente ao tempo em que se efetuou (art. 6.º, § 1.º da LINDB), e o segundo a decisão judicial da qual já não caiba mais recurso (art. 6.º, § 3.º da LINDB) (FRANCO MONTORO, André. *Introdução à Ciência do Direito*. 28. ed. São Paulo: RT, p. 446).

> **Importante**
>
> Cabe ressaltar que no Direito Penal vigoram dois princípios:
> 1. Irretroatividade da lei mais severa;
> 2. Retroatividade da lei mais benéfica.

18. Vigência das leis no espaço. Em virtude das relações entre Estados Soberanos, é importante tratar da vigência das leis no espaço em nosso ordenamento jurídico. No Brasil, os princípios que regem a matéria são:

a) Princípio da territorialidade: aplica-se a lei do país que regula o regime jurídico de bens e obrigações (arts. 8.º e 9.º da LINDB);

b) **Princípio da extraterritorialidade (ou pessoal):** aplica-se a lei do domicílio da pessoa quando tratar de começo e fim da personalidade, o nome e a capacidade das pessoas, os direitos de família e sucessão (arts. 7.º e 10 da LINDB).

> **Importante**
>
> Nos termos do art. 17 da LINDB, as leis, atos e sentenças de outro país, bem como quaisquer declarações de vontade, não terão eficácia no Brasil, quando ofenderem a soberania nacional, a ordem pública e os bons costumes.

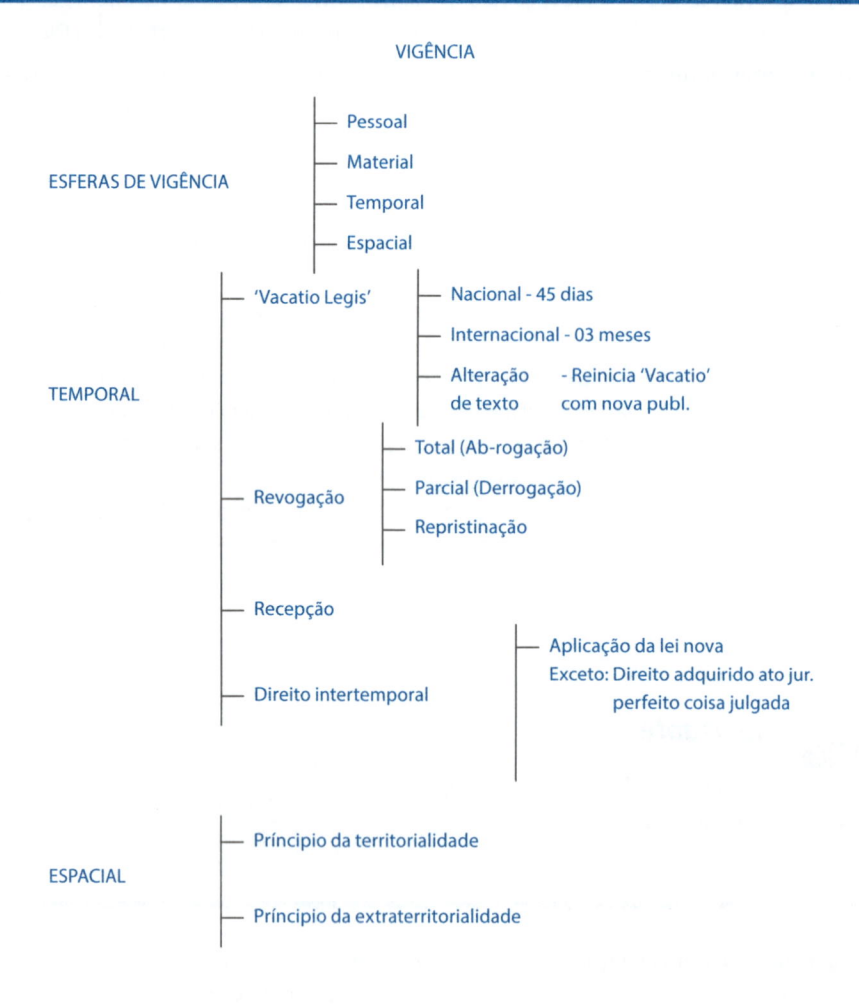

VIGÊNCIA

- **ESFERAS DE VIGÊNCIA**
  - Pessoal
  - Material
  - Temporal
  - Espacial

- **TEMPORAL**
  - 'Vacatio Legis'
    - Nacional - 45 dias
    - Internacional - 03 meses
    - Alteração de texto - Reinicia 'Vacatio' com nova publ.
  - Revogação
    - Total (Ab-rogação)
    - Parcial (Derrogação)
    - Repristinação
  - Recepção
  - Direito intertemporal
    - Aplicação da lei nova
      Exceto: Direito adquirido ato jur. perfeito coisa julgada

- **ESPACIAL**
  - Príncipio da territorialidade
  - Príncipio da extraterritorialidade

XIX | Solução de Antinomias

1. Sistema coerente. O sistema jurídico deve ser harmônico e coerente, não se admitindo a coexistência de duas normas aplicáveis, ao mesmo tempo, ao mesmo caso em concreto.

2. Antinomia. É o conflito (aparente ou real) entre duas normas em sua aplicação ao caso particular, cabendo ao aplicador do direito solucioná-lo, ou amparado por critérios previamente dados, ou observando a coerência do sistema de normas.

3. Ocorrência de antinomia. Para existir antinomia, devem ocorrer duas condições:
a) as duas normas devem pertencer ao mesmo ordenamento;
b) as duas normas devem ter o mesmo âmbito de validade, que pode ser temporal, espacial, pessoal ou material.

4. Gradação de antinomias. As antinomias podem ser divididas em três diferentes tipos, considerando a maior ou menor extensão de seus contrastes. Sob esse aspecto, de acordo com Alf Ross, as antinomias podem ser:
a) *Antinomia total-total*: as duas normas divergem na totalidade de suas previsões. Uma norma não pode ser aplicada sem entrar em conflito com a outra;

Exemplo

É permitido fumar na faculdade
X
É proibido fumar na faculdade

b) *Antinomia parcial-parcial*: as duas normas divergem parcialmente em suas previsões, mas são harmônicas em outra parte. A antinomia subsiste somente para aquela parte que elas têm em comum;

Exemplo

É permitido fumar cachimbo e charuto na faculdade
X
É proibido fumar cachimbo e cigarro na faculdade

c) *Antinomia total-parcial*: uma das normas tem âmbito de validade mais restrito, sendo parcialmente igual ao âmbito de outra norma mais abrangente. Nesse caso, a primeira norma não pode ser aplicada sem entrar em conflito com a segunda; já a segunda tem campo de aplicação que não entra em conflito com a primeira.

Exemplo

É permitido fumar apenas cachimbo na faculdade

X

É proibido fumar na faculdade

5. Classificação das antinomias. Podem ser classificadas em:

a) *Próprias*: quando é possível observar a existência de duas normas em conflito no ordenamento jurídico.

b) *Impróprias*: não há conflito entre normas objetivamente previstas pelo legislador.

No caso das antinomias impróprias, o conflito se dá:

a) na esfera dos princípios (liberdade x segurança, por exemplo);

b) na valoração das normas (previsão de pena mais severa para um caso menos grave e previsão de pena menos severa a caso mais grave);

c) na finalidade de duas normas, que as torna incompatíveis sob esse aspecto (teleológica).

6. Divisão das antinomias próprias. Podem ser:

a) *Aparentes* e, portanto, solúveis quando aplicados certos critérios de afastamento de antinomia.

b) *Reais* e, portanto, insolúveis, não havendo critério para a solução de antinomia.

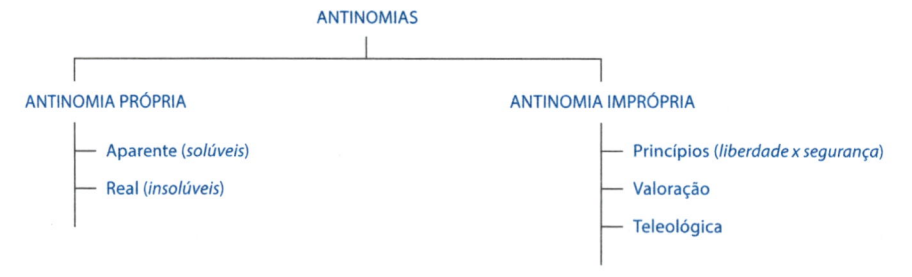

```
                         ANTINOMIAS
              ┌──────────────┴──────────────┐
     ANTINOMIA PRÓPRIA              ANTINOMIA IMPRÓPRIA

      ─ Aparente (solúveis)          ─ Princípios (liberdade x segurança)
      ─ Real (insolúveis)            ─ Valoração
                                     ─ Teleológica
```

7. Solução das antinomias aparentes. Podem ser solucionadas por meio da aplicação de um dos seguintes critérios:

a) *Cronológico* (lex posteriori derogat priori). A lei posterior prevalece sobre a lei anterior total (ab-rogação) ou parcialmente (derrogação), pois a revogação da norma serve para atualizar o sistema, não fazendo sentido permanecer válida a norma anterior;

b) *Hierárquico* (lex superior derogat inferiori). A lei hierarquicamente superior prevalece sobre a lei hierarquicamente inferior, pois a lei inferior possui menor poder normativo do que a norma superior;

c) *Especialidade* (lex specialis derogat generali). A lei especial prevalece sobre a lei geral, pois corresponde a uma exigência fundamental de justiça, dando igual tratamento a pessoas que pertencem à mesma categoria.

> **Importante**
>
> Apenas o conflito em razão da especialidade é antinômico, devendo ser aplicado *porque* há uma antinomia.
> Quando há conflito cronológico ou hierárquico, a solução deve ser aplicada *quando* há antinomia.

8. Antinomias insolúveis. A aplicação dos critérios cronológico, hierárquico e de especialidade não serve para solucionar as antinomias quando:

a) *as normas são contemporâneas*;

b) *as normas estão no mesmo nível hierárquico*;

c) *as duas normas são gerais*.

Nesse caso, o aplicador da norma, na falta de critérios para solução, poderá optar por:

a) *Eliminar uma das normas*: para a solução da antinomia, o aplicador dá interpretação que ab-roga uma das normas;

b) *Eliminar as duas normas*: para a solução da antinomia, o aplicador se decide por não utilizar nenhuma das normas, havendo interpretação pela dupla ab-rogação, gerando uma lacuna de norma;

c) *Conservar as duas normas*: é a aplicação mais comum, quando o aplicador não afasta normas aplicáveis, mas apenas elimina a incompatibilidade entre elas.

A questão também pode ser solucionada pelo legislador, editando norma derrogatória, determinando qual delas deve ser aplicada.

ANTINOMIAS DE 1º GRAU
próprias

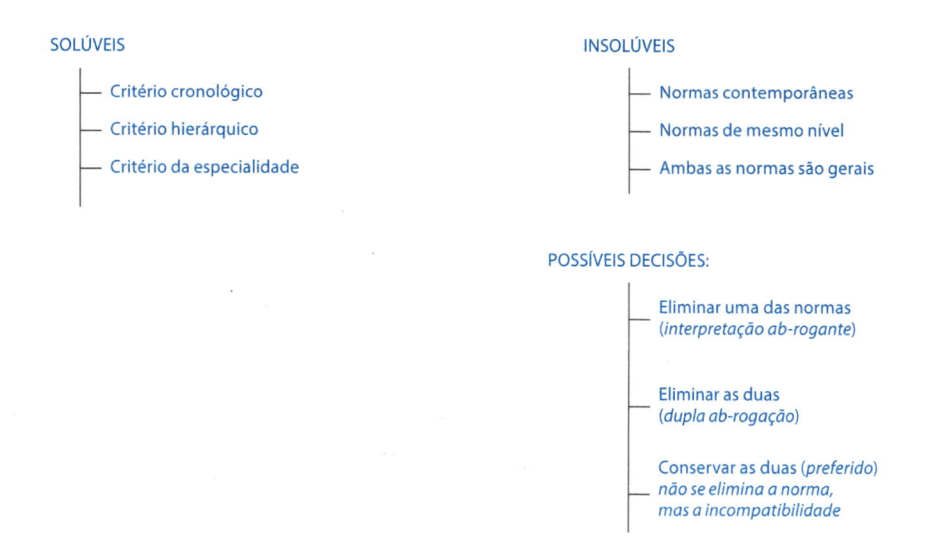

SOLÚVEIS
- Critério cronológico
- Critério hierárquico
- Critério da especialidade

INSOLÚVEIS
- Normas contemporâneas
- Normas de mesmo nível
- Ambas as normas são gerais

POSSÍVEIS DECISÕES:
- Eliminar uma das normas (*interpretação ab-rogante*)
- Eliminar as duas (*dupla ab-rogação*)
- Conservar as duas (*preferido*) não se elimina a norma, mas a incompatibilidade

9. Antinomias de segundo grau. Ocorrem quando há conflito entre os critérios para solucionar as antinomias entre as normas jurídicas (que são antinomias de primeiro grau). Sempre que isso ocorrer, deve prevalecer o critério mais forte:

a) *Conflito entre o critério hierárquico e o critério cronológico*: quando uma norma anterior superior conflitar com uma norma posterior inferior, prevalece o critério hierárquico;

b) *Conflito entre o critério de especialidade e o critério cronológico*: quando uma norma especial anterior conflitar com uma norma geral posterior, geralmente, prevalece o critério da especialidade;

c) *Conflito entre o critério hierárquico e da especialidade*: os dois critérios são fortes, não havendo prevalência necessária de um critério sobre o outro.

De acordo com Maria Helena Diniz (*Compêndio de introdução à ciência do direito*, 18. ed. São Paulo: Saraiva, 2006, p. 486), o aplicador da norma deverá agir com discricionariedade, devendo observar os fatos e valores envolvidos na aplicação da norma, para optar pela que for mais favorável, baseado na experiência ideológica do momento atual.

O legislador também pode solucionar esta antinomia editando norma derrogatória que prevê a aplicação de norma específica para esses casos.

10. Dever de coerência e antinomias insolúveis. De acordo com Bobbio (*Teoria geral do direito*, 3. ed. São Paulo: Martins Fontes, 2010, p. 266), considerando que a antinomia é um mal que deve ser repelido do ordenamento jurídico, as regras de solução de antinomias são dirigidas ao legislador e ao juiz, ordenando ao primeiro que não crie normas que sejam incompatíveis com outras normas do sistema e, ao segundo (juiz) que, caso se depare com antinomias, seu dever é eliminá-las.

ANTINOMIAS DE 2º GRAU

SOLÚVEIS
- Critério hierárquico x cronológico (*vence hierárquico*)
- Critério especialidade x cronológico (*vence o da especialidade*)

INSOLÚVEIS
- Critério hierárquico x especialidade (*possível decisão: dever de coerência*)

XX | Integração do Ordenamento Jurídico

1. Definição. Entre os momentos de aplicação das normas aos casos em concreto, a integração da norma jurídica serve para suprir lacunas do sistema legal, em virtude de ausência de regra específica.

2. Lacuna e completude do sistema. Lacuna é a ausência de norma para a resolução do caso em concreto. Considerando que o ordenamento jurídico pressupõe logicamente sua completude, há a necessidade de preenchimento desta lacuna, ao que chamamos de colmatação.

> **Dica**
>
> Para não confundir integração da norma com solução de antinomias, basta lembrar que a integração serve para manter a *completude* do sistema jurídico, ao passo que a solução de antinomias serve para manter a *coerência* deste sistema.

3. Divergência doutrinária. Dependendo do ponto de vista considerado, divergem os autores a respeito da possibilidade de efetiva ocorrência de lacunas no sistema de normas jurídicas.

a) *Positivistas*: Para os normativistas (Hans Kelsen, por exemplo), que entendem o direito como um sistema fechado, coerente e completo, não haveria possibilidade de lacunas no ordenamento, haja vista que aquilo que não é previsto nem proibido pelas normas postas, é permitido.

b) *Direito Livre*: Há autores que, por entenderem que o sistema jurídico é aberto e que, por isso, depende de outros sistemas para se tornar completo (sistema social, sistema ético, por exemplo), defendem que sempre há lacunas no ordenamento, uma vez que, com o tempo, a norma posta pelo legislador se afasta da vida em sociedade (Herman Kantorowicz).

c) *Neopositivismo*: Modernamente, autores ditos neopositivistas (Karl Bergbohm), com a finalidade de recuperar a credibilidade do pensamento normativo do Direito, determinam que a completude do sistema jurídico não é um mito, mas uma exigência de justiça, apoiada na certeza conferida pela norma jurídica.

4. Identificação de lacunas. Uma vez admitida a existência de lacunas, a primeira medida é identificá-las, o que pode ser entendido como momento do processo de aplicação da norma, concomitante à colmatação das lacunas, cuja tarefa cabe ao juiz realizar.

5. Espécies de lacunas. As lacunas podem ser de várias espécies, das quais destacamos:

a) *Próprias e Impróprias*: a lacuna própria é aquela que se verifica da análise do sistema jurídico considerado em si mesmo e é colmatada pela atuação do intérprete. A lacuna imprópria é verificada quando se confronta o sistema de normas com um ordenamento do tipo ideal, como aquele fornecido pelo Direito Natural, e é resolvida com a edição de norma pelo legislativo.

b) *Subjetivas e Objetivas*: a lacuna subjetiva dá-se por motivo atribuível ao legislador, ao passo que as objetivas ocorrem em virtude da evolução da sociedade, das tecnologias ao longo do tempo, que não poderiam ser previstas pelo legislador no momento da produção de normas.

c) *Voluntárias e Involuntárias*: as lacunas subjetivas podem se dar por descuido do legislador (involuntárias), ou por omissão deliberada, em virtude da complexidade do tema, optando o editor da lei por entregar ao juiz a solução da lacuna ao aplicar a norma ao caso concreto (voluntárias).

6. Mecanismos de colmatação das lacunas. De acordo com o nosso ordenamento jurídico, havendo lacuna, deve-se colmatá-la por meio de analogia, costume e princípios gerais de direito (art. 4.º da LINDB e art. 126 do CPC).

7. Heterointegração e autointegração. Dependendo dos mecanismos de preenchimento das lacunas do ordenamento, dizemos que há heterointegração ou autointegração.

a) *Heterointegração*: verifica-se quando o aplicador do direito socorre-se de mecanismos que estão fora do sistema de normas para eliminar a lacuna. Tanto pode se dar apelando-se ao Direito Natural e seus princípios, como se utilizando de fontes consideradas secundárias pelo ordenamento jurídico (costume, por exemplo).

> **Importante**
>
> No nosso ordenamento jurídico, é autorizado ao aplicador da norma valer-se apenas dos costumes jurídicos e da jurisprudência, não sendo possível aplicar-se diretamente uma solução doutrinária para a criação de norma integradora do sistema. A respeito do costume jurídico e jurisprudência, vide capítulos V e VI desta obra.

b) *Autointegração*: utiliza-se de meios fornecidos pelo próprio sistema em que se encontra a lacuna para a integração da norma. São a analogia e os princípios gerais de direito.

8. Analogia. É a aplicação de uma norma existente no ordenamento jurídico para disciplinar caso semelhante para o qual não há norma prevista.

> **Importante**
>
> Para aplicar a analogia, em primeiro lugar, é preciso constatar a efetiva ocorrência de lacuna. E, em segundo lugar, anotar a semelhança *relevante* entre os dois casos.
>
> Bobbio (*Teoria geral do direito*. 3. ed. São Paulo: Martins Fontes, 2010, p. 305) dá o exemplo de se aplicar norma que proíbe a circulação de livros com conteúdo pornográfico a músicas com o mesmo conteúdo.

9. Analogia legis e analogia juris. A *analogia legis* vale-se do método indutivo para a integração do ordenamento jurídico (vide capítulo XV deste curso).

Já a *analogia juris* extrai nova regra para caso imprevisto a partir de análise de todo o sistema ou parte dele. É o que chamamos de aplicação dos princípios gerais de direito para colmatação das lacunas.

Introdução ao Estudo do Direito | 49

10. Analogia e interpretação extensiva. A finalidade da *analogia* é a criação de nova norma, ao passo que a finalidade da *interpretação extensiva* é a ampliação do alcance da norma a casos não previstos diretamente por ela.

Exemplo

É considerado analogia utilizar uma regra que trata de locação para contratos de comodato. Nesse caso, em virtude de semelhança relevante entre os institutos, cria-se uma nova regra para o comodato.

No caso da lei considerar mediador aquele que induz as partes para a conclusão de um negócio e o intérprete considerar mediador também aquele que colabore na conclusão do negócio, quando as partes já iniciaram as tratativas por conta própria, há interpretação extensiva, pois há apenas a redefinição de um termo (mediador) e não a criação de nova norma. (BOBBIO, Norberto. *Teoria geral do direito*. 3. ed. São Paulo: Martins Fontes, 2010, p. 307)

11. Princípios gerais de direito. Segundo Miguel Reale, os princípios gerais de direito (PGD's) seriam enunciações normativas de valor genérico que condicionam e orientam a compreensão do ordenamento jurídico, tanto na sua aplicação e integração, como na criação de novas normas. (*Lições preliminares de direito*. 27. ed. São Paulo: Saraiva, 2007, p. 304).

12. Princípios gerais de direito expressos. São aqueles que se apresentam sob a forma de norma no sistema jurídico, como é o caso da isonomia, do princípio da anterioridade, previstos na Constituição Federal.

Importante

Se aplicarmos um PGD que está previsto em lei, não há integração do ordenamento jurídico, mas interpretação sistemática do direito.

13. Princípios gerais de direito implícitos. São aqueles que se depreendem da análise do ordenamento jurídico vigente, embora não tomem forma de lei escrita. São aplicados para a integração da norma, como aqueles princípios que enunciam que:

a) ninguém pode transferir ou transmitir mais direito do que tem;

b) a boa-fé é presumida e a má-fé deve ser provada;

c) deve-se favorecer aquele que procura evitar um dano àquele que busca realizar ganhos.

14. Equidade. É modo de correção na aplicação do direito, com vistas à realização da justiça. No nosso ordenamento jurídico, só pode ser aplicada a equidade quando expressamente previsto por lei (*equidade judicial*), tal como ocorre:

a) art. 11, II, da Lei 9.307/1996, que autoriza os árbitros a julgar por equidade, havendo manifestação das partes nesse sentido;

b) art. 1.586 do CC, que permite ao juiz determinar a situação do menor para com os pais de acordo com os interesses daquele;

c) art. 8.º da CLT, que determina às autoridades administrativas e à Justiça do Trabalho, na falta de disposições legais ou contratuais, aplicar, dentre outros mecanismos de integração, a equidade, de maneira que nenhum interesse particular ou coletivo prevaleça sobre o interesse público;

d) art. 6.º da Lei 9.099/1995 (Juizados Especiais), que determina que o juiz adote, em cada caso, a decisão que entender mais justa e equânime, conforme os anseios sociais e as exigências do bem comum.

15. Graduação dos métodos de integração. Alguns entendem que, uma vez constatada a lacuna, se deve, em primeiro lugar solucioná-la pela analogia. Não sendo possível, parte-se para o costume. E, por fim, na ausência deste último, parte-se para os princípios gerais de direito (Clóvis Beviláqua).

Miguel Reale sustenta que é perfeitamente possível a aplicação conjunta dos três instrumentos de colmatação das lacunas, uma vez que, ao aplicar a analogia, não há como excluir os princípios do sistema e tampouco os costumes.

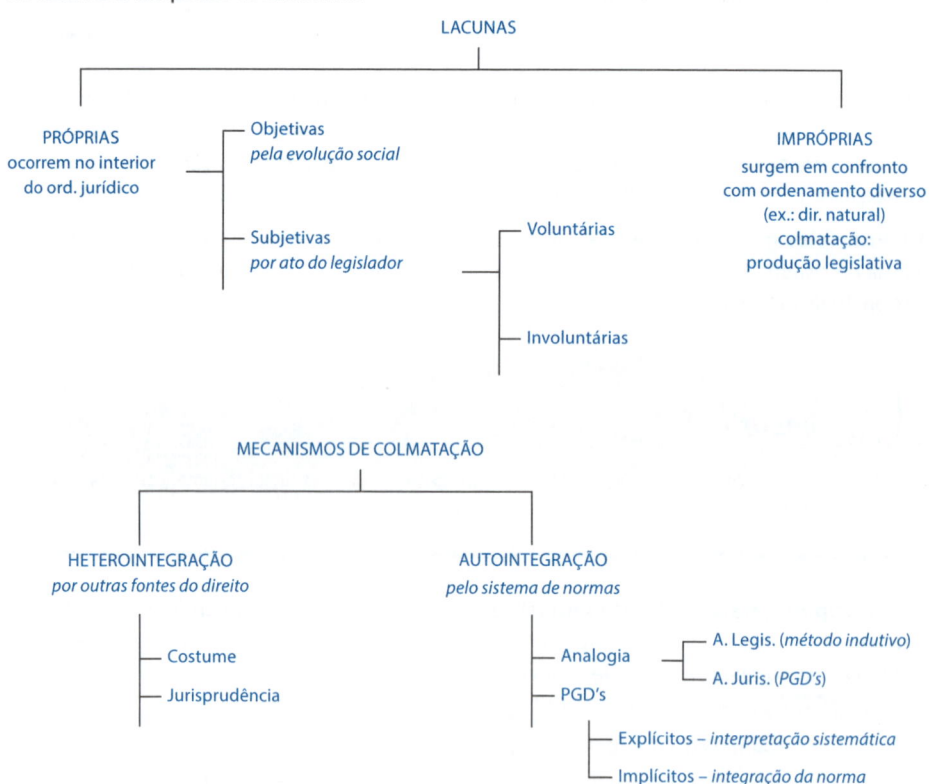

```
                                    LACUNAS
         ┌─────────────────────────────┴─────────────────────────────┐
      PRÓPRIAS          ┌── Objetivas                              IMPRÓPRIAS
   ocorrem no interior  │    pela evolução social                surgem em confronto
      do ord. jurídico ─┤                                        com ordenamento diverso
                        │                          ┌── Voluntárias    (ex.: dir. natural)
                        └── Subjetivas             │                    colmatação:
                            por ato do legislador ─┤                 produção legislativa
                                                   │
                                                   └── Involuntárias


                            MECANISMOS DE COLMATAÇÃO
               ┌─────────────────────┴─────────────────────┐
         HETEROINTEGRAÇÃO                            AUTOINTEGRAÇÃO
      por outras fontes do direito                 pelo sistema de normas

          ┌── Costume                         ┌── Analogia    ┌── A. Legis. (método indutivo)
          │                                   │              ─┤
          └── Jurisprudência                  │               └── A. Juris. (PGD's)
                                              └── PGD's

                                                   ┌── Explícitos – interpretação sistemática
                                                   └── Implícitos – integração da norma
```

XXI — Interpretação da Norma

1. Interpretação da norma. Interpretar é revelar o sentido objetivamente válido de uma norma jurídica contido nas leis, regulamentos, costumes e fixar seu alcance.

2. Escolas de interpretação. Para que o produto da interpretação seja cientificamente válido, precisamos nos socorrer em algum modelo de raciocínio.

A hermenêutica jurídica nos oferece diversos modelos de interpretação da norma, que serão a seguir explicitados.

3. Escola da exegese. É o chamado método tradicional, sistema tradicional ou legalista, que se inicia com a promulgação do Código Civil francês e vai se enfraquecendo como referência até perder espaço em 1899, quando a obra de François Geny anunciou-lhe o fim ao contestar a aplicação da norma como mero silogismo.

4. Escola científica. A obra de Savigny dá início a período também conhecido como *sistema moderno de interpretação*, que abarca, de acordo com Chaïm Perelman, as concepções teleológicas, funcionais e sociológicas de abordagem da norma.

5. Escolas contemporâneas. A evolução do pensamento jurídico na contemporaneidade/pós-modernidade traz novas perspectivas à análise do Direito, notadamente nas lições de Ronald Dworkin, Michel Villey, Chaïm Perelman, Theodor Viehweg, Luís Recaséns Siches e da Escola da Hermenêutica Constitucional, propondo novas premissas para a análise das normas jurídicas.

6. Interpretação e ideologia. Ao realizar a interpretação da norma, a ideologia do intérprete vai determinar os critérios que utilizará para atingir seus fins, sempre ditados por seu universo de valores e da própria concepção de Direito que tem. É por isso que, a partir da análise de um mesmo texto legal, é possível se chegar a interpretações diferentes.

Sobre hermenêutica, consultar nesta obra os capítulos referentes a esse tema.

XXII — Espécies de Interpretação – Quanto à Origem

1. Espécies de interpretação. Para apresentar-se de maneira mais didática, a interpretação costuma ser fracionada ou classificada quanto às fontes ou origem, quanto aos meios que emprega e quanto aos resultados que alcança.

Esquematicamente podemos representar da seguinte maneira:

INTERPRETAÇÃO DA NORMA

QTO À ORIGEM	QTO AO MÉTODO	QTO AO ALCANCE
Autêntica	Gramatical	Declarativa
Judicial	Lógico-sistemática	Extensiva
Doutrinária	Histórica	Restritiva
	Sociológica	
	Teleológica	

2. Interpretação quanto à origem. No tocante às fontes, sujeitos ou agentes de que emanam as interpretações, subdividem-se nas seguintes espécies:

a) Autêntica;
b) Judicial;
c) Doutrinária.

3. Interpretação autêntica. É aquela realizada pelo próprio legislador que elabora outra norma para esclarecer o significado e alcance de uma primeira. Para autores que entendem que é a vontade do legislador que se deve buscar na interpretação da norma, esta espécie de interpretação deveria ser sempre a utilizada.

Exemplo

As Exposições de Motivos contidas no preâmbulo do Código Penal e a maneira como o legislador expõe o modo de abordagem deste diploma legal.

4. Interpretação judiciária ou jurisprudencial. É aquela realizada pelos juízes e tribunais. Proferir uma decisão judicial significa tornar o comando legal, geral e abstrato, em norma particular, considerando os aspectos do caso em concreto.

O tema interpretação judicial já rendeu muita discussão, especialmente no auge do fetichismo normativo, quando não era dado ao magistrado senão aplicar raciocínio silogístico para depreender a lei aplicável ao caso concreto.

5. Interpretação doutrinária. É a interpretação advinda dos estudiosos do Direito, os doutores, mestres, enfim juristas que através de obras, pareceres e demais publicações buscam atribuir à norma sentido e alcance.

XXIII — Espécies de Interpretação – Quanto ao Método

1. Interpretação quanto aos meios ou métodos de interpretação. Quanto aos meios utilizados, a interpretação pode ser:
a) Gramatical;
b) Lógico-sistemática;
c) Histórica;
d) Sociológica;
e) Teleológica

2. Interpretação gramatical. O legislador, para traduzir seu pensamento e fazê-lo circular em sociedade, deve expressá-lo por intermediário linguístico. Tal pensamento vai se desenvolvendo através de estruturas sintáticas e escolhas semânticas.

O método gramatical de interpretação é aquele segundo o qual se examina o significado literal do texto jurídico, seja a palavra de maneira isolada ou na frase.

3. Interpretação lógico-sistemática. Uma palavra, isoladamente, não possui necessariamente o mesmo significado quando colocada em determinado contexto discursivo. Do mesmo modo, uma oração, uma frase e um texto como um todo ganham maior sentido quando confrontados com os demais que pertencem ao mesmo universo discursivo.

É assim que a tarefa do intérprete da lei, iniciada gramaticalmente, ganha realce com o confronto de seu texto de acordo com os preceitos da lógica formal, além de considerar aquele artigo de lei, aquele parágrafo, inciso ou alínea, não isoladamente, mas como parte integrante de um todo legislativo, quando ganha maior significação.

Modernamente, todos os ramos do Direito devem ser interpretados de acordo com os mandamentos e princípios constitucionais, sendo comum se falar em Direito Civil Constitucional, Direito Penal Constitucional etc.

4. Interpretação histórica. É preciso que o intérprete faça uma análise diacrônica, ou seja, do processo de criação e evolução da compreensão da norma jurídica. Considera, nesses casos, o momento histórico que motivou a edição da norma para delimitar o seu sentido e aplicá-la adequadamente em momento histórico distante daquele em que a aquela foi promulgada.

5. Interpretação sociológica. Além de uma análise diacrônica, muitas vezes é necessário fazer um recorte de determinado momento histórico para depreender, agora sob o método sincrônico, ou seja, por meio de um recorte no tempo, as causas sociais que influenciaram na aplicação de determinada norma.

Os valores sociais compartilhados em determinado tempo e espaço só podem ser diversos daqueles que permeiam a sociedade em outro tempo e espaço. É aí que a análise sociológica das normas jurídicas ganha maior relevo.

6. Interpretação teleológica. Neste caso, o que se busca é a *mens legis* no que concerne à sua finalidade, baseado nos estudos das escolas alemãs que dão especial relevo à finalidade da lei quando foi elaborada, para além da sucinta análise de seus elementos meramente formais e gramaticais.

> **Exemplo**
>
> Ao analisar o art. 20 da Lei 8.036/1990 (que trata de regras para o saque de FGTS), deve-se atentar ao fim social desta norma, que é a subsistência do beneficiário, ampliando o rol dos casos previstos nos incisos do aludido artigo.

XXIV — Espécies de Interpretação – Quanto ao Alcance

1. Interpretação declarativa. O intérprete, diante da clareza do texto legal, deveria apenas declarar seu sentido e alcance, aplicando-o exatamente do modo como foi publicado, sem estendê-lo ou restringi-lo, com vistas a conformar a vontade da lei ao caso em concreto.

Exemplo

O art. 27 do CP diz que os menores de 18 anos são inimputáveis. Assim, não é possível aplicar pena a menores de 18 anos, não sendo possível estender sua aplicação para quem cometeu infração penal quando contava com 17 anos 11 meses e 29 dias de idade.

2. Interpretação extensiva. Neste caso, o intérprete amplia o alcance da norma, procedendo a uma análise extensiva de seus ditames, a fim de aproximá-la do caso em concreto.

Exemplo

A Lei 8.009/1990, que trata da impenhorabilidade do bem de família deve ser interpretada extensivamente para proteger o imóvel em que reside, sozinho, o devedor solteiro (STJ – Embargo de Divergência em REsp 182.223/SP).

Importante

Na área do Direito Penal e do Direito Tributário, sabemos que, em virtude do princípio da estrita legalidade, não é permitido ao intérprete ampliar o alcance da norma para, assim, capitular como criminosas/hipóteses de incidência tributária, casos que não são expressamente definidos em lei.

3. Interpretação restritiva. Aqui, à luz do caso em concreto, o intérprete limita o alcance da norma, a fim de ajustar a vontade da lei.

Exemplo

Normas que restringem a liberdade dos jurisdicionados (normas proibitivas) devem ser analisadas de forma a restringir seu alcance.

"Em tema de liberdade, a interpretação há de ser sempre em seu obséquio e, portanto, restritiva, excluindo, por certo, qualquer outra, assim como a aplicação analógica ou subsidiária de norma, devendo ser afirmada, por isso, a inadmissibilidade da assistência de acusação, no processo de *habeas corpus*."

(STJ, AgRg no HC 55.631/DF, 6.ª T., rel. Min. Hamilton Carvalhido, j. 12.12.2006, *DJ* 29.09.2008)

Importante

Uma espécie de interpretação é concorrente com as demais. Assim, podemos falar em interpretação judicial (quanto à origem), teleológica (quanto ao método) e extensiva (quanto ao alcance), e assim por diante.

Do mesmo modo, no que diz respeito à interpretação da norma quanto ao método, não existe uma hierarquia ou ordem de interpretação, sendo possível iniciar a análise da norma pelo critério teleológico e, conforme o caso, buscar auxílio no critério lógico-sistemático para a conclusão do raciocínio, excluindo o critério gramatical, por exemplo.

XXV — Teoria do Direito Subjetivo

1. Colocação do problema. Ao lado do direito objetivo, que são as normas jurídicas postas pelo Estado para regular as relações sociais (*norma agendi*), há o direito subjetivo, ou seja, a possibilidade de realização do que é previsto em lei pelos indivíduos (*facultas agendi*).

2. Norma agendi x facultas agendi. A relação entre os dois termos importa para esclarecer que o direito não considera qualquer *faculdade* que os indivíduos têm em suas vidas como relevante, mas apenas aquelas que são previstas em lei. Assim, é impossível conceber-se o direito subjetivo sem a existência do direito objetivo que o regula.

3. Natureza do direito subjetivo. Divergem os autores a respeito da natureza deste poder de agir relacionado ao indivíduo.

Para alguns, trata-se da expressão da vontade; para outros, trata-se de um interesse; para terceiros, é a fusão de vontade e interesse, ou ainda a mera decorrência de uma prescrição normativa.

4. Direito-faculdade. Dois importantes autores sustentam que o direito subjetivo é a vontade juridicamente protegida: Savigny e Windscheid. Esta forma de pensar relaciona-se ao reconhecimento do Direito Natural como anterior e fundador do Direito Positivo, colocando o indivíduo, e não a norma jurídica, no centro das atenções do Direito.

5. Crítica. O direito subjetivo, em algumas situações, não depende da vontade do indivíduo a quem diz respeito.

Isso ocorre quando, por exemplo, nossa legislação prescreve que o empregado *deve* gozar férias, independentemente de sua vontade; quando o Código Civil protege, desde a concepção, os direitos do nascituro etc.

O próprio Windscheid, revendo sua postura diante das críticas, passa a sustentar que a vontade a que se refere é a vontade normativa, ou seja, não qualquer *querer*, mas *o poder jurídico de querer*.

6. Direito-interesse. Jhering sustenta que o direito subjetivo é o interesse juridicamente protegido. Ao contrário da visão do direito como um fenômeno da vontade do indivíduo, o *direito-interesse* considera que apenas o interesse efetivamente previsto em lei é que pode fazer surgir direito subjetivo.

> **Dica**
>
> Pensando a relação entre o direito objetivo e o direito subjetivo sob esse ponto de vista, o primeiro seria uma película de revestimento (proteção) que envolve um núcleo (direito subjetivo como interesse protegido por lei). O direito subjetivo seria justamente esse núcleo protegido por meio de uma norma jurídica.

7. Crítica. O problema desta concepção de direito subjetivo é que nem sempre o interesse protegido por lei cria um direito subjetivo, como ocorre quando a Constituição Federal protege o patrimônio histórico por ter interesse em seu valor estético.

Com efeito, definir o direito subjetivo como interesse é utilizar um termo tão amplo, que acaba por colocar a questão no campo da indeterminação conceitual.

8. Teoria eclética. Para certos pensadores, entre eles Jellinek, para se chegar a uma definição de direito subjetivo completa, é necessário harmonizar a visão de direito como vontade e interesse, uma vez que o interesse abrange a vontade. O direito é o interesse protegido enquanto atribui a alguém um poder de querer.

9. Crítica. Considerando que a teoria eclética é a soma dos pensamentos das duas teorias anteriores (*direito-vontade* e *direito-interesse*), soma também o problema daquelas e recebe as mesmas críticas disparadas contra as duas correntes de pensamento.

10. Posição de Hans Kelsen. Para este autor, o direito subjetivo nasce com a norma que o prevê, é um reflexo daquilo que é devido por alguém em virtude de uma regra de direito. Não considera relevante a vontade ou o interesse senão os que são frutos de prescrição legal.

11. Posição de Miguel Reale. De acordo com o autor e a sua visão tridimensional do Direito (fato, valor e norma), a norma posta e o direito subjetivo que aquela prevê são elementos concomitantes e complementares.

Concomitantes porque o direito subjetivo se acha configurado abstratamente na prescrição legal, ou seja, ocorrem ao mesmo tempo.

Complementares porque não se pode supor a garantia normativa de conduta sem que jamais surja o momento de sua realização.

12. Situações subjetivas. Nem tudo que é previsto em lei faz surgir, necessariamente, um direito subjetivo para o indivíduo, compreendido como a realização de uma vontade juridicamente prevista e garantida.

Há situações jurídicas que não se constituem em direitos subjetivos, que são considerados apenas gênero da espécie situações subjetivas.

13. Legítimo interesse. É o direito subjetivo em potencial, que pode ser reconhecido ou repelido pelo ordenamento jurídico. Seria o legítimo interesse que fundamenta a propositura de uma ação judicial, que só seria reconhecido como direito subjetivo do autor com a procedência da ação.

Exemplo

O autor ingressa com ação de execução de título extrajudicial para cobrar uma dívida. Na petição inicial ele descreve os fatos e relaciona a determinada norma para demonstrar seu legítimo interesse.

O réu se defende argumentando, por exemplo, vício de manifestação de vontade e procura repelir o pedido do autor, invocando seu legítimo interesse.

O direito subjetivo (de fazer ou deixar de fazer) será atribuído ao autor ou ao réu, de acordo com a sentença judicial.

14. Poder. Muitas vezes, o que a norma prevê não é um direito subjetivo atribuído ao indivíduo, mas um poder de fazer algo, o qual, por estar previsto em lei, configura-se em um dever de ação.

Exemplo

Isso ocorre quando pensamos no pátrio poder, que não é direito subjetivo dos pais, ou seja, não é previsto para proteger o interesse destes, mas no benefício dos filhos e configura-se em um poder determinado por lei, sob pena de sua perda.

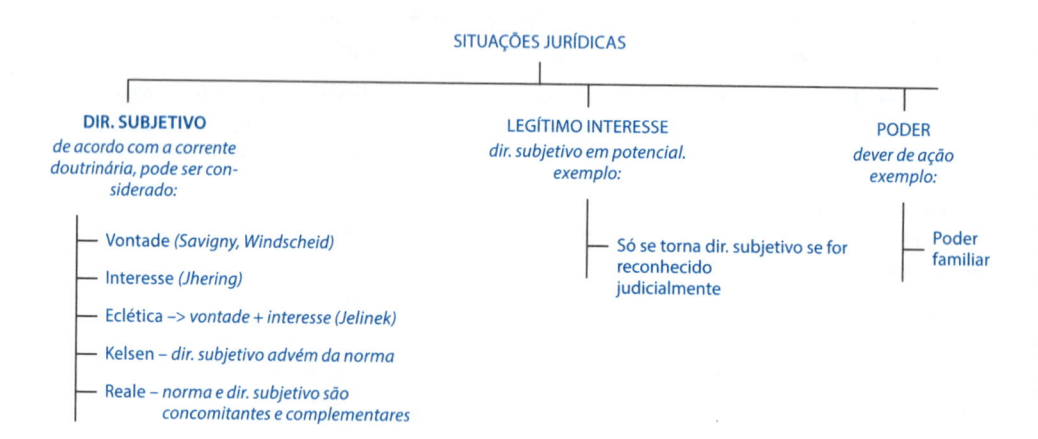

SITUAÇÕES JURÍDICAS

DIR. SUBJETIVO
de acordo com a corrente doutrinária, pode ser considerado:

- Vontade *(Savigny, Windscheid)*
- Interesse *(Jhering)*
- Eclética –> *vontade + interesse (Jelinek)*
- Kelsen – *dir. subjetivo advém da norma*
- Reale – *norma e dir. subjetivo são concomitantes e complementares*

LEGÍTIMO INTERESSE
dir. subjetivo em potencial.
exemplo:

- Só se torna dir. subjetivo se for reconhecido judicialmente

PODER
dever de ação
exemplo:

- Poder familiar

XXVI | Relação Jurídica

1. Definição. São as relações sociais regulamentadas pelo ordenamento jurídico enquanto consequência da concretização de uma hipótese normativa, que irradia direitos e deveres, em sentido amplíssimo. As pessoas se relacionam em sociedade a todo o momento, sendo que o Direito considera relações jurídicas apenas aquelas que entende relevantes e que são normatizadas.

2. Sujeitos. A relação jurídica pressupõe a existência de relações intersubjetivas, ou seja, a presença de dois ou mais sujeitos, um ativo e outro passivo:
a) *Sujeito ativo*: é o titular da prestação principal;
b) *Sujeito passivo*: é aquele que deve cumprir a obrigação principal.
A maior parte das relações jurídicas é complexa, ou seja, a cada momento uma das partes envolvidas torna-se sujeito ativo e passivo, ao que chamamos de *sinalagma* (pressuposição de direitos e obrigações recíprocos).

Exemplo

Em um contrato de compra e venda de imóvel, o comprador tem o dever de pagar o preço e o direito de exigir a transmissão da propriedade (e da posse, quando possível) do bem; o vendedor tem o dever de transmitir a propriedade (e transferir a posse, se o contrário não resultar das circunstâncias do negócio) e o direito de receber o pagamento.

3. Objeto. É aquilo de que trata a obrigação jurídica e pode ser dividido em *imediato* e *mediato*:
a) *Imediato*: constitui-se na obrigação de dar, fazer ou não fazer alguma coisa;
b) *Mediato*: constitui-se na prestação efetiva, que pode ser a entrega de um bem (obrigação de dar), ou a ação ou omissão esperada pela outra parte.

4. Fato propulsor. É aquele capaz de gerar efeitos jurídicos. Conforme se origine da manifestação de vontade ou de ocorrências que independem da vontade das partes pode ser classificado em:
a) *Fato jurídico* lato sensu: é o elemento que dá origem aos direitos subjetivos, sendo a força motora que estabelece a relação jurídica entre as partes;
b) *Fato jurídico* stricto sensu: é aquele que independe da vontade humana para gerar efeitos. Pode ser *ordinário*, como a morte, o nascimento, a prescrição; ou *extraordinário*, que se constitui no caso fortuito e na força maior, que são inevitáveis e que ocorrem sem a culpa das partes;
c) *Ato jurídico*: depende da vontade humana para se realizar. Pode ser o *ato jurídico em sentido estrito*, como a confissão de dívida, ou um *negócio jurídico*, como um contrato de comodato.

d) *Ato ilícito:* é aquele ato praticado em desacordo com o ordenamento jurídico e que gera lesão a direito da outra parte. Nesse caso, é da prática de um ilícito que se desencadeia uma relação jurídica.

5. Proteção jurídica. De nada valeria tornar jurídica uma relação social se a ela não fosse dada a devida garantia pelo ordenamento jurídico. A esta garantia conferida pelo Estado por meio da prestação jurisdicional damos o nome de proteção jurídica, que pode ocorrer de forma reparativa ou de forma preventiva, de acordo com a legislação processual.

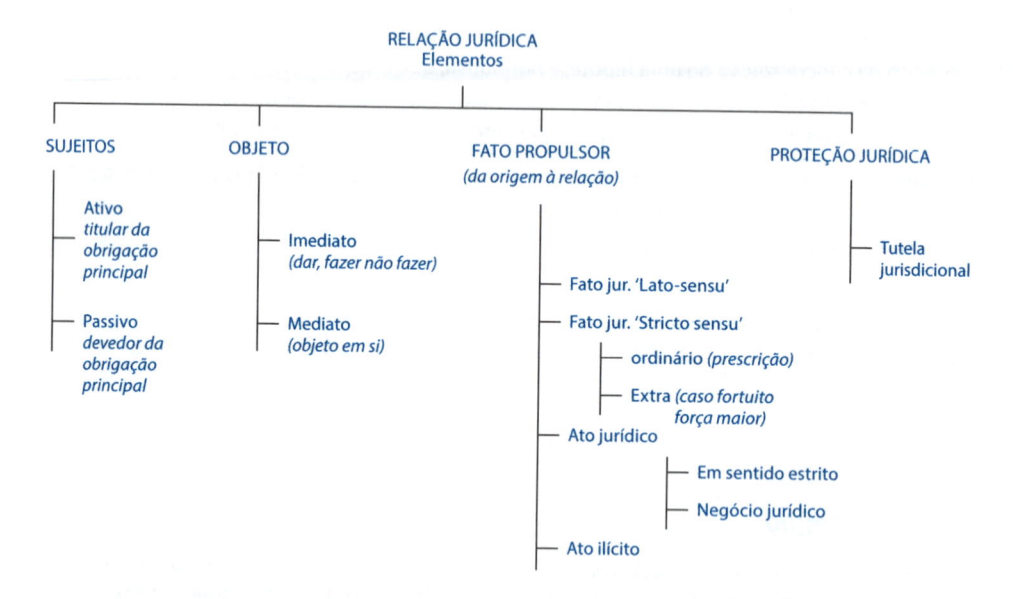

```
                            RELAÇÃO JURÍDICA
                               Elementos
   ┌──────────────┬──────────────┬──────────────────────┬──────────────────┐
SUJEITOS       OBJETO         FATO PROPULSOR              PROTEÇÃO JURÍDICA
                              (da origem à relação)

  Ativo                                                    Tutela
  titular da     Imediato                                  jurisdicional
  obrigação      (dar, fazer não fazer)
  principal                     ── Fato jur. 'Lato-sensu'

  Passivo        Mediato        ── Fato jur. 'Stricto sensu'
  devedor da     (objeto em si)
  obrigação                           ── ordinário (prescrição)
  principal
                                      ── Extra (caso fortuito
                                                 força maior)
                                 ── Ato jurídico
                                            ── Em sentido estrito
                                            ── Negócio jurídico
                                 ── Ato ilícito
```

HISTÓRIA DO DIREITO

Direito na Idade Antiga

1. Os primórdios da organização jurídica – A teocracia. No período de aproximadamente 4000 a.C. a 476 d.C., o direito e as instituições jurídicas começaram a se organizar como fruto do desenvolvimento das diferentes culturas.

Neste período, é marcante a influência do poder divino dos reis e imperadores no direito (que decorria dos deuses ou do representante dos deuses na Terra), que velavam pela organização do poder, distribuição de terras e da riqueza, ao lado de estruturas de composição de conflitos familiares que tratavam das questões dentro da família (filhos, escravos, protegidos etc.).

Tais esferas eram independentes e não se influenciavam, sendo que o poder do patriarca ou da matriarca era total no âmbito doméstico, enquanto o poder do soberano, calcado na dimensão divina, era incontrastável, total, no âmbito dos assuntos do reino.

Para fins de análise, separamos, pela similitude de suas características, os impérios orientais (egípcios, mesopotâmia, hebreus, fenícios) dos impérios ocidentais (especialmente Atenas).

> ### Resumindo
> Idade Antiga – Ligação entre Direito e Religião.

2. Os Impérios do Oriente. Nos Impérios do Oriente (considerados aqueles que se localizavam na Ásia e no Norte da África, ao longo do Crescente Fértil dos rios daquelas localidades), a tradição é antiquíssima, mas pouco sobreviveu à passagem do tempo.

Analisando-se os povos a partir do estudo de sua organização jurídica (leis e estruturas de justiça), é possível identificar alguns traços fundamentais dos direitos então existentes.

José Reinaldo de Lima Lopes (*O Direito na História*. 2. ed. São Paulo: Max Limonad, 2002, p. 30-31) aponta a oposição, nessas sociedades, entre campo e cidade. No campo, ficavam as famílias que cultivavam a terra fértil e realizavam o pastoreio; na cidade, ficava o centro militar e político, que organizava a produção e cobrava impostos das comunidades rurais.

Assim, diante da pouca influência entre campo e cidade, verifica-se que a maior parte dos povos apresentava a seguinte cultura jurídica:

a) *campo*: a autoridade julgadora era composta por um conselho de anciãos ou julgador escolhido por estes para decidir questões entre iguais, envolvendo conflitos cotidianos, com base na tradição e religião familiar;

b) *cidade*: havia o poder do rei, voltado a decidir questões entre comunidades dominadas e administradas. Tinha ele o poder de decidir causas e de determinar a solução de questões futuras, além de exigir impostos das comunidades familiares. Sua escolha era baseada em tradições religiosas.

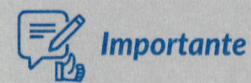

> **Importante**
>
> A fonte do direito dos povos antigos era os costumes de cada comunidade.

3. Diplomas relevantes da Antiguidade Oriental. Basicamente, o direito das diversas comunidades orientais antigas era baseado na tradição oral. Poucos documentos restaram desta época.

Em algumas cidades, porém, em especial as que foram sedes dos grandes impérios, houve a reunião das regras jurídicas em documentos únicos, normalmente esculpidos em pedras, para garantir sua conservação. Alguns exemplos são o Código de Hamurábi, o Torá e o assim denominado Código de Manu.

4. Babilônia – O Código de Hamurábi. Considerado um dos mais importantes documentos jurídicos da História Antiga, é um dos poucos que restaram intactos e pode ser visto no Museu do Louvre, em Paris.

Criado de acordo a tradição suméria em aproximadamente 1694 a.C., por ordem do Rei Hamurábi do primeiro Império da Babilônia, constitui completa compilação de leis com 282 artigos, que envolvia quase todas as questões da vida daquela sociedade, abrangendo família, negócios, propriedade e crimes.

Determinação das penas pela *Lei de Talião,* cujo espírito é sintetizado na expressão "olho por olho, dente por dente".

Esta expressão, na verdade, nada tem a ver com crueldade, já que tal lei pregava a existência de uma proporcionalidade na punição em relação à extensão da agressão; distinção também em relação às castas sociais, distinguindo-se das leis existentes na época, que puniam seus infratores com a morte ou a expulsão da cidade.

> **Resumindo**
>
> Olho por olho, dente por dente = proporcionalidade da punição em relação à conduta.

5. O direito hebraico – a Torá. Os hebreus se destacavam dos demais povos da Antiguidade por serem um dos poucos que tinham uma religião monoteísta, ou seja, com o culto a um único Deus.

O Direito, de fundo religioso, era dado por Deus a seu povo, por força da aliança celebrada com o povo escolhido. Seu diploma religioso, *a Torá*, trazia a base moral a ser seguida pelos hebraicos e previa penas como a lapidação (morte por apedrejamento) para feiticeiros, filhos rebeldes, prostitutas e mulheres adúlteras.

6. O direito hindu – o chamado Código de Manu. A sociedade hindu, concentrada especialmente na Índia, é organizada em castas, determinadas pelo nascimento da pessoa, casta esta que definirá sua função no corpo social.

O direito da comunidade hinduísta baseia-se na concepção de *dharma*, "o conjunto das regras que um homem deve seguir em razão da sua condição na sociedade, isto é, o conjunto de obrigações que se impõem aos homens, por derivarem da ordem natural das coisas". (GILISSEN, John. *Introdução histórica ao Direito*. 4. ed. Lisboa: Fundação Calouste Gulbenkian, 2003, p. 102.)

Os *dharmas* podem ser obtidos a partir dos estudos dos *Vedas*, ou seja, a soma de todo o saber, de todas as verdades; dos escritos voltados a desenvolver a ciência do dharma, os *dhamasastra*, que foram escritos especialmente entre os séculos VI a IV a.C. (cuja escrita cessou no século VIII d.C.), e do costume.

Um dos *dhamastra* mais conhecidos é o *Manusmrti* (Memória de Manu), também chamado de *Código de Manu* (GILISSEN, John. *Introdução histórica ao Direito*. 4. ed. Lisboa: Fundação Calouste Gulbenkian, 2003, p. 103), escrito provavelmente entre 200 a.C e 200 d.C. Na obra, foram contemplados a forma de vida na Brama, os deveres dos reis e as formas de resolução dos conflitos.

7. Os Impérios do Ocidente – a Grécia Antiga. Na Península Balcânica, onde atualmente se situa a Grécia, desenvolveu-se a civilização grega, dividida em cidades-estados independentes, cada qual com suas tradições políticas, econômicas e culturais.

Por força de sua importância na formação cultural do Ocidente, analisaremos o direito em Atenas, por sua maior influência na época do domínio macedônico e romano, além de ter sido resgatada pelos estudos medievais.

8. O Direito em Atenas. O Direito era um importante ponto da estrutura cultural. O conhecimento de leis não pertencia a uma classe ou profissão específica. Conhecê-las fazia parte da educação do bom cidadão, tanto o era que os jovens recitavam os textos de Sólon, como os poemas de Homero (LOPES, José Reinaldo de Lima. *O Direito na história*. 2. ed. São Paulo: Max Limonad, 2002, p. 34).

9. As formas de resolução de controvérsias. Havia duas espécies de órgãos de jurisdição em Atenas (LOPES, José Reinaldo de Lima. *O direito na história*. 2. ed. São Paulo: Max Limonad, 2002, p. 37):

a) os grandes tribunais, que julgavam os crimes públicos, sendo os magistrados escolhidos dentre os participantes da Assembleia de todos os cidadãos, de acordo com as classes de renda. Dentre estes se destacava o Areópago, que julgava os acusados de subverter a constituição;

b) os julgadores singulares, que julgavam os crimes menos importantes, tendo o acusado o direito de apelo à assembleia judicial (Heliastas).

Os julgadores eram leigos, todos os assuntos a serem decididos na *polis* eram de interesse de todos os cidadãos. Não havia uma "carreira jurídica" e uma preparação técnica especialmente voltada para o julgamento jurídico.

10. Os defensores e acusadores. Como não havia carreira jurídica, qualquer cidadão ateniense podia defender um acusado (não era hábito cobrar por isso) e acusar a prática de um crime tido como público (havia a determinação do pagamento de uma multa para acusação infundada).

As defesas eram feitas em procedimentos orais, com discursos persuasivos para uma plateia de julgadores. As provas podiam ser escritas (eram lidas) ou verbais (depoimentos dos envolvidos e das testemunhas). Buscava-se impressionar a plateia com belos discursos, baseados nos conhecimentos de dialética, retórica e filosofia.

11. As principais leis da época. As principais leis de Atenas resultaram de processos revolucionários, de forma a atender aspirações dos diferentes grupos sociais (LOPES, José Reinaldo de Lima. *O Direito na história*. 2. ed. São Paulo: Max Limonad, 2002, p. 40).

Assim, as principais leis foram realizadas por:

a) *Drácon*, que preconizou as leis escritas;

b) *Sólon*, que instituiu o fim da escravidão por dívidas, divisão censitária da sociedade;

c) *Clístenes*, que introduziu a Democracia, com participação direta na Eclésia, de todos os homens livres e atenienses.

As leis atenienses disciplinavam diversos setores, dentre eles: as relações comerciais (contratos consensuais), família (divórcio, emancipação, direito de abandonar recém-nascidos, adoção), crimes (penas severas para inibir o delito e punir exemplarmente – penas corporais, de morte, ostracismo e exílio).

> **Importante**
>
> Para os gregos, havia a separação entre Direito e Justiça. Direito era produto humano e justiça era tema importante nas reflexões filosóficas (como se verifica dos tratados sobre justiça de Platão e Aristóteles).

> **Importante**
>
> É produto da influência grega o uso da retórica e da dialética no Direito.

O Direito em Roma

1. Roma e seu Direito. A história de Roma abrange muitos séculos: cerca de 700 anos entre o séc. II a.C. até o fim do Império, nos quais se sucederam diferentes formas de organização do poder e de tutela do Direito. Prossegue com o Império Romano do Oriente até a queda de Constantinopla, em 1453 d. C.

Sua base é essencialmente fundada nas práticas jurídicas. O que buscavam o julgador e o jurisconsulto romanos era a melhor solução para o caso concreto, partindo da situação concreta trazida pelos interessados. As formulações genéricas que gradativamente foram produzidas mais serviam como orientações de julgamento do que de premissas abstratas de utilização obrigatória (como nos é comum pensar sobre o direito na atualidade).

O direito romano é considerado uma das principais fontes dos direitos da Europa continental e de suas ex-colônias, por conta da sua influência na reformulação do Direito Europeu na Idade Média. Para nossos propósitos, seguiremos as lições do Prof. José Reinaldo de Lima Lopes (*O Direito na história*. 2. ed. São Paulo: Max Limonad, 2002, p. 42-60).

> **Importante**
>
> Em sua concepção original, os romanos buscavam soluções concretas para casos concretos. O foco da solução se baseava na ideia romana de *prudentia*, baseada na preservação das *Mos maiorum* (costumes dos antepassados). Assim, tais costumes poderiam ser atualizados, sem perder seu espírito fundamental.
>
> Não buscavam, assim, soluções abstratas baseadas em uma verdade, ideia que só foi difundida no Direito a partir da Medievalidade.

2. Divisões do direito romano. De acordo com os estudiosos do direito romano, é possível fazer uma aproximação entre a organização jurídica e o sistema político predominante na época. Porém, é importante esclarecer que as formas jurídicas de diferentes sistemas conviveram até que houvesse uma absorção de uma forma pela outra. Isso ocorreu porque a base fundamental do Direito Romano eram as práticas judiciárias e essas levavam tempo para serem modificadas.

Forma jurídica	Época de apogeu	Sistema político da época de seu apogeu
Direito arcaico	Desde a fundação presumida em 753 a.C. até cerca do segundo século antes de Cristo.	Realeza ou monarquia (era eletiva, não hereditária – rei era revelado pelos deuses ao colégio de pontífices), da fundação à expulsão dos Tarquínios em 509 a.C.
Período clássico	República tardia até o Principado, até pouco depois da dinastia dos Severos.	República de 509 a.C a 27 a.C. Foi definitivamente proibido em

Forma jurídica	Época de apogeu	Sistema político da época de seu apogeu
Direito tardio	Ocaso da jurisprudência, em que se tentará sobretudo organizar e salvar o material já produzido – séc. III d.C até o fim do Império.	Império, dividido em Principado de Augusto (27 a.C.) a Diocleciano (284 d.C.), e Dominato, de Diocleciano até o desaparecimento do Império. Foi em grande parte preservado pelo Império Romano do Oriente e serviu de base para a "redescoberta" do direito romano pelos estudiosos medievais.

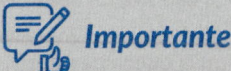

> **Importante**
>
> Os institutos romanos foram criados (em especial nos períodos arcaico e clássico) pela prática, inspirados na tradição religiosa, e executados por meio de rituais próprios (as fórmulas primitivas).
>
> Em caso de queixa, a pendência era levada às autoridades que, depois de um ritual de julgamento, outorgava os efeitos do ato praticado (obrigatoriedade na observância do pactuado, desfazimento do pacto, pagamento de dívida etc.) e autorizava a sua exigência. Foi essa prática judiciária que originou o Direito Romano.
>
> Conforme a forma religiosa ia sendo substituída pelas formas civis e conforme a economia e política romana se diversificavam, os institutos se diversificaram e foram aperfeiçoados, em especial pelo trabalho dos julgadores.
>
> Apenas no Império, com a concentração das magistraturas (inclusive a Pretura) nas mãos do Imperador, é que a criatividade do julgador passará a ser gradativamente limitada. Institui-se a obrigatoriedade de observância dos julgados já reconhecidos e pelas lições dos juristas legitimados pelo Imperador.

Também o direito romano pode ser divido conforme a organização do processo civil, da seguinte forma:

Período arcaico	Processo segundo as ações da lei (*legis actiones*).
Período clássico	Processo formular (*per formulas*) introduzido pela *Lex Aebutia* (149-126 a.C.) e confirmado pela *Lex Iulia* (17 a.C.).
Período tardio	Dominado pela *cognitio extra ordinem*.

> **Importante**
>
> No Direito Romano, não havia uma clara distinção do que fosse "direito material" e "direito processual". Um era parte do outro, sendo o processo a revelação do direito.
>
> A distinção como a conhecemos ocorrerá apenas na Modernidade, com o movimento de autonomização do processo civil em relação ao Direito Civil e será seguida pelos outros ramos processuais.
>
> Por isso é que observamos em textos antigos e medievais capítulos de leis voltados a práticas judiciárias – sendo comum identificar neles o que identificaríamos como "direito material". E, nos capítulos legais voltados a institutos jurídicos também é comum ser disciplinado o processo para sua defesa.
>
> Porém, como é comum o uso de tal nomenclatura pelos estudiosos, também a utilizaremos neste texto.

3. Direito arcaico – instituições. Era basicamente calcado no costume. Não havia diferença entre direito sagrado e secular – diferenciação feita gradativamente pelos clérigos, que se dedicaram por longo período a distinguir o que fosse religioso (*fas*) do que fosse civil (*jus*). Podemos identificar as seguintes instituições:

Senado	Conselho de anciões, com mandato vitalício, responsáveis pela ligação da cidade com sua história, vida e autoridade; representavam a autoridade dos pais fundadores *auctoritas patrum*. Em casos especiais, davam consultas e opinavam sobre negócios. No principado, suas consultas poderiam ser equiparadas a leis.
Assembleias	Tinham função "legislativa". Consistiam três ordens: *comitia centuriata* (assembleia por centúrias – origem militar); *comitia tribuna* (assembleia por tribos ou distritos) e o *concilium plebis* (plebe). As decisões das duas primeiras se tornavam *lex* e a da última se tornavam princípios (até provavelmente 286 a.C), a serem observados apenas pela plebe.
Magistraturas	Cargos eletivos para funções determinadas pelo prazo de um ano, muitas vezes eram exercidos em grupos de dois ou mais, de modo a haver um controle recíproco de poder. Pretores tinham poder geral de mando, poderes de disciplina, *coercitio e iurisdictio* (dizer o direito), mais parecidos com poderes policiais e de segurança; eram encarregados de administrar a justiça, fazer com que os conflitos fossem resolvidos ordenada e pacificamente por um juiz, a pedido das partes envolvidas.
Pontífices	Sacerdotes funcionários autorizados a usar fórmulas legais e interpretá-las. Eles tinham o monopólio da interpretação e aplicação do direito.

4. Direito arcaico – ordens. Havia ordens de normas distintas para as diferentes classes sociais:

a) cidadãos romanos eram sujeitos ao *jus civile* (direito dos cidadãos) e para resolver os conflitos entre eles havia o pretor urbano;

b) para conflitos entre romanos e estrangeiros, havia os pretores (de) peregrinos, cujos editos formavam o *ius honorarium*;

c) fora de Roma, os poderes do pretor eram exercidos por governadores e procuradores provinciais.

5. A Lei das XII Tábuas (aprox. 450 a.C.). É conquista dos plebeus, já que a lei pretendia reduzir a escrito as disposições e mandamentos que antes eram guardados pelos patrícios e pontífices.

Apesar de se ter perdido seu texto, é a lei referida em outros documentos. Consistia numa compilação de diversas leis. Por ser escrita, tornou o direito público acessível a quem pudesse ler. Sua inspiração provável é a tradição grega.

6. Perfil do direito romano arcaico. Aplica-se apenas aos romanos, descendentes dos *quirites*. O direito dos cidadãos (*ius civile*) tinha o papel de preservar a família, unidade produtiva fundamental do Estado romano com a propriedade de terras e de escravos; filhos só se emancipavam quando conseguiam formar sua própria unidade produtiva; casamento era contrato.

7. Direito quiritário. Tratava-se de um processo especial e formal, com rituais consistentes na pronúncia de fórmulas. *A palavra era performativa*: ela realiza aquilo que diz.

As fórmulas deveriam ser pronunciadas no lugar certo pelas pessoas certas (como o casamento moderno, em que o juiz de paz deve pronunciar palavras previstas na lei para os noivos e só assim haverá casamento).

A validade dos atos se vincula ao uso correto da forma, o que faz com que o direito ganhe autonomia (semelhante ao que conhecemos como formalidades extrínsecas relacionadas à validade dos atos jurídicos).

O formalismo contribuiu para sua laicização. Isto porque decretadas as fórmulas, os negócios poderiam ser realizados validamente. São exemplos o *nexum* (constituir dívida), *sponsio* (promessa que dispensava testemunhas), *mancipium* (forma de troca).

No processo havia as seguintes fórmulas: *per sacramentum, per iudicis arbitrive postulationem, per condictionem, per manus iniectionem, per pignoris capionem*.

8. Processo formular e período clássico. Nele há o apogeu da jurisprudência clássica.

O processo formular foi criado pela *Lex Aebulia* (149-126 a.C.) e redimensionado pela *Lex Iulia* (17 a.C.). Desapareceu com o desuso ao longo do Império, quando as instituições políticas e condições materiais tinham também desaparecido.

As fórmulas criam remédios para defesas de interesses em situações não previstas no direito antigo. Constavam elas dos éditos dos pretores (o que levou à flexibilização do direito civil, somada ao uso da retórica grega e dos princípios do chamado direito natural e do direito dos povos). Os éditos eram anuais e não eram obrigatórios ao próprio pretor.

Assim, caso a situação levada ao pretor não fosse prevista em nenhuma das fórmulas anteriores, era possível a criação de uma fórmula própria. Todas as fórmulas (já existentes e as novas) eram incorporadas ao próximo édito e assim por diante.

As fórmulas eram compostas das seguintes partes: *intentio, demonstratio, adiudicatio e condemnatio*. Na parte inicial da fórmula, o pretor poderia criar as condições ou hipóteses em que se daria o remédio ao interessado. Em torno desta interpretação é que os juristas desenvolviam seu trabalho criativo.

9. Fases do processo formular. No processo formular, havia a participação dos interessados (ponto deveria ser resolvido com sim ou não, juiz também era escolhido diante daqueles contidos em uma lista, *album*, que tinha o pretor). A lide se definia perante testemunhas (*litis cum testatio*).

Havia a divisão nítida do processo em duas fases:

In iure	Perante o magistrado (pretor), que organizava a controvérsia, transformando o conflito real em conflito judicial.
Apud iudicem, ou in *iudicium*	Perante um juiz (*iudex*) ou árbitro (cidadão particular), que colhia provas e decidia a questão. Depois de decidido, entregava-se ao beneficiário a execução do julgamento segundo as regras aceitáveis e sob a supervisão do pretor.

Os juristas colaboravam com o juiz e o pretor, mas não faziam parte do aparelho judicial.

10. A função do pretor. A figura central do processo formular é o *pretor*, (Urbano – 367, a.C.; Peregrino – 242 a.C), que remetiam o julgamento a um juiz (*iudex*) ou árbitro privado.

Inicia-se com a comunicação da pretensão ao adversário. O interessado deve levar o adversário diante do pretor (ter recursos financeiros e materiais para tanto – processo dava *status*, era uma distinção). Pretor se encarregava de verificar se o caso poderia ser transformado numa disputa *adjudicável*.

Tarefa do pretor era transformar a queixa num conflito que pudesse ser decidido por um árbitro que seria nomeado e de acordo com uma fórmula muito semelhante a um "quesito" (fórmula: designação do juiz + "quesito").

> **Importante**
>
> Os pretores *criavam direitos novos*, ao lado do direito civil (cidadãos), do direito comum dos povos (pontos semelhantes) e direito natural (homens e animais). Criavam novas fórmulas, novas hipóteses que eram verificadas pelo juiz, corrigindo e suprimindo o direito civil, conforme as modificações da vida da cidade.

> **Exemplo**
>
> Proteção possessória de boa-fé (para aqueles que não podiam reivindicar a propriedade, exclusiva dos cidadãos) e obrigações (criação das obrigações consensuais, baseados na simples promessa).

11. Lex Iulia (Augusto). Sua importância está na abolição do processo antigo (*Lex actiones*) e generalização para todo o direito privado do processo formular (aumento de importância do édito pretoriano). Havia o costume em manter os éditos anteriores, passando para as magistraturas seguintes.

Com Adriano, foi criado por Sálvio Juliano o édito perpétuo (definitivo), fixando uma espécie de regulamento dos éditos. Houve uma progressiva fixação dos éditos.

12. Cognitio extra ordinem. Pouco a pouco, houve a mudança do perfil do processo paralelamente às mudanças sociais e políticas.

A *cognitio extra ordinem* surgiu ao lado do processo formular; consistia em uma intervenção de fora da ordem normal do processo, feita pelo príncipe, substituindo, pessoalmente ou por representante, ao juiz, ou sem substituir, dava a resposta a uma questão.

Quem passou a julgar foram delegados do príncipe, por apelos ou pela demanda propriamente dita, em havendo a possibilidade de recurso ao próprio príncipe. O processo tornou-se, assim, concentrado, dispensando as fases do processo formular.

Naquela época, em que havia crescente centralização de poderes nas mãos do Imperador, a lei tornou-se, cada vez mais, a maior fonte, devido às suas obras. Foi nesta época também, que surgiram as codificações, compilações de leis vigentes. Uma das mais importantes era *Corpus Iuris Civilis* (conjunto das obras reunidas por Justiniano).

13. Juristas – a modificação de sua função. Era uma categoria aristocrática. Tratava-se de uma função pública, não de uma profissão, pela qual se buscava a preservação da tradição (fundação) de Roma. Por isso, eram habilitados a aconselhar os pretores, juízes e as partes.

A tarefa dos juristas era refinar, ampliar, flexibilizar a herança romana com o uso dos instrumentos gregos (sabiam filosofia vulgarizada em termos de retórica e dialética). As fontes de seus estudos eram a lei, a razão e a equidade das fórmulas, e invocavam razões para justificar sua interpretação.

Suas obras consistiam em expressões verbais, reduzidas a escrito; formavam-se gradualmente os auditórios e os discípulos.

No Principado, Augusto criou o costume de conceder a alguns juristas o *ius respondendi* (*ex autoritate principis*), que podia falar em nome do imperador.

Ganharam os jurisconsultos grande importância na época da *cognitio extra ordinem*. No centralismo do Dominato, os jurisprudentes se tornaram funcionários públicos encarregados de aplicar precedentes já solidificados e de assessorar o príncipe.

No período tardio, foram responsáveis pelas codificações e consolidações da jurisprudência clássica. Buscou-se conservar os antigos textos, tidos como mais criativos e sofisticados.

14. Fontes do direito tardio:

a) Leis (*Lex, leges*): gerais, propostas por magistrados superiores (*rogatio*);

b) *Senatus consultus*: inicialmente, mera opinião do Senado (representação moral da autoridade dos patriarcas); no principado converte-se em fonte normativa;

c) Constituições: atos do imperador, de diversas categorias (administrativa, geral etc.);

d) Éditos: atos dos magistrados em geral;

e) Opinião dos prudentes.

Fase	Direito Arcaico	Direito Clássico	Direito Tardio
Período Histórico	Monarquia e inicio da República (até II a.C).	República tardia até o Principado, pouco antes da dinastia dos Severos.	Séc. II d.C. até queda do Império.
Fonte do direito	Costume (poucas fontes escritas). Diploma de relevância: Lei das XII Tábuas (aprox. 450 a.C).	Costume, leis e criação dos pretores (por força das fórmulas criadas para que os juízes e árbitros decidissem); três ordens de leis coexistentes: *ius civile, ius gentium e ius naturalis*.	Leis editadas pelos imperadores. Compilações de jurisprudência e legislação no período do baixo império.
Processo	Ações da lei (*legis actiones*) – Direito quiritário: processo especial e formal; rituais pronunciando-se fórmulas (Validade: uso correto da fórmula).	Formular, com duas fases distintas: (a) *in iure*, perante o pretor (preparação da causa – edição da fórmula) e (b) *apud iudicem*, perante o juiz ou árbitro escolhido, que recolhia provas e decidia a questão.	*Cognitio extra ordinem*. Consistia em uma intervenção de fora da ordem normal do processo, feita pelo príncipe, substituindo, pessoalmente ou por representante, ao juiz, ou sem substituí-lo, ao dar a resposta a uma questão, seja como apelo (recurso) ou de demanda em si. Substitui o processo formular na medida em que se fortalecia o poder centralizado.
Papel dos juristas	Pouco a pouco, com a laicização do direito, surgiu uma classe social, ligada à elite, que detinha o conhecimento das normas e da sua forma de aplicação.	Consultivo, de divulgação dos conhecimentos jurídicos (criação de escolas).	No Principado, eram as principais fontes criadoras do direito (*ius respondendi ex autoritate principis*). No Dominato, passaram a ser funcionários encarregados da aplicação de orientações já sedimentadas (freio à criação jurisprudencial).

Fase	Direito Arcaico	Direito Clássico	Direito Tardio
Instituições de relevo	Senado (autoridade dos patriarcas); assembleias, três ordens: *comitia centuriata* (assembleia por centúrias – origem militar); *comitia tribuna* (assembleia por tribos ou distritos) e o *concilium plebis* (plebe). As decisões das duas primeiras se tornavam *lex* e a da última princípio (até provavelmente 286 a.C), a ser observado apenas pela plebe.	Burocracia bem estruturada, com diferentes tipos de magistrados.	Centralizada na figura do imperador, com delegados agindo em seu nome, com funções determinadas por ele.
Autoridades "judiciais"	Pontífices	Pretores, juízes e árbitros.	Delegados do imperador e juristas.

15. A herança do Direito Romano. Foi o Direito Romano a base da reconstrução do Direito quando da retomada dos estudos jurídicos nas Universidades Medievais. Os estudiosos da época redescobriram os textos romanos em antigos papiros, guardados em monastérios ou vindos do ainda existente Império Romano do Oriente, e passaram a estudá-los de acordo com o método de estudo então predominante, a Escolástica.

Inserido em novo código cultural, muito do sentido do antigo Direito Romano (voltado como era para a melhor solução do caso concreto) perdeu-se. A Escolástica privilegiava o estudo em abstrato dos textos, tomando-os como ponto de partida para uma proposta de argumentação voltada a solução de problemas propostos pelos estudiosos. Seu objetivo era a construção de uma verdade a ser indistintamente aplicada, porque una era a verdade. E tal não era a preocupação dos antigos Romanos.

Apesar disso, a incrível sofisticação dos institutos resgatados dos antigos papiros inspirou a criação de diversos instrumentos jurídicos, como o casamento, a sucessão, os contratos, os direitos reais, dentre diversas outras, tanto no Direito Civil quanto no Direito Processual. Também se verifica sua utilização no aperfeiçoamento do Direito Penal e de seu processo, em que pese o atual Direito Penal ser bastante influenciado pelo Humanismo Renascentista.

Essa influência ecoou posteriormente, com a influência romana na criação dos ramos do Direito Público na Modernidade e pelo constante aperfeiçoamento dos métodos do Direito na Contemporaneidade.

III - O Direito na Idade Média

1. A queda do Império Romano e o gradual abandono do direito romano no Ocidente. No século IV, há a divisão do Império Romano em Império do Ocidente, com sede em Roma, e Império do Oriente, com sede de Constantinopla.

Com a adesão do Império Romano ao cristianismo, o sistema jurídico dos cristãos – o direito canônico –, desenvolveu-se ao lado do direito romano no Ocidente, formando um sistema jurídico dual e sem influência recíproca (um sistema para assuntos do espírito e outro, para assuntos da matéria).

Com as sucessivas invasões que sofreu o Império Romano do Ocidente, o direito romano foi substituído gradualmente pelos regramentos dos povos conquistadores, chegando a cair no esquecimento, exceto em algumas regiões da Itália.

Sobreviveu o Direito Romano no Império Romano do Oriente, o qual era aplicado com base especialmente nas codificações do fim do Império.

2. A instituição do feudalismo. Após a sucessão e queda de diversos impérios, a partir do século V na Europa ocidental e central, assistiu-se a feudalização destes territórios, a qual se acelerou a partir do século X e perdurou até o século XII.

Se, até então, havia tentativas em constituir reinos organizados, tendo o direito romano como sua principal fonte inspiradora, o desmazelamento dos impérios resultou na constituição de inúmeros pequenos reinos, nos quais a autoridade era dividida em benefício da hierarquia dos senhores feudais e a lei escrita era abandonada (GLISSEN, John. *Introdução histórica ao Direito*. 4. ed. Lisboa: Fundação Calouste Gulbenkian, 2003, p. 167).

3. O direito feudal. O contrato feudo-vassálico. Como ensina John Gilissen (*Introdução histórica ao Direito*, p. 189), "o feudalismo é caracterizado por um conjunto de instituições das quais as principais são a vassalagem e o feudo".

A vassalagem é uma *relação interpessoal*: tratava-se de um contrato solene existente entre um senhor e um homem livre, chamado vassalo, pelo qual este promete ser fiel, dar ajuda (militar, na maioria das vezes) e conselho ao senhor, enquanto o senhor se compromete a proteger e manter o vassalo.

De forma a proporcionar a manutenção do vassalo e de assegurar a prestação adequada de serviços por parte deste, o contrato feudo-vassálico envolvia a cessão gratuita de uma gleba de terras, o chamado *feudo*. Tal feudo era trabalhado por servos, homens livres que dependiam do trabalho para sobreviver.

4. Fontes do direito feudal. Com a descentralização da organização estatal e das fontes legiferantes, o direito feudal teve como única fonte o costume.

As decisões e os julgamentos também eram delegados pelos senhores feudais a seus vassalos, de forma a impor o poder no território do reino.

Cada qual atuava de acordo com os costumes locais, muitas vezes se fazendo da justiça dividida, com a utilização de ordálios (provas irracionais, nas quais apenas o inocente sobreviveria) e os duelos judiciários (o vencedor teria a razão).

5. Os sistemas da Idade Média. No período da Idade Média, além das instituições feudais, devem ser mencionados, por sua importância histórica, os seguintes sistemas:

a) Direitos Germânicos;

b) Direito Canônico;

c) Direito Inglês.

IV | Direitos Germânicos

1. Os povos germânicos. Do século I a século V, diversos clãs habitavam a região onde hoje existe a Alemanha, a península Escandinava, a Bélgica, norte da Itália e parte da França. Entre estes povos havia um direito baseado no costume, do qual pouco se conservou.

Tratam-se de diversos clãs, com costumes dos mais variados, o que impede dizer que havia um único direito germânico, mas sim direitos germânicos. Tais costumes são anteriores à época das invasões (invasões bárbaras, sendo que os germanos eram povos bárbaros), o que torna o seu estudo muito difícil, havendo tentativas de remontagens com base em documentos escritos posteriormente.

Dentre estes povos, podemos enumerar os francos, os visigodos, os lombardos, os anglos e os saxões.

2. Os clãs germânicos. A organização sociopolítica possuía como base o clã (*sippe*). O clã vivia da agricultura e da pecuária, sendo formado pelos membros da família e outros auxiliares, que não se sabe se eram escravos (*servi*) ou se não eram considerados dessa forma pelos familiares.

A autoridade sobre o clã (*mund*) era exercida pelo pai, que mantinha na família a ordem e a paz. Tinha um poder, a princípio, ilimitado.

As relações entre os clãs, por seu turno, eram reguladas a maior parte das vezes pela luta, pela guerra privada (*faida*). Porém, desde o século I, surgiam agrupamentos temporários, ou mesmo permanentes, de clãs sob a forma de tribos ou etnias. Tais tribos eram dirigidas por uma assembleia formada pelos chefes dos clãs (pais), que selecionavam um deles para ser o chefe da tribo (rei ou príncipe).

Em cada clã ou tribo havia uma organização "judiciária", formada por assembleias em sua maioria, que aplicavam os costumes vigentes.

3. Os "dizedores do direito" da Escandinávia (*laghman* na Suécia, *lögmadr* na Noruega). Eram anciãos das aldeias, versados nos costumes jurídicos do clã, que foram responsáveis pela conservação destes costumes e por sua transmissão às gerações futuras. Colaboravam com os tribunais familiares, dizendo qual deveria ser o costume a ser aplicado.

4. Os diplomas jurídicos de maior relevância na Escandinávia. Os povos germanos não deixaram documentos escritos, com algumas exceções de textos encontrados na Escandinávia e outros no sudoeste da Germânia, mais ou menos romanizada.

Os povos escandinavos, não influenciados pela cultura romana, permaneceram com o direito costumeiro antigo até por volta dos séculos XII e XIII, dos quais resultaram os seguintes diplomas, ditados pelos "dizedores do direito":

a) *Lei Vestrogótia* (Suécia) que foi ditada pelo *laghman* Eskill;

b) *Lei de Uppland* (Suécia) ditada pelo *laghman* Vitor Spa;

c) *Lei de Gulathing* (região de *Bergen*, Noruega), uma das mais antigas (início do século XII);

d) *Lei de Frostathing* (região de *Trondheim*, no extremo norte da Noruega), a mais arcaica;
e) *Lei Escânia* (Skaanske Lov), do início do século XIII;
f) *Lei de Jutlândia* (Jyske Lov), da Dinamarca (1241).

5. Leges barbarorum. Foram redigidas dos séculos VI ao IX nos reinos germânicos, com forte influência do direito romano, resultante da incorporação da tradição jurídica romana e do direito canônico.

Consistem em diversos registros, escritos de regras jurídicas baseadas nos costumes vigentes na época, com auxílio de anciãos conhecedores das tradições e aprovados pelas autoridades da cada reino.

Um dos principais diplomas foi a Lei Sálica (*lex sálica* – século V), dos francos sálicos, que habitavam, no fim do século V, a atual Bélgica, que trata na maioria, de regras de direito penal, prevendo o uso de ordálios no caso de não haver testemunhas que esclarecessem o caso. Também continha disposições processuais e de direito civil, como a de exclusão da mulher da sucessão de imóveis caso existissem parentes do sexo masculino (GILISSEN, John. *Introdução histórica ao Direito*. 4. ed. Lisboa: Fundação Calouste Gulbenkian, 2003, p. 179).

V. Direito Canônico

1. Surgimento do direito canônico. Tem papel marcante no período da Idade Média (século VI a 1453) e Idade Moderna, até as unificações nacionais na Europa ocidental.

Sua origem está no cristianismo, no âmbito do qual se reconheceu a autoridade dos bispos para decidir questões que envolvessem os católicos. Em 313 d.C., com Constantino, liberou-se a prática da religião católica, reconhecendo-se a autoridade eclesiástica para decisão.

Com a desagregação do Império, a Igreja se afirma como instituição una, voltada a governar todos os assuntos da alma e aqueles que lhes fossem conexos (casamento, filiação, divórcio etc.).

Como foi o único direito escrito, preservou sua força, especialmente ao ser objeto de estudos doutrinários. A falta de um poder centralizado acarretou um vazio político, possibilitando que a Igreja restaurasse o Império Romano, a ela subordinado nas questões respeitantes à fé e à moral, com Carlos Magno em 800 e depois com o Sacro Império Romano-Germânico, no século XI até o século XIX, quando foi desfeito por Napoleão.

> **Importante**
>
> O direito canônico, mesmo sendo um direito religioso (como o hindu ou hebraico), consagra uma noção autônoma de direito (para muçulmanos e hindus, direito se confundia com o comportamento religioso) e admite um ordenamento laico a seu lado.

2. Fases do direito canônico. Podemos dividi-lo nas seguintes fases, de acordo com a importância do poder jurisdicional dos Tribunais Eclesiásticos (GILISSEN, John. *Introdução histórica ao Direito*. 4. ed. Lisboa: Fundação Calouste Gulbenkian, 2003, pag. 138-142):

a) Ascensão;

b) Apogeu;

c) Decadência.

3. Ascensão (séculos III a XI d.C.). Ocorreu com o reconhecimento do Direito Canônico ao lado do Direito Romano e sua gradual expansão para além de assuntos religiosos, alcançando assuntos laicos.

Convivia a jurisdição canônica ao lado das ordens jurídicas laicas, embora as decisões eclesiásticas prevalecessem de acordo com a matéria tratada. Em sua base, estavam os princípios cristãos de busca da conciliação e a arbitragem no caso de conflitos (Epístolas de São Paulo).

Com a perseguição aos cristãos, deveriam eles buscar as autoridades de suas Igrejas. Em 313, quando se permitiu o culto cristão, favoreceu-se o desenvolvimento da jurisdição episcopal, com a possibilidade de busca de decisão do bispo, dando-se a ela o mesmo valor da decisão de um julgador do Império.

Em IV e V, os Imperadores Romanos reconheceram que apenas os Tribunais da Igreja seriam competentes para julgamento de questões relacionadas à fé e às práticas católicas. E, assim, a competência da Igreja se estendeu para julgamento de assuntos relacionados aos sacramentos, tais como o casamento, a legitimidade dos filhos, a anulação de casamento, dentre outros.

Os clérigos somente poderiam ser julgados nos tribunais eclesiásticos (*privilegium fori*). Os cristãos comuns poderiam se submeter ao julgamento da Igreja se quisessem.

4. Apogeu (século XII e XIII d.C.). Coincide com o auge da influência da Igreja Católica na Europa ocidental (enfraquecimento do poder real pelo feudalismo). A autoridade dos tribunais eclesiásticos passou a ser amplamente reconhecida.

Os Tribunais Eclesiásticos tinham competência variada para diversos assuntos civis (casamento, filiação, testamentos etc.) e penais (crimes contra a religião, adultério etc.). Os eclesiásticos, os participantes das Cruzadas, membros de Universidade e os miseráveis (viúvas e órfãos que pediam proteção da Igreja) estavam sujeitos exclusivamente à jurisdição da Igreja.

5. O processo civil canônico. No apogeu, cristalizaram-se os procedimentos da jurisdição canônica.

O processo civil era escrito, iniciado por pedido escrito do interessado e entregue a um oficial da Igreja. Era o réu convocado para comparecer à presença do oficial. Na data, este lia a queixa (*libellus*) ao réu, que podia apresentar sua defesa. Após a defesa, fixava-se a demanda pela *litis contestatio*; havia a realização de provas (GILISSEN, John. *Introdução histórica ao Direito*. 4. ed. Lisboa: Fundação Calouste Gulbenkian, 2003, p. 141).

As provas eram graduadas da seguinte forma, seguindo a sistemática romana (GILISSEN, John. *Introdução histórica ao Direito*. 4. ed. Lisboa: Fundação Calouste Gulbenkian, 2003, p. 716):

a) *probationes plenae* (provas plenas);

b) *probationes semiplenae* (provas semiplenas);

c) *indicia* (indícios).

> **Importante**
>
> No Direito Canônico, houve o desenvolvimento da ideia da autoridade do caso julgado e das presunções, a força probante dos documentos públicos e privados, além das testemunhas.

6. O processo penal canônico – Os sistemas acusatório e inquisitório. Em seu início, o processo penal em muito se assemelhava ao processo civil, dependendo de queixa e seguindo por escrito.

No final do século XII, surgiu o processo inquisitório, no qual o julgador estava autorizado a agir de ofício desde que tivesse conhecimento de uma infração. Assumia papel de acusador e de julgador, investigando ativamente as provas (oitiva de testemunhas, apresentação de documentos) e, se houvesse indícios da acusação, estava autorizado a determinar os ordálios (utilizados pela Igreja até 1215).

Este processo era marcado pela oralidade e pela imediatidade da investigação. Assim, bastava que a infração tivesse sido praticada, não sendo necessário o prejuízo ou outro dano terem se concretizado para autorizar a atuação do julgador (LOPES, José Reinaldo de Lima. *O direito na história*. 2. ed. São Paulo: Max Limonad, 2002, p. 104-106). O processo, assim, seria mais célere e imediata a punição.

É no processo inquisitorial que aparece obrigação de defesa por advogado. Como ensina José Reinaldo de Lima Lopes (*O Direito na História*. 2. ed. São Paulo: Max Limonad, 2002, p. 108), o advogado deveria jurar que usaria de todos os remédios e defesas possíveis, de acordo com a boa-fé. Seria remunerado pela parte e, caso esta fosse pobre, os fundos públicos cobririam a despesa.

7. As provas irracionais: os ordálios. O sistema dos ordálios era comum até o século XIII. São chamadas *provas irracionais*, pois o julgador recorre à força de um ente superior, como Deus, para ajudá-lo a fazer justiça. Submetia uma das partes, em geral o acusado (poderia ser o acusador, terceiros ou mesmo animais), a uma prova (ordálio – Juízo de Deus). De acordo com o resultado, suposto e querido por Deus, havia a decisão do juiz (GILISSEN, John. *Introdução histórica ao Direito*. 4. ed. Lisboa: Fundação Calouste Gulbenkian, 2003, p. 715).

Os ordálios poderiam ser (LOPES, José Reinaldo de Lima. *O Direito na história*. 2. ed. São Paulo: Max Limonad, 2002, p. 103):

a) *unilaterais* (apenas uma das partes era submetida à prova, como andar sobre brasa, ser queimado com água quente ou cortar um cadáver sem sangrá-lo); ou

b) *bilaterais* (como o duelo judiciário – confrontamento das partes com armas, por exemplo).

Havia também o *juramento purgatório*, pelo qual o acusado ou réu prestava juramento para se desculpar ou provar sua inocência, sob pena de sofrer as sanções graves que o próprio réu escolhia (GILISSEN, John. *Introdução histórica ao Direito*. 4. ed. Lisboa: Fundação Calouste Gulbenkian, 2003, p. 716).

Por força do IV Concílio de Latrão, os clérigos foram proibidos de participar de ordálios, o que fez esta prática desaparecer.

8. Decadência (a partir do século XIV d.C). Coincide com o rompimento entre Estado e Igreja, laicização do Estado, enfraquecimento da Igreja pelos Cismas e pela Reforma (protestantismo) e a gradual diminuição de atribuições laicas aos tribunais eclesiásticos até se reduzir a apenas assuntos religiosos puros.

9. A Santa Inquisição. A fim de afirmar sua autoridade, a Igreja passou a punir com mais rigor determinado tipo de crime: a heresia. Para tanto, valeu-se do uso radical do processo penal inquisitório, com a determinação de tortura, meio de obtenção de confissão.

A Santa Inquisição teve sua origem nos decretos papais de Lúcio III (1184). Com as Cruzadas (Reinado de Frederico II – 1198-1216), decretou-se a guerra contra os hereges, especialmente contra os cátaros ou albigenses, disseminados no sul da França, além de todos os dissidentes da fé cristã.

Por exemplo, os cátaros ensinavam a doutrina de Manes, ou maniqueísmo: só o espírito era bom, a matéria (e, portanto, o casamento), era má, o que anulava o ensinamento básico de que Deus criou a terra, os homens e animais e negava a importância da família, além de não aceitar a humanidade de Cristo, para eles apenas um espírito com corpo aparente (Cf. René Nelli, "La Philosophie du Catharisme").

Na época, a heresia significava não só um crime espiritual, mas também jurídico, como vimos no caso dos cátaros que, atacando a fé, negavam legitimidade á instituição familiar; tratava-se de uma subversão contra o Papa e contra o rei. Assim, a cassa aos hereges passou a ser assunto também secular – IV Concílio de Latrão (LOPES, José Reinaldo de Lima. *O Direito na história*. 2. ed. São Paulo: Max Limonad, 2002, p. 107).

O procedimento a ser seguido pelos Inquisidores foi determinado pela bula *Excommunicanibus* de Gregório IX, sendo autorizada a tortura como meio de prova por Inocêncio IV (1252).

A Inquisição teve seu auge com a vitória militar sobre os cátaros e albigenses, passando a ser considerado herege qualquer negador de artigos do credo católico. Decaiu a partir do século XIV, não tendo força para conter a Reforma Protestante, ocorrida no século XVI. Reavivou-se na Península Ibérica nos séculos XVI e XVII, como braço da monarquia absoluta da época (LOPES, José Reinaldo de Lima. *O Direito na história*. 2. ed. São Paulo: Max Limonad, 2002, p. 108; cf. William Thomas Walsh. Personajes de la Inquisición).

10. Fontes do Direito Canônico. O Direito Canônico admite fontes escritas e não escritas.

11. Fontes escritas (*ius divinum*). Considera-se a *vontade de Deus* como revelada nas escrituras. Além disso, são consideradas fontes escritas os estudos sobre as Sagradas Escrituras, dos Escritos dos Apóstolos e dos Doutores da Igreja.

Tais fontes são completadas pela legislação canônica, que correspondem às decisões das autoridades eclesiásticas. Estas são divididas em:

a) decretos dos concílios, decorrentes das assembleias-gerais dos bispos;

b) decretais papais, respondendo a uma consulta ou um pedido emanado de um bispo ou de uma alta personalidade da Igreja ou laica.

Atualmente, é feito uso das encíclicas papais (cartas com conselhos).

12. Fontes não escritas: costumes (*jus non scriptum*). Para ser reconhecido um costume, deveriam ser preenchidos os seguintes requisitos:

a) exigência de ser seguido há certo tempo (30 anos);

b) ser razoável (não ofender a razão);

c) ser legítimo (de acordo com o direito divino, com os decretos e com o ensino autorizado pela Igreja).

13. Codificações canônicas. São numerosas até o século XII d.C. As mais importantes são o *corpus iuris canonis* e o *Codex iuris canonis*.

14. O *Corpus Iuris Canonis*. Foi a primeira codificação e é considerada a matriz do direito canônico clássico, imposto por Roma a toda a cristandade do Ocidente.

É formado por cinco partes:

a) Decreto de Graciano (cerca de 1140 d. C.);

b) Decretais de Gregório IX (de 1234 d.C.);

c) o Livro Sexto (1298 d. C.);

d) as *Clemetinae* (1314 d. C.);

e) Extravagantes de João XXII (1324 d. C.);

f) Extravagantes Comuns (século XV).

Foi publicado com as cinco partes em 1500, por Jean Chapius, professor de Paris.

15. *Codex iuris canonici*. Por iniciativa do Papa Pio X, elaborou-se um novo código em 1904, que foi promulgado em 1917. Ainda há estudos para adaptar os textos medievais às necessidades dos séculos XX e XXI.

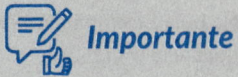

> **Importante**
>
> O Direito Canônico é ainda um direito vivo, utilizado para os cristãos que a ele queiram se submeter livremente.

VI — Direito Inglês (*Common Law*)

1. O Direito inglês. A partir do século XII, a Inglaterra passou a desenvolver um sistema diferenciado de direito. Isolada da influência canônica, por questões geográficas, cresceu a influência de um sistema baseado na construção do aplicador do direito (GILISSEN, John. *Introdução histórica ao Direito*. 4. ed. Lisboa: Fundação Calouste Gulbenkian, 2003, p. 207).

Com o surgimento do Império inglês na Idade Moderna, tal sistema foi levado às colônias inglesas, cada qual desenvolvendo seu próprio sistema, com as mesmas bases (jurisprudência e costume), como resultado das peculiaridades locais.

2. Common law. A expressão *common law* designa o direito comum da Inglaterra, contrapondo-se aos costumes locais. Tratava-se da unificação dos costumes.

Consiste em um direito jurisprudencial, elaborado pelos juízes reais e conservado pela autoridade dada aos precedentes judiciários (GILISSEN, John. *Introdução histórica ao Direito*. 4. ed. Lisboa: Fundação Calouste Gulbenkian, 2003, p. 208). Ao lado do *Statute Law* (direito dos estatutos, das leis promulgadas pelo legislador), compõe o Direito inglês, inclusive nos dias de hoje.

> **Importante**
>
> O Direito inglês, ainda em uso na Inglaterra e nos países por ela colonizados, é baseado nos costumes e na jurisprudência, diferenciando-se do direito de tradição romana, cuja principal fonte é a lei escrita.

3. Breve histórico do sistema da *common law*. O sistema *common law* desenvolveu-se no período histórico do feudalismo. Existiam, portanto, as jurisdições senhoriais e locais, e as jurisdições reais.

As jurisdições senhoriais perderam poder com o desenvolvimento das jurisdições reais. A organização do sistema *common law* possui três expoentes chaves:

a) Os Tribunais reais (divisões por temas dos Tribunais do Rei);

b) o *Statute of Westminster II* de 1285 (documento que conciliou os interesses do rei com os interesses dos barões);

c) os *writs*.

Atribui-se a criação do *common law* aos juízes dos Tribunais reais de Westminster. Estes se tornaram juízes profissionais pelo menos desde o século XIV, no sentido de se dedicarem quase exclusivamente ao estudo do Direito, mesmo não sendo formados nas universidades na disciplina do direito romano.

4. Os *writs*. Desenvolvido a partir do século XII, os *writs* consistiam inicialmente em fórmulas a serem aplicadas para determinado caso concreto, pelos Tribunais reais.

Passaram a ser fórmulas estereotipadas que o chanceler real aplicava ao caso após o pagamento do interessado, com vistas a atraí-los para os Tribunais Reais (e, assim, esvaziar os juízos feudais). Consistiam em verdadeiras ordens do rei, a serem seguidas por seus representantes, tendo caráter de direito público (GILISSEN, John. *Introdução histórica ao Direito*. 4. ed. Lisboa: Fundação Calouste Gulbenkian, 2003, p. 210-211).

Assim, em caso de litígio, dever-se-ia encontrar o *writ* aplicável ao caso concreto, sendo o processo precedente ao direito positivo (*remedies precede rights*). Daí porque o *common law* se estabeleceu em um número limitado de formas processuais (GILISSEN, John. *Introdução histórica ao Direito*. 4. ed. Lisboa: Fundação Calouste Gulbenkian, 2003, p. 210).

Resumindo

No *Common Law*, o rito impõe a solução processual, estando as regras positivadas em segundo plano em um litígio.

5. Fontes no *common law*. Enquanto os direitos romanistas são direitos codificados, a codificação é quase desconhecida na Inglaterra. Os costumes e a jurisprudência exercem importante influência na atividade do juiz. Foram realizadas diversas compilações de jurisprudência a partir do século XII.

John Gilissen (*Introdução histórica ao Direito*. 4. ed. Lisboa: Fundação Calouste Gulbenkian, 2003, p. 212) ensina que a jurisprudência no *common law* não constitui verdadeira fonte do direito, porque "o juiz que proferiu a primeira decisão numa dada matéria teve de encontrar, algures, os elementos da sua solução, sobretudo no domínio das regras de fundo, chamadas *substantive law*".

6. O papel do juiz na *common law*. Segundo a tradição inglesa, o juiz, em verdade, não cria o direito, apenas o declara (*declaratory theory of the common law*). Os juízes se referiam especialmente aos costumes, designados *costume geral imemorial do reino* (*general immemorial custom of the Realm*) (GILISSEN, John. *Introdução histórica ao Direito*, p. 212).

7. Equity. Com o *common law*, os juízes se tornavam cada vez mais independentes da figura do rei. Assim, e para atender aos desígnios de centralização de poder deste, ao lado do sistema da *common law*, desenvolveu-se, a partir do século XV, um sistema baseado no direito canônico, no qual se recorria diretamente ao rei, por meio de seus chanceleres, que usavam princípios extraídos do Direito Romano. Tratava-se da *equity* (GILISSEN, John. *Introdução histórica ao Direito*. 4. ed. Lisboa: Fundação Calouste Gulbenkian, 2003, p. 213).

Pelo sistema da *equity*, permitia-se a solução de casos não previstos pelo sistema de *writs*, já que estes eram calcados na tradição, enquanto os novos conflitos surgiam das mudanças sociais e econômicas.

Com os *Judicatures Acts* de 1873 e 1875, houve uma profunda reforma no sistema judiciário inglês, havendo a integração da *equity* ao sistema da *common law*.

8. O júri no sistema inglês. É instituição de grande relevo. Foi introduzido com Henrique II, que expediu um conjunto de medidas com vistas a eliminar os ordálios. Passou-se a apuração das provas a um *sheriff* e a acusação a um corpo de jurados locais (júri) formado por 23 pessoas (*grand jury*). Este júri determinaria se a acusação seria encaminhada a um outro júri (*petty jury*), que deveriam decidir se o acusado era culpado ou não (GILISSEN, John. *Introdução histórica ao Direito*. 4. ed. Lisboa: Fundação Calouste Gulbenkian, 2003, p. 214).

Inicialmente, as provas produzidas eram os ordálios, que foram substituídas, a partir do século XIII, pelo conhecimento que os jurados tinham do caso (sem uso de testemunhas ou documentos). A partir do século XV, passou-se a admitir provas do caso, que seriam analisadas pelo *petty jury*.

O *grand jury* foi abolido na Inglaterra em 1933 e o *petty jury* foi mantido para as causas criminais, apesar de ser possível seu uso para causas civis.

9. Diplomas escritos no direito inglês. Os principais diplomas escritos tiveram como objetivo principal a limitação da extensão dos poderes reais, em detrimento dos poderes dos barões. Destacamos:

a) Magna Carta de 1215 (João Sem Terra): é uma reação dos barões à extensão dos poderes das cortes régias, que se desenvolviam por meio do sistema de *writs* e pela criação de tribunais cada vez mais especializados. Tal documento sofreu influência romana, pois teve como um dos principais redatores um doutor da Universidade de Bolonha;

b) *Provisões de Oxford de 1258*: obtida a proibição de criar novos tipos de *writs*;

c) *Statute of Westminster II de 1285*: é o principal documento da história do *common law*. Teve o objetivo de conciliar os interesses dos barões com os do rei. Por conta deste documento, o chanceler não pode criar novos *writs*, mas pode aplicar os já existentes aos casos similares.

10. A Common law e o atual Direito Anglo Saxão. A tradição da "common law" passa, desde o século XIX, por importantes questionamentos. Esses são decorrentes, em especial, das reflexões da Filosofia do Utilitarismo, cujo maior expoente é Jeremy Bentham.

Bentham, com sua teoria do comando, combatia as ideais de Backstone, autor de grande prestígio na época, que era adepto da Teoria do Direito Natural então vigente na época. A principal crítica de Bentham era que o Direito resultava de uma conspiração entre juízes e advogados, sendo que os primeiros buscavam conservar seu poder e os últimos, enriquecer. Por isso, o Direito deveria ser reconhecido pela lei, como um comando.

As ideias de Bentham inspiraram o jurista inglês John Austin a escrever a obra "The province of jurisprudence determined", publicada em 1832. Tal estudo trouxe um novo paradigma para o estudo do direito, voltado a compreendê-lo como uma obrigação sujeita a uma sanção, afastando-o da autoridade do juiz. Tal obra foi bastante influente na construção da Teoria do Direito da época.

Tais ideias foram a base para a influente teoria de Herbert Hart, um dos principais expoentes do positivismo anglo-saxão no século passado.

Atualmente, diversos doutrinadores anglo saxões buscam a inspiração em sistemas de *civil law*, pois entendem que o direito deve ser declarado pela Lei e não mais sujeito ao decisionismo e imprevisibilidade dos órgãos judiciais. É certo que também há os defensores da tradição do *commom law* e que tal debate ainda está longe de ser concluído.

VII — O "Redescobrimento" do Direito Romano – Baixa Idade Média e Idade Moderna

1. O Império Romano do Oriente – O direito bizantino. Ao contrário da Europa Ocidental, que conheceu o desaparecimento do Direito Romano e sua substituição pelo Direito Canônico e pelo sistema Feudal, no Império Romano do Oriente, o *Corpus Juris Civilis* romano continuou a ser a base do direito até a queda do Império, ocorrida em 1492.

Foi o ordenamento objeto de várias revisões, na tentativa de simplificar as suas disposições e reduzir o volume de normas. No fim do século IX, foi realizada uma reforma no diploma, denominada Basilicos (GILISSEN, John. *Introdução histórica ao Direito*. 4. ed. Lisboa: Fundação Calouste Gulbenkian, 2003, p. 93).

2. O "redescobrimento" do direito romano pelas Universidades no século XII. Durante a Alta Idade Média, o estudo e o ensino do direito praticamente desapareceram na Europa Feudal.

Possivelmente a partir de 1100, assistiu-se na Itália o "renascimento" do direito romano, por força dos estudos empreendidos nas universidades então nascentes. Este interesse decorreu do fato de que algumas regiões da Itália mantiveram contado com o Império Bizantino ao longo da Idade Média (GILISSEN, John. *Introdução histórica ao Direito*. 4. ed. Lisboa: Fundação Calouste Gulbenkian, 2003, p. 341).

> **Importante**
>
> As universidades da Idade Média não estudavam o direito romano como na Roma Antiga, sendo influenciados os mestres pela doutrina e cultura da época medieval. Assim, o método empregado era o da filosofia canônica, considerando-se a lei revelação que deveria ser compreendida.

3. A Universidade de Bolonha. Dentre as universidades que se debruçaram sobre o direito romano, destaque deve ser dado à Universidade de Bolonha que, a partir do século XII, debruçou-se sobre os textos da época clássica e bizantina (Instituições, o *Codex*, as Novelas, o Digesto) e criaram o método da *glosa*.

4. Os glosadores. A glosa consiste em uma técnica já existente na época romana, que consistia em expressar uma breve explicação sobre uma palavra difícil. Em Bolonha, este método foi expandido, tornando-se a explicação de uma frase inteira ou até de todo um texto jurídico.

As glosas podiam ser:

a) *interlineares*: feitas entre as linhas do manuscrito do texto jurídico, consistindo em comentários curtos;

b) *marginais*: situadas à margem do texto, consistindo em comentários mais longos e complexos.

É de autoria dos glosadores a *Summa*, comentários aos textos romanos mais ou menos sistematizados.

5. Outras escolas da Idade Média. Depois dos glosadores, outras escolas de estudo do Direito surgiram na Europa (GILISSEN, John. *Introdução histórica ao Direito*. 4. ed. Lisboa: Fundação Calouste Gulbenkian, 2003, p. 343-348):

a) *a Escola de Orleães* (século XIII): surgida na França, aplicava o método dialético para libertar-se do estudo meramente textual das fontes romanas;

b) *a Escola dos Comentadores ou Pós-Glosadores* (século XIV e XV): surgida na Itália, utilizava da escolástica de São Tomas de Aquino, propunha-se a analisar as fontes romanas em seu conjunto e retirar deles princípios gerais para aplicá-los aos casos concretos da época. Seu principal jurista foi Bártolo de Sassoferrato (1313-1357);

c) *a Escola Humanista ou Histórica* (fim do século XV): desenvolvida especialmente na França, sob a influência dos ideais filosóficos humanistas, os juristas passaram a estudar os textos no original para se libertar da influência das glosas, explicando os textos romanos com base em outros textos romanos, com o objetivo de reconstruir o sistema romano como era.

> **Importante**
>
> Nas universidades, até o século XVII, o ensino jurídico era voltado ao direito romano e ao direito canônico; o direito então vigente na sociedade era o das Ordenações do Reino.

6. O abandono do sistema feudal e expansão dos poderes do Rei. Com as modificações na economia e o surgimento de uma classe livre e com posses e o alargamento do poder dos reis, que voltaram a exercer (depois de séculos) o poder de legislar, o modelo feudal entrou em franca decadência e desapareceu.

Com a unificação dos territórios e povos sob um domínio único, surge a tendência de unificação do direito, visando a eliminar os particularismos regionais e locais e de destruir os privilégios de grupos opositores ao rei (GILISSEN, John. *Introdução histórica ao Direito*. 4. ed. Lisboa: Fundação Calouste Gulbenkian, 2003, p. 247).

Também o Direito Canônico decai pela contínua diminuição da influência eclesiástica.

7. A lei como principal fonte do direito. Com o crescente poder dos reis (que culminará no Absolutismo), a lei, elaborada pelo regente, tornou-se a principal fonte do direito.

Tais leis ora consistiam na redação oficial de costumes, ora em criação de novas normas de conduta e de organização das instituições e, inclusive, revogavam os considerados maus costumes (GILISSEN, John. *Introdução histórica ao Direito*. 4. ed. Lisboa: Fundação Calouste Gulbenkian, 2003, p. 296).

As leis tratavam especialmente de matérias relacionadas ao hoje chamado direito público. O costume permaneceu como fonte principal do direito civil e penal, na Baixa Idade Média, o qual foi substituído pela lei escrita ao longo da Idade Moderna.

Também se assistiram as primeiras tentativas de codificação do direito real, especialmente a partir do século XVI, conhecidas como Ordenações, como as Ordenações Manoelinas de Portugal.

8. A escola do Direito Natural (séculos XVII e XVIII). Criado a partir dos estudos de Hugo Grotius (especialmente, na obra *Do direito da guerra e paz*), defendia a existência de um direito inerente à própria natureza do homem, ideia que já existia desde o direito romano (*ius gentium*: direito decorrente da natureza das coisas, aplicável aos não romanos). Esta escola dominou os estudos do direito em sua época.

Importante!

Devemos sempre ser cuidadosos com a expressão "direito natural", que tem diversos significados ao longo da história do Direito. Em que pesem todas as ideias remeterem a algo intrínseco à natureza humana, cada escola e cada autor adota um sistema de conceitos de significado bastante próprio. Por isso, é importante observar qual é o autor estudado e evitar comparar ideias que parecem iguais em uma leitura desatenta.

9. A expansão dos direitos europeus pelo mundo. Na Idade Moderna ocorreram as Grandes Navegações, que assinalaram importante marco histórico. Na busca por novas rotas de comércio, novas áreas foram conquistadas pelos povos europeus.

Como parte da dominação estabelecida nas novas áreas, a colonização expandiu os sistemas jurídicos europeus para a América, África e Ásia, havendo regiões em que a influência foi maior do que em outras, servindo muitas vezes a tradição europeia como base da formação jurídica contemporânea de diversos países.

10. A fundamentação das sentenças. Até o século XIII, os julgamentos eram orais e não fundamentados, especialmente para preservar a autonomia e soberania dos tribunais. A partir do século XVIII, passou a haver a obrigação de fundamentar as sentenças em alguns países, como a Itália e Portugal, sendo que esta orientação passa a ser encontrada em outras legislações a partir deste período.

VIII — Direito na Idade Contemporânea

1. O Iluminismo e o Direito (século XVIII). Com a expansão dos ideais políticos e filosóficos do Iluminismo, especialmente das ideias de John Locke, Montesquieu, Jean-Jacques Rousseau e Cesar Beccaria, diplomas jurídicos foram editados de forma a implementar os avanços trazidos pelas *luzes*.

É desta época a edição do *Bill of Rights* na Inglaterra (1689), das Constituições Americanas (1776) e da Declaração Francesa dos Direitos do Homem e do Cidadão (1789).

Sob a influência dos ideais iluministas, divulgados especialmente pela Revolução Francesa, diversas nações aderiram a novas formas de organização do Estado, com a separação de poderes e a soberania do povo, a lei como garantia contra o Estado dominador, a previsão legal de infrações e penas, a existência e garantia pelo Estado de direitos fundamentais inalienáveis.

2. As nações modernas e a constitucionalização do Direito. Diferentes das nações estabelecidas na Idade Moderna, a partir da Revolução Francesa se assiste à queda de diversas monarquias e o estabelecimento de repúblicas, com alternância no poder entre populares, além da independência das colônias europeias no mundo.

A organização do Estado passa a ser estabelecida em um diploma legal chamado constituição, na qual são previstas a forma de exercício do poder e os direitos básicos dos cidadãos. A influência inicial é da Constituição Americana e da Declaração dos Direitos do Homem Francesa.

As constituições têm como característica serem um diploma especial, com modo de modificação diverso daquele estabelecido para as demais leis.

3. Os regimes de governo. Nas nações contemporâneas, o poder estatal é, em regra, dividido em diferentes funções, seguindo o modelo proposto por Montesquieu: Poderes Legislativo, Executivo e Judiciário.

Nas nações em que se preservou a monarquia, o regime absolutista deu lugar a monarquias constitucionalistas, governadas por parlamentos cujos membros são eleitos pelos cidadãos.

4. O Direito estatal como principal fonte do Direito. Na Idade Contemporânea, nos países de orientação romântica, a lei continua a constituir a principal fonte do direito.

Se, na Idade Moderna, a lei era considerada fonte do direito por garantir o poder do monarca absoluto, na Idade Contemporânea a lei preserva seu papel preponderante como fonte do direito, mas com outro caráter: o de garantir ao cidadão o conhecimento de seus direitos e de limitar expressamente a atuação do Estado.

Assiste-se a novos fenômenos de codificação, inspiradas nos códigos franceses promulgados na época de Napoleão Bonaparte. São leis editadas pelo Poder Legislativo, de acordo um rito assinalado na constituição daquele Estado.

Com os avanços do estudo do direito, buscam-se codificações melhor sistematizadas e o mais abrangentes possíveis, restritas a um campo específico de relações jurídicas (Código Civil, Código Processual, Código Penal etc.). A exemplo, temos o Código Civil alemão.

5. Os direitos dos países socialistas. Influenciados pela doutrina materialista histórica de Marx e Engels, diversos países na Europa fizeram revoluções para a derrubada das monarquias e das repúblicas para a constituição de um Estado baseado nos ditames socialistas.

Na antiga União Soviética, com a revolução de 1917, abandonou-se o direito baseado no costume (que se sedimentou ao longo da Idade Média, por seu isolamento da Europa e do Império Bizantino), para se introduzir um direito socialista.

Segundo John Gilissen (*Introdução histórica ao Direito*, p. 227), o direito socialista teve as seguintes características:

a) concepção instrumental do direito enquanto meio da edificação da sociedade comunista sem classes;

b) monopólio estatal do partido marxista-leninista;

c) Estado e Direito são considerados fenômenos indissociáveis, o que resulta o monismo ideológico e da consideração dos direitos dentro da ótica vigente;

d) a lei é a única fonte do direito, por ser ela a única expressão da vontade popular, tendo função ideológica e pedagógica.

> **Importante**
>
> No direito socialista, considerava-se que todo o direito era público, já que as formas de produção eram de titularidade do Estado.

6. O positivismo jurídico. Com a implementação da lei como principal fonte do direito e a expansão dos estudos da lógica e da linguagem na filosofia, bem como o avanço nas ciências sociais, o estudo do Direito passa a ser influenciado pela doutrina do positivismo jurídico.

Nesta doutrina, defendida por diversos autores, busca-se a estrutura lógica do direito (a chamada *moldura*), que seja apta a diferenciar o direito das demais ciências humanas, dando-lhe objeto e método próprios.

Tal pensamento teve bastante adesão no Direito Brasileiro, em especial, nas bases propostas por Hans Kelsen nas obras Teoria Pura do Direito (1º e 2º edição), Teoria Geral do Direito e do Estado e Teoria Geral da Norma, dentre outras normas.

No direito Anglo Saxão, a teoria positivista mais influente é a de Herbert Hart.

7. A segunda guerra mundial e sua influência nos estudos do direito. Na Idade Contemporânea, grande impacto teve a Segunda Guerra Mundial sobre os estudos do direito. Com o genocídio de diversos povos na Alemanha nazista, fortaleceu-se a preocupação com os direitos do homem, expandindo-se os direitos concebidos por época da Revolução Francesa.

A colaboração internacional na edição de normas se fortalece com a instituição de organismos internacionais aos quais os países reconhecem legitimidade para o estabelecimento de normas comuns. Os países passam a internalizar cada vez mais acordos e tratados internacionais em diversas matérias jurídicas.

Assim, novas gerações de direitos foram incorporadas aos ordenamentos jurídicos, especialmente por força das lutas entre capital e trabalho (direitos de proteção ao trabalhador), constatação da existência de partes da população que necessitam de amparo especial (proteção a idosos, mulheres, negros, crianças etc.), proteção a grupos indefinidos para a garantia do meio ambiente (direitos difusos e coletivos), dentre diversos outros.

8. Direito e tecnologia. Nas últimas décadas do século XX e início do século XXI, as evoluções tecnológicas alcançam um ritmo nunca antes imaginado. Computadores cada vez mais velozes permitem trocas de informações cada vez mais rápidas, agilizando as relações negociais de diversas naturezas.

Os estudos sobre a evolução da vida permitem que o ser humano recrie formas de vida em laboratório. Redes sociais permitem a exposição de aspectos da personalidade a um grande número de pessoas, mas viabilizam contatos pessoais e profissionais.

Com novos dilemas, buscam os Estados, formas de regulamentação das relações jurídicas diante das novas tecnologias, com o direito na internet (civil e penal) e a bioética.

IX — O Direito em Portugal

1. Épocas da história do direito português. Pode o direito português ser estudado observando-se as seguintes épocas:
a) período pré-romano ou primitivo (até 19 a.C.);
b) período romano (19 a.C. a 506 d.C.);
c) período visigótico (506 a 711);
d) período mulçumano (711 a 1248);
e) período do romanismo de Justiniano (1248 a 1769);
f) racionalismo jurídico (1769 a 1910).

2. Período pré-romano ou primitivo. É o período em que Portugal ainda não conheceu a influência romana, por ser território ainda não conquistado pelo Império. Nesta época, havia diversas tribos que ocupavam a área onde hoje se situa Portugal. Cada tribo tinha seus costumes, que eram aplicados na decisão dos conflitos.

É desta época a chamada Lei do Ósculo, pela qual o casamento apenas estaria realizado se os cônjuges se comprometessem com um beijo público.

3. Período romano. Com a conquista da Península Ibérica pelos romanos após a *Pax* Romana (19 a.C.), a cultura romana foi absorvida pelos povos ibéricos (mais facilmente no litoral e no sul).

A região passa a ser tratada politicamente como uma província de Roma, sendo sujeita às chamadas leis provinciais, que organizavam cada província política e administrativamente, além de tratar dos impostos devidos a Roma.

4. Período visigótico. Com a queda do Império, a região da Península Ibérica foi ocupada predominantemente por visigodos. Como povo germânico, seu direito era baseado no costume, sendo o direito romano utilizado, em princípio, como base, e depois, abandonado.

5. Período mulçumano. Com o falecimento do Rei visigodo Vitiza, instala-se guerra civil entre os pretendentes do trono, Áquila (filho de Vitiza) e Rodrigo (ganhador das eleições para rei). Diante da desorganização política, não há maiores resistências para a dominação por povos mulçumanos vindos do Norte da África.

A invasão fracionou a região em dois blocos, de acordo com a religião preponderante: um bloco mulçumano e outro cristão.

O Direito Mulçumano é direito de cunho religioso, sendo retiradas suas normas especialmente do Corão, livro religioso escrito pelo profeta Maomé, e do Sunna (relatos da vida pessoal de Maomé), além das regras dos tribunais (*Amal*), dos estudos doutrinários (*Fiqh*), da lei do legislador (*qanun*) e do o costume.

O direito mulçumano era aplicado àqueles que aderiram à cultura árabe (convertidos ou não convertidos).

6. Período do romanismo de Justiniano. Com a expulsão dos mulçumanos e unificação da coroa portuguesa em 1140, cresceu a influência da Igreja Católica, aumentando-se a sujeição ao Direito Canônico. Depois, assistiu-se ao "redescobrimento" do direito romano, nos moldes do ocorrido em toda a Europa ocidental.

O regramento jurídico era essencialmente voltado a interesses locais. Foram instituições próprias desta época (NASCIMENTO, Walter Vieira do. *Lições de história do direito*. 15. ed. São Paulo: Forense, 2004, p. 184-185):

a) *Concelhos*: responsáveis pela condução dos interesses do município;

b) Câmaras: a quem competia toda a administração da cidade, exercendo funções legislativas, executivas e jurisdicionais. Seus membros eram eleitos pelos *concelhos*;

c) Forais: cartas expedidas pelo soberano português aos Municípios, concedendo franquias e privilégios, autorizando os *concelhos* a decidirem todos os assuntos de interesse local e concedendo, também, o arrendamento de terras na forma de enfiteuse.

A existência de regras jurídicas gerais para toda a nação portuguesa apenas adveio em 1210, no reinado de Afonso II.

7. As ordenações. Com o movimento das codificações em toda a Europa, Portugal editou as seguintes codificações:

a) *Ordenações Afonsinas* (1446), realizadas a mando de D. João I e efetivada primeiramente por João das Regras, sucedido por João Mendes e concluída por Rui Fernandes, tinha cinco livros (cargos públicos, matérias da igreja, processo civil, direito civil e direito penal). Foi a primeira codificação da Europa;

b) *Código Sebastiânico* (1569), era uma compilação da legislação extravagante que foi editada após as ordenações;

c) *Ordenações* Manuelinas (1514 ou 1521), teve como compiladores Rui Boto, Rui Grã e Cristóvão Esteves, tinha cincos livros com os mesmos títulos das ordenações anteriores;

d) *Ordenações Filipinas* (1603), que tiveram seu uso estendido a Portugal por conta da União Ibérica.

8. O racionalismo jurídico. Com a edição da Lei da Boa Razão em 1769, impuseram-se novas práticas jurídicas em Portugal. Toda a legislação e todo o costume que eram contrários "à boa razão" foram revogados.

A ideia de boa razão se ligava aos conceitos do Direito Natural, sendo a boa razão expressão dos princípios imutáveis e essenciais que regiam a natureza humana.

Nesta mesma época, houve codificação do direito em Portugal, sendo elaborados os códigos com inspiração napoleônica.

X | Direito no Brasil Colonial

1. O Brasil colônia. No período de 1500 até 1822, o Brasil era colônia de Portugal, ou seja, era um território que não tinha autonomia política. Portanto, o direito aplicável no Brasil era o direito ditado, direto ou indiretamente, pela metrópole (Portugal e Espanha entre 1580 até 1640).

2. Fase do direito do Brasil Colonial. Podemos destacar três fases distintas:

a) *primeira fase*: da época do descobrimento e das capitanias hereditárias, consistindo na elaboração de documentos que buscavam uma ocupação do Brasil;

b) *segunda fase*: corresponde aos governos gerais, na qual ocorreu uma centralização política (as leis de Portugal eram aplicáveis no Brasil, existindo ainda uma legislação especial, formada através de regimentos, cartas-régias, cartas de lei, alvarás etc.);

c) *terceira fase*: a partir da dominação espanhola, sendo regida pelo principal documento jurídico do Brasil colonial, qual seja: as Ordenações Filipinas.

3. A influência da Igreja Católica. A Igreja Católica exercia grande influência sobre as nações europeias na época do descobrimento. Basta dizer que o Tratado de Tordesilhas, de 1494, realizado entre Portugal e Espanha, foi mediado pelo Papa Alexandre VI.

Além disso, duas Bulas papais (Bula de 1506 e Bula de 1514) confirmaram os direitos de Portugal sobre as terras do Brasil, tendo em vista o Tratado de Tordesilhas. Até 1530, o governo português se limitou a expedir alvarás e cartas-régias, buscando, por meio desses documentos, o povoamento do Brasil.

4. As capitanias hereditárias. A partir de 1524, Martim Afonso de Souza lança as bases do primeiro regime de governo, representado pelas capitanias hereditárias.

Tal regime foi consequência de dois atos simultâneos, as cartas de doação (legitimidade da posse, direitos e privilégios dos donatários) e as cartas de foral (complemento das cartas de doação, outorgando ao donatário poderes para conceder terras de sesmaria aos colonos que as quisessem cultivar).

5. A organização do poder de julgar na época das Capitanias Hereditárias. No regime das capitanias hereditárias, havia uma tripartição do poder de julgar. Existiam os juízes municipais, que ocupavam a base do sistema. No topo estava o rei, que tinha a competência para ouvir apelações e agravos pelos seus Tribunais próprios e superiores.

Entre essas duas, havia uma espécie de justiça senhorial dos donatários: ora exclusiva, dependendo da pessoa ou matéria, ora servindo como instância de recurso à decisão municipal.

6. Governo geral. O sistema de capitanias hereditárias não deu certo por conta de diversos fatores, entre os quais a má administração realizada pelos donatários. Dessa forma, em 1549 foi implantado o sistema de governos gerais, sendo Tomé de Souza o primeiro Governador-Geral do Brasil.

Em linhas gerais, tal sistema obedecia a um plano de administração centralizada, diminuindo o poder dos donatários. Na fase dos governos gerais, as normas jurídicas vigentes em Portugal, já tinham plena aplicação no Brasil. Além disso, o governo português aplicava na colônia um direito especial, na forma de regimentos, cartas-régias, cartas de lei, alvarás etc.

7. Organização do poder de julgar no governo geral. Nos governos gerais ocorreu uma centralização do poder. No poder judiciário não foi diferente, pois os donatários perderam pouco a pouco o seu poder de decisão para a figura do Ouvidor-Geral.

Como exemplos, podemos citar o Alvará de 1557, que limitava o poder dos donatários de impor pena de morte em casos de heresia, sodomia, moeda falsa, traição, e um Regimento de 1628, que revogava expressamente o privilégio concedido aos donatários de fazerem justiça em suas terras. Entretanto, a busca de centralização do poder judiciário esbarrava na vasta extensão do território brasileiro.

Em 1609 foi criado um Tribunal na Bahia, pois com o crescimento das demandas e dúvidas, já não se poderia administrar a justiça somente com o Ouvidor-Geral. O Tribunal foi criado contendo dez desembargadores, todos letrados, fazendo parte do Tribunal o próprio Governador-Geral.

Todavia, o Tribunal acabou não dando certo. Era caro para as partes irem a Salvador, de modo que sua influência era muito mais local do que geral. Além disso, era caro e desconfortável para os desembargadores irem até o sertão fazer audiências ou correições.

8. As ouvidorias-gerais. Dissolvido o Tribunal, criaram-se três Ouvidores-Gerais: Ouvidor-Geral do Estado do Maranhão (que não corresponde ao Estado atual do Maranhão, mas boa parte do centro-norte do Brasil, que esteve separado do restante do Estado do Brasil entre 1621 e 1774); Ouvidor-Geral do Estado do Brasil; e Ouvidor-Geral da Repartição Sul.

A incapacidade de controlar efetivamente o território continuou patente. Foram feitas outras tentativas, como outro Tribunal (no Rio de Janeiro em 1751), mas a extensão territorial, as dificuldades de comunicação e de mobilidade da época entre outras coisas, fizeram com que o efetivo controle do Brasil por parte da metrópole fosse mais uma busca do que uma realidade.

9. Atos do governo geral.

a) *regimentos*: disciplinavam os diversos cargos da administração pública (Regimento de 1548 criou o sistema de governos gerais);

b) *cartas-régias*: continham resoluções do rei destinadas às autoridades públicas;

c) *cartas de lei*: eram normas de caráter geral (Carta de Lei de 1815 elevou o Brasil à categoria de Reino);

d) *alvarás*: eram normas de caráter específico, de vigência temporária (alvará de 1808 criou o Banco do Brasil).

10. A União Ibérica e suas consequências ao Direito no Brasil colônia. Entre 1580 a 1640 ocorreu a fase de dominação espanhola no Brasil. Foram instituídas as Ordenações Filipinas, que permaneceram vigentes no Brasil até 1917, data em que entrou em vigor o Código Civil de 1916.

11. Principais documentos jurídicos da época colonial. Dentre os documentos da época, destacamos:

a) *Tratado de Tordesilhas*, de 1494: por meio do qual foi, posteriormente, reconhecido o domínio português sobre o território brasileiro;

b) *Regimento de 1548*: criou o sistema de governos gerais, centralizando o poder colonial;

c) *Ordenações Filipinas*: vigoraram na maior parte do período colonial (a partir de 1603), mesmo que frequentemente alteradas em parte por legislação extravagante e especial para a colônia.

No Livro III, Título 64, a regra é que os conflitos deviam ser julgados segundo as leis, estilos (ou costumes) do reino para os casos ali previstos. Nos casos de lacuna, aplicava-se o Direito Canônico, se a matéria "trouxesse pecado". Se houvesse lacuna e não fosse matéria "pecadora", aplicava-se o direito romano (*Corpus Iuris Civilis*);

d) *Carta-Régia de 1808*: revogação das leis que proibiam as atividades industriais no Brasil; isenção tributária para a matéria-prima importada para a indústria; liberdade de exportação; fundação do Banco do Brasil;

e) *Carta de Lei de 1815*: elevou o Brasil ao mesmo nível da metrópole (Reino Unido de Portugal, Brasil e Algarves).

XI — Direito no Brasil Império

1. O Brasil Império. Em 1822, o Brasil declarou sua independência em relação a Portugal e se organizou na forma de monarquia, forma de governo que subsistiu até 1889, com a declaração da República.

2. A Constituição de 1824. Proclamada a independência em 1822, a primeira Constituição brasileira entrou em vigor em 1824. A Constituição de 1824 teve como fonte inspiradora a Constituição Francesa, pregando o liberalismo francês.

Dispunha sobre direitos individuais de primeira dimensão, quais sejam: liberdade, segurança e propriedade. Não obstante pregar a liberdade, mantinha-se a escravidão.

No mais, adotou a teoria do Poder Moderador de Benjamin Constant de 1810, que era a figura do rei como um dos poderes do Estado.

O Brasil era um estado confessional, sendo oficial a religião católica apostólica romana.

As províncias tinham presidentes indicados pelo Imperador. As províncias não tinham Legislativo próprio, sendo o Brasil um estado unitário.

Era a Carta de 1824 semirrígida:

a) *rígida* quanto determinando aos limites e atribuições dos Poderes políticos e os direitos políticos e individuais, que somente poderiam ser alteradas por reformas constitucionais;

b) *flexível* quanto aos demais pontos, tudo o mais poderia ser alterado sem as formalidades da reforma constitucional.

3. A codificação no Brasil Império. Seguindo a tradição europeia, o Brasil aderiu à codificação de seus diplomas legais, sendo esta uma das principais marcas jurídicas do Brasil Imperial. A própria Constituição de 1824 impunha a necessidade de serem produzidos códigos para substituir a legislação portuguesa.

Os dois primeiros Códigos aprovados foram o Criminal (1830) e o do Processo Criminal (1832), além do Código Comercial (1850).

Com codificações próprias, as Ordenações Filipinas tiveram seu uso diminuído, embora continuassem vigentes até o fim do império e começo da República na parte que disciplinava o direito civil, já que o Código Civil apenas adveio em 1916, mesmo assim, bastante "temperado" pelo uso da doutrina e das consolidações das leis civis.

4. As eleições no Brasil Império. A Constituição de 1824 adotou o voto restritivo censitário como forma de participação popular nas decisões do Império. As eleições eram indiretas, sendo eleitos os componentes das Assembleias paroquiais da Província e estes elegeriam os representantes (deputados gerais ou provinciais).

A capacidade eleitoral censitária diferenciava quem podia eleger e quem poderia ser eleito.

Para ser eleitor (capacidade eleitoral ativa) era necessário ser homem, livre e ter renda superior a cem mil réis, derivada de "bens de raiz", indústria, comércio ou emprego, excluídos os menores de 25 anos.

Quanto à capacidade eleitoral passiva (ser eleito) havia dois grupos: os dos representantes, que comporiam as Assembleias Paroquiais, e os deputados gerais ou de província.

Para ser escolhido como representante, era preciso ter renda de duzentos mil réis, ser livre "de nascimento", e não estar pronunciado criminalmente. Para ser deputado, só os que tivessem quatrocentos mil réis de renda eram elegíveis, excluindo-se os brasileiros naturalizados e os não católicos.

5. Os quatro poderes. Como acima mencionado, foi adotada a teoria de Benjamin Constant referente ao Poder Moderador. Sendo assim, eram quatro os poderes do Império.

a) *Legislativo*: bicameral, composto por deputados eleitos e senadores vitalícios indicados pelo imperador;

b) *Executivo*: composto pelo imperador e auxiliado pelos ministros;

c) *Judiciário*: composto pelo Supremo Tribunal de Justiça, tendo seus membros indicados pelo imperador;

d) *Poder Moderador*: formado pelo imperador, responsável por manter a "harmonia" entre os demais Poderes.

Competia ao Poder Moderador nomear os senadores, sancionar as leis feitas pela Assembleia-Geral, aprovar ou suspender as resoluções dos conselhos provinciais, prorrogar ou adiar a assembleia-geral, dissolvendo a Câmara dos Deputados e convocando outra, nomear e demitir ministros de Estado, nomear os magistrados, conceder perdão, moderar as penas impostas aos réus e conceder anistia.

Sendo assim, o Poder Moderador dava ao Imperador a possibilidade de interferir nas decisões dos outros poderes, modificando-as, desfazendo atos, dentre outras ações.

Além disso, como o poder moderador pertencia ao Imperador e estava acima dos outros poderes, não havia responsabilidade institucional para seus atos. Fazia o que queria, não possuindo responsabilidade alguma. Dessa forma, seguindo este mecanismo, as leis eram elaboradas pela Assembleia-Geral (composta de deputados eleitos pela elite e senadores nomeados pelo Imperador), e sancionadas ou não pelo Imperador, por conta do Poder Moderador.

6. O Poder Judiciário. A estrutura do Poder Judiciário existente na colônia foi modificada principalmente por força do Código de Processo Criminal de 1832. O sistema judicial *em primeira instância* passou a se organizar em torno de três autoridades:

a) do juiz de paz;

b) juiz municipal;

c) juiz de direito na primeira instância.

7. Juízes de paz. Os juízes de paz eram eleitos e não precisavam ser bacharéis em direito. Eles eram eleitos pelos cidadãos admitidos ao voto nas câmaras (de acordo com o estabelecido na Constituição do Império).

A eleição era feita numa assembleia paroquial, recolhendo-se os votos de cada eleitor e remetendo-os para apuração na sede da cidade ou vila.

Em geral, os juízes de paz eram encarregados da instrução criminal (correspondente hoje ao inquérito policial, no qual havia o início da formação da culpa, recolhendo provas, ouvindo o suspeito e preparando o sumário da culpa que seria apreciado pelo júri de acusação).

Por meio da reforma de 1841, a instrução criminal passou dos juízes de paz ao Poder Executivo (Chefes de Polícia, Delegados de Polícia).

8. Juízes municipais. Os juízes municipais eram preferencialmente bacharéis e nomeados pelo Presidente da Província (com a reforma de 1841, a nomeação passou a ser competência do Imperador).

Sua competência em geral referia-se aos julgamentos relacionados à matéria civil. Por fim, os juízes de direito eram nomeados pelo Imperador, sendo vitalícios, mas não inamovíveis.

9. Juízes de direito. Nomeados pelo Imperador, sendo vitalícios, os juízes de Direito tinham competência para presidir os julgamentos feitos pelo Júri.

10. A segunda instância. A segunda instância manteve-se com as Relações criadas antes da Independência e com o Supremo Tribunal de Justiça. As "Relações" eram a segunda instância das províncias. Nem todas as províncias tinham a segunda instância, mas apenas aquelas necessárias para a comodidade dos povos (art. 158 da Constituição).

11. O Supremo Tribunal de Justiça. Cúpula do Poder Judiciário, foi organizado pela Lei de 18 de setembro de 1828. Compunha-se de 17 ministros letrados, tirados por antiguidade dos desembargadores das Relações. A revista era o assunto mais importante do tribunal.

O objetivo da parte ao pedir revista é que o Tribunal casasse ou anulasse o processo ou sentença, fazendo ser julgado novamente, caso exista violação à lei em tal processo ou sentença. Funcionava, assim, como uma *corte de cassação*.

Havia também a revista só no interesse da lei, que poderia ser pedida pelo "procurador da coroa e soberania nacional" para garantir o respeito às decisões da Assembleia, isto é, à Lei.

12. Alguns diplomas relevantes do Brasil Império.

a) *Lei de 11 de agosto de 1827*: criação dos primeiros cursos jurídicos no Brasil (São Paulo e Olinda);

b) *Regulamento 737 de 1850*: criado para viabilizar os julgamentos envolvendo o Código Comercial, serviu, de fato, como Código de Processo Civil do Império, buscando organizar os tribunais de comércio e neles dar uma nova ordem ao processo. Vigorou até na primeira República, sendo que só o Código de Processo Civil de 1939 foi capaz de substituí-lo completamente;

c) *Lei de 4 de setembro de 1850* (Lei Eusébio de Queirós): buscou acabar com o tráfico de escravos (desde 1831 o tráfico era considerado pirataria, mas era apenas "para inglês ver", no sentido de dar uma satisfação às pressões inglesas de acabar com o tráfico);

d) *Lei 601, de 18 de setembro de 1850* (a Lei de Terras): a Lei de Terras é marca da transição de um sistema em que a terra deixa de ser domínio da Coroa e título de prestígio para transformar-se no que é modernamente, ou seja, apropriável como mercadoria;

e) *Consolidação das Leis Civis de Teixeira de Freitas (1857):* regulamentação da relação civil, diminuindo o âmbito de aplicação das Ordenações Filipinas;

f) *Lei de 28 de setembro de 1871 (Lei do Ventre Livre)*: importante norma referente à abolição da escravidão negra no Brasil. O Estado pagava uma indenização, em títulos de renda resgatáveis em até trinta anos, por filho de escrava chegado aos oito anos e entregue ao Estado. O senhor poderia ficar com o filho da escrava até que ele completasse 21 anos, alforriando-os por conta própria, não tendo direito à indenização nesse caso;

g) Lei 23 de maio de 1888 (Lei Áurea): assinada pela princesa Izabel, aboliu a escravidão de negros no Brasil.

13. Os primeiros cursos jurídicos do Brasil. Foram estabelecidos pela Lei de 11 de agosto de 1827 (São Paulo e Olinda). Pelo Dec. 1386 de 1854, os cursos passaram a se chamar Faculdades de Direito (sendo introduzidos, por esse decreto, o direito romano no primeiro ano do curso e o direito administrativo no quinto ano do curso).

O curso de Direito transferiu-se de Olinda para Recife neste mesmo ano. Os professores tinham os mesmos vencimentos dos desembargadores e mesmas honras.

Para a matrícula, exigia-se que os alunos tivessem no mínimo, quinze anos de idade e soubessem francês, latim, retórica, filosofia (racional e moral) e geometria.

Os cursos jurídicos brasileiros tinham a seguinte configuração (primeiro artigo da Lei de 11 de agosto de 1827):

Primeiro ano	Direito Natural, Público, Constituição do Império, Direito das Gentes e Diplomacia;
Segundo ano	As mesmas cadeiras, acrescidas de Direito Público Eclesiástico;
Terceiro ano	Direito Civil pátrio, Direito Prático Criminal e Teoria do Processo Criminal;
Quarto ano	Direito Civil pátrio, Direito Mercantil e Marítimo;
Quinto ano	Encerramento do curso, com Economia Política e Teoria e Prática do Processo, adotado pelas leis do Império.

XII - Direito no Brasil República

1. O Brasil República. Com a queda da monarquia, em 1889, iniciou-se a fase republicana do Estado brasileiro, a qual perdura até hoje.

A organização do Estado brasileiro e da legislação sofreu modificações pelas diferentes Constituições, cada qual representativa de determinado modelo de poder, mais autoritário ou mais democrático.

> **Importante**
>
> Adotou-se o modelo federal a partir da primeira Constituição da República.

2. A Constituição de 1891. Sua elaboração iniciou-se em *1890*. Após um ano de negociações, foi promulgada em *24 de fevereiro de 1891*. Esta *constituição* vigorou durante toda a *República Velha* e sofreu apenas uma alteração em *1927*.

No início de 1890, iniciaram-se as discussões para a elaboração da nova *Constituição*, que seria a primeira constituição republicana e que vigoraria durante toda a Primeira República.

Após um ano de negociações com os poderes que realmente comandavam o Brasil, a promulgação da constituição brasileira de 1891 aconteceu em *24 de Fevereiro de 1891*. Os principais autores da constituição da *Primeira República* foram Prudente de Morais e Rui Barbosa.

A Constituição de 1891 foi inspirada na *Constituição dos Estados Unidos da América*, fortemente descentralizadora dos poderes, dando grande autonomia aos *Municípios* e às antigas *províncias*, que passaram a ser denominadas "*Estados*", cujos dirigentes passaram a ser denominados "presidentes de Estado".

Baseada no modelo federalista dos Estados Unidos, permitindo que se organizassem de acordo com seus peculiares interesses, desde que não contradissessem a Constituição. Exemplo: a constituição do Estado do *Rio Grande do Sul* permitia a reeleição do presidente do Estado.

A Constituição de 1891 teve como inovações:

a) criação da república e a federação;

b) a separação entre Estado e igreja;

c) adoção da teoria tripartite de poder de Montesquieu;

d) adotou o sufrágio tendendo a universal (mendigos e mulheres ainda não podiam votar);

e) previu expressamente o *habeas corpus* e a liberdade de culto a outras religiões;

f) conferiu uma maior autonomia aos Estados com a descentralização do poder (com legislativo próprio em que cada Estado-membro tinha seus próprios códigos);

g) os mandatos tinham duração de quatro anos para o Presidente, nove anos para Senadores e três anos para Deputados Federais;

h) a criação do Ministério Público e a previsão do controle de constitucionalidade difuso;

i) a criação da Justiça Federal.

Rui Barbosa pregava que o *habeas corpus* poderia ser utilizado na defesa de todos os direitos líquidos e certos. Em 1909, o STF adotou esta política nacional do HC. Porém, Pedro Lessa passou a discutir com Rui Barbosa a extensão desta garantia, restringindo o instrumento para defesa da liberdade de locomoção. Em 1926, a política nacional do *habeas corpus* foi abandonada, com a entrada em vigor da Emenda Constitucional de 1926. Assim, forjou-se o pano de fundo para a criação do Mandado de Segurança.

3. A Constituição Federal de 1934. A Constituição de 1934 marca a passagem do constitucionalismo jurídico-político para o econômico-social. Foi influenciada pela Constituição alemã de 1919.

Dentre as principais disposições, podemos destacar as seguintes:

a) a constitucionalização do mandado de segurança;

b) no campo eleitoral, autorizou o voto às mulheres, criou a Justiça Eleitoral, estabeleceu sufrágio universal, o voto secreto e obrigatório para os maiores de 18 anos;

c) a constitucionalização dos direitos sociais e econômicos;

d) a criação da ação popular;

e) criação de mecanismos de emenda constitucional;

f) estabeleceu ao Ministério Público atividade de cooperação governamental fora do Judiciário;

g) criação da Justiça do Trabalho e os direitos individuais dos trabalhadores (proibição do trabalho infantil, instituição da jornada de trabalho de oito horas, repouso semanal obrigatório, férias remuneradas, indenização para trabalhadores demitidos sem justa causa, assistência médica e dentária, assistência remunerada a trabalhadoras grávidas).

4. Carta Constitucional de 1937. A Carta de 1937 foi inspirada na Constituição polonesa, sendo, por isso, denominada de "A Polaca". Foi escrita pelo então Ministro da Justiça Francisco Campos e outorgada (imposta) por Getúlio Vargas em 10 de novembro de 1937.

Seu conteúdo era fortemente centralizador, ficando a cargo do *Presidente da República* a nomeação das autoridades estaduais, os interventores. A esses, por sua vez, cabia nomear as autoridades municipais. Destacam-se as seguintes proposições:

a) redução dos direitos individuais;

b) a desconstitucionalização do mandado de segurança e da ação popular;

c) nomeação dos prefeitos pelos governadores;

d) poder de interferência do chefe do Executivo nas ações do Poder Judiciário, que poderia alterar as decisões judiciais, além de ter a última palavra no controle de constitucionalidade;

e) proibição de voto para o analfabeto e o mendigo;

f) restrição da utilização do *habeas corpus*;

g) admissão da pena de morte;

h) retirada do direito de greve do trabalhador;

i) permissão do governo para exonerar funcionários que se opusessem ao regime;

j) extinguiu a Justiça Federal.

5. Constituição Federal de 1946. Com o afastamento de Getúlio Vargas do poder e assumindo o governo o Supremo Tribunal Federal, iniciaram-se os trabalhos de uma nova Constituição, para restaurar a ordem democrática.

Assim, a Constituição de 1946 foi promulgada em *18 de setembro*. A mesa da *Assembleia Constituinte* promulgou Constituição dos Estados Unidos do Brasil e o Ato das Disposições Constitucionais Transitórias no dia 18 de setembro de 1946, consagrando as liberdades expressas na *Constituição de 1934* que haviam sido retiradas em 1937.

A *Constituição Brasileira de 1946*, bastante avançada, foi notadamente um avanço da *democracia* e das *liberdades individuais* do *cidadão*.

Foram dispositivos básicos regulados pela carta:

a) a *igualdade* de todos perante a *lei*;

b) a *liberdade* de manifestação de pensamento, sem *censura*, a não ser em espetáculos e diversões públicas;

c) a inviolabilidade do *sigilo* de correspondência;

d) a liberdade de *consciência*, de crença e de exercício de cultos religiosos;

e) a liberdade de associação para fins lícitos;

f) inviolabilidade da casa como asilo do indivíduo;

g) *prisão* só em flagrante delito ou por ordem escrita de autoridade competente e a garantia ampla de defesa do acusado;

h) extinção da *pena de morte*;

i) separação dos três Poderes;

j) mandado de segurança e ação popular foram reconstitucionalizados;

l) reorganização do Ministério Público;

m) recriação da Justiça Federal.

6. A Constituição Federal de 1967. Em 1964, os Militares tomaram o poder, destituindo o Presidente João Goulart. A partir de então, a carta magna passou a receber uma série de emendas que a descaracterizaram, sendo suspensa por seis meses pelo *Ato Institucional Número Um* (1.º de abril de 1964) e finalmente substituída pela *Constituição de 1967*, proposta oficialmente pelo *Ato Institucional Número Quatro* (07 de dezembro de 1966).

A sexta Constituição brasileira foi outorgada em 24 de janeiro de 1967 e posta em vigor em 15 de março do mesmo ano. A forma federalista do Estado foi mantida, todavia, com maior expansão da União.

Na separação dos poderes foi dada maior ênfase ao Executivo, que passou a ser eleito indiretamente por um colégio eleitoral, mantendo-se as linhas básicas dos demais poderes, Legislativo e Judiciário.

De suas principais medidas, podemos destacar na Constituição de 1967:

a) concentração no Poder Executivo da maior parte do poder de decisão;

b) conferência somente ao Poder Executivo o poder de legislar em matéria de segurança e orçamento;

c) estabelecimento de eleições indiretas para presidente, com mandato de cinco anos;

d) estabelecimento da pena de morte para crimes de segurança nacional;

e) restrição do direito de greve;

f) ampliação da justiça Militar.

A Constituição de 1967 sofreu várias emendas, porém, diante dos diversos atos institucionais e complementares, cogitou-se de uma unificação do seu texto. Até então haviam sido promulgados dezessete atos institucionais e setenta e três atos complementares.

Em 17 de outubro de 1969, foi promulgada a Emenda 1 à Constituição de 1967, combinando com o espírito dos atos institucionais elaborados. A Constituição de 1967 recebeu ao todo vinte e sete emendas.

Em 1969 buscou-se organizar os atos institucionais. Dentre suas principais características destacamos:

a) centralização dos poderes do chefe do Executivo;

b) institucionalização da censura;

c) conferência ao presidente de poder para fechar o Congresso Nacional;

d) criação do estado de sítio;

e) proibição de manifestações;

f) realocação do Ministério Público no Poder Executivo.

7. A Constituição de 1988. A partir de 1982, sendo presidente João Figueiredo, iniciou-se um processo de redemocratização do Brasil, tendo como ápice o movimento das "Diretas Já", marcado por manifestações populares em todo o Brasil no ano de 1985, na qual se pleiteava a mudança da Constituição de 1967-1969 para haver eleições diretas para o primeiro presidente civil em 30 anos.

Eleito como presidente Tancredo Neves, que faleceu poucos dias depois da eleição, houve sua substituição pelo vice-presidente eleito, José Ribamar Sarney. Os deputados então eleitos. A ideia original era fazer apenas a revisão do texto da Constituição anterior. Porém, tendo em vista o alargamento das discussões, a comissão de revisão foi transformada em uma Assembleia Constituinte e novo texto constitucional foi realizado.

Foram organizadas diversas comissões para a discussão dos mais variados assuntos, havendo intensa participação de grupos representativos de mulheres, negros, trabalhadores, produtores rurais, industriais, defensores de direitos humanos, dentre outros.

O texto, depois de sistematizado, foi aprovado nas casas do Congresso e promulgado em 5 de outubro de 1988.

Por força da intensa participação de diversos segmentos sociais, o texto constitucional contemplou uma grande gama de novos direitos. Destaquemos:

a) a ampliação dos direitos fundamentais individuais, com a expressa menção da isonomia entre homens e mulheres, proteção a diversas categorias de liberdade, consagração do princípio do devido processo legal e proteção à integridade do preso, criação dos remédios constitucionais do *habeas data* e do mandado de injunção, ao lado do mandado de segurança e do *habeas corpus*;

b) ampliação dos direitos sociais, com a licença-maternidade para cento e vinte dias, licença-paternidade de cinco dias, previsão da jornada de trabalho de 44 horas semanais, sendo de oito horas por dia, adicionais, aposentadoria e benefícios previdenciários, dentre outros;

c) organização do Poder, assegurada a participação popular, por meio do projeto de lei de iniciativa popular, do referendo e do plebiscito, além do controle dos atos da Administração pela ação popular;

d) a disciplina de direitos específicos para a proteção da família, da criança e do adolescente, do idoso, do índio, do meio ambiente;

e) o aperfeiçoamento do controle de constitucionalidade, com a ação declaratória de constitucionalidade, a ação direta de inconstitucionalidade por omissão e pela ação de descumprimento de preceito fundamental, além de ser assegurado o controle difuso de constitucionalidade.

8. A revisão constitucional. Foi prevista no Ato das Disposições Constitucionais Transitórias a revisão do texto constitucional por emendas de revisão e pela realização de um plebiscito para a escolha da forma de governo. Neste último, venceu a forma republicana e presidencialista de governo.

9. Emendas Constitucionais. É a Constituição vigente (assim como as outras eram), de modelo rígido. Assim, apenas por emenda constitucional seu texto pode ser alterado. Trata-se de forma legislativa de processo mais dificultoso do que o estabelecido para lei ordinária, estando seu processo e requisitos estabelecidos no próprio texto constitucional. Atualmente, contam-se mais de 100 emendas desde a publicação da vigente Constituição.

10. A legislação na República. Na vigência da Constituição de 1891, cada ente federativo tinha poder para editar suas próprias leis em diversas matérias (processual, penal etc.), seguindo-se o modelo americano.

Com a Constituição de 1937, estas competências foram transferidas à União, sendo os códigos regionais substituídos por Códigos Federais para cada tema (Código de Processo Civil, Código Penal, Código de Processo Penal etc.).

Com a edição da Constituição de 1988, impôs-se a necessidade de disciplinar novas categorias de relações sociais, como a proteção ao consumidor, à criança e ao adolescente, ao meio ambiente, entre outros.

Por isso, foram editados diplomas que tratam de temas, abordando aspectos civil, penais, processuais e administrativos (como se verifica no Código de Defesa do Consumidor e do Estatuto da Criança e do Adolescente).

A Constituição de 1988 aumentou a competência legislativa de Estados e Municípios, estabelecendo competências concorrentes e comuns em diversos assuntos. Assim, a produção legislativa aumentou consideravelmente.

11. Os Pactos Republicanos e as alterações na legislação brasileira a partir de 2004. A fim de modernizar o sistema jurídico brasileiro e buscar maior efetividade dos poderes do Estado, foram realizados dois Pactos Republicanos, documentos assinados pelos chefes dos três poderes para fixar metas e promover alterações legislativas e administrativas.

No primeiro Pacto, realizado em 2004, voltado ainda a tornar a Justiça mais acessível, ágil e efetiva, foi realizado após a Emenda Constitucional 45, em 2004. Teve como objetivo principal a aprovação de leis que tornassem a justiça mais ágil e efetiva, para fins de plenamente viabilizar a aplicação da emenda recém adotada.

No segundo Pacto, realizado em 2009, voltado ainda a tornar a Justiça mais acessível, ágil e efetiva, foram fixados comprossimos para fins de implementar os objetivos de conceder acesso universal à Justiça, especialmente dos mais necessitados, aprimorar da prestação jurisdicional, mormente pela efetividade do princípio constitucional da razoável duração do processo e pela prevenção de conflitos; e aperfeiçoar e fortalecer as instituições de Estado para uma maior efetividade do sistema penal no combate à violência e criminalidade, por meio de políticas de segurança pública combinadas com ações sociais e proteção à dignidade da pessoa humana.

Decorrente dos dois pactos, foram editadas emendas constitucionais e realizadas diversas reformas legislativas e institucionais, tais como a criação e fortalecimento do Conselho Nacional de Justiça, novos Códigos Civil e de Processo Civil, projetos de Código de Processo Penal, dentre outros.

12. Reformas constitucionais. Também noticiamos que o texto constitucional sofreu alterações quanto ao sistema previdenciário e trabalhista, pendendo discussões sobre substanciais alterações no sistema tributário nacional.

CIÊNCIA POLÍTICA

Ciência Política

1. Do Estado para a política. Compreendidos os conceitos da Teoria Geral do Estado, tem-se agora outro objeto de estudo: a Ciência Política. Embora distinta da Teoria Geral do Estado, muito se aproxima desta, pois seus conceitos são fundamentais para a compreensão daquela Ciência.

2. Política. No significado clássico e moderno a palavra tem sua origem na palavra grega *polis*, mais especificamente na palavra *politikós*, que em *stricto sensu* se refere ao urbano, ao que é civil e social, ao que é público, ou seja, relaciona-se com a Cidade e a tudo o que lhe diz respeito. Está muito ligada à ideia de Poder.

3. Aristóteles. A obra de Aristóteles, *Política*, é a responsável pela difusão do termo. A Política é considerada o primeiro tratado sobre o Estado. Em toda a estrutura do tratado é pormenorizado como se dá o funcionamento das *polis* gregas (ou do Estado).

Paulatinamente, com o advento deste estudo, estabelece-se por consenso que a palavra seja reconhecida como a nomenclatura de todas as reflexões e significados de tudo aquilo que venha gerar questionamentos ou esclarecer qualquer pauta em função do governo, ou seja, do Estado propriamente dito (mesmo que seja de forma a esclarecer ou questionar o funcionamento deste).

4. Ciência política. A política possui a sua ciência, a chamada *ciência política*. Os elementos históricos que a humanidade denota mostram que o termo "ciência política" surgiu com o pensamento de Nicolau Maquiavel. Entretanto, é inegável que a política era discutida antes do pensador ora comentado, pois desde Sócrates, Platão e Aristóteles, tais assuntos impressionam o gênero humano.

> **Importante**
>
> Se considerarmos que a Ciência Política tem seu nascedouro, terminologicamente, com o pensamento do florentino Maquiavel, há que se considerar que o pensamento político teve seus precursores, que serão comentados nos próximos capítulos.

5. Definição de Ciência Política. Chamamos de Ciência Política o estudo de teorias e casos práticos da política, bem como a análise e a descrição dos sistemas políticos e seu comportamento. Consiste, portanto, no estudo do Governo do Estado no *aspecto teórico* ou doutrinário, buscando analisar a *realidade social* e histórica, bem como seu funcionamento.

6. Filosofia e Política. Ensina a professora Marilena Chauí que: "Política e Filosofia nasceram na mesma época. Por serem contemporâneas, diz-se que 'a filosofia é filha da *polis*' e muitos dos primeiros filósofos (os chamados pré-socráticos) foram chefes políticos e legisladores de suas cidades. Por sua origem, a Filosofia não parou de refletir sobre o fenômeno político, elaborando teorias para explicar sua origem, sua finalidade e suas formas" (*Convite à filosofia*. São Paulo: Ática, 1994, p. 379). Com essa precisa observação, é possível verificar que a filosofia pode ser vista, sob alguns aspectos, muito ligada à política, possibilitando, aliás, o surgimento do termo Filosofia Política.

7. Diferença entre filosofia política e ciência política. A ciência política se vale de análises que partem do real, e, de maneira ordenada, visa a propor técnicas de governo, ao passo que a filosofia política visa a determinar um Estado perfeito, algo idealizado, muito provavelmente que não existe ou que nunca foi verificado pela humanidade, mas que serve como paradigma para julgar qualquer forma de governo concreta.

8. O pensamento político. Analisaremos adiante o pensamento político, precursores, fundadores da ciência política e filósofos políticos.

9. Objetivo da ciência política. Fornecer uma visão clara do que seja um *bom governo*, que promova o *bem comum*. Mesmo que na análise da história tenhamos um mau governo retratado, é a ciência política que apresentará críticas e modelos que devam ser seguidos a fim de buscar o já citado *bem comum*, muito embora seja possível observar cientistas políticos que não propuseram a busca do bem comum, mas sim a manutenção do poder ou de outro propósito que deturpe a finalidade maior dessa ciência.

10. Método. O método mais adequado é aquele que não propicia apenas uma análise lógico--sistemática de determinada teoria ou doutrina política, por mais atraente que seja, mas uma *rigorosa investigação* dos *resultados concretos* da aplicação de tal doutrina na prática. Portanto, o método utilizado será o histórico-*comparativo*.

II O Pensamento Político Grego – Platão e Aristóteles

1. O pensamento político grego. Limitando-se aos autores ocidentais, mencionem-se as obras de Ciência Política de Platão e Aristóteles, na Grécia.

Como já dito no capítulo anterior, o estudo da Política pelo Ocidente remonta à Grécia. Daí porque a importância de analisar as obras sobre Política escritas por Platão e Aristóteles.

2. Platão (427-348 a. C.). Sua obra de maior importância para a ciência política é *A República* ou *Da Justiça*, na qual Platão organiza a cidade ideal. A cidade é composta por homens de ouro, prata e bronze, respectivamente, os reis filósofos, os guardas e os produtores. Todos na *polis* ideal de Platão eram submetidos a exames para avaliar quais virtudes possuíam.

3. Pensamento político. Segundo sua *filosofia idealista*, o Estado deve ser, em ponto maior, o que é o homem em ponto menor. Assim, como o homem é governado pela razão, deveria o Estado ser *governado pelos sábios filósofos*.

Tal como o corpo, com suas paixões e instintos, segue o que é determinado pela inteligência, os *trabalhadores devem obedecer aos sábios* governantes que possuem os conhecimentos verdadeiros.

Finalmente, do mesmo modo que o ser humano segue os ditames da razão, mas quem decide é a vontade, haveria no Estado uma classe encarregada de *defender a polis* contra a subversão dos trabalhadores, para se cumprir os mandamentos dos sábios ou para repelir ameaças externas. Compõem esta classe *os guerreiros ou guardiões*.

4. Platão, Sócrates e a democracia. Fato que marcou a juventude de Platão foi a condenação de seu maior mestre, Sócrates, à morte, pelo governo democrático de Atenas. Frente à injustiça que Sócrates havia sofrido, Platão aprofundou sua descrença na democracia como a melhor forma de governo.

Para Platão, o mais sábio e mais justo de todos os homens não poderia ter sido tratado daquele modo, o que o fez crer que não poderia haver um partido político que um homem pudesse integrar sem abrir mão de seus princípios éticos.

Além de outros motivos, a descrença no sistema democrático inspira Platão a escrever sua *República*, ou *Da Justiça* – obra que apresenta uma cidade idealizada por Platão como a forma perfeita de se organizar uma *polis*.

5. A *polis* justa. Para que essa cidade tenha em seu corpo a justiça, cada ator, os produtores, os guardiões e os sábios, deverão agir conforme seus papéis sociais. Entretanto, caso algum indivíduo queira, por qualquer motivo, exercer função diversa daquela para qual é apto, haverá, então, elementos para uma cidade injusta.

Exemplo

Um produtor não deve querer ser um guardião, pois não tem capacidade para o ser, mas caso isso aconteça essa cidade será injusta. Por outro lado, guardiões e sábios têm condições de serem produtores, mas não devem ser, pois se isso acontecer estes não exercerão na plenitude suas capacidades e, consequentemente, serão injustos.

6. Homens e mulheres são iguais. No Livro V de *A República*, Platão fala sobre o papel da mulher, que seria vista como alguém que mereça espaço nessa sociedade justa.

Platão não leva em consideração a questão do gênero humano, mas sim a natureza e, bem por isso, a mulher poderia exercer qualquer função na cidade platônica, seja produtora, guardiã ou sábia. Este aspecto é relevante, pois todos deveriam participar da vida pública, tanto na esfera política como militar, motivo inclusive pelo qual Platão admirava Esparta.

> Essa igualdade entre homens e mulheres, defendida por Platão há séculos atrás, efetivou-se no Brasil em 1988 com a Constituição Federal, que no inciso I do art. 5.º dispõe sobre o princípio da isonomia, um dos direitos fundamentais.

7. A mentira. Outro aspecto interessante seria a licitude de mentir conferida aos dirigentes da cidade, seja para enganar os inimigos ou os próprios cidadãos, desde que essa medida traga vantagem à comunidade.

Vale frisar que somente aos governantes é possibilitada a mentira. Aos demais habitantes é proibido mentir, tendo em vista que não têm a sabedoria sobre seus atos.

8. Sociedade meritocrata. Tendo em vista o pensamento de Platão, podemos representar seu modelo ideal de sociedade meritocrática da seguinte forma:

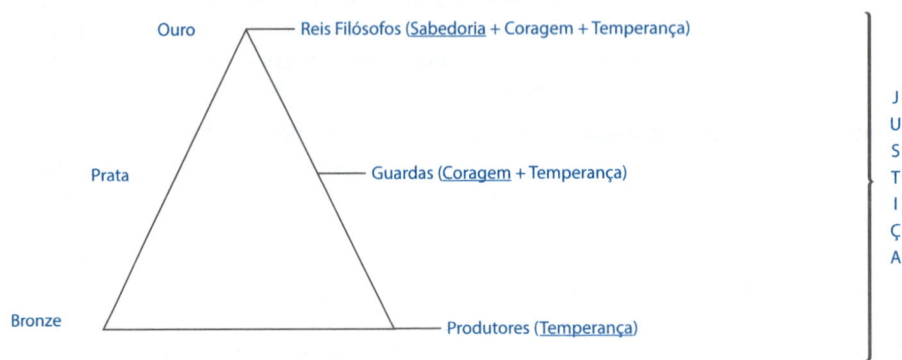

- Ouro — Reis Filósofos (Sabedoria + Coragem + Temperança)
- Prata — Guardas (Coragem + Temperança)
- Bronze — Produtores (Temperança)

} JUSTIÇA

9. Aristóteles (384-322 a.C.). O grande tratadista, filósofo, astrônomo e matemático Aristóteles de Estagira dedicou sua vida a diversas obras. No campo político, sua grande e célebre obra foi *A Política* (*A Politeia*).

10. Do idealismo para o realismo. Ao contrário do que propôs Platão na idealista obra supracitada, seu discípulo, Aristóteles, apresentou uma *visão realista* do Estado, uma visão que buscasse tratar dos sistemas políticos daquela época em *A Política*.

11. Divisão da Política. A obra divide-se em oito livros, que tratam da composição da cidade, da escravidão, da família, das riquezas, bem como de uma crítica às teorias de Platão. Analisa também as constituições de outras cidades, num exercício comparativo, descrevendo-lhes os regimes políticos.

12. O bem soberano. Em seus dois primeiros capítulos, Aristóteles estabelece os fundamentos de sua filosofia política. Assim como em sua *Ética a Nicomaco* afirma que "o bem é aquilo que todas as coisas visam", em sua *Política*, Aristóteles assevera, em 1252 a 3-5, que o "bem próprio visado por essa comunidade soberana é o bem soberano".

13. Formas de governo. Como já dito anteriormente, Aristóteles divide as formas de governo em qualitativa (boas e ruins) e quantitativa (quantos governam):

a) a monarquia: em que o monarca governa em prol de todos;

b) a aristocracia: em que os virtuosos governam para o bem de todos;

c) a democracia: em que todos governam (direta ou indiretamente) para o bem de todos.

Estas formas buscam o bem comum da *polis*, sob pena de se tornarem formas corruptas ou desvirtuadas, degenerando-se então sob a forma de:

a) tirania: um monarca governa para seu bel prazer;

b) oligarquia: alguns governam apenas para o interesse de seu grupo;

c) demagogia: em tese todos governam, mas o grupo de representantes rompe com os representados e governa para seu próprio grupo.

BOAS	DESVIRTUADAS
Monarquia	Tirania
Aristocracia	Oligarquia
Democracia	Demagogia

Embora não tenha dedicado toda a obra a fim de construir uma cidade ideal, apresenta inclinação pela monarquia, considerando esta a melhor forma de governo e a tirania como a pior. Por conta disso, Aristóteles defende a necessidade da *autoridade* na pessoa de um rei.

14. Sociabilidade do homem. Aristóteles defende sua *sociabilidade natural*, afirmando que este é um animal social ou *zoon politikon*.

15. Aristóteles e Alexandre ("o Grande", ou "Magno"). Aristóteles dedicou grande parte de sua vida a seu pupilo, Alexandre de Macedônia, para fazer dele um monarca justo, amante da cultura grega, o que em parte se verificou no curto reinado do famoso Alexandre Magno.

III — O Pensamento Político Romano – Cícero e Santo Agostinho

1. O pensamento político romano. Analisa-se a seguir os autores ocidentais e as obras de Ciência Política de Cícero, em Roma, e de Santo Agostinho.

2. Cícero (106-43 a.C.). Marco Túlio Cícero, jurisconsulto romano do final do governo republicano, foi assassinado no ano 43 a.C. Grande orador, com voz, postura e eloquência inigualável, é autor de diversos tratados filosóficos sobre o Estado, o bem, o conhecimento, a velhice, o dever, a amizade, entre outros temas que transmitem a tradição do pensamento grego.

3. O eclético. Embora tenha sido considerado com grande influência aristotélica, Cícero é visto como um eclético, ao discutir os argumentos das diferentes doutrinas gregas correntes na época.

4. A República. Em sua obra mais marcante no campo da política, *A República* (51 a.C.), Cícero retirou algumas ideias dos gregos antigos e compôs uma síntese, como veremos a seguir.

5. Formas de governo. Asseverava que a melhor forma de governo é *a mista*, unindo a monarquia com a aristocracia e a democracia, reunindo as qualidades seguintes: a unidade da monarquia, a excelência da aristocracia e o consenso da democracia.

6. Roma, o modelo. Para justificar sua teoria, apresenta como modelo a República de Roma, louvando os antepassados que reuniram as três formas no Consulado, no Senado e na Assembleia dos cidadãos.

7. Santo Agostinho (354-430 d.C.). Filósofo e teólogo católico, Agostinho, que foi Bispo de Hipona, na África do Norte, abordou a temática do Estado em várias obras, das quais a mais conhecida é *A Cidade de Deus*. Escreveu para refutar, definitivamente, a acusação movida pelos políticos de que a causa principal da decadência do Império Romano do Ocidente tinha sido sua adesão ao Cristianismo quando Teodósio a tornou religião oficial do Estado. Acaba por realizar verdadeira revisão de toda a história antiga, até sua época, o que o torna um dos pais da filosofia da história.

> A respeito da Cidade de Deus, consultar nesta obra o capítulo referente a Santo Agostinho na parte de Filosofia.

8. Sobre as cidades de Deus e dos homens. Para Agostinho, a História nada mais é que a luta entre as duas Cidades, em que ora governam os bons, ora os maus, pois Deus respeita o livre arbítrio de uns e de outros.

9. O Estado nessas cidades. O Estado, portanto, não é um mal em si, mas um remédio para que os governantes bons possam frear a má conduta dos maus, por meio da lei. Mas pode chegar a ser instrumento de maldade quando governado por pessoas viciosas, voltando-se contra os bons.

> **Exemplo**
>
> A perseguição do Império Romano contra os cristãos.
> Por isto, um Estado que proteja as virtudes cristãs atingirá sua finalidade, o bem comum, como almejava Aristóteles.
> Já o Estado que as persiga, se afasta do bem comum.

10. Estado subordinado aos valores cristãos. Em sua concepção, Agostinho acreditava que sendo a Igreja de Cristo, deve o Estado a ela se subordinar em tudo o que diz respeito à moral, conservando sua autonomia no que se refere às questões propriamente políticas e administrativas.

> Ele reconhece, então, um poder indireto da Igreja Católica sobre o Estado nas questões aludidas. Daí nascerá, com o correr do tempo, uma teoria medieval de total subordinação do Estado à Igreja, que provocará como reação o cesaro-papismo, a subordinação da Igreja ao Estado, como pretenderão os Imperadores alemães a partir do século XIII. Mas tais doutrinas radicais não são agostinianas.

11. Estado católico? Seu pensamento não visa institucionalizar um Estado Católico, meramente formal. Pretende, antes, que o Estado favoreça a prática do Cristianismo, e disso advirá uma situação social que se poderia chamar, na forte expressão de Jacques Maritain, do bem comum vitalmente cristão.

> É o que Santo Agostinho torna claro em sua *Carta n. 138 a Marcelino*: "Os que dizem que a doutrina de Cristo é contrária ao bem do Estado deem-nos um exército de soldados tais como os faz a doutrina de Cristo, deem-nos tais governadores de províncias, tais maridos, tais esposas, tais pais, tais filhos, tais mestres, tais servos, tais reis, tais juízes, tais cobradores, e agentes do fisco tais como os quer a doutrina cristã! E então ousem ainda dizer que ela é contrária ao Estado! Muito antes, porém, não hesitem em confessar que ela é uma grande salvaguarda para o Estado quando é seguida" (Santo Agostinho. *Obras Completas. Civitas Dei*. Madrid: Biblioteca de Autores Cristianos – BAC, 1965. vol. 17, p. 141).

IV — O Pensamento Político Medieval – São Tomás de Aquino, Dante Alighieri e Marsílio de Pádua

1. O pensamento político medieval. A Idade Média não consiste na Idade das Trevas, mas sim em um período de muita criação e produção intelectual, ou como chama o Professor Miguel Reale, a Idade Inicial.

Diversos pensamentos e pensadores se destacam. Apresentaremos um pouco do que dispuseram São Tomás de Aquino, Dante Alighieri e Marsílio de Pádua por meio de breves exposições de seus estudos políticos.

2. São Tomás de Aquino e seu pensamento político. A maior expressão do pensamento político medieval é São Tomás de Aquino, dominicano italiano (1225-1274), que escreveu *Do governo dos príncipes*.

Nesta obra, seguindo Aristóteles e Santo Agostinho, São Tomás considera a *monarquia* a melhor forma de governo, mas não a monarquia absoluta dos Césares romanos e sim *uma monarquia limitada pelo poder da Igreja*, das cortes dos nobres, das universidades e das corporações de artes e ofícios, que reuniam os artesãos nas cidades europeias. É a chamada *monarquia temperada*.

Chegava a admitir o direito de revolução dos súditos contra monarcas com tendências absolutistas ou anticatólicas.

3. Limites do Poder Legislativo: a lei eterna e a lei natural. O Poder Legislativo do Estado tem claros limites:

a) *lex aeterna* ou lei eterna, expressão da sabedoria e vontade de Deus, expressa no Decálogo;

b) *lex naturalis* ou lei natural, a lei universal e permanente (já presente nos ensinamentos dos estoicos e de Cícero), acessível à simples razão e finalmente a "lei positiva", emanada do Estado, o que chamamos direito positivo.

> Sobre os tipos de lei sugerimos a leitura deste pensador em Filosofia.

Em decorrência desta mesma hierarquia, seria inválida uma lei contra o direito natural e os mandamentos. Seria não uma lei, mas uma "violência da lei", na forte expressão de Santo Agostinho, endossada aqui por São Tomás.

4. Dante Alighieri (1265-1321). Em outra linha, Dante Alighieri, em sua *Monarchia*, defendeu o fim das guerras feudais e nacionais com o reconhecimento de um imperador da Europa, que unificaria todos os povos de acordo com o modelo de Carlos Magno.

Dante foi condenado pela Igreja e exilado na França, por 25 anos, pelo Partido Guelfo da República de Florença.

> O grande motivo de sua condenação foi o receio que dominava os ambientes eclesiásticos da época contra o perigo da filosofia de Averrois, famoso filósofo de Córdoba que defendia a existência de uma verdade filosófica independente da realidade religiosa, o que implicava romper a unidade totalitária do mundo medieval.

Ciência Política | 119

5. Os "dois sóis". Também de modo pioneiro, Alighieri divide as esferas de poder em "dois sóis":
a) *o sol que ilumina a alma*, que trata da vida espiritual, de competência da Igreja; e
b) *o sol que ilumina o corpo*, que trata da vida presente, de competência do Estado.

6. Autonomia do poder político face o poder eclesiástico. Original foi sua contribuição ao dar ao poder político autonomia total perante o poder eclesiástico, fazendo-o derivar diretamente de Deus, tanto quanto o poder do papa.

7. Ordens de relações. Para Alighieri existem três ordens: a ordem filosófica, a ordem política e a ordem religiosa.

> Na *ordem filosófica* predomina o raciocínio com base na experiência. Para ele, nesse campo a grande autoridade é Aristóteles;
>
> Na *ordem religiosa* dos assuntos predomina a autoridade da revelação divina, concretizada na *Bíblia*. Para ele, nesse campo a grande autoridade é o Papa;
>
> Na *ordem política*, que trata exatamente das relações de governo, explicam-se as características de governabilidade e legitimidade de modo puramente humano. Para ele, nesse campo a grande autoridade é o Imperador.

Cada um desses personagens supremos em sua ordem estão diretamente ligados a Deus.

8. Marsílio de Pádua. Pregava a restauração do absolutismo dos Césares, negando qualquer autoridade além da estatal, em seu livro *Defensor Pacis*.

9. *Defensor Pacis*. Nessa obra, o pensador opta pelo monismo, não reconhecendo outro ordenamento jurídico além do estatal, o que o torna também precursor do positivismo jurídico. Com isso, fazia tabula rasa do direito canônico, dos privilégios universitários e corporativos, das disposições do direito costumeiro, bases fundamentais da vida jurídica medieval.

Negando tais ordenamentos, na realidade buscava desconhecer os corpos sociais intermediários entre o indivíduo e o Estado, de grande importância na época, como realidade histórico-social que ele vinha menoscabar, em benefício do centralismo estatal do Imperador do Sacro Império.

10. Precursor do Estado moderno absoluto? Com tais afirmações, Marsílio de Pádua se alinha entre os pensadores que prepararam o campo para o advento do Estado Moderno, sendo o precursor do Estado em comento. É com tais características que ele crescerá nos governos absolutistas do antigo regime, como veremos ao analisarmos a teoria do Estado Leviatã, de Thomas Hobbes.

V | O Pensamento Político Renascentista – Do Fundador da Ciência Política aos Utopistas

1. O pensamento político do Renascimento. O pensamento político do Renascimento foi marcado, de um lado, por Nicolau Maquiavel e Jean Bodin, ambos a favor do absolutismo; e de outro lado, pelos utopistas Thomas Morus, na Inglaterra, e Tommaso Campanella, na Espanha.

2. Nicolau Maquiavel (1469-1527). Florentino, escreveu duas obras que marcaram a Ciência Política moderna: *O discurso sobre as décadas de Tito Lívio* (1531) e *O Príncipe* (1532).

No primeiro, elogia o governo dos romanos, propondo-o como modelo para os soberanos de seu tempo e, no segundo, propõe uma prática política visando ao êxito a qualquer custo.

A obra possui três destinatários:

a) o primeiro é *o príncipe* Lorenzo, o Magnífico, filho de Medici;

b) o segundo destinatário são todos os governantes que queiram um manual da técnica de se fazer política ou a arte de bem governar; por fim,

c) o terceiro destinatário seria o próprio povo, uma vez que, tendo contato com a obra, todos saberiam como se esquivar dos estratagemas do príncipe.

3. O fundador da ciência política. O termo surge com Maquiavel. É:

a) *realista*, uma vez que não se furta da realidade;

b) *pragmático*, pois tem uma postura calculista quanto aos resultados que suas ações terão; e

c) *empírico*, uma vez que estudando a História, acredita que o maior equívoco que um governante pode cometer é não se reportar ao estudo do passado e cometer os mesmos erros novamente.

4. O termo *Estado*. Entre outras inovações, Maquiavel usou o termo *Estado* para designar o que antes se chamava *República*. O autor desloca seu olhar do dever ser para o ser.

5. Governo real. Maquiavel não descreve um *governante ideal*, mas sim, um *governante real*. Deste modo, critica as utopias e busca realmente entender as cidades. Recusa-se a descrever as formas de governos, descreve a atual forma de governo e retrata os príncipes daquela época, revelando os bastidores do poder.

6. O Príncipe. Em sua obra *O Príncipe*, Maquiavel apresenta um manual prático da manutenção do poder. Ensina entre outras coisas:

a) os tipos de Estado e como são instituídos;

b) os tipos de monarquias (mistas e hereditárias);

c) exemplos históricos de perda do Poder;

d) a utilização e a manutenção de boas armas para manter-se no poder;

e) a construção de grandes empreendimentos para que tenha estima, entre outros ensinamentos.

7. Temor ou amor. Maquiavel defende que o príncipe deve ser temido e amado, entretanto, caso seja impossível os dois, que opte por ser temido.

Isto porque, segundo ele, os homens têm menos escrúpulos em ofender quem se faz amar do que quem se faz temer, pois o amor é mantido por vínculos de gratidão que se rompem quando deixam de ser necessários, já que os homens são egoístas; já o temor é mantido pelo medo do castigo, que nunca falha (Nicolau Maquiavel. *O príncipe*. São Paulo: Martin Claret, 1998, p. 95).

8. Virtù e fortuna. Maquiavel distingue a *Virtù* da *Fortuna*.

Virtù consiste em características subjetivas, personalíssimas, singulares, próprias dos governantes e, mais do que isso, consiste na capacidade pessoal de dominar os eventos de uma adversidade. O príncipe dotado de *virtù* amenizará uma situação de caos e maximizará uma situação boa. *Fortuna* consiste no fluxo de acontecimentos que não dependem da vontade humana.

Exemplo

Um levante popular que independe do príncipe (*Fortuna*), mas este levante é contornado por ele (*Virtù*). Outro exemplo seria um rio impetuoso que tudo arrasta (*Fortuna*), mas é contido por um ato do príncipe (*Virtù*).

9. O fim justifica os meios. Quanto à célebre frase atribuída a Maquiavel *O fim justifica os meios*, é possível explicá-la como o fim colimado justificaria então qualquer meio e o bem do Estado ou *razão de Estado* estaria acima de qualquer instância moral.

Afastando a ideia de bem comum, faz o bem do Estado se confundir com o bem do governante. Embora se deva esperar que o príncipe utilize boas armas a fim de atingir a paz social.

10. Jean Bodin (1530-1596). Nos *Seis Livros sobre a República* (abreviadamente: *A República*) (1576), o francês Jean Bodin defende a monarquia como a melhor forma de governo, por fundamentos diferentes dos apresentados por Maquiavel.

Considerado como um rigoroso jurista, preocupado com os problemas ligados à religião e à soberania, bem como com o indivíduo, o professor de direito e magistrado Jean Bodin é considerado um grande cientista político, levando Maquiavel à condição de um pensador político tacanho, preocupado apenas com o cinismo do poder concreto.

11. Os fins e os meios devem se justificar. Bodin, em seu primeiro capítulo, "Qual o principal fim da República bem ordenada?", assevera que todos os governos devem buscar seu fim principal de maneira reta e em seguida apresenta os meios para alcançá-lo.

Quando discorre sobre os meios para atingir o fim, ao contrário de Maquiavel, não pensa em boas armas como meio para manter o poder do príncipe, mas sim *na legitimidade do poder soberano com o objetivo final mínimo da felicidade*.

12. Sobre a monarquia. Embora Bodin veja na monarquia a melhor forma de governo, admite que a soberania possa existir e ser bem exercida em um governo democrático ou aristocrático.

Admite o controle do monarca pelas cortes ou representações do clero, nobreza e burguesia. Mas não há menção de constituição escrita, apenas das tradições e usos da França, constituição costumeira: "Tudo o que muda na organização legal do Estado é perigoso".

13. Os utopistas. Criticando a sociedade e o Estado da época, os utopistas apresentam um modelo de Estado que não existe em lugar nenhum (*u*= negação *topos*= lugar, ou não lugar).

Precursores do Iluminismo do séc. XVIII, destacamos o chanceler inglês Thomas More e o frade dominicano italiano Tommaso Campanella.

14. Thomas More (1478-1535). Grande jurista inglês, escreveu a *Utopia*, na qual descreve um Estado imaginário, sem propriedade privada nem dinheiro. Este Estado preocupa-se apenas com a felicidade coletiva e a organização da produção, além de lançar as bases do "socialismo econômico" de maneira precursora.

Thomas More pode muito bem dar à sua obra o aspecto da descrição – bastante detalhada – da "nova ilha Utopia", a cidade filosófica de "lugar nenhum" em grego, e o faz a partir de uma violenta crítica à monarquia, identificada com a tirania de Henrique VIII, de quem foi primeiro ministro, até discordar do "cisma anglicano", que colocava a Igreja subordinada ao monarca. Também, séculos antes de Rousseau e de Marx, vê na propriedade privada o início de todos os conflitos sociais.

15. Tommaso Campanella (1568-1639). Além de Thomas Morus, Tommaso Campanella, em sua obra *Cidade do Sol*, propõe sua cidade utópica ou ideal, imaginando-a sem hierarquias, na qual todos trabalham e as várias funções são adequadamente repartidas.

Imagina, ainda, o fim da propriedade privada, de toda habitação separada, da família e tudo o que alimenta o egoísmo, devendo o bem individual ser subordinado ao bem da comunidade. Tem evidentes semelhanças com Thomas More, além de uma comum inspiração platônica.

VI — O Pensamento Político do Antigo Regime

1. O pensamento político do antigo regime. Nesse capítulo exporemos alguns aspectos do pensamento político de Hobbes, Bossuet e Locke.

2. Thomas Hobbes. Após a Revolução de Cromwell e a guerra civil, o filósofo e cientista político inglês Thomas Hobbes (1588-1679) escreveu sua obra máxima intitulada *O Leviatã ou matéria, forma e poder de um estado eclesiástico e civil* (1651).

3. O Leviatã. Nessa obra, Hobbes dispôs sobre a existência de um "Estado de natureza" e um "Estado político ou civil", que podem ser definidos pela oposição.

O estado de natureza é uma construção ficcional que se apresenta de modo conflituoso, beligerante, um verdadeiro Estado de Guerra. Nesse Estado, as pessoas viviam sob o signo do medo e se agrupavam segundo suas necessidades.

> O monstro *Leviatã* traria a drástica solução e a organização do Estado político, de modo que a força de todos se opusesse ao egoísmo de cada um e com isso fosse garantida a vida, a segurança e a organização.

4. O estado político e a antítese ao estado de natureza. A definição dá-se pela oposição, uma vez que, para Hobbes, o Estado de Natureza apresenta-se de modo conflituoso, beligerante, um verdadeiro Estado de Guerra. Nesse Estado, as pessoas viviam sob o signo do medo, e se agrupavam segundo suas necessidades.

5. O estado político como freio da beligerância. A situação de guerra de todos contra todos é sanada com o aparecimento do estado político e organizado, que traz a solução para impedir o fim da espécie humana.

O estado político consiste na segurança, na estabilidade, na efetiva paz para as pessoas. O indivíduo abre mão de algumas liberdades para garantir seu principal direito: A vida.

6. "O Homem é o lobo do homem". A proposta de Hobbes é chamada de *contratualismo pessimista*, ao considerar que *o homem é o lobo do homem* (Homo homini lupus) e o desaparecimento da sociedade é o resultado da luta de todos contra todos, a menos que a força de todos constitua um Estado tão forte que intimide cada indivíduo com a força do conjunto, sob o comando de um rei.

7. A igualdade natural e política. Para Thomas Hobbes, os homens são iguais por natureza, não havendo problema em terem diferenças físicas ou intelectuais.

Exemplo

Acredita que um homem sábio desvalido fisicamente saberia agrupar-se, nem que fosse de forma temporária, para obter alguma vantagem.

O contrário também é verdadeiro – um forte homem saberia como agir sem um grande intelecto e ambos garantiriam suas vidas (o bem maior, tanto no Estado de Natureza como no Estado Político).

....

No Estado Político, tal fato não é diferente, todos são igualmente governados por um Leviatã, que trará, além de igualdades, a garantia da vida.

8. A serviço do absolutismo. Esta doutrina se apresenta como um contratualismo em favor do poder absoluto do rei, representado como a cabeça coroada do Leviatã, empunhando a paz e o cetro, símbolos do poder espiritual e civil, que é bem retratado na capa original da obra.

9. Jacques Benigne de Bossuet (1627-1704). Bispo de Meaux e preceptor do filho de Luís XIV, escreveu, em 1670, *A política extraída da Bíblia*, em que, embora reconhecendo o *caráter divino do poder real*, aconselha o uso de *um poder paternal pelo rei*, sabendo que deve contas a Deus e a ele somente de seus atos.

10. A monarquia. Para Bossuet, a Monarquia é a mais comum, antiga e natural forma de governo. Considera que todo o mundo começa por monarquias; e quase todo o mundo nelas se conservou, como no estado mais natural.

Para o pensador, os homens nascem todos súditos, e o império paternal, que os acostuma a obedecer, acostuma-os, ao mesmo tempo, a terem um só chefe.

11. John Locke (1632-1704). O pensamento político mais importante do período das Revoluções Inglesas é sem dúvida o do médico e pensador John Locke.

12. Face a Hobbes, um otimista. O contratualismo de Locke é visto como otimista. O *estado de natureza* não seria de guerra de todos contra todos, mas de liberdade e paz.

13. Obra. Dentre algumas obras, a considerada mais relevante no que tange o pensamento político de John Locke é *O segundo tratado sobre o governo civil* (1690) – escrita para justificar a Revolução de 1688 e a Declaração de Direitos. O estado natural do homem primitivo era de paz e felicidade.

> O primeiro tratado foi escrito concomitantemente com o segundo. Nesse primeiro tratado, Locke dedicou-se à tarefa de refutar os falsos princípios de uma obra de Sir Robert Filmer, *Patriarcha*, que fundava o direito divino dos reis nos direitos de Adão e dos patriarcas.

14. O contratualista Locke. Propõe o "estado de natureza" e o "estado político" que se inicia com o contrato original (social). Locke, ao dispor sobre o estado de natureza, analisa o direito que todos têm de fazer valer a lei natural.

Em outras palavras, quem prejudica o outro é um transgressor dessa lei e todos os homens têm o direito de castigá-lo. De um lado, o transgressor da lei, de outro o guardião e executor da lei que não foi ainda positivada ou organizada.

15. O contrato como regulador. A fim de garantir a paz organizando quem concentra o direito de julgar e castigar aqueles que desrespeitam as leis naturais, que surge o Contrato.

16. A propriedade privada. Locke acredita que no estado de natureza existam direitos fundamentais tais como a liberdade, o trabalho, à propriedade privada, que não é outra coisa senão, segundo ele, uma extensão da propriedade que tem cada um de seu corpo e do fruto do trabalho de seu corpo.

O contrato lockeano tem um objetivo fundamental de preservação desses direitos do Estado de natureza no Estado político com a positivação do direito.

17. Descentralização do poder. Locke propõe o fim da concentração de poder nas mãos do rei. O Poder Legislativo, que está acima dos demais poderes, passa para o Parlamento, o Poder Executivo, e um terceiro poder, chamado de *Federativo*, se concentraria nas mãos do chefe do executivo.

> Locke dá um importante passo no que diz respeito à separação dos poderes executivo e legislativo. Entretanto, ao concentrar os poderes executivo e federativo nas mãos do chefe do executivo, não desenvolveu na plenitude a tripartição do poder, melhor desenvolvida por Montesquieu, no século seguinte.

18. O Estado liberal de Locke. Ao passar para a vida política, o ser humano não perderia tal *liberdade natural*, antes caberia ao Estado garanti-la pela lei, que protegeria *sua vida* e *propriedade*. Tal liberdade implicaria a desigualdade entre os homens, de acordo com sua capacidade. Mas ficaria para cada um a possibilidade de, pela livre iniciativa, subir na escala social. É o modelo do Estado liberal que chegará até nossos dias.

VII O Iluminismo

1. O Iluminismo (séc. XVIII). Chama-se *Iluminismo* ou *Ilustração* o período em que se dá *a crise da consciência europeia*, em que se buscam as luzes racionais do pensamento. A origem desse movimento deve ser situada na Inglaterra, depois na Alemanha, alcançando por fim França, Itália, Espanha e Portugal.

Ganhou as duas Américas, influenciando vários movimentos do século XVIII, como, por exemplo, a Inconfidência Mineira e a Independência dos Estados Unidos. Neste capítulo estudaremos um pouco do pensamento político de Montesquieu, Rousseau e Kant.

2. Charles Secondat de la Brède, Barão de Montesquieu (1689-1755). No campo político, um grande autor iluminista. Influenciado pelo pensamento Aristotélico em sua *Política*, bem como pela Inglaterra em que vivia, Montesquieu pode ser considerado, do ponto de vista metodológico, como resultante do método analógico da História.

3. Obras. Diversas foram suas obras, mas seguramente a mais lembrada até hoje é *O Espírito das Leis*, que pretende buscar a origem do sistema legislativo nas características climáticas, étnicas e culturais de um povo.

4. O Iluminismo de Montesquieu e o Estado. Sua visão iluminista é particularmente acentuada pela importância da racionalidade em sua exposição do significado do Estado como instituição não só política, mas também social e jurídica. Tal concepção de Estado integra a ideia de Estado moderno, como garantia para os cidadãos contra a vontade individual do soberano.

5. Formas de governo. Propõe a monarquia constitucional com a tripartição dos poderes, como melhor forma de governo, pois deve haver um freio, no caso a lei, ao poder do monarca. Caso contrário, caracteriza-se um despotismo ou individualismo.

Condena tanto a monarquia absoluta, como a democracia e os regimes despóticos, equiparando o despotismo de um tirano à tirania da multidão, contrária *à natureza das coisas*, expressão esta cunhada pelo Barão para designar o razoável, de acordo com o bom senso.

6. A tripartição dos poderes. Como dissemos, de acordo com o bom senso fazia-se necessário que houvesse *corpos intermediários* entre o indivíduo e o Estado, como por exemplo, a magistratura, o parlamento e os partidos políticos. A partir desta ideia explica a necessidade dos três poderes, seguindo de perto John Locke.

> Alguns comentadores dizem que a teoria da tripartição dos poderes do Estado não é criação de Montesquieu, mas sim de John Locke. Entretanto, cabe a Montesquieu o inegável mérito de colocá-la num quadro mais amplo, destacando de maneira irretorquível o Poder Judiciário como autônomo.

Para Montesquieu, em qualquer Estado devem existir três tipos de Poder:
a) o Poder Executivo;

b) o Poder Legislativo; e

c) o Poder Judiciário.

Esses poderes, que correspondem às funções do Estado, podem ser articulados de várias maneiras. Um poder deve equilibrar o outro, o que hoje chamamos de freio e contrapesos (*checks and balances*), em que os Poderes podem exercer funções distintas aos de suas atribuições habituais.

Entende Montesquieu que tal articulação favorece tanto o equilíbrio do poder do Estado em relação à liberdade dos indivíduos, evitando o poder absoluto, quanto ao de manter o controle interno das instituições estatais, no sentido de observância das ações seguirem a legislação estabelecida.

Tal articulação integrou não só as modernas teorias do Estado como também a prática política dos Estados Modernos.

> Cada poder não deve agir por sua própria conta, caso assim fosse, as arbitrariedades seriam inúmeras. Deste modo, Montesquieu não trata da separação e independência dos três poderes, mas sim de uma combinação entre eles de modo a limitarem-se mutuamente, formando um equilíbrio. Modernamente, essa ideia é nomeada de freios e contrapesos (*checks and balances*).

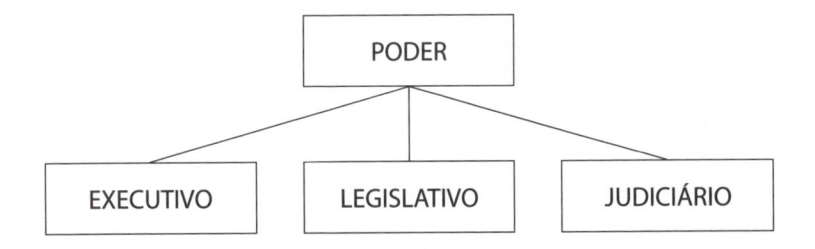

```
                    PODER
                  /   |   \
           EXECUTIVO LEGISLATIVO JUDICIÁRIO
```

7. Jean-Jacques Rousseau (1712-1778). Considerado um contratualista revolucionário, Rousseau, autor de diversas obras, sendo para a política, as mais importantes: *O discurso da origem da desigualdade entre os homens* (1755) e *O contrato social* (1762).

8. O discurso da origem da desigualdade entre os homens. Produzido em resposta a um concurso de ensaios sobre o tema estipulado pela academia de Dijon: Qual é a origem da desigualdade entre os homens? É ela autorizada pelo direito natural?

9. A história. Para Rousseau, a história é distante do homem originário (selvagem).

Para entender a origem da desigualdade entre os homens é preciso regredir a tempos nunca antes alcançados, sendo assim, não se tem apenas a história como fio condutor do pensamento, mas o "raciocínio hipotético e condicional", que levaram ao homem originário, afastado da história e solitário.

> O Raciocínio hipotético condicional é uma condição hipotética que deve ser aceita como hipótese, pois sem esse aceite é impossível prosseguir com seus estudos.
>
> Rousseau afirmava que tais raciocínios não eram postos, eram pressupostos, do mesmo modo que Hans Kelsen propôs em sua Teoria Pura do Direito que a Norma Hipotética Fundamental não era posta, era pressuposta.

10. Os sentimentos. Para Rousseau existem três sentimentos: *piedade, amor de si* e *amor próprio*.

Piedade	Consiste em uma disposição pré-reflexiva ou anterior à razão. Encontra-se no homem solitário do Estado de Natureza.
Amor de Si	É instinto de autoconservação. É uma disposição da natureza humana, que faz com que o homem reafirme tudo aquilo que lhe permite viver e descarte o prejudicial aos outros. Começa a se desenvolver com a criação da Família.
Amor Próprio	É uma perversão ou hipertrofia do *amor de si*. É o individualismo em demasia. Não seria a busca da sobrevivência, seria a busca da satisfação, mesmo que isso signifique a dor do outro. Egoísmo, vaidade. Desenvolve-se no momento de guerra no Estado de Natureza.

11. O homem selvagem solitário. Afirma que o homem é solitário, pois acredita que este basta a si próprio. Posto isso, o homem selvagem não vivia em sociedade, mas o homem atual (histórico) vive.

12. Isto é meu. Segundo Rousseau, "o verdadeiro fundador da sociedade civil foi o primeiro que, tendo cercado um terreno lembrou-se de dizer 'isto é meu' e encontrou pessoas suficientemente simples para acreditá-lo" (Jean Jacques Rousseau. *Discurso sobre a origem e fundamentos da desigualdade entre os homens*. São Paulo: Abril Cultural, p. 265).

Este trecho inicia a segunda parte da obra, oferecendo o marco à primeira desigualdade imposta pelo homem, ou seja, a primeira desigualdade que não é autorizada pela lei natural. Entretanto, esta ideia não se formou de modo instantâneo na mente do homem, derivando antes de vários progressos.

13. Mudanças do animal selvagem. O homem selvagem era alguém que vivia em plena harmonia, independente. Contudo, as dificuldades começaram a surgir e, com isso, o homem precisava vencê-las para não ser vencido pelas condições que a natureza impunha.

Torna-se sociável, nem que esporadicamente, pela necessidade de se autopreservar. Após algum tempo torna-se sedentário. Nesse período, a família é criada, e os vínculos também, sendo para Rousseau o momento mais feliz dos homens.

Com a fixação do homem e a criação do seio familiar, fixa-se a relação de vizinhança em que homens se reuniam diante das cabanas ou em torno de uma árvore e mostravam seus dotes mais variados, só que como afirma Rousseau: "Cada um começou a olhar os outros e a desejar ser ele próprio olhado, passando assim a estima pública a ter um preço". Assim nasce a inveja.

14. A propriedade privada e a primeira desigualdade. Com o fim da felicidade e da inocência, tem início um período em que a propriedade privada ganha envergadura e o homem começa efetivamente a se sociabilizar.

Essa revolução civiliza o homem trazendo-lhe uma série de mudanças, fazendo com que este perca o gênero humano, degradando-se e corrompendo-se. A natureza hostil, as guerras e a escravidão apresentam ao homem uma situação beligerante que o obriga a fixar a propriedade, surgindo assim a primeira desigualdade imposta pelos homens, o binômio ricos/pobres.

15. O Contrato Social. Com essa situação beligerante, em que as pessoas não conseguiam nem garantir suas vidas, nem conseguiam preservar suas novas posses, criou-se um contrato, de que todos da sociedade participaram, em que se garantia a vida de todos e a propriedade daqueles que possuíam.

Sendo assim, os ricos criaram um sistema que legitimava sua propriedade, mas na verdade usurpavam algo que não lhes pertencia.

16. Soberano. Entende Rousseau que, no momento em que todos renunciam a seus direitos (com a criação do Contrato Social), forma-se um corpo político detentor de todos os direitos e do qual todos participam. O "eu absoluto" cede ao "eu relativo".

A esse corpo moral, corpo político, Rousseau dá o nome de *soberano*, que consiste num resultado da soma dos direitos de todos os homens, e todos os homens dele participam. Com efeito, cada um tem uma parte indivisa nos direitos do todo igual àquela com que contribuiu para formá-lo. O soberano é assim constituído pela vontade unânime de seus componentes. Portanto, se verifica que, para Rousseau, o corpo político chamado soberano tem sua vontade própria chamada de "vontade geral".

17. A vontade geral. O soberano tem sua vontade manifestada na vontade geral que, por definição, não pode errar, é una e indivisível. Então, pode deixar de conduzir ao bem comum. Com efeito, Rousseau não atribui o caráter quantitativo, mas sim qualitativo a esta vontade.

Note que a somatória das vontades particulares não constitui a vontade geral.

Exemplo

Em nome da vontade geral, todos devem pagar impostos, entretanto, individualmente, muitas pessoas podem pensar em não pagar.

---

18. Sobre a representação. Rousseau ensina que é contra a própria natureza da soberania o outro se fazer representar. Os deputados do povo não são seus representantes, mas, simplesmente, seus comissários, que não estão aptos a decidir nada definitivamente.

Para Rousseau, portanto, todo o povo deve participar da obra legislativa. Não por meio de deputados, mas diretamente, pessoalmente, pois o povo é soberano, portador da "vontade geral", a qual poderá ou não coincidir com a vontade dos deputados. Daí se entende porque Rousseau defende a ideia de democracia direta.

19. Immanuel Kant (1724-1804). O ciclo histórico em que viveu Immanuel Kant foi da grande contestação dos regimes absolutistas e consequente postulação da soberania popular.

Foi também a época dos "déspotas esclarecidos", como Catarina II da Rússia, Frederico II da Prússia, e o Marquês de Pombal em Portugal, que, se dizendo partidários das novas ideias, pretendiam implementá-las eles mesmos, considerando o povo ignorante demais para perceber a necessidade de uma reforma política e social em profundidade.

20. Como ler Kant político. A obra de Kant deve ser lida como uma elaboração teórica do Estado de direito no seu nascedouro. Destaca-se sua obra de 1796, *A doutrina do Direito*, que reflete preocupações como "O que fundamenta o direito? O que é justo? O que é legal?".

21. As leis. Kant não aceita que as leis sejam válidas simplesmente porque promulgadas por um órgão dotado de força, o que o desvincula totalmente de Hobbes. Mas também não se confunde inteiramente com os liberais. Ao distinguir direito público e direito privado, por exemplo, dá ao Estado natural uma conotação própria, considerando-o sinônimo de direito privado, reservando para as normas emanadas do Estado a designação de direito público, também chamado civil, ou seja, da cidade, e político.

22. Os direitos individuais. Para Kant, tais direitos estão no estado de natureza que é originário, do qual o homem sai para ingressar no estado civil, visando substituir uma liberdade natural empírica pela segurança de uma liberdade garantida pela lei, no que reflete sobre o pensamento de Rousseau.

23. O contrato social. Para Kant, a passagem do estado natural para o estado político ou civil entende-se como um contrato social, considerado não como realidade histórica, mas como hipótese metafísica, *a priori* lógico do sistema jurídico.

Portanto, Kant, diferentemente de Rousseau, não é um teórico da origem da sociedade e do Estado, pois considera o Estado natural não do ponto de vista cronológico, mas sim do ponto de vista lógico.

VIII - O Pensamento Político da Revolução Francesa

1. O pensamento político na época da Revolução Francesa e a contrarrevolução. No campo da política, a Revolução Francesa teve alguns trabalhos que merecem destaque. Citaremos neste capítulo os estudos de Emanuel Sieyès, Edmund Burke e Joseph De Maistre.

2. Emanuel Sieyès (1748-1836). O trabalho do Padre Emanuel Sieyès – *O que é o Terceiro Estado?* – lançado por ocasião da abertura da Assembleia dos Estados Gerais, em maio de 1789, verdadeiro manifesto da burguesia, lança a pergunta: o que é o Terceiro Estado? E responde: *é tudo*.

> Vale dizer que quem sustenta a nação são as pessoas que pagam os impostos e movimentam a economia com o exercício de suas profissões.

3. O que tem sido o Terceiro Estado na ordem política? Para o autor em comento, o Terceiro Estado não tem sido nada, ou seja, os cargos mais importantes estão nas mãos da nobreza, sem qualquer acesso da burguesia.

4. O que deseja o Terceiro Estado? Sieyès diz que deseja algo que implica a participação no governo, o direito de ter representantes, uma Constituição.

5. Edmund Burke (1729-1797). Desencadeada a Revolução, inquietou-se o líder político do Parlamento inglês Edmund Burke, com o polêmico livro *Reflexões sobre a Revolução Francesa* (1790), em que distingue o que estava acontecendo na França da luta dos americanos pela Independência, à qual dá todo o seu apoio.

6. A luta pela independência. Considera a luta pela independência norte-americana um pleito de *liberdades concretas*, ao passo que a Revolução Francesa, uma luta por *direitos abstratos*, sem fundamento histórico.

7. Jurisprudência e direito. Burke se insere em uma tradição de valorização da jurisprudência e do direito costumeiro da *common law* e, por isso, jamais poderia entender o valor e a importância do direito escrito, próprio da tradição romanística da Europa continental.

> Se na França se invocasse o direito costumeiro ou o precedente judicial, todo o esforço da Revolução seria neutralizado, pois o direito costumeiro era de base feudal e a jurisprudência, até 1789, alinhada com o regime absolutista. Por isso, prefeririamos considerar a legislação da Revolução não como abstrata, mas sim como inovadora.

8. Joseph De Maistre (1753-1821). Obra semelhante à de Burke nas conclusões, mas a partir de bases diferentes, escreveu o *savoiano* Joseph De Maistre – *Considerações sobre a França* (1796).

9. Considerações sobre a França. Começa a obra criticando o pensamento de Rousseau, afirmando que toda questão sobre a natureza do homem se resolve pela História. Diz que tentar nos provar, por raciocínio, *a priori*, o que é o homem, substitui razões de conveniência e suas próprias decisões à experiência e à vontade do Criador.

10. O homem nunca foi um animal selvagem. Acredita que o estado de natureza é então o de ser hoje o que o homem sempre foi: um ser sociável; todos os anais do mundo estabelecem esta verdade.

> Vemos que ele segue Aristóteles e São Tomás de Aquino na tese da sociabilidade natural do homem.

11. A necessidade de um chefe. Acredita o pensador que toda sociedade deve ter um chefe, analogicamente compara com um enxame de abelhas sem rainha, pois o enxame não existiria.

A sociedade e a soberania nasceram, pois, juntamente: é impossível separar as duas ideias (Joseph De Maistre. *Essai sur le principe générateur des constitutions politique*. Lyon: Librairie Emmanuel Vitte, 1924, p. 96-98).

12. Declaração dos Direitos do Homem. Sobre a Declaração dos Direitos do Homem e do Cidadão, diz o pensador que os direitos do povo se originam frequentemente de concessões do soberano; mas os direitos do soberano, enquanto chefe do Estado, não resultam de concessão, ao menos no que diz respeito aos direitos essenciais e constitutivos da autoridade.

13. Contribuição esquecida. Podemos dizer que Joseph De Maistre, embora seja um autor atualmente estudado, deve ser lembrado tanto pela sua coerência de raciocínio como pelo fato de se opor diametralmente ao pensamento de Jean-Jacques Rousseau.

14. Um antineoliberal. Ainda é um antiliberal, sem precisar das categorias econômicas, como Karl Marx, que ficou quase com o monopólio intelectual da oposição ao Liberalismo, como se não tivesse havido um pensamento social antes da obra *O Capital*.

IX — O Pensamento Político Norte-Americano na Independência

1. O movimento de independência na América do Norte. Neste capítulo faremos algumas considerações sobre o pensamento disposto por estudiosos da política norte-americana, em especial Benjamin Franklin, René de Chateaubriand e Alexis de Tocqueville.

2. Benjamin Franklin (1706-1790). Os pais fundadores da nação norte-americana encontraram na doutrina da *bondade natural do homem do contrato social* a concretização de seus sonhos políticos e por isto Benjamim Franklin proclamou aos quatro ventos que as colônias americanas, revoltadas contra o domínio inglês, pretendiam realizar em concreto o ideal dos filósofos europeus em voga.

3. A independência. Os líderes do movimento pela Independência dos futuros Estados Unidos tinham afirmado na Declaração da Independência de 4 de Julho de 1776: "Consideramos evidentes por si mesmas as verdades seguintes: todos os homens são criados iguais; estão dotados pelo Criador de certos direitos inalienáveis, entre os quais se encontram a vida, a liberdade e a procura da felicidade. Os governos são estabelecidos pelos homens para garantir esses direitos, e seu justo poder emana do consentimento dos governados".

4. O sufrágio e a Constituição. Delegado das Colônias a Paris para conseguir ajuda militar junto ao rei Luís XVI, Benjamin Franklin defendia o sufrágio universal porque este conciliaria o patriotismo com a obediência às autoridades que representariam o povo, por ele livremente eleitas. Foi um dos 55 delegados à Convenção de Filadélfia, em maio de 1787, para redigir a Constituição dos Estados Unidos da América do Norte.

5. René de Chateaubriand (1768-1848). Aristocrata francês, a princípio favorável à Revolução de 1789, dela passa a discordar com a proclamação da república e com a morte da família real. Ajuda na ascensão de Napoleão Bonaparte, de quem espera a restauração da monarquia.

6. A oposição a Napoleão. Chateaubriand passa à oposição quando Napoleão se proclama Imperador e, então, foge para a Inglaterra, de onde regressa após Waterloo, com Luís XVIII, escrevendo uma defesa da monarquia constitucional com o título *A Monarquia segundo uma carta constitucional* (*De la Monarchie Selon la Charte*. 1816), a qual considera preferível tanto a volta do Antigo Regime quanto a ditadura napoleônica.

7. Alexis de Tocqueville (1805-1859). No início do século XIX empreendeu uma viagem de estudos para conhecer o sistema penitenciário norte-americano. Acabou se interessando mais pelo funcionamento da democracia americana, que resultou o conhecido livro *A Democracia na América*, publicado em 1835.

8. A democracia na América. Mesmo sendo uma obra densa de teoria política, o livro teve sucesso. O autor procura estabelecer uma relação entre a cultura e a política americana. Grande parte de seu êxito deveu-se ao prestígio indubitável dos Estados Unidos na Europa.

9. América republicana. A imagem favorável das instituições americanas contribuiu também para o progresso das ideias republicanas durante o século XIX na América Latina, de modo que muitos países adotaram, deste lado do Atlântico, o modelo republicano e presidencialista norte-americano.

X | O Pensamento Político do Século XX

1. O pensamento político no século XX. Por influência dos movimentos filosóficos de caráter cientificista das últimas décadas do séc. XIX, a primeira metade do século passado assistiu ao aparecimento de autores positivistas.

Citemos brevemente a oposição de *Charles Maurras* (1858-1952) e *Vladimir Ilitch Lenine*, seguida de algumas considerações sobre o pensamento neoliberal, o pensamento democrata cristão e o pensamento de Hannah Arendt.

> Vale destacar o pensamento político de Norberto Bobbio, com diversas publicações nessa área, seja seu Dicionário de Política, ou o livro *Liberalismo e Democracia*, ou ainda o livro *Direita e Esquerda*. Entretanto, nessa obra citamos Bobbio em *Teoria do Direito*, uma vez que tal pensador igualmente apresenta um robusto pensamento sobre tal área.

2. Charles Maurras (1868-1952). Sociólogo, cientista político, literato, francês, discípulo de Augusto Comte e Ernest Renan, aplicou para a nação e o Estado o método do *empirismo organizador* positivista, repudiando como abstrações e expressões retóricas conceitos como a democracia representativa e os direitos do cidadão.

3. Progresso Nacional. Violentamente oposto à Revolução Francesa, busca argumentos contra tal revolução na biologia e na *física social*.

Considera o regime aristocrático e monárquico como mais eficiente para o progresso nacional do que as assembleias parlamentares, desde que se substituísse a velha noção de aristocracia hereditária do Antigo Regime pela ideia grega e aristotélica do "governo dos melhores", não importando o berço, mas a capacidade funcional do dirigente.

4. Influência para Franco, Salazar, Perón e Vargas. Sua obra *Mes Idées Politiques*, que pregava uma visão positivista filosófica de Comte, teve grande influência sobre o "Estado Novo" português de José de Oliveira Salazar, de 1933 a 1972. Também influiu sobre a "Falange Nacional" do General Francisco Franco, após a Guerra Civil Espanhola e lá perdurou de 1936 até a morte do caudilho em 1975.

Foi muito lido na Argentina, sendo uma das bases do justicialismo do General João Domingo Perón e sua mulher e líder carismática, Evita. Foi também positivista a formação de Getúlio Vargas, ditador do "Estado Novo" no Brasil, de 1937 a 1945.

5. A derrocada da tese. Com a derrota dos regimes autoritários desde a Segunda Guerra, essa doutrina começou a perder adeptos, até ser quase desconhecida hoje em dia. Entretanto, o regime dos tecnocratas que se instalou, por exemplo, no Brasil entre 1964 e 1984, com apoio da ditadura militar, tem muito a ver com a proposta de Maurras. O binômio "Ordem e Progresso" foi lido como sendo "Segurança e Desenvolvimento".

6. O extremo de Maurras – Vladimir Ilitch Lenine (1870-1924). Embora sejam possíveis algumas analogias de seu pensamento com o positivismo filosófico de Augusto Comte, no que tange ao cientificismo, temos o pensamento político comunista de Lenine.

O revolucionário russo de 1917 e primeiro chefe de Estado da União das Repúblicas Socialistas Soviéticas foi Vladimir Ilitch Lenine, que, além de hábil estrategista político, teorizou a ação comunista para se apoderar do aparelho do Estado em seu livro *O Estado e a Revolução*.

7. Marx e Engels para Lenine. Fortemente influenciado por Karl Marx e Frederico Engels, leva adiante seu projeto de implantação de uma ditadura do proletariado com um Estado forte.

Para operar a transição da sociedade capitalista para a comunista, se preciso com recurso à violência, não reconhecia direitos aos burgueses, aristocratas e senhores de terra do velho regime czarista russo, ordenando seu sumário fuzilamento.

Coerente, condena a guerra como luta de interesses entre grupos rivais capitalistas, de que o povo operário não deve participar. Mas admite e até recomenda como necessária a luta armada para a conquista do poder do Estado pelos proletários.

Seu ensinamento foi seguido pelos Partidos Comunistas em geral, em todo o mundo, filiados à Internacional Comunista, sediada em Moscou.

8. Os socialistas – Rejeição do ideal de Lenine. Em contrapartida, a teoria de Lenine não foi aceita pelos marxistas moderados. Estes advogavam a tomada do poder, mas não com recurso à força armada. Confiavam numa futura vitória por via eleitoral e democrática. Também aceitavam os princípios básicos da democracia liberal, como a representatividade política e os direitos do cidadão.

Foram, por isso, chamados de "Socialistas", e receberam – e até hoje recebem – grande apoio popular, vencendo inúmeras eleições nos cinco continentes.

9. Os neoliberais. Herdeiros nos séculos XIX e XX da doutrina de John Locke e da Revolução de 1688, na Inglaterra, acreditavam que o importante era a liberdade individual e não o Estado, simples instrumento para garantir o livre jogo das forças econômicas em presença no mercado, com pouca influência na esfera social.

10. Modelo neoliberal. Consideravam os Estados Unidos da América do Norte como país-modelo de democracia liberal, como propusera, no século XIX, Alexis de Tocqueville na obra clássica *Democracia na América*. Também guardavam respeito pela Inglaterra e pela França dos inícios da Revolução.

11. Pensadores neoliberais. Foram pensadores neoliberais nos tempos atuais, *Karl Popper* (1902-1994) e, no Brasil, *José Guilherme Merquior* (1941-1991).

Apesar da seriedade de suas colocações, não têm os pensadores liberais conseguido empolgar a opinião pública, pelo contraste entre suas teorias e a realidade social das desigualdades espantosas entre milionários e miseráveis, por exemplo, na América Latina, que exigem uma presença maior do Estado, empreendendo reformas profundas, inadmissíveis para um neoliberal.

12. O pensamento democrata-cristão. Os autores democrata-cristãos, fiéis seguidores da Doutrina Social da Igreja, conforme foi exposta nas Encíclicas *Rerum Novarum* do Papa Leão XIII; *Quadragesimo Anno* de Pio XI; e na rádio mensagem de Natal, de 1944, de Pio XII, sobre a democracia cristã, como alternativa entre fascismo e comunismo. Tiveram grande significado, sobretudo na América Latina e no Brasil.

13. Pensadores democratas cristãos – Jacques Maritain (1882-1973). Entre os pensadores políticos cristãos, Maritain mudou do materialismo ateu rumo a uma visão cristã do homem, da sociedade e do Estado. Sua grande contribuição está em livros como *O Homem e o Estado, Humanismo Integral,*

Democracia e Cristianismo. No segundo pós-guerra adaptou a doutrina cristã aos imperativos, sabendo buscar em São Tomás de Aquino as bases de um verdadeiro humanismo filosófico político. Basicamente, seu ensinamento é de que, na impossibilidade de realizar uma sociedade cristã sacral, como foi a da Idade Média, devem os políticos cristãos construir um Estado leigo, pluralista e democrático, mas vitalmente cristão, isto é, com fundamento nas ideias básicas de dignidade humana e solidariedade, devem, com a ajuda dos homens de boa vontade, construir uma democracia solidária.

14. Pensamento democrata cristão no Brasil. Podemos citar *Alceu de Amoroso Lima* (1893-1983), no Rio de Janeiro e *André Franco Montoro* (1916-1999), em São Paulo.

A ideia do ex-Governador Montoro, que também foi professor da Faculdade de Direito da PUC de São Paulo, de uma *democracia participativa*, até hoje tem inspirado a reflexão política brasileira e latino-americana.

15. Abertura para a esquerda na democracia cristã. Em nome da carta encíclica *Mater et Magistra*, do Papa João XXIII, a democracia cristã iniciou uma "abertura para a esquerda", com Aldo Moro, na Itália; Eduardo Frei, no Chile; e Dom Helder Câmara, no Brasil.

16. Hannah Arendt (1906-1975). Alemã e judia, Hannah Arendt é considerada uma cientista política que viveu na pele o racismo antissemita, tornando-se uma das grandes pensadoras da filosofia e da ciência política contemporânea. Doutora em Filosofia e professora na Universidade de Chicago e na *New School for Social Research*, em Nova York, Hannah Arendt morreu nessa cidade, em dezembro de 1975.

17. Entre o passado e o futuro. Das grandes obras de Arendt, destacamos em nosso estudo, *Entre o passado e o futuro*, que examina a lacuna entre esses dois tempos. Trata-se de uma crise profunda do mundo intelectual contemporâneo, uma vez que temos, segundo a autora, um esfacelamento da tradição (entenda-se tradição como transferência de conhecimento de gerações passadas para futuras).

Entende a pensadora que a consciência desta lacuna se deu com a irrupção do surto totalitário que revelou "não existirem limites às deformações da natureza humana" e, com isso, as organizações burocráticas das massas, baseadas no terror e na ideologia, criaram novas formas de governo e dominação, cuja perversidade nem sequer tem grandeza, conforme nos aponta a autora ao examinar a banalidade do mal.

Assim, diante deste fenômeno, os padrões morais e as categorias políticas que compunham a continuidade histórica da tradição ocidental se tornam inadequados não só para fornecerem regras para a ação ou, ainda, para entenderem a realidade histórica e os acontecimentos que criaram o mundo moderno.

18. *Há uma lacuna entre o passado e o futuro, na qual a tradição é esfacelada*. Arendt encaminha-se para uma indagação sobre as características da ação política para verificar se ela pode ser apreendida e entendida dentro de um esquema no qual a circularidade da relação entre fatos e teorias não seja tão infrutífera.

> ### *Resumindo*
>
> Hannah Arendt descreve o fenômeno totalitário como uma forma de dominação própria da contemporaneidade, baseada na organização burocrática das massas, no terror e em ideologia, e nos convida a agirmos a fim de buscarmos a liberdade política.

19. Um pensador atual – Giorgio Agamben. Nascido em Roma, em 1942, Giorgio Agamben pode ser visto como um grande nome do pensamento político atual. Lecionou nos Estados Unidos por algum tempo, mas renunciou o cargo de docente em protesto à política do governo norte-americano.

Lecionou na Universidade de Rennes, em Paris (1974); dirigiu o Collège International de Philosophie, em Paris, e nas Universidades italianas Macerata, Verona e Arquitetura de Veneza. Sua produção abarca diversas áreas do conhecimento, dentre elas filosofia, literatura e poesia, mas inegável é sua força nos estudos de política.

20. Influências. Diversas são as influências de Agamben: Carl Schmitt, com sua teoria do estado de exceção; Walter Benjamin, na sua visão de que a exceção se tornou permanente para os oprimidos; Hannah Arendt, com suas análises relativas ao totalitarismo; Michel Foucault, com seu conceito de biopolítica; e Martin Heidegger.

21. Obras. Entre as principais obras de Agamben, destacamos *Homo Sacer* I, II e III; *Infância e História: Destruição da experiência da história*; *Linguagem e morte: um seminário sobre o lugar da negatividade*; e *Profanações, estâncias, o reino e a glória, o que resta de Auschwitz*.

22. Setembro de 2001 e o estado de exceção. Alguns textos políticos produzidos por Agamben são respostas, se não teorias, ao ocorrido no dia 11 de setembro nos Estados Unidos, com a queda das torres gêmeas e o suposto ataque ao Pentágono.

Acredita o autor que acaba uma era com esses ataques, instaurando-se uma política de retorno ao estado de exceção, como existia nos campos nazistas em que era permitido reduzir os direitos de pessoas em nome de uma suposta "segurança". Essas pessoas, que tem seus direitos reduzidos, são os chamados *homo sacer*.

23. Homo Sacer. O *homo sacer* ou homem sagrado é uma figura do direito romano. É aquele que tendo cometido um crime não pode ser sacrificado segundo os ritos de punição. É aquele que pode ter sua condição reduzida e que pode ter seus direitos suspensos, sendo este o conceito biopolítico de Estado de Exceção para Agamben.

Exemplo

Em 13 de novembro de 2001 foi criada a detenção infinita; ou, o ato patriótico dos Estados Unidos em que é possível se manter preso indefinidamente o estrangeiro suspeito de atividades que ponham em risco a segurança dos EUA; ou, anular radicalmente o ordenamento jurídico do indivíduo, podendo se criar um ser inominável e inclassificável.

XI - A Globalização e a Pós-Modernidade

1. A era da globalização e seus desafios. A globalização é um fenômeno que tem trazido sérias questões, não só de perda de significado de culturas de povos diferenciados, mas também, na órbita específica do direito internacional, o conflito de competências em matéria jurisdicional.

2. A globalização e a soberania. É possível admitir que o fenômeno da globalização remonta uma nova perspectiva sobre a própria noção atual de soberania, sua limitação e esfera de competência. Entretanto, é impossível dizer que a soberania chega ao fim, exemplo disso seriam os Estados soberanos socorrendo as instituições financeiras que passaram por uma crise financeira em 2009.

3. A ciência política e o Estado na pós-modernidade. Nem mesmo a nomenclatura é pacífica, quiçá quanto à definição.

a) Alguns autores chamam o período atual em que vivemos de contemporâneo, entendendo que não houve nenhuma mudança histórica que nos conduza a uma nova era da história;

b) outros doutrinadores definem a época em que vivemos como a pós-modernidade, considerando que não houve uma contemporaneidade, mas sim uma modernidade iniciada por volta de 1789, sendo que a transição começa na atualidade;

c) por fim, outros consideram a existência da atual pós-contemporaneidade, que consiste na passagem da era contemporânea para a era pós-contemporânea.

Seja pós-contemporânea, seja pós-moderna, é possível identificar que as duas posições visam a retratar um cenário de mudanças apresentando um *quadro histórico transitivo*, marcado pelo desaparecimento das grandes marcas, principalmente as culturais distintivas da modernidade ou da atualidade.

4. Novos paradigmas. "Delineiam os esquemas de representação da pós-modernidade, caracterizados pela fragmentação, multipolarização, multiorganização e descentralização da organização política estatal, através de um conjunto de sistemas autônomos, auto-organizados e reciprocamente indiferentes" (Mario Lucio Quintão Soares. *Teoria do Estado, novos paradigmas em face da globalização*. p. 362).

5. Características do pós-moderno. Podemos citar seis características que marcam a pós-modernidade, quais sejam (Paulo Hamilton Siqueira Junior. *Teoria do Direito*. São Paulo: Saraiva, 2009, p. 354):

a) sociedade de massa;

b) individualismo;

c) era da Informática com tratamento computadorizado das informações e intensificação da linguagem por signos;

d) sociedade do consumo;

e) hedonismo;

f) apego à filosofia niilista, que nega a existência de valores absolutos como verdade e preceito ético.

6. A teoria do Estado globalizado. No âmbito do Estado, a Ciência Política pode retratar algumas mudanças que surgem na atualidade. A título de exemplo, citamos as organizações não vinculadas diretamente ao Estado, tais como o chamado terceiro setor: Organizações não governamentais (ONGs) e *Organizações da Sociedade Civil de Interesse Público* (OSCIP), dentre outras.

7. É o fim do Estado? Com essas mudanças, o Estado estaria fadado ao seu fim? Ao nosso ver não, uma vez que nesse momento o Estado se fortalece com as questões econômicas e políticas, como é o caso das discussões do Irã com relação ao armamento nuclear, por exemplo.

DIREITOS HUMANOS

Direitos Humanos: Definição e Evolução Histórica

1. Definição. São os direitos e garantias fundamentais inerentes a todos os seres humanos sem distinção de raça, cor, sexo, religião, opinião política, origem social ou qualquer outra condição.

Exemplo

Todas as pessoas têm direito à vida, à liberdade, à igualdade, à segurança e à propriedade.

2. Magna Carta (Inglaterra, 1215). Foi um marco na instituição da democracia e na primazia dos direitos humanos, ao limitar os poderes do monarca, antes provenientes da religião, submetendo-o às leis existentes.

> Nessa época, existiam três estamentos (grupos de indivíduos separados em classes sociais): nobreza, clero e povo. A nobreza e o clero tinham seus direitos assegurados independentemente da vontade do rei.

Os principais aspectos abordados são:
a) as liberdades do clero e da nobreza;
b) a tributação só existia com a anuência dos contribuintes;
c) as relações de trabalho são pautadas na lei;
d) os fundamentos do tribunal do júri;
e) a obrigação do monarca de fazer justiça;
f) a base do princípio do devido processo legal (*due process of law*);
g) a liberdade de locomoção;
h) o direito de guerra.

3. Bill of Rights (Inglaterra, 1689). Extinguiu o regime da monarquia absolutista. As mais importantes inovações foram a separação dos poderes no Estado e a proteção dos direitos fundamentais das pessoas como, por exemplo, o direito de petição e a proibição de aplicação de penas cruéis. Também determinou a competência do Parlamento para legislar, instituir tributos e amparar o povo.

4. Declaração de Direitos de Virgínia (EUA, 1776). Foi o diploma precursor do movimento de independência americano. É extremamente importante na defesa dos direitos humanos ao declarar que todos os seres humanos são igualmente livres, independentes e possuem direitos inatos (direito à vida, à propriedade, à liberdade, à segurança e à felicidade) dos quais não podem ser arbitrariamente privados.

Os principais aspectos abordados são:

a) todo poder é emanado do povo (soberania popular);

b) a igualdade perante a lei;

c) eleição popular (*Montesquieu* afirma que deve haver a separação dos Poderes Executivo, Legislativo e Judiciário para evitar o abuso de poder);

d) liberdade de religião.

> **Importante**
>
> A 1.ª Emenda à Constituição norte-americana dispõe sobre a liberdade de palavra e de imprensa já presentes na Declaração de Direitos de Virgínia.

5. Declaração dos Direitos do Homem e do Cidadão (França, 1789). Decorrente da Revolução Francesa trouxe inovações na área dos direitos humanos como:

a) as liberdades, os direitos individuais e a igualdade entre os seres humanos;

b) a garantia da propriedade privada;

c) o princípio de que não há crime sem lei anterior que o defina, nem pena sem prévia cominação legal;

d) a presunção de inocência;

e) ninguém deve ser punido por suas opiniões pessoais;

f) prestação de contas por parte da administração pública.

> **Importante**
>
> Caráter dúplice da Declaração de 1789 por tratar do homem (universal) e do cidadão (franceses).

6. Constituição Francesa (1848). Merece destaque por duas disposições inovadoras na defesa dos direitos humanos: a abolição da escravatura em terras francesas (França e colônias) e o fim da pena de morte. De extrema importância são os princípios da igualdade, liberdade e fraternidade, previstos em seu preâmbulo.

7. Constituição Mexicana (1917). Foi a primeira Constituição a considerar como direitos fundamentais os direitos trabalhistas, as liberdades individuais e os direitos políticos.

Determinou a não mercantilização do trabalho, a igualdade jurídica entre empregado e empregador, a responsabilidade por acidentes de trabalho e acabou com os métodos de exploração da pessoa humana.

> **Importante**
>
> Apenas após a Primeira Guerra Mundial os direitos socioeconômicos foram tidos como direitos humanos.

8. Declaração dos Direitos do Povo Trabalhador e Explorado (ex-URSS, 1918). O objetivo principal da ex-URSS era acabar com a exploração do homem pelo homem e promover a igualdade entre os indivíduos de todas as classes sociais. Determinou o fim da propriedade privada, ou seja, o Estado passou a ser proprietário de todas as terras, distribuindo-as de forma igualitária à população. A administração das fábricas passou a ser feita pelos operários.

> O trabalho era obrigatório para todos a fim de organizar a economia. O Congresso determinou o armamento dos trabalhadores formando um Exército Vermelho Socialista e o desarmamento total das classes abastadas.

Também marca a luta da ex-URSS para por um fim ao imperialismo ocidental e determinar o triunfo do socialismo. *O Manifesto do Partido Comunista* (1848), escrito por Karl Marx e Friedrich Engels, influenciou a luta contra a burguesia opressora e a soberania do proletariado, únicos a possuírem direitos no regime socialista.

9. Constituição Alemã (1919). Conhecida como Constituição de Weimar, instituiu:

a) a igualdade entre homens e mulheres, filhos legítimos e ilegítimos;

b) gratuidade de material escolar;

c) nível social adequado à dignidade da pessoa humana;

d) direitos trabalhistas e previdenciários são considerados direitos fundamentais;

e) criação de um mercado internacional de trabalho;

f) participação tanto de empregados como empregadores na regulação da economia.

> **Importante**
>
> Caráter dualista: organização do Estado e declaração dos direitos e garantias fundamentais (com orientação socialista).

10. Liga (ou Sociedade) das Nações (1919). Órgão predecessor da Organização das Nações Unidas (ONU) teve sua origem no Tratado de Versalhes, após a Primeira Guerra Mundial. Seus objetivos eram a manutenção da paz, da segurança internacional e a solução pacífica de conflitos. Com sede em Genebra, na Suíça, não teve a adesão dos Estados Unidos, apesar dos esforços do presidente americano Thomas Woodrow Wilson. Com a eclosão da Segunda Guerra Mundial, chegou ao fim em 1939, por não contar com a presença dos Estados Unidos, pela morosidade na tomada de decisões pelos seus membros, pela ideia de que a organização não servia aos interesses de toda a comunidade internacional, mas apenas dos vencedores da Primeira Guerra Mundial e por ter sido incapaz de evitar e solucionar os conflitos internacionais.

11. A Segunda Guerra Mundial e a crise dos direitos humanos. O Tratado de Versalhes, elaborado após a Primeira Guerra Mundial, trouxe consequências catastróficas para a Alemanha. O Partido Nacional Socialista Alemão ascendeu em um período de crise econômica e descontentamento da população.

> O genocídio cometido levou ao extermínio de mais de 6 milhões de judeus e outros povos perseguidos pela campanha nazista, além de resultar em um grande número de refugiados e apátridas em todo o mundo.

A comunidade internacional, desolada com os acontecimentos relatados, uniu-se para reconstruir os Direitos Humanos, ora esquecidos, tornando-os universais. A violação desses direitos não pode ser vista como uma questão interna de cada Estado, mas sim uma situação que afeta a todos os Estados de uma forma globalizada.

12. Carta das Nações Unidas (EUA, 1945). Também conhecida por Carta de São Francisco, criou a Organização das Nações Unidas (ONU). O Brasil participou da Conferência de São Francisco. Foi também o marco da internacionalização e universalização dos Direitos Humanos. Nenhum dos Estados-membros fundadores abandonou a organização.

Seus objetivos principais são:

a) manutenção da paz e da segurança internacionais;

b) solução pacífica de conflitos;

c) cooperação internacional entre os Estados;

d) promoção dos Direitos Humanos.

13. Declaração Universal de Direitos Humanos (1948). Elaborada pela ONU, em cumprimento ao art. 55 da Carta das Nações Unidas, tornou-se um ícone na luta pela igualdade entre homens e mulheres e no respeito à dignidade da pessoa humana.

Dispõe que os Direitos Humanos são universais e devem ser respeitados por todos os Estados, independentemente de aspectos culturais de cada país ou nação.

A Declaração determina que a democracia é o único regime que respeita os Direitos Humanos, ressalta a proteção da nacionalidade e a inibição de sua privação arbitrária a fim de evitar os casos de apatridia, insere o princípio da solidariedade entre os Estados, respeito às liberdades individuais, aos direitos trabalhistas e ao devido processo legal e ao princípio da inocência.

> **Dica**
>
> Universalismo – entende que o mundo globalizado necessita de normas universais que assegurem a proteção dos direitos e liberdades fundamentais da pessoa humana.
>
> Relativismo – não entendem os Direitos Humanos como universais, uma vez que cada cultura é livre para possuir seus valores e direitos específicos.

14. Convenção Europeia de Direitos Humanos (1950). O sistema europeu de Direitos Humanos surgiu em decorrência das atrocidades da Segunda Guerra Mundial. A Convenção foi assinada em Roma, na Itália, e os Estados europeus buscaram por meio dela a integração e cooperação na reconstrução dos Direitos Humanos.

Elenca os direitos da pessoa humana e também os meios de proteção desses direitos, através da Corte Europeia de Direitos Humanos localizada em Estrasburgo, na França.

É o único sistema, dentre o americano e o africano, que permite o acesso de petições de indivíduos diretamente à Corte, tornando-o mais célere, democrático e eficaz. De acordo com esse sistema o indivíduo é reconhecido como sujeito de direito internacional.

Um dos maiores desafios desse sistema é a integração dos países do leste europeu no bloco da União Europeia.

15. Convenção Americana de Direitos Humanos (1969). Conhecida por Pacto de San Jose da Costa Rica trata da proteção dos Direitos Humanos fundamentais inerentes ao homem nas Américas.

Dispõe sobre os órgãos que compõem o sistema americano de Direitos Humanos: a Comissão Interamericana de Direitos Humanos e a Corte Americana de Direito Humanos.

Importante

O Protocolo de San Salvador (1988) instituiu direitos econômicos, sociais e culturais.

16. Carta Africana de Direitos Humanos e dos Povos (1981). Conhecida por Carta de Banjul foi assinada em Nairobi, Quênia. Aborda diversos aspectos relacionados aos Direitos Humanos como a igualdade, a justiça, a liberdade e a dignidade. Foi ratificada por todos os Estados africanos.

Trata sobre a importância de respeitar a valorização da tradição e da cultura da sociedade africana a fim de alcançar a efetivação dos Direitos Humanos na África.

O sistema africano é o mais recente, tendo em vista que a maior parte dos países deste continente conquistou a sua independência na segunda metade do século XX e o processo de democratização ainda está em fase de consolidação. É formado pela Comissão e pela Corte Africana de Direitos Humanos.

Em 2003 foi adotado o Protocolo à Carta Africana sobre o direito das mulheres na África. Apenas 36 países a ratificaram, o que demonstra uma dificuldade no continente em aceitar a igualdade de gênero.

Resumindo

Datas	Marcos históricos
1215	Magna Carta
1689	*Bill of Rights*
1776	Declaração de Direitos de Virgínia
1789	Declaração dos Direitos do Homem e do Cidadão
1848	Constituição Francesa
1917	Constituição Mexicana

1918	Declaração dos Direitos do Povo Trabalhador e Explorado
1919	Constituição de Weimar (Alemã)
1919	Liga das Nações
1945	Carta das Nações Unidas (ONU)
1948	Declaração Universal dos Direitos Humanos
1950	Convenção Europeia de Direitos Humanos
1969	Convenção Americana de Direitos Humanos
1981	Carta Africana de Direitos Humanos e dos Povos

Direito Internacional Humanitário

1. Definição. É o ramo do Direito Internacional Público que garante a proteção e a assistência a indivíduos envolvidos em conflitos armados internos (guerras civis) ou internacionais (entre Estados).

> **Importante**
> As normas de Direito Internacional Humanitário são *jus cogens*, ou seja, são normas imperativas de direito internacional. Dessa forma, não podem ser superadas por normas de direito interno, prevalecendo independentemente da vontade dos Estados.

2. Finalidade. Suas normas objetivam, em tempos de guerra, resguardar a dignidade da pessoa humana e evitar o sofrimento humano nestas condições.

3. Jus in bello. É o Direito de Guerra, ou seja, são as normas que regulamentam as ações dos Estados no caso de conflitos armados.

Possui a seguinte classificação:

a) Direito de Haia: é o resultado das Convenções elaboradas nas duas Conferências de Paz (1899 e 1907) em Haia, Países Baixos. Regulamenta o direito de guerra e é dividido em três grupos:

aplicação *ratione personae*	Tratamento das pessoas envolvidas no conflito, como combatentes, civis, vítimas, médicos etc.
aplicação *ratione loci*	Apenas podem ser atacados os alvos militares.
aplicação *ratione conditionis*	Proibição do uso de armas químicas ou bacteriológicas, veneno, gases asfixiantes etc.

b) Direito de Genebra: baseado nas Convenções de Genebra visa à proteção da pessoa humana, ou seja, seria o Direito Internacional Humanitário proveniente dos empreendimentos de Henry Dunant juntamente com o governo suíço.

> **Importante**
> No século XIX, Henry Dunant, um banqueiro suíço, esteve presente na Batalha de Solferino, norte da Itália, e pode observar o massacre ocorrido e a falta de assistência aos feridos durante a guerra.

> Ao retornar, escreveu o livro *Recordações de Solferino* relatando os horrores da guerra e objetivando conscientizar o mundo da importância do Direito Internacional Humanitário.

4. Jus ad bellum. É o Direito à Guerra, ou seja, seria o direito de iniciar uma guerra como meio de autodefesa.

> **Exemplo**
>
> Uma vez agredido, um Estado teria direito a iniciar uma guerra, de forma legal, visando defender-se.

5. Direito de Nova York. São as ações específicas da Organização das Nações Unidas visando à aplicação e o desenvolvimento do Direito Internacional Humanitário no contexto global.

> **Exemplo**
>
> A ONU elaborou a Convenção sobre Munições Cluster (bomba cacho) com o intuito de evitar o uso, a produção e a aquisição dessas munições que espalham submunições ao serem lançadas.
>
> O Brasil não a ratificou, pois acredita que seu uso é legítimo, além de ser um produtor dessa munição.

6. Comitê Internacional da Cruz Vermelha (CICV). Fundado em 1863 por Henry Dunant e pelo jurista suíço Gustave Moynier, é o órgão máximo da Cruz Vermelha. Com sede em Genebra, na Suíça, traz em seu Estatuto os seguintes objetivos:

a) Difundir os princípios da humanidade, imparcialidade, neutralidade, independência, serviço voluntário, unidade, universalidade;

b) Disseminar o respeito ao Direito Internacional Humanitário;

c) Garantir proteção e assistência às pessoas vítimas de conflitos armados;

d) Treinamento de médicos e fornecimento de equipamentos;

e) Ajudar na busca de pessoas desaparecidas;

f) Promover iniciativas humanitárias na qualidade de órgão neutro.

7. Federação Internacional das Sociedades da Cruz Vermelha e do Crescente Vermelho. Fundada em 1919, atua como um braço do Comitê Internacional da Cruz Vermelha coordenando atividades humanitárias em situações de catástrofes naturais como terremotos, maremotos, enchentes, erupções vulcânicas, entre outros.

8. Sociedades Nacionais da Cruz Vermelha e do Crescente Vermelho. Estão localizadas nos Estados e atuam em parceria com os governos locais em tempos de guerra e paz, em ações que visam à melhoria nas condições de vida de homens, mulheres e crianças. Também tratam da implementação do Direito Internacional Humanitário nos países em que estão localizadas.

9. Convenção de Genebra (1864). Foi uma iniciativa de Henry Dunant e trata exclusivamente dos militares feridos em guerras. As principais disposições são:

a) o reconhecimento da neutralidade dos hospitais, ambulâncias e seus funcionários durante o conflito;

b) indivíduos de países que não fazem parte do conflito e que trazem ajuda devem ser respeitados assim como sua liberdade de movimento.

> **Dica**
>
> A Convenção de Genebra de 1864 é considerada o berço do Direito Internacional Humanitário.

10. Convenções de Genebra (1949). São quatro Convenções ratificadas por 196 Estados. As três primeiras revisaram e ampliaram as disposições das demais Convenções sobre a melhoria das condições dos feridos e enfermos das forças armadas, em campanha e no mar, e sobre o tratamento dado aos prisioneiros de guerra.

A IV Convenção de Genebra, relativa à proteção dos civis em tempo de guerra, dispõe sobre importantes questões. Os principais aspectos abordados são:

a) segurança da população civil em áreas de conflitos armados;

b) proteção sem distinção de raça, nacionalidade, religião e opinião política;

c) crianças órfãs, menores de quinze anos, não devem ser abandonadas sem recursos;

d) as pessoas sob proteção devem ter respeitadas a sua honra, religião e costumes;

e) devem ser permitidas as saídas de pessoas do território que se encontra em conflito.

11. Protocolos de 1977 às Convenções de Genebra de 1949. O Protocolo Adicional I trata da proteção das vítimas dos conflitos armados internacionais e o Protocolo Adicional II trata da proteção das vítimas dos conflitos armados não internacionais. Em ambos, o objetivo é a proteção dos homens, mulheres e crianças afetadas nessas situações.

III Direitos Humanos e o Princípio da Dignidade Humana

1. Princípio da Dignidade da Pessoa Humana. Fundamento previsto na Constituição Federal de 1988 (art. 1.º, III) pode ser definido como um princípio intrínseco a todos os seres humanos, sem qualquer tipo de distinção, de modo que é assegurada proteção aos seus direitos e tratamento igualitário por parte do Estado.

É difícil elaborar um conceito específico de dignidade da pessoa humana. Para isso devemos ter em consideração a virtude, a honra, a moral e o respeito a todas as pessoas.

2. Relativismo x universalismo. Os *universalistas* entendem que o mundo globalizado necessita de normas universais que assegurem a proteção universal dos direitos e das liberdades fundamentais da pessoa humana.

Já os *relativistas* não entendem os direitos humanos como universais, uma vez que cada cultura é livre para possuir seus valores e direitos.

> O universalismo e o relativismo são alguns dos desafios enfrentados pelos Direitos Humanos no mundo globalizado em que vivemos. Não há certo nem errado, uma vez que o objetivo fundamental é a preservação, o respeito e aplicação dos Direitos Humanos a todos os indivíduos, sem distinção de raça, sexo, religião etc.

3. Direitos Humanos das Mulheres. Inúmeros tratados internacionais foram elaborados com o intuito de assegurar os direitos das mulheres e o respeito à igualdade entre gêneros que, inclusive, está prevista no art. 5.º, I da CF.

Os Estados, por meio de políticas públicas, trabalham para acabar com a desigualdade de gênero e com a violência para com a mulher. Em todo o mundo são diversos os casos de agressões a mulheres que, muitas vezes, resultam em morte.

No Brasil, temos o emblemático caso de Maria da Penha Maia Fernandes, que sofreu duas tentativas de homicídio praticadas pelo seu cônjuge. Sobrevivente desta tragédia, inspirou a Lei 11.340/2006, que ficou conhecida como Lei Maria da Penha.

A importância de especificar o sujeito de direito trouxe uma visão sobre a questão dos direitos das mulheres em todo o mundo. E para acelerar a promoção da igualdade entre homens e mulheres, o Estado pode instituir ações afirmativas de caráter temporário.

> **Importante**
>
> A Convenção sobre a eliminação de todas as formas de discriminação contra a mulher (artigo 4.º) dispõe sobre medidas para acelerar a promoção da igualdade entre os gêneros.

As mulheres devem ter resguardados os seus direitos sexuais e reprodutivos, uma vez que milhares de mulheres morrem todos os anos em decorrência da realização de abortos clandestinos. E, em países onde há um severo controle de natalidade (Índia, por exemplo), muitas mulheres abortam ao descobrir que o feto é do sexo feminino.

4. Direito Internacional dos Refugiados. Atualmente, há em torno de 19,9 milhões de refugiados no mundo que são assistidos pelo Alto Comissariado das Nações Unidas para os Refugiados (ACNUR).

O ACNUR é uma agência especializada da ONU, com sede em Genebra, na Suíça, que atua na proteção e na solução de problemas concernentes aos refugiados, apátridas, deslocados internos, além de requerentes de asilo e repatriados.

O ACNUR propõe soluções duradouras para a situação dos refugiados, como a integração local, a repatriação voluntária e o reassentamento. O ACNUR exerce suas atividades em parceria com os governos dos Estados, a sociedade civil e organizações não governamentais de defesa dos direitos humanos e dos refugiados.

No Brasil, a Lei 9.474/1997 foi elaborada com o intuito de implementar a Convenção sobre o Estatuto dos Refugiados de 1951 e trazer disposições para a sua efetiva aplicação no âmbito interno.

O Comitê Nacional para os Refugiados (CONARE) foi instituído pela Lei 9.474/1997 e tem por competência a análise do pedido de refúgio, decisão sobre o fim da condição de refugiado, orientação durante o processo de solicitação de refúgio e coordenação das demais atividades que se façam necessárias.

a) *Refugiado*: é o indivíduo que sofreu perseguição em seu país de origem e, por essa razão, temendo retornar à sua terra natal, busca refúgio em outro país;

b) *Apátrida*: é o indivíduo que não possui nacionalidade, ou seja, não tem a proteção de nenhum Estado. Há diversas formas em que uma pessoa pode se tornar apátrida como, por exemplo, em razão de um conflito legislativo negativo ou através da retirada arbitrária da nacionalidade pelo seu Estado de origem;

Sobre *jus soli* e *jus sanguinis*, consultar nesta obra o capítulo II de Teoria Geral do Estado.

Exemplo

Os judeus, durante a Segunda Guerra Mundial, tiveram a sua nacionalidade arbitrariamente retirada pela Alemanha nazista. No Iraque, durante o governo de Saddam Hussein, o mesmo ocorreu com o povo curdo.

c) *Deslocados internos*: são indivíduos que não deixaram o seu país de origem, mas em razão de conflitos armados, violações sistemáticas de direitos humanos, dentre outras formas de violência e discriminação, deslocaram-se para outras regiões dentro de seu próprio Estado.

d) *Requerentes de asilo*: são indivíduos que acreditam enquadrar-se na definição de refugiado, mas que ainda não tiveram o *status* de refugiado declarado pelo governo do Estado de refúgio. Eles aguardam uma definição do seu *status* pelo sistema do país em que requerem asilo.

5. A escravidão e a diáspora africana. A escravidão no continente africano teve início muito antes da chegada dos europeus. A África sempre foi o cenário de inúmeros conflitos que, frequentemente, resultaram na escravização do povo vencido pelo povo vencedor. Ainda hoje, há milhares de tribos rivais que disputam o poder na África.

No século XV, a chegada dos europeus no continente africano deu início à comercialização de indivíduos como escravos para o continente europeu. A ideia era a de ter mão de obra barata nas colônias que os europeus, principalmente portugueses e espanhóis, mantinham nas Américas.

Já no século XIX houve um grande movimento na Europa para acabar com o tráfico de escravos. Isso também incluía a abolição da escravatura nas ex-colônias europeias.

No Brasil, a herança dos tempos da escravidão foi uma aproximação da cultura brasileira e africana, além da miscigenação do povo brasileiro.

Para a África, os resultados foram devastadores. O continente africano é o mais pobre e desigual do mundo, com guerras civis, taxas de mortalidade infantil altíssimas, uma população sem acesso à educação e à alimentação, um sistema de saúde precário e o único lugar do mundo com epidemias já extintas no restante do planeta.

Diáspora é a *"dispersão do povo por razões políticas ou religiosas"* (DINIZ, Maria Helena. *Vocabulário jurídico*. 2. ed. São Paulo: Saraiva: 2005, p. 151). A diáspora africana é o resultado da dispersão dos descendentes de africanos pelo mundo, como resultado direto dos tempos de escravidão. O grande número representado na diáspora provém também da imigração em razão da falta de condições mínimas de vida na África.

Os descendentes de africanos mantêm há séculos as tradições culturais de seus antepassados que acabam se mesclando com os aspectos culturais dos locais onde se instalam.

6. A discriminação contra os judeus e outros povos. O antissemitismo (ódio aos semitas) teve origens religiosas, socioeconômicas, culturais e raciais que datam desde a Idade Média.

O sionismo teve início no século XIX e pode ser definido como um movimento à autodeterminação do povo judeu e a reivindicação de um território próprio. A Palestina foi o lugar escolhido por motivos históricos e religiosos.

A Resolução 181 da ONU (1947) previa um plano de partilha da Palestina. Em contrapartida, os países da Liga Árabe (Egito, Síria, Líbano e Jordânia) manifestaram-se contra a proposta e não reconheceram a criação de um Estado judaico. Após a Segunda Guerra Mundial, em 14 de maio de 1948, foi fundado o Estado de Israel.

Atualmente, ainda há discriminação contra os judeus e outros povos perseguidos como os de etnia *curda*, que vivem no Oriente Médio e lutam pela criação do Curdistão, a etnia *armênia*, a etnia muçulmana *uigur* na China, a etnia *tutsi* em Ruanda, na África, a perseguição de povos não árabes na região de Darfur, no Sudão, o conflito entre cristãos e muçulmanos na Indonésia, a perseguição à população *roma* e *sinti* (ciganos) em todo o mundo, dentre outros.

7. Os direitos humanos das minorias. A Declaração sobre os Direitos das Pessoas Pertencentes a Minorias Nacionais, Étnicas, Religiosas ou Linguísticas (1992) da ONU define minorias como grupos distintos dentro da população em geral, que tem o intuito de conservar tradições, características étnicas, linguísticas, religiosas etc.

Os principais aspectos abordados são:

a) Os Estados adotarão medidas para proteger as minorias;

b) As minorias terão assegurados os seus direitos inerentes à etnia, à religião, à língua etc.;

c) As minorias poderão participar da vida cultural, social e política do Estado ao qual pertençam;
d) Poderão estabelecer associações próprias;
e) Não poderão sofrer qualquer tipo de discriminação;
f) Os Estados devem criar políticas públicas para o respeito mútuo;
g) As agências especializadas da ONU contribuirão para que os Estados consigam atingir esses objetivos.

IV | Classificações e Características dos Direitos Humanos

1. Classificação tradicional. Criada por Norberto Bobbio divide os direitos humanos na história, englobando as transformações ao longo dos séculos.

a) *Primeira geração*: surge na Idade Moderna e trata dos direitos e liberdades individuais e dos direitos civis e políticos. Marca a separação entre o homem e o Estado;

b) *Segunda geração*: decorrem dos princípios pregados pelo socialismo, tratando dos direitos sociais que englobam a educação, saúde, transporte, segurança, lazer, trabalho etc.;

c) *Terceira geração*: são os direitos do povo, direitos transindividuais e coletivos, direitos da solidariedade. É o resultado das lutas que visavam à conquista da democracia e a da solidariedade humana com inspiração nos lemas da Revolução Francesa: liberdade, igualdade e fraternidade. Compreende a paz, o direito a um meio ambiente equilibrado, o patrimônio histórico e cultural, a biodiversidade etc.;

d) *Quarta geração*: trata das inovações tecnológicas, englobando a biotecnologia, a engenharia genética, o desenvolvimento tecnológico etc.;

e) *Quinta geração*: são os direitos provenientes da *internet* e da tecnologia. O direito ao acesso e à difusão da informação são os pontos centrais e a liberdade de expressão volta a ser tratada nessa geração.

> **Importante**
>
> Essa classificação é criticada por alguns autores, em especial Antonio Augusto Cançado Trindade, que prefere usar o termo dimensão.
>
> O vocábulo "gerações" transmite a ideia errada de que uma geração se sobrepõe à outra. Não é o caso já que todos os direitos humanos são universais, indivisíveis e interdependentes, e devem ser vistos como cumulativos.

2. Vigência e eficácia dos direitos.

a) *Direitos civis e políticos*: são os direitos inerentes aos cidadãos e os meios para que a soberania popular seja exercida, ou seja, é o direito dos cidadãos de escolher os seus representantes;

b) *Direitos econômicos*: são aqueles relativos às condições de vida e trabalho dignas, com remuneração justa e decente, além de direito de associação, direito de greve e previdência social;

c) *Direitos sociais e culturais*: os direitos sociais são aqueles inerentes à alimentação, moradia, educação e saúde que proporcionam as condições para uma vida digna. Já os direitos culturais dizem respeito à participação na vida cultural de seu país e usufruir dos progressos científicos realizados em todas as áreas.

> **Importante**
> Os Estados devem trabalhar para que todos os direitos e garantias fundamentais sejam respeitados e implementados, sem qualquer tipo de distinção.

3. Características.

a) *Universalidade*: os direitos humanos são universais, ou seja, independentemente do local ou do período histórico, eles sempre irão abranger todos os seres humanos sem qualquer distinção;

> **Exemplo**
> Art. 2.º da Declaração Universal dos Direitos Humanos:
> "Toda pessoa tem capacidade para gozar os direitos e as liberdades estabelecidos nesta Declaração sem distinção de qualquer espécie, seja de raça, cor, sexo, língua, religião, opinião política ou de outra natureza, origem nacional ou social, riqueza, nascimento, ou qualquer outra condição."

b) *Inerência*: os direitos humanos são intrínsecos a todos os indivíduos, de modo que não possa haver uma dissociação entre os seres humanos e os direitos previstos na Declaração Universal;

> **Exemplo**
> Não podemos falar em direito à vida sem mencionar os seres humanos.

c) *Indivisibilidade*: os direitos humanos devem ser estudados como um todo;

> **Exemplo**
> Não podemos falar apenas em direitos civis e políticos sem mencionar os direitos sociais e culturais.

d) *Interdependência*: os direitos humanos são conexos de tal modo que o seu objetivo, resguardar as garantias e direitos fundamentais de todos os seres humanos, só é atingido através da ligação entre todas as suas previsões;

e) *Irrenunciabilidade*: não podemos renunciar aos direitos humanos, pois eles são irrenunciáveis.

> **Importante**
> Há discussão a esse respeito envolvendo o direito à eutanásia e ao aborto, pois ao praticá-los estaríamos renunciando ao direito à vida.

V. Direito Internacional dos Direitos Humanos

1. A suavização do conceito de soberania nacional absoluta e a primazia da pessoa humana. Com a internacionalização dos direitos humanos, após a Segunda Guerra Mundial, houve uma suavização do conceito de soberania nacional absoluta dos Estados.

De acordo com a soberania nacional absoluta, os Estados agiam de forma independente e sem conexão com os demais Estados, atuando em razão de interesses específicos.

Com a globalização, os Estados passaram a interagir mais através da cooperação internacional e a participar de um sistema internacional, que também abarcou a proteção aos direitos humanos. Sendo assim, a questão da proteção da pessoa humana não é mais vista como uma questão interna de cada Estado, mas como um assunto universal, que diz respeito a todos os Estados.

> **Importante**
>
> A suavização do conceito de soberania nacional absoluta trouxe a primazia da pessoa como sujeito de direitos e deveres.
>
> O direito internacional dos direitos humanos visa proteger esses direitos e assegurar o respeito à pessoa humana, sem qualquer forma de distinção. Os Estados devem primar pelos seres humanos não apenas no âmbito interno, mas também no internacional.

2. Cláusula geral de não discriminação. Os tratados internacionais de direitos humanos contêm uma cláusula geral de não discriminação que determina o caráter de garantia dos direitos humanos, bem como a nota de serem considerados direitos fundamentais inerentes a todos os seres humanos, independentemente de qualquer fator como sexo, cor, raça, etnia, posição política, religião etc.

Dessa forma, os Estados devem assegurar a toda população de seu território o acesso à educação, à saúde, à moradia, à alimentação, ao transporte etc., sem privilegiar um grupo em detrimento de outro.

> Essa cláusula é extremamente importante para resguardar os direitos de todos os seres humanos sem que haja nenhuma distinção, além das admitidas e previstas nas leis e nos tratados. Ressaltamos, também, que essa cláusula está presente na Constituição Federal.

> **Exemplo**
>
> É objetivo fundamental do Estado brasileiro promover o bem de todos, sem qualquer forma de discriminação em razão de origem, raça, sexo, cor, idade etc. (art. 3.º, IV, da CF).

3. Núcleo duro dos direitos humanos. Entende-se como núcleo duro dos direitos humanos aqueles direitos que são protegidos e não podem ser suspensos ou revogados independentemente de qualquer circunstância.

A proteção do núcleo duro dos direitos humanos é um dos principais objetivos dos Estados nos níveis nacionais, regionais e globais.

> **Exemplo**
> Dignidade da pessoa humana.

4. Apresentação de reservas na ratificação de tratados internacionais de direitos humanos. Os tratados internacionais de direitos humanos podem conter autorização expressa para o estabelecimento de reservas pelo Estado ratificante, contudo as reservas não podem ser incompatíveis com o objeto e o fim do tratado.

5. A aplicação dos tratados internacionais de direitos humanos. Os países, ao ratificarem tratados internacionais de direitos humanos, comprometem-se a implementar esses tratados no âmbito interno de seus Estados, através de políticas públicas ou reformulação da legislação para que se torne compatível com as disposições do tratado.

Dessa forma, há Comissões e Comitês, em nível regional e internacional, para fiscalizar e auxiliar os Estados nessa tarefa. As funções desses órgãos são verificar o respeito pelo Estado às normas previstas nos tratados, se o Estado realmente está se empenhando na criação de mecanismos para a sua implementação e se os padrões mínimos de direitos humanos estão sendo respeitados.

Ademais, quando os Estados falham em respeitar as normas de direitos humanos previstas nos tratados, indivíduos ou grupos de indivíduos podem peticionar junto a esses órgãos com o objetivo de assegurar o cumprimento de tais tratados nos Estados omissos.

VI — Tratados Internacionais de Proteção dos Direitos Humanos

1. Pacto Internacional dos Direitos Econômicos, Sociais e Culturais (1966). É tratado da ONU que tem por objeto a cooperação internacional entre os Estados a fim de assegurar os direitos de natureza econômica, social e cultural a todos os indivíduos.

Os principais aspectos abordados são:

a) Autodeterminação dos povos (direito à soberania inerente a todos os povos);
b) Direito à educação;
c) Direito à saúde;
d) Direito a condições dignas de vida;
e) Direitos trabalhistas;
f) Garantia aos direitos humanos fundamentais como, por exemplo, o direito à vida;
g) Direito de participação na vida cultural.

> **Importante**
>
> Aprovado pelo Decreto Legislativo 226 de 1991, ratificado pelo Brasil em 1992 e promulgado pelo Decreto 591/1992.

2. Pacto Internacional dos Direitos Civis e Políticos (1966). É tratado da ONU que dispõe sobre os direitos civis e políticos e como os Estados pactuantes devem zelar pelo seu respeito e aplicação e, caso não possuam legislação interna sobre o tema, comprometem-se a tomar providências para suprir as lacunas existentes.

Os principais aspectos abordados são:

a) Autodeterminação dos povos;
b) Garantia e respeito dos direitos civis e políticos nos Estados;
c) Homens e mulheres devem ter igualdade de direitos civis e políticos;
d) Direito à vida e abolição ou redução da pena de morte apenas para crimes graves;
e) Ninguém poderá ser submetido à escravidão ou tortura (Lei 9.455/1997);
f) Devido processo legal, ou seja, a garantia a todos de um processo justo em que todas as fases e todos os direitos são respeitados e resguardados;
g) Garantia aos direitos humanos fundamentais.

> **Importante**
>
> Aprovado pelo Decreto Legislativo 226 de 1991, ratificado pelo Brasil em 1992 e promulgado pelo Decreto 592/1992.

3. Protocolos facultativos ao Pacto Internacional dos Direitos Civis e Políticos. Há dois Protocolos Facultativos que estudaremos a seguir:

a) *Primeiro protocolo facultativo (1966)*: objetiva permitir ao Comitê de Direitos Humanos da ONU receber e examinar as petições de indivíduos que aleguem serem vítimas de violações de seus direitos civis e políticos, desde que esgotados os recursos internos disponíveis em seus Estados.

b) *Segundo protocolo facultativo (1989)*: Os Estados que o ratificaram se comprometem em abolir a pena de morte, sendo permitida apenas no caso de crimes graves cometidos em tempo de guerra.

> **Importante**
>
> Ambos os Protocolos foram ratificados pelo Brasil apenas em 2009, por meio do Decreto Legislativo 311/2009.

4. Convenção suplementar sobre a Abolição da Escravatura, do Tráfico de Escravos e das Instituições e Práticas Análogas à Escravatura (1956). Visa extinguir a escravidão, o tráfico de escravos, as instituições e práticas análogas à escravatura como a servidão por dívidas, servidão da gleba, a promessa de uma mulher em casamento, cessão da mulher ou filhos a terceiro, transmitir mulher por herança a terceiro e entrega de criança ou adolescente a título oneroso ou não a terceiro. Foi ratificada pelo Brasil em 1966.

Há duas Convenções que a precederam:

a) *Convenção sobre a Escravatura (1926)*: Tratado da Liga (ou Sociedade) das Nações que visa à abolição da escravatura e do tráfico de escravos;

b) *Convenção sobre Trabalhos Forçados (1930)*: Tratado da Organização Internacional do Trabalho (OIT) que objetiva abolir trabalhos forçados ou obrigatórios pelos Estados. O Brasil a ratificou em 1957.

> **Importante**
>
> Trabalho forçado ou obrigatório é todo serviço ou trabalho realizado por um indivíduo, não espontaneamente, sob a ameaça de sanção, decorrente do seu não cumprimento.

5. Convenção para a Prevenção e a Repressão do Crime de Genocídio (1948). Os Estados--membros comprometem-se a prevenir e punir a prática do crime de genocídio, cometido em tempo de paz ou guerra. Foi ratificada pelo Brasil por meio do Decreto 30.822/1952.

6. Definição de genocídio. São os atos (dano grave à integridade física ou mental, impedir nascimentos, submissão a condições de existência que lhe ocasionem a destruição física) cometidos em face de um grupo nacional, étnico, racial ou religioso, com a intenção de eliminá-lo.

7. Convenção relativa ao Estatuto dos Refugiados e Protocolo sobre o Estatuto dos Refugiados (1951). Tem por objetivo definir o termo refugiado e fazer com que os Estados que ratificaram o tratado protejam os refugiados e criem legislações internas sobre o tema. O Brasil ratificou a Convenção por meio do Decreto 50.215/1961.

A definição de refugiado, assim como as principais funções do Alto Comissariado das Nações Unidas para refugiados (ACNUR), encontram-se no Capítulo III: Direitos Humanos e o Princípio da Dignidade Humana.

8. Princípio do *non-refoulement*. O princípio da não devolução determina que um Estado não poderá expulsar um solicitante de refúgio para território em que sua vida corra perigo.

> **Importante**
>
> O Princípio do *non-refoulement* é um princípio *jus cogens*, conforme estudado no Capítulo II.

9. Convenção sobre a Eliminação de todas as formas de Discriminação Racial (1966). É o tratado da ONU que tem por objetivo a cooperação entre os Estados para a eliminação de todas as formas de discriminação racial, a prevenção e o combate a todas as práticas racistas existentes. Foi ratificada pelo Brasil por meio do Decreto 65.810/1969.

10. Definição de discriminação racial (art. 1.º da Convenção). Será toda distinção, exclusão, restrição ou preferência baseada em raça, cor, descendência ou origem nacional ou étnica que vise anular ou restringir o reconhecimento, gozo ou exercício em igualdade de condições de direitos e liberdades fundamentais nos campos político, econômico, social e cultural.

Os principais aspectos abordados são:

a) Prevenção da discriminação;

b) Condenação da segregação racial e do *apartheid*;

c) Adoção de políticas públicas visando erradicar essa situação;

d) Promoção da tolerância.

> **Importante**
>
> *Apartheid* é uma forma de segregação racial cujo objetivo é a supremacia racial branca sobre a negra. Foi o regime de estratificação social adotado na África do Sul até 1994, ano da primeira eleição multirracial do país.

11. Comitê para a Eliminação da Discriminação Racial. Sua função é monitorar, entre os países-membros, a implementação da Convenção por eles ratificada. Os Estados devem enviar relatórios periódicos sobre a situação em seu território. O Comitê também faz recomendações gerais aos Estados.

12. Convenção sobre a Eliminação de Todas as Formas de Discriminação contra a Mulher (1979). É um tratado da ONU que visa erradicar a discriminação contra a mulher em todas as esferas da sociedade. Foi ratificada pelo Brasil por meio do Decreto 89.460/1984.

13. Definição de Discriminação contra a Mulher (art. 1.º da Convenção). É toda a distinção, exclusão ou restrição baseada no sexo e que tenha por objeto ou resultado prejudicar ou anular o reconhecimento, gozo ou exercício pela mulher, independentemente de seu estado civil, com base na igualdade de gêneros, dos direitos e liberdades fundamentais nos campos político, econômico, social, cultural e civil.

Os principais aspectos abordados são:

a) Eliminação da discriminação contra a mulher em todas as esferas da sociedade (pública e privada);

b) Adoção pelos Estados de políticas públicas de conscientização da população sobre as formas de violência doméstica e as formas de ajuda;

c) Ações afirmativas: são medidas de caráter temporário promovidas pelo Estado com o objetivo de facilitar a inclusão das mulheres na sociedade;

d) Medidas de conscientização da igualdade de gênero e do papel da mulher na sociedade promovidas de diversas formas, como por meio de palestras à sociedade.

14. Comitê sobre a Eliminação da Discriminação contra a Mulher. Estabelecido em razão do art. 17 da Convenção acima mencionada, tem o intuito de estudar os progressos obtidos na luta contra a discriminação das mulheres, analisar os relatórios encaminhados pelos Estados e as petições de mulheres relatando as violações sofridas. Silvia Pimentel representa o Brasil no Comitê.

15. Protocolo facultativo (1999). Seu objetivo principal é permitir o acesso de petições individuais de mulheres ou grupo de mulheres, desde que esgotados os recursos internos, nos Estados de origem.

Outra inovação do protocolo é o aspecto investigativo adotado pelo Comitê, de modo que poderá apurar violações contra as mulheres nos Estados-membros, desde que devidamente autorizado. Foi ratificado pelo Brasil por meio do Decreto 4.316/2002.

16. Convenção contra a Tortura e outros Tratamentos ou Penas Cruéis, Desumanos ou Degradantes (1984). É um tratado da ONU cuja finalidade é fazer com que os Estados-membros se unam no combate à tortura e demais formas de penas cruéis, desumanas e degradantes. O Brasil ratificou por meio do Decreto 40/1991.

Os principais aspectos abordados são:

a) Abolição da pena de tortura, do tratamento degradante e desumano, dentre outras consideradas cruéis e desnecessárias;

b) Aplicação do princípio do *non-refoulement*;

c) Adequação da legislação interna a fim de eliminar a tortura;

d) Compromisso dos Estados em punir a prática da tortura;

e) Políticas públicas para educar e prevenir essas práticas.

17. Comitê contra a tortura. Estabelecido pelo art. 17 da Convenção, tem o objetivo de fiscalizar a implementação desta nos Estados-membros, os quais devem enviar relatórios periódicos sobre a aplicação da Convenção.

18. Protocolo facultativo (2002). Seu objetivo é criar um sistema de visitas periódicas em locais onde haja relatos de que pessoas são submetidas a práticas repudiadas pela Convenção. Os Estados-membros devem permitir as visitas em toda a sua jurisdição, por órgãos nacionais e internacionais.

Também prevê a criação de um Subcomitê de Prevenção da Tortura e outros Tratamentos ou Penas Cruéis, Desumanas ou Degradantes. O Brasil ratificou o Protocolo em 2007 (Decreto 6.085/2007).

19. Convenção sobre os Direitos da Criança (1989). É um tratado da ONU que dispõe sobre os direitos civis, sociais, políticos e culturais específicos das crianças em todo o mundo. Segundo a Convenção, criança é todo ser humano menor de 18 anos. O Brasil a ratificou por meio do Decreto 99.710/1990.

Os principais aspectos abordados são:

a) Criação, pelos Estados-membros, de medidas para assegurar a proteção das crianças;

b) Compromisso dos Estados em implementar as disposições da Convenção;

c) O zelo dos Estados na proteção do ambiente familiar, ressaltando que ambos os pais tem direitos e deveres comuns junto à criança;

d) A luta pelo fim do tráfico infantil, abuso sexual e violência de qualquer espécie;

e) Garantia de direitos e liberdades individuais;

f) A criação de um Comitê para os Direitos da Criança.

20. Comitê para os Direitos da Criança. Monitora a implementação da Convenção e dos dois protocolos adicionais pelos Estados-membros que a ratificaram. Os Estados devem enviar relatórios periódicos e o Comitê pode publicar interpretações sobre os direitos humanos das crianças.

21. Protocolos facultativos à Convenção sobre os Direitos da Criança. Há dois Protocolos Facultativos:

a) *Protocolo facultativo à Convenção sobre os Direitos da Criança relativo ao envolvimento de crianças em conflitos armados (2000).* Determina que os Estados-membros evitarão que membros das forças armadas menores de 18 anos participem diretamente de conflitos armados. Assegurarão o não recrutamento (voluntário ou compulsório) de menores de 18 anos nas forças armadas.

b) *Protocolo facultativo à Convenção sobre os Direitos da Criança referente à venda de crianças, à prostituição infantil e à pornografia infantil (2000).* Prevê que os Estados-membros deverão proibir o tráfico de crianças, a prostituição e pornografia infantil. Também orienta os Estados a criarem legislações internas para coibir essas práticas e programas sociais para preveni-las.

> **Importante**
>
> Ambos os Protocolos foram ratificados pelo Brasil em 2004, através do Decreto 5.006/2004 e do Decreto 5.007/2004.

Direitos Humanos | 165

22. Declaração e Programa de Ação de Viena (1993). Adotada em uma Conferência de Direitos Humanos em Viena, na Áustria, trata do direito internacional dos direitos humanos e dos mecanismos de proteção desses direitos.

Os principais aspectos abordados são:

a) Promoção e proteção dos direitos humanos;

b) Autodeterminação dos povos;

c) Proteção do meio ambiente;

d) Cooperação entre os Estados, organismos internacionais e organizações não governamentais para garantir a plena aplicação dos direitos humanos;

e) Combate à violência doméstica;

f) Direito ao desenvolvimento por parte dos países;

g) Erradicação da pobreza.

23. Regras mínimas das Nações Unidas para o Tratamento de Prisioneiros (1955). São regras adotadas pela ONU para o tratamento de presos. Por não serem tratados internacionais, não têm poder vinculante, servindo apenas como um guia de orientação para os Estados. Recentemente essas regras foram revisadas pela ONU a fim de se enquadrarem nas novas doutrinas de direitos humanos e seu escopo foi aumentado passando a ser conhecidas como Regras de Mandela (em referência ao falecido presidente da África do Sul, Nelson Mandela, que passou 27 anos na prisão).

Os principais aspectos abordados são:

a) Separação dos presos de acordo com categorias, tais como primário e reincidente, por exemplo;

b) Fornecimento de condições mínimas de saúde, vestimenta, alimentação, higiene etc.;

c) Regras sobre disciplina e sanções;

d) Direitos do preso à informação e direito de queixa;

e) Regras sobre exercícios, lazer e trabalho;

f) Treinamento dos funcionários penitenciários.

24. Protocolo de Prevenção, Supressão e Punição do Tráfico de Pessoas, especialmente Mulheres e Crianças, complementar à Convenção das Nações Unidas contra o Crime Organizado Transnacional (2000). Conhecido também por Protocolo de Palermo, os Estados-membros comprometem-se em prevenir, combater e punir o tráfico de pessoas em geral e, especialmente, o de mulheres e crianças. O Brasil ratificou o Protocolo em 2004 (Decreto 5.017/2004).

Os principais aspectos abordados são:

a) Proibição do tráfico de crianças para qualquer finalidade;

b) Suspensão dos direitos parentais de pais que traficaram seus filhos;

c) Assegurar a não deportação de vítimas de tráfico;

d) Aplicar penas às pessoas envolvidas no tráfico de pessoas;

e) Os Estados-membros devem elaborar legislação interna sobre o tema.

25. Declaração Americana dos Direitos e Deveres do Homem (1948). Foi aprovada na mesma conferência que criou a Organização dos Estados Americanos (OEA). Foi adotada inicialmente sem vinculação pelos Estados, mas é atualmente fonte de obrigação internacional para os Estados-membros da OEA.

Os principais aspectos abordados são:

a) Respeito aos direitos inerentes aos seres humanos como o direito à vida, à educação, à saúde, à igualdade, à liberdade religiosa, à segurança, à cultura, ao acesso à Justiça, à nacionalidade, ao trabalho etc.;

b) Os deveres dos seres humanos junto à sociedade, como o dever de obediência à lei, de servir à nação, pagar impostos etc.

> **Importante**
>
> Foi o primeiro instrumento internacional de proteção dos Direitos Humanos, tendo sido adotada antes da Declaração Universal dos Direitos Humanos da ONU.

26. Protocolo à Convenção Americana de Direitos Humanos em matéria de direitos econômicos, sociais e culturais (1988). Conhecido por Protocolo de San Salvador foi ratificado pelo Brasil em 1996. Trata da proteção dos direitos econômicos, sociais e culturais que não estavam previstos de uma maneira tão ampla na Convenção Americana.

Os principais aspectos abordados são:

a) Não discriminação;

b) Direito ao trabalho em condições justas, igualitárias e satisfatórias;

c) Direito à saúde;

d) Direito à alimentação;

e) Direito à educação;

f) Direito à cultura;

g) Proteção aos direitos das crianças, idosos e deficientes físicos.

27. Protocolo à Convenção Americana sobre Direitos Humanos referente à Abolição da Pena de Morte (1990). O Brasil ratificou o Protocolo por meio do Decreto 2.754/1998.

Os principais aspectos abordados são:

a) O protocolo não admite reservas por parte dos Estados, ou seja, os Estados devem ratificar o protocolo por inteiro;

b) Restrição da aplicação da pena de morte, ou seja, é possível aplicá-la em tempos de guerra;

c) Os Estados americanos são favoráveis à abolição da pena de morte, uma vez que a sua aplicação acarreta danos irreparáveis;

d) A abolição à pena de morte assegura o direito à vida.

28. Convenção Interamericana para Prevenir e Punir a Tortura (1985). É um tratado da Organização dos Estados Americanos que tem por objetivo a prevenção e punição da tortura, além das penas cruéis, degradantes e desumanas por parte dos Estados-membros.

Considera também como tortura a aplicação de métodos tendentes a anular a personalidade da vítima ou a diminuir sua capacidade física ou mental, mesmo que não originem dor física ou angústia psíquica.

Os Estados devem criar legislações internas sobre o tema. O Brasil ratificou a Convenção por meio do Decreto 98.386/1989.

29. Convenção Interamericana para Prevenir, Punir e Erradicar a Violência Contra a Mulher (1994). Conhecida por Convenção de Belém do Pará visa prevenir, punir e erradicar a violência contra a mulher, tanto na vida pública como na privada. O Brasil ratificou a Convenção por meio do Decreto 1.973/1996.

Os principais aspectos abordados são:

a) Permite a mulheres e grupos de mulheres peticionarem individualmente junto à Comissão Interamericana de Direitos Humanos;

b) Assegura igualdade de direitos entre homens e mulheres;

c) A condenação, por parte dos Estados, de todas as formas de violência contra a mulher;

d) Os Estados se comprometem a implementar políticas públicas para acabar com a violência contra a mulher.

> **Importante**
>
> Maria da Penha, vítima de violência doméstica, juntamente com o CLADEM (Comitê Latino Americano do Caribe para a Defesa dos Direitos da Mulher), interpôs petição à Comissão. A análise realizada resultou na elaboração da Lei 11.340/2006, que criou mecanismos para coibir a violência doméstica contra as mulheres.

30. Convenção Interamericana para a Eliminação de Todas as Formas de Discriminação contra as Pessoas Portadoras de Deficiência (1999). O objetivo é acabar com todas as formas de discriminação em face de pessoas portadoras de algum tipo de deficiência, podendo ser física ou mental, impedindo o exercício de seus direitos humanos e fundamentais.

Os Estados se comprometem a proporcionar de todas as formas possíveis, inclusive através de medidas legislativas, a integração dessas pessoas à sociedade. Ademais, comprometem-se a incentivar pesquisas científicas e tecnológicas para prevenção de deficiências e criar recursos para uma vida independente.

Serão priorizadas as seguintes áreas:

a) Prevenção de deficiências;

b) Tratamento e reabilitação;

c) Campanhas educacionais para eliminação do preconceito.

O Brasil ratificou a Convenção por meio do Decreto 3.956/2001.

31. Convenção Internacional sobre a Proteção dos Direitos de Todos os Trabalhadores Migrantes e dos Membros de suas famílias (1990). A Convenção entrou em vigor em 2003 e traz a definição de vários tipos de trabalhadores, além da expressão membros da família. Trata da proteção dos direitos humanos inerentes a essas pessoas e da importância da observância desses direitos pelos Estados, além da promoção de condições saudáveis, equitativas, dignas e justas em matéria de migração internacional de trabalhadores. O Brasil ainda não ratificou essa Convenção.

32. Princípios Relativos ao Estatuto das Instituições Nacionais para a Promoção e Proteção dos Direitos Humanos (1991). Conhecidos como *Princípios de Paris*, foram definidos no Primeiro

Workshop Internacional sobre o tema e adotados pela Assembleia Geral da ONU em 1993. Enumera uma série de responsabilidades que devem ser observadas pelas instituições nacionais:

a) autonomia para monitorar qualquer violação de direitos humanos;

b) autoridade para assessorar o Executivo, Legislativo e qualquer outro órgão competente sobre temas relacionados aos direitos humanos e no que concerne ao seu cumprimento e aplicação;

c) capacidade de se relacionar com instituições regionais e internacionais;

d) legitimidade para educar e informar sobre os direitos humanos;

e) competência para atuar em temas jurídicos (competência quase judicial).

33. Convenção sobre os Direitos das Pessoas com Deficiência (2007). O seu propósito é promover, proteger e assegurar o exercício pleno e equitativo de todos os direitos humanos e liberdades fundamentais por todas as pessoas com deficiência e promover o respeito pela sua dignidade. Segundo a Convenção pessoas com deficiência são aquelas que têm impedimentos de longo prazo de natureza física, mental, intelectual ou sensorial, os quais, em interação com diversas barreiras, podem obstruir sua participação plena e efetiva na sociedade em igualdades de condições com as demais pessoas.

Os Estados Partes se comprometem a assegurar e promover o pleno exercício de todos os direitos humanos e liberdades fundamentais por todas as pessoas com deficiência, sem qualquer tipo de discriminação por causa de sua deficiência, adotando todas as medidas legislativas, administrativas e de qualquer outra natureza, necessárias para esse fim. Os Estados também se comprometem a adotar medidas imediatas, efetivas e apropriadas para conscientizar toda a sociedade, combater estereótipos, preconceitos e práticas nocivas, além de promover a acessibilidade e a inclusão.

Foi ratificada pelo Brasil por meio do Decreto Legislativo 186/2008.

Resumindo

Datas	Tratados Internacionais de Direitos Humanos	Ratificação Brasil
1966	Pacto Internacional dos Direitos Econômicos, Sociais e Culturais	1992
1966	Pacto Internacional dos Direitos Civis e Políticos	1992
1966	Primeiro Protocolo Facultativo ao Pacto Internacional dos Direitos Civis e Políticos	2009
1989	Segundo Protocolo Facultativo ao Pacto Internacional dos Direitos Civis e Políticos	2009
1956	Convenção Suplementar sobre a Abolição da Escravatura, do Tráfico de Escravos e das Instituições e Práticas Análogas à Escravatura	1966
1926	Convenção sobre a Escravatura	1966
1930	Convenção sobre Trabalhos Forçados	1957
1948	Convenção para a Prevenção e a Repressão do Crime de Genocídio	1952
1951	Convenção relativa ao Estatuto dos Refugiados e Protocolo sobre o Estatuto dos Refugiados	1960

Datas	Tratados Internacionais de Direitos Humanos	Ratificação Brasil
1966	Convenção sobre a Eliminação de Todas as Formas de Discriminação Racial	1968
1979	Convenção sobre a Eliminação de Todas as Formas de Discriminação contra a Mulher	1984
1999	Protocolo Facultativo à Convenção sobre a Eliminação de Todas as Formas de Discriminação contra a Mulher	2002
1984	Convenção contra a Tortura e outros Tratamentos ou Penas Cruéis, Desumanos ou Degradantes	1989
2002	Protocolo Facultativo a Convenção contra a Tortura e outros Tratamentos ou Penas Cruéis, Desumanos ou Degradantes	2007
1989	Convenção sobre os Direitos da Criança	1990
2000	Protocolo Facultativo à Convenção sobre os Direitos da Criança relativo ao envolvimento de crianças em conflitos armados	2004
2000	Protocolo Facultativo à Convenção sobre os Direitos da Criança referente à venda de crianças, à prostituição infantil e à pornografia infantil	2004
1993	Declaração e Programa de Ação de Viena	
1955	Regras Mínimas das Nações Unidas para o Tratamento de Prisioneiros	
2000	Protocolo de Prevenção, Supressão e Punição do Tráfico de Pessoas, especialmente Mulheres e Crianças, complementar à Convenção das Nações Unidas contra o Crime Organizado Transnacional	2004
1948	Declaração Americana dos Direitos e Deveres do Homem	
1988	Protocolo de San Salvador	1996
1990	Protocolo à Convenção Americana sobre Direitos Humanos referente à Abolição da Pena de Morte	1990
1985	Convenção Interamericana para Prevenir e Punir a Tortura	1989
1994	Convenção Interamericana para Prevenir, Punir e Erradicar a Violência Contra a Mulher	1995
1999	Convenção Interamericana para a Eliminação de Todas as Formas de Discriminação contra as Pessoas Portadoras de Deficiência	2001
1990	Convenção Internacional sobre a Proteção dos Direitos de Todos os Trabalhadores Migrantes e dos Membros de suas Famílias	
1991	Princípios Relativos ao Estatuto das Instituições Nacionais para a Promoção e Proteção dos Direitos Humanos	
2007	Convenção sobre os Direitos das Pessoas com Deficiência	2008

VII | Sistemas Internacionais de Proteção dos Direitos Humanos

1. Sistema global da Organização das Nações Unidas. A ONU é um organismo internacional fundado em 1945 por 51 Estados e com sede em Nova York, nos EUA. Atualmente, possui 193 Estados-membros.

O seu orçamento é dividido proporcionalmente entre todos os Estados. Possui 6 línguas oficiais de trabalho: inglês, francês, espanhol, chinês, árabe e russo.

A sua estrutura e organização é composta pelos seguintes órgãos:
a) Assembleia-Geral;
b) Conselho de Segurança;
c) Secretariado.

2. Assembleia-Geral. É um órgão deliberativo onde todos os países membros da ONU participam. O Estado do Vaticano tem assento de observador, ou seja, não tem direito a voto na Assembleia-Geral. A Palestina não aceita o status de Estado-observador e recentemente tentou obter o status de Estado-membro, contudo teve o seu pedido rejeitado.

Há reuniões ordinárias todos os anos (setembro a dezembro) para discussões multilaterais de tópicos internacionais, como a paz, a cooperação entre os Estados, o desenvolvimento, a segurança, o respeito aos direitos humanos etc. As reuniões extraordinárias ocorrem em razão de sua necessidade.

Nas votações cada Estado-membro tem direito a um voto. Assuntos importantes como aceitação, expulsão e suspensão de um Estado, questões envolvendo a paz e a segurança, alterações na Carta da ONU e questões regimentais e orçamentárias necessitam de 2/3 (dois terços). Já para as outras questões é necessária apenas a maioria simples.

Também elege os membros rotativos do Conselho de Segurança e, juntamente com o Conselho de Segurança, elege os juízes da Corte Internacional de Justiça e elege o Secretário Geral, após recomendação do Conselho de Segurança.

Ademais, pode fazer recomendações quando necessário. Recomendações são relatórios elaborados pela ONU com o objetivo de ajudar os Estados sobre questões específicas envolvendo, muitas vezes, os Direitos Humanos.

3. Conselho de Segurança. É um órgão cuja principal responsabilidade é manter a paz e a segurança internacional. Possui 15 Estados-membros, sendo que 10 são rotativos e 5 permanentes (Rússia, EUA, França, China e Inglaterra). O período de permanência dos Estados rotativos é de 2 anos, a fim de assegurar uma maior representatividade global.

As decisões do Conselho são imperativas, ou seja, cabe sanção no caso de descumprimento. Os demais órgãos da ONU podem apenas fazer recomendações, mas o Conselho de Segurança tem o poder de tomar decisões que, segundo a Carta da ONU, os Estados são obrigados a implementar.

Cada Estado tem direito a um voto e a aprovação de assuntos extremamente importantes requer 9 (nove) votos, sendo, obrigatoriamente, a unanimidade dos membros permanentes mais 4 (quatro) dos rotativos.

Este órgão pode requisitar a opinião da Corte Internacional de Justiça a respeito de alguma questão legal, além de incentivar a solução pacífica de conflitos e autorizar o uso de meios não pacíficos (bélicos) para manter, impor ou restaurar a paz e a segurança internacional. Pode também recomendar à Assembleia-Geral a admissão de novos Estados para se tornarem membros da organização.

> **Importante**
>
> O Conselho de Segurança reflete o fim da Segunda Guerra Mundial. Portanto, a ONU estuda uma reforma para que haja uma representatividade mais igualitária. Atualmente, não há representantes da América Latina ou da África dentre os membros permanentes.

4. Secretariado. Cuida dos assuntos administrativos diários da ONU. O Secretário Geral é eleito para um mandato de 5 anos (cabe reeleição) pela Assembleia-Geral por indicação do Conselho de Segurança.

5. Missões de paz. O objetivo é manter a paz em uma região ou criar os meios para que o Estado se reestruture jurídica e politicamente após o término de conflito. O Secretário Geral pode mediar a solução pacífica dos conflitos.

As Forças de Manutenção da Paz são criadas pelo Conselho de Segurança. Tais forças devem ter o consentimento das partes envolvidas no conflito, serem imparciais e somente podem usar a força em legítima defesa própria e de terceiros (civis, por exemplo).

As Forças de Imposição da Paz também são criadas pelo Conselho de Segurança. A sua presença deve ter sido aceita pelas partes envolvidas no conflito, uma vez que seu objetivo é executar uma paz acordada. Se necessário, podem usar a força para fazer cumprir os seus objetivos.

As principais tarefas das missões de paz são:

a) Garantia da paz;

b) Manutenção do cessar fogo;

c) Proteção às ações humanitárias;

d) Implementação dos meios de reestruturação.

6. Comissão de Direitos Humanos. Foi criada em 1946 com o escopo de zelar pelas garantias, direitos e liberdades fundamentais. Atuou como um fórum de discussão de direitos humanos entre Estados, organismos internacionais e organizações não governamentais.

A Resolução 60/251 de 2006 extinguiu a Comissão de Direitos Humanos e a substitui pelo Conselho de Direitos Humanos.

7. Relatores especiais. É um mecanismo de controle estabelecido pela Comissão de Direitos Humanos. Pessoas ou grupos de pessoas especializadas monitoram nos Estados a aplicação das normas sobre algum tema específico. Auxiliam os Estados através de recomendações, relatórios ou desempenhando atividades necessárias.

8. Comitê de Direitos Humanos. É um órgão da ONU formado por especialistas que monitoram a implementação, pelos Estados, da Convenção Internacional de Direitos Civis e Políticos.

A cada quatro anos os Estados devem enviar relatórios sobre como a Convenção é aplicada em seu território. Ademais, pode receber petições de pessoas que aleguem violações aos seus direitos resguardados pela Convenção.

9. Conselho de Direitos Humanos. É um órgão da ONU que foi criado pela Assembleia-Geral em 2006 e conta com a participação de 47 Estados. Possui a função de auxiliar a Assembleia-Geral nas questões relativas aos direitos humanos e a ajudar os Estados no combate às violações desses direitos dentro do seu território.

10. Alto Comissariado das Nações Unidas para Direitos Humanos. Sua sede é em Nova York, nos EUA, mas possui escritórios em vários países do mundo. Possui o principal papel de proteger os direitos humanos de forma global, promover assistência aos Estados para desenvolver essa função e implementar em seu país os direitos humanos.

Também monitora se os Estados estão aplicando os tratados internacionais de direitos humanos.

11. Corte Internacional de Justiça. Foi fundada em 1945, pela Carta da ONU, e tem sede no Palácio da Paz em Haia, nos Países Baixos. É o principal órgão judiciário da ONU. A sua função é julgar, de acordo com o direito internacional, as causas submetidas pelos Estados. Também elabora pareceres legais sobre questões jurídicas a pedido da ONU ou de suas agências especializadas.

É composta por 15 juízes eleitos pela Assembleia-Geral e pelo Conselho de Segurança da ONU para mandatos de 9 anos. Atualmente, Antonio Augusto Cançado Trindade é juiz eleito na Corte.

12. Tribunal Penal Internacional. Foi criado pelo Estatuto de Roma, em 1998, e está localizado em Haia, nos Países Baixos. É um tribunal permanente para julgar pessoas, e não Estados, composto por 18 juízes.

> **Importante**
> Ao aderir ao Estatuto de Roma não cabe reservas por parte dos Estados.

Os seguintes crimes são previstos em seu Estatuto:

a) Crimes de agressão;

b) Genocídio;

c) Crimes contra a humanidade;

d) Crimes de guerra.

Esses crimes são considerados imprescritíveis, ou seja, podem ser julgados a qualquer tempo. As normas do Estatuto de Roma se aplicam a todas as pessoas, sem qualquer tipo de distinção.

> **Importante**
> Não há foro por prerrogativa de função no TPI.

A jurisdição da Corte não é retroativa, ou seja, só serão punidos os crimes ocorridos após a entrada em vigor do Estatuto de Roma. A jurisdição do TPI funciona da seguinte forma:

a) Crimes cometidos no território de algum Estado-membro;

b) A pessoa acusada de cometer um dos crimes previstos no Estatuto é nacional de um Estado-membro;

c) O Conselho de Segurança da ONU informou que algum dos crimes mencionados acima está ocorrendo.

> **Importante**
>
> O TPI não está acima da jurisdição dos Estados, sendo apenas complementar, ou seja, a responsabilidade primária de punir é do Estado de origem.

13. Sistema Interamericano da Organização dos Estados Americanos (1948). Tem sede em Washington D.C., nos EUA, e possui 35 Estados-membros.

A sua estrutura e organização é composta da seguinte forma:

a) *Assembleia-Geral*: é o órgão máximo da OEA e tem representantes de todos os Estados-membros, os quais devem se reunir em sessão ordinária anualmente. Todos os Estados têm direito a um voto. Se for necessário, o Conselho Permanente, com o voto de 2/3 dos membros, pode convocar uma sessão extraordinária da Assembleia-Geral;

b) *Conselho Permanente*: lida com questões trazidas pela Assembleia-Geral ou pela Reunião de Consulta dos Ministros das Relações Exteriores, monitora a cooperação entre os Estados e atua como órgão consultivo da aplicação do Tratado Interamericano de Assistência Recíproca (TIAR);

c) *Secretaria-geral*: é um órgão central e permanente. Tem funções administrativas como elaboração de relatórios anuais, guardar documentos e arquivos, assessorar os outros órgãos da OEA. Também é a depositária dos tratados.

14. Comissão Interamericana de Direitos Humanos (1959). Com sede em Washington, D.C., nos EUA, suas funções são garantir a proteção aos direitos humanos previstos na Convenção Americana de Direitos Humanos e elaborar relatórios anuais sobre a aplicação dos direitos humanos e sua eficácia nos países do continente americano.

Da mesma forma como ocorre no sistema global da ONU, indivíduos ou grupo de indivíduos podem peticionar junto à Comissão quando há grave violação dos direitos humanos, após o esgotamento dos recursos internos. A Comissão emitirá um relatório sobre o mérito com recomendações ao Estado e, caso este não as cumpra, decidirá se publica o caso ou o submete à Corte Interamericana, que o analisará e emitirá uma sentença fundamentada.

15. Corte Interamericana de Direitos Humanos (1979). Localiza-se em San Jose, na Costa Rica, e é um órgão judicial autônomo. Sua finalidade consiste em interpretar e aplicar a Convenção Americana de Direitos Humanos. É composta por sete juízes representantes dos países-membros da OEA.

Os Estados devem reconhecer a competência da Corte, sendo que apenas 22 o fizeram. Infelizmente, indivíduos não têm acesso direto à Corte. Essa possibilidade a tornaria mais célere e democrática.

> **Importante**
>
> A competência da Corte é consultiva e contenciosa.

VIII - Os Tratados de Direitos Humanos no Ordenamento Jurídico Brasileiro

1. Processo legislativo. Primeiramente, devemos salientar que os tratados de direitos humanos têm caráter *jus cogens*, ou seja, são inderrogáveis.

Caso se sujeitem ao processo legislativo, terão adquirido *status* de emendas constitucionais (art. 5.º, § 3.º, da CF, incluído pela EC 45/2004).

> O processo legislativo se dá da seguinte forma: devem ser aprovados nas duas Casas do Congresso (Câmara dos Deputados e Senado Federal), em dois turnos, por 3/5 (três quintos) dos votos dos respectivos membros.

2. Posição hierárquica. Atualmente, existem algumas correntes sobre a hierarquia dos tratados internacionais de direitos humanos:

a) *Equivalência hierárquica de emenda constitucional*: com base no art. 5.º, § 3.º, da CF, os Tratados Internacionais de Direitos Humanos, caso concluam o processo legislativo previsto, terão o *status* de emenda constitucional. Nesse caso, são considerados material e formalmente constitucionais;

b) *Hierarquia constitucional*: com base no art. 5.º, § 2.º, da CF, os Tratados Internacionais de Direitos Humanos possuem o *status* de norma constitucional. Nesse caso, são considerados materialmente constitucionais;

c) *Equivalência hierárquica entre tratado e lei federal*: com base no art. 102, III, *b*, da CF, os Tratados de Direitos Humanos possuem paridade com lei federal, podendo ser revogados por lei posterior;

d) *Hierarquia supralegislativa*: o Supremo Tribunal Federal, no julgamento do RE 466.343, por cinco votos a quatro, concedeu *status* supralegal aos tratados internacionais de direitos humanos;

e) *Hierarquia infraconstitucional, mas supralegislativa*: é o caso dos Tratados Internacionais comuns, que não tratam de matéria referente aos direitos humanos. Esses tratados não podem ser revogados por lei posterior.

3. A aplicabilidade imediata das normas contidas em tratados internacionais de direitos humanos ratificados pelo Brasil. Conforme dispõe o art. 5.º, § 1.º, da CF, as normas que tratam de direitos e garantias fundamentais têm aplicação imediata. Sendo assim, prescinde do decreto presidencial promulgatório e a partir da ratificação já produzem efeitos.

Os tratados internacionais que não versem sobre direitos humanos submetem-se ao processo comum de incorporação ao ordenamento jurídico brasileiro, que se dá com a reprodução, neste, das disposições existentes no tratado.

4. A denúncia de tratado internacional de direitos humanos em face do direito brasileiro. Com a Emenda Constitucional 45/2004, que garantiu aos tratados internacionais de direitos humanos o *status* de emenda constitucional, as normas acerca de tais direitos são consideradas cláusulas pétreas.

Ocorre que os tratados de direitos humanos materialmente e formalmente constitucionais não são passíveis de denúncia. Esse é o caso dos tratados de direitos humanos aprovados após a Emenda Constitucional 45/2004.

Contudo, os tratados de direitos humanos que são apenas materialmente constitucionais (art. 5.º, § 2.º, da CF) podem ser denunciados.

> **Importante**
>
> Cláusula pétrea é uma norma constitucional de eficácia absoluta, imutável, de modo que não pode sofrer nenhum tipo de alteração ou emenda.

5. A execução de decisões oriundas de tribunais internacionais de direitos humanos no Brasil.
Não há necessidade de homologação pelo Superior Tribunal de Justiça de sentença proferida por tribunais internacionais, uma vez que se trata de sentença internacional e não sentença estrangeira.

> As sentenças estrangeiras devem ser submetidas ao juízo de delibação, a ser realizado pelo Superior Tribunal de Justiça (art. 105, I, *i*, da CF), pelo rito estabelecido nos arts. 483 e 484 do CPC e Regimento Interno do Superior Tribunal de Justiça.

Portanto, seguirá apenas o procedimento interno brasileiro de execução de sentença e aplicação imediata.

> A sentença estrangeira será executada como título executivo judicial, conforme o artigo 475-N do CPC. Seu cumprimento incumbe à Justiça Federal (art. 109 da CF).

A natureza jurídica de ambas é diversa: a sentença estrangeira é prolatada no âmbito dos Estados (judiciário estrangeiro) e a sentença internacional na dimensão dos tribunais internacionais (cuja jurisdição foi aceita pelo Estado em que a sentença deverá ser aplicada).

6. As normas do Estatuto do Tribunal Penal Internacional em face da Constituição Federal.
O Estatuto de Roma é compatível com o ordenamento jurídico brasileiro, de modo que não há nenhuma questão que resulte conflitante.

Contudo, há algumas questões em que há um conflito aparente de normas, como o caso do instituto da entrega, prisão perpétua e o foro por prerrogativa de função.

7. Instituto da entrega. Consiste na entrega de um nacional ao Tribunal Penal Internacional, que é um órgão que os próprios Estados ajudaram a criar. Isso só pode ocorrer se o Estado reconhecer a jurisdição do TPI.

> **Importante**
>
> O instituto da entrega não se confunde com o instituto da extradição.
> Extradição é a entrega de uma pessoa de um Estado a outro Estado como meio de cooperação.

Não há contrariedade à Constituição no caso do Brasil entregar um nacional ao TPI, uma vez que o art. 5.º, LI, da CF prevê a possibilidade de extradição apenas de estrangeiros e brasileiros naturalizados, mas silencia sobre o instituto da entrega.

8. Prisão perpétua. Há previsão no Estatuto de Roma (art. 77, § 1.º, *b*) dessa modalidade de prisão, mas o art. 5.º, XLVII, *b* da CF proíbe expressamente penas de caráter perpétuo. Contudo, há dois posicionamentos que corroboram a inexistência de conflito de normas.

O primeiro analisa que as normas da Constituição Federal foram criadas e aplicam-se ao direito interno. No âmbito do direito internacional, o Brasil pode fazer parte de um tribunal que institua a pena de prisão perpétua.

O segundo posicionamento leva em consideração que no caso de guerra declarada, o Brasil aceita a pena de morte, mais grave que a pena de prisão perpétua. Por isso, não haveria qualquer tipo de conflito entre o Estatuto de Roma e a Constituição Federal.

9. Foro por prerrogativa de função. O Estatuto de Roma não admite qualquer distinção entre as pessoas, ou seja, não se pode admitir imunidades provenientes do direito interno que causem embaraços para a ação do TPI.

> **Exemplo**
>
> São autoridades como presidentes, oficiais militares etc. os acusados pelo TPI, de modo que se todos argumentassem com base nas imunidades não haveria a possibilidade de qualquer julgamento vir a ocorrer.

10. O impacto dos tratados internacionais de direitos humanos no ordenamento jurídico brasileiro. Há três situações que podemos verificar a respeito das previsões contidas nos tratados internacionais de direitos humanos:

a) Conflito entre o direito internacional dos direitos humanos e o direito interno;

b) Integração e ampliação da Constituição Federal pelas normas previstas nos tratados;

c) As normas contidas nos tratados podem coincidir com as previstas na Constituição Federal.

11. Conflito entre o direito internacional dos direitos humanos e o direito interno. A solução adotada para essa situação é a da norma mais favorável ao indivíduo, ou seja, nesse caso vale-se da primazia da pessoa humana, que está acima do direito internacional e do direito interno de cada Estado.

> **Exemplo**
>
> Prisão civil do depositário infiel – proibida pela Convenção Americana de Direitos Humanos (art. 7.º, item 7) que foi ratificada pelo Brasil. A Constituição Federal (art. 5.º, LXVII) prevê a possibilidade de prisão do depositário infiel. Dessa forma, cabe a norma mais benéfica ao indivíduo, qual seja, a prevista pela Convenção Americana de Direitos Humanos.
>
> Vale mencionar que o Supremo Tribunal Federal aprovou a Súmula Vinculante 25, cujo texto reproduzimos: "É ilícita a prisão civil de depositário infiel, qualquer que seja a modalidade do depósito".

Direitos Humanos | 177

12. Integração e ampliação da Constituição Federal pelas normas previstas nos tratados.
Ao ratificar inúmeros tratados de direitos humanos, observamos que há previsões de matérias que não foram abordadas anteriormente pela Carta Magna. Dessa forma, esses assuntos passam a integrar e ampliar o direito pátrio.

13. As normas contidas nos tratados podem coincidir com as previstas na Constituição Federal. Não há qualquer conflito caso isso ocorra, tendo em vista que há um reforço da matéria abordada na Constituição Federal pelas previsões nos tratados internacionais de direitos humanos.

Exemplo

O direito à vida está previsto em inúmeros tratados internacionais (DUDH, por exemplo) e na Constituição Federal.

14. Graves violações de Direitos Humanos. A Emenda Constitucional 45, de 2004, introduziu no ordenamento jurídico brasileiro o Incidente de Deslocamento de Competência, que permite que, nos casos de grave violação dos direitos humanos, o Procurador-geral da República poderá suscitar perante o STJ, em qualquer fase do inquérito ou processo, incidente de deslocamento de competência para a Justiça Federal. A finalidade do mecanismo é assegurar o cumprimento de obrigações decorrentes de tratados internacionais de direitos humanos dos quais o Brasil faça parte. Contudo, desde a sua implementação, foi pouquíssimas vezes utilizado.

IX — Instituições Públicas Nacionais de Defesa e Promoção dos Direitos Humanos

1. Ministério dos Direitos Humanos. Criado pela Medida Provisória 768 de 2 de fevereiro de 2017 que alterou a Lei 10.683/2003 que dispõe sobre a organização da Presidência da República e dos Ministérios. De acordo com essa MP o Ministério da Justiça e Cidadania (criado pela Medida Provisória 726 de 2016 convertida na Lei 13.266/2016) se separou entre o Ministério da Justiça e Segurança Pública e o Ministério dos Direitos Humanos.

O Ministério dos Direitos Humanos tratará de assuntos como:

a) formulação, coordenação e execução de políticas e diretrizes voltadas à promoção dos direitos humanos, incluídos os direitos da cidadania, da criança e do adolescente, do idoso, das pessoas com deficiência e o direito das minorias.

b) articulação de iniciativas e apoio a projetos de proteção e promoção dos direitos humanos;

c) promoção da integração social das pessoas com deficiência;

d) exercício da função de ouvidoria nacional em assuntos relativos aos direitos humanos, da cidadania, da criança e do adolescente, do idoso, da pessoa com deficiência e das minorias;

e) formulação, coordenação, definição de diretrizes e articulação de políticas para a promoção da igualdade racial, com ênfase na população negra, afetados por discriminação racial e demais formas de intolerância;

f) combate à discriminação racial e étnica; e

g) formulação, coordenação, definição de diretrizes e articulação de políticas para as mulheres, incluídas atividades antidiscriminatórias e voltadas à promoção da igualdade entre homens e mulheres.

Integram a estrutura básica do Ministério dos Direitos Humanos:

a) a Secretaria Nacional de Cidadania;
b) a Secretaria Nacional de Políticas para as Mulheres;
c) a Secretaria Nacional dos Direitos da Pessoa com Deficiência;
d) a Secretaria Nacional de Políticas de Promoção da Igualdade Racial;
e) a Secretaria Nacional de Promoção e Defesa dos Direitos da Pessoa Idosa;
f) a Secretaria Nacional dos Direitos da Criança e do Adolescente;
g) o Conselho Nacional de Promoção da Igualdade Racial;
h) o Conselho Nacional dos Direitos Humanos;
i) o Conselho Nacional de Combate à Discriminação;
j) o Conselho Nacional dos Direitos da Criança e do Adolescente;
k) o Conselho Nacional dos Direitos da Pessoa com Deficiência;
l) o Conselho Nacional dos Direitos do Idoso;
m) o Conselho Nacional dos Direitos da Mulher.

2. Conselho Nacional dos Direitos Humanos (CNDH): antigo Conselho de Defesa dos Direitos da Pessoa Humana (CDDPH), foi criado pela Lei 12.986/2014, que revogou as Leis 4.319/1964 e 5.763/1971.

Tem por finalidade a promoção e a defesa dos direitos humanos, mediante ações preventivas, protetivas, reparadoras e sancionadoras das condutas e situações de ameaça ou violação desses direitos. Compete ao CNDH:

a) promover medidas necessárias à prevenção, repressão, sanção e reparação de condutas e situações contrárias aos direitos humanos, inclusive as previstas em tratados e atos internacionais ratificados no Brasil e apurar as respectivas responsabilidades;

b) fiscalizar a política nacional de direitos humanos, podendo sugerir e recomendar diretrizes para a sua efetivação;

c) receber representações ou denúncias de condutas ou situações contrárias aos direitos humanos e apurar as respectivas responsabilidades;

d) expedir recomendações a entidades públicas e privadas envolvidas com a proteção dos direitos humanos, fixando prazo razoável para o seu atendimento ou para justificar a impossibilidade de fazê-lo;

e) articular-se com órgãos federais, estaduais, do Distrito Federal e municipais encarregados da proteção e defesa dos direitos humanos;

f) manter intercâmbio e cooperação com entidades públicas ou privadas, nacionais ou internacionais, com o objetivo de dar proteção aos direitos humanos e demais finalidades previstas neste artigo;

g) acompanhar o desempenho das obrigações relativas à defesa dos direitos humanos resultantes de acordos internacionais, produzindo relatórios e prestando a colaboração que for necessária ao Ministério das Relações Exteriores;

h) opinar sobre atos normativos, administrativos e legislativos de interesse da política nacional de direitos humanos e elaborar propostas legislativas e atos normativos relacionados com matéria de sua competência;

i) realizar estudos e pesquisas sobre direitos humanos e promover ações visando à divulgação da importância do respeito a esses direitos;

j) recomendar a inclusão de matéria específica de direitos humanos nos currículos escolares, especialmente nos cursos de formação das polícias e dos órgãos de defesa do Estado e das instituições democráticas;

k) dar especial atenção às áreas de maior ocorrência de violações de direitos humanos, podendo nelas promover a instalação de representações do CNDH pelo tempo que for necessário;

l) representar: – à autoridade competente para a instauração de inquérito policial ou procedimento administrativo, visando à apuração da responsabilidade por violações aos direitos humanos ou por descumprimento de sua promoção e aplicação das respectivas penalidades; – ao Ministério Público para, no exercício de suas atribuições, promover medidas relacionadas com a defesa de direitos humanos ameaçados ou violados; – ao Procurador-geral da República para fins de intervenção federal, na situação prevista na alínea *b* do inciso VII do art. 34 da Constituição Federal; – ao Congresso Nacional, visando a tornar efetivo o exercício das competências de suas casas e comissões sobre matéria relativa a direitos humanos;

m) realizar procedimentos apuratórios de condutas e situações contrárias aos direitos humanos e aplicar sanções de sua competência;

n) pronunciar-se, por deliberação expressa da maioria absoluta de seus conselheiros, sobre crimes que devam ser considerados, por suas características e repercussão, violações a direitos humanos de excepcional gravidade, para fins de acompanhamento das providências necessárias a sua apuração, processo e julgamento.

Prerrogativas do CNDH para a realização de procedimentos apuratórios de condutas contrárias aos direitos humanos:

a) requisitar informações, documentos e provas necessárias às suas atividades;

b) requisitar o auxílio da Polícia Federal ou de força policial;

c) requerer aos órgãos públicos os serviços necessários ao cumprimento de diligências ou à realização de vistorias, exames ou inspeções e ter acesso a bancos de dados de caráter público ou relativo a serviços de relevância pública.

Resolução 4/2015 – dispõe sobre o recebimento e o processamento de representações ou denúncias de condutas ou situações contrárias aos direitos humanos, no âmbito do Conselho Nacional dos Direitos Humanos (CNDH). A apresentação da denúncia pelo Conselheiro (a) do CNDH deverá ser encaminhada à Secretaria Executiva, salvo quando versar sobre situação de gravidade e urgência e que apresente risco de dano irreparável, hipótese em que poderá ser incluída na pauta durante reunião do CNDH, e ser decretado regime de processamento urgente, que implicará a indicação de relator e das medidas imediatas. Vale lembrar que denúncias infundadas serão arquivadas.

4. Conselho Estadual de Defesa dos Direitos da Pessoa Humana de São Paulo (CONDEPE).

Criado pela Lei Estadual 7.576/1991, é um órgão integrado, sem qualquer subordinação hierárquica às Secretarias da Justiça e da Defesa da Cidadania, cujas atribuições são de ordem administrativa, operacional e financeira. Possui um amplo poder investigativo no âmbito dos direitos da pessoa humana.

Suas principais funções são:

a) Receber, encaminhar, investigar e acompanhar junto às autoridades competentes as denúncias de pessoas ou entidades em razão de violações aos direitos humanos em todo o Estado;

b) Recomendar a instauração de sindicâncias, inquéritos, processos administrativos e judiciais para a apuração dos casos, além de realizar as diligências que achar necessárias;

c) Redigir e publicar trabalhos;

d) Emitir pareceres;

e) Realizar a promoção dos direitos humanos;

f) Promover a cooperação com as entidades e órgãos, públicos ou privados, nacionais ou internacionais, de defesa dos direitos humanos.

A composição do Conselho Estadual será de um representante do Poder Executivo; dois advogados, recomendados pela OAB, dentre os membros da Comissão de Direitos Humanos; seis representantes da sociedade civil indicados por entidades de defesa dos direitos humanos.

5. Secretaria Municipal de Direitos Humanos e Cidadania de São Paulo (SMDHC).

Criada pelo Decreto Municipal n. 53.685/2013, que unificou as atribuições da Secretaria Municipal de Participação e Parceria (SMPP), da Comissão Municipal de Direitos Humanos (CMDH) e do Secretário Especial de Direitos Humanos (SEDH), tem como objetivo fortalecer a articulação e a gestão das políticas de direitos humanos e de participação social, além de continuar a promoção de atividades já realizadas como políticas municipais para juventude, idosos, LGBT e crianças e adolescentes.

Ademais, novos temas na área de direitos humanos e cidadania passaram a fazer parte da agenda da Secretaria como: educação em direitos humanos, políticas para migrantes, políticas públicas de drogas e álcool, igualdade racial, combate ao trabalho escravo, direito à memória e à verdade, população de rua, segurança urbana e direitos humanos, e o sistema municipal de participação social.

6. Defensoria Pública do Estado de São Paulo/SP. Foi criada pela Lei Complementar Estadual 988/2006. Antes de ser instituída, a assistência jurídica de pessoas carentes era realizada pela Procuradoria de Assistência Judiciária (PAJ), que era um subórgão da Procuradoria-Geral do Estado. A Defensoria é um órgão autônomo que não tem vinculação com o governo.

A Defensoria Pública atende pessoas que ganham menos de três salários mínimos, ou seja, que tem uma situação financeira precária e, por isso, não pode arcar com as despesas decorrentes de uma assistência jurídica.

Possui núcleos especializados em diversas áreas que necessitam de atenção especial, como infância e juventude, idosos, habitação e urbanismo, proteção e defesa dos direitos da mulher etc.

Suas áreas de atuação são:

a) Cível;

b) Tutela Coletiva;

c) Área Criminal;

d) Área da Infância e Juventude;

e) Área de Execução Criminal.

Os defensores públicos são bacharéis em direito aprovados no concurso público da Defensoria. Algumas das prerrogativas inerentes aos defensores são:

a) Independência funcional;

b) Acesso irrestrito aos presídios;

c) Requisição de documentos em órgãos públicos;

d) Examinar autos sem procuração.

FILOSOFIA DO DIREITO

A Filosofia

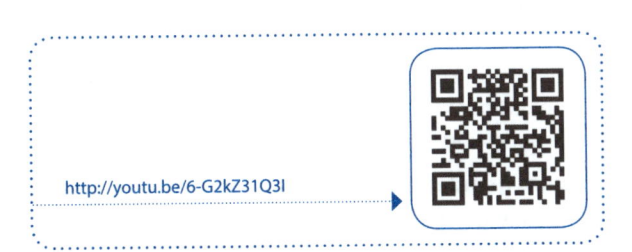

http://youtu.be/6-G2kZ31Q3I

1. O estudo da filosofia. É muito importante, principalmente no mundo do Direito, para que tenhamos o hábito sadio de refletir e, consequentemente, tornemo-nos pessoas mais críticas e analíticas, enfrentando de forma mais completa os grandes desafios que nos são propostos.

2. Definição etimológica de Filosofia. O termo tem origem grega (Φιλοσοφια) – *Filo* quer dizer "amigo", e *Sofia* significa "conhecimento" ou "sabedoria". Deste modo, Filosofia significa "amizade pela sabedoria".

Philo	Sophia
Amigo	Sabedoria

3. Definição analítica de Filosofia. A filosofia pode ser dividida em lógica, especulativa e prática. Esquematicamente, podemos visualiza assim:

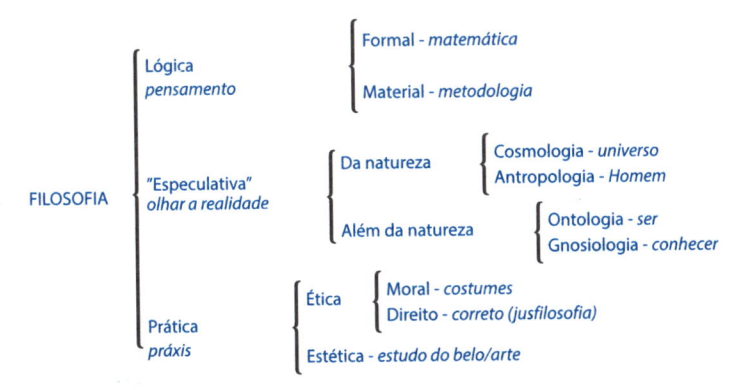

FILOSOFIA
- Lógica / *pensamento*
  - Formal - *matemática*
  - Material - *metodologia*
- "Especulativa" / *olhar a realidade*
  - Da natureza
    - Cosmologia - *universo*
    - Antropologia - *Homem*
  - Além da natureza
    - Ontologia - *ser*
    - Gnosiologia - *conhecer*
- Prática / *práxis*
  - Ética
    - Moral - *costumes*
    - Direito - *correto (jusfilosofia)*
  - Estética - *estudo do belo/arte*

4. Outras definições. Marilena Chauí oferece quatro definições gerais sobre o que seria a filosofia (*Convite à filosofia*. São Paulo: Ática, 1994, p. 16-17):

a) *Visão de mundo de um povo*, de uma civilização ou de uma cultura. Ou seja, para essa definição, a filosofia é o estudo dos conjuntos de ideias, valores e práticas pelos quais uma sociedade compreende e apreende o mundo e a si mesma.

b) *Sabedoria de vida*. A filosofia seria uma contemplação do mundo e dos homens para nos conduzir a uma vida justa, sábia e feliz. Ensina-nos o domínio sobre nós e sobre nossos impulsos.

c) *Esforço racional para conhecer o universo como uma totalidade ordenada e dotada de sentido*. Nessa definição, há um esforço para distinguir filosofia de religião. Essa definição destaca o elemento racional, a fim de compreender o universo, ao passo que a religião tem como elemento marcante a fé.

d) *Fundamentação teórica e crítica dos conhecimentos e das práticas*. Nessa definição, a filosofia busca ocupar-se do conhecimento de princípios que visam ser racionais e verdadeiros. Entendemos que a ilustre professora supramencionada é mais afeta a esta definição.

5. A filosofia para alguns grandes filósofos. Destacamos o que significa a filosofia para alguns importantes pensadores (*Convite à filosofia*. São Paulo: Ática, 1994, p. 18):

Platão	A Filosofia é um saber verdadeiro que deve ser usado em benefício dos seres humanos.
Descartes	A Filosofia é o estudo da sabedoria, conhecimento perfeito de todas as coisas que os humanos podem alcançar para o uso da vida, a conservação da saúde e a invenção das técnicas e das artes.
Kant	A Filosofia é o conhecimento que a razão adquire de si mesma para saber o que pode conhecer e que pode fazer, tendo como finalidade a felicidade humana.
Marx	A Filosofia havia passado muito tempo apenas contemplando o mundo e que se tratava, agora de conhecê-lo, para transformá-lo, transformação que traria justiça, abundância e felicidade para todos.
Merleau-Ponty	A Filosofia é um despertar para ver e mudar nosso mundo.
Espinosa	A Filosofia é um caminho árduo e difícil, mas que pode ser percorrido por todos, se desejarem a liberdade e a felicidade.

Resumindo

É possível perceber que a filosofia sempre busca a verdade por meio da reflexão, que é o instrumento mais seguro para encontrar, ou pelo menos, aproximar-se da verdade.

6. A atitude crítico-filosófica. A postura que deve ter o filósofo é agir de maneira negativa e positiva, sem perder sua postura questionadora. Ou seja:

a) *A atitude filosófica deve ter uma postura negativa*, pois o pensador deve negar o senso comum, deve negar seus próprios pré-conceitos, (pré)juízos, enfim deve buscar a verdade sem se influenciar por tudo aquilo que ouviu cotidianamente dado como verdade ou dogma.

b) *a atitude filosófica deve ter uma postura positiva* no sentido de interrogar, questionar constantemente sobre "os porquês" das coisas.

> **Exemplo**
>
> A postura de Sócrates de negar tudo afirmando que nada sabe e posteriormente buscando a verdade por suas perguntas.

7. A função da Filosofia. Busca despertar a reflexão que visa constantemente à verdade. Acreditamos ser necessário existirem pessoas que pensem o mundo, a fim de adaptá-lo às crescentes necessidades e mudanças que existem. A filosofia contribui para que não flertemos com o velho constantemente, e com isso, alcancemos o novo e possamos mudar ou melhorar as coisas.

8. A universalidade da Filosofia. O filósofo busca, incessantemente, uma totalidade de sentidos, integrando e situando o homem e o cosmo (mundo).

Vê-se que a Filosofia representa o esforço de sondagem das raízes dos problemas. É uma ciência cujos cultores somente se consideraram satisfeitos se lhes é facultado atingir, com certeza e universalidade, todos os princípios ou razões últimas e explicativas da realidade, em uma plena interpretação da experiência humana.

> **Exemplo**
>
> A Filosofia não busca saber particularmente que horas são, mas busca sim definir ou questionar o que é o tempo.

9. O princípio. Quando atingimos uma verdade que nos dá a razão de ser de todo um sistema particular de conhecimento, e verificamos a impossibilidade de reduzir tal verdade a outras verdades mais simples e subordinantes, segundo certa perspectiva.

A busca por princípios é uma das principais missões do pensamento filosófico.

Ciência, Filosofia e Conhecimento Vulgar

1. Filosofia. Investiga objetos de todas as naturezas, crítica os próprios pressupostos, buscando os princípios últimos.

Por ser universal, a Filosofia não oferece a mínima possibilidade de realizar-se pela experiência, uma vez que não há como efetuar experimentos com a universalidade. Ser universal não significa ser generalizadora, pois não analisa a somatória do particular para chegar ao geral.

2. A autonomia da Filosofia. A filosofia é autônoma, pois parte de si mesma e consegue chegar a suas próprias conclusões. Assim, a filosofia não é como a ciência, que necessita partir de pressupostos.

3. Ciência. A Ciência parte sempre de um ou de mais pressupostos particulares para tirar suas conclusões, realiza experiências. De um modo geral, as Ciências preocupam-se com as generalizações, isto é, estudam objetos da mesma natureza.

Exemplo

De Ciência: Sociologia (Objeto: relações sociais);
Astronomia (objeto: os Astros).

4. Distinção entre conhecimento vulgar e conhecimento científico.

a) *conhecimento vulgar:* é o conhecimento que nos fornece a maior parte das noções de que nos valemos em nossa existência cotidiana. Tal conhecimento pode corresponder à verdade (o que acontece muitas vezes), entretanto, não possui a certeza da certeza, por não se subordinar à verificação racional, ordenada e metódica.

Exemplo

Uma pessoa afirmar que irá chover em instantes porque vê uma nuvem escura se aproximar.

b) *conhecimento científico*: É sempre de cunho ordenatório, realizando uma ordem ou uma classificação – é metódico. Verifica os próprios resultados, pela ordenação crítica de seu processo. Ocupa um campo muito menor de nosso viver comum, assim como o conhecimento filosófico, representa uma quase exceção.

> **Exemplo**
>
> Um meteorologista, ao analisar dados e imagens de um satélite conclui se choverá ou não.

5. A dogmática e a zetética. No direito, o Ilustre Professor Tercio Sampaio Ferraz Junior traz a dicotomia complementar nas técnicas de decisão do direito com sua zetética e dogmática. Trata-se do fruto de seu aprendizado na Alemanha com Theodor Viehweg.

A *dogmática*, que deriva do grego *dokéin*, significa ensinar, doutrinar, e visa buscar respostas para qualquer tipo de investigação.

A *zetética*, por seu turno, do grego *zétein*, visa procurar, inquirir, ou seja, busca perguntas e não respostas.

> **Exemplo**
>
> Se o dogmático invocasse, em sua petição, o artigo 1.º, III, da Constituição Federal de 1988 (*dignidade da pessoa humana*), o zetético indagaria o que significa a dignidade da pessoa humana, e onde é possível visualizar tal ditame contemporaneamente.

III. Tipos, Leis e Princípios – A Estrutura do Conhecimento

1. Estrutura do conhecimento. A estrutura do conhecimento pode ser composta, segundo alguns autores, por um tripé: Os *Tipos*, as *Leis* e os *Princípios*.

2. Os tipos. Consistem em todo o conhecimento científico que implica certa *tipologia*, uma *categorização*. A ciência não pode prescindir de categorias, de tipos, de espécies, de gêneros, de classes ou de famílias, adequadas a cada região e realidade.

Os tipos são formas de ordenação da realidade em estruturas ou esquemas, representativos do que há de essencial entre os elementos de uma série de fatos ou de entes que nos interessa conhecer.

Exemplo

A organização que temos no Código Civil, dividido em Livros, Títulos, Capítulos e Seções.

Importante

Vale frisar que o tipo, nesse caso, em nada se assemelha com o *Princípio da Tipicidade* do Direito Penal ou do Direito Tributário, por exemplo.

3. A lei. Devemos tomá-la na acepção mais geral. O Direito, como ciência, não pode deixar de considerar as leis que enunciam a estrutura e o desenvolvimento da experiência jurídica, ou seja, aqueles nexos que, com certa constância e uniformidade, ligam entre si e governam os elementos da realidade jurídica, como fato social.

4. Os princípios. Podemos dizer que possuem duas acepções: a primeira, de natureza moral, algo como aquele homem é de princípio; e a segunda, de ordem lógica.

Cumpre analisarmos a ordem lógica, que consiste em verdades ou juízos fundamentais, que servem de alicerce ou de garantia de certeza a um conjunto de juízos, ordenados em um sistema de conceitos relativos a dada porção da realidade.

No Direito, os princípios são buscados pela Filosofia do Direito e, quando positivados (escritos), passam a fazer parte da Ciência do Direito.

Resumindo

Podemos dizer que o *princípio* busca; a lei dispõe; e o tipo é a análise para aplicar a lei balizada no princípio.

IV — Filosofia do/no Direito

1. Filosofia DO Direito ou Filosofia NO Direito? Segundo o Professor Miguel Reale: "A filosofia do Direito não é disciplina jurídica, é a própria filosofia, enquanto voltada à realidade jurídica" (REALE, Miguel. *Filosofia do Direito*. 19. ed. São Paulo: Saraiva, 1999. p. 286). Deste modo, para esse grande doutrinador do Direito, a Filosofia não se cinge da Filosofia do Direito.

O Direito é realidade universal. Onde quer que exista o homem, aí existe o Direito como expressão de vida e da convivência. Deste modo, por ser o Direito um fenômeno universal, é suscetível de indagação filosófica.

Tendo em vista que a Filosofia atinge o Direito e que não existe uma Filosofia própria do Direito, apartada da Filosofia, temos, portanto, uma Filosofia NO Direito e não uma Filosofia DO Direito.

A Filosofia do/no Direito adquire, a partir de Hegel, uma certa autonomia para investigação dos problemas de ordem exclusivamente jurídica, sem, no entanto, desvincular-se da Filosofia.

2. O que busca a filosofia do Direito:

a) Proceder à crítica das práticas, das atitudes e atividades dos operadores do Direito e juristas;

b) Avaliar e questionar a atividade legiferante, bem como oferecer suporte reflexivo ao legislador;

c) Proceder à avaliação do papel desempenhado pela ciência jurídica e o próprio comportamento do jurista ante ela;

d) Depurar a linguagem jurídica, os conceitos filosóficos e científicos do Direito, bem como analisar a estrutura lógica das proposições jurídicas;

e) Investigar a eficácia dos institutos jurídicos, sua atuação social e seu compromisso com as questões sociais;

f) Desmascarar as ideologias que orientam a cultura da comunidade jurídica, os pré-conceitos que orientam as atitudes dos operadores do Direito.

3. Distinção entre o operador e filósofo do Direito. Como vimos no capitulo anterior, a ciência é construída a partir de pressupostos, ao passo que a Filosofia busca os pressupostos, ou princípios últimos.

Entendemos que o jurista é um cientista do Direito e que constrói a sua ciência partindo de certos pressupostos, os quais, habitualmente, são fornecidos pela lei. Por outro lado, o Filósofo do Direito converte tais pressupostos em um problema, para poder encontrar uma verdade.

4. Filosofia e ciência do direito. É justamente aqui que reside a distinção entre a ciência do Direito e a Filosofia do Direito. Os pressupostos são postos antes, enquanto, na Filosofia, buscam-se tais pressupostos.

5. A importância da Filosofia no estudo do Direito. Para o Direito, a Filosofia é muito importante, tanto para a formação teórica como para a formação prática dos futuros juristas. O Direito só é possível por causa da Filosofia.

Grande parte (senão todos) dos direitos existentes possuem raízes filosóficas. E o Direito continua sendo criado com uma forte dose filosófica, direta ou indiretamente.

É na filosofia do Direito que encontramos o ponto de encontro reflexivo de todas suas áreas (direito civil, direito penal, direito tributário entre outras) e também o ponto de convergência do sistema jurídico: a busca pela justiça e pela igualdade social.

Outrossim, a Filosofia auxilia no desenvolvimento do raciocínio crítico e na capacidade de criação de novas soluções para os problemas jurídicos.

Para refletir

Aqueles que não se valem da Filosofia no seu trabalho com o Direito são apenas operadores do Direito, são peças facilmente substituíveis por outras; por outro lado, os profissionais do Direito que refletem e se valem da filosofia para resolver suas indagações jurídicas, são, sem dúvida, verdadeiros juristas, e jamais serão substituídos, pois conseguiram um lugar exclusivo e indelével no Direito.

V — Direito e Moral

1. Considerações iniciais. Etimologicamente, do latim, moral deriva de *mores*, do grego deriva de êthica. Arthur Kaufmann explica que a palavra "moral" é usada na linguagem corrente sem um sentido específico (muitas vezes tomada como "costumes") e sua delimitação face à "ética" (*Ethik*) é imprecisa, sendo frequente que ambas as palavras sejam tidas por sinônimas.

2. Os egípcios, os babilônios, os chineses. Esses povos não distinguiram com clareza direito e moral, e muitas vezes não distinguem estes da própria religião. Para eles, o Direito se confunde com os costumes sociais. Nos códigos antigos, misturavam-se preceitos jurídicos, religiosos e morais em um mesmo texto.

3. Os gregos. Para eles, Direito e Moralidade caminhavam conjuntamente à justiça, sendo esta considerada justiça moral. Para o pensamento platônico, a justiça consiste em cada um exercer seu papel dentro da organização social que leva em conta as virtudes de cada um. Aristóteles, então, diz, em Ética a *Nicômaco*, que a *virtude moral* mais perfeita é a justiça.

4. Os romanos. São os organizadores do próprio Direito e o consideram como a arte do bom e do justo. É mais a frente, com Paulo, que temos, provavelmente, a afirmação que inicia a separação do Direito e da Moral ao dizer: "o permitido pelo direito nem sempre está de acordo com a moral".

5. O iluminista Thomasius. Em 1713, apresenta a distinção entre Direito e Moral, no que tange a coercibilidade como marca do Direito. É na obra desse autor, e mais a frente em Fitche e em Kant, que se observa a doutrina da total separação do Direito e da Moral.

6. O contraponto de Austin. Acreditava que, se uma lei é válida, ela o é por ter sido estabelecida pelo soberano, direta ou indiretamente, e existe independentemente de seu conteúdo moral. O fato de uma lei não ser conforme algum princípio moral em nada a macula como lei.

7. Hart. Considera distintos os conceitos de Direito e Moral, representando fenômenos sociais diferentes e reconhecendo, contudo, que se relacionam. Para ele, são equivocadas as asserções que consignam ser impossível terem as regras jurídicas e as regras morais o mesmo conteúdo, pois dizer que as regras jurídicas são distinguíveis é uma coisa; outra completamente diferente é atribuir qualquer impossibilidade de contato a elas.

8. Tercio Sampaio Ferraz Júnior. Também compreende essa distinção, reconhecendo certa similaridade entre as normas jurídicas e os preceitos morais. Assevera que ambos têm caráter prescritivo, vinculam e estabelecem obrigações em uma forma objetiva – independente do consentimento subjetivo individual –, ambos são elementos inextirpáveis da convivência, pois se não há sociedade sem direito, também não há sociedade sem moral.

9. Distinção e aproximação. Quando se estuda Direito e Moral, é importante apontarmos os pontos comuns e os pontos divergentes, com base em algumas importantes teorias:
a) a Teoria do Mínimo Ético, de Georg Jellinek;

b) a Teoria de Miguel Reale sobre o Direito e a Moral.

>Para maiores desenvolvimentos vide as seguintes obras de Miguel Reale, *Lições Preliminares do Direito*, 27. Capitulo V, p. 41 e ss.; e *Filosofia do Direito*, cit., 19. ed. Título XI, p. 621 e ss.

10. A Teoria do Mínimo Ético. Preconizada por Georg Jellinek, consiste em dizer que o *Direito* representa apenas o mínimo de *Moral* declarado obrigatório. Ou seja, o Direito não é algo diverso da Moral, mas é uma parte desta. Disto se conclui que "tudo que é jurídico é moral, mas nem tudo que é moral é jurídico".

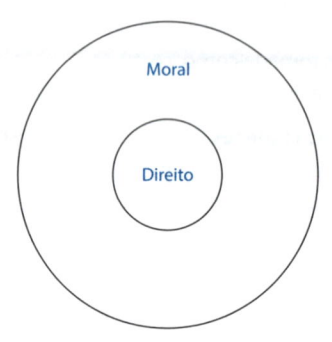

11. A teoria de Miguel Reale. Para Reale, o pensamento de Georg Jelinek não deve prosperar. Isto porque ele acreditava que existem campos do direito que não são abrigados pela moral, sendo, portanto, *amorais*.

Exemplos disso seriam as normas de trânsito, que consistem em normas que não morais ou imorais, são amorais – apenas regulam fatos.

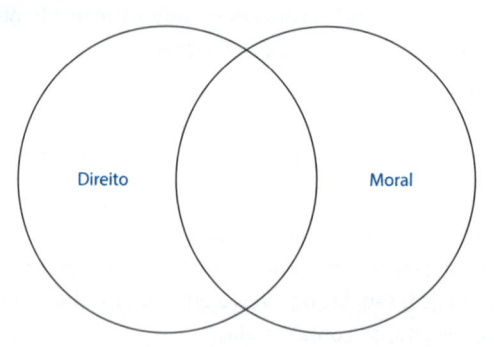

12. A coercibilidade. O Direito é *coercível* e a moral não o é.

Isto porque o Direito é aparelhado com instrumentos voltados a exigir e coagir alguém a praticar algo. Ou seja, mesmo sem haver o convencimento interno da pessoa, ela pode ser compelida a agir ou se omitir, por força dos mandamentos jurídicos.

Já a moral pertence ao mundo da conduta espontânea, do comportamento que encontra em si próprio a sua razão de existir. A pessoa agirá moralmente conforme sua convicção interior. Não há na moral instrumentos de coercibilidade, sendo que o desatendimento de suas regras pode gerar, no máximo, desaprovação do grupo social.

O cumprimento obrigatório da sentença satisfaz ao mundo jurídico, mas continua alheio ao campo propriamente moral.

> **Exemplo**
>
> O art. 1696 do Código Civil dispõe que o direito à prestação de alimentos é recíproco entre pais e filhos, e extensivo a todos os ascendentes, recaindo a obrigação nos mais próximos em grau, uns em falta de outros.
>
> Nesse caso, o Direito diz que deve o filho pagar pensão alimentícia ao pai, e, caso não pague, será punido (coerção).
>
> Entretanto, caso o filho pague pensão ao seu pai, isso não o obriga a acreditar que deva fazer isso (moral). Deste modo, não há coerção moral no segundo caso.

13. A heteronomia. O Direito é heterônomo, pois suas normas jurídicas têm validade objetiva e transpessoal (além do sujeito), que estão acima das pretensões dos sujeitos de uma relação. Em outras palavras, a heteronomia significa aquilo que não necessariamente queremos, mas foi legislado por outrem, seja o Estado, o Deputado etc. Outra pessoa (*hetero*) faz a lei (*nomos*).

Quanto à Moral, podemos dizer que esta é autônoma, pois, embora os valores que são incutidos em nós não sejam necessariamente internos, quem julga e escolhe o ato certo é o indivíduo. Sendo assim, diferentemente do direito, a Moral é autônoma.

MORAL	DIREITO
Auto / nomia	Hetero / nomia
Você mesmo / nomos (lei)	Outro / nomos (leis)

14. A bilateralidade. Nesse caso tanto Direito quanto a Moral são bilaterais, uma vez que, em todas as relações, existem duas ou mais pessoas que se relacionam segundo uma proporção objetiva que as autoriza a pretender ou a fazer garantidamente algo.

> A posição quanto à bilateralidade na moral não pacífica. Paulo Nader (*Introdução ao estudo do direito*. 22. ed. Rio de Janeiro: Forense, 2002, p. 47). Afirma-se que o direito se caracteriza pela exterioridade, enquanto a moral pela interioridade.
>
> Com isto se quer dizer, modernamente, que os dois campos seguem linhas diferentes. Enquanto a moral se preocupa pela vida interior das pessoas, como a consciência, julgando os atos exteriores apenas como meio de aferir a intencionalidade, o Direito cuida das ações humanas em primeiro plano e, em função destas, quando necessário, investiga o *animus* do agente.

15. Atributividade. Já quanto à atributividade, podemos afirmar que o Direito possui tal característica, enquanto a Moral não possui. Pois, no Direito, sempre se afere um valor para o ato praticado, com expectativa de poder ser cobrado, ao passo que, na Moral, não se deve esperar algo objetivamente na relação.

Exemplo 1

Imaginemos que um sujeito peça um determinado valor emprestado a um amigo e este amigo não o faz, tendo dinheiro disponível.

Nesse caso, poderíamos entender que, moralmente, o amigo deveria emprestar o dinheiro em nome da amizade; porém, não há meios de exigir o empréstimo coercitivamente.

Exemplo 2

Imaginamos o mesmo sujeito pegando um Táxi e que a corrida tenha custado R$ 25,00. Nesse caso, o serviço prestado pelo taxista deve ser pago, pois se atribui um valor.

16. Tabela comparativa. Ante todo o exposto, podemos sintetizar as principais características do Direito e da Moral da seguinte maneira:

	Coercibilidade	Heteronomia	Bilateralidade	Atributividade
Direito	sim	sim	sim	sim
Moral	não	não	sim	não

VI — O Jusnaturalismo e o Direito Natural

1. Jusnaturalismo. É uma doutrina segundo a qual existe – e pode ser conhecido – um "Direito Natural" (*ius naturale*), ou seja, um sistema de normas de conduta intersubjetivas diverso do sistema constituído pelas normas fixadas pelo Estado (Direito Positivo).

Tem validade em si, é anterior e superior ao Direito Positivo e, em caso de conflito, é ele que deve prevalecer.

> É a oposição da doutrina do positivismo jurídico, segundo a qual só há um direito, o estabelecido pelo Estado, cuja validade independe de qualquer referência a valores éticos (Bobbio, Norberto; Matteucci, Gianfranco Pasquino Nicola. *Dicionário de política*. São Paulo: Imprensa Oficial do Estado de São Paulo, 2005, p. 656).
>
> A fim de melhor analisar o Jusnaturalismo, é importante estudar as diferentes ideias surgidas ao longo da História da humanidade, desde a Antiguidade, passando pela medievalidade, pela modernidade (com a ruptura do pensamento jusnaturalista teocêntrico, e a inclusão do elemento racional moderno de Hugo Grócio).
>
> Também importa o estudo do jusnaturalismo racional para concluirmos coma visão contemporânea do jusnaturalismo, que o extrai da história e culmina invariavelmente na pessoa humana.

2. Direito natural e jusnaturalismo. O Direito Natural é composto por normas de conduta intersubjetivas, o jusnaturalismo, por seu turno, consiste na escola que estuda o Direito Natural e considera a lei natural como superior a qualquer lei.

> ### Resumindo
> O jusnaturalismo concebe o Direito dualisticamente, ou seja: é composto por duas formas, a saber, o Direito Natural e o Direito Positivo, sendo aquele superior a este.

3. Juspositivismo. Positivismo jurídico é o nome da escola que estuda apenas o Direito posto. Não acredita que possa existir um jusnaturalismo que justifique o Direito. Trata-se de uma concepção monista, ou seja, de que existe apenas um sistema jurídico, que é aquele consistente pelas normas postas pelo Legislador.

Note-se que *Positivismo Jurídico* é o nome da escola, e que Direito Posto significa o Direito escrito.

4. Conflito entre Direito Natural e Direito Positivo. Segundo o jusnaturalismo, a lei escrita deve ser reflexo da lei natural, não havendo que se falar em conflito entre os dois sistemas.

Contudo, caso exista conflito entre o Direito Natural e o Direito Positivo (é possível vê-los como opostos), os jusnaturalistas entendem que o Direito Natural deve ser observado e positivado. Assim, para a escola jusnaturalista, é possível haver conflito entre Direito Natural e Direito Positivo, isso porque tal escola considera a existência dos dois Direitos, embora com hierarquia superior ao Direito Natural. Entretanto, o que se espera é que nunca haja conflito entre direito natural e direito positivo, pois a lei positiva deve ser porta voz do direito natural.

> "O estado civil nasce não para anular o Direito Natural, mas para possibilitar seu exercício através da coação. O Direito Estatal e o Direito Natural não estão numa relação de antítese, mas de integração. O que muda na passagem não é a substância, mas a forma; não é, portanto, o conteúdo da regra, mas o modo de fazê-la valer" (Bobbio, Norberto. *Direito e Estado no pensamento de Emanuel Kant*. São Paulo: Mandarim, 2000, p. 192).

Exemplo

Nossa Constituição Federal, ao garantir a vida no *caput* do art. 5.º – os jusnaturalistas, em qualquer tempo, reconheceriam tal dispositivo como justo, mesmo que exista um dispositivo futuro contrário a este ditame natural. Pode haver um conflito entre o jusnaturalismo e o juspositivismo, mas espera-se que não exista.

Já para a escola do positivismo jurídico, que admite apenas uma forma de Direito, por ser uma concepção monista, isto é, existe somente o Direito Positivo não há conflito entre Direito Natural e Direito Positivo por um motivo apenas: "essa escola não considera a existência do Direito Natural, e consequentemente, não há conflito entre algo que existe e algo que não existe".

5. Semelhanças da definição de jusnaturalismo ao longo da história. A ideia comum do Direito Natural ao longo da história é que consiste em um sistema de normas logicamente anteriores e eticamente superiores às do Estado, a cujo poder fixam um limite intransponível. Deste modo, podemos dizer que o jusnaturalismo é igual e diferente ao longo da história.

Direito natural

Superior

Anterior

Direito positivo

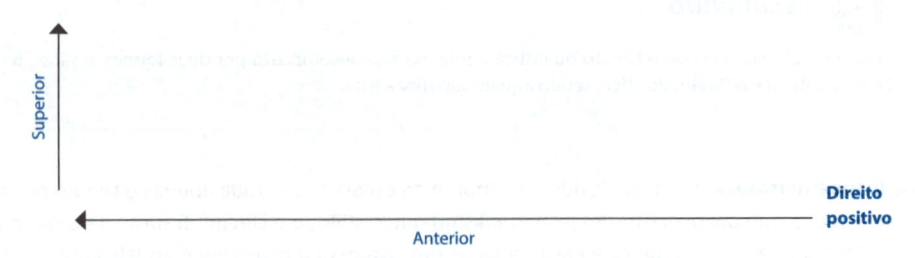

6. Variantes nas definições do jusnaturalismo. Na história da Filosofia Jurídico-Política, o jusnaturalismo aparece em, pelo menos, quatro versões fundamentais, também com suas variantes:
a) *uma lei "natural" em sentido estrito*, fisicamente conatural a todos os seres animados à luz de instintos;

b) *uma lei estabelecida por vontade da divindade* e por esta revelada aos homens;

c) *a lei ditada pela razão*, específica, portanto, do homem que a encontra autonomamente dentro de si;

d) *uma lei com escopo de garantir a dignidade da pessoa humana*.

7. O jusnaturalismo na Antiguidade. As primeiras manifestações de jusnaturalismo são encontradas na Antiga Grécia.

O jusnaturalismo da Antiguidade, presente em Platão, e incidentalmente em Aristóteles, foi elaborado na cultura grega, principalmente, pelos Estoicos, para quem toda a natureza era governada por uma lei universal racional e imanente.

O romano Cícero defende a existência de uma lei "verdadeira", conforme a razão, imutável e eterna, que não muda com os países e com os tempos. Acredita, ainda, que o homem não pode violar a própria natureza humana.

Exemplo

A tragédia de Sófocles, *Antígona*, é um excelente símbolo para demonstrarmos a ideia da existência de um "justo por natureza", que se contrapõe a um "justo por lei". As ordens da autoridade política não podem se sobrepuser às eternas, às dos deuses.

> Antígona deseja enterrar seu irmão Polinice, que atentou contra a cidade de Tebas, mas o tirano da cidade, Creonte, promulgara uma lei, impedindo que os mortos que atentaram contra as normas da cidade fossem enterrados – o que era uma grande ofensa para o morto e sua família, pois a alma não faria a transição adequada ao mundo dos mortos. Antígona, enfurecida, volta-se, sozinha, contra a norma imposta e enterra o irmão, desafiando todas as leis da cidade. Antígona é, então, capturada e levada até Creonte, que a sentencia à morte.

8. O jusnaturalismo na Idade Média. Desenvolveu a doutrina de um Direito Natural que se identificava com a lei revelada por Deus a Moisés e com o Evangelho. Foi obra, sobretudo, de Graciano (séc. XII) e de seus comentadores.

São Tomás de Aquino ordena a ideia supracitada, ao afirmar que a Lei Natural é aquela fração da ordem imposta pela mente de Deus, governador do Universo, que se acha presente na razão do Homem.

> Equivocado afirmar que tal norma é estritamente racional: não podemos dizer isso, uma vez que São Tomás invoca a Deus para justificar o elemento racional; deste modo, a doutrina de São Tomás e o jusnaturalismo, nesta época, são teocêntricos.

9. O jusnaturalismo na Idade Moderna – A ruptura com a teocracia. A Reforma Protestante de Calvino pode ser vista como o berço do jusnaturalismo Moderno. Embora Calvino tenha sido o pai da Reforma, de maneira geral, Hugo Grocio é o pai do jusnaturalismo enunciado à época.

Grócio põe o Direito Natural como fundamento de um Direito que pudesse ser reconhecido como válido por todos os povos (daqui virá o Direito Internacional). Afirma, ainda, que tal Direito é ditado pela razão, *sendo independente não só da vontade de Deus como também da sua própria existência.*

Tal doutrina abre caminho no campo da Moral, do Direito e da Política, ao iluminar a cultura laica e antiecológica.

10. O jusnaturalismo do século XIX. Com a transição de governos autoritários fundados no indivíduo, surgem governos democráticos que buscam, senão a unidade, ao menos a maioria.

Por conta disto, sentia-se uma forte necessidade de reformas legislativas que dessem ao Direito, principalmente, uma certeza. O jusnaturalismo, com sua teoria de um Direito absoluto e universalmente válido, porque ditado pela razão, era capaz de oferecer as bases doutrinárias para uma reforma racional da legislação.

Após essa reforma da legislação, surge uma pergunta: o que traz mais segurança – o jusnaturalismo (racional, moderno) ou as leis positivadas a partir deste jusnaturalismo?

A resposta são as leis positivadas, uma vez que todos as conhecem. Já nesta época, a doutrina alemã ataca o jusnaturalismo, e o Positivismo Jurídico ganha força. Hans Kelsen, no início do século XX, começa a solidificar o Positivismo Jurídico, com sua Teoria Pura do Direito.

> "Certo apenas se desvinculado da ideia de um Direito Natural metafísico, extra histórico, eterno e imutável, o Jusnaturalismo ainda pode ter um lugar na cultura jurídico política hodierna (...) Se concebido historicisticamente, isto é, como expressão dos ideais jurídicos e políticos sempre novos nascidos da transformação da sociedade, e em contraste com o direito positivo, o Jusnaturalismo tem hoje diante de si uma função, talvez arriscada, mas que pode ser fecunda" (BOBBIO, Norberto; MATTEUCCI, Gianfranco Pasquino Nicola. *Dicionário de política*. São Paulo: Imprensa Oficial do Estado de São Paulo, 2005, p. 660).

11. O jusnaturalismo no pós-Segunda Guerra. O jusnaturalismo, por se fundamentar nos valores morais, pareceu uma boa solução para a situação posterior à II Guerra Mundial.

Havia uma necessidade de controle dos Estados, que culminou na criação da ONU e nesse "saudosismo jusnaturalista", por assim dizer, uma ideia de buscar na história uma saída para os problemas que se revelavam na época. Ainda assim, existia uma consciência de que não havia valores morais universais.

> "Os jusnaturalistas indicaram abandonar a tese da imutabilidade e eternidade do direito natural e começaram a reconhecê-lo como imanente à história" (BOBBIO, Norberto; MATTEUCCI, Gianfranco Pasquino Nicola. *Dicionário de política*. São Paulo: Imprensa Oficial do Estado de São Paulo, 2005, p. 660).

Esse novo momento do jusnaturalismo, portanto, considerava o Direito Natural como histórico e não mais universal e imutável. Segundo o próprio professor Miguel Reale, podemos entender, ainda, que, se investigarmos com atenção nossa atualidade, encontraremos na pessoa humana, o valor fundamental do jusnaturalismo.

12. O juspositivismo e a crítica ao jusnaturalismo atual. Vale dizer que o renascimento do jusnaturalismo é muito criticado pelo positivismo jurídico, isso porque tal escola considera o jusnaturalismo ilegítimo quanto à sua validade formal, alegando que este se preocupa mais com o valor do que com os aspectos formais.

Além disso, seu aspecto ético é criticado, posto que a moral é subjetiva e não objetiva.

VII | Antiguidade – Os Sofistas e os Pré-Socráticos

1. Os sofistas. Eram professores viajantes que, por determinado preço, vendiam ensinamentos práticos do conhecimento. Levando em consideração os interesses dos alunos, davam aulas de eloquência e sagacidade mental. Ensinavam conhecimentos úteis para o sucesso dos negócios públicos e privados.

2. Suas lições. As lições sofísticas tinham por objetivo o desenvolvimento do poder de argumentação retórica e do conhecimento de outras doutrinas. Eles transmitiam um conjunto de raciocínios e concepções que seriam utilizados na arte de convencer as pessoas.

Segundo essas concepções, não haveria uma verdade única, absoluta. Tudo seria relativo ao homem, ao momento, a um conjunto de fatores e circunstâncias. Os sofistas não tinham como objetivo a verdade, mas sim convencer sua plateia da tese pela qual havia sido contratado.

> "As lições dos sofistas tinham como objetivo, portanto, o desenvolvimento da argumentação, da habilidade retórica, do conhecimento de doutrinas divergentes. Eles transmitiam, enfim, todo um jogo de palavras, raciocínios e concepções que seria utilizado na arte de convencer as pessoas, driblando as teses dos adversários" (COTRIM, Gilberto. *Fundamentos da filosofia. História e grandes temas*. 16. ed. São Paulo: Saraiva, 2008, p. 84).

3. Os pré-socráticos. Conhecidos como os filósofos da Natureza, também chamados de *cosmocêntricos*. O interesse filosófico era voltado para o mundo da natureza, da organização das coisas, buscavam o absoluto numa determinação real da natureza. Eram "empíricos" – na verdade, não existia esse termo nessa época, portanto, dizemos que eram observadores da natureza.

4. Tales de Mileto (aproximadamente de 624-546 a.C.). Era uma dos sete sábios (Tales de Mileto; Periandro de Corinto; Pítaco de Mitilene; Bias de Priene; Cleóbulo de Lindos; Sólon de Atenas; Quilon de Esparta) e o primeiro filósofo da História da humanidade, ele quem inventou a palavra filosofia, sendo o primeiro filósofo da história.

Nasceu na província jônica de Mileto, situada na costa da Ásia Menor. Não se conhece obra nenhuma obra deixada por Tales. Diógenes menciona 200 versos escritos por ele e que tratavam de Astronomia. Faz alusão, ainda a alguns pensamentos dele escrito em forma de sentenças ou aforismos, como o seguinte: "A abundância de palavras não prova a justiça das opiniões".

Os seus conhecimentos de Geometria lhe permitiram medir a altura das pirâmides partindo da medição de suas sombras. Considerava a lua como um corpo opaco que recebia a luz do sol. Sabia calcular as revoluções da Lua e do Sol, além de prever eclipses. Dividia o ano em 365 dias.

5. Tudo é água. Apoiando-se na crença comum de boa parte da humanidade de que nada vem do nada ou volta ao nada, procurava, na natureza, um elemento de que todas as coisas se originassem e para a qual voltassem.

O questionamento básico de Tales de Mileto consistia no seguinte: *De onde vim?*

Para tentar responder a esse questionamento, naquela época, recorreu aos quatro elementos da natureza, *Água, Ar, Terra e Fogo*.

Tales de Mileto identificou a água como principal elemento para explicar a origem de todas as coisas. Segundo Tales, podemos justificar que a água é a fundadora do início da vida por vários motivos, temos a água cotidianamente em nossas vidas, somos compostos por água etc.

6. Anaxímenes de Mileto (588-524 a.C.). Amigo de Anaximandro, Anaxímenes não seguiu os passos deste explicando o mundo a partir de um elemento indeterminado. Assim como Tales de Mileto, procurou um ponto de apoio, uma coisa determinada e certa. Para ele o mundo veio do ar, pois este elemento tem atributos magníficos, tais como a imensidade, o infinito e o movimento.

> Recebeu duras críticas ao seu pensamento, como as que foram incutidas a Tales, acrescidas de que é impossível explicar o inicio por meio de algo sem forma e que não vemos, além disso, para alguns daquela época, a função do ar era preencher o vácuo, mais nada.

7. Anaximandro de Mileto (610-546 a. C). Também de Mileto, Anaximandro foi astrônomo e geógrafo. Seus trabalhos mais importantes são na Cosmologia, isto é na descrição hipotética da criação do mundo.

8. Crítica de Anaximandro a Thales. Crítico do pensamento de Tales de Mileto, Anaximandro afirma que não se pode explicar a origem dos elementos da natureza pelos próprios elementos, é impossível ter como ponto de apoio de sua doutrina algo determinado como a água. Para ele, o mundo não pode vir da água.

9. O *ápeiron*. Anaximandro acredita que há um princípio indeterminado, chamado por ele de *Ápeiron*. Esse elemento é, nas suas palavras, "um motor imóvel que movimenta os motores móveis", o *ápeiron* tudo inclui, tudo governa.

10. Anaxágoras de Clazômenas (500-428 a.C.). Foi um dualista, pois acrescentou o *nous* – espírito ou inteligência – aos elementos físicos que compõem a realidade. O *nous* seria uma força de natureza imaterial capaz de ordenar as coisas – a causa motora e ordenadora que promove a separação dos elementos contidos no "magma" original.

> Em sua obra, *Fédon*, Platão escreve que, segundo Anaxágoras, o *nous* é o organizador e a causa de todas as coisas. As verdadeiras causas se encontrariam nessa "inteligência", sendo as demais, naturais e concretas, simples concausas ou causas secundárias.

11. Heráclito de Éfeso (540-476 a.C.). Nasceu em Éfeso, cidade da Jônia, de família que ainda, conservava prerrogativas reais (descendentes do fundador da cidade). Para o pensador em comento, tudo é constante processo; nada é estático. Destacamos algumas frases atribuídas a Heráclito:

a) "Este mundo, o mesmo de todos os (seres), nenhum deus; nenhum homem o fez, mas era, é e será um fogo sempre vivo, acendendo-se em medidas e apagando-se em medidas";

b) "Nos mesmos rios entramos e não entramos, somos e não somos";

c) "Não se pode entrar duas vezes na mesma corrente de um rio".

12. Parmênides de Eleia (515-450 a.C.). Se, para Heráclito, há uma constante mudança, para Parmênides a essência não muda. As pessoas podem até mudar, a água pode até não ser a mesma, mas a sensação, a lembrança, a essência do ato praticado é sempre a mesma.

No Direito, o exemplo que podemos dar é uma mudança legislativa que embora altere alguns preceitos de determinado instituto jurídico (Heráclito), a essência do instituto, suas características principais continuam as mesmas (Parmênides).

13. Pitágoras de Samos (582 a.C-497 a.C). Foi filósofo e matemático, que fundou a Escola Pitagórica. O ideal de sua matemática vem do *belo*. Observa a natureza pelas cordas e sons de instrumentos musicais e, com isso, prova algumas de suas teorias matemáticas.

Na matemática, ficou famoso pelo seu teorema no qual a soma dos quadrados dos catetos é igual ao quadrado da hipotenusa.

VIII | O Conceito de Justiça na Antiguidade – Sócrates

1. Os socráticos. Esse período filosófico recebe o nome de Sócrates, mestre de Platão. Consideram-se socráticos os pensadores que tinham uma preocupação antropológica, ou seja, aqueles que se preocupavam com o homem.

Estudaremos um pouco do pensamento socrático e veremos que este pensador nada escreveu. Nos próximos capítulos teceremos alguns comentários sobre Platão, que grafou muitos dos diálogos Socráticos, e veremos que, em dado momento, Platão retratava o pensamento socrático e, posteriormente, Sócrates virou um "porta-voz" de sua doutrina. Estudaremos também o pensamento aristotélico, especialmente seus apontamentos a respeito da justiça.

> **Dica**
>
> Para lembrar a ordem cronológica dos pensadores socráticos. Lembre-se sempre da palavra SPA, na ordem de pensadores: Sócrates, Platão e Aristóteles.

2. Sócrates. Foi um dos pensadores mais importantes da tradição filosófica ocidental. A fonte mais importante de informação sobre Sócrates que temos é Platão, que, em seus diálogos, retrata Sócrates como mestre da razão e da busca pela verdade, já que Sócrates não deixou nenhum escrito.

3. Sócrates e o governo. Na época da oligarquia dos trinta tiranos em Atenas, os governantes tentaram fazer Sócrates cúmplice na execução de Leon de Salamina, cujos bens desejavam confiscar. Sócrates recusou-se a participar da indigna trama, perdendo, deste modo, a simpatia que tinha dos tiranos.

Mais tarde, em 399 a.C., Sócrates foi acusado pelo regime democrático de Atenas de ter corrompido a juventude, por difundir ideias contrárias à religião tradicional, tendo sido condenado a morrer bebendo cicuta. Com isso Sócrates se trasforma em umas das pessoas mais importantes da história da filosofia.

4. A máxima socrática: *sei que nada sei*. Ao perceber a complexidade das coisas, e que os conhecimentos transmitidos naquela época eram os dos sofistas, (que, necessariamente, não tinham compromisso com a verdade), Sócrates percebe que todos os conhecimentos não são necessariamente verdadeiros, e, deste modo, coloca em dúvida o que supostamente sabe, afirmando não conhecer nada. É assim que surge sua famosa frase: *Sei que nada sei*.

Assim, essa máxima socrática não surge por uma ignorância dos conteúdos apresentados pelos sofistas da época, mas surge como uma atitude crítica filosófica de buscar a verdade. Nega os dogmas e as supostas verdades para questionar positivamente a fim de buscar uma verdade filosófica.

5. Conhecendo a verdade (*alêtheia*): a dialética. O termo grego *alêtheia* significa a verdade ou o caminho para a verdade, ou do não esquecimento, pois *lethe* significa esquecimento. Sócrates acreditava que conhecer a verdade seria retornar aos conceitos esquecidos para buscar a verdade.

Todas as verdades estavam em nós, esquecidas. O meio para que chegássemos à verdade absoluta, ou a *doxa,* seria com o uso do *método dialético*, que consiste na busca das verdades absolutas ou dos esquecimentos universais.

6. Divisão da dialética. A dialética divide-se em exortação e indagação que se divide em refutação e maiêutica.

a) A *exortação* consiste no convite ao diálogo;

b) *indagação* é o questionamento do tema que será dialogado;

c) a *refutação*, que está na própria indagação consiste na exposição dos preconceitos para que possamos rebatê-los.

d) a *maiêutica*: que consiste em "parir" o conhecimento.

DIALÉTICA { Exortação; Indagação { Refutação; Maiêutica

7. A maiêutica (o parto). Dentro do método dialético, Sócrates acreditava que o conhecimento deveria ser "parido", ou seja, deveria passar por um estágio de gestação até chegar a seu nascedouro.

Fazia uma analogia com a função de sua mãe, parteira, e dizia que assim como as mulheres conseguem gerar uma vida após um tempo de gestação, o homem pode gerar o conhecimento, a verdade, a partir também de uma gestação. Enquanto as mulheres parem uma vida, os homens parem uma verdade, um conhecer.

> "Assim se justifica a técnica socrática de investigação filosófica a que Platão chamava sua 'maiêutica'. Sócrates, segundo ele, pretendia ter herdado esta arte da interrogação de sua mãe, parteira. Ora, dizia ele, de acordo com os costumes religiosos, só as mulheres que não podem mais parir é que podem fazer partos, quer dizer, conforme o caso, conduzir o parto a bom termo suavizando as dores, ou fazer abortar. 'Minha arte maiêutica tem as mesmas atribuições gerais. A diferença é que se aplica aos homens e não às mulheres, e é as almas que auxilia no trabalho de parto não aos corpos" (WOLFF, Francis. *Sócrates*. 4. ed. São Paulo: Brasiliense, p. 54-55).

8. A dialética para o jurista. O ato do jurista muito se assemelha ao sistema dialético socrático, pois exortamos um diálogo, normalmente, um caso concreto que se aplique ou não à lei; indagamos sobre o conceito de determinado instituto para sua aplicação ou não no caso em tela, e, por fim nosso juízo final é apresentado, nascendo uma ideia jurídica e uma tese que defendemos com a crença desta ser a verdade.

9. "A escrita petrifica e a palavra vivifica". Sócrates nada escreveu, acreditava que a escrita petrifica e a palavra vivifica. Imaginava que se escrevesse algo poderia ser interpretado de maneira equivocada no futuro, tendo seus posicionamentos petrificados ou imobilizados para sempre, ao passo que sua palavra poderia ser transmitida a todos mantendo seu pensamento livre e vivo.

Uma palavra pode ser polissêmica, ou seja, ter diversos sentidos a depender do modo que for dita. Um texto escrito não consegue capturar esses sentimentos além de não atingir todos os públicos, podendo ser interpretado de infinitas formas.

10. Quem escreveu por Sócrates? Mesmo não tendo escrito nada, alguns de seus discípulos, como Xenofonte e Platão, e alguns de seus opositores, como Aristófanes, grafaram textos que narram alguns diálogos de Sócrates ao longo de sua vida.

De todos que escreveram sobre Sócrates não resta dúvida que foi Platão que ganhou mais destaque. Platão, em sua primeira fase como veremos, dedicou todos seus escritos em homenagem ao seu grande mestre.

IX — O Conceito de Justiça na Antiguidade – Platão

1. Platão (427 a.C.-348-7 a.C.). Platão pertencia a uma tradicional família de Atenas e estava ligado, pelo lado materno, a grandes personalidades do meio político. Sua genitora descendia do grande legislador Sólon, era irmã de Carmides e prima de Crítias, dois dos trinta tiranos que dominaram Atenas durante algum tempo.

Talvez seja possível atribuir o desapreço de Platão pelos políticos de seu tempo ao convívio e, consequentemente, ao conhecimento dos bastidores políticos, adquirido desde criança. Sobre esse tema, vide Ciência Política em Platão.

2. O corpo e alma. Platão diferencia corpo de alma. Mostra que o corpo não é objeto do conhecimento, pois é um obstáculo para conhecermos o real, uma vez que está no campo das sensações e, no máximo, pode participar como particular do conceito, mas nunca será o conceito. Já a alma é imutável, está no pensamento, de modo que só é acessível pelo intangível. A rigor, é a alma é a expressão verdadeira do indivíduo, que pode, assim, ter acesso ao real.

Exemplo

– Em *Laquês* (191e), o personagem que dá o titulo a este diálogo define a coragem com atos particulares de coragem e não com um conceito geral e amplo.

– Em *Hípias Maior* (286d a 288a), obra em que Sócrates questiona Hípias sobre o que é o belo, no que tem como resposta uma moça bela e não a definição de beleza.

O conceito de coragem e beleza não pode estar no corpo, ou seja, em um ato, deve estar no inteligível, próximo da alma.

3. Os diálogos platônicos. Podem ser divididos em três fases, são elas:

a) 1.ª fase: socrática;

b) 2.ª fase: média e;

c) 3.ª fase: da maturidade.

Tais diálogos demonstram uma mudança no pensamento de Platão ao longo dos tempos.

Primeira Fase	Segunda Fase	Terceira Fase
Carmides (da temperança)	*A República* (Livro II ao X)	*Parmênides*
Críton (do dever)	*Hipias Maior*	*Teeteto*
Eutifron (piedade)	*O Banquete*	*Sofista*
Hipias Menor (falsidade)	*Menon*	*Político*
Ion (a *Ilíada*)	*Fedro*	*Timeu*
Laques (coragem)		*Critias*
Górgias (Livro I da *Republica*)		

4. A primeira fase – A justiça *latissimo sensu*. Tais diálogos têm em Sócrates a figura central. Caracterizam o início da escrita dos primeiros diálogos platônicos. Neles, as ideias apresentadas são distantes daquelas que Platão defendeu e que imortalizaram seu pensamento ao longo do tempo.

Os diversos diálogos giram em torno de questões morais e com maior destaque para as questões que interessam ao Direito, podemos citar *Protágoras*, uma obra que classifica a justiça sob a ótica socrática e que como veremos consiste na classificação da justiça *latíssimo sensu*.

5. A segunda fase – A justiça *lato sensu*. Caracteriza-se por um questionamento da conhecida doutrina das ideias. Na maioria dos diálogos, Platão insere Sócrates no ponto central dos temas e tem nele o "porta-voz" de suas doutrinas.

Para nossa análise, interessa muito o estudo dos Livros da obra *A República*, ou *Da Justiça*, principalmente no que tange à classificação da justiça ideal para Platão, que, como veremos adiante, consiste na justiça *lato sensu*.

6. A terceira fase – A justiça *stricto sensu*. Após diversas críticas à doutrina das ideias, Platão começa a se questionar na terceira fase, e ainda na doutrina das ideias, entretanto, aplica-se a um estudo de coisas novas e simples.

Para nosso estudo, importa a análise da obra *As Leis*, na qual Platão apresenta a necessidade da coercibilidade no Direito, bem como uma organização de leis para que os cidadãos possam participar de maneira plena da *polis*, e veremos mais a frente que essa obra consiste na classificação da justiça *stricto sensu*.

7. Uma obra por fase. Apresentaremos três obras platônicas, uma por fase: *Protágoras* (primeira fase); *A República* (segunda fase) e *As Leis* (terceira fase).

8. Protágoras. Considerada uma das mais belas obras de Platão, *Protágoras* ou *Dos Sofistas*, é um diálogo entre Sócrates e Protágoras que busca responder algumas das indagações postas por aquele.

O tema gira em torno de questões como a justiça e a separabilidade ou unidade das virtudes cardinais, quais sejam: justiça, coragem, temperança, sabedoria e piedade (prudência).

> Nos diálogos de juventude, as virtudes são em número de cinco (saber, justiça, coragem, temperança e piedade) como veremos em *Protágoras*. Entretanto, nos diálogos de transição, as virtudes de excelência são apenas quatro, uma vez que piedade passa a não ser considerada uma virtude distinta da justiça, mas sim uma extensão desta.

9. Unidade ou separabilidade das virtudes. O grande questionamento feito por Sócrates nesse diálogo com Protágoras consiste na possibilidade ou não de ensinar a virtude, mais especificamente se estas podem ser separadas ou se estão sempre juntas.

> Questiona se a virtude é completa, vindo a ser partes dela a justiça, a temperança, a coragem, a piedade e a sabedoria, ou se todas essas qualidades são apenas nomes diferentes de uma única unidade, deste modo pergunta se as virtudes são separáveis ou se estas devem sempre ser vistas juntas em uma unidade.

Protágoras acredita que estas virtudes podem existir juntas, mas que podem ser separadas. Sócrates não comunga desta ideia e acredita que todas as virtudes cardinais são encontradas juntas; para isso apresenta quatro argumentos a fim de unir as virtudes e mostrar que é necessário ter todas unidas.

Exemplo

É impossível um homem ser corajoso sem ser sábio, cita o caso de alguém que pula em um poço sem mensurar o risco que corre, tratando-se de alguém audaz e não corajoso.

A teoria da união entre as virtudes cardinais como sendo personificação do justo pode ser considerada uma classificação da justiça *latíssimo sensu*.

JUSTIÇA
- *Latissimo sensu* - Unidade das virtudes(Protágoras)
- *Lato sensu* - Separabilidade das virtudes (A República)
- *Stricto sensu* - Organização e positivação das leis (As leis)

10. A República ou Da Justiça. Após diversas críticas feitas à teoria apresentada na obra *Protágoras* sobre a Unidade ou inseparabilidade das virtudes, Platão revê seu posicionamento apresentando uma nova teoria que é disposta na obra *A República ou Da Justiça*.

11. Do indivíduo para a *polis*. Platão apresenta a justiça ideal, parte do indivíduo, com sua análise da tripartição da alma até a organização da *polis*, trazendo uma ideia de organização social justa e ideal.

12. A cidade platônica justa. É dividida em três grupos: os produtores, os guardiões e os sábios. Os produtores ligam-se à virtude (chamada de temperança), os guardiões ligam-se à coragem e os sábios ligam-se à sabedoria. Deste modo, para Platão, os produtores são temperantes, os guardiões são temperantes e corajosos e os governantes são temperantes, corajosos e sábios.

Para mais detalhes veja a organização da República platônica em Ciência Política.

Produtores	Temperantes
Guardiões	Temperantes e Corajosos
Governantes	Temperantes Corajosos e Sábios

13. Como a justiça é aplicada na cidade. Para Platão, cada indivíduo só poderá exercer uma única ocupação, aquela para a qual se encontre naturalmente habilitado. Sendo assim, a justiça reside em cada indivíduo cuidar do que lhe diz respeito, devendo zelar por suas atribuições, pois, deste modo, na cidade, residirá a Justiça como algo que deve ser partilhado por todos, vale dizer, produtores, guardiões e sábios devem ser justos.

14. O idealismo platônico. Muitos chamam essa teoria de Platão além de idealista, de utópica, ou seja, algo inexistente, no caso *topos* significa lugar e com a partícula *u* significa sua negação, em outros termos: um "não lugar".

15. E os juristas: são produtores, guardiões ou filósofos/sábios? Entendemos que os juristas devem possuir não apenas uma, nem duas, mas todas as virtudes cardinais para que possam exercer com plenitude o Direito.

Assim como para os filósofos, a sabedoria deve guiar os juristas para que sejam justos com conhecimentos verdadeiros e não opiniões.

16. Crítica à *República*. Nesta obra é apresentado o conceito de justiça platônico. Para a organização de uma sociedade justa é necessário o elemento coercitivo, que é bem representado no Mito de Giges.

> *Giges* é um mito que narra a história de um pastor que encontra um anel que possibilita ficar invisível, ao descobrir isso se vê não alvo da coercibilidade Estatal., Pratica, portanto, diversos atos tidos como ilegais, matando o rei e usurpando o trono por exemplo. Só pratica esses atos, pois vê que não pode ser punido.

Tal mito serve para mostrar que o elemento *coercibilidade* deve existir no estudo da Justiça.

17. *As Leis*. Após as críticas recebidas por sua teoria apresentada na República, Platão aborda a questão da coercibilidade para que possa a cidade ser organizada.

Com a necessidade da coercibilidade no plano sensível, Platão apresenta o que chama de segundo melhor modelo de cidade em *As Leis*. Nesta obra, busca apresentar preceitos para que possam ser positivados a fim de construir-se uma cidade justa.

Nesses doze livros fica demonstrada não só a manutenção da proposta de organização social da *República*, como também se verifica a preocupação de propor uma organização legislativa positiva a fim de coagir aquele que viva na égide do signo da injustiça.

X — O Conceito de Justiça na Antiguidade – Aristóteles

1. Aristóteles (384 – 322 a.C.). Nascido em Estagira (daí a forma pela qual também é conhecido: "O Estagirita"), pode ser considerado como um dos maiores filósofos da história da Grécia. Foi discípulo de Platão e rompeu com este apresentando sua própria teoria.

2. Aristóteles plural. Em diversas áreas do conhecimento, Aristóteles prestou suas contribuições, que influenciam até hoje o mundo ocidental. Podemos destacar a Ética, a Política, a Física, a Lógica, a Metafísica, a Poesia, a Retórica, a Zoologia, a Biologia, a Astronomia, e a História Natural, entre outras áreas.

3. Aristóteles x Platão. Ao contrário de Platão, Aristóteles ocupa-se para além de propor algo ideal. Pensa no *topoi* (lugar) que existe, pensa na realidade e se debruça em estudos a fim de propor aplicabilidade de suas ideias no mundo sensível.

4. A ética e a justiça. Aristóteles escreveu diversos tratados sobre a Ética – podemos citar a *Ética Eudemos*, a *Ética Maior* e a *Ética a Nicômaco*. Estudaremos aqui a definição de Aristóteles sobre a justiça, em especial em sua obra *Ética a Nicômaco*, especificamente no Livro V de tal obra.

5. A questão do bem e o bem final. Aristóteles acreditava que *o bem é aquilo a que todas as coisas visam*. Assim, todas as coisas têm uma finalidade, que pode ser *em si mesma* (na ação) ou distinta da ação, mas todas as finalidades devem visar a algum *bem*, pois, desse modo, agiremos conforme os preceitos da Ética. Tais finalidades devem seguir algum bem ou o melhor destes bens (bem supremo, final e autossuficiente).

> **Importante**
>
> Caso haja mais de um bem, devemos buscar o bem último, no caso, a Felicidade.
>
> Para que o homem a alcance, não a deve buscar em um curto prazo, mas sim, deve sempre encarar tal busca como uma postura de vida – só assim será feliz. Desse modo, a ética é o grande caminho para o encontro com a felicidade.

6. As duas partes da alma. Apresenta a bipartição da alma em excelência ou virtude moral e a excelência ou virtude intelectual. A primeira é a parte irracional da alma e a segunda, a racional. A conjugação das duas excelências leva-nos à Ética.

7. Excelência ou virtude moral. Relaciona-se com os sentimentos (emoções). Para atingi-la, devemos buscar o meio termo, a justa medida, a fim de conseguirmos o equilíbrio.

8. Excelência ou virtude intelectual. Refere-se às capacidades intelectuais e a todos os campos que envolvam a razão, tais como a ciência, a técnica e a sabedoria filosófica.

9. A questão do meio termo e a deficiência moral. Devemos buscar o meio termo a fim de encontrarmos o equilíbrio e nos tornarmos pessoas equidistantes. Caso não encontremos o meio termo, teremos uma alma deficiente e consequentemente não buscaremos a felicidade.

No campo da virtude ou excelência moral, aquele que não busca o meio termo é um deficiente moral vivendo com o excesso ou a falta de alguma coisa.

Exemplo

Excesso	Meio Termo	Falta
Prodigalidade	Liberalidade	Avareza
Comer muito	Comer o suficiente	Comer pouco

---

10. A deficiência intelectual. A falta de excelência intelectual gera o medo, a insegurança e a dependência, transformando a pessoa em deficiente intelectual.

11. A justiça. Em relação ao homem, a excelência moral considerada mais elevada e perfeita é a *justiça*, pois nela se resume toda a excelência.

Além de sintetizar as outras excelências, ela é, ao mesmo tempo, individual e coletiva, sendo a prática efetiva da excelência moral. Assim, ao praticarmos um ato justo, deliberadamente, tem-se a excelência moral como um todo.

12. O bom juiz. Para Aristóteles, o juiz é uma figura fundamental para efetivação da justiça. Por conta disso deve se valer constantemente de todos os conhecimentos para que possa alcançar a verdade, e consequentemente decidir de maneira justa.

Acreditava-se que o juiz devesse ser experiente, não podendo ser jovem em experiências, ou seja, a experiência não se ligaria à idade, mas à imaturidade, ou juventude de vivências.

Aristóteles acreditava que cada juiz julga corretamente os assuntos que conhece, sendo um bom juiz em cada assunto de sua especialidade. Portanto, o homem instruído a respeito de um assunto é um bom juiz em relação ao mesmo, e o homem que recebeu uma instrução geral será um bom magistrado.

É importante salientar que para ser um bom juiz é necessária experiência que se traduz em vivência, ou seja, deve o candidato à magistratura ou qualquer outra carreira não se guiar pelas paixões ou por falsas opiniões. Daí a necessidade de existência de carreiras em órgãos públicos, nos quais o iniciante começa sua carreira como substituto, avança como juiz titular, muda de entrância podendo até galgar cargos nos Tribunais.

> Em chaves com nossa atualidade, tais trechos podem ser relacionados com a Emenda Constitucional 45/2004 que dentre outras mudanças, altera o disposto nos artigos 93 e 129 da Constituição Federal de 1988 no que tange à exigência da experiência

profissional comprovada de três anos. Note que não basta o decurso do prazo de três anos, mas sim a comprovação do efetivo exercício profissional, e em chaves aristotélicas, o amadurecimento para exercer funções como a de Juiz, Promotor de Justiça, jurista em geral.

Para Aristóteles o juiz é uma figura fundamental para a efetivação da justiça. Por conta disso deve se valer constantemente de todos os conhecimentos para que possa alcançar a verdade, e consequentemente decidir de maneira justa.

Acreditava que o juiz devesse ser experiente, não podendo ser "jovens em experiências", ou seja, experiência não se relaciona apenas e tão somente com idade, mas com *imaturidade*, ou "juventude de vivências".

13. Como atingir a verdade. Existem três elementos e cinco disposições da alma.

14. Os três elementos da alma. Que governam a ação refletida e a percepção da verdade:

a) o primeiro elemento é a *sensação*, que está ligada a alma cientifica ou a intuição;

b) o segundo elemento é *o pensamento*, que está ligado a alma deliberativa ou calculativa consistindo no pensamento racional;

c) o terceiro elemento é *o desejo*, que está ligado a alma deliberativa e cientifica ligando-se ao cultural.

15. As cinco disposições da alma. Que fazem com que alcance-se a verdade por meio da afirmação ou da negação:

a) a primeira é a arte, disposição ligada à criação não à ação;

b) a segunda é a ciência ou conhecimento cientifico;

c) a terceira é o discernimento, que consiste nos caminhos que devo utilizar para chegar a verdade;

d) o quarto é a sabedoria filosófica, que consiste no conhecimento da maturidade; é junção de algumas destas disposições, por fim, a inteligência que liga nossa essência com Deus.

16. Os tipos de justiça. Existe a justiça em sentido geral, que é aquela que ataca a excelência e a deficiência moral em seu todo em relação ao próximo; a justiça em sentido estrito que se divide em distributiva e corretiva e a justiça política que em parte é legal, em parte é natural e que nos leva a classificação da justiça particular e universal. Além disso, temos a justiça doméstica (aquela em relação do pai com o filho, ou do escravo com o senhor) e a questão da equidade que aqui colocamos como justiça social.

```
                                    ┌ Distributiva ou condecorativa
                    ┌ Em sentido estrito ┤
                    │                 └ Corretiva ou comutativa  ┌ voluntária (vontade das partes)
                    │                                            │  → direito privado
   Justiça          │                 ┌ Legal (direito particular) │ involuntária (uso da força)
Em sentido geral    ┤ Política ┤                                 │  → direito público
é aquela que ataca  │                 └ Natural (direito universal)
a excelência e defi-│
ciência moral em    │ Doméstica
seu todo com relação│
ao próximo.         └ Social → justiça que prestigia a equidade
```

17. A Justiça em sentido estrito. Existem duas espécies de Justiça em sentido estrito: A *Justiça distributiva ou condecorativa* e a *Justiça corretiva ou comutativa*.

18. Justiça distributiva ou condecorativa. É aquela que busca premiar, condecorar alguém, que, de algum modo, tenha-se mostrado virtuoso dentro da *polis*.

Só se fará justiça se concedido o prêmio a quem tem destaque. Em outras palavras, a cidade é a devedora e o condecorado, o credor; o adimplemento dessa obrigação é exaurido quando o prêmio é concedido, devendo tal prêmio ser proporcional à virtude demonstrada.

Exemplo

Um guerreiro que defende seu povo em uma batalha. Ao final da batalha, este guerreiro merece uma honraria da *polis* em reconhecimento de sua bravura.

19. Justiça corretiva ou comutativa. Também chamada de *equiparadora ou sinalagmática*, pode ser voluntária ou involuntária.

> O que determina se um ato é justo ou injusto é sua voluntariedade da conduta. Existem três espécies de danos nas relações entre as pessoas. A primeira espécie é aquela causada na ignorância: não é o agente que imagina a ação, ocorre um infortúnio; na segunda espécie, há um resultado contrário à expectativa do razoável, o que não pressupõe deficiência moral, é um erro; por fim, existe a possibilidade agir consciente, mas não deliberadamente: o ato é injusto, mas não significa que o agente é mau ou injusto, isso se a ofensa não for devida a uma deficiência moral.

20. A Justiça corretiva voluntária. É aquela que diz respeito às relações jurídicas criadas, fruto da livre manifestação das partes envolvidas, muito se assemelha com nosso direito privado.

Exemplo

Um Contrato celebrado entre duas pessoas absolutamente capazes.

21. A Justiça corretiva involuntária. Trata do direito público, na maioria das vezes extraída do direito penal; tal justiça pode se verificar sem o uso da força.

22. A razão aritmética. A esta justiça corretiva, tanto voluntária como involuntária, aplica-se a razão aritmética. Colacionamos a seguinte linha que exemplifica tal razão.

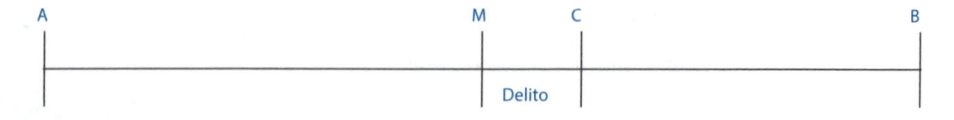

```
A                              M      C                         B
|                              |      |                         |
                               |Delito|
```

M = Mediana

$AM = MB$ (Paz Social)
$AM + MC > MB - MC$ (Delito)
$AC > CB$ (Instabilidade)
$AC - MC = CB + MC$ (Aplicação da Pena)
$AM = MB$ (Reintrodução da Paz)

A explicação desta linha seria a seguinte: Em princípio tudo vive em paz social, um dia um ilícito, um delito é praticado. A fim de se restabelecer a paz social, deve haver uma sanção proporcional que busque o equilíbrio. Trata-se uma das primeiras explicações sobre a ideia de proporcionalidade da pena.

23. A Justiça política distinta da justiça doméstica. Uma, a justiça doméstica, é a justiça de um amo ou um pai para com seu escravo ou filho, a outra, a justiça política, é aquela justiça da *polis* para com o cidadão.

As duas justiças podem até se assemelhar, mas não são idênticas, pois acresce a incondicionalidade em relação às relações senhor/escravo e pai/filho.

24. A Justiça política. Nas palavras de Aristóteles "a Justiça política é em parte natural e em parte legal; são naturais coisas que em todos os lugares tem a mesma força e não dependem de as aceitarmos ou não, e é legal aquilo que a princípio pode ser determinado indiferentemente de uma maneira ou de outra, mas depois de determinado já não é indiferente" (Aristóteles, *Ética a Nicômaco*. Brasília: UnB, cap. VII, livro V).

Essa afirmação sobre a justiça política nos leva a observar que o pensador em comento considera a possibilidade da existência de um direito ou de uma justiça convencionada/particular e um direito ou justiça única, natural ou universal.

Para isso, precisamos expor brevemente o pensamento sobre o direito dos céticos e dos dogmáticos e suas visões particularistas e universais do direito.

25. Particular ou universal. O *direito ou a justiça particular* consiste naquela que contém as leis escritas que regulam a vida de uma comunidade política específica, ou seja, é aquele direito ou justiça que garante determinadas questões para um grupo.

O *direito ou a justiça universal* consiste naquela que contém todos os princípios não escritos (mas inscritos, inerentes) na natureza humana que devem vigorar inteiro, universalmente, ou seja, é um direito ou uma justiça que abriga a todos.

26. Os tipos de injustiças. Existem dois tipos injustiças, a injustiça em sentido geral e a injustiça em sentido estrito.

27. A injustiça em sentido geral e em sentido estrito. A *injustiça em sentido geral* consiste na ilegalidade, se relacionando com honra, dinheiro ou segurança. Sua motivação é o prazer decorrente do ganho.

Por seu lado, a *injustiça em sentido estrito* liga-se ao iníquo, ou seja, se relaciona com tudo que está na esfera de ação do homem bom.

28. Igualdade formal e igualdade material. A máxima aristotélica tratar igualmente os iguais, desigualmente os desiguais na medida das suas desigualdades guarda grande relação com questão da equidade.

> Alguns doutrinadores, como o Professor André Franco Montoro, consideram a equidade como sendo a possibilidade de classificar, a decisão balizada por esse pensamento, como

sendo uma espécie de Justiça Social. No caso, trata-se de maneira discriminatória que visa garantir ou restabelecer uma desigualdade já existente.

29. Equidade e equitativo: há diferença? Como dividir um determinado alimento para um grupo de pessoas? Devemos levar em consideração o peso, a fome, o tamanho ou devemos simplesmente dividir em pedaços iguais? Se dividirmos em pedaços iguais estaremos sendo equitativos, por outro lado se levarmos em consideração os outros fatores suscitados estaremos buscando a equidade.

Aristóteles explica a diferença entre a equidade e o equitativo na distinção da régua de ferro e da régua de chumbo de Lesbos: uma régua era utilizada na construção de grandes monumentos e edificações de pedras na Ilha de Lesbos na Grécia.

Tal régua, flexível, adaptava-se aos desníveis, imperfeições e especificidades da pedra. A régua de ferro é fantástica para medir planícies, mas tem uma enorme dificuldade em medir regiões irregulares; por seu turno, a régua de Lesbos consegue medir tanto regiões planas quanto regiões com irregularidades.

Nos casos concretos também existirão irregularidades, e não existe melhor maneira de julgar que pela *equidade* capaz de avaliar plenamente a situação concreta. Por conta disso, com a régua de Lesbos sempre será possível medir com a régua de ferro não.

Hodiernamente a justiça extraída pelo critério equitativo se baliza pelo critério da igualdade formal e a justiça extraída à luz da equidade baliza-se pela igualdade material, donde se extrai a frase "Tratar igualmente os iguais, desigualmente os desiguais na medida das suas desigualdades".

XI | Epicurismo

1. A escola epicurista – Epicurismo. Surge nos arredores de Atenas. Era uma escola conhecida por seus lindos jardins, nos quais seu precursor, Epicuro de Samos (341 a.C. até 270 a.C.), ministrava suas aulas, por esse motivo ficou também conhecida como "Filosofia do Jardim".

2. Discípulos epicuristas. Epicuro contou com discípulos, que amplificaram a voz de sua doutrina, tais como Menequeu, Heródoto, Pítocles, Metrodoro, Hermarco e Colotes.

3. Doutrina epicurista. Em linhas gerais seria considerar que a realidade é plenamente penetrável e compreensível pela inteligência do homem; em diversas situações, o homem pode construir sua felicidade; *a felicidade significa a ausência de dores no corpo e perturbação na alma;* para atingir a paz e a felicidade, o homem precisa apenas de si mesmo.

A felicidade não depende da nobreza, da riqueza, dos deuses, ou das conquistas exteriores, pois o homem só é feliz quando é autônomo e independente de condicionantes exteriores.

4. O prazer. A doutrina desse pensamento tem no prazer a finalidade do homem. Tal doutrina foi objeto de muitas críticas, como a afirmação de que não pode ser no prazer que a razão encontra seu ponto máximo.

5. Os desejos. Os desejos são o meio de acesso ao prazer, e, consequentemente, na doutrina epicurista, a felicidade. Para Epicuro, existem três escalas:

a) os necessários e naturais (comer, beber, dormir etc.);
b) os não necessários e naturais (desejo sexual; desejo de exageros alimentares etc.);
c) os não necessários e não naturais/artificiais (desejo ilimitado de poder, ganância, arrogância etc.).

6. Ética epicurista. Essa escola propõe ao homem que experimente o mundo a partir das sensações. Essa percepção de mundo que o homem começa a ter, do visível e do invisível (por analogia, razão ou comparação), faz com que o homem sinta e consiga formar um conhecimento a partir de suas experiências.

Tais experiências propõem um arcabouço para que o homem consiga distinguir o que é bom e o que é ruim, o prazer da dor, o natural e o não natural.

Resumindo

O epicurismo busca o prazer, mas afirma que o devemos buscar com prudência, a qual nos dá capacidade de discernir, a fim de agirmos de maneira prudente, para que conquistemos a *ataraxia*, que consiste na estabilidade de ânimo diante das coisas, dos prazeres, das paixões e a *aponia*, que consiste na ausência de dor. Para os epicuristas, é assim que encontraremos a felicidade.

XII | Estoicismo

1. Estoicismo. Tal corrente filosófica surge aproximadamente 25 anos depois do Epicurismo, por volta do ano 312 a.C. O maior filósofo dessa escola à época de seu surgimento é Zenã.

2. Os períodos do estoicismo. O primeiro é o Estoicismo Antigo, entre séc. IV e VI a.C.; o segundo período é o Estoicismo Médio, séc. II e I a.C.; e o terceiro período é o Novo Estoicismo: Época do Império Romano, na qual assume tons religiosos e de meditação moral.

O momento em que o Estoicismo ganha maior força e tem grande destaque é o período romano, no qual Marcus Tullius Cícero (106-43 a.C.) é o grande baluarte dessa escola.

3. A árvore estoica. O Estoicismo possui uma lógica, uma ética e uma física. Os estoicos diziam que a Filosofia poderia ser vista como uma árvore; nas raízes, está a lógica; no tronco, a física; e, nos frutos, a ética.

4. A representação compreensiva. Entendem que a base do conhecimento é a sensação, ou seja, aquilo que afeta os sentidos. Sendo assim, a sensação é uma impressão provocada pelos objetos sobre os nossos órgãos sensoriais, e que se transmite à alma, nela se imprimindo e gerando a representação.

É preciso, porém, um consentir, um aprovar do *logos*, que está em nossa alma, ou seja, o *logos* atua sobre nossas impressões. Temos, então, a representação compreensiva.

5. A física estoica. Baseia-se em três pontos:

a) O ser é o que tem a capacidade de agir e sofrer, nestes termos, o ser é corpo;

b) Ser e corpo são idênticos, portanto, temos um materialismo monista;

c) Deus penetra toda a realidade. Deus é inteligência, mas também é natureza.

> Trata-se de um Deus *physis* e *logos*, natureza e razão. Deus, ora é sopro, ora é fogo, e nisto consiste toda a matéria. Em suma, Deus está em tudo. Assim, não há o dualismo metafísico de Platão.

6. A ética estoica. Consiste na busca da felicidade, que se alcança vivendo segundo a natureza. Existem três princípios para esta vida:

a) Conservar-se a si mesmo;

b) Apropriar-se do próprio ser e de tudo que é necessário para a sua conservação;

c) Conciliar-se consigo mesmo, saber o que você é, possuir autocrítica. Conciliar-se com as coisas que são conforme sua essência.

São esses princípios que nos trazem a noção do bem segundo a ética estoica. Como o homem é um ser racional, o bem é o que conserva e incrementa a razão; o mal é o que danifica a razão.

7. A apatia estoica. Assim, a sabedoria e a virtude tornam o homem livre e feliz. Sabedoria e virtude significam erradicar e eliminar todas as paixões, tornar-se sereno e indiferente aos sofrimentos impostos pelo destino.

Trata-se da *apatia estoica* – elimina-se toda a piedade, compaixão e misericórdia, pois estes são defeitos e vícios da alma. O sábio não se comove em favor de quem quer que seja; não é próprio do homem forte deixar-se vencer pela piedade e afastar-se da justa severidade.

XIII — A Medievalidade – Santo Agostinho

1. A Idade Média. A Idade Média não deve ser vista como a Idade das Trevas. Tratou-se de um período de síntese e conciliação dos postulados religiosos com os postulados filosóficos gregos, que iniciaram diversas correntes de pensamento no Medievo.

Miguel Reale afirma que a Idade Média foi a Idade Inicial, ou seja, de onde brotaram variadas formas de organização e de pensamentos (REALE, Miguel. *Formação da política burguesa*. Brasília, UnB, 1983, reedição da obra de 1934. Parte I).

2. Alguns destaques da medievalidade. Muito teríamos a discorrer sobre a Idade Média e sua importância para a formação da cultura jurídica, filosófica e teológica mundial.

Poderíamos mencionar as grandes universidades criadas nessa época, da Magna Carta inglesa, da obra de Carlos Magno; entretanto, optamos por destacar dois grandes nomes da Idade Média, quais sejam: Aurélio Agostinho (século IV e V), na patrística, que perpetrou a fusão do platonismo com o cristianismo, e São Tomás de Aquino (século XIII), na escolástica, que, por sua vez, perpetrou a fusão do aristotelismo com o cristianismo.

> Poderíamos citar mais três pensadores medievais que merecem destaque: o inglês John de Salisbury, Dante Alighieri e Marsílio de Pádua sugerimos a leitura em Ciência Política desses pensadores.

3. Santo Agostinho (354-430 d.C.). O bispo de Hipona é considerado, por alguns, como o último dos pensadores antigos, já que, cronologicamente e tematicamente, situa-se no contexto do pensamento antigo.

Outros comentadores entendem que Agostinho é o primeiro pensador medieval, já que sua obra, de grande originalidade, influencia fortemente os rumos que tomaria o pensamento medieval em seus primeiros séculos.

Entendemos que Santo Agostinho pode ser visto como um pensador de transição, porque está temporalmente na Idade Antiga e filosoficamente na Idade Média. Estudou muito e foi professor de Retórica e Filosofia.

4. O neoplatônico. Buscava os conceitos de belo, bem e justo. Apresenta um dualismo que remete ao visto no mundo sensível e no inteligível de Platão, entretanto, acrescenta o elemento religioso para fundamentar suas propostas ideais, tal como a proposta de uma República Cristã.

5. A busca pela verdade. Autor de diversas obras, como *Confissões* e *A Cidade de Deus*, o filósofo e teólogo católico, Agostinho, que foi Bispo em Hipona, na África do Norte, onde viveu grandes conflitos em busca da verdade.

No intento de encontrar a verdade, angustiava-se, passando por diversas escolas filosóficas, inclusive pelo maniqueísmo, tendo desistido dessa escola, por entender o mal como a privação do bem, pelo que este estaria fora da ideia de *ser*, estaria como um *não ser*.

6. Antropologia. Na antropologia agostiniana, o homem está condenado e só é salvo pela graça divina. Deus criou o homem livre e dotado de vontade. Portanto, quando este se afasta do ser e caminha para o não ser, aproxima-se do mal e comete os pecados.

O próprio ser humano é responsável pelos seus pecados. Pelo pecado, o homem transgride a lei divina, pois, feito para ater-se mais à alma, prende-se ao corpo e à matéria, caindo na ignorância e invertendo os valores da existência. Entende que o homem é o único ser que usa o livre-arbítrio contra a sua própria natureza.

7. A *Cidade de Deus* (*lex aeterna*). Considerada obra máxima de sua filosofia, *Cidade de Deus* é a obra a qual escreveu para refutar definitivamente a acusação movida pelos políticos de então de que a causa principal da decadência do Império Romano do Ocidente teria sido sua adesão ao Cristianismo, quando Teodósio a tornou religião oficial do Estado.

Acaba por realizar verdadeira revisão de toda a História Antiga, até sua época, o que o torna um dos precursores da Filosofia da História.

8. Os tipos de seres humanos – *Cidade de Deus* e a *Cidade dos Homens* (*lex temporalem*). Sua premissa é de que existem *dois tipos de seres humanos*: os que *amam a si mesmos*, tanto, até o ponto de desprezar a Deus, de um lado; e *os que amam a Deus*, tanto, até o ponto de desprezar a si mesmos, de outro lado (Santo Agostinho. *Obras Completas, vol. XVII. Civitas Dei*. Trad. José Moran. Madrid: Biblioteca de los Autores Cristianos-BAC, 1965, Livro XIV, cap. 28, p.115). Os primeiros formam o conjunto dos ambiciosos, vaidosos, prepotentes e orgulhosos, a que Agostinho denomina "Cidade dos Homens" – exemplo dela seria o Império Romano, sob os Césares pagãos.

Os outros formariam o conjunto dos habitantes do Céu enquanto vivem sobre a terra, na "Cidade de Deus", os quais seriam seguidores dos Mandamentos e dos ensinamentos de Cristo e, por isso, seriam desapegados, humildes, pacientes e benignos. Acontece que eles vivem misturados como o joio e o trigo, e o que os distingue é o direcionamento oposto de seu amor.

9. O justo e o injusto. Surge a concepção agostiniana acerca do justo e do injusto a partir das duas cidades. Tal concepção floresce exatamente ao conceber uma transcendência que se materializa na dicotomia existente entre o que é da Cidade de Deus (*lex aeterna*) e o que é da Cidade dos Homens (*lex temporalem*). Vale dizer que, se houver um conflito entre as duas leis citadas acima, deve prevalecer a da Cidade de Deus, pois esta é eterna e perfeita.

10. A justiça. Sua concepção de justiça pode ser chamada de neoplatônica, pois dá forma às tradicionais dualidades que o pensador grego trazia em suas obras, tais como o mundo sensível e o mundo inteligível.

Agostinho apresenta a dualidade entre a Lei de Deus e a Lei dos Homens, e outras dicotomias de pares, que podem ser: corpo/alma; terreno/divino; mutável/imutável; transitório/perene; imperfeito/perfeito; relativo/absoluto; sensível/inteligível, entre outras.

11. A justiça e a lei humana. Agostinho entende que é aquela que se realiza *inter homines*, ou seja, que se realiza como decisão humana em sociedade. Entende, ainda, que a justiça humana tem como fonte basilar a lei humana, ou lei temporal, responsável por comandar o comportamento humano.

Vale dizer que a limitação humana torna o campo de abrangência das leis no tempo e no espaço igualmente restrito.

> A lei temporal não se preocupa, ao menos diretamente, com o bem-estar da alma em si e por si. Para ela, é indiferente o caminho trilhado pelo homem, desde que não transgrida

seus ditames. Prova disso é que a lei temporal não pune o amor aos bens materiais, mas o que por ela é recriminado é o roubo injusto aos mesmos.

12. A justiça e a lei divina. É aquela que a tudo governa, que a tudo preside dos altiplanos celestes; de sua existência, brota a própria ordenação das coisas em todas as partes, ou seja, em todo o universo.

Em outras palavras, a lei divina, além de absoluta, imutável, perfeita e infalível, é infinitamente boa e justa. Entende que não só a lei divina é perfeita, mas também o julgamento que se faz com base na lei divina é perfeito. Deus separa os bons dos maus e lhes confere o que merecem.

13. Os tipos de lei. Para Santo Agostinho existem três tipos de leis, a lei eterna, a lei natural e a lei humana.

14. Lei eterna, lei natural e lei humana. A *lei eterna* consiste na lei em que reside a razão divina, sendo que tal lei se reflete na *lei natural* que consiste na lei esculpida em nossos corações, sendo a participação da criatura racional na ordem do Universo. Por seu turno, a *lei humana* é aquela que deve se basear no direito (lei) natural que é a manifestação da lei eterna.

15. Lei eterna x lei humana. Afirma que a lei eterna inspira a lei humana, da mesma forma que a natureza divina inspira a natureza humana. Em outras palavras, a *fonte última de toda lei humana seria a própria lei divina que se manifesta na lei natural*.

Todavia, as eventuais imperfeições da lei humana derivam diretamente e francamente das imperfeições do homem, pois o homem é falível, podendo ser injusto, e isso decorre apenas da própria pobreza do espírito humano. Em um conflito entre a *lei eterna* e a *lei humana* deve prevalecer a *lei eterna*, uma vez que seguramente a *lei humana* não buscou a inspiração certa na *lei eterna*.

XIV - A Medievalidade – São Tomás de Aquino

1. São Tomás de Aquino (1226-1274). Nascido no castelo de Roca-Sica, perto da cidade de Aquino, no reino de Nápoles (Itália) fez seus primeiros estudos no mosteiro beneditino de Monte-Cassino.

2. Obras. Escreveu e comentou inúmeras obras, tais como *Comentário às sentenças* (1254-56); *Summa theologica* (1266-1273); e *Summa philosophica* (1259-64). Faleceu em 7 de março de 1274, no mosteiro cisterciense de Fossanova. Já no leito de morte, encontrou forças para falar aos monges sobre o livro da Bíblia denominado *Cântico dos Cânticos*.

3. Sua filosofia. É fundamentada, basicamente, nos Sagrados Escritos. Conhecido como um aristotélico cristão, embora tenha sofrido influência de Boécio, Alberto Magno e Santo Agostinho, São Tomás visa apresentar argumentos que justificassem os principais aspectos da fé cristã.

À luz de sua fé cristã, discutiu, em seus trabalhos, diversos temas, tais como a metafísica, a política social, o direito e a justiça, por serem assuntos voltados para o conjunto de interesse dos homens.

4. A alma. Para São Tomás, o homem é composto de corpo (*corpus*) e alma (*anima*), sendo que o corpo é matéria perecível que visa colaborar para o aperfeiçoamento da alma que é criada por Deus. Para o autor em comento, a alma é incorruptível, imaterial e imortal, preenchendo não somente a vida do homem como também dos animais e vegetais.

5. Deus. Um ponto muito importante do pensamento de São Tomás é provar a existência de Deus, e, com isso, fundamentar boa parte de suas ideias. Para São Tomás, Deus é visto como o princípio exterior que move o homem ao Bem, instruindo-o mediante a lei e a graça.

Entende que a lei consiste naquela medida dos atos humanos, que os direciona e informa, de modo a torná-los aptos à consecução do fim último: a felicidade pública (para a comunidade) e a particular (para o indivíduo).

6. Argumentos sobre a existência de Deus. A fim de provar a existência de Deus, Tomás de Aquino apresenta cinco argumentos em sua *Summa theologica*, quais sejam, o primeiro motor; a causa eficiente; o ser necessário e ser contingente; graus de perfeição; e a finalidade do ser.

> "**Primeiro argumento** – *O primeiro motor*: tudo aquilo que se move é movido por outro ser e assim sucessivamente. Para que tudo seja movido, é importante que exista um primeiro ser que mova tudo. Portanto, é necessário um primeiro ser movente que só pode ser Deus; **Segundo argumento** – *A causa eficiente*: todas as coisas existentes no mundo não possuem em si próprias a causa eficiente de suas existências, pois devem ser consideradas efeitos de alguma causa. Deste modo, como é impossível remontar indefinidamente às causas eficientes, é necessário admitir a existência de uma primeira causa eficiente responsável pela sucessão de efeitos e essa é Deus; **Terceiro argumento** – *Ser necessário e ser contingente*: todo ser é contingente, ou seja, do mesmo modo que existe, pode deixar de existir. Sendo assim, alguma vez, nada existiu. Entretanto, se assim fosse, também

agora nada existiria, pois aquilo que não existe só começa a existir em função de algo que já existia. Deste modo, é preciso reconhecer, então, que há um ser que sempre existiu e esse ser é Deus. **Quarto argumento** – *Os graus de perfeição*: defende a existência de graus diversos de perfeição (tal coisa é melhor, mais bela que outra etc.). Dessa forma, deve existir um ser com o máximo dessa qualidade, no nível da perfeição, que tenha o máximo de beleza, de poder, de verdade. Esse é Deus. **Quinto argumento** –: *A finalidade do ser*: todas as coisas brutas, que não possuem inteligência própria, existem na natureza cumprindo uma função. Deve existir, portanto, um ser inteligente que dirige todas as coisas da natureza para que cumpram seu objetivo. É Deus." (Cotrim, Gilberto. *Fundamentos da filosofia. História e grandes temas.* 16. ed. São Paulo: Saraiva, 2006, p. 118-119).

7. O bem. *Deus move o homem ao bem*; pergunta-se: a que bem deve ser movido o homem? O que é bem? Em Aristóteles, vimos que o bem é aquilo a que todas as coisas visam, e o mal é a privação do bem. A partir daí, já se verifica o princípio essencial de justiça na teoria de São Tomás de Aquino, qual seja, *fazer o Bem e evitar o Mal.*

8. A *Summa Theologica*. Uma das principais obras de São Tomás de Aquino, na qual busca explorar as questões da fé por meio da luz da razão, sendo a filosofia o instrumento que auxilia o trabalho da teologia. Tal obra não chegou a ser concluída.

9. Divisão da obra. Em três grandes partes: a primeira trata de Deus; a segunda do movimento das pessoas em direção a Deus; e a terceira, não concluída, trata de Cristo, como explica o próprio São Tomás de Aquino.

10. A justiça na *Summa Theologica*. Apresenta um tratado das leis, que é disposto na primeira seção da segunda parte, entre as questões 90 a 108, além de um tratado das virtudes cardeais, especialmente a justiça, abordados na segunda seção da segunda parte, entre as questões 47 a 178.

11. A definição de Justiça. Em primeiro lugar, é importante lembrar que São Tomás de Aquino vê a questão da justiça como teólogo e não como jurista. Veremos também que seu conceito de justiça não difere muito daquilo que vimos em Aristóteles.

Considera que o ato de justiça consiste em um ato de bem habitual, em outras palavras, consiste em um comportamento reiterado de atribuir, a cada um, o que é seu. Deste modo, a justiça é uma virtude, situada, portanto, na discussão no âmbito ético. Ensina que a importância da virtude está em que ela torna bom quem a possui e boa a obra que ele faz.

12. As virtudes. As virtudes, para o pensador em análise, dividem-se em intelectuais e morais.

13. Virtudes intelectuais. São aquelas que, pelo hábito dos princípios da razão teórica, aperfeiçoam o intelecto. Dividem-se em especulativas e práticas.

> A virtude intelectual especulativa inclina o intelecto, perfeitamente, para a verdade universal e se subdivide em três:
>
> a) o *intelecto*, que consiste no hábito dos primeiros princípios especulativos, que inclina o homem para a verdade, evitando o erro e o engano;
>
> b) *a sindéresis*, que consiste no hábito dos primeiros princípios práticos, que inclina o homem para a busca do bem, na medida em que evita o mal;
>
> c) *a sabedoria*, que consiste no hábito de considerar a realidade por sua causalidade última, na medida em que não procura o conhecimento das coisas pelas coisas, mas pelo que elas indicam para além de si, para o que o transcende.

Por seu turno, a virtude intelectual *prática* inclina o intelecto para o reto juízo acerca da ação particular, subdividindo-se em duas:

a) *a arte*, que consiste na reta razão do fazer;

b) a *prudência*, que consiste na reta razão do agir.

14. Virtudes morais. Aquelas que pelo hábito dos princípios da razão prática, aperfeiçoam a vontade.

> A virtude moral, para São Thomas de Aquino, muito se assemelha às virtudes platônicas, pois estas se dividem em quatro virtudes, ditas cardeais, visto que sobre elas se fundam outras virtudes:
> a) prudência, virtude racional por essência que se dispõe a aperfeiçoar a razão;
> b) justiça, virtude racional por participação e dispõe ordenar a vontade;
> c) fortaleza, virtude que modera o apetite sensitivo irritável;
> d) temperança, virtude que modera o desejo intenso de bens ou de sexo.

15. Espécies de justiça. São Tomás considera que as acepções do termo são tão diversas que é possível reconhecer a existência de várias justiças em função da especificidade do que é devido a cada um. Apresenta a Justiça Legal, a Justiça Comutativa e a Justiça Distributiva.

JUSTIÇA { Legal / Comutativa / Distributiva }

16. A justiça legal. É aquela que diz respeito, imediatamente, ao Bem Comum (convívio pacífico na sociedade civil) e, mediatamente, aos particulares.

17. Justiça comutativa. É aquela responsável pela regulação das relações entre particulares, apura-se a igualdade, neste caso, pelo critério da média aritmética, ou seja, divisão em quantidade no exato meio.

18. Justiça distributiva. Coordena o relacionamento da parte com o todo, de modo que atribua a cada parte o que lhe é devido segundo seu mérito, capacidade ou participação dentro da sociedade. Aqui, a igualdade consiste na repartição de bens dentro da coletividade segundo a participação meritória da cada qual, sendo o critério de igualdade, portanto, a proporcionalidade ou proporção geométrica.

19. A injustiça. Consiste no hábito que se opõe à virtude da justiça, ou seja, é o vício que despreza o que é da justiça legal, o bem comum, e opõe-se a qualquer virtude.

> *Importante*
>
> Assim como na justiça, devemos dizer que não é o ato isolado de injustiça que caracteriza o hábito da injustiça, pois, assim como para ser justo é necessário o hábito, para se injusto é mister tal hábito, ou seja, é possível fazer algo de injusto, sem ser, no entanto, um ser injusto.

20. A Justiça e o Direito. A justiça é a virtude do homem que visa cuidar de seu aspecto exterior. São Tomás estreita a relação da justiça com direito. Acredita que ambos se relacionam na medida em que o direito visa poder estabelecer, de maneira plena, a justiça – em outras palavras, o Direito não é a justiça, mas é o instrumento utilizado para alcançá-la.

21. Os tipos de lei. Existem quatro tipos de leis: a lei eterna, a lei divina, a lei natural e a lei humana (ou positiva).

Lei eterna	É aquela que tudo ordena, em tudo está, tudo rege; não está sujeita às vicissitudes a que as leis humanas estão. É abrangente e completa
Lei divina	É a Lei Eterna Revelada por Deus ou pela Igreja.
Lei natural	É uma lei comum a homens e animais, representando uma participação racional na lei eterna. Deste modo, um justo natural forma-se não porque foi declarado pelo legislador, mas simplesmente porque existe na natureza.
Lei humana ou positiva	É uma lei puramente convencional e relativa, assim como altamente contingente, e que deve procurar refletir o conteúdo das leis eterna e natural. Tal lei não possui força por si só, mas a adquire a partir do momento em que é instituída. É a concretização da lei natural. A lei humana deve retratar o que a lei natural preceitua; deve o legislador positivar o que é dado pela natureza, o que da natureza decorre, e não o contrário.

22. Direito de resistência. Em um conflito de leis, qual deve prevalecer? A resposta é seguinte: o fato de uma lei positiva não estar de acordo com a lei natural não justifica a desobediência ao que foi criado pelo homem, tal desobediência só se justifica quando houver um conflito entre a lei humana e a eterna, devendo prevalecer a lei eterna.

23. Requisitos da lei positiva justa. A lei positiva deve se revestir de justiça, de acordo com a lei natural, deve ser moral, fisicamente possível, fiel à tradição do povo, adaptada ao espaço e ao tempo, promulgada em vista bem comum.

24. Como julgar. A atividade judicante consiste na efetivação da justiça. Para São Tomás de Aquino, o ato de julgar consiste em um ato de individualização da lei, ou seja, a sentença do juiz é como uma lei particular aplicada a um fato particular.

Entende, portanto, que o julgamento consiste no estabelecimento concreto da igualdade, de alguma forma rompida anteriormente, fato que reclama sua intervenção para o reequilíbrio das partes, e, consequentemente, que se retome a igualdade rompida, dando-se, a cada um, o que é seu.

25. O julgamento. Deve ser sempre segundo as leis escritas, que expressam o direito natural. Se a lei escrita contém algo contra o direito natural, é injusta e não tem força para obrigar, portanto, o desrespeito ao julgado fica autorizado somente na hipótese de decisão injusta.

26. Requisitos. Conforme os mandamentos da justiça, o julgamento só ocorrerá quando preenchidos os seguintes requisitos:

a) proceder de uma inclinação justa;

b) ser dado por uma autoridade investida de poder para tanto;

c) estar inspirada pela *prudentia*.

Ou seja, o julgamento do juiz será legítimo quando estiver despido de escolhas pessoais e baseado nos requisitos expostos acima.

27. Omissão da lei. Nesse caso, o juiz deverá valer-se dos três elementos ora mencionados para julgar de maneira justa. Esta discricionariedade está adstrita aos elementos supracitados.

XV — A Modernidade – O Contratualismo

1. Os contratualistas. Nos próximos capítulos estudaremos o pensamento dos contratualistas: Thomas Hobbes, Jean Jaques Rousseau e John Locke.

2. Objeto de estudo. Os teóricos contratualistas buscam, em suas teorias, compreender a formação da sociedade moderna, bem como propor uma organização política e jurídica.

3. Convergência dos teóricos contratualistas. Todos concordam que o contratualismo consiste, basicamente, na concepção de que os homens viviam em um Estado de Natureza (sem organização Estatal), que é alterado para um Estado Político ou Civil por meio de um Contrato Social, surgido por opção dos participantes. O conteúdo do Estado de Natureza, do Contrato Social e do Estado Político variam conforme o entendimento de cada pensador.

Esquematicamente podemos representar dessa maneira:

Estado de natureza	Estado político
	Contrato social

XVI — A Modernidade – Thomas Hobbes

1. Thomas Hobbes (1588-1679). Nascido em Westport, Wiltishire Hobbes é um filósofo e político inglês que ficou conhecido pelo seu empirismo, principalmente em sua grande obra *Leviatã*, nome de um monstro bíblico que usa para definir o Estado que zela pelo bem-estar e proteção do homem natural como se fosse um homem artificial. Analisaremos algumas características dessa obra, bem como *De Cive* (1642).

> Os dois livros principais de Hobbes possuem em boa parte, conteúdos semelhantes, entretanto, tais conteúdos são dispostos em estruturas diferentes. Na obra *De Cive*, Hobbes apresenta logo de início as premissas de seu argumento central, ao passo que no *Leviatã* estas premissas são postas ao final da primeira parte.
>
> Para um estudo sobre o pensamento político de Hobbes, sugerimos a leitura do capítulo VI desta mesma obra, em Ciência Política.

2. O direito para Thomas Hobbes. Hobbes acredita que existe uma disposição natural, paixões naturais e duas leis, a lei natural e as leis civis.

3. Paixões naturais. Consistem no orgulho, na vaidade, e no individualismo extremo do homem. São disposições intrínsecas que levam o homem a ter orgulho. Tais paixões foram as que prevaleceram no Estado de Natureza.

4. Lei natural (direito natural). Disposição inerente, que desenvolve, no interior do homem, os sentimentos de justiça, equidade, piedade e modéstia. "Faça aos outros o que queres que os outros nos faça".

> Para Hobbes, esta lei não teria sobrevivido no Estado de Natureza, pois o que havia se sobressaído eram as paixões naturais. O homem que tentasse viver à luz do Direito Natural morreria, pois não teria segurança.

5. Leis civis. São aquelas impostas pelo soberano. Cabe à lei civil conter as Leis naturais com o poder repressivo do Estado.

6. O que deve prevalecer em um conflito: a lei do soberano ou a lei natural? A lei do Soberano. Muito embora se espere que o legislador, em seu ato, busque justiça e respeito aos direitos naturais, o que prevalecerá será sua definição, impondo-se o que é justo ou injusto.

7. Hobbes é jusnaturalista *sui generis*. Segundo Hobbes, as leis civis devem se sobrepor às leis naturais. O Direito natural, como vimos por definição, é aquele que se sobrepõe a qualquer direito. Portanto, Hobbes é ou não um jusnaturalista?

Embora não aceite, no Estado Político, a lei natural como sendo superior e anterior à lei positiva, podemos afirmar que Hobbes é jusnaturalista, pois aceita a lei natural. Para ele, o soberano legislador põe o Direito positivo, impondo o Direito Natural; em última análise, seria o Direito natural positivado. *"O Soberano dá conteúdo a lei formal que ele considera a lei natural."*

Desta maneira, podemos afirmar que Hobbes é um jusnaturalista *sui generis*.

8. Como a lei deve ser escrita. Hobbes dá uma atenção especial à escrita da lei, e apresenta uma teoria da linguagem.

9. A lei no estado de natureza. Acredita que seria uma anarquia de palavras, justamente porque não haveria ninguém que organizasse esta *plurivocidade* ou ambiguidade de sentidos. Portanto, no Estado Político, devem-se unificar estas várias vozes. Quem pode fazer isso? O Estado, por meio da lei positiva que uniformiza a linguagem, dando precisão ao termo.

10. Legislador poeta. O Legislador não deve ser como o poeta, que busca a pluralidade e a diversidade em suas palavras; deve ser direto, buscando reduzir qualquer interpretação dúbia.

11. A Justa medida da lei. A lei não pode ser nem muito curta (porque teria uma carga semântica muito grande), nem muito longa (porque poderia gerar ambiguidades). Além disso, o legislador não deve usar palavras da moda, uma vez que estas poderão cair em desuso.

12. Fontes do direito. Deve haver um monismo da estatalidade e das fontes do Direito para que não haja equívocos; a fonte do Direito deve ser o soberano. Hobbes reage à *Commow Law*, porque cabe apenas ao soberano dizer o direito.

Nem os juízes nem as práticas sociais devem ser fontes do Direito, uma vez que o soberano dá conteúdo à lei formal que ele considera a lei natural.

> Com essa afirmação é possível afirmar que Hobbes foi um dos fundadores do pensamento da escola de Exegese do Positivismo jurídico.

13. O juiz. Não há, no Leviatã, a figura de um Poder Judiciário autônomo e independente. O juiz singular não julga conforme seus sentimentos. Como a lei é bem escrita, de modo a evitar qualquer duvida, julgará conforme o escrito. Hobbes afirma que, caso exista alguma lacuna na lei, o juiz deverá se colocar no lugar do Leviatã e julgar conforme este pensaria.

> É possível afirmar que o efeito devolutivo no processo guarda essa relação com a obra de Thomas Hobbes. Diz-se isso, pois o efeito devolutivo tem como função devolver ao Tribunal o poder de redecidir a causa.

14. Contrato linguístico. O Contrato Social é um tanto quanto linguístico, porque também definirá um sistema unitário de comunicação no novo sistema político.

15. O Poder Legislativo. É uma razão pública definidora do certo ou do errado, do justo ou do injusto, mediante o princípio da legalidade e da letra adequada.

XVII — O Método de René Descartes

1. René Descartes (1596-1650). Nascido em La Haye, França, Descartes descendia de uma família ligada à pequena nobreza. Foi um dos filósofos mais importantes do século XVII. Influenciou muito, com seu racionalismo, a formação e o desenvolvimento do pensamento moderno.

2. Obras. *Tratado de Música* (1618); *Tratado da Luz* (1633); *Discurso do Método* (1637); *Meditações* (1641); *Princípios da Filosofia* (1644); *As Paixões da Alma* (1649) e *Regras para Orientação do Espírito* (1701).

3. Filósofo e cientista. Contemporâneo de Galileu, Descartes contribuiu muito com a Geometria e também se dedicou à Física e à investigação da natureza humana.

4. Um de seus principais objetivos. Era a fundamentação da nova ciência natural então nascente, defendendo sua validade diante dos erros dos modelos aplicados na ciência antiga.

> **Importante**
>
> Descartes visava alcançar um verdadeiro método científico que colocasse a ciência no caminho correto para o desenvolvimento do conhecimento, o que propõe em *Discurso do Método*.

5. Dúvida hiperbólica. Descartes acreditava que, para investigar algo, deveríamos nos despir de preconceitos e prejuízos, colocando em dúvida tudo aquilo que aprendemos e temos como verdades absolutas.

Deveríamos duvidar de tudo, não com a dúvida vulgar, mas com uma dúvida hiperbólica, ou seja, exagero na dúvida que se tem sobre o objeto estudado e a fim de encontrar seguramente a verdade. Tal dúvida é sistemática e generalizadora.

> **Exemplo**
>
> "Não acredito que a timocracia não é uma boa forma de governo, só conseguirei acreditar depois de esgotar todas as possibilidades de que tal forma é ruim mesmo."

6. Penso logo existo. Descartes, visando verificar tudo para alcançar a verdade, passou a questionar seus pensamentos, os quais poderiam ocorrer acordados ou durante o sono.

Decidiu supor que todas as coisas que tinham entrado em seu espírito não eram mais verdadeiras que as ilusões de seus próprios sonhos. Percebe que, enquanto pensasse assim de que tudo era falso, ele precisava definir a si próprio quanto à existência.

A partir disso, Descartes atinge seu primeiro cogito, "Penso logo sou".
Mas, por ser, deve existir e com isso chegamos ao segundo cogito, o *cogito ergo sum*: penso logo existo.

7. Deus existe racionalmente. Continuando suas investigações, Descartes percebe que ainda há dúvida no pensamento e que, portanto, o ser não era totalmente perfeito, impulsionando-o para uma busca dos motivos pelos quais havia aprendido a pensar em algo mais perfeito do que ele mesmo era.

Descobre então, que evidentemente devia ser de alguma natureza mais perfeita, DEUS, que é de quem recebemos tudo aquilo que possuímos.

> Em seus estudos de Filosofia, Descartes adotou uma posição dualista acerca da natureza do corpo e da alma, enfatizando a subjetividade na análise do processo do conhecimento, com forte aspecto analítico e argumentativo.

8. Preceitos para o método. A partir de sua obra, *Discurso do Método*, podemos elencar quatro preceitos para que possamos aplicar seu método:

1.º Preceito	Nunca aceitar alguma coisa como verdadeira que não se conheça evidentemente como tal (evitar a precipitações);
2.º Preceito	Dividir cada uma das dificuldades analisadas em tantas parcelas quantas forem possíveis e necessárias, a fim de melhor resolvê-las;
3.º Preceito	Conduzir por ordem os pensamentos, começando pelos objetos mais simples e mais fáceis de conhecer, para a elevação pouco a pouco, como que por degraus, até o conhecimento dos mais compostos e presumindo até mesmo uma ordem entre aqueles que não se precedem naturalmente uns aos outros;
4.º Preceito	Elaborar em toda parte enumerações tão complexas e revisões tão gerais, que se tenha a certeza de nada omitir.

9. Contribuições. Podemos destacar as seguintes:

a) a adoção da questão da fundamentação da ciência como problema central, enfatizando a discussão da Metodologia Científica;

b) matematização da natureza por intermédio da sua Geometria Algébrica;

c) no campo da Psicologia, o desenvolvimento do método introspeccionista, por sua análise da subjetividade e da consciência, bem como por suas discussões sobre a natureza da mente e de nossos estados mentais.

10. Críticas. Critica-se seu método, pois só considera a possibilidade de classificá-lo de maneira mecânica, ou seja, separando para classificar. Tal método não considera a organicidade das coisas e consequentemente a emergência que possuem.

Exemplo

É possível, pelo método cartesiano, conceituar um relógio, mas não um rato.
O relógio pode ter suas peças separadas e ser remontado sem prejuízo (mecanicismo), ao passo que um rato não pode ter todos seus órgãos separados, ser conceituado e ser "remontado" (organicismo).

XVIII | A Modernidade – O Criticismo Filosófico de Immanuel Kant

1. Immanuel Kant (1724 – 1804). Nasceu em 22 de abril de 1724, na Cidade de Koenigsberg. Com dez irmãos, era filho de um pai um seleiro laborioso e honesto, que tinha horror à mentira. Sua mãe era religiosa, e lhe ministrou profunda educação moral.
Influenciada por Rousseau, é possível dizer que a teoria de Kant influenciou Hans Kelsen.

2. Obras. Escreveu diversas obras como a *Crítica da razão pura* (1781 e 1787); *Fundamentação da metafísica dos costumes* (1785); *Crítica da razão prática* (1788); e *Crítica do juízo* (1790). Em 1793, escreveu *A religião dentro dos limites da simples razão*, entrou em conflito com o poder autoritário do novo Rei da Prússia, Frederico Guilherme II, em 1796.

3. Kant, o metódico. Muito organizado e metódico, Kant caminhava em uma avenida, que atualmente tem seu nome. Ia e voltava 8 vezes, pontualmente às 15:30. Diz-se que as donas de casa acertavam seus relógios pela pontualidade de Kant.

4. Fases do pensamento kantiano. Podemos dividir o pensamento kantiano em duas fases.
a) *1.ª Fase*. Pré-crítica. Nessa fase, as ideias de Kant não haviam tomado forma, seguindo Kant o pensamento de Leibniz e Wolff.
b) *2.ª Fase*. Crítica. Nessa fase, David Hume desperta Kant do "sono dogmático", mostrando para Kant que existem novas possibilidades para o conhecimento.

5. Racionalismo kantiano. O criticismo filosófico kantiano é uma reação ao dogmatismo de Wolff e ao ceticismo de Hume. Não conseguindo conceber o conhecimento apenas partindo da experiência ou da razão, deve haver uma integração do racionalismo com o juízo sintético *a priori*.

Resumindo

Se for possível resumir o pensamento de Kant, diríamos que consiste em rigor, imanência racional e perseverança.

6. A polêmica entre Hume e Kant. Hume afirma que Kant não pode partir da experiência como juízo universal, no que Kant replica afirmando que todo o conhecimento começa com a experiência, mas não deriva todo da experiência. Com isso, Kant destaca também a importância do racionalismo.

7. Sobre o conhecimento. O conhecimento, para Kant, só existe com a interação de condições materiais do conhecimento advindas da experiência (o que os sentidos percebem), com condições formais de conhecimento (o que a razão faz com que os sentidos percebam).

Em outras palavras, os sentidos absorvem da experiência dados, informações que a razão elabora e organiza; é dessa união do que a experiência fornece com o que a razão operacionaliza que é possível o conhecimento.

Kant aponta para a possibilidade do conhecimento não ter origem nos dados sensíveis. Antes de verificar a experiência sensível, o sujeito é capaz de elaborar raciocínios de causa e efeito, que poderão ser posteriormente verificados com experiências sensíveis.

Neste caso, o conhecimento antecipa o fornecimento dos dados sensíveis pela experiência. É o que se chama juízo sintético *a priori* (juízo anterior à experiência sensível).

8. Em esquema. Esquematicamente, o conhecimento pode ser representado assim:

Juízos sintéticos "a priori" (juizo anterior à experiência) → Sentidos absorvem da experiência + Razão elabora e organiza esses sentidos = Conhecimento do sujeito (conhecer é um submeter a subjetividade)

> **Importante**
> O criticismo não é a soma do empirismo com o racionalismo, mas sim uma releitura destes modos de operar o conhecimento.

9. Revolução ou giro copernicano. A razão ocupa um papel fundamental no pensamento kantiano. Kant opera uma revolução copernicana, invertendo a relação entre sujeito e objeto. O sujeito é quem dá as cartas, o conceito objetivo é fornecido de acordo com as características do objeto que as faculdades do sujeito lhe possibilitam verificar.

10. Do objeto para o sujeito. Sua teoria do conhecimento deposita uma grande importância não mais ao objeto-do-conhecimento, como anteriormente faziam os outros pensadores, mas sim ao sujeito-do-conhecimento.

Kant opera uma revolução na maneira de conhecer as coisas – antes, o objeto governava o modo de conhecer. Para Kant, o sujeito molda o conhecimento; o que conhecemos se dá por meio das nossas faculdades mentais, que buscam no objeto o que são capazes. O conhecimento se dá nos limites da nossa razão.

11. Ética kantiana. A ética kantiana possui diversas características que poderiam ser destacadas. Optamos por descrever resumidamente no que consistem o imperativo categórico e o imperativo hipotético.

12. Imperativo categórico. O imperativo categórico é um imperativo *a priori*, ou seja, significa que se trata de algo que não deriva da experiência, mas que deriva da pura razão. O Homem que age moralmente irá agir visando se colocar de acordo com a máxima do imperativo categórico, que é um fim em si mesmo e não busca algo exterior a ele.

> "O imperativo categórico é, pois, único, e é como segue: age só, segundo uma máxima tal, que possas querer ao mesmo tempo que se torne lei universal" (Metafísica dos costumes).

Exemplo

A máxima que diz que o homem não deve mentir – note que tal afirmação denota em si a própria finalidade do agir humano.

13. Imperativo hipotético. É uma máxima que contém um meio para atingir uma finalidade que não está inscrita na própria máxima. Consiste na busca de algo exterior a si mesmo.

Exemplo

Seria o caso da medicação para um paciente doente. O remédio, em si, não tem finalidade se não for ministrado ao enfermo; sendo assim, a finalidade do medicamento é exterior à máxima do imperativo hipotético, qual seja o remédio deve ser ministrado ao doente.

Note que a finalidade não é ministrar o medicamento, mas sim curar o enfermo.

14. O agir ético e o agir jurídico. O agir ético é motivado pelo cumprimento do dever de cumprir ao passo que o agir jurídico não se age conforme a lei por ser positivada, mas se age pelo temor da sanção, por não querer ser repreendido.

Exemplo

Não roubo porque acredito que isso é errado (agir ético), ou não roubo porque posso ser preso (agir jurídico).

15. Direito e moral. Direito e moral se distinguem no sistema kantiano como duas partes de um mesmo todo unitário: a exterioridade e a interioridade, relacionadas à liberdade interior e à liberdade exterior.

O agir jurídico pressupõe outros fins, outras metas, outras necessidades interiores e exteriores para que se realize; não se realiza uma ação conforme a lei positiva somente porque se trata de uma lei positiva.

Assim como Reale, Kant difere a moralidade da juridicidade de uma ação, pois a moralidade pressupõe autonomia, liberdade, dever e autoconvencimento; a juridicidade pressupõe coercitividade.

16. Definição de Direito. Kant considera que o Direito é o conjunto das condições por meio das quais o arbítrio de um pode estar de acordo com o arbítrio de um outro, segundo a lei universal da liberdade.

17. É possível existir liberdade com coação? Segundo Kant sim, pois estabelecemos um limite à liberdade, se o ultrapasso esse limite estabeleço uma não liberdade ao outro, que deve ser neutralizada pelo remédio da coação.

18. Teoria da Pena para Kant. Alguns penalistas discutem se Kant é filiado, assim como Hegel, a Teoria Absoluta da Pena.

A nosso ver, trata-se de uma leitura equivocada de Jean-Paul Marat, uma vez que, como vimos, se for possível aproximar Kant de alguma teoria seria a teoria mista da pena, tendo-se em vista que, com a revolução copernicana, analisa objeto e sujeito do conhecimento, sendo assim, impossível seria classificar como absoluta/objetivo, uma vez que leva em consideração a subjetividade do conhecimento. Mas é importante salientar, que se trata de uma livre interpretação, pois Kant nunca dissertou claramente sobre o tema.

XIX — A Modernidade – A Dialética de Hegel

1. Georg Wilhelm Friedrich Hegel (1770-1831). Após Kant, o conjunto de ideias mais impactante e que maior efeito produziu sobre o espírito moderno foi o sistema filosófico hegeliano. Marcou época, mudando os destinos das ideias na modernidade. É um genuíno pensador, que se dedicou às grandes questões suscitadas pelo Direito.

2. Influências. Nascido em Stuttgart, em 27 de agosto de 1770, recebeu uma forte educação cristã. Em 1788 ingressou na *Universidade de Tübingen* com o intuito de se preparar para receber ordens.

Durante dois anos se consagrou à filosofia. Entre seus colegas da universidade estavam o poeta Friedrich Hölderlin e o filósofo Friedrich Schelling, que partilhavam sua admiração pela tragédia grega e pelos ideais da Revolução Francesa. Inspirado pela leitura de Immanuel Kant, escreveu vários ensaios sobre o cristianismo, que só seriam publicados em 1907.

3. Obras. Diversas são as obras de Hegel, podemos citar algumas como *Diferença dos sistemas filosóficos de Fichte e Schelling* (1801), *Enciclopédia das ciências filosóficas em resumo*, *Aspectos fundamentais da filosofia do direito*. Depois de sua morte, em 1831, foram publicadas várias coletâneas de aulas sobre Religião, Estética e História da Filosofia.

4. Doutrina racionalista. Sua obra é essencialmente racionalista. Para ele, nada existe fora do pensamento, pois tudo o que é conhecido é já pensamento. Onde está a razão, estão seus objetos, e o que não pode ser conhecido não possui lugar lógico. Afirma que "*O que é racional é real e o que é real é racional*".

Da leitura desta frase, é possível inferir que a razão e o real são a mesma coisa. O *Absoluto* de Hegel é o real, e o que vivemos hoje na Terra é o processo de concretização deste absoluto no mundo. As ações éticas alimentam o espírito ético, em constante crescimento e rumo à plena realização da ética em nosso mundo.

5. A dialética. Muitos confundem o pensamento de Hegel com o de Kant por se tratarem de dois pensadores racionalistas. Entretanto, os dois diferem substancialmente, pelo fato de Hegel dar um salto no sentido da concreção dialética, na qual empiria (ser) e razão (dever-ser) se unem de modo indiferenciável.

Em outras palavras, a Dialética, para Hegel, seria a *síntese* de *tese* e *antítese*. É um movimento que passa pelo ser e o não ser até se atingir uma síntese que vira uma nova tese que tem uma antítese e chega novamente em uma síntese.

Com a dialética, Hegel explica como o Direito e a Moral criam o costume. Para ele, a síntese (costume) é a relação dialética entre a tese (direito) e a antítese (moral).

6. O absoluto e o contingente. O absoluto é a tensão entre o ser e o nada, sendo que o contingente está no meio. Para Hegel, o absoluto é um constante movimento, e nós vivemos no contingente.

7. A dialética de Marx e a dialética de Hegel. Podemos dizer que Marx discorda da dialética idealista de Hegel por este apresentar uma teoria absoluta sem possibilidade de concretude, pois se funda em uma metafísica espiritual. Hegel parte da ideia para o espírito. Ao passo que Marx apresenta uma concretude da dialética em uma perspectiva materialista histórica, a dialética de Marx é chamada de inversa a de Hegel, pois com o materialismo histórico dá-se concretude a teoria.

Hegel busca o conhecimento universal, enquanto Marx busca a transformação social com o controle dos meios de produção nas mãos da classe operária.

Exemplo

As lutas de classes, ou a luta dos partidos políticos podem ser vistas como a concretude da dialética materialista histórica.

8. Justiça e direito. Para Hegel, a Filosofia do Direito tem como objeto o estudo do conceito de Direito.

Sintetizamos, na máxima hegeliana, que não esconde sua inclinação kantiana.

"Ser uma pessoa é respeitar os outros como pessoa".

Dessa máxima, podemos concluir que, respeitando as pessoas, poderá ser feito o cumprimento ideal do Direito conectado ao ideal de Estado e Justiça. Trata-se da realização do *Absoluto* no mundo físico, e sua antítese provisória no processo de evolução rumo à paz.

A tese é o próprio absoluto, enquanto "separado" do mundo físico. O mundo físico é a antítese, enquanto reflexo do próprio absoluto. A síntese é a união do absoluto com seu reflexo, da unidade com a multiplicidade, sendo alcançada a paz.

XX — A Modernidade – Stuart Mill

1. John Stuart Mill (1806-1873). Nascido em Londres, foi um dos maiores expoentes do utilitarismo. Recebeu educação de seu próprio pai, o economista e erudito escocês James Mill (1773-1836), que lhe ensinou Latim, Grego, Geometria, Álgebra e História. Estudou Química, Botânica e Matemática na França em 1820.

John Mill conseguiu um posto na *The India House,* sede principal da Companhia das Índias Orientais Britânicas, onde seu pai trabalhava.

> Esse capítulo poderia estar localizado tanto em Filosofia como em Ciência Política, por uma questão metodológica optamos por inseri-lo em Filosofia.

2. O utilitarismo. A doutrina ética desenvolvida pelo filósofo do Direito Jeremy Bentham (1748-1832) teve influência direta no pensamento de Mill.

Segundo Bentham, o legislador deveria propor leis com o objetivo de produzir a maior felicidade (entendida como o prazer ou a ausência da dor) para o maior número de pessoas. Seu objetivo era oferecer uma fundamentação coerente e racional das estratégias sociais e jurídicas em contraposição às ficções e abstrações dos direitos naturais.

Em outras palavras: o utilitarismo é uma doutrina ética que prescreve a ação (ou a inação) de forma a otimizar o bem-estar do conjunto dos seres capazes de experienciar o sofrimento. O utilitarismo é, portanto, uma forma de consequencialismo por avaliar uma ação (ou regra) unicamente em função de suas consequências.

3. Princípios de sua doutrina. Como utilitarista, Stuart Mill recusou a teoria dos direitos naturais para fundar a sua defesa da liberdade. Na introdução do ensaio *Sobre a liberdade*, Mill apresentou e propôs os princípios inspiradores da sua doutrina.

Defende ser conveniente declarar renúncia a qualquer vantagem que possa resultar para o argumento a ideia do direito abstrato como independente da utilidade. Considera a utilidade como último recurso em qualquer questão de ética; devendo ser, porém, a utilidade no sentido mais amplo, baseada nos interesses permanentes do homem como ser progressista (STUART MILL, John. *Da liberdade*. São Paulo: Ibrasa, 1963, p. 13-14).

4. Da liberdade. Com esse breve histórico biográfico de Mill, e esse pequeno referencial teórico sobre o que se trata o utilitarismo, passamos a expor algumas questões dispostas em sua obra *Da liberdade*, publicada em 1859. Tal obra é considerada por muitos como um de seus maiores legados bibliográficos.

5. Liberdade e direito natural. A liberdade não caracteriza um direito natural – entende-se a liberdade como a preservação da esfera das decisões individuais. Aos olhos de Mill, a maior ameaça para a liberdade não partia do governo, mas de uma maioria que visse com suspeita as minorias dissidentes.

6. Dilatação indevida dos poderes. Mill adverte que há uma crescente tendência à dilatação indevida dos poderes da sociedade sobre o indivíduo, não só pela força da opinião como também pela da legislação (STUART MILL, John. *Da liberdade*. São Paulo: Ibrasa, 1963, p. 17).

Tal análise é muito oportuna e, na contemporaneidade, o tema é discutido amplamente por diversos cientistas políticos, filósofos entre outros.

7. Interferência da opinião coletiva x independência individual. Mill propõe formular um princípio com base no qual fosse possível estabelecer os limites à interferência da opinião coletiva em relação à independência individual.

O princípio proposto por ele foi o de que "o único objetivo a favor do qual se pode exercer legitimamente pressão sobre qualquer membro de uma comunidade civilizada, contra a vontade dele, consiste em prevenir danos a terceiros".

A partir dessa premissa, pode-se afirmar que se alguém comete um ato prejudicial a terceiros, concretiza-se um caso para castigá-lo pela lei (sanção legal) ou, quando não se puderem aplicar com segurança penalidades legais, por desaprovação geral, será penalizado (sanção moral).

A esfera do que afeta só ao indivíduo, e cujo direito deve ser reconhecido igualmente para todos, não pertence à esfera de ação da sociedade. Mill enumera as liberdades que fazem parte da esfera individual, sem as quais não há sociedade livre; são elas.

> 1.º *O domínio interior da consciência*, a liberdade de pensamento e de sentimento, a liberdade absoluta de opinião e de sentimento em todos os assuntos práticos ou especulativos, científicos, morais ou teológicos.

> 2.º *A liberdade de gostos e de ocupações*, a de formular um plano de vida que esteja de acordo com o caráter do indivíduo, a de fazer o que se deseja, sujeitando-se às consequências que vierem a resultar, sem qualquer impedimento de terceiros, enquanto o que fizermos não lhes cause prejuízo, mesmo no caso em que nos julguem a conduta insensata, perversa ou errônea.

> 3.º *A liberdade de cada indivíduo resulta a liberdade, dentro de certos limites da combinação entre indivíduos*; a liberdade de se unirem para qualquer fim que não envolva dano a terceiros, supondo-se que as pessoas assim combinadas são de maior idade e não foram nem forçadas nem iludidas.

8. Diferença de opiniões. Considera fundamental para se alcançar a verdade. Afirma ele que "a verdade, nos grandes interesses práticos da vida, consiste de tal maneira em uma questão de reconciliar e combinar os opostos (...)". Ratifica, logo em seguida: "(...) tão só por meio da diversidade de opiniões, no estágio atual da inteligência humana, será possível fazer justiça a todos os lados da verdade" (STUART MILL, John. *Da liberdade*. São Paulo: Ibrasa, 1963, p. 54).

9. Contribuições de Mill. Sabine apontou quatro contribuições dadas pelo utilitarista Stuart Mill à filosofia liberal:

> 1.º Sua concepção de utilitarismo estabeleceu limites ao hedonismo bethamiano, diferenciando os prazeres em superiores e inferiores, em qualidade moral.

> 2.º O liberalismo de Mill considerou a liberdade política e social como boa em si mesma à parte dos resultados para os quais pudesse contribuir.

> 3.º Considerou a liberdade não apenas como um bem individual, mas também social.

> 4.º Supôs que a legislação poderia ser um meio de criar, aumentar e igualar as oportunidades, não cabendo ao liberalismo impor limites arbitrários aos seus usos.

XXI — Um Ponto de Contato da Filosofia do Direito e da Teoria do Direito (Um teórico) – Herbert Hart

1 - H. L. A. Hart. Nascido no Reino Unido em 1907, Hart é um dos grandes teóricos do positivismo jurídico – talvez o maior deles em língua inglesa.

2 - Definição de direito. Para Hart, o direito consiste na união de regras primárias e secundárias. Regras primárias são aquelas que regulam diretamente a vida dos homens (como, por exemplo, a regra que obriga os cidadãos de determinada idade a votarem nas eleições). Regras secundárias, por seu turno, podem ser de três espécies: regra de reconhecimento (que define o que é e o que não é direito), regra de modificação (que dita como alterar o direito existente) e regra de aplicação (que dispõe sobre os atores autorizados a decidir).

3 - Um dilema do direito. O filósofo inglês percebe algo importante para refletirmos sobre o direito: como somos homens e não deuses, diz ele no capítulo VII de *O conceito de direito*, jamais conseguiríamos, de antemão, prever todas as situações conflituosas que o mundo empírico nos apresenta.

4 - Textura aberta do direito. Para além do problema acima indicado, o das lacunas, que jamais poderão ser integralmente supridas, Hart reconhece um outro problema: o da textura aberta do direito. Influenciado pelo texto "Verifiability", de Waismann, o filósofo propõe que o direito padece da textura aberta eis que é feito de linguagem. A textura aberta do direito aponta para o fato de que é difícil se determinar exatamente o significado integral das proposições jurídicas. Pensemos, por exemplo, na seguinte regra: "é proibido entrar com veículos no parque". A norma contempla, sim, um foco de certeza, sendo confortável afirmar que caminhões e ônibus não podem ingressar no local. O que dizer, entretanto, de carrinhos de bebê e bicicletas? É certo que ambos são também veículos, mas nenhum de nós imagina um parque no qual sejam proibidos. O que dizer, por fim, das bicicletas e patinetes elétricas?

5 - Discricionariedade judicial. Para o autor, em situações como essas, nas quais as regras disponíveis não indicam claramente uma solução, aparece o direito à discricionariedade judicial. Nesse sentido, cada juiz poderia deliberar livremente, selecionando uma visão, a de sua preferência, entre todas as existentes e possíveis sobre a matéria.

TEORIAS
DO DIREITO

Teorias do Direito – O Direito Organizado Sistematicamente

http://youtu.be/a4Dzd9HLA9g

1. Teorias do Direito. Impossível afirmar que exista apenas uma teoria do Direito. Diversos são os teóricos do Direito, alguns mais aceitos e outros mais refutados; entretanto, muitas teorias importantes existem a fim de se propor uma Teoria Geral do Direito.

2. Porque existem tantos teóricos do Direito? Assim como na Filosofia, cada autor deve ser compreendido em seu tempo e espaço. Cada qual dos pensadores apresenta diferentes influências, o que resulta em diferentes teorias para o mesmo objeto.

3. Teoria, Filosofia e Sociologia do Direito. Em sua Teoria Tridimensional do Direito, Miguel Reale ensinava que a Sociologia Jurídica ocupa-se do Fato, a Filosofia do Direito do Valor e a Teoria do Direito da Norma. Esquematicamente, podemos sintetizar assim:

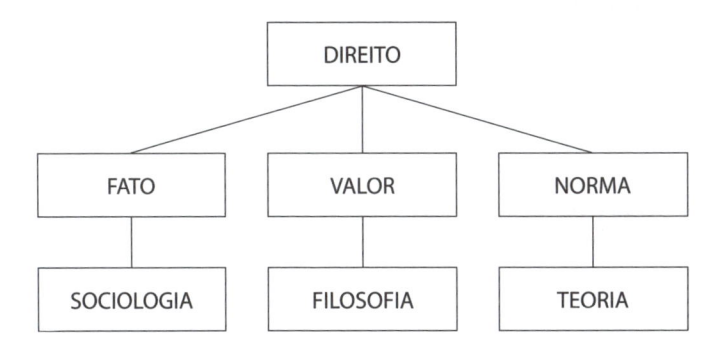

```
                    DIREITO
         ┌─────────────┼─────────────┐
        FATO         VALOR         NORMA
         │             │             │
     SOCIOLOGIA    FILOSOFIA       TEORIA
```

É impossível pensar a Teoria Geral do Direito apartada da Filosofia ou da Sociologia. Entretanto, os objetos de cada um desses estudos são distintos.

> Difícil diferenciar a Filosofia do Direito da Teoria do Direito. Evgeni Bronislávovich Pachukanis acredita que quanto mais abstratos forem os estudos, mais próximo da Filosofia do Direito estarão. Por outro lado, quanto mais próximo da concretude, mais afetos à Teoria do Direito se situarão.

A diferença entre a Filosofia do Direito e a Teoria do Direito é de resto muito imprecisa. É certamente correto dizer *cum grano salis* que a Filosofia do Direito é mais direcionada para os conteúdos, e a Teoria do Direito, para as formas, mas visto que não existe matéria sem forma nem forma sem matéria, não se pode obter deste modo nenhuma delimitação precisa (KAUFMANN, Arthur. *Filosofia do direito*. Lisboa: Fundação Calouste Gulbenkian, 2004, p. 20).

4. Moderno e contemporâneo. Ao nosso ver, a Filosofia do Direito e a Teoria do Direito caminham lado a lado; atualmente, tanto os Filósofos do Direito são teóricos do Direito como a maioria dos Teóricos do Direito são Filósofos.

Nesse livro optamos por citar aqueles que refletem sobre a questão da Justiça e do Direito, até a modernidade, como filósofos do Direito, e aqueles que pensam o Direito ou a Justiça, contemporaneamente, de teóricos do Direito.

Tal opção se justifica pelo fato dos pensamentos sobre uma teoria do Direito ganharem forma e força na transição da modernidade para a contemporaneidade. Tais estudos são organizados de maneira sistemática.

5. Direito e Sistema. Os estudos de Teoria do Direito estão muito ligados à necessidade de se organizar uma ciência sistematizada. Assim, Direito e sistema caminham juntos e, portanto, precisamos compreender a noção de sistema na história para que possamos compreender também as Teorias do Direito.

6. O Direito como sistema – histórico. O termo *sistema* surge no século XVII com a música, ligado à teoria da harmonia, em seu estudo combinatório de tons.

Embora não haja a elaboração de uma teoria dos sistemas na música, é nela que se começa a usar o termo. No Direito, o sistema começa a ser visto a partir do século XVII ou XVIII, e, consistentemente, no século XIX.

7. O sistema na Antiguidade. Na Antiguidade grega e romana não existia, em sua organização, um sistema propriamente dito. Os sofistas não possuíam, em suas argumentações, regras gerais ou um método organizado, a fim de justificar seu pensamento.

Não muito diferentes, os pré-socráticos e os socráticos, em suas argumentações, não tinham um argumento sistemático e organizado. Em Roma, as concatenações proposicionais não tinham rigor à luz do que se pensou a respeito de sistema.

8. O sistema no medievo. A Idade Média tem relevância histórica no que concerne à teoria dos sistemas, uma vez que nesta época passa-se a criar opções, nascendo a noção de Dogmaticidade, ou seja, não se usará para a análise de qualquer questão apenas a retórica, mas se partirá de pontos de estudos apresentados previamente.

9. O sistema na modernidade. Na Idade Moderna, podemos destacar dois pontos importantes para nossa análise: o primeiro é o elemento racional, que ganha força nessa época; o segundo é o início do aparecimento do termo *sistema*, expandindo seu uso inicial na música para as ciências que se pretendiam organizadas.

10. O sistema moderno no Direito. No Direito, tem-se início à consolidação das leis em algumas regiões europeias. Posteriormente, são criadas ordenações que iniciam a organização do Direito, criando uma base para essa nova percepção sistemática que surge nesse momento.

Mas é na contemporaneidade que ganha força o pensamento jurídico a fim de organizá-lo de maneira sistêmica.

11. Teóricos do Direito. Faremos nos próximos capítulos algumas considerações sobre alguns pensadores que podem ser classificados como Teóricos do Direito, bem como sobre alguns modelos de decidibilidade.

Alguns teóricos do Direito poderão estar destacados na matéria de Hermenêutica, uma vez que oferecem teorias a fim de apresentar técnicas de decidibilidade.

II | Hans Kelsen – O Sistema Fechado

1. A Revolução Francesa e o positivismo jurídico. Em 1789, o povo francês pretendia romper com a monarquia (poder nas mãos do rei), com a nobreza, com o clero (Igreja) e com a magistratura (juízes).

Para os revolucionários, no que diz respeito à magistratura, deveria o juiz julgar conforme o que a lei dispusesse, ou seja, o juiz não deveria interpretar a lei, deveria aplicá-la prestigiando muito o principio da legalidade, nos termos dos ideais do Iluminismo, defendidos por Montesquieu.

2. Escola de exegese. Nesse contexto nasce a Escola da Exegese, ou Escola do Positivismo Jurídico, que tem como tarefa unificar os juízos normativos e esclarecer seus fundamentos, limitando o direito à lei. Em outras palavras, a Escola de Exegese buscava criar uma lei que fosse seguida por todos e que trouxesse segurança.

3. E se não houvesse lei? Imaginem se não existisse o Código Penal, por exemplo. Como faríamos? Quem nos julgaria? Qual lei deveria ser observada? Antigamente, as pessoas dependiam da vontade do rei, que não deveria observar nenhuma lei, pois o rei estava acima de tudo (Absolutismo). Com os ideais do Iluminismo, a lei escrita daria a possibilidade de conhecimento ao cidadão, afastando o poder absoluto das Monarquias Europeias.

Com o positivismo jurídico e a garantia do cidadão saber se está cometendo um crime ou não, tanto o juiz como o rei não podem condenar alguém caso não haja crime.

> **Importante**
> Para que a lei traga segurança jurídica, deve ser clara, precisa, estável, linear e, sobretudo, lógica.

4. A limitação dos magistrados. Durante muitos anos os magistrados franceses ficaram bastante limitados ao interpretar a lei, já que o Código Civil era, de acordo com os juristas da época, um sistema completo e fechado, sem lacunas.

5. O estudo sistêmico e Hans Kelsen. O estudo sistêmico iniciou-se com a Revolução Francesa e ganhou mais força com os estudos sobre positivismo jurídico do austríaco Hans Kelsen, no século XX.

6. Obras de Hans Kelsen. Obras que contribuem para o positivismo jurídico que destacamos são: *Teoria pura do Direito, O problema da Justiça, A ilusão da Justiça* e *O que é a Justiça?*

7. Hans Kelsen e a validade da norma. Empenhou-se o autor na tarefa de apresentar uma teoria do direito com uma análise estrutural, de modo que não se analisassem os valores e conteúdos da lei, mas sim a validade ou não da norma.

> **Exemplo**
>
> Uma lei que prevê dois dias de licença maternidade deve ser analisada como válida ou inválida, ou seja, devemos analisar se a lei passou pelo procedimento legislativo adequado, se não confronta com a Constituição Federal etc.

8. Teoria Pura do Direito. A fim de apresentar uma Teoria Pura do Direito, Hans Kelsen faz um corte epistemológico para verificar qual é o objeto do Direito, concluindo que o objeto que pertence exclusivamente ao Direito é a norma jurídica. Propõe, assim, um estudo baseado na norma em sua estrutura lógica, esvaziada de qualquer conteúdo e apartada das circunstâncias que causaram sua criação ou que justificam sua aplicação.

Assim, o estudo do Direito, para ser considerado científico, deveria ser separado de qualquer disciplina, de modo que não caberão discussões como a justiça ou injustiça de determinada norma. Para ele esse juízo de valores não pertence à ciência do direito, mas a outras áreas, como a Sociologia, Filosofia ou a Antropologia.

> **Importante**
>
> Para Hans Kelsen, a Ciência do Direito só é pura se separada das demais ciências, não cabendo discutir se uma norma é *justa* ou não, mas sim se é *válida* ou não. Em outras palavras, vê-se obrigado a tão somente compreender o Direito Positivo na sua essência e a entendê-lo mediante uma análise da sua estrutura.

9. Autonomia e autossuficiência do Direito – O sistema fechado. Kelsen via o direito como um sistema autônomo ou autossuficiente em relação ao sistema social, de modo que o trabalho do jurista se desenvolve inteiramente dentro daquele, não havendo que se falar na intromissão da sociologia, psicologia etc.

Assim, a doutrina pura do direito trabalhava com a ideia de sistema fechado, que consistia em considerar apenas o que existe dentro do sistema, ou seja, o direito não aceita nenhuma influência externa ao direito, ele se autorreferencia e se autorreproduz.

Desta maneira, fica claro que, durante muito tempo, o Direito trabalhou com a concepção de sistema fechado, divergindo apenas nas razões para a sua adoção, ou seja, no período posterior à Revolução Francesa, objetivava-se o fim dos abusos da magistratura e, no século XX, a qualificação do Direito enquanto ciência.

> **Resumindo**
>
> Hans Kelsen desenvolveu sua Teoria Pura com o objetivo de fazer uma análise científica do Direito, apenas estrutural, sem a influência de ideologias, valores, ou outros fatores externos.

10. O problema da Justiça. Obra de Hans Kelsen que complementa sua Teoria Pura do Direito mostra que a Justiça é um valor abstrato sem precisão, que só pode atrapalhar a compreensão e a definição de uma Teoria Pura do Direito.

11. Hierarquia das normas. Hans Kelsen propõe as normas organizadas hierarquicamente, sendo que a norma inferior deve buscar validade sempre na norma superior. Posteriormente, Norberto Bobbio propôs essa hierarquia em uma estrutura piramidal que teve o nome atribuído de *Pirâmide de Kelsen*.

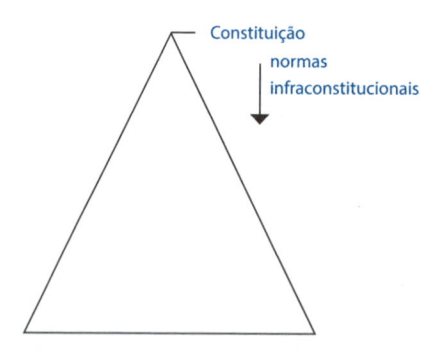

[Diagrama: triângulo com indicação "Constituição" no topo e "normas infraconstitucionais" abaixo, com seta para baixo]

12. Importância de Hans Kelsen. Hodiernamente, muitos são os críticos de Hans Kelsen. Criticam seu sistema lógico, formal e fechado. Entretanto, é importante salientar que Kelsen cumpre um papel muito rico para a Teoria do Direito, pois apresenta a preocupação de sistematizá-lo e com isso propõe a necessidade de estudarmos o Direito de maneira organizada e sistêmica.

13. Críticas a Hans Kelsen. O fato de apenas analisar a norma e não aceitar qualquer tipo de juízo de valores foi objeto de duras críticas. Esse sistema normativo fechado pode servir de justificativa em Estados totalitários, como o sistema nazista que se instalou na Alemanha, uma vez que a legislação permitia uma série de barbaridades cometidas nesse governo.

Inclusive, essa foi a argumentação dos acusados da prática de crimes na Segunda Guerra Mundial, no *Tribunal de Nuremberg* – os acusados argumentavam que agiram de acordo com o Direito Positivo (escrito) Alemão.

Outra crítica que pode ser apontada é que o sistema fechado causa um enorme aumento das leis escritas. Entretanto, nem o maior esforço do mundo conseguiria escrever na lei todas as hipóteses de acontecimentos no mundo. Um exemplo seria a inexistência de lei para dispor sobre todas as hipóteses da internet.

14. Com as críticas – a norma fundamental. Após duras críticas a sua primeira edição da Teoria Pura do Direito, de 1934, Hans Kelsen, em 1960, acresce algumas considerações. Afirma que a norma deve ter minimamente uma eficácia, além de incluir a Norma Hipotética Fundamental na hierarquia das normas.

Para Kelsen, a Norma Hipotética Fundamental não é posta, é pressuposta. Tal norma pressupõe todo o sistema que está adstrito/subordinado a esta norma fundamental. Segundo ele, essa norma fundamenta todo o sistema normativo. Nessa pirâmide, seria a norma que se encontra no topo do sistema.

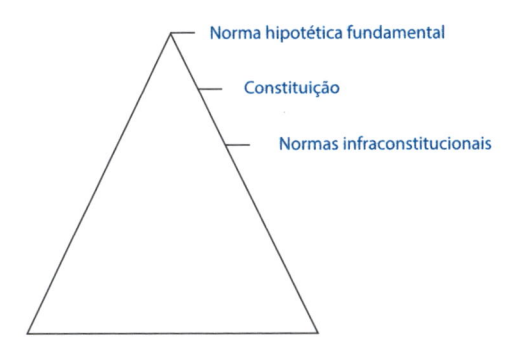

- Norma hipotética fundamental
- Constituição
- Normas infraconstitucionais

III Norberto Bobbio – É Preciso Abrir o Sistema

1. Norberto Bobbio. Nascido em Turim, em 1909, graduou-se em Direito em 1931 e em Filosofia em 1933 pela Universidade de Turim. Em 1934, galga a livre-docência em Filosofia do Direito, matéria que ensinou na Universidade de Camerino de 1935 a 1938.

Lecionou nas Universidades de Turim, Siena e Pádua. Autor de diversas obras, como *Teoria do ordenamento jurídico*, *Teoria da norma jurídica* (estas obras reunidas compõem o que ele chama de Teoria Geral do Direito) e *Da estrutura à função: novos estudos de teoria do direito*.

Recebeu o título de doutor *honoris causa* pelas Universidades de Paris, de Buenos Aires, Complutense de Madri, de Bolonha e de Chambéry. Faleceu aos 94 anos em sua cidade natal, em 2004, deixando um legado intelectual traduzido para vários idiomas, como o alemão, espanhol, francês, inglês, iugoslavo e português.

2. Obras. Diversas são as obras de Bobbio. Estudaremos aqui a definição de norma dada na Teoria da norma jurídica e a definição de ordenamento dada na Teoria do ordenamento jurídico, bem como sua mudança de posição em sua obra *Da estrutura à função: novos estudos de teoria do direito*.

3. Teoria da norma jurídica. Bobbio considera que existe uma multiplicidade de normas (sociais, morais, jurídicas etc.). Para efeito de seus estudos, importa principalmente a norma jurídica. Na mesma obra, apresenta os critérios de valoração da norma (validade, existência, eficácia e justiça).

4. Normas como proposição. Apresenta que as normas são proposições (prescritivas, descritivas e expressivas) e que as normas podem ter sanções, sejam morais, sociais ou jurídicas.

Proposições	Definição
Prescritivas	Conjunto de lei e de regulamentos, um código, uma constituição; própria da linguagem normativa. Consiste em dar comandos, conselhos, advertências, de modo a influir no comportamento alheio e modificá-lo, em suma, em levar a fazer.
Descritivas	Própria da linguagem científica, consiste em dar informações, em comunicar a outros certas notícias, na transmissão do saber, em suma, em levar a conhecer.
Expressivas	Própria da linguagem poética. Consiste em evidenciar certos sentimentos e em tentar evocá-los em outros, de modo que levam a participar outros de uma certa situação sentimental.

5. Normas e requisitos. Afirma que existem três requisitos habituais da norma jurídica: imperatividade, estatismo e coatividade. Classifica as normas em gerais ou singulares, afirmativas ou negativas.

Os temas destacados acima são tratados com mais atenção em Introdução ao Estudo do Direito.

6. Ordenamento jurídico. A concepção de ordenamento jurídico de Norberto Bobbio vincula-se muito às características gerais do significado de ordenamento como unidade, coerência e completude. Bobbio desloca o estudo do Direito da norma para o ordenamento jurídico.

7. Teoria do ordenamento jurídico. A compreensão de que o estudo do Direito não compreende o estudo de uma norma isolada, mas de um conjunto de normas é o pressuposto inicial para a caracterização de alguns traços profundamente marcantes na compreensão do direito segundo a exposição de Norberto Bobbio, em sua obra *Teoria do ordenamento jurídico*.

8. O ordenamento não nasce do deserto. Acredita Bobbio que as normas jurídicas nunca se apresentam de modo isolado, mas sempre em um conjunto.

9. Objeto do Direito. O ordenamento normativo é o objeto do Direito. Isto porque a relevância da norma isolada para a compreensão do fenômeno Direito não é suficiente; é imperiosa a incorporação do conjunto de normas articuladas. Por conseguinte, é necessário voltar as atenções para o conjunto ordenado.

Acredita-se que a Teoria do ordenamento jurídico constitui uma integração da Teoria da norma jurídica a fim de construirmos um ordenamento. Acredita que não é possível definir o Direito apenas da perspectiva da norma jurídica isoladamente, é preciso considerar que uma determinada norma só é tornada eficaz por uma organização complexa que determina a natureza e a importância das sanções, as pessoas que devem exercê-las e sua execução. Esta organização complexa é o produto de um ordenamento jurídico.

10. O Direito. A partir desse princípio, o Direito é, segundo Bobbio, um complexo que se organiza em um sistema de regras de conduta. Assim, para termos uma definição satisfatória do direito é preciso analisá-lo em uma perspectiva do ordenamento jurídico.

> Em *Introdução ao Estudo do Direito*, os temas abordados por esta obra são mais detalhados, tais como a antinomia, a hierarquia das normas etc.

11. Poder e coação. Para fazer valer o direito é preciso coação e, para isso, o Poder do Soberano, que retém o poder de exercer a força para aplicar a norma efetivamente. Esse poder é constituído por órgãos que, por sua vez, são estabelecidos pelo próprio ordenamento normativo.

12. Bobbio confluía com o pensamento de Kelsen. No começo de suas pesquisas, Bobbio foi muito confluente com o pensamento de Hans Kelsen e o Positivismo Jurídico em um sistema fechado.

13. Maturidade filosófica. Em sua maturidade filosófica, Norberto Bobbio começa a rever seu posicionamento e apresenta, em sua obra *Da estrutura à função: novos estudos de teoria do Direito*, um posicionamento mais aberto e com estreitos contatos com as ciências sociais, deixando de lado, como afirma Bobbio, o seu esplêndido isolamento.

Em outras palavras, Bobbio começa a "abrir o sistema" da Ciência do Direito para a Sociologia.

Nas palavras de Bobbio, "(...) longe de se considerar (o Direito), como por muito tempo foi, uma ciência autônoma e pura, busca, cada vez mais, a aliança com as ciências sociais, a ponto de considerar a si própria como um ramo da ciência geral da sociedade" (BOBBIO, Norberto. *Da estrutura à função: novos estudos de teoria do direito*. São Paulo: Manole, 2007. p. 46).

14. Estruturalmente fechado e funcionalmente aberto. Para Bobbio, o Direito é estruturalmente fechado e funcionalmente aberto. Isto que dizer que devemos observar o conjunto de regras postas e transmitidas de maneira fechada e os fatos sociais sujeitos às normas abertas ao subsistema social.

15. O Direito é um subsistema. Para Bobbio, desta maneira, "em relação ao sistema social considerado em seu todo, em todas as suas articulações e interrelações, o Direito é um subsistema que se posiciona ao lado dos outros subsistemas, tais como o econômico, o cultural e o político, e em parte se sobrepõe e contrapõe a eles" (BOBBIO, Norberto. *Da estrutura à função: novos estudos de teoria do direito*. São Paulo: Manole, 2007. p. XIII).

16. A impossibilidade de isolar a Ciência do Direito. Em suma, a aproximação do Direito com as ciências sociais, bem como a constatação dos problemas gerados pela tentativa de purificação do Direito, levaram à abertura do sistema jurídico, por se mostrar impossível uma ciência pura, no sentido de haver um afastamento total do estudo das circunstâncias sociais que afetam o Direito.

17. O Direito: uma ciência social aplicada. Por ser uma ciência social aplicada, é difícil imaginar a Ciência do Direito isolada, sem relação com a sociedade e, consequentemente, sem relação com os estudos sociológicos. É por conta disso que ao vermos o Direito como um sistema, segundo Bobbio, precisamos vê-lo como um subsistema que se liga com a sociedade.

18. O Direito: um sistema aberto. Pode-se definir sistema aberto como aquele em que a maioria das regras estão, ou são consideradas, em estado fluído e em contínua transformação; é aquele em que, ao jurista, é atribuída a tarefa de colaborar com o legislador e com o juiz no trabalho de criação do novo direito (BOBBIO, Norberto. *Da estrutura à função: novos estudos de teoria do direito*. São Paulo: Manole, 2007. p. 38).

IV | Alf Ross – O Realismo Jurídico

1. Alf Ross (1899-1979). O dinamarquês e filósofo Ross de Alf Niels pode ser nomeado como o principal expoente do realismo jurídico escandinavo. Estudou na High School em 1917, graduando-se em 1922. Estudou na Inglaterra e na Áustria, em especial em Viena, e graduou-se também em Filosofia, na Uppsala (Suécia), em 1929. Foi professor na Universidade de Copenhague em 1935.

2. Obras. Diversos são os escritos, tanto no campo político, filosófico e jurídico. Para nosso estudo interessa citar a obra *Direito e Justiça*.

3. A oposição de Alf Ross ao seu mestre Hans Kelsen. Aluno de Hans Kelsen em Viena, Alf Ross muito estudou. Sua teoria destoa da kelseniana, pois Ross busca construir um modelo teórico de ciência cuja as proposições sejam verificadas com base na experiência, assim como na Ciência natural, ao contrário de Hans Kelsen, que buscava pureza em sua teoria descartando o empirismo para fundamentar seu pensamento.

4. Direito x Direito vigente. Nessa perspectiva empírica de teorizar o Direito, Alf Ross diferencia "Direito" de "Direito vigente". Para ele, apenas o "Direito" consiste no Direito sem adjetivações, ou seja, consiste no conjunto de normas diretivas; esse Direito tem uma aproximação grande com o de Hans Kelsen, ao passo que o "Direito vigente" consiste em observar as normas efetivamente aplicadas pelos juízes quando decidem controvérsias; nesse caso, a validade da norma está condicionada à aplicação do juiz.

Exemplo

Suponha uma discussão de professores de Direito sobre demissão por justa causa. Eles citam dispositivos legais para compreensão deste fenômeno. Outra hipótese: suponha alguém que foi sentenciado por um juiz do trabalho caracterizando uma demissão por justa causa. No primeiro caso há uma discussão pura do Direito normativo, podemos dizer que aqui há o Direito, enquanto na segunda hipótese há uma aplicação dessas normas de maneira empírica e com isso existindo um "Direito vigente" para o caso concreto.

5. Direito e Justiça. Na obra *Direito e Justiça*, Alf Ross trata de diversos temas. Se pudéssemos esquematizar diríamos que seu trabalho visa consignar basicamente quatro teses.

> As quatro teses foram extraídas da obra de GARBI, Adrian. *Clássicos de Teoria do Direito*. 2. ed. Lumen Juris, 2009. p. 66.

6. Primeira tese – O Direito vigente. Trata-se do marco central para a compreensão do fenômeno normativo. Para Ross, só é possível compreender se uma norma funciona ou se é usada em uma ordem jurídica quando é preciso analisar o comportamento dos magistrados, que são os verdadeiros destinatários das normas jurídicas. Essa percepção implica a remodelação da percepção tradicional das disciplinas jurídicas.

7. Segunda tese – A ciência jurídica. Tal tese discorre sobre a ciência jurídica, visa compreender como se dá o conhecimento produzido pelos juristas a partir das constatações do Direito vigente. Para ele, só é possível haver uma verdadeira ciência do Direito quando esta é analisada a partir de uma verificação empírica, pois é um sem sentido propor uma ciência jurídica a partir de uma previsão de ocorrência futura sem determinada ordem jurídica.

8. Terceira tese – Ceticismo da interpretação judicial. Nessa tese, Alf Ross afirma que as decisões dos juízes sempre são influenciadas por *valores subjetivos*, em especial do *valor justiça*.

9. Quarta tese – "Conceitos jurídicos". "Para Ross, conceitos como de 'propriedade' são vazios, são meras palavras, mas servem para ligar 'fatos jurídicos' a 'consequências jurídicas' desempenhando importante função no discurso da doutrina jurídica (Capítulo IX)" (GARBI, Adrian. *Clássicos de Teoria do Direito*. 2. ed. Lumen Juris, 2009. p. 66).

V | A Superação do Modelo Lógico Formal pela Lógica do Razoável

1. A Lógica formal. Os estudos do Direito que têm como base a Lógica formal entendem o Direito como uma realidade comunicacional que estuda a Linguagem Jurídica do ponto de vista sintático, que são os elementos formadores da norma jurídica.

Para os estudos da Lógica formal, a norma jurídica é uma estrutura hipotética condicional formada por duas proposições: *descritiva* e *prescritiva*, ligadas por uma cópula deôntica da expressão *dever ser*.

> A expressão *dever ser* pode ser interproposicional, sendo neutra e não se modalizando) ou intraproposicional, tripartindo-se em modais de *obrigatório*, *proibido* e *permitido*.

Os estudos que envolvem a lógica formal são muito importantes, isso porque apresentam critérios estruturais para decidibilidade. Entretanto, a lógica formal possui suas limitações, uma vez que não é apta a solucionar diversas controvérsias referentes à interpretação e aplicação das normas jurídicas aos casos concretos, já que esse estudo volta-se tão somente para a estrutura comunicacional do enunciado jurídico.

2. Estudos de lógica formal no Brasil. Existem alguns estudiosos da lógica formal no Brasil. Citamos o professor tributarista Paulo de Barros Carvalho, que por sua especificidade da matéria, tem na lógica formal muitas soluções, e o Professor Lourival Vila que nos adverte a necessidade de compreender que tal estudo consiste em um recorte sistêmico, e que outras áreas de estudo devem ser levadas em consideração:

"A lógica jurídica, como a Lógica Geral, representa um corte temático sobre um todo, a separação abstrata de alguns componentes, pondo os demais entre parênteses, na atitude antinatural de suspender o interesse pelo mundo em torno de mim, que é um fluxo indistinto e inseparável de fatos, de homens, de valores, em substância, tudo resultante da inevitável ocupação do sujeito com o seu mundo circundante" (VILANOVA, Lourival. *Estruturas lógicas e o sistema de direito positivo*. São Paulo: Noeses, 2005. p. 304).

Importante

Embora a Resolução 75 do Conselho Nacional de Justiça tenha dado com superado o modelo lógico formal, não podemos dizer que este pereceu, e que não deve ser levado em consideração em nenhuma hipótese. Ainda vemos muitas decisões baseadas de maneira acertada à luz da lógica formal, como é o caso, no Direito Tributário, com o princípio da estrita tipicidade.

3. A superação do modelo lógico formal pela lógica do razoável. Grande expoente do modelo conhecido como *Lógica do Razoável* é Recaséns Siches. Difícil classificá-lo como teórico, filósofo ou sociólogo do Direito, pois seus estudos começam na Sociologia, desenvolvem-se na Filosofia e, ao fim, apresenta uma teoria do Direito.

4. Luis Recaséns Siches (1903-1977). Nascido na Espanha e discípulo de do romano Giorgio Del Vecchio, dos berlinenses Rudolf Stanmmler, Rudolf Smend e Hermann Heller e dos vienenses Hans Kelsen, Felix Kaufmann e Fritz Schrgirer, maiores expoentes do pensamento jurídico da época.

5. Obras de Recaséns Siches. São obras de Siches: *Tratado geral de filosofia do Direito, Nova Filosofia da interpretação do Direito* e *Experiência jurídica, natureza das coisas* e *Lógica do Razoável*.

6. Interpretação. Para Siches, o procedimento de interpretação do comando legal é instrumento de concretização da Justiça. Corresponde à fixação do sentido da norma, fixando seu espaço e suas possibilidades de aplicação.

7. A lógica tradicional é ultrapassada. Tal Lógica, também chamada de Lógica formal, com base racional matemática, é ultrapassada, pois não possui elementos suficientes para ser utilizada na aplicação do Direito, podendo levar a absurdos.

O clássico exemplo do urso, relatado por *Gustav Radbruch*, em uma estação ferroviária na Polônia, denota esses tipos de absurdos.

> **Exemplo**
>
> Em uma estação Ferroviária havia um Cartaz que dizia: "é proibida a entrada de cães". Um homem cego não pode entrar com seu cão guia, então outro homem tentou entrar com um urso e também foi impedido.
>
> Iniciou-se um conflito, pois o homem que vinha com o urso afirmava que a restrição não se aplicava a ele, já o cego dizia que era um absurdo não poder entrar com seu cão.

Caso aplicássemos a lógica tradicional para o exemplo exposto, o homem com o urso teria sua entrada franqueada, ao passo que o senhor cego seria impedido de ingressar na estação. Notem que esse disparate nos convida a uma superação, em alguns casos, da lógica formal para uma lógica do razoável.

8. Critérios para a aplicação da lógica do razoável. Para se aplicar um critério de decidibilidade à luz da Lógica do Razoável é preciso observar as seguintes características:

a) a decisão é exercida em função da ponderação de variantes circunstanciais;

b) tal decisão não se exerce como expressão da opinião singular ou da coletiva, mas obedece a parâmetros de entendimentos jurídicos majoritários;

c) a decisão dá-se em função de necessidades práticas e ocorrência fenomênica;

d) constrói no uso discursivo e argumentativo a situação de exercício da razão jurídica;

e) pressupõe intertextualidade.

9. Ser subjetivo significa ser ligado à sociedade. Siches ensinava que a Lógica do Razoável pode ser vista como subjetiva, mas devemos tê-la como um método subjetivo, ou seja, devemos analisar os fatos sociologicamente e com isso, sermos metodologicamente subjetivos.

> **Importante**
>
> Para Siches, o Direito, que desde um ponto de vista sociológico é um tipo de *fato social*, atua como uma força configurante das condutas, modelando-as e nelas intervindo de modo auxiliar ou principal, ou se preocupando de qualquer outra maneira com o sujeito agente.

VI — John Rawls – Uma Teoria da Justiça

1. John Rawls (1921-2002). Nascido em 1921 no Estado de Maryland. Em 1939, ingressou na Universidade de Princeton e integrou o exército. Em 1950, concluiu seu doutorado em Princeton, tratando dos métodos de deliberação ética.

Com o amadurecimento de seus estudos de teoria política, surgiram ideais que culminaram com a publicação, duas décadas depois, de "Uma teoria da Justiça", obra da qual destacaremos os principais pontos a seguir.

Lecionou em *Oxford, Massachusetts Institute of Technology* (MIT), e em Harvard desde 1962, onde atuou até novembro de 2002, quando faleceu.

2. Obras. Quanto a sua produção bibliográfica de Rawls, podemos dividi-la em três fases (MIZUKAMI, Pedro Nicoletti. *O conceito de Constituição no pensamento de John Rawls*. São Paulo: IOB Thomson, 2006):

Fases	Obras
Primeira	Nessa fase, Rawls elabora artigos veiculados em diversas publicações. Trabalha questões subjacentes à obra *Uma teoria da Justiça*. Artigos como: *Justiça como equidade* (1958); *O senso de Justiça* (1963); *Liberdade constitucional* (1963), *Desobediência civil* (1966); *Justiça distributiva* (1967).
Segunda	Tem como marca sua obra central publicada em 1971, *Uma teoria da Justiça*. Nessa obra, Rawls tentou reunir em uma visão coerente as ideias veiculadas nos artigos que havia escrito nos últimos doze anos (primeira fase).
Terceira	Inicia-se após a publicação de *O liberalismo político*, em 1993, como antes ressaltado, e vai até o ano de sua morte (2002). Publicou um artigo em que foram abordadas ideias de justiça internacional *The law of peoples* – O direito dos povos, de 1993, posteriormente aplicado e publicado como livro homônimo em 1999.

3. Uma Teoria da Justiça. Rawls considera que não existe Justiça sem Moral. Assim, tal obra, embora filosófica, possui forte influência da Ciência Política e apresenta uma Teoria do Direito.

> "(...) procura esquivar-se assim do positivismo jurídico, de um lado, e das definições materiais da Justiça (do jusnaturalismo clássico), de outro. Esse modelo procedimental, forma de articulação entre regras (procedimentos) e práticas (instituições) caracteriza o trabalho conceitual da obra de John Rawls e a aproxima da Filosofia prática de Immanuel Kant". (RAWLS, John. *Uma teoria da Justiça*. Trad. Almiro Pisetta e Lenita M. R. Esteves. São Paulo: Martins Fontes, 1997, Prefácio. p. 13).

4. Neocontratualista. John Rawls é considerado por muitos como neocontratualista, pois busca fundamentar diversos temas buscando a gênese da sociedade.

5. Posição original e véu da ignorância. Sua teoria funda-se em diversos conceitos. Destacamos de início os conceitos de *posição original* e do *véu de ignorância*.

6. Posição original. Consiste na situação eminentemente hipotética em que os integrantes da sociedade, que se quer como justa, tidos como contratantes livres e iguais, escolhem, todavia sob um "véu de ignorância", os princípios de justiça que governarão tal sociedade.

> A definição de posição original remonta a ideia de Rousseau, com seus raciocínios hipotéticos condicionais, e de Hobbes, em seu Estado de Natureza, como já tratado nesta obra nos capítulos referentes à Ciência Política.
>
> Entende Rawls, desta maneira, que a "posição original", assim, seria o equivalente ao momento pré-contratual de formação da sociedade bem ordenada, mas não só, podendo ser encarada como um espaço argumentativo em que os interessados devem encontrar-se sempre que seja necessário o debate a respeito dos princípios de justiça.

7. Véu da ignorância. Consubstancia instrumento indispensável à definição da posição originária. Se as partes conhecessem todas suas particularidades, os resultados nas escolhas dos princípios de justiça seguramente seriam influenciados por elementos arbitrários. Não estando todas as partes na mesma posição equitativa, não haveria a satisfação dos princípios da justiça, uma vez que alguns veriam mais e outros veriam menos.

Sendo assim, o egocentrismo é o ponto a ser neutralizado, por assim dizer, pelo *véu de ignorância*, a fim de garantir justiça no ponto originário.

8. Justo e injusto. Para Rawls, o que é *justo* ou *injusto* pode variar de pessoa para pessoa, muitas vezes calcado em juízos ponderados que mais se aproximam de verdadeiras convicções.

Assim, a conformação dos princípios da Justiça defendidos por Rawls, como aqueles que seriam escolhidos na situação da *posição original* com os juízos ponderados de cada ser humano, depende de um complexo e específico procedimento que vai e volta dos primeiros para os segundos, buscando estabelecer uma compatibilidade entre ambos, traduzida no conceito de *equilíbrio reflexivo*.

9. Estrutura básica de sociedade. Visa o melhor equacionamento do sistema de organização das instituições justas. Para Rawls, o primeiro objetivo dos princípios da justiça social é a estrutura básica da sociedade, a ordenação das principais instituições sociais em um esquema de cooperação.

Tais princípios devem orientar a distribuição de direitos e deveres dessas instituições, determinando a distribuição adequada dos benefícios e encargos da vida social. Entende Rawls que instituições devem exercer este papel, como o sistema público de regras que define cargos e posições com seus direitos e deveres, poderes e imunidades. Ou seja, todos que estão nelas engajados sabem o que as regras exigem delas e dos outros.

10. Princípios da sociedade ordenada. Rawls cria um ambiente social propício, nas suas palavras uma "sociedade bem ordenada" para a verificação plena dos dois princípios vetores da concretização da justiça.

1.º Princípio: Todas as pessoas têm igual direito a um projeto inteiramente satisfatório de direitos e liberdades básicas iguais para todos, projeto este compatível com todos os demais; e, nesse projeto, as liberdades políticas, e somente estas, deverão ter seu valor equitativo garantido.

2.º Princípio: As desigualdades sociais e econômicas devem satisfazer dois requisitos:

a) devem estar vinculadas a posições e cargos abertos a todos, em condições de igualdade equitativa de oportunidades; e

b) devem representar o maior benefício possível aos membros menos privilegiados da sociedade.

11. Distribuição equitativa. Por meio desses dois princípios de justiça, é que deve ser efetivada a distribuição equitativa de bens primários (*primary goods*), isto é, bens básicos para todas as pessoas independentemente de seus projetos pessoais de vida ou de suas concepções de bem.

Entende Rawls que os mais fundamentais de todos os bens primários são o autorrespeito *(self--respect)* e a autoestima *(self-esteem)*, acompanhados das liberdades básicas, rendas e direitos a recursos sociais, como a educação e a saúde.

Possível afirmar, portanto, que a doutrina de Rawls é fundada em esquema eminentemente *procedimental*, para que então se alcance a "sociedade bem ordenada" antes referida.

12. Diferenças do pensamento de Ralws e o utilitarismo. Vale dizer que, *Uma teoria da Justiça* não deve ser confundida com o utilitarismo de Stuart Mill.

Sobre o utilitarismo, deve ser consultado o capítulo referente nesta obra à Ciência Política.

Entendemos que sua teoria apresenta-se como uma alternativa ao utilitarismo. Se o utilitarismo visa o bem-estar da sociedade como um todo, mesmo que em detrimento do bem-estar de cada indivíduo, a teoria da justiça parece visar o contrário: a *felicidade* do indivíduo, no pleno gozo de suas liberdades básicas, com predominância sobre a busca do bem-estar geral.

> **Resumindo**
>
> A *estrutura básica da sociedade* proposta por Rawls, assim, pode ser entendida como a forma pela qual as principais instituições sociais se arranjam em um sistema único, pelo qual consignam direitos e deveres fundamentais e estruturam a distribuição de vantagens resultante da cooperação social.

VII — Modelos de Decidibilidade – Modelo Subsuntivo

1. Considerações iniciais. No Direito, existem diferentes modelos de decisões: alguns visam justificar as proposições normativas, tais como os modelos *subsuntivo* e *os modelos de ponderação*, enquanto outros visam justificar a relação entre os agentes em um embate argumentativo, tal como o *modelo argumentativo*. A seguir exporemos resumidamente cada um desses modelos.

> **Importante**
> Independente do modelo a ser adotado, devemos conhecer os demais modelos de decidibilidade para que possamos fundamentar melhor nossas decisões.

2. Modelo subsuntivo. Os expoentes deste modelo são Carlos Alchourrón e Eugenio Bulygin. Na década de 70, propuseram que a decidibilidade no Direito deveria se justificar por escolhas anteriores, imparciais, e que as propriedades relevantes já seriam identificadas e universalizáveis. Tais universalizações seriam possíveis, a juízo desse modelo, pela proposição de escolhas anteriores e identificáveis empiricamente.

> **Importante**
> Para o modelo subsuntivo, a decidibilidade no Direito devia se justificar por escolhas anteriores, imparciais, e que as propriedades relevantes já seriam identificadas e universalizáveis.

3. Críticas ao modelo subsuntivo. Existem diversas críticas a esse modelo. Destacamos três delas:

a) *Zona de penumbra e vagueza dos termos:* Trata-se de um problema dado por conta da indeterminação da linguagem natural.

> **Exemplo**
> O termo *dignidade da pessoa humana* não é um termo preciso, podendo ser interpretado de diversas formas.

b) *Complexidade:* Tal modelo deve levar em consideração a complexidade da inserção de mais de uma regra, o modelo subsuntivo deve levar em conta todo o ordenamento, e não apenas uma norma.

c) *Incoerência:* Outra crítica feita a esse modelo é a incoerência do sistema. Entende-se que uma lei pode ser justificada por um parâmetro, mas não justificada por outro.

Como dissemos, o modelo subsuntivo busca generalizações que podem ser *subinclusivas* ou *sobreinclusivas*, ou seja, o legislador pode incluir propriedades a mais, para as quais ele não estaria disposto a dar a mesma solução, ou, ainda, o legislador pode excluir propriedades para as quais ele estaria disposto a dar uma solução normativa proposta.

> **Exemplo**
>
> O clássico exemplo que ilustra bem essa questão é o caso da placa que diz: "É proibida a entrada de cães". A partir dessa regra, pergunta-se: É permitida a entrada de ursos? (subinclusiva); ou: É proibida a entrada de cães-guias? (sobreinclusiva).
>
> Notem que, nesse caso, se o urso não puder entrar ou se o cão entrar, haverá um problema de objetividade e as generalizações começam a perder força; inicia-se um esfacelamento do modelo.

4. Resposta às críticas. Na interpretação e aplicação do Direito existe a discricionariedade, ou seja, os órgãos designados para emitir normas individuais para os casos concretos terão o poder para escolher o que é relevante e qual a decisão adequada.

5. A subjetividade – nova crítica. Nova crítica que se apresenta ao modelo é que a discricionariedade que admite o positivismo jurídico como possibilidade da resolução de problemas apresenta a implicação de uma escolha subjetiva daquele que tem o poder de decidir.

6. Resposta de Herbert Hart. Sobre a questão da subjetividade, afirma o positivista Herbert Hart (1907-1994) que, *no momento em que surge a indeterminação, brota novamente o problema da justiça, com uma carga subjetiva, que cria uma abertura sistêmica.*

É nesse contexto que Hart legitima a decisão da autoridade sem questionar se é justa, mas sim compreendendo se é válida e aceita no sistema.

> **Exemplo**
>
> Caso uma decisão falível (decide contra a determinação da lei) seja definitiva, não há nada a fazer, uma vez que foi a autoridade quem decidiu desse modo.

7. Critical Legal Studies. O subjetivismo abre a possibilidade de críticas ainda maiores, tais como a da *Critical Legal Studies*, no sentido de que não há diferença, nos casos discricionários, entre o legislador e o juiz, haja vista que o magistrado legisla antes de ditar a norma individual. Com isso, modelos de ponderação ou sopesamento ganham força. É o que estudaremos a seguir.

VIII | Modelos de Decidibilidade – Modelo de Sopesamento

1. Considerações iniciais. Com as críticas oferecidas, novos modelos de decidibilidade surgem, tais como o de Ronald Dworkin, nascido em 1931, que oferece a tese da integridade.

2. A tese da integralidade – Ronald Dworkin. Busca Dworkin uma ponderação racional, tentando olhar para o comportamento dos tribunais e mostrando que os juízes estão dispostos a oferecer razões baseadas em máximas morais e de políticas públicas para fundamentar essa escolha.

Ao oferecer essa tese da integralidade, Dworkin reconhece outros parâmetros normativos que não apenas as normas postas, de modo que se amplia o plexo normativo para além da norma posta. Dworkin acredita que é possível, dentro de cada comunidade jurídica, reconstruir valores capazes de apontar, caso a caso, a solução correta.

3. Do modelo subsuntivo para o modelo de sopesamento. A partir dessas considerações, o modelo subsuntivo começa a dar espaço a um novo modelo de justificação de decisões, surgindo o modelo de sopesamento.

O modelo de sopesamento considera que a melhor interpretação consiste na decisão mais coerente; deste modo, a decisão deixa de partir de um fundamento dado para se encontrar uma decisão que visa justificar o ordenamento como um todo coerente.

4. Distinção entre o modelo do sopesamento e o modelo subsuntivo. Ao contrário do modelo subsuntivo, que tem um modelo dedutivo, o modelo de ponderação tem um raciocínio *abdutivo*, no qual se parte de uma observação e se busca a sua causa, por intermédio de teorias que relacionam causa e consequência.

Com isso, esse modelo estabelece uma espécie de hierarquia condicionada; em outros termos, coerentemente, começa a selecionar as melhores hipóteses de decisão em casos paradigmáticos, e, consequentemente, cria-se normas interpretativas precedentes.

Assim, diminuem as possibilidades de escolha e se justifica uma hierarquização condicional da interpretação prévia, uma vez que as decisões passadas começam a servir de referência às interpretações futuras.

5. Críticas ao modelo. Seus críticos, como o neopositivista Joseph Raz, indicam como ponto fraco desse modelo o fato de que as decisões conhecidas como autoritárias prévias deixam de serem razões finais/conclusivas, para exercerem uma função indicativa, e, com isso, a decisão coerente torna-se fim.

Deste modo, as razões conclusivas perdem força, abrindo espaço para decisões ponderadas, que podem ser subjetivas, esfacelando a ideia inicial do positivismo jurídico, que busca construir um conhecimento estritamente descritivo de normas jurídicas válidas e pertinentes a um sistema de normas no qual a lógica deôntica tem um papel fundamental.

A lógica *deôntica* consiste em um estudo de sistemas dedutivos de proposições com operadores modais deônticos (proibido, permitido ou obrigatório).

Além dessa crítica, existe uma dificuldade de construir uma hierarquia a partir de casos particulares; a resposta a essa crítica seria a proposta de integração de Dworkin, que, como vimos, propõe uma integridade global, de uma comunidade, a ponto de identificar para cada caso qual a solução correta.

IX — Modelos de Decidibilidade – Modelo de Argumentação ou da Tópica

1. Considerações iniciais. Com as críticas ao modelo de ponderação, surge o modelo da *argumentação ou da dialética*. Diferentemente dos outros dois modelos citados, esse modelo não se volve para o conteúdo da proposição; volve-se para a relação entre os agentes em um embate argumentativo, ou seja, vê-se a comunicação e não mais as proposições dos agentes.

Frans van Eemerem denomina esse modelo como pragma-dialético, uma vez que conjuga a tradição dialética aristotélica com a pragmática da comunicação.

2. A Retórica – Aristóteles. O grande tratadista Aristóteles grafou na Antiguidade mais uma célebre obra, *A Retórica*. Tal obra merece destaque, uma vez que Aristóteles ensina como ser um bom orador, como ser eloquente e como expor.

3. A Retórica – Theodor Viehweg. A ideia de Viehweg deriva da tradição aristotélica de retórica e tópica. Como observa Theodor Viehweg, em sua obra *Tópica e jurisprudência*, existe uma estrutura espiritual tópica, distinta da estrutura dedutiva-sistemática. Entende que a tópica é uma técnica de pensar por problemas desenvolvidos ou criados pela retórica.

> Tópica, deriva de *Topoi*, que significa lugar. Viehweg busca *lugares comuns* para decidir.

4. A Retórica – Perelman. Muito tempo depois, e com a revolução copernicana de Kant, muda-se a análise do objeto do conhecimento para o sujeito do conhecimento. Nesse contexto, Perelman ganha força ao defender em sua obra *A Nova Retórica* que, além das técnicas de oratório, deve o expositor preocupar-se com a plateia, o público que assistirá à exposição.

Resumindo

Aristóteles preocupou-se em sua Retórica de apresentar regras objetivas para o Orador.

Viehweg entende que a tópica é uma técnica de pensar por problemas desenvolvidos ou criados pela retórica.

Perelman apresentou regras objetivas, mas advertiu a necessidade de se conhecer a plateia para a qual irá se dirigir.

5. Críticas. A crítica a esse modelo está basicamente na subjetividade, ou seja, na ausência de critérios lógicos, sistêmicos ou metodológicos que justifiquem a escolha de determinada opção.

> **Exemplo**
>
> Em *Protágoras*, Platão narra que Sócrates indaga Protágoras sobre o que é justo – Protágoras diz que justo consiste em *"dar a cada um o que lhe é devido"*.

Hans Kelsen, em suas obras *A ilusão da Justiça* e *O problema da Justiça*, rebate tal resposta do sofista, ao questionar o que é devido a cada um. Existe a vagueza nas respostas, ficando difícil encontrar uma resposta mais próxima da precisão.

X | Teóricos Brasileiros – Miguel Reale

1. A importância do pensamento jurídico brasileiro. A Filosofia é muito profícua em nosso país, e, no Direito, tanto a Filosofia como as teorias são muito ricas.

Poderíamos, neste capítulo, citar diversos pensadores do Direito brasileiro, tais como Rui Barbosa, João Mendes Junior, Silvio Romero, Tobias Barreto, Pedro Lessa , José Pedro Galvão de Souza, entre outros. Entretanto, optaremos por expor nos próximos capítulos o pensamento dos ilustres Professores Miguel Reale e Tercio Sampaio Ferraz Junior.

2. Miguel Reale. Graduado em Ciências Jurídicas e Sociais do Largo São Francisco em 1934, quando escreveu seu primeiro livro, *O Estado moderno*. Doutorou-se em Direito em 1941, quando se tornou catedrático de Filosofia do Direito na Faculdade de Direito do Largo São Francisco (USP).

Lançou a base para sua Teoria Tridimensional do Direito, com sua tese *Fundamentos do Direito* (1940). Falecido em 2006, Miguel Reale foi um dos maiores expoentes que a Filosofia do Direito já teve nesse país.

3. Teoria Tridimensional do Direito. Elaborada pelo jusfilósofo Miguel Reale, trouxe uma abordagem inédita na doutrina. Reale defende que a Ciência Jurídica tem, por obrigação, ser considerada em termos de uma realidade cultural. A partir desta, faz uma relação entre o *fato, o valor e a norma*, sendo que o Direito não pode ser considerado como uma ciência pura, desligado do mundo sensível.

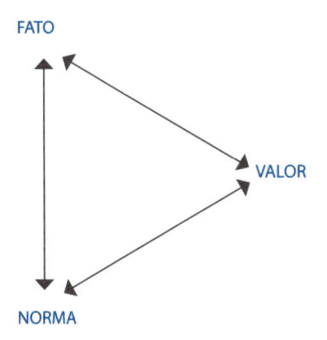

```
           FATO
            ↑↖
            |  ↘
            |   ↘
            |    VALOR
            |   ↗
            |  ↗
            ↓↙
          NORMA
```

4. Os três elementos. Podemos dizer que, em linhas gerais, a Teoria Tridimensional do Direito dispõe que o Direito se apresenta, e deve ser analisado, por meio de três aspectos inseparáveis e distintos entre si:

a) o primeiro, *axiológico* (que envolve o valor de justiça, a cultura);

b) o segundo, *fático* (que trata do fato, da efetividade social e histórica);

c) o terceiro, *normativo* (que compreende o ordenamento, a norma, o *dever-ser*).

5. Unidade e integração. Com esses elementos, é necessário estudar o Direito numa relação de unidade e de integração entre fatos e valores para, desta maneira, termos a norma.

"Direito é a realização ordenada e garantida do bem comum, numa estrutura tridimensional bilateral atributiva" (REALE, Miguel. *Lições preliminares de Direito*. São Paulo: Bushatsky-Editora da Universidade de São Paulo. 1973).

6. Dialética de implicação e polaridade. Segundo Reale, o tridimensionalismo do Direito se dá em uma relação dialética de implicação e polaridade. Ou seja, os três elementos se colocam dialeticamente, correspondendo o fato à tese, o *valor* à antítese e a *norma* à síntese do fato e do valor. Além disso, um fato implica imediatamente seu outro polo, o valor; e implica outro polo, a norma.

Exemplo

Tício mata Mévio, pois este não pagou R$ 2,00 que havia emprestado daquele.

A este *fato* temos implicado, em outro polo, um *valor* de repúdio social.

Após verificar o *fato* que teve como *valor* o repúdio, temos a *norma* penal, que dispõe no art. 121 do CP que é crime matar.

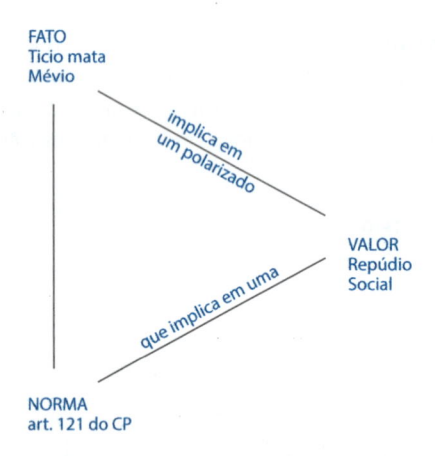

```
FATO
Tício mata Mévio
        \
         implica em um polarizado
          \
           VALOR
           Repúdio Social
          /
         que implica em uma
        /
NORMA
art. 121 do CP
```

Importante

A tridimensionalidade do Direito, de Miguel Reale, difere das propostas anteriores (denominadas por ele como *tricotomias*), uma vez que sua teoria apresenta uma relação dialética de implicação e polaridade entre os elementos que constituem a experiência jurídica. Tal dialética implica fatos, valores e normas.

7. O culturalismo em Reale. Para Reale, o culturalismo é uma concepção do Direito que se integra no historicismo contemporâneo e aplica, no estudo do Estado e do Direito, os princípios fundamentais da Axiologia, ou seja, da teoria dos valores em função dos graus de evolução social. Observa-se, então, que Miguel Reale compreende o Direito como fenômeno cultural.

8. Nova dimensão da divisão da Filosofia. Por considerar o valor, nesse sentido, incluiu uma nova dimensão à clássica divisão da Filosofia do Direito. Além da Gnosiologia, a Deontologia e a Epistemologia jurídica, já existentes, Reale criou a *Culturologia Jurídica*. Para ele o Direito é um fenômeno cultural.

9. Nomogênese jurídica. Para Reale, sobre um fato, vários valores incidem, e desses valores, muitas outras normas podem surgir. A pergunta que se coloca é: qual norma escolher? Esquematicamente, seria o seguinte:

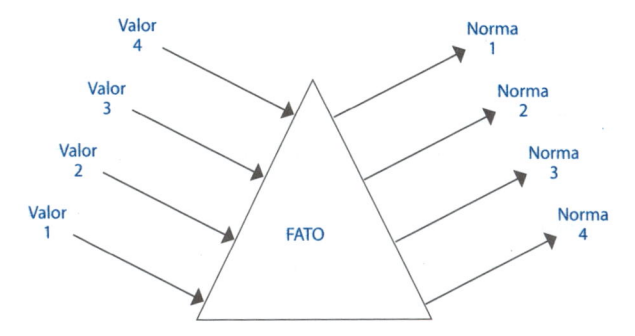

Dos valores que incidem e das normas que refletem devemos optar por uma norma. É o *poder* que será o elemento para a escolha dessa norma.

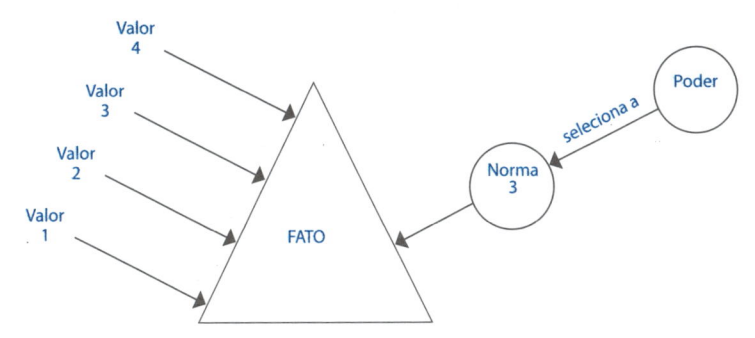

10. Norma jurídica e lógica. O Direito é dinâmico e deve ser compreendido como tal. A norma jurídica não pode ser vista como um modelo lógico definitivo, uma vez que é um modelo ético-funcional, sujeito à prudência exigida pelo conjunto das circunstâncias fático-axiológicas em que se acham situados os seus destinatários (*O Direito como experiência*. São Paulo: Saraiva, 1968. p. 200).

XI — Teóricos Brasileiros – Tercio Sampaio Ferraz Junior

1. Tercio Sampaio Ferraz Junior. Aluno de Miguel Reale, Tercio Sampaio é visto como um dos maiores jurisfilósofos da atualidade. Nascido em São Paulo em 1941, estudou em Johannes Gutemberg Universitat, de Mainz, Alemanha. Atualmente é professor titular da Faculdade de Direito Pontifícia Universidade Católica de São Paulo (PUC-SP).

2. Introdução ao estudo do Direito. O autor considera que a decidibilidade dos conflitos é o problema central da ciência do direito contemporâneo, enquanto uma ciência prática.

3. Fenômeno decisório. O Direito é um fenômeno decisório, em que o juiz não pode deixar de julgar valendo-se do *non liquet* (não julgo). Tal fenômeno é vinculado ao poder e a ciência jurídica como uma tecnologia.

4. Dogmática e zetética. Apresentamos, sinteticamente, os conceitos de dogmática e zetética.

5. A dogmática. Deriva do grego *dokéin*, significando ensinar, doutrinar. Visa, portanto, buscar respostas para qualquer tipo de investigação. Para o estudo dogmático é preciso fazer um corte na realidade a fim de isolar os problemas e com isso garantir a tomada de decisão.

Existem três tipos de dogmática:

a) *dogmática analítica*, que visa identificar, organizar e entender o Direito dentro do sistema face às contínuas mudanças das normas no sistema;

b) *dogmática hermenêutica*, que é a ciência do direito na teoria da interpretação. Deve seguir regras sintáticas (combinações da norma entre si), Semântica (conotações e denotações das normas em relação ao objeto norma) e pragmática (normas em relação as suas funções);

c) *dogmática decisória*, que consiste em processos deliberativos que levam à aplicação do Direito.

6. Zetética. A zetética, derivada do grego *zétein*, visa procurar, inquirir, ou seja, busca perguntas e não respostas. Essa investigação cumpre uma função informativa e especulativa. A zetética cumpre a reflexão, a Filosofia.

Exemplo

Se o dogmático invocasse, em sua petição, o art. 1.º, III, da Constituição Federal de 1988 (*dignidade da pessoa humana*), o zetético indagaria o que significa a dignidade da pessoa humana, e onde é possível visualizar tal ditame contemporaneamente.

7. A dicotomia zetética e dogmática. Para o professor Tercio, há uma dicotomia entre zetética e dogmática em uma dialética de implicação e polaridade.

Sugerimos a leitura de Miguel Reale, sobretudo em relação à dialética de implicação e polaridade.

8. Teoria da calibração. É o elemento de preservação do ordenamento jurídico. Isso porque a hierarquia do sistema não é piramidal, mas sim circular; existem vários centros hierárquicos, sendo o sistema normativo dinâmico.

XII — Direito e Ideologia

1. Ideologia. Historicamente, nem no passado, nem nos tempos atuais, houve a proposição de uma definição única do termo *ideologia*. Isso porque o próprio termo "ideologia" tem toda uma série de significados convenientes e nem todos compatíveis entre si.

> Para maiores aprofundamentos sugerimos a leitura do artigo de Henrique Garbellini Carnio: Direito e ideologia: o direito como fenômeno ideológico. *Revista Eletrônica Acadêmica de Direito. Law e-journal. Panóptica*, 17. p. 95-107. Disponível em: [http://www.panoptica.org/novfev2009pdf/05_2009_2_nov_fev_95_107pp.pdf]. Acesso em: 07.08.2012.

2. O criador do termo – 1.ª definição. O termo *ideologia* foi inicialmente criado por Destutt de Tracy, que publicou em 1801 um livro chamado *Eléments d'Idéologie*. Para o autor, *a ideologia é o estudo das instituições políticas não de uma maneira absoluta, mas relativamente ao tempo em que elas se formam e ao meio em que elas se estabelecem* (DELBEZ, Louis. *Le grands courants de la pensée politique française depuis le XIX siècle*. Paris: Librairie Générale de Droit et de Jurisprudence, 2007. p. 25).

3. O conflito com Napoleão Bonaparte. Após alguns anos, Destutt de Tracy e seu grupo de enciclopedistas entraram em conflito com Napoleão, ganhando o termo *ideologia* um sentido pejorativo.

Napoleão utilizava o termo ideologia para demonstrar que os ideologistas franceses eram ultrapassados, sem nexo político ou contato com a realidade, que viviam num mundo especulativo.

4. Para Karl Marx a ilusão – 2.ª definição. Karl Marx, em sua obra chamada *A ideologia alemã*, acreditava que a ideologia é equivalente à ilusão, falsa consciência, como um conjunto de crenças, trazendo a ideia de que o ideólogo é aquele que inverte as relações entre a ideia e o real (ABBAGNANO, Nicola. *Dicionário de Filosofia*. 4. ed. São Paulo: Martins Fontes, 2000. p. 531-532).

Acredita Marx que *ideologia* é, portanto, um conceito pejorativo, um conceito crítico que implica ilusão.

5. Por uma nova definição de ideologia – 3.ª definição. Como vimos, as duas primeiras definições de ideologia não são tão positivas, ou otimistas.

Com isso, temos uma nova postura definidora da ideologia como sendo a possibilidade de uma *postura intelectual, crítica, emancipadora e que está relacionada aos atos humanos*.

6. Ideologia organizada pela Sociologia – 4.ª definição. Toda essa complexidade da significação da palavra ideologia ganha uma organização sociológica, elaborada por Karl Mannheim, em seu livro *Ideologia e Utopia*.

7. Ideologia e Utopia. Para Mannheim, ideologia é um conjunto das concepções, ideias, teorias, que se orientam para a estabilização, ou legitimação, ou reprodução, da ordem estabelecida. Ou seja, é o conjunto de todas aquelas doutrinas que, consciente ou inconscientemente, voluntária ou involuntariamente, servem à manutenção da ordem estabelecida.

Por seu turno, as *utopias* são aquelas ideias, concepções, teorias que aspiram outra realidade, uma realidade ainda inexistente. Têm, portanto, uma dimensão crítica ou de negação da ordem social existente. As utopias têm uma função subversiva, crítica e até mesmo revolucionária.

Diante desta proposta, nota-se que *ideologia* e *utopia* são duas formas de um mesmo fenômeno que se manifesta de duas maneiras distintas, podendo se expressar num primeiro caso ideologicamente e em outro utopicamente.

8. Produção social da ideologia para Marilena Chauí. Sobre as formações sociais específicas como fator de legitimação ideológica, é preciso entender o sentido de produção social da ideologia, que se dá em três momentos fundamentais (*O que é ideologia?* 14. ed. Brasília: Brasiliense, 1984. p. 119):

"a) se inicia como um conjunto sistemático de ideias de uma classe em ascensão cuidando para que os interesses desta legitime a representação de todos os interesses da sociedade por ela. Neste momento se está, assim, legitimando a luta da nova classe pelo poder.

b) no segundo momento se espraia no senso comum, ou seja, passa a se popularizar, passa a ser um conjunto de ideias e conceitos aceitos por todos que são contrários à dominação existente. Neste momento as ideias e valores da classe emergente são interiorizadas pela consciência de todos os membros não dominantes da sociedade.

c) uma vez assim sedimentada a ideologia se mantém, mesmo após a chegada da nova classe ao poder, que é então a classe dominante, os interesses de todos que eram os não dominantes passam a ser negados pela realidade da nova dominação".

9. Para viver é preciso ideologia. Embora possamos ver a ideologia como um recorte da realidade, não podemos ver a ideologia como um problema, mas sim uma realidade.

> **Importante**
>
> Para o estudante que objetiva um cargo público, é importante conhecer a ideologia da carreira em que pretende ingressar. Isso facilita a adequação de seu comportamento no órgão que almeja a vaga.

HERMENÊUTICA JURÍDICA

A Hermenêutica

1. Introdução. A seguir, apresentaremos algumas considerações acerca da Hermenêutica Jurídica. Observaremos as fontes e os métodos de interpretação (tradicionalmente surgidas do Direito privado), tendo também atenção aos mais contemporâneos métodos da Hermenêutica Constitucional.

2. Definição de hermenêutica. O campo do conhecimento que se preocupa em estudar e ofertar aos intérpretes os instrumentos e critérios de interpretação, no âmbito do Direito, chama-se *Hermenêutica*. Com ela, por meio de critérios preestabelecidos, evitam-se interpretações subjetivas por parte de cada intérprete, conferindo maior rigor científico à interpretação normativa.

De acordo com o que preleciona o professor Carlos Maximiliano (MAXIMILIANO, Carlos. *Hermenêutica e aplicação do Direito*. 20. ed. Rio de Janeiro: Forense, 2011, p. 01) "a Hermenêutica Jurídica tem por objeto o estudo e a sistematização dos processos aplicáveis para determinar o sentido e o alcance das expressões do Direito".

Ademais, não se pode confundir interpretação e hermenêutica. Esta é teórica e busca traçar os parâmetros científicos e metodológicos para a prática da interpretação, conforme se verá adiante.

3. Origem etimológica. O termo *hermenêutica* tem sua origem no substantivo *hermeneia* (interpretação) e, ainda, no verbo grego *hermeneuein* (interpretar).

Alguns autores afirmam que esse termo derivaria do nome do deus grego Hermes (filho de Zeus com Maia – figuras mitológicas), responsável por interpretar e traduzir as mensagens incompreensíveis do mundo dos deuses, tornando-as compreensíveis à inteligência e à linguagem humanas.

Assim, denota-se a relevância que a linguagem tem para a Hermenêutica: é por meio dela que se imprime o significado a ser transmitido.

4. Hermenêutica x interpretação: distinções. A hermenêutica é justamente a ciência que traz as diretrizes metodológicas para possibilitar a interpretação e as suas respectivas técnicas. Assim, Paulo Nader assevera: "Enquanto a hermenêutica é teórica e visa estabelecer princípios, critérios, métodos, orientação geral, a interpretação é de cunho prático, aplicando os ensinamentos da hermenêutica. Não se confundem, pois, os dois conceitos, apesar de ser muito frequente o emprego indiscriminado de um de outro. A interpretação aproveita os subsídios da hermenêutica" (NADER, Paulo. *Introdução ao estudo do direito*. 14. ed. Rio de Janeiro: Forense, 1997, p. 303).

Nas palavras de Miguel Reale: "Interpretar uma lei importa, previamente, em compreendê-la na plenitude de seus fins sociais, a fim de poder-se, desse modo, determinar o sentido de cada um de seus dispositivos. Somente assim ela é aplicável a todos os casos que correspondam àqueles objetivos" (REALE, Miguel. *Lições preliminares de direito*. 27. ed. 4. tir. São Paulo: Saraiva, 2004, p. 289), e, por sua vez, hermenêutica é a ciência que fornece os elementos para essa interpretação.

5. Dissidência no conceito de interpretação – Eros Grau. É relevante apresentar o conceito de interpretação proposto pelo Ministro Eros Grau porque difere do explicitado anteriormente. O Ministro considera que interpretação é a atividade que se presta a transformar textos – disposições, preceitos, enunciados – em normas (*Ensaio e discurso sobre a interpretação/aplicação do Direito*. 5. ed. São Paulo: Malheiros, 2009, primeira parte, item III). Observe-se que a diferença reside no objeto da interpretação: na primeira conceituação (item 4) o objeto de interpretação é a norma jurídica, enquanto na segunda (item 5) o objeto é o texto normativo.

6. Diferença entre texto e norma. Pode-se afirmar que a *norma* é o mandamento, o comando, a ordem extraída do texto. O texto, por sua vez, é o enunciado linguístico, dessa forma, uma maneira de exteriorizar a norma.

Contudo, necessário esclarecer que nem toda norma possui um texto. Explica-se: alguns princípios, embora possuam força normativa, não se encontram positivados, tal qual a supremacia da constituição. A Constituição Federal de 1988, inclusive, prevê expressamente a existência de princípios constitucionais implícitos, que possuem a mesma eficácia normativa dos explícitos. É o que se extrai do disposto no § 2.º, de seu art. 5.º.

Assim, em síntese, pode-se concluir que o texto é o enunciado contido no dispositivo legal, ao passo que a norma é o resultado aferível desse texto. Vejamos: "Normas não são textos nem o conjunto deles, mas os sentidos construídos a partir da interpretação sistemática de textos normativos. Daí se afirmar que os dispositivos se constituem no objeto da interpretação; e as normas, no seu resultado" (ÁVILA, Humberto. *Teoria dos princípios:* da definição à aplicação dos princípios jurídicos. 14. ed. São Paulo: Malheiros, 2013, p. 33).

Observe-se que muitas vezes, a partir de um único texto, será possível aferir diversos resultados diferentes, ou seja, diversas normas advindas de um mesmo texto legal. Tais hipóteses são muito bem visualizadas quando o Judiciário dá interpretação, conforme a Constituição, a determinado dispositivo, estabelecendo qual dos resultados possíveis é o compatível com a ordem constitucional.

Exemplo

Texto: Subtrair, para si ou para outrem, coisa alheia móvel. Pena – reclusão, de um a quatro anos, e multa. (art. 155 do Código Penal Brasileiro)

Norma que se extrai deste texto: é proibido furtar.

7. Diferença entre regra e princípio. Na atualidade, é possível verificar-se na doutrina a existência de diversas teorias que diferenciam regras e princípios, dentre elas as teorias defendidas por Robert Alexy e por Ronald Dworkin, que serão brevemente analisadas a seguir.

8. A teoria defendida por Dworkin. Em seus estudos, o autor se propôs a encontrar um contraponto ao positivismo, por meio de uma interpretação que se pautasse em argumentação mais ampla, necessitando para isso do que ele chamou de *princípios*.

A função precípua dos princípios para Dworkin é a de auxiliar o julgador quando estiver frente a um caso difícil (*hard case*), em que não haja norma ou jurisprudência para embasar de forma direta uma decisão. Ainda, em sua obra, Dworkin menciona diversos precedentes na jurisprudência norte-americana, em que julgadores se valeram de princípios como forma de julgar em desacordo com a jurisprudência até então predominante.

9. O modelo de aplicação das regras: tudo ou nada. Dworkin considera que as regras se aplicam no modelo *"tudo ou nada"* (*all-or-nothing*), isto é, quando um fato regulado por determinada regra acontece, de duas uma: ou a regra incide e a solução apresentada por ela prevalece, ou então ela é considerada inválida.

Se houver conflito de regras, uma será considerada *válida* e a outra, se não se apresentar como exceção, será considerada *inválida*.

10. Aplicação dos princípios. De forma diversa das regras, os princípios possuem uma dimensão de *"peso"*, para o autor. No caso de colisão de princípios, a solução é dada por meio do sopesamento: o princípio de *maior peso* se sobrepõe ao de *menor peso*, contudo, sem que este último perca sua validade, como no caso das regras.

11. A teoria defendida por Robert Alexy. Já para Robert Alexy, *princípios* e *regras* são espécies do gênero *norma*.

Segundo esse autor, as regras são *relatos objetivos* de comportamentos devidos ou de atribuição de competências ou poder, que ensejam aplicação imediata de suas prescrições quando verificados os pressupostos de fato abstrativamente previstos.

Por sua vez, os *princípios* seriam *mandamentos de otimização*, que devem ser realizados na maior medida possível, sendo sua caraterística poderem ser aplicados em vários graus, dependendo das possibilidades fáticas e jurídicas.

Dessa maneira, é possível se afirmar que as *regras* incidem de forma absoluta, ao passo que os princípios são passíveis de relativização, diante das peculiaridades do caso concreto. Tal relativização é concretizada por meio da ponderação, que determinará o exato âmbito de incidência e restrição dos princípios jurídicos colidentes. Ademais, havendo colisão entre princípios, a solução não se dará por meio dos critérios clássicos. A possibilidade de relativização dos princípios, contudo, não significa que são desprovidos de validade ou eficácia normativa. A relativização dos princípios levará em consideração a situação concreta e, será racionalizada por meio da proporcionalidade, conforme será visto adiante.

12. Aplicação dos princípios: ponderação. Como visto, não há hierarquia entre princípios e, diante de um caso concreto, eles podem vir a colidir. Nesses casos, em que um princípio limita a irradiação de efeitos do outro, a solução se dará por meio da *ponderação*, pois – ao contrário das regras – um princípio não revoga outro para ser aplicado, apenas restringe seus efeitos, em consonância com a finalidade buscada e as circunstâncias do caso concreto.

A ponderação é concretizada por meio da aplicação do princípio da proporcionalidade. Este, por sua vez, balizará a técnica hermenêutica para solução da colisão entre princípios por meio de seus subelementos, quais sejam: adequação, necessidade/exigibilidade e proporcionalidade em sentido estrito. A proporcionalidade, dessa forma, terá um caráter instrumental na solução das colisões entre normas com natureza de princípio.

13. Diferenças na aplicação dos princípios. Alexy também considera que os princípios possuem dimensões de peso, contudo, ele defende que tal peso não seria pré-determinado – assim como Dworkin acredita, mas apenas externado diante da colisão, sendo mensurado no momento (e não antes) de sua aplicação em um caso concreto. Assim, a aplicação dos princípios, na visão de Alexy, demanda a análise das peculiaridades do caso concreto, não podendo se definir, em abstrato, qual norma principiológica prevalece.

14. Aplicação das regras: subsunção. As regras são, normalmente, aplicadas pelo sistema da subsunção, isto é, os fatos se subsumem as regras (premissa maior/regra → premissa menor/fato = subsunção lógica). A regra jurídica trará, portanto, de uma previsão em abstrato, sobre a qual fatos reais se amoldarão. Ocorrendo tal "roupagem" entre o fato previsto na regra e o ocorrido no mundo real, incidirá a consequência jurídica (sanção) prevista na regra.

Nos casos em que há o conflito entre regras, uma exclui a outra, sendo utilizados para essa operação critérios como hierárquico, cronológico e da especialidade.

Sobre antinomias normativas, recomenda-se a leitura do capítulo de introdução ao estudo do direito, nesta obra.

15. Críticas. Mencione-se Humberto Ávila (ÁVILA, Humberto. *Teoria dos princípios, da definição à aplicação dos princípios jurídicos*. 14. ed. São Paulo: Malheiros, 2013), que faz críticas aos critérios de distinção, com relação às diferenças entre princípios e regras anteriormente estabelecidas. A *primeira crítica* feita pelo autor refere-se à possibilidade dos princípios, assim como as regras, estabelecerem hipótese de incidência e uma consequência a ser implementada na decisão. Isso ocorreria, por exemplo, quando alguns princípios fossem linguisticamente reformulados. Essa posição rechaça o critério do caráter hipotético condicional, sendo que os princípios não se limitam apenas a servir como fundamento das decisões. A *segunda crítica* apontada por Ávila diz respeito ao critério do modo final de aplicação. No sentido de que o autor discorda da afirmação de que as regras nem sempre se aplicam de maneira absoluta (tudo ou nada), cabendo apenas aos princípios uma aplicação gradual. Ávila considera que caberia também às regras uma aplicação gradual. Por fim, a *terceira crítica* refere-se ao critério do conflito normativo: segundo o autor, o método da ponderação não seria utilizado apenas para resolver o conflito entre princípios, mas poderia ainda estar presente na resposta ao conflito de regras. As regras por vezes entram em conflito sem que a validade de uma pressuponha a invalidade imediata da outra. Não haveria, dessa forma, antinomia absoluta entre regras.

16. Importância da Hermenêutica Constitucional. As primeiras constituições escritas surgiram impelidas pelas revoluções francesa e norte-americana, e ganharam, no decurso do tempo, cada vez mais complexidade.

A crescente complexidade dos textos constitucionais, que em diversos casos – como o brasileiro – passaram a tratar não só de matérias tipicamente constitucionais, mas também de outras, de caráter infraconstitucional (normas constitucionais formais), aliado ao próprio meio social heterogêneo e às relações sobre as quais a Constituição incidirá, propiciou o necessário surgimento de uma Hermenêutica Constitucional.

Com esse advento, passamos a contar com princípios próprios de interpretação constitucional, que visam principalmente assegurar a harmonia do sistema constitucional, como se verá adiante.

A relevância de uma Hermenêutica diretamente constitucional reside, mormente, no fato de o ordenamento constitucional compor o de todo o ordenamento jurídico, do qual serão extraídos os critérios normativos e axiológicos para solução de conflitos e objetivos a serem perseguidos pela sociedade e seus dirigentes. Assim, é da própria interpretação constitucional que extrairemos as técnicas básicas, até mesmo para a interpretação das normas infraconstitucionais.

17. Constituição: fundamento de validade. A Constituição, como norma suprema do Estado, é o fundamento de validade de todo o ordenamento jurídico. É a Constituição que traz os limites materiais para atuação do legislador infraconstitucional, os objetivos a serem perseguidos pela sociedade e pelo Poder Público, as regras formais para elaboração de normas jurídicas, compreendendo a disciplina do processo legislativo. Enfim, é da Constituição que se extrairá todo o necessário para a validação das demais espécies normativas. Aquelas que se destoarem do sistema constitucional deverão ser extirpadas do ordenamento.

Vejamos as palavras de José Afonso da Silva: "(...) a constituição se coloca no vértice do sistema jurídico do país, a que confere validade, e que todos os poderes estatais são legítimos na medida em que ela os reconheça e na proporção por ela distribuídos. É, enfim, a lei suprema do Estado, pois é nela que se encontram a própria estruturação deste e a organização de seus órgãos; é nela que se acham as normas fundamentais de Estado, e só nisso se notará sua superioridade em relação às demais normas jurídicas" (SILVA, José Afonso da. *Curso de direito constitucional positivo*. 37. ed. São Paulo: Malheiros, 2014, p. 47).

Além disso, cabe às leis infraconstitucionais, especialmente, servir ao propósito de concretizar os preceitos protegidos pela Constituição e não somente de não serem contrárias a eles.

Interpretação – Espécies

1. Introdução. Há diversas classificações das espécies de interpretação elaboradas pela doutrina. Destaca-se a do professor Tercio Sampaio Ferraz Jr., que apresenta o tema da seguinte maneira (*Introdução ao Estudo do Direito. Técnica, decisão, dominação*. 7. ed. São Paulo: Atlas, 2013, p. 252):

a) *Métodos hermenêuticos*: I. Interpretação gramatical, lógica e sistêmica; II. Interpretação histórica, sociológica e evolutiva; III. Interpretação teleológica e axiológica.

b) *Tipos de interpretação*: I. Interpretação especificadora; II. Interpretação restritiva; III. Interpretação extensiva.

Optamos pela seguinte classificação: quanto às *fontes* ou *origens*, quanto aos *meios* que emprega e quanto aos *resultados* que alcança.

2. Interpretação quanto às fontes ou origens. No que se refere às fontes, sujeitos ou agentes, subdividem-se nas seguintes espécies:

a) Autêntica;

b) Judicial;

c) Doutrinária.

3. Interpretação autêntica. É a interpretação realizada pelo próprio legislador, que no intuito de esclarecer o significado e o alcance de uma norma, acaba por elaborar outra. Mencione-se que há expressa previsão legal para a existência de normas meramente interpretativas, conforme se extrai, por exemplo, do art. 106, I, do Código Tributário Nacional.

Exemplo

O termo "funcionário público" figura em diversos dispositivos legais do Código Penal, e a definição dessa figura vem em um próprio artigo do diploma mencionado:

"Artigo 327. Considera-se funcionário público, para os efeitos penais, quem, embora transitoriamente ou sem remuneração, exerce cargo, emprego ou função pública".

4. Interpretação judiciária ou jurisprudencial. Trata-se da interpretação realizada pelos órgãos do Poder Judiciário em suas decisões, formando jurisprudência quando existir um conjunto de decisões em um mesmo sentido.

Existem, ainda, as súmulas dos Tribunais, que são enunciados destinados a uniformizar a interpretação a ser dada a determinada matéria.

5. Interpretação doutrinária. É a interpretação produzida pelos juristas em seus trabalhos científicos, obras e pareceres.

Hermenêutica Jurídica | 283

6. Interpretação quanto aos meios ou métodos de interpretação. A interpretação pode ser no que se refere aos meios utilizados:

a) gramatical ou literal;

b) lógica;

c) sistemática;

d) histórica.

> Friedrich Karl Von Savigny foi o jurista que sistematizou os métodos considerados tradicionais e, relevando-se as variações terminológicas existentes, podem ser enunciados assim: interpretação gramatical, lógica, histórica e sistemática. A essa classificação é possível se somar, também, a interpretação *teleológica* ou *finalista*, surgida a partir da ideia de finalidade do Direito apresentada por Rudolf Von Ihering. É dessas ideias que resultaram métodos modernos de interpretação, tais como o lógico-sistemático e o histórico-teleológico.

7. Interpretação gramatical. No método gramatical de interpretação se examina o significado literal do texto jurídico, o significado de cada vocábulo utilizado pela norma.

O legislador, para manifestar seu pensamento e fazê-lo ser conhecido em sociedade, deve expressá-lo por intermediário linguístico. Tal pensamento vai se desenvolvendo por intermédio de estruturas sintáticas e escolhas semânticas.

Muitas vezes a interpretação gramatical não é suficiente para solucionar os problemas com os quais o intérprete se depara. Tal fato se dá, mormente, em razão de o texto legal ser lastreado de "termos equívocos", isto é, termos que podem ter diversos significados. Daí a necessidade dos demais métodos de interpretação, para a definição do exato sentido e alcance do resultado a ser produzido pelo texto legal.

8. Interpretação lógica. Procura-se determinar a *ratio,* a intenção do legislador por meio do exame detalhado dos fundamentos que embasaram sua criação e das condições em que a norma foi elaborada.

Esse método tradicional deu origem a um método de interpretação mais moderno, denominado *lógico-sistemático, que como o próprio nome diz integra a* sistemática à interpretação lógica já existente.

9. Interpretação sistemática. Tem como ideia central que não se interpreta uma norma isoladamente, mas cotejada dentro de um sistema de normas, portanto, ao se interpretar uma norma jurídica, o intérprete deve visualizá-la dentro de todo o sistema jurídico harmônico que integra. Essa espécie de interpretação tem como ponto de partida a unidade e a coerência do ordenamento jurídico.

A frase "o Direito não pode ser interpretado em tiras, aos pedaços", do Ministro Eros Grau, reforça essa ideia, pois para ele um texto isolado, destacado do sistema jurídico, não expressa significado jurídico algum (*Ensaio e discurso sobre a interpretação/aplicação do Direito.* 5. ed. São Paulo: Malheiros, 2009, primeira parte, item XVIII).

10. Interpretação lógico-sistemática. Nesse tipo de interpretação, considera-se *o contexto das normas e conexões lógicas do sistema jurídico,* porque uma palavra isolada pode não ter o mesmo significado que quando colocada em determinado contexto discursivo. Dessa maneira, uma frase, um parágrafo e um texto como todo possuem maior sentido quando analisados tendo-se em vista o universo ao qual pertencem, portanto, quando se considera *o contexto das normas e conexões lógicas do sistema jurídico*.

Exemplo

A palavra "concurso", inserida no texto constitucional quando este trata dos temas relacionados à administração pública, significa concurso público, como forma de contratação de servidores públicos. Já o mesmo termo, se o analisarmos no Código Penal, remeterá a concurso de crimes ou de agentes. . .

11. A tarefa do intérprete na interpretação lógico-sistemática. A tarefa de interpretação inicia-se gramaticalmente e acentua-se quando há o confronto das normas com os preceitos da lógica formal (*se A é, então, B deve ser*). Deve o intérprete considerar o dispositivo analisado – seja um parágrafo, um inciso, uma alínea ou mesmo um artigo em seu todo – como parte do todo que compreende o ordenamento jurídico. O intérprete balizará sua atividade, portanto, tendo sempre em mente a coerência e a unidade do ordenamento, com o fito de atingir a exata significação da norma, definindo seus sentido e alcance.

A atuação do intérprete, a partir de então, ganhará maior relevância, uma vez que não poderá se contentar com a mera análise fria e gramatical do texto normativo, mas, ao contrário, deverá trabalhar no sentido de harmonizá-lo com o restante do ordenamento, dirigindo essa atividade, principalmente, por meio das diretrizes axiológicas trazidas pelo próprio texto constitucional.

> Para maior aprofundamento sugerimos a leitura da obra de Alaôr Caffé, *Lógica, pensamento formal e argumentação*. 5. ed. São Paulo: Quartier Latin, 2011.

12. Interpretação analógica ou integração por analogia? Tecnicamente, o correto é integração por analogia e não interpretação analógica. O jurista Paulo Bonavides, em sua obra *Curso de Direito Constitucional*, insere a interpretação analógica na classificação de interpretação quanto ao meio.

13. Integração por analogia. Nos casos de uma situação que exija solução normativa, a princípio não prevista pelo legislador, e em que os métodos de interpretação não tenham sido suficientes para a resolução de determinada hipótese concreta, o intérprete deve utilizar a integração por analogia.

14. Interpretação analógica. No caso de ausência de norma que regule determinada situação que solucione a controvérsia, o intérprete utiliza-se de disposição geral aplicável a casos semelhantes ou materialmente análogos.

Exemplo

"Art. 171 – Obter, para si ou para outrem, vantagem ilícita, em prejuízo alheio, induzindo ou mantendo alguém em erro, mediante artifício, ardil, *ou qualquer outro meio fraudulento:*"

Analisando os trechos destacados, podemos observar que o artigo enumera em seu *caput* a conduta de induzir a erro mediante: (i) artifício, (ii) ardil e encerra com uma formulação genérica materializada na expressão "*ou qualquer outro meio fraudulento*".

Assim, o intérprete se utilizará dos casos anteriormente elencados para, fazendo uma interpretação analógica, verificar no caso concreto se trata ou não de meio ardiloso ou de artifício, a qualificadora em comento.

---

15. Interpretação histórica. O método histórico procura elucidar e compreender o contexto histórico à época da elaboração e promulgação da lei, não se restringindo, entretanto, apenas às análises social e econômica, mas buscando considerar ainda o verdadeiro intuito da lei frente aos fatos sociais atuais.

Procura, dessa maneira, alcançar o sentido da norma por meio da análise de seus precedentes legislativos, ou seja, de relatórios, debates em plenário ou discussões em comissões, os atos que precederam o surgimento da lei em que ela está contida, conforme leciona Celso Bastos (*Hermenêutica e interpretação constitucional*. 3. ed. São Paulo: Celso Bastos, 2002, p. 58).

16. Interpretação histórico-teleológica. Ao passar do tempo, verificou-se que a interpretação histórica serviria tão somente ao historiador e não ao jurista. Fez-se necessário, então, somar ao elemento histórico o elemento teleológico, isto é, de busca do fim específico da norma, fazendo surgir um novo método de interpretação, o histórico-teleológico.

Nesse sentido, o método ora em comento busca perquirir não somente o contexto fático existente e a finalidade buscada pela norma ao tempo de sua edição, como também a finalidade da norma para o momento atual.

📝 *Exemplo*

Dados do IBGE demonstram que a expectativa média de vida do brasileiro, em 1940, era de 42,7 anos. Diante de tal dado, podemos concluir que o legislador da época foi bem rigoroso ao estabelecer o tempo máximo de cumprimento de pena em 30 anos, nos termos do art. 75, do Código Penal.

É nesse sentido que Bonavides assevera ser necessária a associação do método histórico ao caráter teleológico, que indaga acerca do fim específico da norma.

17. Interpretação quanto aos resultados que alcança. A interpretação pode ser quanto a seus resultados:

a) declarativa;

b) extensiva;

c) restritiva.

18. Interpretação declarativa. O texto legal coincide, isto é, se acopla integralmente, com o sentido que é atribuído à norma depois de interpretada.

19. Interpretação extensiva. Ocorre quando a lei admite mais casos do que aqueles previstos originalmente e, dessa maneira, o intérprete amplia o seu espectro para abarcar a vontade do legislador.

> **Exemplo:**

Os arts. 8.º, 9.º e 10, da lei 8.429/1992 (lei de improbidade administrativa), arrolam diversas condutas que caracterizam atos de improbidade. Contudo, tal rol é meramente exemplificativo, por expressa disposição legal, cabendo ao intérprete, por extensão, incluir outras condutas em seu âmbito de abrangência.

20. Interpretação restritiva. Inversamente à anterior, nesse caso, a norma diz mais do que pretendia o legislador, cabendo ao intérprete restringir sua aplicação. Alguns ramos do Direito, ademais, acabam por demandar interpretação restritiva, salvo expressa previsão em contrário da norma. É o que se dá, por exemplo, muito comumente, nas normas incriminadoras de Direito Penal e nas de Direito Administrativo sancionador. Vigora nesses âmbitos a interpretação restritiva decorrente da tipicidade estrita dos fatos veiculados por tais normas.

Em resumo:

Quanto à origem	Quanto aos meios	Quanto aos resultados
Autêntica	Gramatical ou Literal	Declarativa
Judicial	Lógica	Extensiva
Doutrinária	Sistemática	Restritiva
	Histórica	

III Considerações sobre a Hermenêutica Constitucional

1. A baixa Idade Média (entre os séculos XI e XIV). Os Estados absolutistas monárquicos caracterizaram esse período. Como o próprio nome sugere, nesses Estados o poder dos monarcas era absoluto, ilimitado, cabendo a eles todo o controle administrativo e jurisdicional.

O teocentrismo – que considera que Deus está na origem e no centro de todas as coisas – era outra forte característica desses Estados, e por essa razão a Igreja também ocupava lugar de destaque e tinha poder.

Nesse cenário, o Rei era uma extensão do poder de Deus, o que justificava seu poder ilimitado e, não raro, suas arbitrariedades. O monarca, o clero e a nobreza tinham os cidadãos à sua mercê.

2. Constitucionalismo. No decurso do tempo surgiram os ideais iluministas: Deus dava lugar ao homem como o centro de todas as coisas (antropocentrismo). Os esses iluministas propiciaram o surgimento da Revolução Francesa e da Revolução Americana (revoluções liberais do final do século XVII) que defendiam, entre outras coisas, a positivação de diversos direitos com o intuito de propiciar maior segurança aos membros da sociedade.

Os revolucionários almejavam a limitação dos poderes dos governantes – até então ilimitados – por meio de balizas legais e ainda que os juízes julgassem de acordo com leis preestabelecidas. Nesse esteio surgem a primeira Constituição Americana, a Declaração de Virginia, em 1776, e a Constituição Francesa, em 1791.

3. A Escola Exegese. Surge, então, nesse cenário, a Escola do Positivismo Jurídico, também conhecida como a Escola Exegese, sagrando uma interpretação restrita da norma à sua literalidade, absoluta e exclusivamente pautada na letra da lei. Assim, caberia ao intérprete tão somente "falar" a lei, nas palavras de Montesquieu, ao juiz cabia unicamente o papel de "boca da lei". *Direito* nessa época era sinônimo de lei.

Nessa época, permeado por esse ideal, surgiram o Código Civil de Napoleão e as constituições escritas, com objetivo de limitar o poder estatal e garantir o respeito aos direitos individuais.

4. Sistema fechado. No século XIX, o Direito caracterizou-se como um sistema fechado, ou seja, completo e sem lacunas, ideia esta embasada nos estudos de Hans Kelsen, jurista austríaco, principalmente em sua obra *Teoria Pura do Direito*.

> Maiores esclarecimentos sobre o pensamento de Hans Kelsen e Norberto Bobbio podem ser encontrados consultando-se nesta obra os capítulos referentes à Teoria do Direito.

5. Consequências do positivismo. No século XX, eclodiram as duas Grandes Guerras Mundiais e incontáveis atrocidades foram cometidas sob o manto da estrita legalidade, principalmente na Segunda Guerra Mundial.

Diante desses fatos, o positivismo passou a ser questionando pelos estudiosos do Direito, emergindo desse questionamento a teoria dos direitos naturais, inerentes à pessoa humana e cuja existência independeria de qualquer lei escrita.

6. A retomada do Direito natural. *O respeito aos direitos naturais* inerentes ao homem e que estão acima de qualquer positivação passa a ser o pressuposto de validade de uma lei. Como exemplo de Direito natural, podemos citar a dignidade da pessoa humana.

7. Neoconstitucionalismo. O Neoconstitucionalismo, ou Pós-positivismo como também é chamado, resulta historicamente das transformações ocorridas no pós-guerra, que ensejou na modificação da maneira de pensar a constituição de um Estado.

O Neoconstitucionalismo traz consigo uma marcante carga axiológica (ou valorativa) para o texto constitucional. Tal fator torna-se visível quando analisamos a Constituição Federal de 1988, em seus objetivos fundamentais, no seu extenso rol de direitos fundamentais, nos remédios constitucionais que traz para assegurar o respeito a tais direitos, entre diversos outros pontos.

Assim, a busca da Constituição não é mais a mera limitação do poder político, como fora outrora, mas muito além, a Constituição prima pela concretização dos direitos fundamentais e por um Estado Democrático Social de Direito.

Por tais fatos é que comumente se diz que o Neoconstitucionalismo abarca fortes traços propriamente ideológicos.

Vejamos as palavras de Roberto Barroso: "O neoconstitucionalismo ou novo direito constitucional, na acepção aqui desenvolvida, identifica um conjunto amplo de transformações ocorridas no Estado e no direito constitucional, em meio às quais podem ser assinalados, (i) como marco histórico, a formação do Estado constitucional de direito, cuja consolidação se deu ao longo das décadas finais do século XX; (ii) como marco filosófico, o pós-positivismo, com a centralidade dos direitos fundamentais e a reaproximação entre Direito e ética; e (iii) como marco teórico, o conjunto de mudanças que incluem a força normativa da Constituição, a expansão da jurisdição constitucional e o desenvolvimento de uma nova dogmática da interpretação constitucional. Desse conjunto de fenômenos resultou um processo extenso e profundo de constitucionalização do Direito" (BARROSO, Luís Roberto. *Neoconstitucionalismo:* o triunfo tardio do direito constitucional no Brasil, p. 8. Disponível em: <www.conjur.com.br/static/text/43852>).

Vê-se, assim, que, inicialmente, a busca do Constitucionalismo era a limitação do poder político, assegurando as liberdades individuais dos indivíduos. Contudo, com o Neoconstitucionalismo, a busca evoluiu, passando a ser não mais pela mera omissão do Estado, mas por sua efetiva ação na concretização de direitos fundamentais.

> O intuito, até agora, era explicitar rapidamente os conceitos gerais, sem a pretensão de esgotar o assunto, possibilitando ao leitor a obtenção de uma base para entender os novos métodos de hermenêutica constitucionais, objeto de frequentes questões nos concursos públicos e por essa razão privilegiados em nosso estudo.

IV | Hermenêutica Constitucional

1. Introdução. Este capítulo se faz necessário porque os métodos clássicos de interpretação (vistos no Capítulo II), por terem sido idealizados especialmente para serem aplicados no Direito privado, não dão conta da resolução de problemas de interpretação advindos do Direito público, em especial no que tange a interpretação constitucional.

Esses novos métodos e princípios de interpretação constitucional têm sido desenvolvidos pelos doutrinadores para atender a nova demanda e, em razão de sua relevância, têm sido tema reincidente nas questões e provas de concursos.

Logicamente, serão apresentados os métodos e depois os princípios de interpretação constitucional.

2. Origem da discussão sobre os novos métodos de Hermenêutica Constitucional. É possível atribuir ao doutrinador alemão Böckenförde, na confecção de seu artigo denominado "*Métodos de interpretação constitucional: inventário e crítica*", em que elaborou uma lista de métodos de interpretação constitucional, a origem da discussão acerca dos novos métodos de Hermenêutica Constitucional. O autor pretendeu com esse artigo sintetizar os métodos que estavam sendo discutidos pela comunidade jurídica na época.

Böckenförde sistematiza os seguintes métodos: *hermenêutico clássico, tópico-problemático, científico – realista* e *hermenêutico-concretizador*.

Todavia, aquilo que era uma proposta de discussão iniciada por Böckenförde foi considerado equivocadamente uma máxima pelos doutrinadores brasileiros, como se fosse teoria já estabelecida, desconsiderando, inclusive, as peculiaridades e diferenças existentes entre as nações.

Dessa forma, em sua maioria, as obras pátrias trazem sucinta explicação, quase sempre desprovida de exemplos práticos, acerca dos métodos de interpretação sistematizados pelos alemães.

Contudo, necessário lembrar que alguns autores brasileiros consideram as variações propostas por J. J. Gomes Canotilho, as teses de Robert Alexy, em sua *Teoria dos direitos fundamentais*, e de Peter Häberle sobre a *sociedade aberta dos intérpretes*.

Em síntese, na doutrina nacional, os métodos de interpretação constitucional apresentam-se da seguinte maneira:

a) Método hermenêutico clássico;
b) Método tópico-problemático;
c) Método científico-espiritual;
d) Método hermenêutico-concretizador;
e) Método normativo-estruturante.

Somados a estes, serão estudadas ainda as mencionadas teorias de Häberle, acerca da sociedade aberta de intérpretes, e a teoria de Alexy sobre os direitos fundamentais, que se baseia na divisão das normas em princípios e regras, e considera as diferenças existentes entre os dois últimos.

> **Dica**
>
> Atualmente são frequentes as questões sobre os *métodos modernos de interpretação constitucional* nos concursos públicos em que o edital menciona a matéria Hermenêutica, sendo comum ainda, nesses casos, a solicitação para que o canditado relacione o método ao seu maior expoente – motivo pelo qual frisamos a importância dos autores na explicação dada.

3. Sincretismo metodológico. Compreendemos que é possível – e, sobretudo, saudável – o sincretismo metodológico, da mesma forma como crê a respeitada maioria dos juristas brasileiros e também o português J.J. Gomes Canotilho. O que se quer firmar é que os métodos de interpretação constitucional desenvolvidos pela doutrina e pela jurisprudência são, em geral, reciprocamente complementares na busca pela realização do valor justiça.

Útil, nesse raciocínio, observar o que aponta Virgilio Afonso da Silva, que questiona a possibilidade de tais métodos coexistirem, dúvida que compartilhamos. Ele assevera: "como seria possível a utilização conjunta, ou a ideia de que essa possibilidade existe, da teoria estruturante do Direito e do sopesamento de direitos fundamentais? Como compatibilizar o método clássico marcadamente positivista com o método estruturante, explicitamente pós-positivista? Como compatibilizar a ideia de unidade da constituição com a existência de colisão entre direitos fundamentais?" (*Interpretação constitucional*. São Paulo: Malheiros, 2004, p. 137).

Daí se observa que na prática é extremamente difícil o sincretismo metodológico, por esta e ainda por muitas outras questões, posto que não há como misturar elementos incompatíveis.

Uma forma comumente apontada de compatibilização entre os critérios dá-se de acordo com a natureza jurídica da norma interpretada. Assim, se estivermos diante de uma colisão entre princípios, utilizaremos o método do sopesamento (ou ponderação, como preferem alguns). Por outro lado, deparando-se com uma antinomia normativa entre regras jurídicas, o intérprete poderá atingir a solução pelo método clássico, em especial pelos critérios hierárquico, cronológico e da especialidade.

4. A nova crítica do Direito. Introduzida pelo jurista Lenio Streck, com o intuito de possibilitar a superação da Hermenêutica clássica a partir da construção de uma *linguagem antimetafísica* (que rompe com o paradigma aristotélico tomista) para o Direito, em que estão em destaque a efetividade da constituição e a necessidade de uma filtragem hermenêutica nos textos infraconstitucionais. Nessa nova perspectiva, o estudo da linguagem torna-se essencial, visto que ela se torna condição de possibilidade do Direito, pois é por meio dela que constituímos nosso saber, o conhecer e o agir. Trata-se de uma crítica hermenêutica do Direito com objetivo de desvelar aquilo que está encoberto, ou seja, representa um processo de desconstrução da metafísica.

O autor considera que nosso modo de conhecer o mundo, conectado ao esquema sujeito-objeto, que embasa o método dedutivo-subjuntivo já cedeu em razão da virada linguística, também chamada de giro linguístico-ontológico.

Acusando a existência de uma crise de paradigmas no Direito, que possui dupla face, Lenio Streck assevera que: a) crise no modelo do Direito que, por ter sido elaborado para resolver conflitos interindividuais, não consegue solucionar problemas de caráter supraindividuais como os presentes na nossa sociedade; b) crise dos paradigmas aristotélicos-tomistas e da filosofia da consciência. E conclui que essa crise de dupla face afetaria ainda o modo exegético positivista de fazer e interpretar o Direito, pois, muito embora tenha surgido um novo paradigma do Direito (novo constitucionalismo) após o segundo pós-guerra, esse, na opinião do autor, ainda não foi efetivamente implementado.

5. A Hermenêutica e a axiologia constitucional. Como visto, o Neoconstitucionalismo trouxe um grande rol de enunciados valorativos para o texto constitucional. Nesse sentido, demonstra-se ainda mais relevante a existência de princípios próprios para proporcionar a sua interpretação.

Nesse sentido é que podemos considerar a Hermenêutica Constitucional um ramo preciso para a definição das técnicas necessárias à ponderação dos valores constitucionais, e para a harmonização das normas constitucionais. Isto é, todo o grande plexo valorativo constante do texto constitucional será balizado e trabalhado pelo intérprete, pelo uso das técnicas de Hermenêutica Constitucional.

Ademais, não se pode esquecer que a interpretação constitucional influirá em todo ordenamento jurídico e não apenas no texto constitucional propriamente. É que, como visto, todo o ordenamento deve estar em consonância com a Constituição, o que inclui as diretrizes axiológicas constantes de seu texto.

V — Análise dos Métodos de Hermenêutica Constitucional

1. Métodos sistemáticos. São eles:
a) Hermenêutico clássico;
b) Científico-espiritual.

2. Método hermenêutico clássico.
Esse método defende que a Constituição tem *caráter legal*. Dessa maneira, sendo em sua essência uma lei, a Constituição deve ser interpretada de acordo com as *regras tradicionais de Hermenêutica* (já expostas no Capítulo II desta obra). Seu maior expoente foi o autor alemão Ernest Forsthoff.

Os adeptos dessa metodologia defendem haver *identidade* entre a Constituição e as demais leis, e por essa razão entendem que às normas constitucionais se aplicam os mesmos métodos tradicionais de interpretação desenvolvidos por Savigny, porque a Constituição é uma lei como as outras, muito embora seja o pressuposto de validade e fator de integração das leis infraconstitucionais, e esteja em posição hierárquica diversa no ordenamento e, portanto, como tal deve ser interpretada.

Os autores desse método objetivam evitar uma interpretação meramente axiológica que não preserve o real conteúdo normativo da Constituição. Há, contudo um problema a ser considerado: fora dos métodos clássicos o Judiciário – por meio de seus intérpretes – poderá acabar por ampliar seu poder e vir a colidir com o Legislativo. Tal fator faz com que se busque uma definição exata também das normas com natureza de princípio, uma vez que, apesar de serem normas caracterizadas pelo seu elevado grau de abstração, um delineamento mínimo de seu sentido e alcance deve ser atingido, como modo de possibilitar sua aplicação pelo Judiciário, sem que este invada órbitas que não lhe competem.

3. Método hermenêutico científico-espiritual. Conhecido ainda por método integrativo, método sociológico, método valorativo ou método espiritual, por causa de suas características. Seu precursor e figura de maior expressão foi Rudolf Smend.

Assim como o método sistemático clássico, o método científico-espiritual utiliza-se de um raciocínio sistemático.

Por meio da aplicação desse método as normas constitucionais devem ser interpretadas levando-se em consideração, além do sistema jurídico no qual estão inseridas, a realidade social em determinado período histórico, e os elementos culturais, sendo estes dinâmicos, e que devem assim conferir às normas constitucionais caráter dinâmico.

Pelo método integrativo, a Constituição é tida como fenômeno cultural, isto é, como norma produzida em relação a fatos referidos a determinados valores existentes em uma distinta sociedade.

A ideia central, pautada na Constituição como instrumento de *integração, é o que diferencia esse método*. (MENDES, Gilmar; COELHO, Inocêncio; BRANCO, Paulo. *Curso de Direito Constitucional*. 8. ed. São Paulo: Saraiva, 2013, p. 104)

Observemos o esquema abaixo:

Perspectiva jurídico-formal:
Enquanto fundamento de validade das demais normas infraconstitucionais a Constituição integra todo o ordenamento.

Constituição com função de integração *lato sensu*

Perspectiva política e sociológica:
Integra, na medida em que, por intermédio da solução de conflitos sociais, constrói e preserva a unidade social.

Em uma analogia didática, as normas constituiriam o corpo da Constituição, e o seu espírito seriam os valores socialmente consagrados nessas normas.

Nesse esteio, a atividade interpretativa seria o instrumento para consecução desses valores (busca do espírito da Constituição) objetivando promover a integração *lato sensu* já mencionada.

Como forma de concretização desse método interpretativo, podemos mencionar o fenômeno da mutação constitucional, que basicamente caracteriza-se pela alteração do sentido dado a um determinado dispositivo constitucional, sem que altere o seu texto, em razão das mudanças do meio social sobre o qual a norma se aplica. Ou seja, o dispositivo constitucional permanece inalterado, contudo, o seu resultado é modificado por meio da interpretação. Altera-se a norma, sem que se altere o texto.

Exemplo

É o tratamento que vem sendo dado às demarcações de terras indígenas. A despeito de garantir à Constituição o direito de propriedade, observando o sistema de normas da própria constituição e os valores que dela se extrai, entendeu o STF, pela manutenção da portaria do Ministério da Justiça que demarcou as terras indígenas Raposa Terra do Sol. Ou seja, o STF, por meio de interpretação, delineia os limites do direito de propriedade, previsto constitucionalmente.

Em apertada síntese, as terras indígenas haviam sido demarcadas em 2005, entretanto, esse ato foi contestado por arrozeiros que apresentaram títulos de posse das mesmas terras. Para maiores informações sobre esse importante caso, recomendamos a leitura dos informativos do STF de números 433, 383 e 159.

4. Métodos concretistas. Também chamados de métodos aporéticos, em razão de seu ponto de partida se dar no raciocínio em torno de um problema a ser resolvido. Podem ser:

a) Método tópico-problemático;
b) Método hermenêutico-concretizador;
c) Método normativo-estruturante.

5. Método tópico-problemático. Resgata a tópica aristotélica como a forma apropriada para a interpretação do Direito. Theodor Viehweg é o principal defensor desse método e autor da obra

Tópica e Jurisprudência: uma contribuição à investigação dos fundamentos jurídico-científicos, que ganhou corpo, sobretudo, após o final da Segunda Guerra Mundial.

O termo *tópica* tem sua origem na palavra grega *topos* (e no plural – *topoi*). No latim corresponde ainda à expressão *locus communis, a qual* origina *lugar comum. Topoi* são formas de raciocínio, esquemas de pensamento, de argumentação, de pontos de vista. O método leva ainda a adjetivação *problemático* em razão de a interpretação se basear na resolução de um problema.

Dessa maneira, *tópico-problemático* expressa que esse método se embasa em uma teoria de argumentação jurídica em torno de um problema concreto, significando assim uma *técnica do pensamento problemático*.

Isto porque, a argumentação parte de um *topos* (criado pela comunidade hermenêutica, ou seja, retirado da doutrina, da jurisprudência dominante, de princípios gerais do Direito etc.), sendo que a partir dele desenrolam-se diversos argumentos, que vão sendo descortinados, cada qual defendendo a decisão que considera ideal para o caso, até se chegar a uma solução possível.

Logo, trata de uma teoria de argumentação jurídica em torno de um problema concreto a ser solucionado.

Como já explicitado, por esse método, a solução é obtida através dos argumentos apresentados. Argumentos esses que se iniciam a partir de um *topos,* que busca convencer o maior número de pessoas e que, independentemente de ser o argumento correto, será aquele aplicado ao caso.

Nessa via, sendo muito mais problemática do que sistemática a interpretação da Constituição, faz com que seja necessário aceitar todos os *topoi* apresentados pelos intérpretes como válidos, até serem vencidos pelo melhor argumento.

A esse método é dirigida uma crítica no sentido de que ele pode desencadear um *casuísmo ilimitado* e uma consequente insegurança jurídica: como cada caso será resolvido de maneira singular, poderá haver decisões diferentes para casos semelhantes.

6. Método hermenêutico-concretizador. Konrad Hesse é um dos maiores e mais expressivos defensores desse método: em sua obra *A força normativa da Constituição* (traduzida por Gilmar Ferreira Mendes), o autor contesta a teoria de Ferdinand Lassale que afirma que as questões constitucionais são políticas e não jurídicas, e ainda que a Constituição real sempre prevalecerá à Constituição jurídica, ou escrita.

> De forma sucinta, Ferdinand Lassale crê haver uma constituição real ou efetiva, traduzida pela soma dos fatores reais de poder que regem uma sociedade, e uma constituição escrita que, se não corresponder àquela dita como real, teria seu valor igual ao de uma "folha de papel".

De forma oposta, contrapondo-se a Lassale, Hesse afirma que a Constituição não se dissocia da realidade histórica de seu tempo, contudo também não é dela exclusivamente dependente.

Hesse defende que o papel e o dever dos intérpretes constitucionais seriam a consolidação e a preservação da força normativa da Constituição. Destaca a existência e a importância da denominada *vontade da constituição*, ressaltando a necessidade de preservar sua *força normativa*.

Nesse cenário, o autor apresenta o método para a concretização das normas constitucionais, que passa pela associação da *interpretação* com a *aplicação*. Dessa forma, a determinação do sentido da norma constitucional e a sua aplicação ao caso concreto são um *processo unitário*, tornando-se impossível, portanto, com vistas no método ora explicitado, aplicar uma norma sem que antes ela seja interpretada, e vice-versa.

7. Influência de Gadamer. Hans-Georg Gadamer em seus estudos hermenêuticos e, principalmente, em sua obra *Verdade e método* desenvolveu ideia supramencionada de interpretação e aplicação como processo unitário, subsidiando essa teoria.

Esse autor defende que interpretar é também aplicar o Direito, e aplicar o Direito para ele significa pensar conjuntamente o caso concreto e a lei. Esta seria a maneira de concretizar o Direito e, ao concretizá-lo, se consegue determinar o sentido de algo geral, como a norma.

8. Primazia da norma ao fato. Os intérpretes que utilizam o método hermenêutico-concretizador fixam a interpretação no próprio texto constitucional, conquanto não percam de vista a realidade a qual estão inseridos, havendo assim primazia da norma ao fato. Assim, muito embora encontre semelhança com o método anterior, é possível diferenciá-lo observando essa interpretação focada no texto constitucional, apesar do procedimento tópico.

Além do mais, para aplicação desse método é de grande valia o estudo da Teoria Geral da Constituição e dos postulados normativos, pois seus adeptos compreendem que para interpretação e aplicação da norma constitucional concretizando-a é necessário que o intérprete tenha uma *pré-compreensão*, uma compreensão prévia do problema e da norma a ser concretizada. Nesse passo, entende, por exemplo, parte dos intérpretes.

Adiante, quando estudarmos os princípios hermenêuticos e suas teorias, o estudo dos postulados será retomado.

9. Método normativo-estruturante. Friedrich Müller, autor da obra *Teoria estruturante do Direito* e professor Emérito da Faculdade de Direito de Heidelberg na Alemanha, é seu principal teórico.

Recebe esse nome o método estruturante porque estabelece uma estrutura de concretização da norma constitucional em que a interpretação é apenas parte desta. Sendo a interpretação apenas um dentre vários elementos de concretização, deve-se considerar os demais elementos: os metodológicos, do âmbito da norma e do âmbito do caso, dogmáticos; teóricos e político-jurídico.

No intuito de elucidar sua ideia, o autor realiza importante distinção entre programa normativo e âmbito normativo, e define como *programa normativo* tanto a norma quanto o texto que a expressa, e por *âmbito normativo* a realidade social conformada, regulada pelas normas.

O método normativo-estruturante exsurge da premissa de que a normatividade das normas deve buscar apoio também fora dos textos do ordenamento para melhor servir aos seus próprios propósitos normatizadores.

Dessa forma, nesse método, o operador deve considerar tanto os elementos resultantes da interpretação do *programa normativo* quanto os decorrentes da investigação do *âmbito normativo*. Juntos, eles fornecem, de maneira complementar, os componentes necessários à decisão jurídica.

Nesse sentido, "(...) o teor literal de qualquer prescrição de direito positivo é apenas a 'ponta do iceberg'; todo o resto, talvez a parte mais significativa, que o intérprete aplicador deve levar em conta para realizar o direito, isso é constituído pela situação normada, na feliz expressão de Miguel Reale" (COELHO, Inocêncio Mártires. *Interpretação constitucional*. 3. ed. São Paulo: Saraiva, 2007, p. 93).

10. Teoria de Peter Häberle acerca da sociedade aberta de intérpretes. Essa teoria se afasta do método proposto por Hesse, pela qual a interpretação constitucional exige uma compreensão prévia por parte do intérprete: para Hesse, apenas aquele que tem uma prévia compreensão da Constituição poderá interpretá-la.

De forma diversa, a Teoria de Peter Häberle propõe uma abertura da interpretação constitucional, na medida em que considera como intérprete da Constituição todas as pessoas que vivem sob sua égide, isto é, considera que são legítimos intérpretes constitucionais todos os indivíduos de uma determinada sociedade regulada pela Constituição. Busca, assim, uma democratização da interpretação constitucional.

Dessa forma, a democracia não deve servir apenas para a criação da Constituição, mas deve refletir também na interpretação desta. Essa abertura da interpretação – possível a qualquer indivíduo sob sua égide – fará com que esses mesmos cidadãos passem a respeitar ainda mais a Constituição.

No mesmo esteio, Paulo Bonavides defende o *método concretista da Constituição aberta*. Esse método não é contrário à existência de um tribunal constitucional, mas tão somente propõe um alargamento do círculo de intérpretes, avocando tal tarefa também aos cidadãos e grupos sociais.

A consolidação de tal teoria, conforme se pode notar, demanda a ocorrência de certa estabilidade constitucional, uma vez que um Estado instável do ponto de vista constitucional dificilmente propiciará a incorporação do ideal constitucionalista por seu próprio povo, inviabilizando, assim, que esse povo possa participar do processo de interpretação do texto constitucional.

11. Exemplos brasileiros da aplicação da Teoria de Häberle. As figuras do *amicus curiae* e a da audiência pública, previstas pela Lei n. 9.868/1999, que dispõe o processo e o julgamento da Ação Direta de Inconstitucionalidade por ação e por omissão e da Ação Declaratória de Constitucionalidade são exemplos da aplicação da Teoria de Häberle.

12. *Amicus curiae*. O significado da expressão latina é *amigo da corte* e designa pessoa, entidade ou órgão que pode vir a participar do processo como um terceiro movido por profundo interesse em uma questão jurídica levada à discussão junto ao Poder Judiciário.

O *amicus curiae* deve fornecer conhecimentos acerca de temas bastante específicos, complexos, inusitados ou controversos, possibilitando assim a ampliação da discussão e auxiliando na decisão do Tribunal.

> **Dica**
> Não confundir as expressões *amicus curiae* e *amici curiae*. A primeira é a forma no singular do termo, ao passo que a segunda é a forma no plural, sendo esta a distinção entre ambas as expressões.

13. Audiência pública. É permitido ao Supremo Tribunal Federal (com base no § 1.º do art. 9.º da Lei 9.868/1999) designar o depoimento de pessoas com reconhecida autoridade e experiência em determinado tema para subsidiar os Ministros em suas decisões, bem como possibilitar a participação dos membros da sociedade civil na resolução de conflitos constitucionais, legitimando ainda mais as decisões dessa Corte.

Ademais, a possibilidade de convocação de audiência pública não se restringe, no âmbito do Supremo Tribunal Federal, aos processos regidos pela Lei 9.868/1999. A importância do instrumento faz com que o próprio regimento interno do STF atribua ao relator e ao Presidente da Corte a convocação de audiência pública para oitiva de pessoas com experiência em determinada

Hermenêutica Jurídica | 297

área, sempre que entender necessário para o esclarecimento das questões de interesse público relevante, debatidas no Tribunal, conforme se observa dos arts. 13, XVII, e 21, XVII, ambos do regimento interno do Supremo Tribunal Federal.

As audiências públicas ocorrem não só no âmbito jurisdicional, como no próprio processo legislativo. Se as leis infraconstitucionais devem refletir as diretrizes e objetivos constitucionais, faz sentido que se possa, no âmago do processo legislativo, checar a opinião pública por meio de audiências públicas. Em alguns casos, a realização de audiência pública durante o trâmite de processo legislativo será até mesma obrigatória, como ocorre no Município de São Paulo, entre outras hipóteses, para os projetos de leis que versarem sobre o plano diretor da cidade, matéria tributária e zoneamento urbano.

Dica

Sobre esse tema indicamos a leitura da ADIn 3.510 e que teve por alvo o art. 5.º da Lei 11.105/2005, que autoriza para fins terapêuticos e de pesquisa a utilização de células-tronco embrionárias obtidas de embriões humanos. Diversas audiências públicas foram realizadas no decorrer desse processo, em especial com profissionais das áreas biológicas e da saúde.

VI — Princípios de Interpretação Constitucional

1. Introdução. Como opção metodológica, escolhemos analisar os princípios de interpretação constitucional que junto com os métodos auxiliam o intérprete, propostos por Konrad Hesse em sua obra *Curso de Direito Constitucional alemão*, ressalvado muito embora que, existem diversos outros catálogos propostos por diferentes autores. São eles:

a) unidade da Constituição;
b) concordância prática;
c) conformidade funcional;
d) efeito integrador;
e) força normativa da constituição.

Além desses princípios, propostos pelo referido autor, serão abordados ainda os princípios da máxima efetividade e o da interpretação conforme a Constituição.

2. A nomenclatura "princípios". O vocábulo *princípio* abarca um sem-número de significados. Contudo, mister esclarecer que, no contexto deste capítulo, o vocábulo significará *mandamentos, premissas conceituais, metodológica, dirigidos aos intérpretes para auxiliá-los na interpretação*.

Como característica dos princípios pode-se apontar o fato de antecederem a atividade intelectual interpretativa, sendo ainda que, não aparecem de maneira expressa em uma Constituição, mas, mesmo assim, são reconhecidos pela doutrina e pela jurisprudência.

É por essa razão que os princípios são tratados enquanto normas "superiores", posto que são normas que instituem os critérios de aplicação de outras normas.

A existência de princípios próprios para direção da atividade de interpretação constitucional é imprescindível, uma vez que não se pode exigir do jurista que atue como um computador, simplesmente aplicando as normas friamente aos fatos a ela subsumidos. A aplicação das normas de forma harmoniosa demanda elevado exercício hermenêutico, que será dirigido pelos mencionados princípios.

Luís Roberto Barroso chama essas normas que estabelecem critérios de interpretação de *princípios instrumentais*, enquanto Humberto Ávila as denomina de *postulados normativos aplicativos*.

3. Postulados normativos aplicativos. É digna de destaque a contribuição acerca do tema dada pelo ilustre Humberto Ávila, em sua obra *Teoria dos Princípios* (a qual se recomenda leitura integral para maior aprofundamento). Nessa obra o autor recomenda a superação da dualidade normativa entre regras e princípios por meio da criação de uma terceira categoria, os postulados normativos aplicativos.

A esse respeito ele afirma "os postulados normativos aplicativos são normas imediatamente metódicas que instituem os critérios de aplicação de outras normas situadas no plano objeto de aplicação. Assim qualificam-se como normas sobre a aplicação de outras normas, isto é, como *metanormas*" (ÁVILA, Humberto. *Teoria dos princípios*. 13. ed. São Paulo, Malheiros, 2013, p. 122).

4. Unidade constitucional. A Constituição deve ser interpretada como uma unidade, sem que exista prevalência hierárquica interna entre suas normas. Por força desse princípio é que o Supremo Tribunal Federal, no julgamento da Ação Direta de Inconstitucionalidade n. 815/DF, rechaçou a teoria que buscava a possibilidade de declaração de inconstitucionalidade de normas constitucionais originárias.

Assim, se entende que a Constituição compreende um todo organizado e harmônico de normas jurídicas (regras e princípios), não havendo precedência hierárquica entre suas normas, mesmo aquelas que são elevadas ao *status* de cláusula pétrea, por força do art. 60, § 4.º, da Constituição.

A tarefa do intérprete, portanto, será a de harmonizar as eventuais antinomias internas da Constituição, afastando-as. Fará isso mediante aplicação das técnicas de hermenêutica e, em especial, pelos princípios de interpretação constitucional.

5. Concordância prática. É em realidade uma recomendação ao intérprete para que busque adotar diante de uma situação concreta de confronto entre dois ou mais bens constitucionalmente protegidos uma solução que não gere a exclusão de nenhum deles, mas ao contrário, os otimize. O intérprete deve evitar o sacrifício total de um bem jurídico em detrimento de outro, sopesando ambos, e preferindo a redução do espectro de cada um a sua exclusão.

Registre-se que esse princípio hermenêutico é bastante utilizado pela jurisprudência para balizar suas decisões.

A concordância prática, portanto, demandará do intérprete o exame das peculiaridades do caso concreto e a finalidade que deve ser buscada nesse caso. Feito isso, analisará as eventuais normas colidentes e adotará a medida que melhor otimize aquela que atingirá o fim buscado e. ao mesmo tempo. a que cause menos restrições para a norma colidente.

A ponderação, nesse caso, será concretizada de forma objetiva por meio da proporcionalidade e de seus subelementos: adequação, necessidade/exigibilidade e proporcionalidade em sentido estrito. Assim, se terá o procedimento a ser traçado para a definição da norma que será otimizada, da que será restringida, e o âmbito de otimização e restrição de cada uma delas.

Por vezes, contudo, após solucionada uma situação de colisão entre princípios constitucionais, existirão hipóteses em que um dos princípios colidentes, por conta das circunstâncias fáticas do caso concreto, será totalmente restringido ou muito pouco restará de si no caso concreto.

Exemplificando: em um conflito entre a proteção do direito à privacidade e do direito à liberdade de expressão, há enorme dificuldade em equacionar ambos direitos diante de uma situação concreta sem a negação de um ou de outro direito. Assim, por exemplo, se nesse conflito se decide por vedar uma determinada publicação em veículo de informação, pois no caso concreto deve prevalecer a intimidade da pessoa que seria alvo da publicação, não há como negar que, nesse caso em específico, a restrição à liberdade de manifestação do pensamento e do direito à informação será absoluta.

6. Conformidade funcional. Também denominada de princípio da correção funcional, o intuito desse princípio é assegurar o respeito às competências constitucionalmente estabelecidas. Seu objetivo precípuo é evitar que o esquema organizatório funcional estabelecido pela Constituição seja subvertido pelos órgãos encarregados da interpretação constitucional.

Assim, os órgãos responsáveis pela interpretação constitucional não poderão se valer de tal função para promover a subversão das competências constitucionalmente definidas para avocar, dessa forma, outras funções ou para eximir-se de exercê-las.

Nas palavras de Luiz Alberto David Araújo e Vidal Serrano Nunes Júnior, sobre o princípio ora em comento: "(...) o órgão encarregado da interpretação não poderá, como resultado desta, imprimir alteração da repartição de competência constitucionalmente erigida. Logo, só poderá atuar dentro da zona de competências previamente demarcada. Trata-se, na verdade, de princípio conformador, cujo escopo reside na manutenção da harmonia entre os órgãos do Estado e na prevenção do arbítrio, pois que o exercício da aplicação da norma não há de frutificar da vontade unilateral da autoridade, mas do plexo de normas constitucionais que forjam a estruturação orgânica do Estado" (ARAÚJO, Luiz Alberto David; NUNES JÚNIOR, Vidal Serrano. *Curso de direito constitucional*. 17. ed. São Paulo: Verbatim, 2013, p. 128).

7. Efeito integrador. Na solução de conflitos jurídico-constitucionais, o intérprete deverá buscar soluções que propiciem, mantenham e aperfeiçoem a unidade político-constitucional, de acordo com esse princípio de interpretação.

O referido princípio é comumente relacionado como um desdobramento do princípio da unidade da Constituição. Assim, o intérprete, ao se deparar com problemas jurídicos, deve buscar uma medida que aprimore a unidade política e a integração social.

No dizer de Canotilho: "Como tópico argumentativo, o princípio do efeito integrador não assenta numa concepção integracionista de Estado e da sociedade (conducente a reducionismos, autoritarismos e transpersonalismos políticos), antes arranca da conflitualidade constitucionalmente racionalizada para conduzir a soluções pluralisticamente integradoras" (CANOTILHO, José Joaquim Gomes. *Direito constitucional e teoria da Constituição*. 6. ed. Coimbra: Almedina, 1993, p. 227).

8. Força normativa da Constituição. A interpretação constitucional deve ser orientada pela busca do aprimoramento e otimização da permanência e eficácia da norma constitucional.

Assim, a solução, os conflitos e as questões jurídicas devem ser pautados pelo aperfeiçoamento dos preceitos constitucionais.

Novamente, Canotilho sobre o referido princípio: "(...) deve dar-se primazia às soluções hermenêuticas que, compreendendo à historicidade das estruturas constitucionais, possibilitam a 'atualização normativa', garantindo, do mesmo pé, a sua eficácia e permanência" (CANOTILHO, José Joaquim Gomes. *Direito constitucional e teoria da Constituição*. 6. ed. Coimbra: Almedina, 1993, p. 229).

9. Máxima efetividade (ou da interpretação efetiva). O princípio da máxima efetividade determina que a Constituição seja interpretada da forma que a torne mais efetiva, dando primazia àquela que permita em maior medida a atuação da vontade constitucional.

O objetivo do princípio da máxima efetividade é justamente o de aproximar os preceitos abstratos da Constituição, da realidade fática social. Nesse sentido, o princípio da máxima efetividade prima não só pela eficácia jurídica da Constituição, mas também, e principalmente, por sua eficácia social.

Conforme afirma Luís Alberto Barroso e Ana Paula Barcellos, simboliza a aproximação máxima do *dever ser* normativo com o *ser* da realidade social (*A interpretação constitucional*. São Paulo: Malheiros, 2010, p. 303).

10. Interpretação conforme. A superioridade hierárquica da Constituição impõe que todo o ordenamento jurídico infraconstitucional seja com ela compatível. Ao nos depararmos com normas totalmente contrárias a Constituição, não restará alternativa senão a eliminação da norma do ordenamento, em sede de controle concentrado de constitucionalidade, ou ao menos que seja afastada dos casos concretos por meio do controle difuso.

Retomando a distinção já vista entre texto e norma, haverá hipóteses em que de um mesmo texto legal poderemos extrair diversas normas. Pode ocorrer de, das normas extraíveis, uma ser contrária à Constituição e outra compatível. Nesses casos, não se deverá extirpar totalmente a norma do ordenamento jurídico, mas caberá justamente a interpretação conforme a Constituição.

A interpretação conforme, portanto, consiste na tarefa interpretativa de se determinar qual norma extraível do texto legal é compatível com a Constituição e, assim, impor que determinado texto legal seja interpretado da forma compatível com a ordem constitucional, vedando-se outras interpretações possíveis, que trariam resultados incompatíveis.

Dessa forma, a interpretação conforme consiste num princípio de interpretação, que obriga ao aplicador da norma infraconstitucional, a busca pelo resultado normativo que se coaduna com a ordem constitucional, quando se deparar com mais de uma interpretação possível no caso.

De igual modo, além de princípio interpretativo, a interpretação conforme a Constituição consiste em técnica de controle de constitucionalidade das espécies normativas infraconstitucionais. Quando a interpretação conforme for conferida em sede de controle concentrado, terá seus regulares efeitos vinculantes e erga omnes, obrigando que os demais órgãos do Poder Judiciário e da administração pública direta e indireta de todos os entes federativos apliquem o dispositivo da forma interpretada pelo Supremo.

Roberto Barroso elenca as características principais da interpretação conforme nos seguintes termos: "a) exige que se escolha a interpretação da norma legal que a mantenha em harmonia com a Constituição, em meio a outra ou outras possibilidades interpretativas que o preceito admita; b) através dela, busca-se encontrar um sentido possível para a norma, que não é o que mais evidentemente resulta da leitura de seu texto; c) além da eleição de uma linha de interpretação, procede-se à exclusão expressa de outra ou outras interpretações possíveis, que conduziriam a resultado contrastante com a constituição; d) por via de consequência, a interpretação conforme a constituição não é mero preceito hermenêutico, mas também, um mecanismo de controle de constitucionalidade pelo qual se declara ilegítima determinada leitura da norma legal" (BARROSO, Luís Roberto. *Interpretação e aplicação da Constituição:* fundamentos de uma dogmática constitucional transformadora. 6. ed. São Paulo: Saraiva, 2004, p. 102).

Por fim, apesar de ser considerada como princípio de interpretação constitucional em diversas obras de Direito Constitucional, compreendemos que se trata de um critério de interpretação de leis infraconstitucionais, em realidade.

ÉTICA GERAL

Ética

1. O estudo da Ética. Do grego, ética deriva de *ethos*, que significa *comportamento*. Em linhas gerais, a Ética pode ser considerada como o conjunto de normas pelas quais o indivíduo deve orientar suas ações.

2. Definição de Regis Jolivet. O filósofo francês Regis Jolivet define a Ética como sendo "a ciência que define as leis da atividade livre do homem ou a ciência que trata do uso que o homem deve fazer de sua liberdade, para atingir seu fim último" (Régis Jolivet. *Traité de philosophie*, vol. V, p. 14).

Isto quer dizer que o ser humano pode praticar atos segundo as normas éticas ou não, porque é dotado de liberdade ou livre-arbítrio.

Se o ser humano não fosse livre, não seria responsável, pois não teria capacidade de escolher entre duas ou mais ações possíveis, como acontece com os animais, que se guiam pelo instinto. Por isso, quando um cão fere uma criança, seu dono é quem é responsabilizado.

3. As duas dimensões do mundo. No mundo à nossa volta se distinguem duas grandes dimensões:

a) a do ser: que compreende tudo o que existe; e

b) a do dever ser, que abrange tudo o que deve acontecer, pela ação dos seres humanos.

O *dever ser* é o objeto da parte da Filosofia Prática que chamamos *Ética*.

4. A divisão da filosofia e a posição da Ética. Os gregos dividiam a Filosofia em três grandes partes: Lógica, Metafísica e Ética, abaixo esquematizadas:

Partes da Filosofia	Cumpre estudar
Lógica	As regras do raciocínio correto
Metafísica	As leis que presidem o mundo dos seres
Ética	As normas que se impõem no âmbito do comportamento

5. Mitologia e Ética. Os gregos tinham uma certa tendência a considerar as leis que regulam o comportamento humano como extensão das leis que governam os fenômenos naturais, ou seja, julgavam as leis para o ser humano análogas às que dirigem o mundo físico, químico e biológico.

Consideravam o homem como microcosmo que se situa em algo maior, o macrocosmo, e por este motivo o homem estaria sujeito às mesmas leis que outros animais e seres da natureza.

Talvez por causa disto é que a maioria dos mitos que se arraigaram profundamente em seu *inconsciente coletivo*, durante séculos, negavam a liberdade humana e reforçavam a crença em um destino ou *fatum*, do qual ninguém conseguiria escapar. Veja-se, por exemplo, o mito de Édipo que procura fugir de seu trágico destino e cada vez mais se aproxima do seu fatal cumprimento: matar seu próprio pai e casar com sua própria mãe.

Essas ideias sobreviveram no mundo greco-romano por muito tempo, chegando até o terceiro século depois de Cristo, com vários pensadores da Escola Estoica, que consideravam as leis humanas como aplicação ao mundo humano das leis da natureza. Foi o Cristianismo que trouxe ao Ocidente, desde o início de nossa Era, a ideia de livre-arbítrio do homem, criador de seu próprio destino.

Finalidade Ética

1. O que dirige a conduta do ser humano? É por acaso o sentimento, o gosto, o prazer? Não, pois posso ter uma grande tendência para a avareza e, contrariando essa tendência, gastar o que for necessário.

Posso sentir grande atração por uma pessoa, mas me afasto, pois não quero ferir outra, que está casada com ela, e assim por diante.

Fica claro que o ser humano age por uma finalidade que sua razão lhe aponta como boa ou conveniente e se afasta de outra, que sua inteligência lhe aponta como má ou inconveniente.

Importante

O ser humano age por uma finalidade que sua razão lhe aponta como boa ou conveniente.

2. Vontade, verdade e inteligência. A vontade não age por acaso. As faculdades de inteligência e sensibilidade do homem têm um objetivo determinado, que é seu fim imediato.

Diziam os antigos escolásticos *que a verdade é o fim da inteligência e a beleza, o fim do sentimento estético*. O verdadeiro (*verum*) e o belo (*pulchrum*) conduzem ao bem total do homem (*bonum*), que é o objeto da sua vontade.

3. Meio e fim dos atos humanos. Para Regis Jolivet:

"O fim dos atos humanos é conhecido como uma finalidade da ação. Isto é próprio aos atos humanos. Aquele que cumpre estes atos conhece o seu fim: o homem não procura seu fim como a pedra ou o animal; ele o persegue conscientemente pela inteligência que possui da relação de seus atos a seu fim. Quer dizer, ele possui a noção de fim e a noção de bem, noções que coincidem porque a vontade não pode querer senão o bem. Por isto, *o fim ou o bem são o princípio e o término dos atos humanos:* princípio, enquanto é o fim conhecido e o bem almejado que determinam o cumprimento dos atos, e término, enquanto é para a obtenção do bem que tendem todas as atividades do homem" (Regis Jolivet. *Traité de Philosophie*, vol. V, p. 51).

Exemplo

Se assim se conduz a vontade do ser humano, é claro que subordina tudo a esse fim buscado. Assim, um casal que deseja adquirir uma casa própria (fim almejado), poupa dinheiro (meio) para chegar à quantia suficiente para a compra.

4. A finalidade em Aristóteles. Em sua obra *Ética a Nicômaco*, o filósofo grego Aristóteles mostra que a livre escolha do homem encontra a virtude como meio termo, entre dois vícios opostos. As ações humanas moralmente certas são aquelas que seguem o critério do meio termo. Por exemplo, pode-se ser avarento ou um pródigo, mas prefere-se gastar com moderação. A isto se chama *finalidade ética*, pois se busca o equilíbrio e a felicidade, como veremos a seguir.

5. A felicidade é o bem maior e a Ética o caminho para esse bem. Aristóteles ensinava que todas as ações visam a um bem, e – se houver alguma escala nas finalidades a se atingir – devemos buscar a felicidade, sendo que esse fim maior (a felicidade) se atinge com uma postura de vida que a vise. Não são atos isolados que tornam alguém feliz. Para se atingir a felicidade no campo das ações humanas é preciso agir com ética.

> **Importante**
>
> Para se atingir o bem maior que é a Felicidade é preciso agir eticamente, segundo Aristóteles.

> **Dica**
>
> A felicidade, do grego, se chama *Eudemonismo, eudaimonia* = satisfação, alegria.

6. O acordo entre minha conduta e a Ética. Teoricamente, o problema está resolvido, mas aparecem problemas diversos quando a noção de finalidade da ação e sua coincidência com o verdadeiro e com o belo varia de uma pessoa para a outra. Qual o critério para saber quando minha ideia de fim está de acordo com a Ética ou não? É o que estudaremos no próximo capítulo com a racionalidade da ética.

Racionalidade da Ética

1. A racionalidade da Ética. Emanuel Kant apresenta a saída para sabermos se nossos atos são éticos ou não. O pensador do século XVIII enuncia o princípio de toda ação ética, ou imperativo categórico.

2. Imperativo categórico. Para Kant, o imperativo categórico tem como preceito o seguinte mandamento: "Age *de tal modo que a regra da tua ação se possa tornar o fundamento de uma norma para todos*".

Exemplo

Um ladrão pode achar que determinado automóvel vale muito dinheiro e arquiteta seu furto. Para isso utiliza toda sua capacidade de simulação, de agilidade, de técnica de ligar o motor sem a chave, como sair do local de maneira discreta etc.

Como saber que sua ação é formalmente antiética? Segundo Kant, devemos generalizar os atos que pensamos em praticar ou que praticamos e verificar se abstratamente são reprováveis ou não, basta verificar o que os demais achariam desses atos.

Exemplo

No caso de um furto deveríamos perguntar o seguinte para perceber que tal ato é antiético:

a) É possível transformar o furto em norma geral?
b) O próprio ladrão admitiria que outro ladrão, mais esperto, o furtasse antes ou o tirasse de sua posse, depois?
c) E se isto fosse norma numa sociedade, quem se sentiria seguro?
d) Os lesados com os furtos se considerariam felizes?

Importante

Por trazer para a filosofia prática o raciocínio, tal Ética se chamou formalista ou racional.

IV | Partes da Ética e suas Distinções

1. Partes da Ética. A Ética, que Kant chama de "Metafísica dos Costumes", divide-se em três grandes partes, conforme sugestão de Cristiano Thomasius:
a) Moral ou Ética Individual (em latim: *honestum*);
b) Direito (*justum*);
c) Regras do Decoro (*decorum*).

2. A Ética, no sentido de moralidade. Divide-se em:
a) Geral, que é a que nos ocupa aqui; e
b) Especial, que se dirige a determinadas categorias de pessoas: Ética Médica, Ética dos Advogados, Ética dos Funcionários Públicos, Ética dos Publicitários etc.

3. Direito. O Direito se divide em Natural e Positivo, e este em Público, Privado e Difusos, Coletivos e Individuais Homogêneos.

4. As regras de decoro. Dividem-se em Etiqueta ou Pequena Ética, Cerimonial, Protocolo, Cortesia e Boa Educação.

5. Esquematicamente. Podemos representar assim:

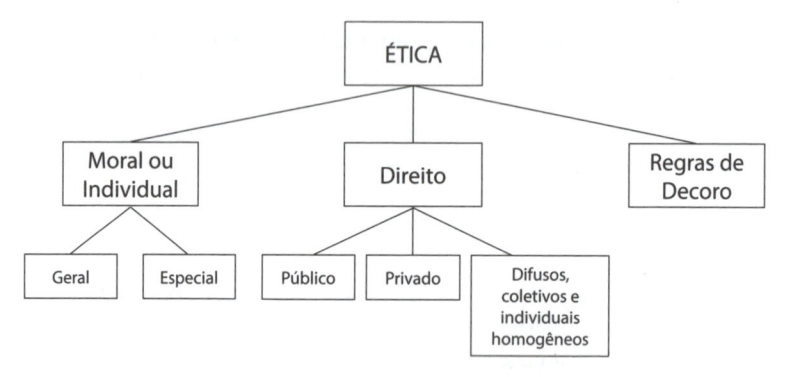

```
                        ÉTICA
          ┌───────────────┼───────────────┐
    Moral ou            Direito        Regras de
    Individual                          Decoro
     ┌──┴──┐         ┌─────┼─────┐
   Geral  Especial  Público Privado  Difusos,
                                     coletivos e
                                     individuais
                                     homogêneos
```

6. Diferenças entre as normas morais e éticas. A distinção principal entre as normas morais ou éticas no sentido individual e as normas do Direito ou jurídicas reside na *coercibilidade* das últimas. O lesado pelo não cumprimento de norma jurídica pode exigir seu cumprimento mediante o uso da força por parte do Estado, que seria a coerção física e a coação ou ameaça psíquica.

7. Distinção entre a norma jurídica e a norma de decoro. A norma jurídica atribui ao ofendido a faculdade de exigir uma sanção ou punição ou ressarcimento do dano sofrido, enquanto as regras de decoro só podem gerar uma condenação ou reprovação social difusa.

Essa possibilidade do Direito, sendo violado, de trazer uma sanção, chama-se *atributividade*.

As normas mais "fracas" são as normas morais, pois a única sanção para quem as viole é a interna, da própria consciência ou remorso, o que normalmente não se encontra em indivíduos amorais ou sem ética nenhuma, por convicção ou por hábito.

V — Ética, Leis e Hierarquia

1. Necessidade de leis. A partir de uma concepção racional da Ética, pode-se definir uma norma de Ética ou lei, segundo São Tomás de Aquino, como *uma ordenação da razão, promulgada para o bem comum por aqueles que dirigem uma comunidade.*

É uma *ordenação da razão* no sentido de que se apoia em considerações que a justificam. É, pois, o contrário de uma ordem arbitrária, baseada no simples capricho.

2. Finalidade da lei. A lei tem por fim o bem comum, ou seja, o bem de todos os membros de uma comunidade, e não tal ou qual bem particular. Sem dúvida, a lei obriga cada indivíduo, mas se dirige a todos, tendo em vista o bem comum de todos.

3. A promulgação da lei. A lei deve ser promulgada, sem o que não poderia obrigar, porque se dirige antes de tudo à inteligência e não pode ser obedecida se não for suficientemente conhecida.

Essa promulgação tem um procedimento mais complexo no caso das normas jurídicas, dada sua importância maior para o convívio social.

Mas as normas morais também são promulgadas, normalmente, por alguém que merece o respeito da comunidade, como um líder religioso ou político, podendo se revestir de maior ou menor solenidade.

Até mesmo as normas de etiqueta constam de "Manuais de Boas Maneiras" ou são reforçadas por uma tradição incontestável.

4. Hierarquia das leis. Para os mais antigos filósofos da Antiguidade, as leis guardavam uma hierarquia, conforme sua fonte de origem:

a) as mais elevadas eram as *leis divinas*, provenientes da divindade, evidentemente por meio dos seus mensageiros;

b) depois viriam as *leis da natureza*, no fundo também feitas pela mesma autoridade divina, porém, mais visíveis para qualquer observador, pois o universo é uma harmonia (em grego, *cosmos*) e não há harmonia em uma orquestra sem a batuta de um condutor ou maestro;

c) em grau inferior viria *a lei humana*, feita pelas assembleias dos homens em uma cidade ou nação, sujeitas a erro e revisão constante, pois passíveis de falha.

VI | Direito, Ética, Dever, Virtudes e Vícios

1. O dever ético. O dever é um juízo de valor, formulado a partir de um raciocínio baseado numa lei religiosa, natural ou positiva (escrita, posta) e que impõe uma obrigação, respectivamente, religiosa, natural ou positiva.

Tal obrigação não poderá deixar de ser cumprida sem violação de uma regra, racionalmente aceitável, para indiscutível proveito próprio ou de outrem.

Como já vimos acima, Kant fundamenta a obrigação moral na razão, enquanto ela formula uma lei universal e absolutamente necessária.

2. Conflito de deveres. O dever, que nos impõe certas obrigações graves, pode, algumas vezes, obrigar-nos a transgredir outras obrigações, incompatíveis com este dever. É o que se chama de conflitos de deveres.

Exemplo

O caso apresentado pelo famoso filme com Charlton Heston "El Cid", em que Dom Rodrigo Dias de Bivar, que assim era cognominado, vive um conflito entre o dever de vingar a honra do pai, ofendido por seu futuro sogro, e o dever de amar sua noiva.

Neste caso, o dever maior de partir para a luta contra os mouros, que atacavam sua cidade, livra-o de um conflito praticamente insolúvel.

Importante

O dever é um conceito que nos parece uma limitação de nossa liberdade, mas – pelo contrário – é a mais plena afirmação dela, pois só deve fazer algo quem tem liberdade para isso e não quem não é livre para isso. Vale aqui mais uma vez o exemplo do cão mostrado no início.

3. O Direito e o dever jurídico. Os antigos romanos diziam que o direito e a obrigação são correlatos, ou seja, o direito de alguém implica no dever de outrem e reciprocamente.

O direito é um *poder moral*, isto é, um poder que se baseia na razão e na lei moral. Opõe-se, assim, *ao poder físico*, que se baseia na força.

Somente a pessoa humana é sujeito de direito. Só o ser humano, porque é inteligente e livre, é uma pessoa e tem direitos, pois só ele é capaz de exercer um poder moral, de vez que é o único capaz de conhecer a lei e as obrigações que dela derivam, para si ou para outrem.

Daí ensinar Kant que o direito se baseia na dignidade da pessoa humana, dignidade que se exprime na sua liberdade moral. Miguel Reale explicitou mais ainda esse pensamento dizendo que *a pessoa é o valor-fonte de todos os valores*.

Desde o século XVII até hoje, cada vez mais se aprofundam os direitos inalienáveis da pessoa humana, inclusive o que se enunciaria como "o direito de ter direitos", na opinião sempre abalizada de Norberto Bobbio.

4. O ato humano. *O sujeito* da lei, seja religiosa, moral, jurídica e mesmo de cortesia, caracteriza-se como alguém que tem *vontade livre*, que é a condição essencial dos atos *humanos, passíveis de uma avaliação ética*.

Os atos humanos só podem ser atos morais quando procedem da vontade livre. Seu grau de responsabilidade moral dependerá, pois, do grau de liberdade com que foram realizados. Tanto maior será a responsabilidade quanto maior a liberdade no cometimento do ato.

5. Causas que agem sobre a vontade. As causas que podem agir sobre a vontade para diminuir ou anular a sua *responsabilidade* são as seguintes:

a) a paixão;

b) o medo;

c) a violência;

d) a ignorância;

e) o engano, ou algum fator de perturbação do julgamento moral do agente.

Como os atos morais são, por essência, atos livres, quer dizer, atos nossos, desejados por nós, segue-se daí que assumimos a sua *responsabilidade,* que eles se tornam para nós causas de *mérito* ou *demérito* e que exigem *sanções apropriadas*. Além disso, a atividade moral gera hábitos, bons ou maus, que se chamam virtudes e vícios.

6. A virtude e o vício. Leciona Regis Jolivet que "A virtude é o *hábito do bem*, quer dizer, uma disposição estável para agir bem, que afeta a vontade do agente moral. À virtude se opõe o *vício*, que é o *hábito do mal*, ou uma disposição estável para agir mal" (JOLIVET, Régis. *Traité de Philosophie*, vol. V, p. 207).

7. Classificação das virtudes. Podem-se classificar as virtudes de acordo com sua importância. Platão chamou de virtudes cardeais (da palavra latina *cardines* = gonzos de uma porta) as virtudes consideradas como as primeiras de todas e a fonte das outras:

a) prudência;

b) coragem, também chamada fortaleza ou força moral;

c) temperança;

d) justiça.

Depois, viriam as virtudes delas derivadas:

a) paciência, ou força de aguentar os males da vida, de esperar, de suportar os vícios dos outros;

b) modéstia, humildade, generosidade, pelo justo conceito da própria importância e capacidade de respeitar os outros;

c) retidão, ou vontade contínua de dar a cada um o que lhe cabe por justiça, equidade, de tratar a todos com um critério adequado;

d) moderação no uso das faculdades e apetites;

e) ponderação para bem julgar as ações alheias.

8. Classificação dos vícios. De modo análogo, são *capitais*, ou *cabeça* de outros, como a:

Vícios primários	Vícios derivados (decorrência ou expressões dos vícios primários)
soberba	orgulho e vaidade
avareza	mesquinhez
luxúria	embriaguez, devassidão
ira	cólera, grosseria
gula	voracidade
inveja	murmuração, difamação
preguiça	lerdeza, desatenção e negligência

VII. Moral Pessoal e Moral Social

1. A moral pessoal. O ser humano tem deveres éticos consigo mesmo e com os vários grupos sociais a que pertence, como a família, a escola, a empresa, a igreja, a pátria e a humanidade. São obrigações para consigo mesmo:

a) o emprego dos *meios* para conservar a saúde, pelo uso de remédios adequados;

b) preservação dos excessos da comida e bebida, que arruínam a saúde mais rapidamente;

c) cuidado moderado de suas economias, para prover a si mesmo e a sua família;

d) adquirir os conhecimentos que lhe são necessários para exercer satisfatoriamente sua profissão.

2. A moral social. Os deveres para com a sociedade começam pela sociedade doméstica. A sociedade conjugal é a união da qual resulte uma comunidade de vida e uma só pessoa moral, objetivando a procriação, a educação dos filhos e a mútua assistência moral e física.

Os casados têm, um em relação ao outro, deveres de amor e fidelidade mútuos, colaboração mútua e apoio nas dificuldades da vida.

Os esposos podem abster-se de ter filhos, contanto que estejam de comum acordo. O fato de tê-los é um grande serviço à sociedade humana. Maior ainda, seria adotar órfãos.

3. O animal social e ético de Aristóteles. Já lecionou na Grécia Antiga Aristóteles que a sociedade é resultado da natureza. *O homem*, com efeito, é *eminentemente sociável*.

Está sujeito a diversas necessidades, como educacionais, procurando a escola, a faculdade; precisões de ordem física, intelectual e moral, que não podem encontrar sua plena satisfação a não ser na empresa hospitalar, no escritório advocatício, associação artística, esportiva ou de lazer, igreja para assistência religiosa etc.

Fora da sociedade, sentenciava o mesmo filósofo antigo, só pode viver alguém sobre-humano, como um deus, ou infra-humano, como certos raros tipos de animais, pois até estes vivem em alcateias, manadas, matilhas, rebanhos etc.

4. Deveres éticos do ser humano para com a sociedade.

a) *O dever de falar e escrever com veracidade certa ou presumível*. Toda mentira é um desrespeito à inteligência alheia, que busca sempre a verdade. Além disso, torna quase impossível a vida em comum e instala um regime de mútua desconfiança, contrária ao bem de todos.

b) *O respeito pela liberdade alheia*. A liberdade é um direito fundamental do ser humano, dotado de livre-arbítrio e inteligência, capaz de agir com independência. Inclui a liberdade de pensamento filosófico, político, moral e religioso.

c) *O respeito pela dignidade alheia*. É o dever de presumir a inocência das pessoas, até prova clara que prove sua culpa. De não propalar opiniões desfavoráveis sobre alguém sem base nos fatos, tendendo sempre a ver um possível lado bom nas ações das pessoas.

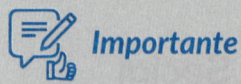

> **Importante**
>
> Tais são os deveres éticos fundamentais para a vida em sociedade, cabendo a cada associação estabelecer mais especificamente os deveres atinentes a determinada função social ou profissão, como por exemplo o faz o Código de Ética dos Advogados.

VIII — A Gnosiologia e as Teorias Éticas

1. A gnosiologia e as teorias éticas. Devido à relação que guarda com a Gnosiologia, o conceito de Ética tem variado por meio da História.

2. Os gregos. Os clássicos gregos, cujos ensinamentos perduraram até o século XV de nossa Era, consideravam possível conhecer a essência dos seres.

Sendo o mundo visível um dado objetivo, cujo intrínseco conhecimento pressupunham com a famosa teoria geocêntrica do universo, daí partiram para estabelecer uma derivação das leis naturais até chegar à ideia de uma "moral natural" e um "direito natural", o melhor modelo para as leis humanas.

3. A ruptura antropocêntrica moderna. A grande ruptura se deu no início dos Tempos Modernos, quando os humanistas do século XV e XVI colocaram o homem como centro de todo o mundo cognoscível.

4. O pensamento de René Descartes. Esta mudança radical no modo de conceber o mundo a partir do sujeito pensante, como se vê em René Descartes ("Penso, logo existo"), se dá no campo da gnosiologia ou teoria do conhecimento, mas vai afetar a Filosofia como um todo, transformando os critérios da Ética.

> **Importante**
>
> Se antes o modelo era a natureza, agora a base é a razão humana. Se antes o bom e o mau comportamento se mediam pela proximidade maior ou menor com as leis naturais, agora o referencial é a racionalidade maior ou menor do que é posto como bom ou mau por uma norma moral ou jurídica, ou seja, não se acata como bom senão aquilo que se fundamenta em um raciocínio correto.

5. O ambiente cultural da intelectualidade na época do Renascimento. Na época do Renascimento (século XVI), o melhor conhecimento do planeta, proporcionado pelas grandes navegações dos séculos XV e XVI, os novos instrumentos de observação do espaço sideral, como a luneta astronômica levaram o homem de cultura a se sentir inseguro perante os dados transmitidos pela tradição tanto grega como medieval, sobretudo depois do heliocentrismo de Copérnico se impor em todas as Academias de Ciências da Europa.

O matemático francês René Descartes, como orientação para uma crítica do conhecimento capaz de conduzir a maior certeza, propõe a dúvida perante toda proposição não provada racionalmente. Começa então o "racionalismo gnosiológico" com a chamada "dúvida metódica".

6. O racionalismo gnosiológico. Kant foi um filósofo racionalista, quando a leitura do empirista escocês David Hume o "despertou do seu sono dogmático".

Como se sabe, Hume radicalizou o empirismo de Locke, não mais admitindo nenhuma ideia universal, a partir de uma experiência particular, caindo num rígido ceticismo que contrariava as conclusões da ciência experimental, pois concluía que, a partir de dados isolados, é impossível se chegar a uma teoria geral.

Para defender a própria ciência experimental, Kant elaborou, a partir dos *a priori* "tempo" e "espaço", uma teoria do conhecimento, pois viu a necessidade de se buscar, ao lado dos juízos sintéticos da experiência, *a posteriori*, os juízos sintéticos *a priori*, ou seja, conhecimentos construídos sinteticamente sobre o fundamento da unidade da percepção intuitiva que, antes da experiência, formulam as condições necessárias de uma qualquer experiência possível.

Como a experiência de cada um é diversa da de outrem, impunha-se o subjetivismo gnosiológico, pois, embora os *a priori* e as categorias sejam próprias de todo ser humano dotado de razão, a experiência seria de cada sujeito: o eixo do conhecimento mudava do objeto para o intelecto do sujeito.

É evidente que a experiência se limitava à possibilidade do conhecimento no tempo e no espaço, deixando Deus, a alma e o universo como o mundo do incognoscível.

Com isso Kant tirava da Ética o fundamento teológico, tão caro à filosofia cristã.

Procurou então Kant fundamentar a moral na ideia de dever, o famoso *imperativo categórico*, acima citado, pois:

"O homem não está em condições de conhecer a causalidade do inteligível sobre o sensível, mas não há dúvida sobre a existência de leis morais que à sua consciência empírica se revelam como dado racional, ao qual deve conformar a conduta. Ora, na consciência do dever está implícita a consciência de liberdade: todo ser sabe que não pode agir de outro modo senão sob a ideia da liberdade, e, por isso, do ponto de vista prático, é realmente livre" (SOLARI, Gioele. *Studi di Filosofia del Diritto*, p. 231).

IX — Escolas ou Teorias Éticas

1. Escolas ou teorias éticas. Costuma-se dividir as concepções éticas em três categorias, segundo a maneira pela qual cada uma concebe a finalidade máxima do ser humano e, por conseguinte, o fundamento da Ética:

a) *os utilitaristas*, que colocam a suprema finalidade do homem no prazer;

b) *os altruístas*, que consideram que a suprema finalidade do homem é adquirir sentimentos desinteressados;

c) os *racionalistas* são aqueles que veem a suprema finalidade do homem na obediência ao dever conhecido pela razão.

2. Os utilitaristas. Foram utilitaristas:

a) os hedonistas;

b) os epicuristas;

c) os utilitaristas.

3. Hedonismo (teoria dos filósofos gregos Górgias, Cálicles, Aristipo de Cilene). Professa que é necessário aproveitar o prazer toda vez que nos ofereça. Um prazer perdido não retorna. A regra é o gozo imediato.

4. O epicurismo (teoria do filósofo Epicuro de Samos). Repele o sistema do gozo imediato.

Ele professa que, no próprio interesse do gozo, é necessário escolher entre os prazeres, tomando aqueles que não são acompanhados de nenhuma dor, aqueles que não ameaçam privar-nos de um prazer maior, preferindo os prazeres calmos aos prazeres violentos, eliminando qualquer procura de prazeres artificiais.

Em suma, Epicuro visa mais a alcançar um estado de tranquilidade (ataraxia) que uma atividade de prazer.

5. O utilitarismo (teoria de Jeremias Bentham, filósofo inglês do século XVIII). Bentham quer, por vezes, dar um caráter científico ao epicurismo e torná-lo menos austero.

O fim, diz ele, é a obtenção da maior quantidade possível de prazer, para o maior número de pessoas.

Mas, para chegar a isto, convém construir uma espécie de aritmética de prazeres, que permite escolher, entre os prazeres que se apresentam, aqueles que são superiores por sua intensidade, certeza, proximidade, duração, pureza, alcance e fecundidade.

É o que se chama *moral do interesse pessoal*.

6. Os altruístas. Foram altruístas:

a) a moral cristã;

b) os positivistas.

7. A moral cristã. Baseada nos Evangelhos que narram a vida e os ensinamentos de Jesus Cristo, que nasceu na Palestina, Colônia Romana, no tempo dos Imperadores César Augusto e Tibério, mas teve sua doutrina divulgada por todo o Ocidente nos séculos I ao VIII de nossa Era.

Seu princípio ético fundamental é "desejar ao próximo o que se quer para si mesmo", perdoar as ofensas, fazer benefícios às pessoas sem esperar uma recompensa, não julgar antecipadamente as ações alheias, ser puro de coração, sem malícias e subterfúgios, dar de comer a quem tem fome, de beber a quem tem sede, vestir os nus, visitar os enfermos e encarcerados, dar pousada aos errantes, ensinar os ignorantes.

No fundo se trata de um aperfeiçoamento dos mandamentos do Decálogo hebraico: não matar, não furtar etc.

8. Os positivistas (de ciência positiva ou exata). Não devem ser confundidos com os positivistas jurídicos, como Hans Kelsen. Os positivistas buscavam uma *ética humanitária*. Foi a Moral da humanidade (do filósofo francês do século XIX Auguste Comte).

Fiel discípulo de David Hume, com ele concordando a ponto de negar utilidade à metafísica, foi Auguste Comte, criador da disciplina "Sociologia", ou seja, o estudo dos fenômenos sociais enquanto objetos de observação, como se fossem "coisas", como precisou seu famoso discípulo Émile Durkheim.

Considerava o fundamento da Ética na teologia como algo remanescente de uma época primitiva e infantil da humanidade. Concebia uma Ética baseada no "altruísmo", sob todas as suas formas, como critério máximo da moralidade.

Afirmou a necessidade da submissão da política à moral altruísta, pugnando pela "incorporação social" do proletariado à sociedade moderna, ou seja, a elevação das condições de vida do conjunto das pessoas.

Atribuiu ao capital uma destinação social e não apenas individual e egoísta; afirmou a importância do indivíduo como agente da ação humana; valorizou o papel da mulher, como elemento mais afetivo do que o homem no seio da família e como formadora das qualidades das pessoas.

Valorizou o mérito humano, em todos os seus aspectos; ensinou a se reconhecer o papel construtivo representado, em cada tempo, pelas religiões e pelos grandes vultos do passado; afirmou: o senso de dever; uma exortação pela fraternidade entre os povos e a condenação da guerra; a educação laica; o combate aos privilégios na vida civil; o patriotismo dedicado e sem hostilidade contra os outros países; um senso de fraternidade entre os povos, de modo a se constituir uma "Religião da Humanidade".

Segundo este filósofo, a humanidade tem uma existência mais real do que o indivíduo. Este deve, então, sacrificar-se para a evolução do Grande Ser coletivo. Toda a moral é assim dirigida pelo princípio de que só vale moralmente aquilo que contribui para o aperfeiçoamento moral do gênero humano.

Há inegável semelhança entre este modo de pensar a ação humana e a ética de Hegel, que também levava o indivíduo a se sacrificar pela comunidade, objetivando sua moral subjetiva.

9. Os racionais. Foram Racionais:

a) o eudemonismo racional;

b) a moral estoica;

c) a ética formal.

10. O eudemonismo racional (de Aristóteles). Este filósofo, do século III antes de Cristo, insiste sobretudo na felicidade que traz a atividade especulativa da razão. Donde o nome de "eudemonismo racional" dado a esta teoria.

A felicidade, diz Aristóteles, deve resultar para nós do progresso e da perfeição da atividade mais nobre de nossa natureza, quer dizer, do exercício da inteligência, na sua forma mais alta, a saber, a contemplação da verdade e do bem, no que consistiria a perfeita felicidade do ser humano.

11. A moral estoica (Zenão de Citium). O fundador do estoicismo resume sua doutrina nesta máxima fundamental: devemos seguir a natureza, ou seja, a razão, pois é a razão que distingue o homem do animal.

Ora, a razão nos mostra que não há senão uma sabedoria, que consiste em aceitar a ordem cósmica, que não depende de nós, a renunciar aos desejos, que gerem a inquietação e a discórdia.

É unicamente assim que o homem poderá eximir-se das paixões, identificando-se com a razão universal (Deus ou Destino). A apatia ou a serenidade perfeita é, então, o ideal do sábio.

A virtude, deste ponto de vista, não é mais do que o reino da razão e, como tal, identifica-se com o bem, que é a própria razão, pois é ordem e perfeição. Como, por outro lado, resume-se na vontade de agir sempre segundo a razão, não comporta graus: esta vontade, com efeito, é ou não é.

A virtude é, então, perfeita e completa ao mesmo tempo: daí se segue que quem possua uma única virtude, possui necessariamente todas; e quem não possui uma virtude que seja, não tem absolutamente virtude alguma.

12. A Ética formal. Kant afirma que a vontade boa é a que realiza o dever simplesmente porque é dever, sem recorrer a nada exterior ao dever (felicidade, satisfação do sentimento, mandamento divino).

Por conseguinte, o nível de nosso ato não consiste jamais em que o ato seja bom em si mesmo, que agrade a Deus ou que nos proporcione satisfação de consciência, mas unicamente que é o dever.

Todo o resto, não apenas não é moral como vicia fundamentalmente a moralidade, transformando o imperativo categórico (obedecido, por puro respeito da lei) em um imperativo hipotético (obedecido por interesse de ser feliz, de ser estimado etc.).

Esta ética se apresenta, então, como puramente formal, quer dizer, como não levando em conta senão a intenção (ou forma da moralidade) e de nenhum modo o conteúdo ou matéria da atividade moral.

É em razão deste caráter que Kant reconhece três máximas, puramente formais também, como regras da atividade moral, a saber:

a) age sempre segundo uma máxima tal que possas querer ao mesmo tempo que ela seja uma lei universal;

b) age de tal sorte que mantenhas sempre a vontade livre, em ti e no próximo, como um fim e não como um meio;

c) age sempre com a ideia de tua vontade como legisladora universal.

Essas regras, logo se vê, não determinam materialmente nenhum dever; elas não estipulam senão a forma da atividade moral.

Tal concepção moral pressupõe, para ter sentido, a ideia de liberdade nas ações, da qual deriva a responsabilidade, a ideia de Deus e a ideia de vida futura, uma vez que o dever supõe a liberdade moral e evoca as sanções do além-túmulo por um Deus justíssimo.

São postulados indiscutíveis da Moral. Quer dizer, Deus não pode ser conhecido pela razão humana, apoiada no tempo e no espaço, pois Deus é eterno, fora do tempo e é infinito, fora do espaço, mas é o fundamento *a priori* da Ética. Ou seja, sem essa ideia de Deus como legislador supremo não há possibilidade de um juízo moral definitivo sobre a conduta humana depois desta vida. Uma vez que a alma é imortal e "o que se passa no seu íntimo não é passível de ser totalmente captado pelos seres humanos, só o legislador supremo pode ser seu juiz infalível, capaz de um julgamento definitivo sobre o que merecem suas obras." (KANT, *A Religião nos Limites da Simples Razão*, p. 130. Paris: Librairie Vrin, 1983).

PSICOLOGIA JURÍDICA

Importância do Estudo da Psicologia Jurídica

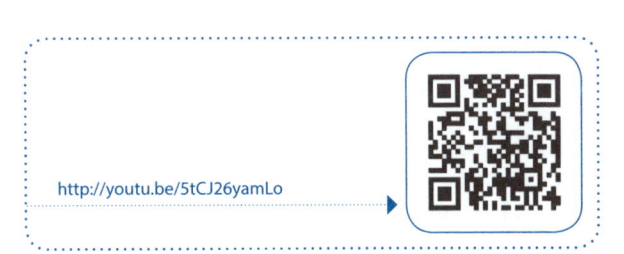

http://youtu.be/5tCJ26yamLo

"Para uma exacta e eficaz aplicação das leis penais aos casos individuais, são necessários conhecimentos científicos especiais, não só de direito, mas também de antropologia, de psicologia, de medicina legal e de psiquiatria, ao mesmo tempo que o juiz actual é forçado a um enciclopedismo absurdo, contrário à lei natural da 'divisão do trabalho', que exige e alenta mentalidades e aptidões diversas."

Enrico Ferri (Prefácio I à obra *Psicologia Judiciária* de Enrico Altavilla).

O texto em epígrafe foi escrito em 1925 e já retratava uma preocupação dos estudiosos com o caráter interdisciplinar do direito com outras áreas do conhecimento, incluindo a Psicologia. E, muito embora o autor demonstre a aplicação da Psicologia ao Direito Penal, primeiro ponto de contato entre as duas ciências, é fato que atualmente essa interdisciplinaridade engloba praticamente todos os ramos da ciência jurídica que, de alguma forma, façam referência ao psiquismo humano.

Por outro lado, a Psicologia Jurídica, que estuda as relações entre a Psicologia e o Direito, é matéria que não é (ainda) ministrada em todas as faculdades de Direito, privando o estudante de conhecimento fundamental para a prática profissional.

Nesse contexto, o Conselho Nacional de Justiça aprovou a Resolução 75/2009, inserindo diversas matérias de formação humanística para os exames de ingresso aos quadros da Magistratura, entre as quais a que denominou Psicologia Judiciária.

A referida resolução pode ter provocado um verdadeiro "efeito cascata", constatando-se clara tendência que outras instituições como Ministérios Públicos e Defensorias Públicas, e até mesmo, a Ordem dos Advogados do Brasil solicitem aquelas disciplinas em seus exames.

Assim, este trabalho tem o intuito de introduzir o leitor em breves institutos da Psicologia e da Psicologia Jurídica, bem como de abordar os temas previstos na Resolução CNJ 75/2009, fornecendo instrumento não só para aqueles que queiram ingressar na Magistratura, mas também para os estudantes que queiram iniciar seus estudos nessa fascinante área do conhecimento.

Por fim, preferiu-se a utilização do termo Psicologia Jurídica para o título dessa parte da obra, e não Psicologia Judiciária, por ser mais adequado à proposta que se apresenta ao leitor: capítulos introdutórios antecedentes aos capítulos destinados a tratar de temas de Psicologia aplicada ao Direito.

Introdução à Psicologia

1. Psicologia. A psicologia é a ciência que estuda os processos mentais e a influência desses no comportamento humano. Etimologicamente, o termo psicologia provém da junção das palavras gregas *psychē* (alma) e *logos* (conhecimento), ou seja, estudo da alma.

O comportamento humano é objeto de estudo de diversas ciências humanas, como a sociologia, a economia e o direito. O que distingue a psicologia das demais áreas do conhecimento é o enfoque direcionado ao funcionamento da unidade formada pela mente e corpo do indivíduo, centralizando seu estudo na psique humana.

De outro modo, pode-se dizer que a Psicologia se ocupa dos *fenômenos psicológicos*, que *se referem a processos que acontecem em nosso mundo interno e que são construídos durante a nossa vida* (BOCK, Ana Mercês Bahia et al. *Psicologias*. 12. ed. São Paulo: Saraiva, 1999, p. 23).

O fenômeno psicológico é o *mundo de ideias, significados e emoções,* construído internamente pelo sujeito *a partir de suas relações sociais,* de suas vivências e de sua *constituição biológica;* é, também, fonte de suas manifestações afetivas e comportamentais.

Por englobar os mais diversos e relevantes aspectos, os fenômenos psicológicos são estudados por várias correntes teóricas da Psicologia, sendo que cada escola apresenta um enfoque próprio sobre esse elemento da natureza humana.

Para compreendermos as diversas correntes teóricas da psicologia, primeiramente, faremos um breve histórico.

2. Histórico. O funcionamento da mente é estudado desde os primórdios da busca pelo conhecimento. No entanto, até o século XIX, o estudo da mente humana esteve atrelado à Filosofia.

Os filósofos pré-socráticos já se preocupavam com a relação entre o homem e o mundo por meio da percepção. Mas foi Sócrates (469-399 a.C.) o primeiro a contribuir significativamente com a Psicologia, quando imputou como principal característica do homem a *razão*, diferenciando-o dos outros animais.

Discípulo de Sócrates, Platão (427-347 a.C.) atribuiu uma localização para a razão no corpo, que seria a cabeça, dissociando o corpo da alma. Já Aristóteles (384-322 a.C.) realizou um estudo sistematizado da mente, diferenciando razão, percepção e sensações, em sua obra *De anima*. Afirmava que a *psyché* funcionava como o princípio da vida.

Como observa Ana Mercês Bahia Bock et al (*Psicologias*. 12. ed. São Paulo: Saraiva, 1999, p. 32), *os gregos já haviam formulado duas "teorias": a platônica, que postulava a imortalidade da alma e a concebia separada do corpo, e a aristotélica, que afirmava a mortalidade da alma e a sua relação de pertencimento ao corpo.*

Sem desconsiderar que houve continuidade das investigações sobre o psiquismo pelo restante da Idade Antiga e também na Idade Média (domínio cristão na produção de conhecimento), é a partir da Renascença (séc. XV) que surgem os embriões da Psicologia.

René Descartes (1596-1659) defendeu a ideia de que existe uma separação entre corpo e alma, sendo o corpo uma máquina desprovida de espírito. Tal conceito contribuiu para dessacralizar o cadáver humano, permitindo o progresso de ciências que tinham como objeto a investigação do corpo, tal como a Anatomia e Fisiologia.

A partir do século XIX, a *ciência* ganha papel de destaque, em razão da herança deixada pelo Iluminismo do séc. XVIII, que legou novos modelos de conhecimento baseados na razão, e não mais na fé, combinado ao Positivismo propalado por Auguste Comte, ao sustentar que as ciências humanas devessem seguir o mesmo método e o mesmo rigor que as ciências naturais.

Assim é que, no final do século XIX e começo do século XX, a Psicologia começou a ser construída não só em bases puramente teóricas atreladas à Filosofia, mas, utilizando-se de conhecimentos fornecidos por outras ciências sobre o corpo, como a Fisiologia. Mais tarde, a Psicologia adquire *status* de campo de conhecimento científico autônomo, guardando, evidentemente, forte caráter interdisciplinar com outras áreas.

3. Funções mentais superiores. Basicamente, o objeto estudado pela Psicologia é o funcionamento da mente e sua relação com o comportamento humano.

Para tanto, o cérebro é o lugar responsável por abrigar as funções mentais superiores, responsáveis pelo engendramento do psiquismo. Para Fiorelli e Malhadas (*Psicologia jurídica*. São Paulo: Atlas, p. 10):

> "As funções mentais superiores (separadas apenas por motivos didáticos, porque constitui um todo integrado) constituem uma espécie de programação por meio da qual os indivíduos desenvolvem *imagens mentais* de si mesmos e do mundo que os rodeia, interpretam os estímulos que recebem, elaboram a realidade psíquica e emitem comportamentos".

Segundo esses autores (op. cit., p. 10-43), as funções mentais superiores são:

a) Sensação;
b) Percepção;
c) Atenção;
d) Memória;
e) Linguagem e pensamento;
f) Emoção.

4. Sensação. É a operação por meio da qual as informações relativas a fenômenos do mundo exterior ou ao estado do organismo chegam ao cérebro, base para a composição de uma *imagem mental* correspondente a elas. Está relacionada com a *reação imediata de nossos órgãos sensoriais a estímulos básicos* como a luz, cor, som, odores e texturas.

5. Limiares de sensação. É importante observar que as sensações podem sofrer diversos tipos de influências dentro da faixa que medeia um limiar inferior (abaixo do qual o estímulo não é reconhecido) e um limiar superior (acima do qual se atinge o bloqueio da sensação, por dano aos mecanismos de recepção).

Exemplo

Um ruído pode não ser percebido por uma determinada pessoa por não ter atingido seu limiar inferior ("som muito baixo"), não produzindo a sensação auditiva. Por outro lado, excesso de estímulos pode provocar a saturação de seu recebimento, por estar além do limiar superior. Esse é o caso de desmaio provocado por dor intensa (síncope vasovagal).

Há ainda o limiar diferencial, conceituado como a quantidade mínima de diferença em intensidade entre dois estímulos que pode ser detectada, constituindo-se em uma proporção constante.

> **Exemplo**
>
> Modificar o formato da embalagem de um produto, permitindo o reconhecimento da mudança, porém, ainda identificando-o como o mesmo produto.

Esses limiares são variáveis de pessoa a pessoa, variam com a idade e capacidade física, podendo, ainda, sofrer interferências de outros eventos, tais como estado emocional, estresse, uso de álcool ou drogas psicotrópicas, entre outros.

6. Percepção. É o processo de *dar significado às sensações*, ou seja, é a interpretação da imagem mental resultante da sensação.

Dessa forma, podemos dividir o processo de percepção em três estágios:

a) *Exposição*: o primeiro momento no qual somos expostos aos estímulos e recebemos informações sobre eles por meio dos sentidos. Portanto, a *sensação está na base da percepção*.

b) *Atenção*: momento em que alocamos capacidade de processamento a um estímulo.

c) *Interpretação*: organização e interpretação do estímulo, extraindo deste um significado.

Entramos em contato com diversos estímulos, mas somente um *pequeno número de estímulos do nosso ambiente é captado por nossos sentidos*. Desses, um número ainda menor recebe *atenção*. Além disso, os estímulos que realmente penetram em nossa consciência podem não ser *processados* objetivamente, o que vem a significar que cada indivíduo *interpreta* o significado de um estímulo *de acordo com suas próprias concepções, necessidades e experiências*.

Os estímulos não são organizados objetivamente e exteriormente ao indivíduo, mas ao contrário, o estado do percebedor nunca é neutro ao encontrar um determinado padrão de estímulo. O percebedor traz para a situação um estado de prontidão que direciona a maneira pela qual os estímulos são percebidos e organizados.

7. Fatores da percepção. Consideremos, dessa forma, a percepção como dependente de vários fatores, dentre os quais:

a) o predomínio da visão sobre os demais sentidos;

b) características particulares do estímulo (cor, intensidade, mobilidade);

c) experiências anteriores semelhantes;

> **Exemplo**
>
> Em virtude da prática, é comum que comerciantes tenham mais facilidade para reconhecer cédulas falsas de dinheiro do que pessoas que não lidam com elas todos os dias.
>
> Ou, ainda, quanto mais conhecida uma palavra, maior a predisposição para sua percepção.
>
> Experiência anterior recente e antiga: as experiências que ocorreram recentemente terão maior tendência em criar uma predisposição à percepção do que as mais antigas.

d) conhecimentos do indivíduo;

Exemplo

Um mecânico pode atentar para detalhes de um automóvel que passariam despercebidos aos olhos comuns, aptidão que lhe propicia mais facilmente a identificação de um carro utilizado em roubo investigado pela polícia.

e) crenças e valores;

Exemplo

Circunstâncias como preconceitos, hábitos, indumentárias, tatuagens são capazes de conduzir o indivíduo a concepções preconcebidas que só reforçam a percepção emulada.

Por exemplo, julgar um senhor de óculos como um intelectual.

f) expectativas envolvendo o estímulo ou as circunstâncias que o geram ("as pessoas enxergam o que estão preparadas para ver").

Exemplo

Uma pessoa percebe qualquer interação social de seu companheiro(a) como sinal de infidelidade como sinal de infidelidade (conversa, "curtida" em foto em redes sociais, etc.)

g) a percepção do tempo: O tempo é uma característica da configuração perceptual e não uma impressão sensorial objetiva, por isso, é errôneo pensar que o tempo percebido seja a passagem do tempo físico contada por um relógio. Existem grandes diferenças individuais na velocidade aparente da passagem do tempo, dependendo de estados fisiológicos e mentais e diferentes situações.

Exemplo

A sensação de "não ver o tempo passar" pode ser provocada artificialmente em determinados lugares de maneira proposital, como cassinos ou shopping centers que vedam acesso ao ambiente externo (sem janelas) ou não colocam relógios à vista.

8. Atenção. É a função responsável por selecionar alguns dos vários estímulos que chegam até nosso cérebro, descartando aqueles que não possuem interesse imediato. Refere-se ao *grau em que a atividade de processamento é dedicada a um estímulo* específico. Varia de acordo com o estímulo e o estado mental do receptor.

A atenção pode ser *voluntária ou involuntária*:

• Involuntária: quando algo inesperado ou novo é apresentado e a pessoa, por um reflexo de orientação, se volta para o mesmo e coloca ali sua atenção sem ter controle sobre o processo.

• Voluntária: a atenção é seletivamente focada nas informações relevantes.

A atenção varia à medida que se modifica a situação, ou seja, sofre alterações, por exemplo, quanto à intensidade, à novidade, à repetição, o que pode aguçar mais ou menos essa função superior. Os fatores de atenção seletiva podem ser divididos em:

a) *Fatores de seleção de estímulos.*
   • Tamanho (dimensões);
   • Cor;
   • Posição/ Localização;
   • Novidade: aparecem de modo ou lugares inesperados, não convencionais;
   • Intermitência: há maior atenção quando vivenciamos uma interrupção do estímulo, pois, dessa forma, voltamos ao nível de intensidade original;
   • Forma;
   • Mobilidade;
   • Contraste: estímulos ou detalhes do próprio estímulo que diferem dos estímulos do ambiente à sua volta.

b) *Fatores de seleção pessoais.*
   • Experiência: resultado da aquisição e processamento de estímulos ao longo do tempo;
   • Vigilância perceptiva: reagimos a estímulos relacionados a uma necessidade atual;
   • Defesa perceptiva: tendemos a ver o que queremos ver e ignoramos estímulos ameaçadores;
   • Adaptação: estímulos repetitivos podem perder o efeito, pois se tornam demasiadamente familiares e deixam de ser notados. Fatores que levam à adaptação:
     1. *Intensidade*: tom suave ou forte, volume etc.;
     2. *Duração*: estímulos que exigem longa exposição podem criar hábito;
     3. *Discriminação*;
     4. *Exposição*: frequência do estímulo;
     5. *Relevância*.

Relevante é o fenômeno da *falta de atenção* que, em geral, é provocada pela falta da compreensão do evento a ser apreendido; pela ativação de mecanismos inconscientes de defesa, dos quais trataremos mais adiante, ou pela concentração do indivíduo em outra tarefa que lhe absorva toda a atenção dirigida.

9. Memória. É a capacidade de registrar e recuperar informações armazenadas no nosso cérebro. Quanto à persistência, a memória pode ser classificada em:

a) *memória sensorial ou imediata*: também chamada de memória instantânea, armazenada por milissegundos ou segundos, sendo usada para utilizar informações adquiridas imediatamente;

b) *memória de curta duração*: é a memória adquirida em segundos ou minutos, mas que não sofre processo de consolidação pelo cérebro;

c) *memória de longa duração*: é a memória armazenada por horas, dias, semanas, meses e até mesmo anos, em razão de haver sofrido um processo de consolidação pelo cérebro.

Um dos maiores problemas sobre a memória, relacionado à Psicologia Jurídica, é o testemunho, em razão do excessivo lapso temporal que muitas vezes decorre do evento até o respectivo depoimento (vide Capítulo 9). Na psicologia do testemunho, um fenômeno bastante comum é o da *confabulação*, que vem a ser o mecanismo responsável pelo preenchimento (inconsciente) de dados ausentes no testemunho em razão de falha da memória.

10. Linguagem e pensamento. São funções intrinsecamente ligadas, pois não subsiste o pensamento no atual grau evolutivo do homem, não fosse a linguagem.

Enquanto a linguagem é o veículo responsável pela representação do mundo, propiciando que a pessoa possa compreender e comunicar informações consigo mesma e com os outros, o pensamento é a capacidade de processamento dessas mesmas informações.

11. Emoção. É uma reação neuropsicofisiológica desencadeada por uma experiência afetiva.

São emoções básicas, por serem identificadas em todas as culturas: felicidade, surpresa, raiva, tristeza, medo e repugnância. Por outro lado, são emoções sociais (capazes de gerar ou agravar conflitos) simpatia, compaixão, vergonha, culpa, orgulho, ciúme, admiração, desprezo (dentre outros).

Embora possa ter um significado social (na medida em que seu sentido é dado pela cultura em que se insere), a emoção é gerada por uma capacidade inata do ser humano em buscar situações agradáveis, ligadas ao prazer (emoções positivas) e evitar eventos desagradáveis (emoções negativas).

Como nenhuma outra função, a emoção não age de forma isolada, mas integrada a outras funções como a atenção, o pensamento, a linguagem, etc. O componente emocional no comportamento humano é bastante caro ao Direito, por este regular atitudes impulsionadas por emoções como medo (que pode ocasionar falta de testemunho), raiva e paixão (emoções responsáveis por condutas criminosas passionais).

III | Correntes Teóricas: Behaviorismo, Gestalt e Psicanálise

Como vimos no item 2 do capítulo anterior, a Psicologia adquire seu caráter de ciência no final do século XIX, ganhando autonomia em relação à Filosofia.

No entanto, os estudos sobre a mente e o comportamento humano não trilharam um caminho unitário, mas, na verdade, percorreram-se várias rotas de pensamento, produzindo diversas teorias sobre o psiquismo.

Embora tenha surgido um conjunto de teorias psicológicas desde a autonomia científica da Psicologia, algumas delas superadas ou abandonadas, é fato que as diversas teorias coexistem, quando não influenciam umas às outras, ou ainda, recebem influência de outras ciências.

Por isso, a fim de oferecer um panorama, sem ousar desfilar todas as teorias psíquicas criadas, nem aprofundar nas correntes expostas adiante, oferece-se o conhecimento breve de três correntes significativas da Psicologia do século XX: o Behaviorismo, a *Gestalt* e a Psicanálise.

1. Behaviorismo. A palavra provém do termo em inglês *behavior* (comportamento). Por isso, essa teoria também é denominada de Psicologia Comportamental.

Os primeiros estudos nascem com John B. Watson em 1913, nos Estados Unidos, propondo que o objeto de estudo da Psicologia fosse observável, mensurável e que pudesse ser reproduzido (BOCK, Ana Mercês Bahia et al. *Psicologias*. 12. ed. São Paulo: Saraiva, 1999, p. 41).

O resultado de tal pesquisa foi a formulação da teoria S-R (*Stimulus* – estímulo e *Responsio* – resposta), que procurava explicar como a relação entre estímulo do ambiente e resposta do organismo constituía a base para descrever todo tipo de comportamento Dessa relação estabelece-se o conceito de condicionamento respondente, o qual está associado ao comportamento respondente.

O *comportamento respondente* é um comportamento involuntário provocado por estímulos ambientais. O estímulo frio provoca a resposta de arrepio e a emissão de som, quando se sente dor, são exemplos de estímulos que compelem um comportamento involuntário ou reflexo. É, portanto, um estímulo incondicionado.

O *condicionamento respondente* ocorre quando o estímulo eliciador de um comportamento respondente é pareado com outro estímulo, fazendo com que a resposta passe a ser eliciada, agora, frente ao estímulo pareado.

Exemplo

A salivação (comportamento respondente) frente ao estímulo alimento poderia ser condicionada de forma que a salivação pudesse ser eliciada por outros estímulos diferentes do alimento, tal como um sinal luminoso, desde que juntamente com o alimento fosse apresentado tal estímulo luminoso.

Dessa forma, em um momento posterior, apenas a apresentação da luz eliciaria o comportamento de salivação, sem se fazer necessária a apresentação do alimento.

Com Skinner (1904-1990), surge o que conhecemos por *behaviorismo radical*, termo que designa a Ciência do Comportamento. O autor se dedica ao estudo das respostas e observa que há um outro tipo de relação entre o organismo e seu ambiente o que ele irá chamar de comportamento operante, sendo este distinto do comportamento respondente. Já o *comportamento operante* é o comportamento voluntário e inclui tudo aquilo que fazemos e que tem efeito sobre nosso mundo exterior, ou seja, que operam nele. Este comportamento visa obter o efeito desejado ou evitar uma consequência indesejada.

Assim, enquanto que o *comportamento respondente* é controlado por um estímulo antecedente (S-R), o *comportamento operante* é controlado por suas consequências – estímulos que se seguem à resposta (R-S).

A partir daí, formula-se o modelo de análise do comportamento, o fundamento para a descrição das interações organismo-ambiente:

$$S \quad - \quad R \quad - \quad S$$
(estímulo antecedente)   (resposta)   (estímulo consequente)

Portanto, tem-se, primeiramente, um comportamento que responde a um estímulo do ambiente, o qual, por sua vez, inevitavelmente levará a uma consequência ainda não aprendida. Num segundo momento, a resposta será dada já objetivando a consequência, pois, agora, é conhecida pelo indivíduo por intermédio da experiência anterior.

O comportamento operante, uma vez vinculado ao estímulo consequente, torna-se condicionado a este. Esta relação é descrita por Skinner como condicionamento operante.

O condicionamento operante é mantido pelo *reforço* (todo estímulo que aumenta a probabilidade de resposta futura), que pode ser:

a) *reforço positivo*. Consolida o comportamento desejado;

Exemplo

Se o cachorro faz brincadeiras, recebe o biscoito preferido. Se a criança consegue boas notas na escola, ganha uma "estrela" no caderno como forma de elogio.

b) *reforço negativo*. Incita o comportamento que remove o efeito indesejado.

Exemplo

Na experiência de Skinner, o rato pressiona a alavanca para parar de receber choques elétricos. Da mesma forma, uma pessoa com fortes dores toma analgésicos para que elas cessem.

Da mesma forma que Skinner propôs o condicionamento, ele também previu a possibilidade de *descondicionamento* do comportamento através do que ele denominou de *extinção*. Tal extinção do comportamento pode se dar tanto pela ausência do reforço (retirada do estímulo consequente) ou pela apresentação de um estímulo aversivo, ambos constituindo formas de punição.

Exemplo

É caso de punição a repreensão dirigida à criança que mexeu com objeto proibido sem autorização, a fim de que ela não mais o faça.

2. Gestalt. Palavra que provém do alemão e tem um sentido aproximado a ideia de *forma*. A *Gestalt* nasceu de uma iniciativa de pesquisadores alemães que se preocupavam com os fenômenos de percepção. Interessava compreender processos psicológicos envolvidos na ilusão de ótica, ou seja, quando um estímulo físico é percebido de forma diferente da qual se apresenta na realidade. Em contraponto ao behaviorismo, que defende o comportamento baseado na relação entre estímulo e resposta, a *Gestalt* sustenta que o comportamento deveria considerar aspectos globais, tendo em vista as condições que possam alterar a percepção. Portanto, a relação deve ser a seguinte:

Estímulo – Processo de percepção – Resposta

Defendem o processo de percepção como essencial para a compreensão do comportamento humano, enfatizando que o comportamento, quando isolado de seu contexto mais amplo, perde seu significado.

Os *psicólogos da* Gestalt afirmavam que, quando os elementos sensoriais são combinados, forma-se um novo padrão ou configuração. Juntemos algumas notas musicais e algo novo — uma melodia ou tom — surge da combinação. Quando olhamos para fora de uma janela, vemos imediatamente as árvores e o céu, e não pretensos elementos sensoriais, como brilhos e matizes, que possam constituir a nossa percepção das árvores e do céu.

Os *gestaltistas* tentaram identificar as regras que governam a forma como as pessoas percebem os estímulos separados e lhes atribuem sentido formando uma unidade. Afirmam que as pessoas extraem significado da totalidade de um conjunto de estímulos e não de um estímulo individual, explicitando a premissa: *O todo é distinto da soma de suas partes.*

Por meio dos fenômenos perceptivos é alcançada a *boa forma*, ou seja, a compreensão global do evento apreendido. A boa forma é a tendência à restauração do equilíbrio parte-todo, superando a ilusão de ótica.

Segundo Schultz & Schultz (*História da psicologia moderna*. São Paulo: Cultrix, 1994, p.311), a nossa percepção é organizada de acordo com princípios básicos. Os autores descrevem os princípios que orientam a organização perceptiva como:

Proximidade: Partes que estão próximas no tempo ou no espaço parecem formar uma unidade e tendem a ser percebidas juntas.

Continuidade: Há uma tendência na nossa percepção de seguir uma direção, de vincular os elementos de uma maneira que os faça parecer contínuos ou fluindo numa direção particular.

Semelhança: Partes semelhantes tendem a ser vistas juntas como se formassem um grupo.

Complementação: Há uma tendência na nossa percepção de completar figuras incompletas, preencher as lacunas.

Simplicidade: Tendemos a ver uma figura tão boa quanto possível sob as condições do estímulo; os psicólogos da *Gestalt* denominaram isso *Prägnanz* ou "boa forma". Uma boa *Gestalt* é simétrica, simples e estável, não podendo ser tomada mais simples ou mais ordenada.

Figura/Fundo: Tendemos a organizar percepções no objeto observado (a figura) e o segundo plano contra o qual ela se destaca (o fundo).

Exemplo

Pela relação figura-fundo, o indivíduo destaca uma figura principal de um cenário. Quando não há clara separação entre as figuras é mais difícil buscar a boa forma em razão da ilusão de ótica. Na ilustração, é possível ver dois perfis ou uma taça.

Descoberta importante atribuída à *Gestalt* é o *insight*, que é a compreensão imediata de um fenômeno em sua totalidade. O *insight* ocorre após ser despendido esforço para uma situação que não parece clara a princípio, mas que se desvenda de maneira instantânea para o indivíduo, pela percepção do todo.

3. Psicanálise. Teoria formulada pelo médico austríaco Sigmund Freud (1856-1939), que tem como base duas contribuições primordiais: primeiro, a descoberta do inconsciente e, segundo, a formulação da teoria sexual infantil.

A psicanálise se desenvolveu contemporânea às outras escolas de psicologia, porém emerge de uma vertente fora do âmbito das ciências naturais e dos experimentos acadêmicos em laboratório. Sua principal influência tem origem na psicopatologia.

A psicanálise nasce de uma oposição aos tratamentos dos distúrbios mentais da época, os quais eram precários e desumanos. A aplicação da psicanálise ao *tratamento das neuroses diverge do objetivo* da psicologia, o de descobrir leis do comportamento humano, uma vez que seu objeto de estudo detinha-se ao comportamento anormal.

As escolas de pensamento em psiquiatria atribuíam causas físicas aos comportamentos anormais como, por exemplo, lesões cerebrais, subestimulação dos nervos ou nervos demasiado contraídos. A psicanálise se desenvolveu como um aspecto da *revolta* contra essa orientação somática. Assim, afirmava a existência de fatores emocionais como causa de distúrbios comportamentais, atribuindo-lhes explicações mentais ou psicológicas.

Sugerindo a existência de um conteúdo desconhecido e de regiões obscuras do psiquismo, Freud formula o conceito de inconsciente. O autor propõe-se a estudar esse conteúdo dito inconsciente, como as fantasias, sonhos e os esquecimentos, tópicos ignorados pelos outros sistemas de pensamento em psicologia.

Foi por intermédio de sua atuação médica e do tratamento de seus pacientes histéricos que Freud se perguntou por que os pacientes esqueciam fatos de sua vida. Logo, concluiu que estes fatos teriam sido reprimidos para uma parte inconsciente do psiquismo. Nestes termos, *repressão* seria o processo que visa oprimir fatos indesejados do plano consciente. E chamou de *resistência* a força psíquica que inibe o conteúdo inconsciente a revelar-se à consciência.

De acordo com a teoria de Freud, nada ocorre ao acaso, existe um determinismo psíquico. Há conexões entre todos os eventos mentais e as conexões entre eles estão no inconsciente. Existem processos mentais conscientes e inconscientes e a maior parte deles é absolutamente inconsciente. No inconsciente, não existe conceito de tempo, de certo ou errado e não há contradição. As *pulsões*, ou instintos, são as forças motivadoras do desejo humano que impulsionam o comportamento e localizam-se no inconsciente.

O médico vienense definiu pulsão como uma espécie de energia orientadora do comportamento, sendo *Eros* a pulsão da vida (energia sexual e de autopreservação) e *Tanatos* a pulsão da morte (pulsão autodestrutiva).

A teoria do aparelho psíquico de Freud (segunda tópica, 1920-1923) é composta de três elementos que interagem e conflitam entre si:

a) *Id*: é o reservatório das pulsões, sendo a parte da mente mais primitiva, formada de conteúdos inconscientes e guiada pelo princípio do prazer;

b) *Ego*: regido pelo *princípio da realidade*. É um *regulador* na medida em que é responsável pela orientação e controle dos instintos do id, considerando as condições objetivas da realidade. O ego não impede a satisfação dos desejos, mas decide quando e como os instintos do id podem ser satisfeitos. É instância psíquica responsável pelo equilíbrio das exigências da realidade, dos desejos do id e das ordens do superego;

c) *Superego*: atua como impositor de limites ao id, sendo o local do aparelho psíquico onde se encontram as proibições internalizadas pelo indivíduo. É o aspecto moral da personalidade, é a introjeção das leis morais, exigências sociais e dos *ideais*. A internalização da autoridade externa mantém a *proibição dentro de si* e não é mais necessária a ação externa para se sentir culpado. *O sentimento de culpa instala-se* definitivamente no interior do indivíduo.

A relação entre as três instâncias do aparelho psíquico pode provocar choques, conflitos que eliciam emoções negativas como dor, ansiedade, angústia. Para se proteger das consequências advindas da tensão constante entre as instâncias da psique, o indivíduo se utiliza de meios denominados por Freud de *mecanismos de defesa*. Alguns destes mecanismos são expostos por Fiorelli e Malhadas (*Psicologia jurídica*. São Paulo: Atlas, 2009, p. 49-50):

a) *Deslocamento*: consiste no desvio pelo indivíduo de um sentimento ou interesse proibido ou traumático para um substituto.

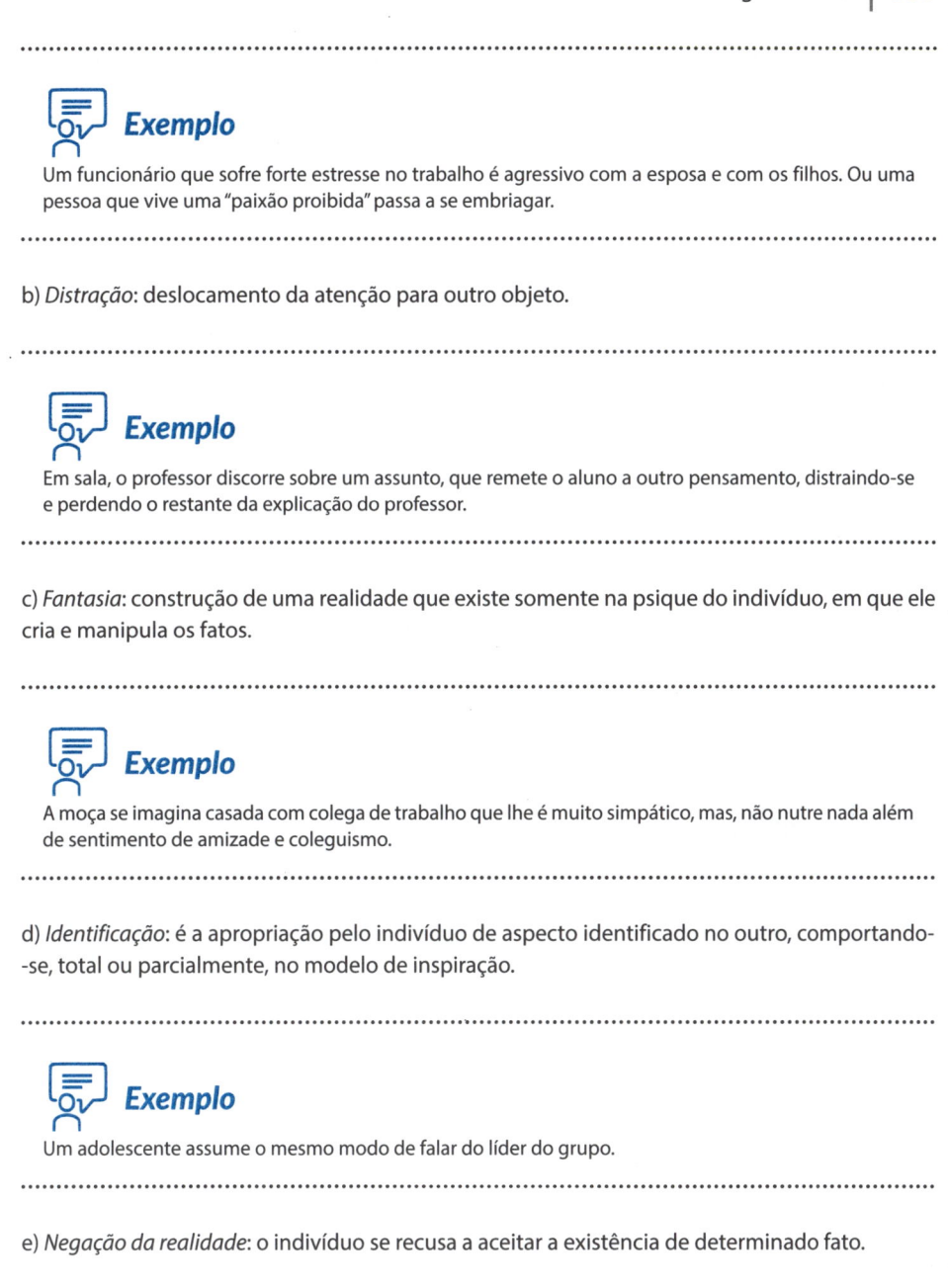

> **Exemplo**
>
> Um funcionário que sofre forte estresse no trabalho é agressivo com a esposa e com os filhos. Ou uma pessoa que vive uma "paixão proibida" passa a se embriagar.

b) *Distração*: deslocamento da atenção para outro objeto.

> **Exemplo**
>
> Em sala, o professor discorre sobre um assunto, que remete o aluno a outro pensamento, distraindo-se e perdendo o restante da explicação do professor.

c) *Fantasia*: construção de uma realidade que existe somente na psique do indivíduo, em que ele cria e manipula os fatos.

> **Exemplo**
>
> A moça se imagina casada com colega de trabalho que lhe é muito simpático, mas, não nutre nada além de sentimento de amizade e coleguismo.

d) *Identificação*: é a apropriação pelo indivíduo de aspecto identificado no outro, comportando-se, total ou parcialmente, no modelo de inspiração.

> **Exemplo**
>
> Um adolescente assume o mesmo modo de falar do líder do grupo.

e) *Negação da realidade*: o indivíduo se recusa a aceitar a existência de determinado fato.

> **Exemplo**
>
> A viúva, que ficou casada por muito tempo, não acredita que o marido tenha morrido.

f) *Racionalização*: por meio de argumentação aparentemente racional, o indivíduo justifica a imposição de seus pensamentos e comportamentos inaceitáveis.

> **Exemplo**
>
> O consumidor que justifica a compra de item caro e supérfluo, ressaltando suas qualidades e justificando a necessidade de tal bem.

g) *Regressão*: utilização de instrumentos de expressão pertencentes a etapa anterior de desenvolvimento por parte do indivíduo.

> **Exemplo**
>
> A criança volta a urinar na cama, depois de muito tempo que já não o fazia, em virtude da insatisfação gerada pelo nascimento do irmão mais novo.

h) *Projeção*: o indivíduo atribui a outra pessoa uma característica indesejável que lhe pertence.

> **Exemplo**
>
> Indivíduo, altamente endividado por gastos equivocados, acusa a esposa de gastar demais nas compras de mercado.

i) *Idealização*: a pessoa enxerga exclusivamente (ou predominantemente) uma situação idealizada, seja em relação a fato, seja em relação a pessoas.

> **Exemplo**
>
> O funcionário acredita que a empresa em que trabalha, por ser uma grande multinacional e líder de mercado, seja infalível, o que o leva a confiar incondicionalmente nas ordens dos superiores.

j) *Sublimação*: modificação do impulso original para um comportamento socialmente aceitável.

> **Exemplo**
>
> Um indivíduo que tenha uma agressividade física muito aflorada pratica boxe como forma de extravasar essa energia.

Outra grande contribuição da teoria psicanalítica refere-se à formulação da *teoria sexual infantil*. Freud descreve o desenvolvimento do *comportamento sexual* da infância à idade adulta, sugerindo que o *impulso sexual aparece já nos primórdios da vida dos bebês*.

As principais descobertas são as seguintes:

a) A *vida sexual* não começa apenas na puberdade, mas se inicia, com manifestações claras, *logo depois do nascimento*.

b) É necessário distinguir nitidamente entre os conceitos de "sexual" e "genital". O primeiro é o conceito mais amplo e *inclui muitas atividades que não têm nenhuma relação com os órgãos genitais*.

c) A vida sexual inclui a função de *obter prazer das zonas do corpo* — função *mais tarde posta a serviço da reprodução*. As duas funções muitas vezes *deixam de coincidir completamente*.

A atividade sexual surge na tenra *infância,* chegando a um *clímax* perto do final do quinto ano de vida, seguindo-se então uma calmaria (*período de latência*). A vida sexual volta a avançar com a *puberdade*.

4. Distinções terminológicas. Por fim, é interessante que se evite confusões acerca de áreas que embora sejam próximas, possuem limites claros. Assim, deve-se diferenciar os conceitos de Psiquiatria e Psicanálise do de Psicologia:

a) *Psiquiatria*: é um ramo da Medicina que tem por escopo o tratamento de doenças mentais, sendo permitida a prescrição de medicamentos;

b) *Psicologia*: como vimos, é uma ciência autônoma que estuda os processos mentais e o comportamento humano, não sendo permitida a prescrição de medicamentos. Observa-se que a Psicologia se ocupa do funcionamento do psiquismo em sua totalidade e não só de fenômenos patológicos. A psicologia divide-se em diversas áreas de estudo do ser humano.

c) *Psicanálise*: como estudado no item anterior, é uma teoria psíquica formulada por Freud, que tem por base o estudo do inconsciente.

IV | Personalidade

1. Considerações gerais. Um dos maiores temas de interesse de estudo da Psicologia, que ao mesmo tempo é bastante utilizado pelo Direito, é a personalidade.

A personalidade se refere aos aspectos da subjetividade do indivíduo, resultado da interação de seus aspectos físicos com seus aspectos psíquicos. Ou ainda, na lição de Ana Mercês Bahia Bock et al (*Psicologias*. 12. ed. São Paulo: Saraiva, 1999, p. 114):

> De modo geral, a *personalidade* refere-se ao modo relativo constante e peculiar de perceber, pensar, sentir e agir do indivíduo. A definição tende a ser ampla e acaba por incluir habilidades, atitudes, crenças, emoções, desejos, o modo de comportar-se e, inclusive, os aspectos físicos do indivíduo. A definição de personalidade engloba também o modo como todos esses aspectos se integram, se organizam, conferindo peculiaridade e singularidade ao indivíduo.

Ainda, segundo a mesma obra, a psicologia geral se ocupa de estabelecer leis gerais sobre o funcionamento da personalidade humana (ou seja, o que existe em comum em todos os seres humanos), ao mesmo tempo em que uma psicologia diferencial busca o singular em cada personalidade, permitindo a descoberta da individualidade.

Ressalte-se que não há valoração de aspectos da personalidade, isto é, não existem bons ou maus atributos, mas sim, características que se repetem de modo relativamente constante no indivíduo.

Existem diversas teorias da personalidade propostas pelas correntes psicológicas, cada uma com um determinado enfoque. Ana Mercês Bahia Bock et al nos fornece os princípios que norteiam a abordagem da personalidade (*Psicologias*. 12. ed. São Paulo: Saraiva, 1999, p. 117):

a) Alguns estudiosos colocam em destaque na formação da personalidade determinantes conscientes (Kurt Lewin), enquanto outros sustentaram a predominância dos determinantes inconscientes;

b) Dependendo da teoria adotada, a personalidade humana pode ser produto do determinismo ambiental, ou seja, o homem nasce como uma "folha em branco" sendo preenchida ao longo do tempo em sua vida, ou do determinismo psíquico, que defende a ideia do indivíduo como fonte de seus atos;

c) Destaca-se a relevância de aspectos genéticos e a base biológica sobre a formação da personalidade, variando a intensidade da influência desses fatores sobre o indivíduo. Assim, alguns estudiosos sustentarão que as características hereditárias ou biológicas determinarão de forma preponderante a personalidade do homem, enquanto outros autores defenderão a influência de forma bastante relativa;

d) Para teorias isoladas, a personalidade é fruto do contexto sociocultural em que vive, defendendo que o comportamento pode ser moldado pelas condições culturais do meio.

O instituto da personalidade sofre tratamento multifacetado pelo Direito, obtendo desde proteção constitucional até a previsão nos mais diversos diplomas legais. A título de exemplo, o Código Civil trata de aspectos da personalidade em seus dois primeiros capítulos. Por sua vez, o art. 59 do Código Penal determina que o juiz atentará para a personalidade do agente, dentre outras circunstâncias, para a fixação da pena.

2. Transtornos de personalidade. Não se tem o intuito de esgotar todas as psicopatologias, mas apenas desfilar alguns transtornos mais comuns.

Transtornos de personalidade são padrões de comportamento rígidos e constantes, que comprometem o desenvolvimento da vida social do indivíduo, sendo acompanhado de sofrimento subjetivo. É somente quando os traços de personalidade são inflexíveis e mal-adaptativos que se constituem como distúrbios da personalidade.

Osvaldo Pereira de Almeida et al (*Manual de psiquiatria*. São Paulo: Guanabara Koogan, 1996) aponta a classificação dos distúrbios da personalidade em três grupos, apresentada no DSM-IV (Diagnostic and Statistical Manual of Mental Desorders – em português, Manual Diagnóstico e Estatístico de Transtornos Mentais), sendo eles:

1. Excêntrico ou bizarro: distúrbios paranoide, esquizoide e esquizotípico.

2. Dramático ou emocional: distúrbios antissocial, limítrofe, histriônico e narcísico.

3. Ansioso: distúrbios evitador, dependente, obsessivo-compulsivo e não especificado.

Ainda há os distúrbios sádico e autodestrutivo que, porém, necessitam de estudos mais avançados para serem incluídos em alguma classificação.

Abaixo, apresentamos uma breve descrição dos distúrbios da personalidade, de acordo com a CID-10 (décima revisão da Classificação Internacional de Doenças) e DSM-IV (Osvaldo Pereira de Almeida et al. *Manual de psiquiatria*. São Paulo: Guanabara Koogan, 1996, p.184-185):

Paranoide	Caracteriza-se pela tendência excessiva a desconfiança e suspeitas, autorreferência e preocupações com explicações conspiratórias sobre os acontecimentos. Associa-se também a ciúmes injustificados e a interpretar atitudes alheias como hostis e deliberadamente prejudiciais. Desconfia de todos, até do próprio advogado e para se defender toma medidas de segurança muitas vezes inoportunas e ofensivas.
Esquizoide	Frieza emocional, preferência pelo isolamento e atividades solitárias, introspecção, fantasias derreísticas. Em seu comportamento, o indivíduo não retribui demonstrações de afeto. Por não ter vínculos próximos, terá dificuldade para encontrar quem se disponha a testemunhar em seu favor.
Esquizotípico	Caracteriza-se pelo padrão geral de dificuldades nas relações interpessoais e peculiaridades nas ideias, aparência e comportamento. Costumam estar presentes: ideias de referência, ansiedade em situações sociais, crenças bizarras ou pensamentos mágicos e inadequação dos afetos.
Anancástico ou obsessivo-compulsivo	Sentimentos excessivos de dúvida e cautela, preocupações com ordem e perfeccionismo, escrupulosidade, rigidez nas condutas.
Dependente	Incapacidade de assumir, por si, a responsabilidade por decisões importantes da própria vida. Há subordinação às pessoas de quem se sentem dependentes, assim, tornam-se alvo fácil de pessoas inescrupulosas. Nada fazem sem a opinião e a presença do advogado. Sensação de desamparo quando estão sozinhos ou sem o reasseguramento de outrem.
Antissocial	Notável disparidade entre seu comportamento e as normas sociais; falta de consideração pelo sentimento dos outros, incapacidade de manter relações duradouras, porém, não de iniciá-las, baixa tolerância a frustrações, liberação impulsiva da agressividade, falta de culpa.

Narcísico	Sentimento e comportamento de grandeza, falta de empatia, hipersensibilidade face à avaliação pelos demais, tendência a explorar os outros em seu benefício, inveja, busca de admiração e poder.
Ansioso ou evitador	Sentimento persistente de tensão e apreensão, de inadequação social ou inferioridade; medo de crítica ou rejeição em situações sociais, restrição das atividades em função da insegurança, timidez excessiva.
Impulsivo ou emocionalmente instável	Instabilidade emocional e falta de controle dos impulsos. Explosões de violência.
Histriônico	Expressão exagerada das emoções, teatralidade, sugestionabilidade. Apresenta afetividade superficial e lábil, busca de aprovação pelos outros. manifesta-se no uso da sedução, na busca de atenção excessiva na expressão das emoções de modo exagerado e inadequado. Busca ser o centro das atenções. Os relacionamentos interpessoais, não são gratificantes, pois embora exagerados, são superficiais.
Limítrofe (borderline)	Além de várias características de instabilidade emocional, agregam-se distúrbios de autoimagem, metas e preferências internas (inclusive sexuais). Acompanha-se geralmente de um sentimento crônico de vazio. As relações interpessoais são geralmente instáveis, com repetidas crises emocionais.
Passivo-Agressivo	Resistência passiva às demandas por desempenho social e ocupacional adequados; procrastinação de tarefas; críticas injustificadas em relação aos superiores hierárquicos; boicote ao trabalho alheio por omissão; ressentimento em relação as demandas usuais.
Sádico	Padrão global de comportamento cruel, humilhante e agressivo; prazer com o sofrimento dos outros, procura aviltar aqueles que estão sob sua autoridade.
Autodestrutivo	Comportamento geral autodestrutivo, com evitação de experiências prazerosas, escolha de pessoas e comportamentos que levam a fracasso e maus-tratos; elicia respostas de rejeição nos demais; engaja-se em tarefas com autossacrifício excessivo à revelia dos supostos beneficiários.

V | Relações entre Psicologia e Direito

1. Psicologia e direito. Diante de brevíssimo panorama sobre psicologia no Capítulo II, pode-se notar que há diversos caminhos teóricos para estudo do psiquismo.

O conjunto de teorias psicológicas aliadas à prática profissional do psicólogo enseja a verificação de diversos ramos de atuação dentro da psicologia, sendo os mais comuns: Psicologia Clínica, Educacional, da Saúde, Social, Esportiva e a Jurídica.

A relação entre direito e psicologia se torna necessária considerando que ambos os campos têm por objeto o comportamento humano sob diferentes aspectos. Enquanto a psicologia busca compreendê-lo em conjunto com os processos mentais da pessoa, o direito tem a finalidade de regular tal comportamento do indivíduo no contexto das relações humanas.

No entanto, as diferenças entre as duas ciências humanas fazem com que a relação entre elas ainda pertença a território epistemológico nebuloso. Até porque a psicologia é uma ciência bastante recente, datando do final do século XIX, apresentando contornos epistemológicos a serem delineados, enquanto o direito possui tradição milenar, com renovação constante de seus institutos.

Mas não se pode olvidar que existe uma forte interdisciplinaridade entre direito e psicologia, que tem se mostrado crescente à medida que é verificada uma maior complexidade da vida moderna.

2. Terminologias. As relações entre direito e psicologia foram denominadas de Psicologia Jurídica, Psicologia Forense ou Judicial, e Psicologia Judiciária.

Desde logo, ressalte-se que a maioria dos autores não se preocupa com uma precisão terminológica dessas relações, embora seja interessante que se apresente uma proposição conceitual. Segundo Jorge Trindade (*Manual de psicologia jurídica para operadores do Direito*. 3. ed. Porto Alegre: Livraria do Advogado, 2009, p. 25):

> A psicologia jurídica trata dos fundamentos psicológicos da justiça e do direito, enquanto a psicologia judicial aparece como a aplicação dos processos psicológicos à prática do jurista, sendo inaugurada com a psicologia criminal.

Na mesma obra, o referido autor propõe o seguinte quadro distintivo entre a psicologia jurídica e a psicologia forense:

Concepções	Psicologia Jurídica	Psicologia Forense ou Judicial
Psicologia	Psicologia coletiva Psicologia teórica	Psicologia individual Psicologia aplicada
Objetivos	Fundamentação psicológica e social do Direito: origem do Direito, sentimento jurídico, evolução das leis	Componentes psicológicos da prática judicial: Psicologia criminal Psicologia do testemunho Psicologia dos Profissionais da Lei
Relações: com o Direito com outras ciências	Filosofia do Direito Sociologia, antropologia	Prática profissional do Direito Psicopatologia forense e ciências naturais

Por sua vez, a expressão psicologia judiciária foi usada por Enrico Altavilla (autor italiano da obra de mesmo nome) em 1955, para designar o estudo do delinquente e o comportamento das outras pessoas que participam no processo penal. Até aquela época, a psicologia estava atrelada quase que exclusivamente ao direito penal.

Percebe-se que a *psicologia judiciária* é um ramo da psicologia jurídica que consiste em estudar situações envolvendo o comportamento dos indivíduos na esfera do poder judiciário (juiz, autor, réu, advogados) sob aspectos psicológicos, dentro das regras jurídicas que orientam o processo judicial, se aproximando em muito, do conceito da velha psicologia forense.

3. Inter-relações. No contato entre duas áreas do conhecimento, é comum que haja uma linha epistemológica que define limites para o resultado híbrido interdisciplinar entre tais ciências. Assim, ocorre, por exemplo, na junção entre direito e medicina (medicina legal) ou direito e sociologia (sociologia do direito).

Nas relações entre direito e psicologia, não há menção de uma "teoria geral da psicologia jurídica", mas, na verdade, a constatação da psicologia se apresentar como uma ciência auxiliar ao direito. Nessas relações, verifica-se a aplicação de um conjunto de práticas psicológicas às situações que demandem tais conhecimentos, previstas no ordenamento jurídico.

O que se quer dizer é que não existe uma única forma de relação entre as duas áreas, mas, diversos pontos de contato entre elas. Assim, a psicologia criminal se relaciona com o direito penal e com a criminologia; a psicologia da criança e do adolescente se relaciona com o direito de família e com direito de proteção aos menores; a psicologia do consumidor se relaciona com o direito do consumidor e com o direito civil, e assim por diante.

Para ilustrar

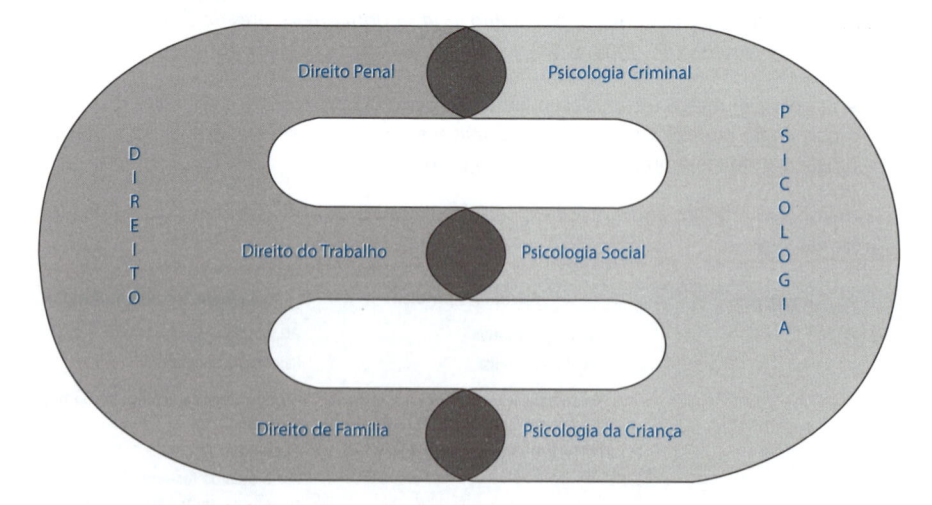

Pela figura, demonstra-se que não existe somente uma intersecção entre direito e psicologia, mas vários pontos de contato entre as duas ciências.

Assim, pode-se verificar a existência de diversas relações estudadas pela psicologia aplicada ao direito, tais como:

a) *Direito de Família*: divórcio, guarda e adoção de menores, regulamentação de visitas;

b) *Direito Penal*: o Código Penal trabalha com diversos institutos da psicologia, como, por exemplo, o art. 59, que reza que a pena deverá ser aplicada levando em conta a personalidade do réu. Ou ainda, são relevantes o estado emocional e a motivação do indivíduo na prática da conduta criminosa;

c) *Direito Processual*: aspectos psicológicos do testemunho e da comunicação entre os atores envolvidos no processo, não importando sua natureza (processo penal, civil ou trabalhista);

d) *Direito da Mulher*: tem destaque a aplicação da psicologia da vítima inserida na atual Lei Maria da Penha;

e) *Direito Civil*: aspectos psicológicos que caracterizam vícios como erro, simulação, fraude e conspurcam negócios como compra e venda, doação;

f) *Direito do Consumidor*: aplicação da psicologia do consumidor nas relações de consumo. Cabe atentar para o atualíssimo tema de endividamento excessivo do indivíduo pela oferta demasiada de crédito combinado com propaganda maciça;

g) *Direito do Trabalho* e *Direito Administrativo*: questões relacionadas ao assédio moral e assédio sexual, afetando empregados e servidores; avaliação psicológica de candidatos a emprego ou a cargos públicos por meio de entrevistas e dinâmicas de grupo.

VI — Psicologia e Comunicação: Relacionamento Interpessoal, Relacionamento do Magistrado com a Sociedade e a Mídia

1. Psicologia da comunicação. A comunicação é a troca de informações entre dois ou mais interlocutores, em que a percepção da mensagem é trabalhada pela emissão e recepção de estímulos. O processo de comunicação é representado de maneira simplificada por José Osmir Fiorelli et al (*Psicologia aplicada ao direito*. 2. ed. São Paulo: LTr, 2008, p. 51):

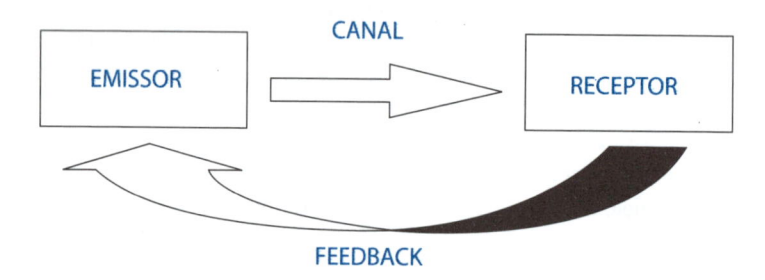

```
                    CANAL
    ┌─────────┐    ──────▶    ┌──────────┐
    │ EMISSOR │               │ RECEPTOR │
    └─────────┘    ◀──────    └──────────┘
                   FEEDBACK
```

A comunicação é um processo dinâmico, verbal ou não verbal, em que o emissor emite uma mensagem por um canal e recebe a resposta pelo *feedback*. Observe-se o processo comunicacional envolve aspectos internos da personalidade do emissor e do receptor, sendo influenciado pelas intenções e estado emocional dos envolvidos.

Por isso mesmo, a comunicação frequentemente se torna conflituosa pelos mais diversos fatores como:

a) *Conflito intrapsíquico*: há um descompasso entre o que se quer comunicar e o que realmente vem a ser comunicado;

b) *Dificuldade de expressão de um dos interlocutores*: por alguma razão (emoção, uso de drogas), a pessoa não consegue veicular a mensagem;

c) *Inadequação do canal utilizado*: a mensagem é veiculada por um canal inapropriado, como, por exemplo, uma pessoa que firma um compromisso oralmente, quando a formalidade exigia que a comunicação se desse por escrito;

d) *Inadequação da linguagem utilizada*: o uso da linguagem formal ou informal deve ser adequada ao meio que assim exija cada uma delas. Inclui-se na adequação da linguagem a entonação apropriada ao conteúdo que se quer transmitir;

Exemplo

Um repórter televisivo não retrata uma tragédia da mesma forma que cobre o carnaval de rua da cidade, devendo adequar linguagem e entonação à mensagem a ser exposta.

e) *Existência de ruídos na comunicação*: os ruídos são fatores que interferem de modo prejudicial na comunicação, distorcendo o sentido e o alcance da mensagem.

2. A comunicação do magistrado. Vislumbram-se dois tipos de comunicação que o magistrado possa travar: a comunicação processual e a comunicação extraprocessual.

A *comunicação processual* é aquela prevista nas normas processuais, em que o magistrado é responsável pela marcha do processo por meio de atos oficiais de comunicação consubstanciados nas citações, nas intimações e nos editais. Outro tipo de comunicação processual é a que se dá entre o magistrado e as partes do processo por ocasião do testemunho, que será estudado no último capítulo.

Por outro lado, a *comunicação extraprocesual* refere-se às situações em que o magistrado se comunica com o mundo fora do processo, mas muitas vezes, em razão de sua função. Assim, o juiz se relacionará com a sociedade e com a mídia, sem que estas normas estejam previstas de maneira sistemática. Um dos poucos documentos a respeito do tema é o Código Nacional de Ética da Magistratura, elaborado pelo Conselho Nacional de Justiça.

3. Comunicação com a mídia e com a sociedade. O magistrado ocupa uma posição de destaque social, tendo a obrigação de manter o mesmo rigor de conduta profissional também na vida privada (conforme art. 16, do Código de Ética da Magistratura aprovado pelo Conselho Nacional de Justiça).

Em artigo valoroso da lavra do eminente jurista Sidnei Agostinho Beneti (*O juiz no interior: a função social da personalidade do juiz* in: David Zimerman e Antônio Carlos Mathias Coltro (org.) *Aspectos psicológicos na prática jurídica*. 2. ed. Campinas: Millennium, 2008, p. 229-230), encontram-se uma série de recomendações ao magistrado do interior, mas que podem ser adaptadas a quaisquer outros lugares ou instâncias, constituindo *um pequeno guia de conduta* do magistrado:

a) Morar na Comarca com a família (Obs.: desde a EC 45/2004, o art. 93, inciso VII da Constituição da República prevê a obrigatoriedade de que o magistrado resida na comarca onde exerce a judicatura);

b) Frequentar seletivamente as atividades sociais, sem prejuízo, jamais, da regularidade do serviço, que é absoluta para o magistrado;

c) Tratar diretamente com autoridades de nível político-administrativo local elevado, como o prefeito, os vereadores, o delegado de polícia, ainda que por vezes vindos *sub judice*, mas de maneira formal, sem partilhar segredos e subentendidos;

d) Manter bom entendimento com o promotor de justiça e seus familiares – profissional em situação muito semelhante ao juiz da comarca, especialmente nas condições extremamente bem formadas dos quadros do Ministério Público na atualidade;

e) Frequentar os cultos religiosos e devoção pessoal, sem exagero ou imagem de subordinação ao respectivo dirigente – porque o juiz é representante do Estado leigo, com o dever de evidenciar a preservação da liberdade religiosa – o que, de resto, todas as confissões religiosas atualmente compreendem, na admirável tolerância que é marca do humanismo moderno;

f) Manter escrupuloso rigor em questões financeiras pessoais e da família;

g) Observar pessoalmente as leis e criar na família igual hábito;

h) Tratar com absoluta gentileza, mas sem intimidade, funcionários, advogados e pessoas em geral;

i) Não frequentar lugares tidos publicamente como de licenciosidade moral;

j) Extrema moderação em tomar bebida alcoólica – não precisando reduzir-se à recusa sistemática, mas sabendo bem o limite do sociável para o comprometedor;

k) Evitar integração em grupos restritos de churrascos, pescarias, esportes, jantares, ressalvada a participação moderada, evitando a cumplicidade grupal;

l) Tratar funcionários, advogados, autoridades, partes e circunstantes com muita educação e respeito, não gritando, não transferindo a culpa, não punindo sem antes corrigir e alertar;

m) Usar de linguagem oral e escrita elevada, sem afetação – mas evitando gíria, nunca usar de palavras ou frases chulas;

n) Cuidar que os membros da família ajam da mesma forma, porque são evidência externa da sua formação.

Ressalvado o fato que as opiniões pessoais do eminente jurista possam eventualmente suscitar divergências, o que é natural com esse tipo de explanação, é forçoso reconhecer que o conjunto de condutas descritas fornece parâmetros para um tema pouco explorado, como é a comunicação do magistrado.

De forma mais objetiva, o Conselho Nacional de Justiça instituiu, em 2008, o Código de Ética da Magistratura Nacional, que dispõe, em seu art. 12, cumprir ao magistrado, em relação aos meios de comunicação social, comportar-se de forma prudente e equitativa, e cuidar especialmente para que não sejam prejudicados direitos e interesses legítimos de partes e seus procuradores, bem como de abster-se de emitir opinião sobre processo pendente de julgamento, seu ou de outrem, ou juízo depreciativo sobre despachos, votos, sentenças ou acórdãos, de órgãos judiciais, ressalvada a crítica nos autos, doutrinária ou no exercício do magistério.

O mesmo Código anota em seu artigo 13 que "o magistrado deve evitar comportamentos que impliquem a busca injustificada e desmesurada por reconhecimento social, mormente a autopromoção em publicação de qualquer natureza".

Por oportuno, insta salientar a importância de técnicas destinadas ao aperfeiçoamento da comunicação desenvolvida não só por magistrados, mas também por advogados. Fiorelli et al (*Psicologia aplicada ao direito*. 2. ed. São Paulo: LTr, 2008, p. 69-76) propõe as seguintes orientações:

a) *Insistir em argumentos lógicos:* embora persista o risco de se chegar a conclusões erradas, baseadas em premissas corretas, a utilização de argumentação lógica pode ser pertinente para esclarecer situações poluídas por motivos puramente emocionais;

b) *Gerenciar as comunicações não verbais:* esse tipo de comunicação pode ser frequentemente preponderante sobre a comunicação verbal e é composta de gestos e posturas. Quando tal comunicação não se mostrar apropriada à finalidade proposta, convém que se solicite a interrupção do comportamento indesejado, ou mesmo, que se altere a disposição física dos envolvidos;

c) *Aplicar técnicas de clarificação das mensagens para estimular a comunicação:* os autores sugerem uma *escuta ativa*, propondo as seguintes técnicas:

TÉCNICA	AÇÃO
Reafirmação	Repetir com as palavras de quem falou.
Paráfrase	Repetir com palavras diferentes, sempre empregando termos simples e objetivos.
Escuta	Ativa – decodificar a mensagem para os clientes.
Sumário	Condensar a mensagem.

TÉCNICA	AÇÃO
Expansão	Repassar a mensagem elaborando e ampliando para melhorar a compreensão.
Ordenação	Ajudar a ordenar as ideias (no tempo, no espaço, por tamanho, por prioridade, por impacto financeiro etc.).
Agrupamento	Combinar ideias (por semelhança, oposição etc.).
Estruturação	Ajudar a organizar e dispor o pensamento e o discurso com coerência.
Fracionar	Dividir uma ideia em partes menores.
Generalizar	Identificar aspectos gerais.
Aprofundar	Fazer perguntas para aprofundar a compreensão de uma ideia ou de suas consequências.
Esclarecer	Formular questões para clarificar aspectos relacionados com uma ideia.

d) *Estabelecer o tom da conversação:* utilização de linguagem não adversarial, que evite o conflito e facilite o entendimento;

e) *Administrar o momento para a comunicação:* em razão de estados emocionais alterados, as pessoas podem se tornar insuscetíveis a argumentações e ponderações, motivo pelo qual é aconselhável tomar medidas que propiciem a comunicação como um pequeno intervalo, um esclarecimento no momento adequado, uma breve digressão para obter um clima favorável;

f) *Ensinar e estimular a prática do feedback:* consiste na transmissão de informações a respeito da mensagem recebida, sendo atributo de um *feedback* eficiente a especificidade, a precisão, ser fornecido no momento oportuno (a fim de não gerar mecanismos de defesa e preferência por informações quantitativas).

4. A influência da comunicação social sobre o magistrado. Opinião pública.

Ao mesmo tempo em que se recomenda uma postura de discrição no corpo da sociedade, é exigido do magistrado uma comunicação cada vez mais clara e precisa ao jurisdicionado, seja diretamente às pessoas de seu convívio social, seja por meio da mídia.

No entanto, não se pode olvidar que o magistrado é mais uma pessoa integrante dessa mesma sociedade, sendo influenciada pelo aspecto espaço-temporal do meio cultural em que vive. Assim, não se pode exigir que o magistrado não esteja afeto a informações que recebeu ou recebe do meio em que vive.

Atualmente, dois disseminadores relevantes de influência sobre as pessoas em sociedades contemporâneas são os veículos de comunicação social de massa e a opinião pública, que expressam tendências majoritárias de opinião de certo grupo.

É interessante que o magistrado, em uma autoanálise, conscientize-se de seus valores e juízos e como estes o influenciaram na sua formação pessoal. A partir disso, tendo clara concepção de si mesmo, é possível ao juiz evitar uma contaminação de informações e opiniões fluidas, advindas do corpo social no processo técnico decisório, que podem, por vezes, provocar contrariedade ao ordenamento jurídico e conspurcar a aplicação jurídica mais recomendada.

Por outro lado, em uma perspectiva de um sistema jurídico-positivo aberto e interdisciplinar, cabe ao magistrado captar valores intrínsecos à sociedade, para evitar que a aplicação do direito não reste divorciada da realidade que busca regular, sob risco de não se atingir as finalidades últimas do direito, quais sejam, a resolução dos conflitos e sua consequente, a pacificação social.

VII | Assédio Sexual

1. Conceito. Assédio sexual é uma conduta reiterada para obtenção de favores sexuais da vítima pelo assediador. Pode ser promovida por uma ou mais pessoas, que agem de forma a coagir outra a satisfazer desejos sexuais, aproveitando-se de sua situação de ascendência sobre a vítima, mediante ameaça ou chantagem.

2. Histórico. O assédio sexual é um evento percebido desde a Antiguidade. Nas antigas sociedades patriarcais, constatava-se, sob o aspecto sociocultural, a presunção de superioridade do homem sobre a mulher, o que favorecia a exploração sexual sobre a vítima do sexo feminino.

Tal comportamento foi intensificado durante a Revolução Industrial, pela concentração de mulheres no ambiente fabril sob as ordens de chefes do sexo masculino, ambiente que facilitava a coação sexual destes sobre as empregadas.

No entanto, é com a luta pelos direitos civis nos Estados Unidos, a partir da década de 60, que o combate ao assédio sexual ganha força. O movimento pela igualdade entre os sexos e contra a discriminação sexual (ou entre gêneros) provoca a necessidade de regulamentação para coibir o assédio sexual na sociedade.

Em 1964, surgiu no EUA um dos primeiros marcos legais contra a discriminação sexual: a lei do direitos civis (*Civil Rights Act*). A partir da década de 70, o movimento feminista cunha o termo *sexual harassment* (assédio sexual) para designar a coação sexual dos superiores hierárquicos sobre suas empregadas. Nos 80 e 90 do século XX, a jurisprudência americana amplia a aplicação dessa lei aos casos de assédio sexual, influenciando fortemente legislações de outros países, inclusive o Brasil.

3. Ambientes de ocorrência. Embora haja uma ideia geral de que o assédio sexual constitua uma conduta perpetrada por um homem contra uma mulher no ambiente laboral, tal conduta pode ser verificada em diversos ambientes:

a) *Ambiente laboral:* sem dúvida, o ambiente de trabalho é o principal local para a ocorrência do assédio sexual, levando-se em consideração a subordinação hierárquica entre empregador ou chefe e empregado(a);

b) *Ambiente familiar:* a conduta sexual indesejada ocorre em uma família quando não há subordinação, mas ascendência de uma pessoa sobre outra mais vulnerável;

c) *Ambiente hospitalar:* nesse caso, a relação imprópria pode dar entre médicos/enfermeiros e pacientes, dada a vulnerabilidade e a confiança despendida pela vítima ao profissional de saúde. Esse tipo de assédio ocorre em hospitais e em outros locais de internação destinados aos cuidados relativos à saúde, tais como hospícios, casas de repouso, casas de saúde, casas de recuperação de viciados etc.;

d) *Ambiente religioso:* o assédio sexual é imprimido pelo sacerdote ou líder aos fiéis da denominação religiosa. Independe da religião, podendo ocorrer sempre que haja uma ascendência do sacerdote sobre os membros daquela denominação;

e) *Ambiente escolar ou acadêmico:* em estabelecimentos de ensino, a figura do assediador se encontra entre professores ou funcionários responsáveis pela supervisão, cujas vítimas potenciais são os alunos.

Exemplo

No Estado da Califórnia (EUA), há uma lei (Califórnia AB1825) que determina que todos os professores e funcionários de supervisão devam completar pelo menos, duas horas de treinamento de prevenção de assédio, a cada dois anos.

4. Elementos. A doutrina pátria e a estrangeira encontram diversos problemas para a delimitação do conceito do assédio sexual. No entanto, segundo Rodolfo Pamplona Filho (*Assédio sexual: questões conceituais*. Jus Navigandi, Teresina, ano 9, 704, 9 jun. 2005. Disponível em: [http://jus.com.br/revista/texto/6826/assedio-sexual]. Acesso em 07.08.2012), há quatro elementos coincidentes encontrados de modo geral entre os estudiosos para configurar o assédio sexual:

a) Sujeitos;

b) Conduta de natureza sexual;

c) Rejeição à conduta do agente;

d) Reiteração da conduta.

5. Sujeitos. O assédio se dá entre duas ou mais pessoas, podendo haver mais de um assediador ou mais de uma vítima.

Não obstante o assédio sexual seja mais comum com o homem na condição de assediador e a mulher na condição de vítima, é possível o inverso e, até mesmo, entre pessoas do mesmo sexo.

Exemplo

Pesquisas nos EUA apontam que 90% dos casos de assédio sexual se dão entre assediador homem e a vítima mulher; 9% de casos de homens assediados por mulheres e 1% entre pessoas do mesmo sexo.

Uma questão importante é se a *hierarquia* ou *ascendência* de um sujeito a outro é requisito necessário para a existência do assédio. Denomina-se *assédio vertical* quando o assediador se encontra em posição hierárquica superior à vítima, enquanto que o *assédio horizontal* é aquele que ocorre entre sujeitos em igualdade de condições.

A admissão do critério da hierarquia entre os sujeitos será ou não aceito, dependendo do ordenamento jurídico de cada país. Veremos o caso do Brasil no próximo capítulo.

6. Conduta de natureza sexual. Embora os costumes sociais sejam relativos entre as diversas culturas, podemos considerar a conduta ensejadora do assédio sexual como aquela que seja desviada do padrão aceito por determinada comunidade, sendo rechaçada pela vítima.

A caracterização da conduta de natureza sexual apta a configurar o assédio é também nebulosa, tendo em vista que os atos que integram o comportamento social variam de lugar para lugar e de época para época. Assim, uma conduta pode ter conotação sexual em determinado lugar e não ter em outro.

> **Exemplo**
>
> Nos Estados Unidos, é comum que as pessoas se cumprimentem apenas com aperto de mãos, sem beijos. Já no Brasil, é comum o cumprimento com um, dois e até três beijos no rosto. Na Rússia, é bastante comum o cumprimento com beijo na bochecha próximo à boca, inclusive entre homens.

As condutas de natureza sexual se constituem por comunicação verbal ou corporal, ou até mesmo por contatos físicos, que têm por objetivo a obtenção de favores sexuais. São exemplos desse tipo de conduta:

a) Piadas, comentários e insinuações de natureza sexual;
b) "Cantadas";
c) Gestos obscenos;
d) Carícias;
e) Toques;
f) Ameaças ou chantagens.

> **Importante**
>
> A mera "paquera" ou "flerte" não enseja o assédio sexual.

7. Rejeição à conduta do agente. É importante assinalar que a conduta de natureza sexual não pode estar separada da *rejeição expressa* da vítima para a ocorrência do assédio.

Primeiramente, é importante que a vítima deixe bastante claro para o assediador que rejeita sua investida.

É também recomendável que essa rejeição seja comunicada ao superior hierárquico do assediador, bem como a órgãos externos a empresa, como o sindicato e o Ministério Público.

8. Reiteração da conduta. Em regra, o ato isolado não é capaz de fundamentar a existência do assédio sexual, havendo a necessidade de comportamento insistente do assediador sobre a vítima.

> **Importante**
>
> Excepcionalmente, apenas um ato é capaz de configurar o assédio sexual quando o incidente for extremamente grave. Por exemplo, quando o chefe convida funcionária para ir a motel com ele sob pena de demissão sumária, diante de testemunhas.

9. Espécies. A doutrina divide o assédio sexual em dois tipos:

a) *Assédio sexual por chantagem ou* quid pro quo: é a forma clássica de assédio sexual em que o superior hierárquico ou a pessoa com ascendência quer obter favores sexuais da vítima, mediante ameaça de uma punição (por exemplo, demissão) ou oferta de alguma vantagem (por exemplo, uma promoção ou um aumento de salário);

> **Importante**
>
> Nem sempre o assediador busca obter favores sexuais para si, mas para outros empregados, para clientes ou para credores da empresa.

b) *Assédio sexual ambiental ou por intimidação:* nesta espécie, o assédio não ocorre necessariamente numa relação vertical, ou seja, entre subordinados, mas também em uma relação horizontal, isto é, entre colegas do mesmo nível hierárquico.

Rodolfo Pamplona também esclarece que tal assédio é conhecido no âmbito laboral como "clima de trabalho", o assédio sexual ambiental se forma, segundo a doutrina, por incitações sexuais importunas, por uma solicitação sexual ou por outras manifestações da mesma índole, verbais ou físicas, com o efeito de prejudicar a atuação laboral de uma pessoa ou criar uma situação ofensiva, hostil, de intimidação ou abuso no trabalho. Esse ambiente hostil é caracterizado pelo alto teor de comunicação de conteúdo sexual no ambiente de trabalho (PAMPLONA FILHO, Rodolfo. *Assédio sexual: questões conceituais*. Jus Navigandi, Teresina, ano 9, 704, 9 jun. 2005. Disponível em: [http://jus.com.br/revista/texto/6826/assedio-sexual]. Acesso em 07.08.2012).

São exemplos de condutas capazes de produzir o "clima de trabalho":

a) Comentários de viés sexual sobre a aparência física do empregado (ex. sobre a abertura do decote ou o tamanho da saia);

b) Frases ofensivas ou grosseiras;

c) Perguntas indiscretas sobre a vida privada do trabalhador;

d) Insinuações sexuais inconvenientes e ofensivas;

e) Solicitação de relações íntimas;

f) Exibição de material pornográfico;

g) Contatos físicos não autorizados.

Veremos no próximo capítulo se tal modalidade de assédio sexual foi ou não tratada pelo Direito brasileiro, e se foi, de que modo.

10. Consequências do assédio sexual. Tal evento danoso pode produzir diversas consequências maléficas sob o aspecto psicológico na vítima. Os estudos mostram as seguintes consequências:

a) Estresse emocional, sentimento de culpa, ansiedade, insegurança, irritabilidade, pânico, depressão, falta de motivação, angústia;

b) Sintomas somáticos como insônia, perda do poder de concentração, perda de memória, tremores, problemas alimentares;

c) Dificuldades para respirar, asma, bronquites, dermatites etc.;

d) Comprometimento das relações de trabalho – o ambiente se torna inibidor e ameaçador – o que culmina na queda da produtividade.

Por outro lado, não se podem descartar as consequências do assédio sexual para empresa, tais como o alto índice de absenteísmo (falta ao trabalho); aumento da rotatividade de empregados; custo financeiro com demissões e reparações, e comprometimento da reputação da empresa perante a sociedade.

VIII | Assédio Sexual – Disciplina Jurídica

1. Considerações preliminares. Uma vez analisado o instituto do assédio sexual no mundo fático, importante verificar como o direito brasileiro trata a matéria.

O assédio sexual afeta a esfera individual de direitos de maneira diversa e multifacetada, podendo ter consequências no direito penal, civil, trabalhista e administrativo.

2. Tratamento dado pelo direito penal. O assédio sexual foi tipificado como crime pela Lei 10.224/2001, a qual inseriu o art. 216-A no Código Penal, e penaliza o ato de "constranger alguém com o intuito de obter vantagem ou favorecimento sexual, prevalecendo-se o agente da sua condição de superior hierárquico ou ascendência inerentes ao exercício de emprego, cargo ou função".

A tipificação do assédio sexual é a principal abordagem pelo direito positivo brasileiro, fato que provoca diversas críticas por parte da doutrina, visto que o evento analisado não se resume a efeitos na seara criminal. No entanto, é justamente o dispositivo supracitado que melhor delineia o assédio sexual.

Primeiramente, verifica-se a necessidade de subordinação hierárquica da vítima em relação ao assediador, admitindo-se *somente o assédio sexual vertical* no direito pátrio. Dessa forma, não se admite o assédio sexual horizontal (entre sujeitos de mesma hierarquia) ou ascendente (assediador subordinado a vítima).

Em segundo lugar, o assédio sexual *só é admitido no meio laboral*, considerando que o art. 216-A no Código Penal cita expressamente "exercício de emprego, cargo ou função". Não se contempla, assim, o assédio sexual em outros ambientes, como o acadêmico, o hospitalar ou o eclesiástico.

Embora apenas a modalidade de assédio sexual por chantagem seja previsto no ordenamento, cabe ressaltar que há julgados na justiça trabalhista condenando o empregador por assédio sexual por intimidação (ou assédio sexual ambiental), também denominado "clima de trabalho", causado pelo constrangimento coletivo do indivíduo pelas condutas de conteúdo sexual exercidas de maneira coletiva no ambiente de trabalho. Neste sentido, reconheceu a jurisprudência:

> ASSÉDIO SEXUAL. CONFIGURAÇÃO. REPARAÇÃO PECUNIÁRIA POR DANOS MORAIS. DEVIDA. O assédio sexual por intimidação, também denominado assédio sexual ambiental, caracteriza-se por incitações sexuais inoportunas, solicitações sexuais ou outras manifestações da mesma índole, verbais ou físicas, com o efeito de prejudicar a atuação de uma pessoa ou de criar uma situação ofensiva, hostil, de intimidação ou abuso no ambiente de trabalho em que é intentado. Evidenciado, no caso concreto, que a reclamante era importunada sexualmente por seu superior hierárquico, criando um ambiente de trabalho hostil e ofensivo, além de acarretar abalo moral à trabalhadora, devida a indenização por danos morais, nos moldes dos artigos 186 e 927, do Código Civil. (TRT da 3ª Região, PJe: 0012567- 65.2015.5.03.0087 (RO) Disponibilização: 23/06/2017. Órgão Julgador: Sétima Turma Relator: Fernando Luiz G.Rios Neto).

ASSÉDIO SEXUAL POR INTIMIDAÇÃO. CONFIGURAÇÃO. REPARAÇÃO PECUNIÁRIA POR DANOS MORAIS. DEVIDA. O assédio sexual por intimidação, também denominado assédio sexual ambiental, caracteriza-se por incitações sexuais inoportunas, solicitações sexuais ou outras manifestações da mesma índole, verbais ou físicas, com o efeito de prejudicar a atuação de uma pessoa ou de criar uma situação ofensiva, hostil, de intimidação ou abuso no ambiente de trabalho em que é intentado. Evidenciado, no caso concreto, que a reclamante era importunada sexualmente por seu superior hierárquico, o qual pegava em suas partes íntimas, inobstante a sua recusa, criando um ambiente de trabalho hostil e ofensivo, além de acarretar abalo moral à trabalhadora, agravado pelo fato de o marido dela também trabalhar na reclamada, fica caracterizado o assédio sexual por intimidação, fazendo jus a trabalhadora à indenização por danos morais, nos moldes dos artigos 186 e 927, do Código Civil.(TRT da 3.ª Região; PJe: 0011045-18.2014.5.03.0061 (RO); Disponibilização: 10/09/2015, DEJT/TRT3/Cad.Jud, Página 223; Órgão Julgador: Setima Turma; Relator: Fernando Luiz G.Rios Neto).

3. Lei Maria da Penha. Acrescente-se que, embora o Código Penal disponha o assédio sexual como fenômeno exclusivo do meio laboral, a Lei 11.340/2006 ("Lei Maria da Penha") prevê punição para constrangimento sexual similar ao assédio aqui tratado, estabelecendo ser forma de violência contra a mulher:

a) Qualquer conduta que a constranja a presenciar, a manter ou a participar de relação sexual não desejada, mediante intimidação, ameaça, coação ou uso da força;

b) Que a induza a comercializar ou a utilizar, de qualquer modo, a sua sexualidade;

c) Que a impeça de usar qualquer método contraceptivo ou que a force ao matrimônio, à gravidez, ao aborto ou à prostituição, mediante coação, chantagem, suborno ou manipulação; ou que limite ou anule o exercício de seus direitos sexuais e reprodutivos.

4. Considerações a respeito do Assédio Sexual e o crime de Importunação Sexual. A lei nº 13.178, de 24/09/2018 introduziu o art. 215-A no Código Penal, cuja prescrição é *praticar contra alguém e sem a sua anuência ato libidinoso com o objetivo de satisfazer a própria lascívia ou a de terceiro.*

Por evidente, tanto o tipo penal de assédio sexual, quanto o da importunação sexual visam proteger a dignidade sexual da vítima.

A diferença principal entre os mencionados crimes é que há necessidade do elemento entre hierarquia entre agente e vítima para configuração do crime de assédio sexual, requisito desnecessário para tipificação do crime de importunação sexual.

O crime de importunação sexual visou coibir, principalmente, a atos de agressão ocorridos em transporte público ou ocasiões de grande aglomeração de pessoas, como o carnaval. Mas, vale ressaltar que os atos que caracterizam a importunação sexual podem ocorrer em qualquer lugar contra qualquer pessoa, inclusive no ambiente laboral.

Porém, não se pode concluir automaticamente que todo potencial ato gerador de assédio sexual se encaixaria no tipo de importunação sexual, se praticado por agente em ambiente laboral, ainda que horizontalmente (caso de colegas de trabalho). Isto porque, o crime de importunação sexual exige na sua descrição o *ato libidinoso*, que, em geral, se caracteriza por atitudes mais incisivas ("beijo roubado", "apalpar as nádegas", etc.), diferentes dos atos de constrangimento que caracterizam o assédio sexual previsto no art. 216-A, do Código Penal.

Assim, mesmo no ambiente laboral, o agente poderá responder pelo crime de importunação sexual caso seu ato se enquadre como ato libidinoso. Caso contrário, na falta dos elementos da condição de superior hierárquico ou de ascendência, realizando-se ato diverso de ato libidinoso, não se configura o assédio sexual, visto que não se admite o assédio sexual horizontal no direito pátrio.

Por fim, insta asseverar que o crime de importunação sexual em transporte público pode acarretar na condenação do ente responsável por esse transporte. Em entendimento do Superior Tribunal de Justiça (Resp nº 1.662.551), a Companhia Paulista de Trens Metropolitanos foi condenada a pagar indenização em danos morais a passageira que sofreu "assédio sexual" em vagão de trem. Importante denotar que a tal decisão foi publicada em 15/05/2018, anterior, portanto, à introdução do crime de importunação sexual, ressaltando-se a importância do acompanhamento da jurisprudência.

5. Tratamento dado pelo direito do trabalho e direito civil. Considerando que se admite a existência do assédio sexual exclusivamente no meio laboral, por óbvio que é na seara trabalhista onde encontramos efeitos de maior magnitude, muito embora não haja referência explícita na legislação trabalhista pertinente ao tema.

> De maneira reflexa, pode-se aplicar o art. 483, alíneas "d" e "e" da Consolidação das Leis do Trabalho, que estabelece ser justa causa para o empregador o não cumprimento por este das obrigações do contrato e a prática pelo empregador ou seus prepostos, contra ele ou pessoas de sua família, ato lesivo da honra e boa fama.

Com base nesses dispositivos, a jurisprudência trabalhista tem considerado ser possível a rescisão indireta do contrato de trabalho em razão do assédio sexual sofrido por um empregado cometido por funcionários ou prepostos do empregador.

Outro pedido cada vez comum nas reclamações trabalhistas se refere à indenização por danos morais causados pelo assédio sexual. Nesse caso, a jurisprudência fundamenta a reparação com base no art. 932, III, do CC.

Em março de 2010, pela primeira vez, o Tribunal Superior do Trabalho arbitrou indenização em face de assédio sexual cometido por gerente do Banco do Brasil à vigilante de empresa terceirizada que prestava serviço na agência, no Recurso de Revista 1900-69.2005.5.12.0006.

> A Ministra Dora Maria da Costa trouxe os seguintes argumentos:
>
> Quando se instaura a situação de assédio sexual no ambiente de trabalho, são inegáveis a queda de qualidade nas relações de trabalho e a tendência a que o ambiente laboral se torne perverso, estressante e improdutivo, entre outras eventuais implicações de natureza negativa, com o consequente declínio das metas e da qualificação dos serviços prestados.
>
> Por isso o Judiciário Trabalhista recomenda, com intensidade constante e progressiva, que as empresas adotem, a título de prevenção da ocorrência de quadros de assédio sexual (e também moral), o desenvolvimento de políticas de recursos humanos que privilegiem o esclarecimento, o diálogo e a democratização das decisões, além de buscarem estabelecer um – canal de comunicação – direto com os empregados, a fim de que as vítimas possam transmitir esses quadros para os escalões superiores da empresa, proporcionando que estas possam coibir a configuração de quadros de assédio sexual e moral.

6. Tratamento no direito administrativo. O meio laboral inclui não só as relações empregatícias, mas também aquelas travadas entre Administração Pública e seus servidores por meio de relação jurídico-estatutária.

Assim, além da possibilidade de aplicação do art. 216-A do CP, a prática do assédio sexual pode ser combatida pelos estatutos de servidores públicos elaborados pelas unidades federativas. No entanto, registre-se que da mesma forma que a CLT não se refere expressamente ao assédio sexual, assim o deixa de fazer a grande parte dos estatutos de servidores.

Para citar um dos poucos exemplos que trata sobre o tema, remete-se à LC 11.487/2000 do Rio Grande do Sul, que dispõe em seu art. 2.º:

> No âmbito da administração pública estadual direta e indireta de qualquer de seus Poderes e instituições autônomas, é exercício abusivo de cargo, emprego ou função aproveitar-se das oportunidades deles decorrentes, direta ou indiretamente, para assediar alguém com o fim de obter vantagem de natureza sexual.

Na seara administrativa, o assediador está sujeito a sanções de natureza disciplinar, ensejando, em última instância, até mesmo a demissão, desde que respeitados o devido processo legal administrativo, assegurados os direitos da ampla defesa e do contraditório.

7. Conclusão. Diante dessa análise jurídica, verifica-se que o fenômeno do assédio sexual necessita de regulamentação mais ampla que a parca legislação lhe dispensa.

Face às lacunas legislativas, a jurisprudência brasileira tem fundamentado a repressão ao assédio sexual não só no tipo insculpido no Código Penal em seu art. 216-A, mas também nos princípios constitucionais da dignidade da pessoa humana, da valorização do trabalho, da honra e da intimidade.

Cabe aos operadores do direito incrementar a técnica interpretativa a fim de tratar devidamente o assédio sexual como fenômeno órfão de regulamentação, mas rico em consequências sociais, enquanto não for elaborada legislação suficiente, adequada para tratar a questão.

IX | Assédio Moral

1. Conceito. Assédio moral ou *mobbing* é a violência moral e/ou psicológica exercida contra indivíduo, em ambientes coletivos de convivência, por meio de condutas humilhantes ou vexatórias, causando à vítima sérios problemas de ordem psíquica e atingindo seus direitos de personalidade.

2. Histórico. Assim como o assédio sexual, o assédio moral é fenômeno social antigo, mas que tomou maior proporção no final do século XX.

O termo *mobbing* foi criado pelo médico sueco Paul Heinemann em 1972, para descrever o comportamento hostil entre as crianças nas escolas. Na década de 80, o psiquiatra sueco Heinz Leimann desenvolveu estudos sobre o assédio moral nas relações de trabalho.

A França é um dos principais países onde o fenômeno do assédio moral sofreu maior repercussão, sendo o responsável pela criação de uma das primeiras leis no mundo sobre o assunto em 2001.

Atualmente, o assédio moral em sido objeto de discussão na maior parte dos países desenvolvidos como EUA e Japão e também nos países em desenvolvimento, caso do Brasil.

3. Ambientes de ocorrência. O assédio moral é evento típico do meio laboral, em que o trabalhador está subordinado às ordens do empregador e sujeito às normas sociais de convívio do ambiente corporativo onde se encontra inserido.

No entanto, o assédio moral pode estar presente em outros ambientes coletivos, na medida em que o sujeito esteja exposto compulsoriamente ao convívio do grupo, como escolas, monastérios, hospitais etc.

4. Ambiente laboral. O meio laboral assume relevante local para ocorrência do assédio moral, considerando a subordinação do trabalhador às ordens do superior hierárquico; a exposição compulsória ao convívio do grupo composto pelos colegas; sujeição ao conjunto de normais informais que regem a dinâmica social na empresa, dentre outros fatores.

Para uma das maiores especialistas sobre o assunto, a psiquiatra francesa Marie-France Hirigoyen, o assédio moral no trabalho é "toda e qualquer conduta abusiva manifestando-se sobretudo por comportamentos, palavras, atos, gestos e escritos que possam trazer dano à personalidade, à dignidade ou à integridade física ou psíquica de uma pessoa, pôr em perigo seu emprego ou degradar o ambiente de trabalho (*Assédio Moral – A violência perversa no cotidiano*. Bertrand Brasil, 2009)".

Exemplo

Segundo pesquisa da médica do trabalho Margarida Barreto, feita em 2000, 42% das pessoas ouvidas sofreram assédio moral.

5. Ambiente escolar (bullying). Nesse caso, o assédio é a violência psicológica exercida contra a criança ou adolescente pelos colegas, constituído de palavras e gestos ofensivos, em geral dirigidos por causa de uma característica peculiar da vítima como excesso de peso; uso de óculos; ser estudioso; ter sardas; ser gago etc.

O assédio moral exercido entre e contra crianças e adolescentes recebe a denominação de *bullying* (ou *mobbing* infantil). Tal espécie de assédio assume gravidade ainda maior em virtude de três fatores:

a) *A hipossuficiência da vítima*, visto que a criança não possui desenvolvimento psicológico completo, não tendo, portanto, mecanismos de defesa apropriados para suportar a agressão;

b) *A hipossuficiência do agressor*, considerando que, em geral, o agressor também é criança ou adolescente e, por isso, as medidas adotadas para sancionar a infração deverão ser adequadas à reeducação do indivíduo, para evitar que venha a repetir os atos de agressão;

c) *A perpetuação dos efeitos do* bullying *na vida adulta*, podendo gerar graves transtornos psíquicos que impossibilitam a plena realização pessoal do indivíduo.

Exemplo

Uma pesquisa brasileira de 2002 a 2003, revelou que cerca de 28% dos jovens com média de 13 anos haviam sofrido alguma espécie de *bullying*.

6. Ambiente familiar. Vislumbra-se nesse caso a exposição de uma pessoa às humilhações impostas pelos familiares e vizinhos, que, de forma insistente, obsidiam a vítima em virtude de atitudes que não atendem à expectativa coletiva, como por exemplo, a denotação constante de excesso de peso; o fato de não de ser aplicado nos estudos ou ser estudioso em demasia; o fato de não ter se casado com determinada idade etc.

7. Elementos. Da comparação dos estudos realizados, podemos concluir pela existência de alguns elementos constituintes do assédio moral, quais sejam:

a) Condutas abusivas;

b) Sujeitos da relação;

c) Continuidade;

d) Objetivo ou finalidade.

8. Condutas abusivas. São condutas que visam isolar ou humilhar a pessoa diante do grupo. Tais condutas podem ser divididas em três espécies:

a) *Ações de comunicação*: desprezo (não dirigir mais a palavra); exclusão; gritos; reprovação reiterada no trabalho;

b) *Ações sobre a reputação da pessoa*: piadas, mentiras, ofensas, ridicularização de um defeito físico, derrisão pública, por exemplo, de suas opiniões ou ideias, humilhação geral;

c) *Ações sobre a dignidade profissional*: trabalho sem sentido, humilhante ou perigoso; metas de alcance duvidoso; atribuição de tarefas aquém da capacidade ou inferiores ao cargo que ocupa; "roubo" de ideias.

9. Sujeitos da relação. O assédio é a agressão desferida pelo agressor à vítima.

No polo ativo, é possível a existência de um ou mais agressores. O assédio exercido pelo chefe ao subordinado, em geral, é realizado por uma pessoa, embora ele possa agir em conluio com outros chefes ou subordinados. Já o assédio moral exercido por colegas exige a participação de várias pessoas.

Não há uma caracterização precisa da pessoa a ser vítima de assédio moral, podendo *qualquer pessoa ser vítima da agressão*.

> Hirigoyen descreve situações com maior probabilidade de ocorrência de assédio moral, cujo fator comum é a dificuldade em conviver com relação à diferença. São exemplos de situações: em relação ao gênero (homem em meio a várias mulheres ou mulher em meio a vários homens), homossexualidade, diferença racial, religiosa ou social etc.

10. Continuidade. Para a caracterização do assédio moral, é indispensável que a conduta seja reiterada, ou seja, deve haver ataques constantes e continuados à vítima.

Um dos critérios adotados para a configuração do assédio moral é o parâmetro de Leymann, que defende a ocorrência de dois ou três ataques por semana, durante, pelo menos, seis meses. Embora tal critério não seja aceito de forma unânime pelos especialistas, ele fornece, ao menos, uma indicação objetiva para a verificação do fenômeno.

11. Objetivo ou finalidade. O bem atingido no assédio moral são os aspectos da personalidade. Assim, a finalidade do assediador (ou assediadores) é fragilizar, de maneira intencional, a constituição psíquica da vítima, atingindo-a em sua autoestima, confiança e autoimagem.

No ambiente laboral, uma finalidade secundária seria o afastamento do trabalhador do local de trabalho, ou até mesmo sua demissão.

12. Espécies. O assédio moral no trabalho pode ser classificado em cinco espécies:

a) *Assédio moral vertical (ou vertical descendente):* é a relação em que o chefe assedia o subordinado ("de cima para baixo"). É a espécie mais comum no ambiente laboral;

b) *Assédio moral horizontal:* ocorre quando a vítima sofre agressão por parte dos colegas. É o assédio que caracteriza o *bullying*, sendo relevante também na seara laboral;

c) *Assédio moral ascendente (ou vertical ascendente):* é a hipótese em o superior hierárquico sofre assédio por parte de seus subordinados ("de baixo para cima"). É a espécie de assédio com menor ocorrência no ambiente laboral;

d) *Assédio moral misto*: é o assédio exercido por pessoas de diversos níveis hierárquicos, como aquele proveniente ao mesmo tempo de chefe e colegas.

e) *Assédio moral por terceiros:* trata-se de uma nova modalidade de assédio moral que vem sendo reconhecido pela jurisprudência da Justiça do Trabalho.

O *leading case* foi estabelecido por decisão do TRT da 15ª Região, em que a autora (vendedora da Casas Bahia) pleiteava indenização por danos morais contra a empregadora. A autora, como outras funcionárias, havia sido obrigada a utilizar o broche na camiseta com a inscrição "Quer pagar quanto?", o que propiciou diversos comentários vexatórios por parte de clientes e colegas de trabalho.

Na decisão, a Casas Bahia foi condenada a indenizar a autora em quinze mil reais pelos transtornos sofridos. Entendeu-se que, embora a empregadora não tenha praticado o assédio, ela foi a responsável pela causa dos danos sofridos pela autora, em razão da ação de sua ação de *marketing*.

> **Exemplo**
>
> Segundo pesquisa sobre assédio moral do Serviço Público Federal de Emprego e Trabalho da Bélgica, 48% dos casos correspondem a assédio vertical descendente, 29% se referem a assédio moral horizontal, 7% correspondem a assédio moral vertical descendente e 16%, a assédio moral misto.

13. Consequências do assédio moral. As consequências do assédio moral podem ser de duas ordens: consequências para a vítima e consequências sociais.

14. Consequências para a vítima. Como já dito, o assédio moral pode provocar diversos transtornos psíquicos. São sintomas conexos a este tipo de agressão:

a) *De ordem psíquica*: ansiedade, depressão, estresse, paranoia, síndrome do pânico, alcoolismo, ideias ou tentativas de suicídio etc.;

b) *De ordem física:* dores generalizadas, insônia, aumento da pressão arterial, distúrbios digestivos, cefaleias, tremores, tonturas, falta de ar, dentre outros.

15. Consequências sociais. O assédio moral pode também provocar consequências não só no âmbito da empresa, mas também judicial e administrativo.

Na empresa, é comum a ocorrência dos seguintes efeitos: absenteísmo (ausência dos empregados no trabalho); diminuição do índice de produtividade; queda da capacidade de iniciativa e de criatividade; danos aos equipamentos; alta rotatividade; o pagamento de indenização por danos morais; a queda da reputação da empresa perante parte da opinião pública.

No *âmbito governamental*, dentre outras consequências, é possível vislumbrar: o aumento de demandas trabalhistas; o impacto financeiro causado pelo aumento do desemprego; o custo previdenciário decorrente das ausências causadas pelos afastamentos dos trabalhadores; o prejuízo causado pelo afastamento de servidores e terceirizados no âmbito da Administração Pública.

Aliás, é importante ressaltar que o assédio moral é um fenômeno que tem sido verificado com mais densidade (frequência e número de casos) no serviço público do que na iniciativa privada. Tal fato ocorre em razão da estabilidade adquirida pelo ocupante de cargo efetivo.

O assédio moral é uma agressão que se dá de forma contínua, reiterada. Na iniciativa privada, a consequência mais grave do assédio moral é a demissão, seja ela pedida pelo empregado ou determinada pela empresa, de forma que se encerra a agressão com a extinção do vínculo entre trabalhador e empregador.

Já na Administração Pública, conquanto o servidor seja estável, o vínculo funcional só é rompido em hipóteses muito restritas. Dessa forma, o assédio moral pode se prolongar por períodos significativamente longos, considerando que o servidor não consiga alteração de lotação do cargo, submetendo-se à agressão do superior hierárquico.

X | Assédio Moral – Disciplina Jurídica

1. Considerações preliminares. Superado o estudo do fenômeno social, convém analisar as implicações jurídicas sobre o assédio moral.

Chegou-se à conclusão de que o assédio sexual não mereceu o tratamento jurídico adequado pelo legislador brasileiro; ressalte-se que esse quadro é ainda mais dramático com relação ao assédio moral, visto que a omissão legislativa é a regra quando se trata do assunto.

2. Direito comparado. Como observado no capítulo anterior, a França foi um dos países pioneiros a estabelecer previsão legal sobre o tema.

A lei francesa 2000-73 assim define o assédio moral:

> Nenhum trabalhador deve sofrer atos repelidos de assédio moral que tenham por objeto ou por efeito a degradação das condições de trabalho, suscetíveis de lesar os direitos e a dignidade do trabalhador, de alterar sua saúde física ou mental e comprometa o seu desempenho profissional. Nenhum trabalhador pode ser sancionado, licenciado ou ser objeto de medidas discriminatórias, diretas ou indiretas, em particular no modo da remuneração, da formação, da reclassificação, da qualificação e classificação de promoção profissional, de modificação ou renovação do contrato, por ter sofrido ou rejeitado de sofrer os comportamentos definidos no parágrafo precedente ou por haver testemunhado sobre referidos comportamentos.

3. Legislação federal. Primeiramente, alerta-se que *não há*, até o momento, qualquer lei federal disciplinando detalhadamente o assédio moral.

Foram publicadas duas leis federais que tangenciam o assunto. Encontram-se tramitando no Congresso Nacional diversos projetos de lei federal, dentre os quais, um que fixa o dia nacional de combate ao assédio moral, sem, no entanto, conceituar ou estipular requisitos do que seja o fenômeno.

Por outro lado, o art. 4.º da Lei 11.948/2009, que dispõe sobre empréstimos e financiamento realizados pelo BNDES, estabelece a vedação de concessão ou renovação de quaisquer empréstimos ou financiamentos pelo BNDES a empresas da iniciativa privada cujos dirigentes sejam condenados por assédio moral ou sexual, racismo, trabalho infantil, trabalho escravo ou crime contra o meio ambiente.

Outro projeto de lei federal, 4.591/2001, também da Câmara dos Deputados, acrescenta hipótese de proibição funcional na Lei 8.112/1990 (Estatuto dos Servidores Públicos Civis da União), cuja sanção mais grave para o agressor seria a demissão.

Convém observar que o anteprojeto do Novo Código Penal, elaborado pela Comissão de Juristas, foi entregue ao Senado Federal em junho de 2012 (PLS 236/2012). No documento, há previsão de dois dispositivos tipificando o assédio moral, a seguir transcritos:

"**Perseguição obsessiva ou insidiosa**

Art. 147. Perseguir alguém, de forma reiterada ou continuada, ameaçando-lhe a integridade física ou psicológica, restringindo-lhe a capacidade de locomoção ou, de qualquer forma, invadindo ou perturbando sua esfera de liberdade ou privacidade.

Pena – Prisão, de dois a seis anos.

Parágrafo único. Somente se procede mediante representação."

"Intimidação vexatória

Art. 148. Intimidar, constranger, ameaçar, assediar sexualmente, ofender, castigar, agredir, segregar a criança ou o adolescente, de forma intencional e reiterada, direta ou indiretamente, por qualquer meio, valendo-se de pretensa situação de superioridade e causando sofrimento físico, psicológico ou dano patrimonial.

Pena – prisão de um a quatro anos.

Parágrafo único. Somente se procede mediante representação."

O art. 147 trata da prática conhecida como *stalking*, termo em inglês que designa uma perseguição obsessiva. Já o art. 148 tipifica o assédio moral escolar, conhecido como *bullying*. Resta acompanhar a tramitação do anteprojeto no Congresso Nacional, a fim de se saber se tais dispositivos entrarão em vigor dessa forma.

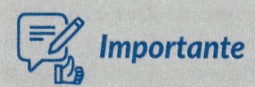

> **Importante**
>
> Observe que os dois exemplos acima tratam de projetos de lei, ou seja, *não foram aprovados ainda*. Cabe ao estudante atento acompanhar qualquer alteração legislativa, principalmente para fins de concursos públicos ou Exame de Ordem.

4. Legislações estaduais e municipais. Alguns Estados-membros e Municípios da Federação elaboraram norma de caráter administrativo, punindo a prática do assédio moral em seus respectivos estatutos.

De modo exemplificativo, cita-se a Lei 1.163/2000 de Iracemápolis/SP, a primeira a tratar sobre assédio moral no Brasil, cujo art. 1.º dispõe penalidades para os servidores que praticarem assédio moral.

> Art. 1.º Ficam os servidores públicos municipais sujeitos às seguintes penalidades administrativas na prática de assédio moral, nas dependências do local de trabalho:
>
> 1. Advertência.
>
> 2. Suspensão, impondo-se ao funcionário a participação em curso de comportamento profissional.
>
> 3. Demissão.
>
> Parágrafo único. Para fins do disposto nesta Lei, considera-se assédio moral todo tipo de ação, gesto ou palavra que atinja, pela repetição, a autoestima e a segurança de um indivíduo, fazendo-o duvidar de si e de sua competência, implicando em dano ao ambiente de trabalho, à evolução da carreira profissional ou à estabilidade do vínculo empregatício do funcionário, tais como: marcar tarefas com prazos impossíveis, passar alguém de uma área de responsabilidade para funções triviais; tomar crédito de ideias de outros; ignorar ou excluir um funcionário só se dirigindo a ele através de terceiros; sonegar informações

de forma insistente; espalhar rumores maliciosos; criticar com persistência; subestimar esforços.

5. Conclusão. Para o operador do direito, a caracterização do assédio moral é mais difícil que a do assédio sexual por diversos fatores.

Primeiramente, porque a conduta de natureza sexual tem uma verificação no mundo fático de modo mais claro que a coação moral, embora ambas as condutas sejam de difícil comprovação.

Em segundo lugar, embora tanto o assédio sexual quanto o moral sejam fenômenos relativamente recentes, o primeiro tem doutrina e jurisprudência um pouco mais amplas que o segundo, permitindo a aplicação de sanção de forma mais efetiva.

Por fim, o estudo ainda incipiente do assunto, a falta de conhecimento e omissão legislativa não permite, por ora, que o assédio moral seja devidamente tratado como grave problema social que representa.

COMPARATIVO ENTRE ASSÉDIO MORAL E ASSÉDIO SEXUAL

DIFERENÇAS		ASSÉDIO MORAL	ASSÉDIO SEXUAL
Sujeitos	Ativo	Qualquer pessoa	Superiores hierárquicos
	Passivo	Qualquer pessoa	Subordinados
Tipo de relação		Multidirecional (vertical, horizontal ou ascendente)	Vertical
Tipo de agressão		Violência sutil	Violência explícita
Objeto da relação		Desestabilização psíquica da vítima	Favorecimento sexual

XI — A Teoria do Conflito e os Mecanismos Autocompositivos. Técnicas de Negociação e Mediação. Procedimentos, Posturas, Condutas e Mecanismos Aptos a Obter a Solução Conciliada dos Conflitos

1. Teoria do conflito. Pode-se definir conflito como o embate de forças antagônicas que disputam um determinado objetivo. É o choque de interesses contrários.

O conflito é fato inerente ao convívio social, sendo componente importante na evolução do indivíduo e da sociedade, uma vez que propicia o reconhecimento de diferenças relevantes e o florescimento de novas ideias.

O conflito tornou-se cada vez mais complexo devido ao contínuo progresso sofrido pelas sociedades modernas. O crescimento da exigência das habilidades profissionais, a escassez e o encarecimento de recursos naturais, e a aceleração do ritmo de vida são alguns fatores contemporâneos que levam os indivíduos a entrar em conflito na defesa de seus próprios interesses ou dos interesses de seu grupo (família, igreja, classe etc).

Esse choque de forças surge na medida em que ocorre uma mudança capaz de provocar alteração de posições e interesses dos atores sociais. Embora nem toda mudança seja capaz de provocar um conflito, é a sucessão de fatos no tempo que provoca o deslocamento de direitos e, portanto, originam potencialmente uma atitude do indivíduo que o leve a preservar ou a invocar o bem disputado.

Cabe observar que, em razão de uma necessidade social e psicológica do ser humano em viver conforme relativa estabilidade de relações, o conflito é uma situação que obsta o pleno convívio humano, devendo ser administrado ou resolvido.

Para tanto, duas providências são necessárias: a identificação e a compreensão do conflito. A identificação se presta a delimitar o problema principal envolvido, enquanto que a compreensão é necessária para esclarecer os objetos litigados.

2. Extensão do conflito. Quanto a este ponto pode-se classificá-lo como:
a) Interpessoal (entre duas pessoas);
b) Grupal (entre pequenos grupos);
c) Social (entre grandes destacamentos da sociedade).

Interessa ao presente estudo o conflito de âmbito individual, pois os conflitos sociais constituem objeto de estudo da sociologia, da política e da psicologia social.

3. Fases do conflito. Em relação às fases dos conflitos, estes podem ser divididos em:
a) *Conflito latente*: as partes envolvidas não assumem a existência do conflito ou, muitas vezes, não têm consciência de que ele exista;
b) *Conflito percebido*: há clara percepção das partes da existência do conflito, embora nenhuma delas se manifeste acerca do mesmo;

c) *Conflito sentido*: os indivíduos estão envolvidos emocionalmente, sofrendo sentimentos negativos em razão da desavença, que se transformam em ressentimentos diante da falta de diálogo;

d) *Conflito manifesto*: trata-se de conflito aberto, declarado pelas partes e conhecido por terceiros, interferindo no ambiente que cerca os contendores.

4. Mecanismos autocompositivos. Os mecanismos autocompositivos são espécies de métodos alternativos de solução de conflitos à jurisdição estatal, que têm como característica essencial a iniciativa das partes em construir a resolução do embate.

Os métodos alternativos de solução de conflito mais conhecidos são: a negociação, a arbitragem, a conciliação e a mediação.

5. Negociação. É um conjunto de medidas pelas quais as partes transigem diretamente acerca de seus interesses para que se possa chegar a uma solução consensual, sem a intervenção de terceiros.

Primeiramente, podem-se dividir dois tipos de negociação:

a) A negociação por barganha, em que os negociadores têm o intuito de trocar um bem pelo outro;

b) A negociação para resolução de conflito.

Entre os diversos métodos de negociação, o mais famoso é o Projeto de Negociação de Harvard, desenvolvido em 1971, divulgado pelos professores daquela universidade Roger Fisher, William Ury e Bruce Patton.

Faz-se necessário separar os conteúdos no conflito: a posição (conteúdo manifesto) do interesse (conteúdo real), conforme alerta Fiorelli et al (*Psicologia aplicada ao direito*. 2. ed. São Paulo: LTr, 2008, p. 37). É importante em um conflito centrar atenção nos reais interesses dos envolvidos em detrimento às posições assumidas, a fim de que se consiga alcançar o consenso.

6. Técnicas de negociação. Tomando como base o "Método Harvard", são quatro pontos centrais da negociação a serem levados em consideração:

a) *Separar as pessoas do problema*. Num conflito, é comum que os envolvidos confundam aspectos pessoais com as questões a serem resolvidas. Tal cenário se demonstra fértil para que se crie um quadro emocional negativo, dificultando o entendimento. Para uma negociação bem sucedida, é preciso separar características pessoais que não contribuem para a solução, para se concentrar exclusivamente no objeto em litígio;

b) *Concentrar-se nos interesses, e não nas posições*. A posição encerra interesses rígidos do sujeito, ligados muitas vezes a paradigmas sociais. A negociação deve ser conduzida para a identificação dos reais interesses dos envolvidos, para que, com base neles, seja construído um acordo que leve em conta objetivos mútuos;

c) *Identificação de opções de ganhos mútuos*. A negociação não é necessariamente um jogo em que para um ganhar, outro deve perder. Pelo contrário, é mais interessante que se busque um acordo em que as duas partes de alguma forma ganhem. Para isso, é produtivo o oferecimento de alternativas capazes de contemplar os interesses postos em questão;

d) *Adoção de critérios objetivos*. A possibilidade de um acordo exitoso se amplia com a utilização de critérios claros e parâmetros objetivos, que guiarão as partes na construção do acordo. A adoção de critérios objetivos diminui o risco de frustração das partes com as concessões e aumenta a satisfação com os ganhos auferidos.

Exemplo

A guarda de menores após uma separação ou divórcio é geralmente pontuada por divergências de cunho emocional. Os envolvidos no conflito, ou seja, os pais, devem, na medida do possível, afastar sentimentos negativos que restaram entre si, para focalizar nos interesses dos filhos.

Tendo clara a premissa de que a guarda será de um dos pais, ao outro caberá direito de visita. A negociação terá maior chance de êxito se questões objetivas forem tratadas de maneira clara, como por exemplo, com qual pai a criança ficará em determinados feriados, dias de aniversário ou férias.

7. Arbitragem. Embora alternativo, tal mecanismo constitui método heterocompositivo de resolução, uma vez que a solução é imposta por um terceiro eleito (o árbitro) pelas próprias partes.

A arbitragem constitui uma solução de controvérsias que envolvam direitos patrimoniais disponíveis, encontrando-se entre seus princípios o da livre eleição dos árbitros, da informalidade, da cláusula arbitral, da confidencialidade, entre outros.

A arbitragem é regulamentada no Brasil pela Lei 9.307/1996, a qual trouxe diversas inovações no direito brasileiro, encontrando-se dentre as principais a cláusula compromissória (obriga os contratantes resolver eventual conflito por arbitragem); o compromisso arbitral (escolha da arbitragem após o conflito) e a validade da sentença arbitral como sentença judicial.

8. Conciliação. Procedimento em que um terceiro (o conciliador) procura obter um consenso das partes em conflito e, com base nele, propõe um acordo que ponha fim ao embate.

Nesse mecanismo, o conciliador não analisa as razões psicológicas que levaram ao conflito, mas busca delimitar objetivamente a questão em litígio, para então tentar propor uma solução.

O Conselho Nacional de Justiça, em seu Manual de Implementação da Conciliação, expõe os fundamentos jurídicos da conciliação:

A conciliação, como um valor prevalente na resolução das controvérsias, foi alçada ao *status* de princípio informativo do sistema processual brasileiro e a composição das lides não é novidade em nosso ordenamento jurídico, existindo desde a época das Ordenações Filipinas, em seu Livro III, Título XX, § 1.º.

O Código de Processo Civil conferiu novo *status* significativo à conciliação, bem como ao papel de conciliador, cujos temas estão dispostos no Capítulo III, Seção V, daquele Código.

Não obstante, além do próprio código de processo, a conciliação está prevista em diversas disposições legais, como no Código Civil (art. 840, correspondente ao art. 1.025 do CC/1916), na Lei de Arbitragem (arts. 21, § 4.º, e 28), no Código de Defesa do Consumidor (arts. 5.º, IV, 6.º, VII, e 107), ou, ainda, na Lei 9.099/1995 dos Juizados Especiais, na qual se consagra como princípio jurídico (art. 2.º).

A Constituição Federal prevê a pacificação social como um dos objetivos fundamentais da República (art. 3.º, I), atribuindo ao juiz, como agente político, a implementação de alternativas jurisdicionais, adequadas e céleres, para a consecução desse objetivo (art. 5.º, LXXVIII).

9. Tipos de conciliação. Quanto ao âmbito, a conciliação pode ser:

a) *Endoprocessual,* isto é, aquela que ocorre dentro do processo judicial, está prevista no ordenamento jurídico brasileiro, constituindo prerrogativa do juiz em conciliar as partes no processo judicial civil (arts. 125, IV e 331 do CPC) ou trabalhista (arts. 846 e 850 da CLT);

b) *Extraprocessual ou pré-processual,* procedimento aberto antes do processo judicial, encontra previsão legal de conciliação no âmbito trabalhista, com a introdução das Comissões de Conciliação Prévias pela Lei 9.958/00, a ser instaladas por empresas e sindicatos.

10. Princípios da conciliação. O art. 166 do Código de Processo Civil, que prevê os princípios sobre a conciliação, praticamente reproduz o art. 1.º do Código de Ética anexo à Resolução CNJ 125/2010:

a) *princípio da independência e autonomia*: dever de atuar com liberdade, sem sofrer qualquer pressão interna ou externa, sendo permitido recusar, suspender ou interromper a sessão se ausentes as condições necessárias para seu bom desenvolvimento, tampouco havendo dever de redigir acordo ilegal ou inexequível;

b) *princípio da imparcialidade*: dever de agir com ausência de favoritismo, preferência ou preconceito, assegurando que valores e conceitos pessoais não interfiram no resultado do trabalho, compreendendo a realidade dos envolvidos no conflito e jamais aceitando qualquer espécie de favor ou presente;

c) *princípio da autonomia da vontade*: dever de respeitar os diferentes pontos de vista dos envolvidos, assegurando-lhes que cheguem a uma decisão voluntária e não coercitiva, com liberdade para tomar as próprias decisões durante ou ao final do processo e de interrompê-lo a qualquer momento;

d) *princípio da confidencialidade*: dever de manter sigilo sobre todas as informações obtidas na sessão, salvo autorização expressa das partes, violação à ordem pública ou às leis vigentes, não podendo ser testemunha do caso, nem atuar como advogado dos envolvidos, em qualquer hipótese;

e) *princípio da oralidade*: deve haver a prevalência da palavra oral sobre a escrita, visto que a própria dinâmica da conciliação envolve diálogo promovido pelo conciliador para que as partes possam construir o acordo;

f) *princípio da informalidade*: a conciliação deve se pautar por linguagem simples para melhor compreensão dos envolvidos, cabendo observar que tal simplicidade deve ser estendida até mesmo ao mobiliário dos centros conciliatórios e às vestimentas dos funcionários e conciliadores, criando uma atmosfera mais receptiva às partes;

g) *princípio da decisão informada*: dever de manter o jurisdicionado plenamente informado quanto aos seus direitos e ao contexto fático no qual está inserido.

Por fim, o Conselho Nacional de Justiça empreendeu um grande Movimento de Conciliação em 2006, por sua Recomendação 8, incentivando todos os Tribunais de Justiça, os Tribunais Regionais Federais e Tribunais Regionais do Trabalho a promoverem conciliação em suas ações.

Exemplo

A Justiça Federal tem promovido em todo o país mutirão de conciliação para que mutuários possam fechar acordos com a Caixa Econômica Federal e colocar fim a suas dívidas da casa própria.

11. O princípio da indisponibilidade do interesse público em face dos meios adequados de solução de conflitos.

Questão importante é se a Administração Pública poderia transigir ao participar de dinâmicas de solução de conflito, uma vez que caberia ao Estado proteger o interesse público.

Concretamente, há diversas situações em que, de um lado, há um grande ente, público ou privado (*one big player*), que litiga com diversas pessoas sobre a mesma questão ao mesmo tempo. Um exemplo na esfera pública seria o INSS, que tem o potencial de litigar com vários beneficiários em razão de benefícios não concedidos ou revisões de valores percebidos.

Por uma interpretação clássica, a aplicação do princípio da indisponibilidade do interesse público vedaria qualquer possibilidade de transigir sobre valores, uma vez que o interesse primário de proteção ao Erário restaria ofendido.

No entanto, em uma releitura do mesmo princípio, chega-se à conclusão sobre a possibilidade de o ente público de qualquer esfera poder realizar acordos em uma conciliação. Isso porque, analisando o contexto geral e superior à demanda em si, um acordo abrevia a duração do processo, propiciando economia de gastos com a própria movimentação processual, tais como o gasto com defesa advocatícia do ente (própria ou terceirizada) e pagamento de verbas a título de correção monetária e juros de mora.

Com isso, abre-se a possibilidade de se permitir a conciliação de entes públicos, sob o prisma de ser benéfico não só para as partes adversas ao Estado, mas também para a própria Administração Pública e para o Poder Judiciário (que também faz parte do Estado), com a redução significativa de processos.

Tanto é assim, que foi promulgada a Lei 12.153/2009, instituindo os Juizados Especiais da Fazenda Pública no âmbito dos Estados, do Distrito Federal, dos Territórios e dos Municípios, prevendo em seu art. 16, §1º, que *poderá o conciliador, para fins de encaminhamento da* **composição amigável**, *ouvir as partes e testemunhas sobre os contornos fáticos da controvérsia*.

12. Mediação. Nesse caso, um mediador neutro e imparcial facilita o diálogo, fazendo com que as próprias partes solucionem o conflito.

O mediador não tem a função de decidir o conflito, mas sim, de propiciar condições para que as partes envolvidas possam dialogar a fim de que, juntas, construam um acordo baseado no entendimento mútuo.

Para tanto, o mediador deve seguir algumas estratégias para que o diálogo seja possível. José Osmir Fiorelli e Rosana Cathya Ragazzoni Mangini (*Psicologia jurídica*. São Paulo: Atlas, 2009, p. 384) cita algumas dessas estratégias de mediação:

a) Deslocamento de emoções negativas para positivas;

b) Facilidade para migrar das posições enunciadas para fazer emergir os reais interesses dos participantes;

c) Concentração nas emoções positivas;

d) Desenho do futuro com base no sucesso das ações relacionadas com essas emoções. Focaliza-se o bom e trabalha-se para construí-lo.

13. Princípios da mediação. As psicólogas Marilene Marodin e Stella Breitman (*A prática da moderna mediação: integração entre a psicologia e o direito*. David Zimerman e Antônio Carlos Mathias Coltro (org.) *Aspectos psicológicos na prática jurídica*. 2. ed. Campinas: Millennium, 2008, p. 504-505) estabelecem os seguintes princípios a serem seguidos na mediação:

a) Para as partes:

Voluntariedade	A mediação só será eficaz se os participantes estiverem exercendo seu direito de escolha.
Livre decisão	As decisões acordadas durante o processo mediador serão de exclusiva responsabilidade dos interessados.

b) Para o mediador:

Imparcialidade	O mediador não defende ou representa qualquer das partes, mas cria espaços para recíproco respeito e escuta, não impedindo que se corrijam eventuais desequilíbrios entre os mediandos.
Neutralidade	É a capacidade de respeitar as diferenças das pessoas, sem interferir nos conteúdos acordados, somente os adequando ao contexto legal.
Confidencialidade	O mediador tem dever de guardar sigilo sobre as informações obtidas no processo mediatório, exceto em casos que o próprio direito o autorize a denúncia, como maus-tratos, risco de morte ou delitos graves.
Profissionalização	Formação profissional adequada ao manejo dos conflitos, na administração de disputas e na busca de soluções que equalizem os direitos e responsabilidades das partes.

14. Aplicação da mediação. A mediação pode ser aplicada nos mais diversos âmbitos. No direito de família é instrumento útil em contextos familiares como divórcios, separações; conflitos relacionais entre pais e filhos, padrastos/madrastas e enteados, irmão; questões patrimoniais e apoio a dependentes.

No direito do trabalho, vislumbra-se a aplicação da mediação nas negociações entre empregados, empregadores e sindicatos; na gestão de relações humanas dentro empresas e outras instituições e nas relações entre instituições.

Ademais, no direito em geral, a mediação é cabível nos conflitos surgidos nas relações sociais advindas da comunidade, nas escolas, na vizinhança etc.

No direito brasileiro, a mediação é regulada pela Lei nº 13.140/2015, regulando a mediação judicial e a mediação extrajudicial.'

15. Técnicas de mediação. As técnicas empregadas podem ser utilizadas tanto por um indivíduo que conduza o conflito de maneira autônoma, como um advogado, um psicólogo ou assistente social, quanto por outro profissional que tenha que aplicar a mediação como veículo para atingir acordo dentro de um processo mais amplo, caso do magistrado, do gestor de pessoas ou dos administradores de empresa.

Para que a mediação possa alcançar resultados positivos, podem ser aplicadas algumas técnicas:

a) *Condução ativa da entrevista*: as interações verbais devem ser guiadas e estabelecidas pelo mediador, com perguntas realizadas a fim de captar o estado emocional dos envolvidos, bem como para extrair as questões que constitui o cerne do conflito;

b) *Estabelecimento de* rapport: é uma palavra francesa que designa uma relação de empatia com o interlocutor. O mediador deve inspirar uma empatia, um respeito pelas partes, que não se confunde com amizade ou intimidade, até porque impera o dever de imparcialidade no procedimento;

c) *Adequação comunicacional*: ciente da singularidade de cada parte envolvida, o mediador deve adequar sua comunicação verbal e não verbal a fim de fazer com que as partes dialoguem. Para isso, é função do mediador observar detalhes importantes como nível sociocultural, econômico, grau de escolaridade, aspectos culturais, regionais, enfim, tudo o que possa ser útil para propiciar as interações que possam levar a um acordo;

d) *Gerenciar as emoções*: é natural que os envolvidos numa mediação não estejam em estado emocional mais confortável. É comum que, nesse momento, apareçam frustrações, angústias, raiva, principalmente se o conflito é de natureza familiar. Por isso, cabe ao mediador gerenciar a agressividade e conduzir a mediação para canalizar emoções de maneira positiva.

> **Importante**
>
> Na arbitragem, o árbitro se substitui às partes e impõe a decisão que encerra o conflito. Na conciliação e na mediação, o terceiro não pode impor a solução, que é aceita ou não pelas partes.
>
> Na conciliação, o conciliador *pode* propor uma solução, que será aceita ou não pelas partes. Já na mediação, o mediador *não propõe* a solução, mas facilita o acordo.

16. Solução conciliada dos conflitos. Em síntese, a solução para o conflito pode ser construída a partir de algumas condutas:

a) *Gerenciamento da comunicação verbal e não verbal*: A comunicação é elemento essencial na elaboração do acordo. A escolha dos atos e das palavras irá guiar o êxito da solução;

b) *Escuta dinâmica*: seleção cuidadosa das informações fornecidas pelas partes, uma vez proferidas entremeadas em condições emocionais, podendo sofrer significativa alteração de sentido;

c) *Técnica de interrogação*: a maneira como se pergunta é uma forma de determinar diretamente o fluxo de informações e as interações entre os envolvidos no conflito;

Exemplo

As perguntas abertas (O que você pode me contar a respeito de ...?) se prestam a conseguir informações de pessoas que se encontram retraídas ou resistentes. Já perguntas fechadas (Como será feito o pagamento? ou Qual veículo utilizado na ocasião) servem para investigar ou aprofundar pontos necessários ao deslinde de determinada questão.

d) *Sumário*: sintetizar o que foi exposto pela parte oportuniza confirmação das declarações prestadas, bem como eventual retificação ou complementação de algum dado;

e) *Isolamento dos envolvidos*: dado o grau de animosidade inicial, nem sempre é possível estabelecer o diálogo entre as partes em um primeiro momento. Por isso, convém a utilização de sessões individualizadas para conseguir os dados que as partes possam fornecer, além de prepará-las para um acordo;

f) *Divisão do problema*: o conflito pode se apresentar de maneira bastante complexa. Se assim ocorrer, convém que o problema seja seccionado em questões menores, a fim de facilitar a resolução do litígio.

XII — O Processo Psicológico e a Obtenção da Verdade Judicial. O Comportamento de Partes e Testemunhas

1. Processo psicológico. O processo psicológico é a conjunto de atividades psíquicas pelo qual o indivíduo apreende e vivencia aspectos externos da realidade pelas funções mentais (pensamento, linguagem, emoção, atenção), construindo uma realidade psíquica própria, componente de sua subjetividade e manifestação de sua personalidade.

O professor Enrico Altavilla, autor do clássico *Psicologia Judiciária I – O Processo Psicológico e a Verdade Judicial* (Coimbra: Armenio Amado, 1981), explica didaticamente em sua obra o deslinde do processo psicológico.

> "Um acontecimento qualquer, exterior à nossa personalidade (fenómeno físico), quando tem lugar na esfera da nossa actividade sensorial, torna-se o estímulo que determina a sensação (fenómeno fisiológico); a sensação, transformada em facto consciente, dá lugar à percepção (fenómeno psicológico).
>
> A esfera da actividade sensorial é determinada pela potencialidade dos nossos sentidos para percepcionar estímulos: isto significa que o mundo exterior chega ao nosso eu, tal como os órgãos dos sentidos no-lo apresentam, variando, por isso, não só de indivíduo para indivíduo, mas até no mesmo indivíduo em cada momento da sua existência." (p. 20)

Observe-se que um determinado dado da realidade é percebido de certa maneira, em certo momento, por um indivíduo dotado de uma personalidade única.

Ou seja, um mesmo acontecimento presenciado por duas pessoas ao mesmo tempo não será por elas reproduzido da mesma forma, seja porque o fato foi percebido de maneira distinta pelos indivíduos, seja porque são donos de uma personalidade ímpar, que influencia diretamente na percepção do evento.

2. Importância do tema para o direito. As variáveis sobre como a realidade é percebida, e depois reproduzida pelo indivíduo é importante para o direito na medida em que o conteúdo produza efeitos abarcados pela ordem jurídica. É o que o ocorre com testemunhas que presenciem um crime, infrações praticadas pelo empregado em relação a um colega ou maus-tratos de vizinhos em relação a seus filhos.

O testemunho de um indivíduo sofre influência sob diversos aspectos. Mira y Lopes (*Manual de psicologia jurídica*. São Paulo: Impactus, 2007) ensina que o testemunho de uma pessoa sobre um acontecimento qualquer depende essencialmente de cinco fatores:

a) Do modo como percebeu esse acontecimento;
b) Do modo como sua memória o conservou;
c) Do modo como é capaz de evocá-lo;
d) Do modo como quer expressá-lo;
e) Do modo como pode expressá-lo.

3. Fatores que influenciam a percepção. O modo como o indivíduo percebeu o acontecimento influencia diretamente a sua reprodução em um tempo futuro. São variáveis da percepção:

a) Emoção;
b) Condições físicas;
c) Atenção.

4. Emoção. Devem ser consideradas as emoções presentes no momento do testemunho, principalmente, se havia *medo* (a testemunha estava com medo dos acusados? Era uma situação de risco?); *raiva* ou *amor* (a testemunha possui alguma envolvimento emocional com uma das partes? Há algo contra ou favor em relação a alguma das partes?).

5. Condições físicas. O conjunto de aspectos físicos também pode influenciar o testemunho de uma pessoa, auxiliando na verificação de verossimilhança do depoimento prestado. Fatores como idade, sexo, problemas de locomoção, deficiências físicas ou visuais alteram de maneira qualitativa a percepção do acontecimento.

Exemplo

Uma pessoa com miopia severa sem uso de óculos poderia descrever a cena que ocorreu a uma distância consideravelmente alta para sua acuidade visual.

Uma deficiência não é capaz, em absoluto, de obstruir a percepção, mas, pelo contrário, pode até acentuar a percepção de um determinado fato por um outro sentido. Estudos já comprovaram que deficientes visuais de nascença desenvolvem uma audição mais acurada que pessoas sem deficiência visual.

Em interessante notícia da mídia internacional, soube-se que a policia belga contratou detetives cegos, cujas funções incluíam identificar o carro pelo som do motor em uma gravação.

Importante

O testemunho de uma pessoa cega não pode ser descartado por sua deficiência, uma vez que o evento possa ter sido percebido por um sentido como tato ou audição.

6. Atenção. É uma das funções mentais superiores. O grau de atenção é relevante na medida determina a qualidade de percepção, sendo aferida em sua extensão e precisão. O grau de atenção varia em função dos mais diversos aspectos, como fadiga, consumo de álcool ou drogas, hábito etc.

7. Fatores que influenciam a memória. O testemunho não corresponde aos fatos, mas a uma versão lembrada, evocada dos fatos. Além dos aspectos já analisados, é importante compreender o modo como a mente conservou o registro do acontecimento.

Sem dúvida, o fator que mais influencia a memória é o tempo decorrido entre o acontecimento e o depoimento. Quanto a maior o tempo entre o evento e o testemunho, menor tende a ser a precisão e a extensão do registro informado.

Da mesma forma, em razão do maior tempo passado até o testemunho, maior a tendência de ocorrer um fenômeno psíquico denominado preenchimento ou confabulação, que ocorre quando o indivíduo, ao lembrar um fato e não conseguir obter todos os detalhes, preenche o acontecimento de forma inconsciente, com dados que entende razoável.

Essa confabulação não deve ser interpretada com intuito da pessoa em mentir, mas na vontade em fornecer testemunho mais completo possível.

8. Fatores que influenciam a expressão. O depoimento é o resultado daquilo que o indivíduo externaliza, tentando transpor o conteúdo que se encontra em sua memória. A forma da comunicação é relevante para averiguar como o conteúdo evocado pelo indivíduo é realmente condizente com aquilo que quer verbalizar.

A comunicação pode variar conforme os seguintes fatores, entre os quais se destacam:

a) *Domínio da linguagem*. Linguagem é conjunto organizado de símbolos (signos) que propicia a comunicação. Ela transcende o conhecimento da língua, já que outros símbolos são utilizados na comunicação. O seu domínio permite maior grau de exatidão do conteúdo de que a pessoa lembra;

b) *Regionalismos*. São particularidades linguísticas de determinada região. Tais variações linguísticas são importantes para definir o alcance mais próximo da comunicação pretendida;

c) *Comunicação pretendida e comunicação proferida*. Nem sempre o que a testemunha disse corresponde àquilo que queria dizer, porque disse menos, mais ou de forma diferente do que sabia, o que ocorre em diversas situações, entre elas, a testemunha tem medo de uma das partes, ou quer beneficiá-la, ou ainda, prejudicá-la.

Embora com dificuldade, é imperioso que se reconheça a existência de um subtexto inserido no texto veiculado, a fim de assegurar um testemunho veraz.

> **Importante**
>
> Perceba-se que há uma distorção (natural) entre o fato e a versão do fato (percepção do fato), e entre esse e a evocação do evento (lembrança).
>
> O testemunho é o resultado da lembrança de um fato percebido pelo indivíduo com características próprias que influenciam na percepção (personalidade), conjugadas com aspectos externos (circunstâncias).

9. Obtenção da verdade judicial. A prova testemunhal pode ser obtida basicamente de duas formas:

a) Relato espontâneo;

b) Relato por interrogatório.

10. Relato espontâneo. Tal relato é aquele realizado pela testemunha de forma livre, sem perguntas que direcionem seu depoimento. Nesse tipo de relato, o testemunho é prestado com uma narração contínua sobre o que o depoente sabe sobre o fato.

Conforme José Osmir Fiorelli e Rosana Cathya Ragazzoni Mangini, (*Psicologia jurídica*. São Paulo: Atlas, 2009, p. 346) destaca características principais dessa espécie de depoimento:

O relato espontâneo tem, também, o condão de expor as crenças do indivíduo, seus preconceitos e esquemas de pensamento, que a liberdade propiciada pela exposição livre permite aflorar; o inconsciente manifesta-se quando não há censura ou direção obrigatória que cerceie o pensamento.

Se por um lado, o relato espontâneo permite que se conheça detalhes da personalidade da testemunha pelas frases que formula, por outro, é apresentado de maneira bastante irregular, aproveitando-se apenas uma pequena parte das informações.

11. Relato por interrogatório. Ao contrário do relato anterior, o interrogatório é construído a partir de perguntas dirigidas ao indivíduo, a fim de se aferir o conhecimento a respeito de certo acontecimento, cujos limites e conteúdo se queiram conhecer na maior integralidade possível.

Mira y Lopéz alerta que, em geral, o testemunho obtido por interrogatório costuma trazer dados mais concretos, contudo menos exatos que os do relato espontâneo. O maior risco no interrogatório é a obtenção de dados obtidos pelo preenchimento de lacunas pelo indivíduo, que se sente obrigado a fornecer a informação questionada (como se quisesse "responder certo") (*Manual de psicologia jurídica*. São Paulo: Impactus, 2007).

12. Sistemas de interrogatório. Conforme explica Jorge Trindade (*Manual de psicologia jurídica para operadores do direito*. 3. ed. Porto Alegre: Livraria do Advogado, 2009, p. 228-232), os sistemas principais de interrogatório são:

a) *Cross-examination*;

b) Sistema presidencialista.

13. *Cross-examination*. É o sistema em que a testemunha é arguida diretamente pelas próprias representações das partes, sem intermediação do juiz (que também poderá formular questões a seu critério).

Tal sistema se encontra presente no atual processo penal brasileiro desde que a Lei. 11.690/2008 alterou o art. 212 do CPP, autorizando que as partes formulem questões diretamente à testemunha.

14. Sistema presidencialista. É o sistema de reinquirição, ou repergunta, em que o juiz ouve as perguntas formuladas pelas partes e decide se as fará à testemunha. Tal sistema é consagrado no direito brasileiro pelo Código de Processo Civil, em seu art. 416.

Cabe observar que a parte pode solicitar que fique consignado nos autos o indeferimento da inquirição pelo juiz à testemunha, segundo o art. 416, § 2.º, do CPC.

15. Tipos de testemunhas. As testemunhas são pessoas que presenciaram, de algum modo, o acontecimento objeto do processo judicial.

Nas esferas cível e trabalhista, as testemunhas são basicamente os indivíduos comuns próximos aos eventos.

Já no processo penal, podemos dividir as testemunhas em dois grandes grupos:

a) As *testemunhas policiais*, que são agentes de segurança do Estado que presenciaram o delito;

b) As *testemunhas oculares*, que são pessoas comuns que presenciaram o delito;

Muito se discute na doutrina em direito processual penal sobre a validade da prova testemunhal obtida exclusivamente por policiais. No entanto, a jurisprudência do Supremo Tribunal Federal tem admitido a validade do depoimento exclusivo de policiais, uma vez que são agentes públicos revestidos de credibilidade, ressalvado comprovação de abuso de poder ou má-fé.

c) *Testemunha de caráter*, admitida particularmente no processo penal, trata-se de pessoa que não presenciou o acontecimento, mas presta depoimento sobre dados da personalidade do réu, visando demonstrar que o acusado não poderia ter praticado o delito, ou que sua pena eventualmente fixada seja diminuída.

Outra classificação relevante é a do autor lusitano Francisco da Costa Oliveira, citado por J. Trindade (*Manual de psicologia jurídica para operadores do direito*. 3. ed. Porto Alegre: Livraria do Advogado, 2009, p. 240-241), que divide as testemunhas da seguinte forma:

a) *Testemunha independente*: é a testemunha de comportamento rígido em relação aos seus deveres e princípios, demonstrando inflexibilidade na condução do interrogatório, por poder suspeitar de ofensa a sua liberdade;

b) *Testemunha motivada*: pessoa que se identifica com algum aspecto da causa, podendo distorcer fatos em razão de querer (mesmo que inconscientemente), conduzir o processo em determinada direção;

c) *Testemunha ansiosa*: indivíduo que sofre sentimentos de angústia ou ansiedade no procedimento de depor perante a autoridade judicial ou no ambiente forense, podendo comprometer as informações a serem fornecidas pelo nervosismo causado. Nesse caso, é recomendável uma preparação para que acalme a testemunha até estar em condições de prestar o testemunho;

d) *Testemunha desfavorável*: são testemunhas que tem ideias preconcebidas a respeito da causa ou das partes, ou até mesmo preconceitos contra o Judiciário ou contra os advogados, podendo resultar em baixa contribuição no depoimento;

e) *Testemunha hostil*: é a pessoa que presta o testemunho contrariamente a sua vontade, não desejando colaborar com o andamento do processo;

f) *Testemunha improdutiva*: é o indivíduo que pouco sabe (ou demonstrar saber) sobre o caso;

g) *Testemunha profissional*: são indivíduos que prestam testemunho em virtude da atividade que exerce, os quais podem ser policiais, guardas de trânsito, servidores públicos etc.

16. Técnicas de entrevista. A entrevista a ser realizada leva em consideração o estilo do entrevistador e os tipos de pergunta que ele fará para a testemunha, além dos aspectos subjetivos das testemunhas já vistos no item anterior.

Preliminarmente, é necessário se verificar se a testemunha possui condições físicas (se pode ouvir, se pode falar, se há algum óbice de caráter médico que possa prejudicar o testemunho) ou emocionais (medo, ansiedade, nervosismo).

Feito isso, o inquiridor pode formular as perguntas, que serão feitas conforme se queira delimitar a extensão da resposta. Basicamente, as perguntas podem ser abertas ou fechadas.

Conforme José Osmir Fiorelli e Rosana Cathya Ragazzoni Mangini (*Psicologia jurídica*. São Paulo: Atlas, 2009, p. 401), as perguntas fechadas podem se referir à escolha de alternativas (sim ou não) ou de múltipla escolha.

Já as perguntas abertas podem ser: ambíguas; comparativas; dedutivas; dialéticas; explorativas; extensivas ou de reforço; espelhadas ou invertidas; hipotéticas ou fantasiosas; indutivas; investigadoras e, por fim, objetivas (quem, quando, onde, como, o quê, por quê).

SOCIOLOGIA DO DIREITO

Sociologia – Conceitos Preliminares

http://youtu.be/WiKv-ql0mLc

1. Conceito da Sociologia. A sociologia busca o estudo da interação e sociabilidade dos seres vivos. Para que haja essa interação é necessário um mínimo de sociabilidade.

Nesse sentido, pode-se, de modo bastante abrangente, então, definir a sociologia como *a ciência que tem por objeto estudar a interação social dos seres vivos nos diferentes níveis de organização da vida.*

2. Objeto da Sociologia. Tem sido delimitado conforme três orientações distintas.

a) Caracteriza-se pela tendência de considerar os fenômenos sociais por meio de propriedades que parecem peculiares ao comportamento social humano. Ela foi formulada de modos variados por grandes sociólogos do passado e da atualidade; no entanto, conduz sempre à conceituação restrita de que a sociologia deve estudar como os fenômenos sociais se manifestam nas sociedades humanas.

b) Estudo do comportamento animal no campo da sociologia, embora limitado às espécies em que a interação social chega a assumir a forma organizada.

c) É uma ciência inclusiva dos fenômenos sociais, cabendo-lhe estudá-los em todos os níveis de manifestação da vida, independentemente do grau de diferenciação e de integração por eles alcançados.

3. Surgimento do termo Sociologia. Foi criado em 1838 por Augusto Comte para indicar a ciência da observação dos fenômenos sociais no seu *Curso de Filosofia Positiva*.

4. Primeira divisão da disciplina. É possível distinguir dois conceitos fundamentais de sociologia sucessivos no tempo: *sociologia sintética* (*ou sistemática*) e *sociologia analítica*:

Sociologia sintética ou sistemática	Tem como objeto a totalidade dos fenômenos sociais a serem estudados em seu conjunto, em suas leis.
Sociologia analítica	Volta-se no estudo delimitado dos fenômenos sociais, tendo como objeto grupos ou aspectos particulares dos fenômenos sociais, a partir dos quais são feitas generalizações oportunas. Neste conceito, a sociologia fragmenta-se numa multiplicidade de correntes de investigação e tem certa dificuldade para reencontrar sua unidade conceitual.

5. Segunda divisão. Outra divisão, empreendida a partir dos estudos de Florestan Fernandes é mais detalhada. Visa delimitar com maior precisão as divisões da sociologia em suas disciplinas básicas, temos a possibilidade de dividi-la em:

Sociologia sistemática	Procura explicar a ordem existente nas relações dos fenômenos sociais por meio de condições, fatores e efeitos que operam em um campo não histórico. Toda sociedade possui certos elementos estruturais e funcionais idênticos que tendem a se combinarem, de modo a produzirem efeitos constantes da mesma proporção. Cabe a essa sociologia estudar tais elementos e os padrões decorrentes pela combinação deles entre si. **Exemplo**: Toda Rebelião resulta de uma indignação, não importando o local nem a época.
Descritiva	Investiga os fenômenos sociais no plano de sua manifestação concreta. Procura apanhar os elementos e os fatores sociais nas próprias condições em que eles operam. Sendo definidos os limites de tempo e espaço em que devem ser considerados, qualquer segmento ou unidade da vida social pode ser objeto da sociologia descritiva. **Exemplo**: Como se comportava a corte na época do Brasil Império.
Comparada	Tem como pretensão a explicação da ordem existente nas relações dos fenômenos sociais por meio de condições, fatores, e efeitos que operam em um campo supra-histórico. Todos os sistemas globais apresentam algumas afinidades estruturais e funcionais básicas com outros sistemas da mesma espécie. O fato de existirem essas afinidades explica-se pela existência de certos padrões comuns de integração e de diferenciação dos elementos estruturais e funcionais que constituem os sistemas sociais globais. **Exemplo**: Os EUA e Cuba possuem pena de morte.
Diferencial	Procura explicar a ordem existente nas relações dos fenômenos sociais por intermédio de condições, fatores, e efeitos que operam num campo histórico. Todos os sistemas sociais globais possuem caracteres que lhes são peculiares. **Exemplo**: Estudar a Economia Americana a partir da colonização que houve em cada país.
Aplicada	Estuda as próprias condições de intervenção deliberada ou artificial nos processos sociais e seus efeitos possíveis. Isso constitui um processo sociocultural e, como tal, ela pode ser considerada em termos de alvos sociais, das condições de seu desenvolvimento e dos valores que a fundamentam culturalmente, do suporte institucional indispensável e de suas probabilidades de modificar a situação numa direção desejada ou de piorá-la. **Exemplo**: Que efeitos sociais existiriam se uma lei autorizasse o aborto em qualquer hipótese.

Geral ou Teórica (metassociologia)	Cabe a ela examinar os fundamentos lógicos da explanação sociológica, suas diversas categorias ou modalidades, os tipos de pesquisa que estas implicam e os critérios de verificação empírica que pressupõem. Ela examina as condições de aplicação dos métodos de interpretação e natureza dos resultados que eles permitem alcançar. Cabe a ela, também, a sistematização e a unificação dos conhecimentos teóricos, descobertos nos vários campos da sociologia.
	Exemplo
	Estudos sociológicos em comunidades indígenas.
Sociologias especiais – Sociologia Jurídica	São as chamadas "sociologias especiais" a sociologia econômica, a sociologia moral, a sociologia jurídica, a sociologia do conhecimento, a sociologia política etc.
	Exemplo
	Sociologia Jurídica.

6. Fato social. É uma relação de adaptação (ato, combinação, fórmula) do indivíduo à vida social, a uma, duas ou mais coletividades (círculos sociais) de que faça parte, ou adaptação destas aos indivíduos, ou entre si.

Para Pontes de Miranda, historicamente, estes círculos formam o clã, a família, a tribo, a nação de tribos etc. Eles também podem ser de acordo com sua extensão: a amizade, a escola, a oficina, a classe social, o Estado etc.

7. Classes sociais. Constituem um dos tipos de ordenação das relações e atividades sociais em camadas sociais, bem como, de maneira mais estrita, constituem uma forma de configuração das atividades e relações sociais em estruturas societárias.

> De modo rigoroso, o conceito de classes sociais pode ser encontrado apenas em poucos povos. Podem ser chamadas sociedades ditas de classes os países ocidentais após o aparecimento do capitalismo. Desse modo, tem-se, entre os especialistas da sociologia, que as classes só podem se formar em um Estado determinado do processo histórico.

8. A definição de classe social de Karl Marx. A ele é atribuída a primeira elaboração do conceito de *classes sociais*. Para ele as classes sociais são concebidas como estruturas sociais que existem dentro de unidades sociais mais amplas, articuladas a outras estruturas do mesmo tipo. Elas representam um modo de organização típica das relações e atividades sociais.

Os Precursores da Sociologia

1. Nascimento da sociologia. A criação da sociologia pode ser vista como um processo em que concorrem diversos fatores histórico-sociais e culturais. Tratando do tema sobre o desenvolvimento histórico da sociologia, existem divergências entre os autores sobre seu nascimento. Alguns consideram que nasceu com o pensamento de Augusto Comte, outros acreditam que suas origens existem a partir da filosofia clássica grega, chinesa ou indiana.

Portanto, se considerarmos que a sociologia tem seu nascedouro, terminologicamente, com o pensamento de Augusto Comte, há que se considerar que o pensamento sociológico teve seus precursores que devem ao menos ser comentados.

2. Platão. Idealista, acredita que a organização social deve ser, em ponto maior, o que é o homem em ponto menor. Assim, como o homem é governado pela razão, deveria o Estado ser *governado pelos sábios filósofos*. Tal como o corpo com suas paixões e instintos segue o que é determinado pela inteligência, assim os *trabalhadores devem obedecer aos sábios* governantes que possuem os conhecimentos verdadeiros.

3. Aristóteles. É considerado por alguns autores como precursor da sociologia por ter sido o revelador do que se denomina como o postulado fundamental de toda ciência social: o homem como animal político (*zoon politikon*).

> Sobre o pensamento platônico e aristotélico sugere-se a leitura do capítulo referente à filosofia do direito.

4. Ibn Khaldun (1332-1406). Fornece um autêntico estudo predecessor da sociologia do conhecimento, como uma teoria.

Em sua obra *Prolegômenos*, empreende uma interessante análise antropogeográfica evidenciando a determinação do ambiente geográfico sobre as formas de vida social. Distingue dois tipos de *habitats*: habitat dos sedentários e o deserto, ambiente da vida nômade.

Na relação desses dois grupos, o autor revela um interminável ciclo político que se repetiria eternamente. Os nômades, atraídos pelas planícies férteis, lutariam com os sedentários fragilizados pela civilização, daí, tornando-se sedentários e promovendo novamente o círculo para os nômades vindouros.

5. Nicolau Maquiavel. Fundador da ciência política, Maquiavel pode ser visto como precursor da sociologia política, uma vez que analisa a sociedade para propor sua ciência política.

> Sobre o pensamento de Nicolau Maquiavel, sugerimos a leitura do capítulo referente à ciência política.

6. O contrato racional. Guiados por seu rigoroso racionalismo e tratando por meio do contrato e da obrigação de integrar as forças individuais numa força coletiva, os contratualistas racionais, de modo geral, evitaram as consequências do naturalismo e do atomismo que os ameaçava levar a um individualismo extremo.

Eram partidários de um direito natural individualista, que depois de terem transformado a sociedade identificada com o Estado num indivíduo que se projeta fora da totalidade concreta de seus membros, chegam a doutrinas políticas opostas: reconhecidamente, à doutrina absolutista de Hobbes e a democrática-liberal de Spinoza, baseadas em suas metafísicas dogmáticas.

7. Thomas Hobbes (1588-1679). Foi um autor que deixava clara sua pretensão de encontrar nas ciências algo de firme e de constante, refutando as incertezas dos escolásticos. Em sua obra *Leviatã*, manifesta sua pretensão de cientificidade, iniciando sua análise a partir do homem.

Se o Leviatã é o homem artificial, construído por todos, portanto, parte sua é cada um dos homens que o compõem. Na inclinação desses pensamentos é que Comte disse que Hobbes assinalou os primeiros germens tão mal conhecidos da verdadeira ciência social.

> Sobre o pensamento de Thomas Hobbes, sugerimos a leitura do capítulo referente à ciência política e filosofia do direito.

8. Baruch Spinoza (1632-1677). Fornece importantes pontos especulativos para a Sociologia. Produz uma análise da variação das combinações de forças qualitativamente diversas que constituem a trama de vários tipos de sociedades-estado.

9. Charles Secondat de la Brède, Barão de Montesquieu (1689-1755). É o autor que tem a maior repercussão e influência no pensamento que instaura a função da sociologia.

A proposta de Montesquieu é compreender a diversidade das instituições sociais e históricas, sendo muito prudente quando se trata de passar da ciência – cuja função é compreender – para a política – cuja função é ordenar ou aconselhar.

Para Georges Gurvitch, o relativismo e o empirismo sociológicos de Montesquieu são infinitamente mais consequentes que os de seus antecessores. Montesquieu não somente consegue fixar limites ao objeto e ao método da sociologia, como evita a identificação entre Estado e sociedade.

Para Raymond Aron, se a sociologia se define pela intenção de conhecer cientificamente o social enquanto tal, Montesquieu é tão sociólogo quanto Augusto Comte, podendo não apenas ser considerado como predecessor da sociologia, mas sim como um dos doutrinadores, fundadores da sociologia. Montesquieu seria um sociólogo que investiga a influência que o clima, a natureza do solo, o número de homens e a religião podem exercer sobre os diferentes aspectos da vida coletiva. (ARON, Raymond. *As etapas do pensamento sociológico*. Trad. Sérgio Bath. São Paulo: Martins Fontes, 2002. p. 137-139).

Tudo isso em conjunto com a orientação sociológica explicitada em sua obra *O espírito das leis*; coloca seu pensamento como ponto de entrada revelador de certas consonâncias sociológicas bastante modernas.

> Sobre o pensamento de Montesquieu, sugerimos a leitura do capítulo referente em ciência política.

10. Jean Jacques Rousseau. Segundo Émile Durkheim, Rousseau foi um dos pioneiros da sociologia. (DURKHEIM, Émile. *Montesquieu e Rousseau*. Trad. Julia Vidili. São Paulo: Madras, 2008). Em sua obra *O Discurso sobre a origem da desigualdade entre os homens*, Rousseau discorre sobre a origem da desigualdade e da sociedade, o que mostra sua preocupação de propor uma ciência sociológica.

> Sobre o pensamento de Montesquieu, sugerimos a leitura do capítulo referente em ciência política.

III — Os Fundadores da Sociologia

1. Fundadores. Após estudarmos os precursores da sociologia, cumpre estudarmos seus fundadores.

2. Augusto Comte (1798-1857). Criador da própria palavra sociologia, empreendeu a primeira tentativa sistemática da caracterização do objeto, métodos e problemas fundamentais da sociologia em sua obra *Filosofia Positiva*.

É conhecido como um positivista. Entretanto, existem alguns equívocos ao se classificar o positivismo comteano no Direito e na Sociologia jurídica. Afirmamos isso, pois, alguns confundem o positivismo em comento com o positivismo jurídico que tem como grande expoente Hans Kelsen (ver em Teoria do Direito).

3. O positivismo comteano. Consiste na observação científica da realidade, cujo conhecimento viabilizaria o estabelecimento de leis universais para o progresso da sociedade e dos indivíduos. Acreditava ser possível observar a vida social por meio de um modelo científico, interpretando a história da humanidade e, a partir dessa análise, criar um processo permanente de melhoria e evolução. Esse processo estaria dividido em estágios inferiores, fase teológica e fase metafísica – até alcançar um nível superior – fase positivista.

> Existem alguns equívocos quando ao se classificar o *positivismo comteano* no Direito e na Sociologia Jurídica; isso porque alguns confundem o positivismo em comento com o positivismo jurídico, que é uma doutrina do Direito que considera que somente é Direito aquilo que é posto pelo Estado, sendo então esse o objeto que deve ser definido e cujos esforços sejam voltados à reflexão sobre a sua interpretação. Tal escola teve como grande expoente Hans Kelsen.

4. Ordem e progresso. Para Comte, a ordem era a base do progresso social, apesar de visualizar somente o caos e a anarquia, por isso ele abominava tanto a revolução quanto a democracia.

5. Contribuições de Augusto Comte para o estudo da Sociologia. São as seguintes:

a) ter determinado o lugar exato da sociologia entre as outras ciências sociais;

b) ter ressaltado o caráter irredutível da realidade social e de ter vinculado esta irredutibilidade à concepção de sociedade como totalidade real e concreta;

c) ter enriquecido a sociologia com a utilização de suas pesquisas em historiadores e etnógrafos, considerando que a sociologia os podia ajudar e, até mesmo, guiá-los;

d) ter criticado com êxito o individualismo e o nominalismo sociais;

e) ter resistência ao naturalismo sociológico, não obstante seu cientificismo monista, evidenciando a irredutibilidade da sociologia às ciências naturais.

6. Críticas de Gurvitch ao pensamento de Comte. São as seguintes:

a) a identificação da sociologia com a "filosofia positiva" que, sob a influência do cientificismo esconde uma metafísica dogmática de inspiração teológica;

b) ter elevado a sociologia ao lugar de primeira filosofia se transforma primeiramente em sociolatria, logo, em sociocracia, até alcançar finalmente a sociolatria, projetando-se em parte, para a política e moral e, em parte, para religião;

c) o fato de ter sido um pensador essencialmente antidialético dificultou que Comte desse cabo dos problemas que levantava. Isso se dá ao comprovar que o objeto da sociologia se pauta na relação sujeito-objeto.

7. Herbert Spencer (1820-1903). Aproxima-se daquilo que se conceitua como biologismo sociológico, partindo da definição da sociedade como um organismo.

Ele assimilava a organização e o funcionamento das sociedades à organização e ao funcionamento do organismo, com o propósito de descobrir os elementos e os mecanismos básicos da vida social.

8. Importância do organicismo de Spencer. Demonstra que o organicismo favoreceu a descoberta de conceitos unitários de descrição de fenômenos sociais, a exploração mais frequente de materiais empíricos e uma atitude objetiva diante daqueles fenômenos ou das possibilidades da sociologia.

Começava a propor um monismo continuísta e naturalista que suprimia as diferenças entre as ciências naturais e as ciências do homem. Por isso, Spencer pode ser considerado o primeiro representante de uma sociologia de tendência naturalista. Por influência da biologia e de suas leis da evolução, considera que tais leis têm uma aplicação universal e propõem uma fórmula única: integração por diferenciação.

Além disso, foi também um dos primeiros a tratar sobre os "tipos sociais", recorrendo ao conceito de instituições como: instituição da família, instituições domésticas, instituições políticas. Desse modo, Spencer amplia largamente os materiais etnográficos e os procedimentos comparativos na sociologia.

9. Crítica ao pensamento de Spencer. Sua sustentação evolutiva-biológica acontece um pouco mais tarde com autores como Tarde, Bergson, Durkheim, Lévy-Bruhl, Tönnies, Simmel e Max Weber, o que de certo modo possibilita uma reflexão interessante no futuro do estudo sobre a sociologia. Muitos se afastam dele, entretanto, seu pensamento serve como marco de referência.

10. Frederic Le Play (1806-1884). Tem importância no quadro da fundação sociológica, pois, justamente no período de consolidação da disciplina, busca correlações entre os tipos de família – instituição que considerava como a célula primordial da sociedade.

Sua contribuição para a fundação da sociologia resta estruturada de maneira singular no desenvolvimento da investigação empírica na sociologia.

> Sua importância sociológica não se revela tanto em seus conceitos teóricos como em seu método de investigação empírica, que combina com a descrição monográfica intensa e estatística. Ele aplicou este método de maneira particular aos pressupostos familiares e, muito especialmente, aos pressupostos de "famílias trabalhadoras".

11. Karl Marx (1818-1883). Inspirado em Saint-Simon, Proudhon e Feuerbach, Marx tem um papel marcante no estabelecimento definitivo da ciência social. É possível dizer que sua sociologia é muito mais potente do que a de seus antecessores.

Evidentemente, um dos aspectos fundamentais de seu pensamento baseia-se na sociologia, com a integração das manifestações parciais da realidade social em "quadros totais" cuja explicação busca nos confins da história e da análise estrutural. Desse modo, sua dialética era apenas um meio para se chegar a uma sociologia não dogmática.

12. A originalidade do pensamento de Karl Marx. Consiste no fato de que ele desenvolve, pela primeira vez, uma sociologia econômica que se opõe à economia clássica, integrando a atividade econômica no fenômeno total da sociedade. É a sociologia econômica, portanto, que recebe a maior parte de sua atenção.

Alcança um estudo muito completo e matizado da sociologia das classes sociais, evidenciando o processo da produção, da circulação e da distribuição das riquezas e os antagonismos sociais que se manifestam na luta pelo poder político.

Enfaticamente, eleva a sociologia a um lugar de destaque com seus estudos sobre sociologia econômica, sociologia das revoluções e mesmo na sociologia do conhecimento.

13. Infraestrutura e superestrutura. Para Marx a estrutura de qualquer sociedade é constituída por dois níveis: infraestrutura e superestrutura.

Infraestrutura	É constituída pela base econômica de uma sociedade, ou seja, pela unidade das forças produtivas e das relações de produção.
Superestrutura	Formada por dois níveis: 1.º) O nível jurídico: composto pelo Direito e Estado; 2.º) O nível ideológico: constituído por diferentes ideologias religiosas, morais, jurídicas, políticas etc.

Metaforicamente, como cita o próprio Marx, seria o mesmo que um edifício, em que a base econômica de uma sociedade fundamenta e determina os outros andares que a compõem, sendo os andares a superestrutura. Com isso, a infraestrutura seria a base que determina toda a estrutura social; esta suporta e constitui a superestrutura.

IV — A Sociologia no Fim do Século XIX e Começo do XX

1. Considerações iniciais. Um dos primeiros esforços para se liberar a sociologia de toda união com a filosofia da história iniciou-se com a exploração da busca do "fator determinante" na vida social. Nesse período, constituíram-se as escolas geográfica, biológica, tecnológica e psicológica.

2. Vilfredo Pareto e Gustave Le Bon. Em 1915, insistem na natureza científica (empírica) da sociologia, sendo participantes ativos e fundadores da chamada sociologia psicológica. Pareto lança sua obra *Tratado Geral da Sociologia*, que não só reforça o argumento científico, mas difunde profundas críticas a respeito do pseudocientificismo de Comte e de Spencer. Seu argumento é de que devem ser evitadas essas armadilhas não científicas.

A sociologia precisa usar um método "lógico-experimental" baseado inteiramente na observação e na inferência lógica. Sua maior contribuição para a teoria sociológica é a concepção da sociedade como um sistema em equilíbrio.

3. Emile Durkheim. Afasta o pressuposto fundamental da sociologia sistemática de que a sociedade constitui um todo ou um sistema orgânico. Paralelamente, insistiu no caráter exterior do objeto da ciência social. O esforço mais promissor, tendente a uma união entre teoria sociológica e investigação empírica, encontra-se no pensamento de Durkheim.

Em sua primeira obra *A divisão do trabalho social*, distingui a divisão do trabalho técnico e a divisão de trabalho social, evidenciando que o desenvolvimento do trabalho social conduzia a preponderância da solidariedade orgânica sobre a solidariedade mecânica, o que se verificaria pela crescente multiplicação de grupos particulares, expansão paralela do Estado e do contrato, e limitação progressiva do direito repressivo pelo direito de restituição.

4. Primeiros passos para a sociologia do direito. Durkheim, com sua teoria, beira as bases de uma sociologia do direito, posto que as diferentes espécies de direito são, para ele, os símbolos mais visíveis das solidariedades.

5. Influências de Durkheim. Dois autores importantes que continuam o desenvolvimento do pensamento de Durkheim, em parte até o superando, são Marcel Mauss – seu sobrinho – e Henry Lévy-Bruhl. Ambos retomam as investigações empíricas socioantropológicas e deslocam o plano investigativo da sociologia para um trabalho mais útil e de profundo interesse para o estudo do direito.

6. O pensamento francês de Max Weber. Cabe o mérito de ter sido o primeiro a distinguir a sociologia das demais ciências antropológicas. Ele identificou o objeto da sociologia na uniformidade da atitude humana que, dotada de sentido, é acessível à compreensão.

A segunda conquista relevante de Weber é a nítida separação que pretendeu estabelecer entre a investigação empírica ou lógica e as avaliações práticas ou éticas, políticas e metafísicas.

Por fim, em terceiro lugar, na obra de Weber, encontra-se a exigência da investigação empírica particular, a única que pode determinar as uniformidades de atitudes que constituem o objeto da sociologia.

Esses três pontos do pensamento weberiano permaneceram no desenvolvimento da sociologia contemporânea que apresenta, com motivação, a continuidade da pesquisa empírica particular e a formulação de técnicas adequadas de observação.

V | Sociologia e Direito

1. Sociologia DO ou NO Direito? A sociologia *do* ou *no* direito é uma das "sociologias especiais" que se desenvolveram modernamente. Assim, seu aparecimento é bem recente na história da cultura sendo, com maior efetividade, formada e desenvolvida nos fins do século XIX, quando o divórcio entre sociologia e direito (principalmente feito por Comte) começou a ser superado.

De modo rigoroso, a sociologia *do* ou *no* direito pertence ao campo dos estudos sociológicos, sendo sociologia especial, como são: a sociologia da arte, a sociologia política, a sociologia da educação etc. Nesse sentido, seu estudo deve ser encarado sob o ângulo sociológico, tendo como objeto o fenômeno jurídico. Ela se ocupa do direito como fato social, buscando captar a realidade jurídica e projetar-se com relação a causas e princípios verificáveis.

Miguel Reale entende, modernamente, a sociologia jurídica como uma ciência positiva que procura se valer de rigorosos dados estatísticos para compreender como as normas jurídicas se expressam efetivamente, isto é, enquanto experiência humana, com resultados que, não raro, se mostram bem diversos do que o esperado pelo legislador.

De modo geral, a sociologia jurídica não visa à norma jurídica como tal, mas sim à sua eficácia ou efetividade, no plano do fato social. (REALE, Miguel. *Lições preliminares de direito*. 26. ed. São Paulo: Saraiva, 2002. p. 20).

A sociologia jurídica, *que não é senão a sociologia mesma*, que tem por objeto o estudo da experiência jurídica, mostra-nos como os homens se comportam em confronto com as regras de direito. Ela é a *ciência compreensiva* da experiência jurídica, enquanto a ciência jurídica é a *ciência compreensivo-normativa* dessa mesma experiência. Ela se desenvolve com o estudo da conduta jurídica, enquanto conduta social.

2. Uma definição de sociologia do direito. A sociologia jurídica ou sociologia do direito é disciplina científica que investiga, por meio de métodos e técnicas de pesquisa empírica, o fenômeno social jurídico em correlação com a realidade social. (SOUTO, Cláudio e SOUTO, Solange. *Sociologia do direito: uma visão substantiva*. 2. ed. Porto Alegre: Sérgio Antonio Fabris editor, 1997. p. 36).

3. Pontos fundamentais para orientar as possibilidades da sociologia jurídica. Para José de Oliveira Ascensão (*O direito: introdução e teoria geral*. 2. ed. Rio de Janeiro: Renovar, 2001. p. 109), há três pontos fundamentais para se orientar as possibilidades da sociologia jurídica:

a) a própria relação entre a ordem jurídica e a estrutura social global pode ser vista de vários ângulos. O sociólogo não tem de se limitar no presente, devendo procurar as regras de evolução por meio do exame de sistemas históricos. Ele também não se limita a um sistema dado, como faz o cientista do direito; assim, tem a tendência para comparar situações emergentes em ordens jurídicas diversas;

b) o sociólogo indaga sobre as maneiras como o direito se manifesta e contrapõe, necessariamente, à formação espontânea e à formação intencional;

c) ele indaga os pressupostos das próprias doutrinas jurídicas, dos próprios instrumentais técnicos com que trabalha a ciência jurídica, verificando também aí regularidades, formas de justificação em condições sociais dadas e, até, motivações.

VI | Direito como Ciência Social

1. O direito como fenômeno social. O direito é um fenômeno social. Esta constatação é inegável entre os estudiosos do direito. Portanto, se é evidente que o direito seja um fenômeno social, devemos examinar qual tipo. Analisaremos a seguir algumas posições.

2. Historicamente. Pode-se afirmar que, aparentemente, o direito possui o caráter de regulador das relações humanas. O surgimento das normas jurídicas, evidentemente, está ligado à ideia de que o homem é um ser social, e que se impõem, para sua convivência com os outros, limitações de sua conduta, interagindo de distintas formas com ações no meio social em que vive (NERY, Rosa Maria de Andrade. *Introdução ao pensamento jurídico e à teoria geral do direito privado*. São Paulo: Ed. RT, 2008. p. 36).

3. Hans Kelsen. Mesmo este pensador que afasta do conteúdo da ciência do direito qualquer outra indagação que não seja a da análise do direito positivo. Em *Sociedad y Naturaleza*, reconhece expressamente a possibilidade de uma sociologia jurídica que, ao menos, existiria ao lado da ciência do direito e da filosofia da justiça.

4. O fenômeno jurídico. Desse modo, pode-se afirmar que o fenômeno jurídico, como regra de conduta social que se mostra, apresenta dois conteúdos muito importantes que, inclusive, delimitam, de certo modo, o campo de atuação da sociologia jurídica: a norma e a conduta jurídica.

5. A norma. A norma formada juridicamente refere-se a um conteúdo importante da capacidade científica do direito. A norma jurídica regula a conduta humana que, determinada por ela, pode ser considerada uma conduta jurídica.

Nesse ambiente argumentativo, inserem-se, evidentemente, a questão entre as normas ou regras de conduta social gerais, éticas, que, de maneira tradicional, são consideradas como morais, bem como o conteúdo e o efeito específico das normas jurídicas.

6. A conduta jurídica. Indiferentemente à perspectiva a ser considerada, norma e conduta jurídica implicam-se, pois esta última é sempre normatizada e, aquela, sempre referente à conduta social, a que ela atribui natureza jurídica.

7. Definição sociojurídica do direito. A sociologia do direito ocupa-se do relacionamento entre direito e sociedade, explorando cientificamente a própria relação, ou seja, como um conhecimento rigorosamente comprovável por métodos e técnicas de pesquisa. Nisso reside sua importância, pois o direito, enquanto fenômeno social encontra, na sociologia jurídica, possibilidades de controle e de mudanças sociais.

Exemplo

O exemplo do estudo do Professor Boaventura de Souza nas favelas do Brasil.

Para Georges Gurvitch, compreender o direito como fato social implica entender que "o direito representa, um ensaio de realizar, num quadro social dado, a justiça (é dizer, uma reconciliação prévia e essencialmente variável das obras da civilização em contradição) por meio da imposição de encadeamentos multilaterais entre pretensões e deveres, cuja validez deriva dos fatos normativos, que levam em si mesmos a garantia da eficácia das condutas correspondentes" (SANTOS, Boaventura de Sousa. *A crítica da razão indolente: contra o desperdiço da experiência*. 4. ed. São Paulo: Cortez, 2002. p. 218).

VII — As Tarefas da Sociologia Jurídica

1. Tarefas da sociologia jurídica e sua definição. Gurvitch propõe a seguinte definição das tarefas da Sociologia do Direito (GURVITCH, Georges. *Elementos de sociologia jurídica*. Puebla: Editorial Jose M. Cajica Jr., 1948):

Primeira tarefa	Assinalar os gêneros, os ordenamentos, os sistemas de direito, que funcionam em quadros sociais precisos, e colocá-los, assim como a suas formas, em correlações funcionais com estes quadros.
Segunda tarefa	O estudo das variações da importância do direito na hierarquia das regulamentações sociais e das obras da civilização.
Terceira tarefa	Estudar a variação das técnicas de sistematização do direito em função dos tipos sociais globais, ao que se poderia agregar a investigação em perspectiva sociológica das doutrinas e das teorias do direito, algumas das quais poderiam se revelar como sublimações de situações de fato, como ideologias jurídicas.
Quarta tarefa	O estudo do papel variável dos grupos de juristas na vida do direito com relação à da sociedade, das classes sociais, do Estado, da igreja, de empresas econômicas, dos sindicatos etc.
Quinta tarefa	O estudo genético das regulares tendências no desenvolvimento do direito, assim como de seus fatores.

Seriam essas regularidades tendências:

a) tendências da transformação do sistema de direito em vigor no interior da sociedade global ou das estruturas parciais;

b) tendências da conjunção com a da separação das demais regulamentações sociais;

c) tendências do aumento ou da diminuição da importância do direito e de sua eficácia ou de sua não eficácia; por último;

d) os fatores dessas tendências deveriam ser buscados na base morfológica, nas atividades econômicas e técnicas, na moralidade, no conhecimento, na religião, na psicologia coletiva.

2. A proposta de Cláudio e Solange Souto. Para os autores, as tarefas da sociologia jurídica podem ser classificadas em *gerais* e *aplicadas* (SOUTO, Cláudio e SOUTO, Solange. *Sociologia do direito: uma visão substantiva*. 2. ed. Porto Alegre: Sérgio Antonio Fabris, 1997. p. 39-40).

Para melhor visualização, optamos por fazer um quadro comparativo entre essas tarefas:

Tarefas gerais	Tarefas aplicadas
Estudos que indagam sobre a composição social do direito, suas espécies como fato social, a justiça e a equidade como fenômenos empíricos, bem como aquelas indagações genéricas sobre: 1) direito e formas coercíveis – como lei, decisão judicial, costume etc.; 2) direito e outras formas de controle social; 3) direito e mudança social; 4) direito e realidade social.	Investigações sobre: 1) a mudança social, quer das técnicas relativas às formas coercíveis, quer do papel de seus técnicos, os juristas práticos; 2) as tendências de transformação, ora dos sistemas vigentes de conteúdo normativo de formas coercíveis, ora do conteúdo normativo de certas formas coercíveis específicas em vigor; 3) as tendências para eficácia ou ineficácia social do conteúdo normativo desses sistemas ou dessas formas coercíveis vigentes; 4) a investigação de tendências para eficácia ou ineficácia social do conteúdo normativo de formas coercíveis em projeto (por exemplo, projetos de lei); 5) o estudo das tendências para eficácia ou ineficácia social de formas coercíveis específicas em si mesmas (por exemplo, do costume em si mesmo), ou das tendências à sua transformação, abstraindo-se seu conteúdo normativo.

Resumindo

1) o direito que vige, num determinado momento, é o resultado de um complexo de fatores sociais;

2) o direito, que do ponto de vista sociológico é um tipo de fato social, atua como uma força configuradora das condutas, seja modelando-as, seja nelas intervindo como auxiliar ou alavanca, seja preocupando o sujeito agente de qualquer outro modo.

3. Espécies de necessidades sociais que o direito procura satisfazer. Segundo Recaséns Siches podemos delimitar as espécies de necessidades sociais que o direito procura satisfazer como sendo a:

a) *resolução dos conflitos de interesses*: para resolver os conflitos de interesses entre indivíduos ou entre os grupos;

b) *organização do poder político*: o direito alicerçado no poder social promove a organização do poder político exercido pelo Estado;

c) *legitimação do poder político*: enquanto o direito promove a organização do poder político cabe a ele legitimá-lo;

d) *limitação do poder político*: enquanto o direito organiza e legitima o poder político, cabe, enfim, a ele, limitá-lo, evitando a limitação deste poder pela sua própria força (SICHES, Luis Recaséns. *Tratado de sociologia*. Porto Alegre: Globo, 1969. p. 695-701, vol. II).

VIII — Algumas Subdivisões da Sociologia do Direito

1. Considerações iniciais. Estudaremos aqui algumas propostas de sociólogos sobre as subdivisões da sociologia do direito.

2. A proposta de Georges Gurvitch. A divisão de Gurvitch estrutura-se, de maneira geral, em três tópicos:

a) microssociologia do direito ou sociologia sistemática do direito;
b) sociologia diferencial do direito: tipologia jurídica dos agrupamentos estruturados;
c) sociologia genética do direito.

3. Microssociologia do direito. Nessa divisão, encontramos o estudo das relações das formas de sociabilidade por interpenetração de massa (*masa*), comunidade (*comunidad*) e comunhão (*comunión*) com os fenômenos geradores do direito social, e das formas de sociabilidade por interdependência (relações de aproximação, de afastamento ou mistas) com os fenômenos originários do direito interindividual, bem como o estudo dos planos de profundidade do direito.

O direito de integração na massa, na comunidade e na comunhão entrecruza-se com o direito integrante nas uniões unifuncionais, multifuncionais e superfuncionais e, por outra parte, com o direito particularista e o direito comum, servindo tanto ao interesse geral quanto ao particular.

Essa análise contribui para a compreensão da tensão formadora do direito nas relações humanas, bem como a sua maneira de ser encarado e organizado. Desse modo, pode-se apresentar com base na interpretação de Machado Neto, o seguinte quadro dos diferentes níveis do jurídico:

Direito organizado e prefixado	Leis, estatutos etc.
Direito organizado flexível	Direito discricionário da administração.
Direito organizado intuitivo	Reconhecimento pelas partes do direito organizado sem fazer recurso ao procedimento técnico-formal dos tribunais.
Direito espontâneo prefixado	Direito consuetudinário.
Direito espontâneo flexível	*Standards* ou diretrizes da jurisprudência anglo-saxônica.
Direito espontâneo intuitivo	Valorações sociais que não encontraram ainda positivação.

4. Sociologia diferencial do direito. No segundo tópico da divisão, temos a Sociologia diferencial do direito. Na sua primeira parte, cabe a essa sociologia estudar a tipologia dos grupos particulares.

Para tanto, Gurvitch utiliza sua classificação dos grupos para estudar a relação do direito com cada tipo de agrupamento social, enfatizando o estudo da soberania e das relações das diversas ordens jurídicas com o direito estatal.

Nesse tópico, tem-se uma sociologia jurídica das sociedades totais, em que se estudam as condições jurídicas de cada uma das seguintes formas societárias genéricas ou totais:

a) sociedades polissegmentárias que têm uma base mágico-religiosa;
b) sociedades com homogeneidade baseada no princípio teocrático-carismático;
c) sociedades com homogeneidade baseada no predomínio do grupo doméstico-político;
d) sociedades feudais baseadas na predominância da Igreja;
e) sociedades unidas pela predominância da Cidade e do Império;
f) sociedades unidas pela preeminência do Estado territorial e autonomia da vontade individual;
g) sociedades contemporâneas em que os grupos de atividade econômica e o Estado territorial estão lutando por um novo equilíbrio.

Corresponde a cada um desses tipos de sociedade global um determinado sistema jurídico caracterizado pelas notas específicas do *habitat* social que lhe deu origem.

5. Sociologia genética do direito. O terceiro tópico da divisão corresponde ao que, até então, vinha sendo explorado como o campo exclusivo da sociologia do direito que consiste no estudo do direito enquanto fenômeno sociológico.

Nele, Gurvitch estuda, de maneira pontual, as relações de interinfluência que se estabelecem entre o direito e outros segmentos, como a economia, a religião, a moral, o conhecimento, a psicologia coletiva e a base ecológica da sociedade.

> A abrangência do esboço temático gurvitchiano parece, às vezes, perder a tônica das relações empíricas entre sociedade e direito, aproximando-se e identificando-se, muitas vezes, por exemplo, com a antropologia jurídica.
>
> De qualquer forma, o esforço e sua criteriosa condução metodológica representam uma das maiores construções, que assume e define a positivação da sociologia jurídica como disciplina científica.

6. A proposta de Recaséns Siches. Entende que são dois os aportes teóricos básicos da sociologia jurídica.

a) o direito, que em determinado momento constitui o resultado de um complexo de fatores sociais;
b) o direito, que desde um ponto de vista sociológico é um tipo de fato social, atua como uma força configuradora das condutas, modelando-as e nelas intervindo de modo auxiliar ou principal, ou se preocupando de qualquer outra maneira com o sujeito agente.

> Mais didática e menos pessoal que a de Gurvitch, também é relevante de se abordar para finalizar a tratativa de formalização temática da sociologia jurídica.

O estudo de Siches com relação à temática das inter-relações entre sociedade e direito pode ser representado, segundo Machado Neto, pelo seguinte esquema:

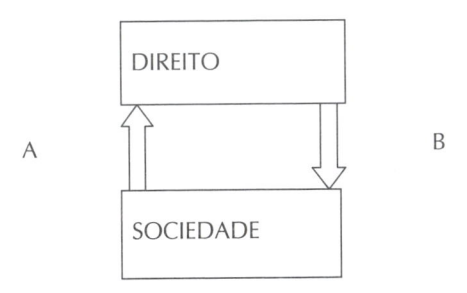

```
            ┌──────────────┐
            │   DIREITO    │
            └──────────────┘
               ↑        ↓
        A                    B
               ↑        ↓
            ┌──────────────┐
            │  SOCIEDADE   │
            └──────────────┘
```

Assim, têm-se os seguintes elementos sociais configuradores do direito:

a) os fatores constantes da realidade jurídica;

b) os dados (variáveis) da matéria social.

7. O sociologismo jurídico. O sociologismo jurídico reduz o direito a um simples capítulo da sociologia. O direito é identificado completamente com o fato social. A preocupação da sociologia jurídica não é a de tomar o lugar da filosofia do direito, mas sim em determinar as condições objetivas que favorecem ou impedem a disciplina jurídica dos comportamentos. É defendido por Leon Duguit.

Apesar de, às vezes, encontrarmos os termos como sinônimos, deve-se ter bem clara a distinção existente entre sociologia jurídica e sociologismo jurídico. De modo algum, os termos têm sentido sinônimo, sendo o sociologismo um conceito bastante específico que abarca tratativas extremas de redução do direito como um capítulo da sociologia. Eles se apresentam em contraposição, sendo completamente errado o seu uso indiscriminado.

IX — A Sociologia Jurídica na França

1. Os principais sociólogos da França. Nesse capítulo destacaremos alguns nomes dos franceses que merecem atenção no estudo da sociologia jurídica. São eles: Emile Durkheim; Léon Duguit; Levy-Brhul; Marcel Mauss e Georges Gurvitch. Além disso, apontaremos alguns sociólogos franceses contemporâneos.

2. Émile Durkheim (1858-1917). Extremamente importante em seu tempo, Durkheim pode ser considerado como o fundador da sociologia jurídica. Determinou, a partir de seus estudos, as diretrizes que iriam seguir o pensamento sobre a sociologia, com sua crítica à sociologia positivista e naturalista que impregnava o pensamento sobre o fenômeno jurídico.

Seu pensamento assenta-se na indagação sociológica do direito. Em sua obra *A divisão do trabalho social*, encontra-se um bom resumo de suas concepções sociojurídicas fundamentais.

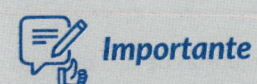

> **Importante**
> Durkheim é considerado o Fundador da Sociologia Jurídica.

3. Oposição à classificação de direito público e privado. Estabelece os fundamentos da sociologia jurídica, colocando-se contra as ideias predominantes vigentes em sua época com relação a propostas estatizantes dos juristas. Isso o levou a criticar, de modo original, a classificação, ainda atualmente usual no meio jurídico, de direito público e de direito privado baseada no Estado.

Ele se coloca além da ótica que centraliza a noção de Estado para explicar tais conceitos jurídicos, alertando que nem sempre existiu o Estado e que seu papel varia nas sociedades.

4. Classificação do jurídico. Existem dois tipos de sanções: as repressivas, correspondentes à "solidariedade mecânica" ou "por semelhança", próprias do direito penal, e as sanções restitutivas, correspondentes à "solidariedade orgânica" ou por "dissemelhança", próprias do direito civil, comercial, processual, do direito administrativo e do direito constitucional, com a abstração das regras penais que se possam nelas encontrar.

5. Direito coletivo e direito individual. Distingue o direito coletivo relativo à religião do direito individual relativo à magia, que tornava possível a iniciativa individual. Nesse caso, sua teoria ainda se liga à ideia de sanção de modo diferenciado, pois relacionada com a força do princípio da retribuição que predominava nessas comunidades. Nesse sentido, Durkheim trata sobre a gênese do direito. Tanto é que observa que tal classificação de direito coletivo e direito individual não é aplicável às sociedades modernas.

6. Críticas ao pensamento de Durkheim. Afirmam que Durkheim não consegue delimitar satisfatoriamente o domínio específico do direito, não conseguindo classificá-lo de modo satisfatório. Para ele, direito são regras de sanções organizadas. (SOUTO, Cláudio. *Introdução ao direito como ciência social*. Rio de janeiro: Tempo brasileiro, 1971. p. 37).

A definição de Durkheim parte de um pressuposto que imediatamente vincula sua visão sobre o direito, fazendo com que ela se estruture de modo falseado.

As sanções jurídicas, na verdade, precisam da preexistência do direito, que lhes atribui natureza jurídica. Portanto, pode-se afirmar que a definição de Durkheim se assenta num elemento que não constitui de modo substancial o direito, apenas instrumental, o que faz com que possa se identificar laços com o pensamento jurídico positivista de sua época.

7. Léon Duguit (1859-1928). Foi um dos pensadores ligados ao *sociologismo jurídico*. Para ele, o Direito apresenta-se como simples componente dos fenômenos sociais e suscetíveis de serem estudados segundo nexos de causalidade não diversos dos que ordenam os fatos do mundo físico. Em outras palavras, o Direito é exclusivo do *fato social*.

> **Dica**
>
> Para Duguit o Direito é exclusivo do Fato Social.

Léon Duguit era naturalista social. Contribuiu muito para convencer juristas de que o Direito é uma força social, e que o princípio da solidariedade do Direito deve ser levado em conta tanto pelo legislador como pelo intérprete da lei. Buscava não apenas dizer que "todo o direito é social", mas sim, tirar as consequências deste princípio, no plano dogmático, superando as colocações de um individualismo insustentável.

8. Crítica ao pensamento de Duguit. Não há, inegavelmente, fenômeno jurídico que não se desenvolva em certa condicionalidade histórico-social, no entanto, critica-se esse pensamento, no sentido de acreditar que somente o fato social determina o direito.

9. Inspiração de Duguit em Durkheim. Concorda com Durkheim, aceitando seu plano metodológico, ou seja, acredita que os fatos sociais devem ser estudados da maneira mais objetiva possível. Em outras palavras, devemos estudar os fatos sociais como se fossem coisas, e acredita que, no estudo do Direito, devemos empregar os mesmos métodos e processos seguidos pelas ciências físico-naturais.

10. Diferenças do pensamento de Duguit e Durkheim. Basicamente, Duguit não aceita a ideia de uma "consciência coletiva" superior e independente das consciências individuais e irredutíveis a ela. Para Duguit, tal ideia é "metafísica", pois não existe sociedade senão de indivíduos com carne e osso.

11. Sobre a solidariedade mecânica e orgânica. Também encontradas no pensamento de Durkheim, Duguit acredita que existem dois tipos de solidariedades na sociedade: a mecânica e a orgânica.

12. Solidariedade mecânica. Estabelece-se quando duas ou mais pessoas, tendendo a um mesmo fim, praticam a mesma série de atos. Manifesta-se, primordialmente, no direito penal;

caso tal solidariedade não seja observada, haverá uma reprovação social e, consequentemente, uma sanção repressiva.

Exemplo

Homens carregando uma pedra – todos exercem e devem exercer a mesma função, entretanto, se um deles abandonar o objetivo de carregar a pedra, os demais irão reprovar a atitude dessa pessoa, e a manifestação dessa reprovação se dará com a aplicação de uma sanção.

13. Solidariedade orgânica. Dá-se quando indivíduos se unem para realizar determinado fim ou atingir uma meta. Unem-se, praticando atos distintos e complementares. No direito, manifesta-se de maneira contratual, tendo como objetivo a restauração ou manutenção da situação jurídica, tendo como sanção a restituição.

Exemplo

A divisão orgânica de trabalho em uma fábrica.

14. Distinção da solidariedade mecânica e orgânica. Ana Lucia Sabadell assim resume a questão da solidariedade: (SABADEL, Ana Lucia. *Manual de sociologia jurídica*. São Paulo: Ed. RT, 2008. p. 49).

Solidariedade	Vínculo	Direito	Tipo de sanção	Objetivo da sanção
Mecânica	Semelhança	Penal	Repressiva	Reprovação
Orgânica	Diferenciação	Contratual (Público/Privado)	Restitutiva	Restauração

15. Divisão geral do trabalho. Com estes tipos de solidariedade, podemos perceber que os homens não se bastam a si, precisando interagir. A atividade particular de cada homem deve se harmonizar com as atividades de todos os outros, daí resultando o estabelecimento de uma divisão geral do trabalho, que é o fato fundamental da sociedade, segundo Duguit. Deste modo, podemos dizer que a solidariedade e a consequente consciência coletiva não se dão de cima para baixo, mas sim de baixo para cima.

16. Levy-Brhul (1859-1939). Inspirado pelo pensamento de Durkheim, entende o direito numa ampla perspectiva sociológica. Afirma que, para o sociólogo, o direito é, antes de tudo, um fenômeno social, o que o faz propor a seguinte definição de direito em sua obra *Sociologia do direito*: "O direito é o conjunto de normas obrigatórias que determinam as relações sociais impostas, em todo momento, pelo grupo ao qual pertence".

Dessa definição, o autor extrai três elementos que merecem destaque e que identificam seu pensamento sociológico sobre o direito:

a) trata-se de normas obrigatórias;

b) essas normas são impostas pelo grupo social;

c) essas normas modificam-se incessantemente.

17. Marcel Mauss (1852-1950). Sobrinho de Durkheim, Mauss aprofunda os estudos sociológicos e antropológicos de seu tempo, investigando as comunidades primitivas e identificando nelas o que vem a ser designado como sua famosa tríplice obrigação. Em seu *Ensaio sobre o dom* (*Essai sur le don*), de 1924, Mauss defende a ideia de que a organização das sociedades arcaicas, primitivas, era regida por sistemas sociais-totais estruturados sobre uma regra social primordial, desenvolvida a partir da mentalidade primitiva do princípio da retribuição: a sua famosa tríplice obrigação de dar, receber e retribuir.

Estes estudos de Mauss, juntamente com sua abordagem sobre a magia, a religião e o sacrifício, promovem e identificam importantes estudos sobre a sociologia do direito, razão pela qual tal autor não pode deixar de ser mencionado.

18. Georges Gurvitch (1894-1965). Foi um sociólogo francês de origem russa. Considerava a estrutura social como um processo de transformação permanente. Tomando os fatos sociais em sua totalidade, pretendeu traçar um quadro de observação operacional e concreto.

> **Importante**
>
> A responsabilidade de Gurvitch para o pensamento sociológico do direito foi ter enfatizado a variabilidade e a pluralidade fundamental da vida do direito.

Apesar de algumas críticas feitas ao pensador em comento, tal como a vagueza na definição de direito, é inegável que Gurvitch lança, de modo original, um conceito de justiça singular – e pioneiro – e que, de modo rigoroso, tenta estabelecer as tarefas da sociologia jurídica que serão evidenciadas segundo seu pensamento no próximo capítulo.

19. Alguns franceses contemporâneos. De modo contínuo, pode-se dizer que a temática da sociologia jurídica na França, após o profundo campo investigativo que ela fomentou, recebe importante abordagem de modo recente nos estudos do professor Jean Carbonnier com o livro publicado em 1969 dedicado à matéria, intitulado *Direito flexível*, que se segue também depois com a obra citada no capítulo anterior, denominada *Sociologia do direito*.

Seguidos de Carbonnier, também são importantes os esforços de K. Stoyanovitch, André-Jean Arnaud e Jacques Commaille, pelas recentes pesquisas proferidas e que avançam de modo singular no estudo da matéria.

X | A Sociologia Jurídica na Alemanha

1. Os principais sociólogos da Alemanha. Nesse capítulo, destacaremos o pensamento dos alemães Max Weber e Eugen Ehrlich, e também comentaremos sobre os novos rumos da sociologia do direito.

> Para uma abordagem mais precisa e completa sobre o desenvolvimento do pensamento sociológico jurídico alemão, sugerimos a leitura de obra *Sociologia do direito: uma visão substantiva*, de Cláudio Souto e Solange Souto, p. 79-80.

2. Max Weber (1864-1918). Weber, renomado sociólogo alemão, projeta seu pensamento, de modo específico, sobre a sociologia jurídica tratando, inclusive, de modo específico sobre o tema em sua conhecida obra *Economia e Sociedade*.

> Franz Wieacker nota que, diretamente das ciências sociais, surge a sociologia do direito, para qual a Alemanha contribuiu, a partir da viragem do século, com os nomes importantes de Ehrlich e, sobretudo, Max Weber. Ele reconhece também sua destruição na Alemanha pela ideologia nacional-socialista, e assim teve seu cultivo nesse período principalmente na França, Escadinávia e Estados Unidos.
>
> Para o aludido autor, uma sociologia do direito renovada transformar-se-á no centro da explicação científica das condições do direito, podendo coordenar os resultados da história do direito e da ciência do direito comparado. Cf. WIEACKER, Franz. *História do direito privado moderno*. 3. ed. Lisboa: Fundação Calouste Gulbenkian, 2004. p. 662-663.

3. A sociologia jurídica de Weber. Tem como ponto inicial a oposição existente entre o caráter místico-irracional e o caráter racional que envolve a criação ou a descoberta do direito existente, bem como os elementos formais e materiais que o compõem. Nesse sentido, Weber alcança o conteúdo mágico-religioso que permeia o conteúdo do direito.

4. O direito na lição de Weber. Para Weber, o direito é obra dos juristas, atuando com finalidades práticas, sendo assim, obra de um formalismo especial e racional gerador de fórmulas de alta generalização aplicáveis a uma quantidade inumerável de casos.

Exemplo

A regra do *non bis in idem* (ninguém poderá ser responsabilizado mais de uma vez pelo mesmo fato) dos romanos. Trata-se de uma fórmula de alta generalização que se aplica a inúmeros casos, como por exemplo, no Direito Penal e no Direito Tributário.

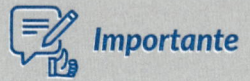

Weber entende o direito como *uma obra formal ou dogmático-técnica dos juristas*. Para ele, o direito é um conjunto de regras que possui uma probabilidade de efetivação pela força, seja física ou psicológica, e não necessariamente estatal.

> **Importante**
>
> O direito é um conjunto de regras que possui uma probabilidade de efetivação pela força, seja física ou psicológica, e não necessariamente estatal.

5. Racionalização do direito. Para Weber, a racionalização do direito deve ser intensificada, por meio de uma maior liberdade de interpretação jurídica, que acompanhe a constante mutabilidade do direito. Isto porque a evolução jurídica se processa quanto a seu fim no sentido de um crescente sublimar lógico e rigor dedutivo do direito e uma crescente racional do procedimento.

6. A posição de Weber em relação à sociologia do direito. Percebe a sociologia do direito em função de um formalismo lógico-dedutivo e técnico-formalista dos juristas, o que empobrece a potência de sua ideia sobre a racionalidade jurídica, vez que acaba se assentando nesses dois pressupostos fundantes em sua análise sociológica jurídica.

7. Eugen Ehrlich (1862-1913). Dedica especificamente ao tema da sociologia jurídica a conhecida obra *Fundamentos de sociologia do direito*.

Ehrlich foi um dos principais representantes da chamada escola sociológica do direito, sendo usualmente identificado como o fundador da escola do direito livre, que via a aplicação do direito livre com a finalidade de buscar a justiça.

8. Contribuição de Ehrlich. Uma de suas principais contribuições foi a crítica às questões tratadas pelos juristas que mantinham sua ideias de uma ciência jurídica num nível que apenas apreendia o direito numa realidade extremamente superficial.

Para ele, tal trato com a ciência jurídica não passa do estudo de uma doutrina técnica (*Kunstlehre*) e não efetivamente de um estudo jurídico compromissado com sua realidade.

Sua crítica se espalha sobre a formatação que recebera o direito até sua época. Isso o faz chegar à ideia de um direito social subjacente, o direito da sociedade, com a função de organização social pacífica interna e que cabia à sociologia jurídica estudar.

9. Novos rumos da sociologia jurídica. De modo clássico, esses são os dois autores tratados e reconhecidos como precursores da sociologia jurídica na Alemanha. No entanto, há outros importantes pensadores que merecem destaque.

O pensamento de F. W. Jerusalém e Theodor Geiger devem também ser lembrados. Outras importantes contribuições a se destacar são as que surgem não só de alemães, mas de autores que escrevem nessa língua como Julius Kraft e Herman Kantorowicz e, sobretudo, o pensamento de Niklas Luhmann bem como de Jürgen Habermas, Helmut Schelsky, Karl Dieter Opp, Klaus Röhl, Gunther Teubner, Karl-Heinz Ladeur, dentre outros.

XI — A Teoria dos Sistemas de Niklas Luhmann

1. Considerações iniciais. Este capítulo tem por escopo analisar dois recentes contribuintes do pensamento sociológico jurídico, Niklas Luhmann e Günter Teubner.

2. Niklas Luhmann e a sociologia do direito. A teoria social sistêmica elaborada por Niklas Luhmann é uma teoria holística, de aplicação generalizada no âmbito das ciências formais e empíricas, tanto naturais como sociais, e tem como distinção fundamental a relação entre "sistema" e "meio ambiente".

> Para um estudo introdutório do pensamento de Luhmann sugerimos a leitura de Niklas Luhmann. *Introducción a la teoria de sistemas*. México: Univerisad Iberoamericana, 1996, que apresenta um conjunto de textos consideravelmente relevantes para os estudos elementares de sua teoria.

3. Sistema e meio ambiente. A distinção entre sistema e seu meio ambiente é utilizada para explicar tudo o que pertence a determinado sistema e o que está fora, no ambiente circundante, como elementos de outros sistemas ou não.

4. Conceito de sociedade. O desenvolvimento desta teoria ocorre a partir de um conceito de sociedade. Para Luhmann, sociedade é a "sociedade mundial" que se forma modernamente.

O que compõe a sociedade não são os seres humanos que a ela pertencem, mas sim a comunicação entre eles, que nela circula de várias formas, nos diversos subsistemas funcionais, tais como: direito, economia, arte, religião, ciência etc.

5. Organização. A "organização" é o que qualifica um sistema como complexo ou como uma simples unidade que possui características próprias decorrentes das relações entre seus elementos, mas que, no entanto, não são características desses elementos.

6. Conceito de *autopoiesis*. O conceito de *autopoiesis* adotado por Luhmann foi desenvolvido por Maturana e Varela para afirmar que os subsistemas funcionais da sociedade são sempre autorreferenciais, ou seja, produzem e reproduzem a si próprios. Eles constituem seus componentes pelo arranjo próprio desses componentes, o que constitui propriamente sua unidade e, portanto, seu fechamento *autopoiético*.

A extensão do conceito de autorreferência do nível agregado da estrutura para o nível dos elementos do sistema constitui, segundo Luhmann, a mais importante contribuição da teoria de Maturana e Varela para o entendimento de todo esse processo (Cf. MELLO, Marcelo Pereira de. A perspectiva sistêmica na sociologia do direito Luhmann e Teubner. Tempo social. *Revista de Sociologia da USP*. vol. 18. n. 1. p. 351-373).

7. Sistemas autopoiéticos. Sistema autopoiético é o sistema dotado de organização autopoiética, no qual há a (re)produção dos elementos de que se compõe o sistema e que geram sua organização, pela relação reiterativa, circular entre eles.

8. Autonomia do sistema autopoiético. Afigura-se como um sistema autônomo, pois nele o que se passa não é determinado por nenhum componente do ambiente, mas sim por sua própria organização, formada por seus elementos.

O fato de ser autônomo indica sua condição de clausura, ou seja, ser "fechado" diante do ponto de vista de sua organização, não havendo nem entrada (*inputs*) e nem saídas (*outputs*) para o ambiente, pois os elementos interagem no e por meio dele.

9. Autoprodução da comunicação. Para Luhmann, apenas a comunicação se autoproduz, razão pela qual se qualificam como autopoiéticos os sistemas de comunicação da sociedade.

> O sentido da comunicação varia de acordo com o sistema no qual ela está sendo veiculada e as pessoas são meios (*media*) dessas comunicações. Esses componentes, contudo, não pertencem aos sistemas sociais e, sim ao seu meio ambiente. Para tentar esclarecer um pouco: os seres humanos, enquanto seres biológicos, são sistemas biológicos autopoiéticos e, enquanto seres pensantes, são também sistemas psíquicos autopoiéticos.

10. Linguagem. A linguagem é a primeira condição para que se dê o acoplamento (estrutural) entre sistemas auto (conscientes) e sistemas sociais (autopoiéticos) de comunicação.

11. O acoplamento estrutural. O acoplamento necessita ser viabilizado por certos meios (*media*).

O meio principal que Luhmann usa como exemplo de acoplamento entre o sistema de direito e o sistema de política são as constituições, o que nos remete para o entendimento de que o Judiciário é a organização que ocupa o centro do sistema jurídico – as cortes constitucionais, nesse caso, situar-se-iam no "centro do centro" do sistema jurídico – pois determinam, em última instância, o que é ou não direito, da mesma forma que os demais poderes do Estado – Legislativo e Executivo – ocupam o centro do sistema político.

XII - Por uma Sociologia da Administração da Justiça. De Portugal ao Brasil

1. Considerações iniciais. Nesse capítulo, estudaremos o texto *Introdução à Sociologia da Administração da Justiça* do professor Boaventura de Sousa Santos. Nesse texto temos um remonte histórico dos principais aspectos da sociologia jurídica para analisar a administração da justiça.

Embora se trate de uma análise mais focada no judiciário português é evidente que há relação com nosso Poder Judiciário, uma vez que não só a análise do professor Boaventura parte de parâmetros gerais da sociologia, como também ele desenvolveu estudos, que inclusive são citados no Brasil.

2. Divisão do texto. O texto é dividido em três grandes partes:

a) *primeira parte*: dispõe sobre as condições sociais e teóricas da sociologia dos tribunais;

b) *segunda parte*: aborda temas da sociologia dos tribunais, aqui estuda a questão do acesso a justiça; da administração da justiça enquanto instituição política e profissional e os conflitos sociais e os mecanismos da sua resolução;

c) *terceira e última parte*: o autor propõe uma nova política judiciária, trazendo quatro sugestões.

3. Primeira parte: Surgimento da sociologia. Como já vimos, a sociologia jurídica é um ramo especializado da sociologia geral. Ganha força ou surge o termo a partir da segunda guerra mundial, pois nesse momento não havia muita distinção entre dogmática política ou jurídica e filosofia do direito.

Os pensadores destes ramos não eram considerados sociólogos jurídicos, mas, como vimos, podem ser considerados precursores da sociologia especial denominada jurídica. Tais precursores, filósofos, dogmáticos ou sociólogos gerais apontam caminhos ou influenciam os futuros sociólogos jurídicos. Analisemos:

4. Visão normativista *versus* visão institucional e organizacional. Os precursores da sociologia jurídica privilegiaram uma visão normativista e substantiva do direito, em face de uma visão institucional e organizacional do direito. Privilegiam, portanto, o Direito substantivo em detrimento do Direito Processual.

A tradição intelectual com a visão normativista e substantiva influenciou, e muito, a constituição do objeto da sociologia do direito no pós-guerra.

Exemplo

Um grande tema que é debatido principalmente pelas escolas americanas é o do direito formalmente vigente (dever ser) em face do direito socialmente eficaz (ser). A visão institucional, como veremos, foi ventilada pelo autor Eugen Ehrlich.

5. No Brasil. Podemos citar a preocupação com a visão normativista em face da visão institucional e organizacional. O olhar do brasileiro, via de regra, se volta mais para a criação das leis do que sua aplicação.

> **Exemplo**
>
> Criação das medidas socioeducativas dispostas pelo Estatuto da Criança e do Adolescente e sua inaplicação em muitos Estados brasileiros que por não possuírem condições de aplicar a lei, agem à revelia desta.

6. Variável dependente *versus* variável independente: o direito é um propulsor ou um obstáculo das mudanças sociais? A discussão da sociologia do direito provoca os primeiros debates sociológicos com vista a essa ciência.

Tematiza as articulações do direito com as condições e as estruturas sociais em que atua. A pergunta que fica é a seguinte:

"Dado que a sociedade encontra-se em constante mudança, é o direito que influencia ou determina as mudanças (idealistas) ou se é a sociedade que influencia ou determina a mudança do direito (realista)? (*Introdução à Sociologia da Administração da Justiça*, p. 2)."

A partir desse debate começa-se a polarizar a definição de direito enquanto variável dependente ou variável independente, que nas palavras do professor Boaventura significa:

> "variável dependente nos termos da qual o direito se deve limitar a acompanhar e a incorporar os valores sociais e os padrões de conduta espontânea e paulatinamente constituídos na sociedade, e os que defendem uma concepção do direito enquanto variável independente, nos termos da qual o direito deve ser um *activo* promotor de mudança social tanto no domínio material como no da cultura e da mentalidade" (*Introdução à Sociologia da Administração da Justiça*, p. 2).

> **Exemplo 1**
>
> A Lei 9.503/1997, o Código de Trânsito Brasileiro, e seu art. 65 que versa sobre a obrigatoriedade do uso do cinto de segurança. Antes da lei, a sociedade não se sensibilizava para a necessidade do uso do cinto, após a lei a sociedade mudou, temos aí um direito como propulsor da sociedade e idealista por uma sociedade melhor.

> **Exemplo 2**
>
> Temos a Lei 11.105/2005 (Lei de Biossegurança) que é vista por diversos grupos como um avanço do direito a um clamor social, ou seja, a sociedade já esperava tal mudança e o direito obstacularizava tal alteração, ao passo que para outros grupos, tal lei consiste em uma propulsão a uma mudança social.

7. Oitocentistas: composição ou dialética? Outra polarização é a criada pelos oitocentistas, pensadores do século XIX, que partem da concepção de que o direito estabelece as condições prevalecentes e que atua com conformismo em relação a estas condições.

Temos que ou o direito é um "indicador privilegiado dos padrões de solidariedade social, garantindo as composições harmoniosas dos conflitos por via da qual se maximiza a integração social e realiza o bem comum", ou é uma "expressão última de interesses de classes, um instrumento de dominação econômica e política que por via da sua forma enunciativa (geral e abstrata) opera a transformação ideológica dos interesses particulares da classe dominante em interesse coletivo universal".

Resumindo

Existe um conflito sobre a possibilidade da composição solidária da sociedade, gerando uma harmonia e atingindo-se o bem comum, como pensa Durkheim, ou pode existir um aumento da tensão entre as classes, em uma típica concepção dialética de conflito como disporia Hegel.

8. Da visão normativista substantiva para a possibilidade da visão processual e institucional do direito. A visão normativista substantiva do direito dominou por muito tempo, principalmente no primeiro quarto do século XX.

Eugen Ehrlich, considerado por alguns o fundador da sociologia do direito, apresenta dois grandes temas para debate: o direito vivo e a criação judiciária do direito. Tal debate começa a ventilar a discussão da visão processual e institucional do direito.

9. Direito vivo *versus* criação judiciária do direito. O Direito vivo estuda a "contraposição entre o direito oficialmente estatuído e formalmente vigente e a normatividade emergente das relações sociais pela qual se regem os comportamentos e se previne e resolve a esmagadora maioria dos conflitos".

Exemplo

Lei que garante à sociedade a moradia para todos os brasileiros e o número de pessoas que não possuem moradia, ou ainda um estudo que busque explicar a partir dessa lei os movimentos das pessoas sem terra ou sem teto.

Por seu turno, a criação judiciária do direito estuda a distinção entre a normatividade abstrata e a normatividade concreta, ou seja, estuda a norma abstrata e sua aplicação nas decisões dos juízes. No mesmo diapasão do exemplo acima, citamos a decisão de um juiz a partir da lei pela usucapião ou não de uma terra.

Assim, o direito vivo extrai-se da lei (abstrata), e a criação judiciária do direito advém da decisão do juiz (concreta).

10. A criação judiciária do direito. A justiça animada e o estudo do processo e das instituições. A posição que discute a criação judiciária do direito, especificamente ao deslocar a questão da "normatividade do direito dos enunciados abstractos da lei para as decisões particulares do juiz" (muito se assemelha com a definição de lei, que é um ato dotado de generalidade e abstração) fundamenta a posição da escola do direito livre ou da jurisprudência sociológica de Pound. Ao citar a questão do magistrado, portanto, Ehrlich cria precondições teóricas para a transformação de uma nova visão sociológica, voltada para as dimensões processuais, institucionais e organizacionais do direito.

11. Mudança da conjuntura intelectual: condições teóricas e condições sociais. A mudança da conjuntura intelectual ocorre na década de 50, início da década de 60, quando duas ordens de condições ganham força, quais sejam: as condições teóricas e as condições sociais.

12. Condições teóricas. Destacam-se três:

1.ª Condição teórica: O desenvolvimento da sociologia das organizações (Weber) que estuda os agrupamentos sociais criados de modo mais ou menos deliberado para a obtenção de um fim específico. Este ramo sociológico interessou-se muito pela organização judiciária, em particular os tribunais.

2.ª Condição teórica: Desenvolvimento e interesse da ciência política pelos tribunais. Estuda os tribunais enquanto instância de decisão e de poder político. Analisa-se o juiz em relação à sua atuação e sua orientação política.

3.ª Condição teórica: Desenvolvimento da antropologia do direito e da etnologia jurídica. Centra-se nos litígios e nos mecanismos da sua prevenção e da sua resolução, desvia a atenção analítica das normas para analisar os processos e as instituições e seus diferentes graus de formalização e de especialização.

13. Condições sociais. Destacam-se duas principais:

1.ª Condição social: Lutas sociais de grupos até agora sem tradição na história. Os negros, os estudantes, pequenos burgueses, lutam por educação de qualidade, moradia e mais dignidade.

> Embora lutassem antes, não tinham voz, que agora passaram a ter. Esse movimento visa aprofundar o conteúdo democrático que nasceu do pós-guerra. No Brasil tal condição social ganha força a partir do final do período de exceção e abertura política em 1985.

2.ª Condição social: Crise da administração da justiça. Com os pleitos da primeira condição, a garantia nos diplomas legais, no Brasil, consolida-se com a Constituição de 1988. Entretanto, permanece a dificuldade de executar muitos direitos.

> Esse quadro terá uma explosão de litigiosidade na qual a administração da justiça dificilmente pode dar resposta a tantos pleitos, e mesmo que possa dar resposta essa dificilmente é positiva, uma vez que o Estado não possui estrutura para responder a contento a todos os pleitos.

14. Segunda parte – Temas da sociologia dos tribunais. Após estudar os antecedentes e as condições da sociologia do direito, passemos a análise da política judiciária para que possamos ao final propor uma nova política judiciária.

Nesse trecho do texto existem três grandes grupos temáticos, quais sejam:

a) o acesso à Justiça;

b) a administração da justiça enquanto instituição política e organização profissional;

c) a litigiosidade social e os mecanismos da sua resolução existentes na sociedade.

15. O acesso à Justiça. Essa questão remonta à necessidade de estudarmos a relação entre o processo civil e a justiça social, bem como entre a igualdade jurídico-formal e a desigualdade socioeconômica.

A primeira questão a ser levantada é a oferta e o acesso/procura à justiça produzida pelo Estado. Existiram várias tentativas de minimizar essas discrepâncias. Por parte do Estado vieram as reformas do processo, nas Classes sociais mais baixas a tentativa de criação de centros de consulta jurídica.

> É no pós-segunda guerra mundial que esse problema é agravado, isso porque "novos direitos" sociais e econômicos são apresentados por diversas leis, Constituições e Declarações Universais. Com isso, gerou-se uma explosão de pleitos judiciais, que efetivamente não acessava a justiça. Disto extraímos que os novos direitos viraram meras declarações políticas.

16. Os três grandes obstáculos ao acesso à Justiça. A investigação permite concluir que existem três obstáculos.

1.º Obstáculo: Econômico. Custos da litigação eram muito elevados, inclusive para os mais débeis. No pós-segunda guerra, o modelo da gratuidade ganha força, mas não qualidade.

Voluntarismo privado tenta oferecer acessibilidade à justiça, mas não é tão frutífera essa iniciativa, embora sirva de base para a justiça gratuita em um modelo público subsidiado pelo Estado.

Ainda no primeiro obstáculo e no primeiro momento, mesmo com o decréscimo da litigação, até mesmo com reformas processuais, há uma lentidão da justiça.

Para tal tema, muitas vezes o processo demora por dois motivos que são alheios ao número de litígios, quais sejam:

a) fator racional ou irracional dos critérios de distribuição territorial dos magistrados;

b) benefícios que a lentidão gera para os advogados.

2.º e 3.º Obstáculos: Sociais e culturais. Estudos revelam que a distância dos cidadãos em relação à administração da justiça é tanto maior quanto mais baixo é o estrato social a que pertencem e que essa distância tem como causas próximas não apenas fatores econômicos, mas também sociais e culturais.

17. Por que existe essa distância entre os cidadãos e a administração da justiça? Tal distância se dá, segundo o professor Boaventura de Sousa Santos, por dois grandes motivos:

1.º) Porque existe uma dificuldade de conhecer e reconhecer seus direitos.
2.º) Porque falta uma disposição das pessoas débeis de interpor a ação, seja porque:
a) existem experiências anteriores ruins com o Judiciário que traumatizam as pessoas,
b) há um temor de represálias de se recorrer aos tribunais; ou ainda;
c) quanto mais pobre a pessoa mais provável que não conheça um advogado.

18. Quais são as limitações da assistência judicial gratuita? O Professor Boaventura de Sousa Santos faz as seguintes considerações sobre as limitações do sistema.

A concentração na assistência judiciária faz com que o sistema se limite apenas a tentar vencer os obstáculos econômicos ao acesso à justiça, mas não os obstáculos sociais e culturais. Pouco fazem pela conscientização do cidadão.

No Brasil esse papel vem mudando gradativamente e de maneira significativa, as defensorias públicas de diversos Estados criaram programas de informação e aproximação da população à justiça e aos seus direitos.

> **Exemplo**
>
> É o caso da Defensoria Pública do Estado de São Paulo e de outros Estados que vêm prestando diversos serviços no sentido de esclarecer ou até apresentar direitos. Seja por meio de cartilhas ou palestras, a Defensoria vem tentando conscientizar o cidadão de seu papel.

Essas críticas também foram acolhidas pelos EUA, que implementaram um sistema em que o advogado além de buscar instruir o processo, instruirá as pessoas. Além disso, contrataram-se advogados que trabalham em escritórios mais localizados na periferia.

> No Brasil talvez seja uma ideia, quem sabe não podemos periferizar a assistência judiciária gratuita. Fica a provocação: é mais fácil deslocar um defensor público do que o público se deslocar ao defensor.

19. E no Brasil, como anda o acesso à justiça (gratuita) e à Defensoria Pública? Desde 1950 a Lei 1.060 garante, no Brasil, a gratuidade do acesso à justiça. Tal lei passou por alterações em 1968 e 1986. Mas não apenas as custas processuais devem ser gratuitas, deve também a assistência judiciária sê-la. Tal assistência também foi garantida pela Lei 1.060/1950 e reiterada de maneira categórica pela nossa Constituição Federal.

Ocorre que consiste em um grande obstáculo acessar a assistência judiciária gratuita, quiçá a justiça gratuita para as pessoas mais economicamente necessitadas.

> Como é possível algum trabalhador "procurar seus direitos" em uma unidade da Defensoria Pública que atende no horário comercial?

Outra questão que traz desassistência ao brasileiro é a inexistência de Defensoria Pública na Justiça do Trabalho. Sem discutir a inconstitucionalidade, há aqui um estrangulamento de acesso à justiça por parte do Estado.

20. A administração da justiça enquanto instituição política e profissional. Apesar de amplo o tema, seguiremos o recorte feito pelo professor Boaventura de Sousa Santos, que parte de uma concepção adotada pelos tribunais e teve duas consequências muito importantes:

> **1.ª Consequência:** coloca os juízes no centro do campo analítico. Buscavam correlação entre o comportamento, as decisões e as motivações desta com as variáveis independentes, tais como origem de classe, formação profissional, a idade, ou, sobretudo a ideologia política e social dos magistrados.

> **2.ª Consequência:** desmentir por completo a ideia de que a administração da justiça é uma função neutra, protagonizada por um juiz apostado apenas em fazer justiça acima e equidistantemente dos interesses das partes.

Os estudos, em especial dos italianos, não se debruçam ainda sobre a possibilidade da ideologia do magistrado influenciar o comportamento decisional deste, mas sim volvem suas pesquisas *para documentos públicos, manifestos, discursos, estatutos organizativos em que os magistrados, individual ou coletivamente definem o perfil ótimo da função judicial e das suas interações com o poder político e com a sociedade em geral.*

No Brasil, o pedido da folha de antecedentes criminais, cartas de recomendação de autoridades, atestados de idoneidade, entre outras medidas visam estudar a vida pregressa do candidato a ingresso na carreira pública.

> Esta acusação – que objetivava combater o mito da neutralidade do juiz – foi confirmada, em grande parte, por pesquisas empíricas realizadas na Alemanha a partir dos anos 60 (Rali Dahrendorf, Walter Richter, Johanes Feest, Niklas Luhmann). Por meio do exame dos arquivos da magistratura constatou-se que os juízes provinham, em sua maioria, da classe média, sendo filhos de servidores públicos. Estes estudos minuciosos indicavam, inclusive, que os juízes alemães tinham sido submetidos a uma educação autoritária e que, na vida adulta, adotavam opiniões políticas conservadoras (Rehbinder, 2000, p. 162-163; Raiser, 1999, p. 371 -373 apud Ana Lucia Sabadell, p. 223).

21. Tendências ideológicas. Renato Treves encontrou três grandes tendências ideológicas no seio da magistratura italiana:

1.ª) *Estrutural funcionalista*: Essa tendência dá ênfase nos valores de ordem, equilíbrio e segurança social. Esse grupo é eminentemente formado por juízes conservadores ou moderados, adeptos da defesa da divisão dos poderes, das soluções tradicionais etc.

2.ª) *Conflitivismo pluralista*: Nesta prevalece a tendência de mudança social e se defende o reformismo tanto no interior da organização judiciária como na democracia, a fim garanti-la efetivamente em um Estado de Direito.

3.ª) *Conflitivismo dicotômico de tipo marxista*: Ideia mais radical do conflitivismo supramencionado que visa inclusive a aplicação alternativa do direito dentro da concepção *contra legis*.

> "Uma recente pesquisa do perfil da magistratura brasileira, que adotou o método do questionamento, confirmou a seletividade social na composição da mesma. Entre os seus membros constata-se uma representação particularmente forte de homens, membros das classes alta e média, filhos de funcionários públicos e descendentes de magistrados. Apesar da tendência de abertura e democratização do acesso à magistratura nas últimas décadas, o poder judiciário brasileiro continua sendo seletivo na sua composição" (Vianna e outros, 1997 apud Ana Lucia Sabadell. *Manual de sociologia jurídica*, p. 223).

22. Recrutamento dos servidores estáveis e vitalícios e opinião pública. O recrutamento de servidores públicos com estabilidade ou vitaliciedade, no caso dos magistrados, pode ser objeto de diversas críticas, tais como: especificidade desnecessária de conhecimentos habitualmente não utilizados por um magistrado, seleção de conteúdos e posições que mantenham o poder estatuído, entre outras.

> A nós cabe um elogio a Resolução 75 do Conselho Nacional de Justiça no sentido de cobrar do candidato uma formação humanística e consequente estudo dos temas que apresentamos nesse capítulo e ao longo de nossa obra.
>
> Quanto à opinião pública, vale destacar uma pesquisa realizada pelo ICJ Brasil, medindo a percepção do Brasileiro em relação à justiça: 70% dos brasileiros não acreditam na justiça

do Brasil; 64% de toda a população não acredita que o sistema atual tenha capacidade de resolver todos os conflitos.

23. Distribuição dos magistrados no Brasil. Segundo o relatório do CNJ, Justiça em números, a distribuição de juízes federais por 100 mil habitantes é muito insuficiente segundo os parâmetros da ONU, que considera o número ideal de sete magistrados por 100 mil habitantes. No Brasil é possível verificar que há uma disparidade entre as cinco regiões da Justiça Federal, como é o caso 2.ª e da 4.ª Regiões que possuem, proporcionalmente, por habitante, mais de 100% de magistrados que a 1.ª e a 5.ª Regiões.

Se observarmos a distribuição da Justiça Estadual então perceberemos uma disparidade ainda maior, mais de 200% se compararmos a Justiça dos Estados do Espírito Santo com o Pará.

A partir desses dados e das informações prestadas pela ONU, precisamos rever não apenas a política de distribuição dos magistrados, mas também o efetivo destes em nosso país.

24. Os conflitos sociais e os mecanismos de resolução. Muitos estudiosos, como Pritchard, Gulliver, Moore e Velsen estudaram sobre os mecanismos de resolução de conflitos sociais. Mecanismos estes caracterizados pela informalidade, rapidez, participação ativa da comunidade, conciliação ou mediação entre as partes por meio do discurso a fim de resolver litígios.

Os estudos, sinteticamente descritos, nos revelam a existência, na mesma sociedade, de uma pluralidade de direitos convivendo e interagindo de diferentes formas.

Muitos foram os estudos que se seguiram por orientação teórica, o pluralismo jurídico, orientando para a análise de mecanismos de resolução jurídica informal de conflitos existentes nas sociedades contemporâneas e operando à margem do direito estatal e dos tribunais oficiais.

Cita o professor Boaventura seus estudos realizados no Brasil no início da década de 70 do século XX nas favelas do Rio de Janeiro e onde lhe "foi possível detectar e analisar a existência no interior destes bairros urbanos de um direito informal não oficial não profissionalizado, centrado na Associação de moradores que funcionava como instância de resolução de litígios entre vizinhos, sobretudo nos domínios da habitação e da propriedade da terra".

Estes estudos permitem-nos chegar a duas conclusões:

> **1.ª Conclusão:** Do ponto de vista sociológico, o Estado contemporâneo não tem o monopólio da produção e distribuição do direito.

> **2.ª Conclusão:** O relativo declínio da litigiosidade civil, distante de existir uma diminuição de conflituosidade social, é o resultado do desvio dessas conflituosidades para outros mecanismos de resolução.

Essas conclusões influenciam algumas das reformas do Judiciário, como a oralidade, a celeridade e o consequente agasalhamento desses sistemas pelo próprio Judiciário, com a previsão legal de mediação, conciliação e arbitragem.

25. Novos mecanismos de resolução de conflitos. Em paralelo à administração da justiça convencional, criam-se novos mecanismos de resolução de litígios, que consistem na criação de "instituições leves, relativa ou totalmente desprofissionalizadas, por vezes impedindo mesmo a presença de advogados, de utilização barata, se não mesmo gratuita, localizados de modo a maximizar o acesso aos seus serviços, operando por via expedita e pouco regulada, com vista à obtenção de soluções mediadas entre as partes".

26. Sistemas não judiciais de composição de litígios no Brasil. Segundo o Banco Mundial, o Poder Judiciário brasileiro é o 30.º mais lento do mundo, uma ação de cobrança de uma dívida leva em média 380 dias. Ficamos atrás de países como Holanda, que leva 39 dias em média, Coreia do Sul que leva 75 dias em média e surpreendentemente o Haiti que leva 76 dias em média. Segundo o Instituto de Pesquisa Econômica Aplicada (Ipea) caso o Judiciário ganhasse celeridade os investimentos subiriam cerca de 13,7%.

27. Mais números no Brasil. Esses índices assustam qualquer pessoa. Quem procuraria o Judiciário em Pernambuco que tem um congestionamento de processos de 91,7%? Ou então como recorrer em São Paulo que tem uma taxa de congestionamento maior que 50%?

Por conta deste contexto, e a fim de dinamizar o Judiciário, as pessoas começam a recorrer às soluções alternativas de conflitos, em especial à mediação, à conciliação e à arbitragem.

28. Mediação. É uma modalidade de solução de conflitos pot meio da qual uma terceira pessoa neutra – o mediador, auxilia as pessoas envolvidas a resgatarem o diálogo e construírem uma solução. É um processo voluntário, no qual as decisões negociadas são de autoria das partes, sendo o mediador um facilitador.

Vale dizer que a negociação e a decisão cabem apenas às partes, jamais ao mediador. Suas características básicas, entre outras, são a voluntariedade, a rapidez, a informalidade, a economia, a consensualidade e o sigilo.

29. Arbitragem. "É uma técnica para a solução de controvérsias por meio da intervenção de uma ou mais pessoas que recebem seus poderes de uma convenção privada, decidindo com base nesta convenção sem intervenção do Estado, sendo a decisão destinada a assumir eficácia de sentença judicial" (CARMONA, Carlos Alberto. *A arbitragem no processo civil brasileiro*. São Paulo: Malheiros, 1993. p. 5).

No Brasil, a arbitragem ganhou disciplina legal na Lei do Juizado Especial Cível (Lei 9.099/1995) e na Lei 9.307/1996, dentre outros diplomas.

30. Conciliação. A conciliação exige a presença de um terceiro perante o conflito. É o meio alternativo de resolução de conflitos mais conhecido, uma vez que a lei dos juizados especiais prevê a figura do conciliador. A diferença entre o conciliador e o mediador consiste que aquele tem mais iniciativa que este, sua postura é mais proativa.

> Em agosto de 2006, o Conselho Nacional de Justiça criou o Movimento Nacional pela Conciliação e, desde 2007, realiza mutirões e semanas da Conciliação com o intuito de incentivar essa prática.
>
> "No primeiro ano mais de três mil magistrados e 20 mil servidores e colaboradores trabalharam para que 300 mil pessoas fossem atendidas. Em 2008, o número dobrou, foram mais de 600 mil pessoas. Feito conquistado graças à participação de todos os tribunais de Justiça. Foram 99 mil participantes, dentre eles: 70 mil colaboradores; 17 mil magistrados; 11 mil conciliadores e mil juízes leigos.
>
> "De um total de 307.884 audiências, 42% resultaram em acordos. 'O intuito não é só desafogar o judiciário, mas também ter uma justiça que realmente pacifique o conflito. Porque quando ocorre um acordo as partes saem mais conformadas, já que na Justiça Comum quem perde muitas vezes reluta em cumprir' explica o juiz. 'Além disso, há a certeza de uma decisão rápida e segura. No processo há um risco bem maior, pois quem perde em primeira instância pode recorrer e ninguém sabe qual será o resultado em segunda instância" (*Revista do Movimento do Ministério Público Democrático*, ano VI, n. 25, p. 7-8).

31. Terceira parte: para uma nova política judiciária. Após oferecer um referencial teórico, bem como retratar os estudos sobre as instituições públicas, o professor Boaventura apresenta linhas de investigações promissoras no domínio da sociologia da administração da justiça a fim de construir uma nova política judiciária. São quatro linhas:

1.ª) Democratização da administração da justiça é uma dimensão fundamental da democratização da vida social, econômica e política.

Nessa possibilidade existem duas vertentes:

a) Constituição interna do processo incluindo uma série de orientações como: maior envolvimento e participação dos cidadãos, simplificação dos atos processuais e o incentivo à conciliação das partes e o aumento dos poderes do juiz e a ampliação do conceito de legitimidade das partes e do interesse de agir.

b) Democratização do acesso à justiça, sendo necessário criar um Serviço Nacional de Justiça, gerido pelo Estado. No Brasil fica a pergunta se o CNJ cumpre esse papel.

2.ª) A democratização ampla, ainda assim fica eivada de problemas, pois a democratização da administração da justiça, mesmo se plenamente realizada, não conseguirá mais do que igualar os mecanismos de reprodução da desigualdade.

3.ª) A diminuição relativa do contencioso civil é negativa em relação ao processo de democratização da justiça, isso porque:

a) as classes de maiores recursos tendem igualmente a resolver os seus litígios fora do campo judiciário;

b) a composição particularista e secreta de interesses econômicos é feita muitas vezes com o aval dos aparelhos políticos, mas em muito afeta os interesses sociais e globais;

c) as reformas que visam dinamizar e reduzir a marginalidade do acesso à justiça podem também ser boa para os ricos e ruins para os fracos.

4.ª) A contribuição da sociologia no processo de democratização consiste em mostrar empiricamente que mesmo o direito substantivo mudando e até o processo passando por reformas não será útil se duas reformas principais não forem feitas:

a) *reforma da organização judiciária*: "A qual não pode contribuir para a democratização da justiça se ela própria não for internamente democrática. E neste caso a democratização deve ocorrer em paralelo com a racionalização da divisão do trabalho e com uma nova gestão dos recursos de tempo e de capacidade técnica";

b) *reforma da formação e dos processos de recrutamento dos magistrados*: sem a qual a ampliação dos poderes do juiz proposta em muitas das reformas aqui referidas carecerá de sentido e poderá eventualmente ser contraproducente para a democratização da administração da justiça que se pretende. As novas gerações de magistrados deverão ser equipadas com conhecimentos vastos e diversificados (econômicos, sociológicos, políticos) sobre a sociedade em geral e sobre a administração da justiça em particular.

ANTROPOLOGIA JURÍDICA

Antropologia – Noções Introdutórias

http://youtu.be/kKWSy97p9Uo

1. Conceito. A palavra *antropologia* remete à noção de estudo do homem. Etimologicamente: *anthropos* = homem / *logos* = estudo. Trata-se de uma ciência pertencente às humanidades que objetiva o conhecimento do homem em seus mais variados aspectos.

2. Aspectos:

a) *Natural*: busca pelo conhecimento psicossomático do homem; sua evolução, características fisiológicas e anatômicas – Ciência Natural;

b) *Humano*: investigação global envolvendo História, crença, Arte, linguagem, costumes, usos, Filosofia etc. – Ciência Humana;

c) *Social*: compreende o homem enquanto integrante de um grupo (sociedade, comunidade etc.) – Ciência Social.

3. Objeto da Antropologia. É o homem em sua completude de relações (sociais, humanas e naturais).

Importante

Cada escola antropológica dará maior ênfase a um aspecto específico, focalizando-o como objeto de suas análises. Inicialmente (séc. XIX), o objeto de estudo preferencial eram as sociedades chamadas de primitivas. Posteriormente, (séc. XX) houve uma ampliação para abarcar o homem independentemente da sociedade ou da época.

4. Surgimento da Antropologia. A preocupação em analisar o homem em sua completude pode ser observada na Antiguidade Clássica, sobretudo em Sócrates, filósofo que mudou os rumos da Filosofia.

Porém, somente com o desenvolvimento de um projeto positivo de conhecimento do homem, no século XVIII, é que se tornou possível pensar (embrionariamente) em uma ciência que tivesse por objeto o homem em sua existência empírica.

Neste século, o que se percebeu foi que aquela preocupação com o outro, que havia começado com a descoberta da América, se intensifica. Os europeus passaram a querer observar não só mais o cosmos e a natureza mais também o homem.

Ainda assim, não existe uma Antropologia propriamente científica, porque a própria ideia de ciência não está totalmente separada da de Filosofia. É só no século XIX que a Antropologia surgirá efetivamente como ciência.

> Para saber mais sobre Sócrates e como se deu a modificação do objeto de estudos da Filosofia, leia, neste livro, o capítulo VIII de *Filosofia do Direito*.

Período	Características
400 a.C. a 400 d.C.	Preocupação antropológica fundada por Sócrates. A Filosofia passa a analisar o homem em busca da *verdade* e suas relações com o outro.
400 d.C. a 1500 d.C.	Santo Agostinho e posteriormente São Tomás de Aquino retomam os estudos filosóficos oriundos da Antiguidade Clássica e voltam a se preocupar com o homem em suas características físicas e metafísicas. Agora, o objetivo é justificar a fé; comprovar a existência de Deus de maneira racional.
1500 d.C. a 1700 d.C.	O expansionismo e as grandes navegações fazem com que os Europeus tenham contato com povos absolutamente desconhecidos. Surge o interesse em analisar e compreender o outro tendo em vista possíveis vantagens econômicas.
1700 d.C. a 1800 d.C.	O Renascimento associado à Revolução Francesa e à Revolução industrial (inglesa) abre caminho para o surgimento de novas ciências humanas tais como a Sociologia e a Antropologia. Ainda que as mesmas se apresentem em uma fase embrionária (de formação de suas metodologias e consolidação de seus objetos).
1800 d.C. até hoje	Surgimento da Antropologia Científica que buscou substituir posicionamentos fundamentados em preconceitos e em dados metodologicamente inválidos pela análise científica baseada em estudos de campo.

5. Antropologia e Direito. Ambas as ciências estão intimamente ligadas por partilharem o mesmo objeto de estudos: o homem e suas relações com a natureza e com outros homens. Apesar da comunicação gerada pelo objeto, seus métodos e funções são bastante distintos.

Ciências *dogmáticas* pressupõem dogmas (enunciados inquestionáveis) como pontos de partida para seus estudos e análises. Já as ciências *zetéticas* partem de princípios que vão se alterando ao longo do tempo conforme a evolução da ciência em si e de novas interpretações e métodos de estudo.

A Antropologia se enquadra no campo das ciências zetéticas, pois seus postulados primários são passíveis de revisão e questionamentos. Não se trata de aceitar ou não uma verdade imposta e basilar, mas de formular questões e buscar respostas e explicações para determinados fenômenos humanos a partir de uma metodologia que garanta cientificidade às conclusões.

Em contrapartida, o Direito é uma ciência precipuamente dogmática e seu estudo é marcado pelo caráter informativo e prescritivo. Na maioria das vezes não é ofertado ao aluno do Direito a possibilidade de se pensar a norma de maneira crítica, sendo a preocupação primária dos cursos e concursos, *a correta aplicação da lei*.

> Para saber mais sobre dogmática e zetética, leia, neste livro, *Introdução ao Estudo do Direito*.

Antropologia Jurídica | 421

6. Antropologia jurídica. Trata-se de uma disciplina recém ingressa na grade curricular da maioria das faculdades de Direito. Sua proposta é entendê-lo como fenômeno e produto da civilização e da cultura, apontando para necessidade de ser analisado de maneira crítica.

Neste sentido, pode e deve auxiliar o estudante do Direito (ciência dogmática) garantindo uma formação para além dos dogmas que lhe foram ensinados e que, de alguma forma, limitaram sua análise e compreensão do fenômeno jurídico à mera aplicação das leis e normas ao caso concreto.

> A grade curricular das instituições de ensino e os concursos não apresentam congruência em seus conteúdos programáticos, dado o hodierno ingresso da Antropologia. Por esta razão, tentaremos realizar, de maneira resumida, um estudo panorâmico que abarque os principais tópicos relacionados ao Direito, autores da Antropologia e estudos antropológicos referentes ao fenômeno jurídico brasileiro. É certo que este texto não apresenta a pretensão de esgotar o assunto, servindo, antes, à sua introdução e ampliação.

Subdivisões e Métodos

1. Divisões. Dada sua extensão e natureza dos fenômenos estudados, a Antropologia se divide em dois grandes grupos, a saber:

a) Antropologia física;

b) Antropologia cultural.

> A Antropologia do Direito se insere na Antropologia cultural, razão pela qual daremos maior ênfase a esta em detrimento da física, que abordaremos de maneira bastante objetiva e sucinta. Para tanto, utilizaremos as subdivisões propostas por Marina Marconi e Zelia Presotto nos demais tópicos deste capítulo (*Antropologia: uma introdução*. 7. ed. São Paulo: Atlas, 2010. p. 4-14).

2. Antropologia física. É a parte da Antropologia que guarda maior afinidade com as ciências naturais. Aquela que se preocupa com as características biológicas e fisiológicas do homem, tanto quanto com sua evolução e particularidades raciais. Subdivide-se em:

Subdivisões	Objetivo
Paleontologia Humana	Estudo do homem a partir de vestígios preservados (fósseis). Por seu intermédio, é possível obter informações como idade do fóssil, causa da morte, condições da vida na época etc.
Somatologia	Estudo do corpo do homem. Busca de variedades físicas por meio de comparações.
Raciologia	Estudo e delimitação de raças. Preocupa-se com a classificação humana (em raças) e com modificações raciais causadas pelo contato com outras raças (miscigenação). Também objetiva construir o que poderia ser chamado de história das raças.
Antropometria	Também consiste no estudo do corpo humano, mas com um recorte bastante específico. Trata-se da busca pelas medidas do corpo (tamanho do crânio, peso etc.) de tal sorte a fomentar análises comparativas.

> **Dica**
>
> É possível lembrar do objeto de estudo de cada campo citado por meio da etimologia dos termos: *palaios* = antigo / *onto* = ser / *logos* = estudo; *somato* = corpo; *raça* = etnia; *anthropos* = homem / *metria* = medida.

3. Antropologia cultural. É o estudo do homem enquanto criador e criatura de seu meio social. Trata-se do campo mais amplo da Antropologia, posto que objetiva a análise do comportamento cultural humano em diferentes culturas e tempos. Subdivide-se em diversas áreas, a saber: Arqueologia, Etnografia, Etnologia, Linguística e Folclore.

4. Arqueologia. É o estudo de culturas extintas realizado por meio de vestígios que, de alguma maneira, foram preservados ao longo dos anos.

A partir dos resquícios encontrados, o arqueólogo tenta reconstruir a história cultural de civilizações que não possuíam registros escritos, ou ainda, preencher lacunas deixadas por aquelas que possuíam.

Importante

A Arqueologia aproxima-se à Paleontologia enquanto método – busca de vestígios preservados como fonte da análise –, e se diferencia pelo objeto já que a primeira (Arqueologia) estuda a cultura ao passo que a segunda (Paleontologia), o homem.

5. Etnografia. É a descrição escrita de sociedades humanas, realizada por meio da observação e análise de particularidades encontradas em grupos, visando sua reconstrução e registro. Tais dados embasam cientificamente teorias acerca da sociedade estudada e de outras que possam ser comparadas a esta.

Originalmente, o objeto de estudos da Etnografia eram as sociedades chamadas de *primitivas* – sociedades agrárias de menor variabilidade cultural. Atualmente, o objeto se expandiu e abarca qualquer sociedade ou grupo.

Porém, dada a existência de sociedades simples (que permanecem isoladas nos dias atuais), ainda há a preocupação em se analisar e registrar essas culturas antes que as mesmas desapareçam; o que faz com que o objeto original de estudos (sociedades *primitivas*) persista como preferencial e majoritário.

O etnógrafo é o cientista responsável pela observação, descrição e registro, que devem ser os mais amplos e fidedignos quanto possível. Tal preocupação visa a garantir a cientificidade do estudo baseado em metodologias próprias à Etnografia e sua futura aplicação na Etnologia. Nada que pertença ao escopo da análise deve ser desprezado, ainda que aparentemente seja irrelevante ou arbitrário.

Resumindo

Etnografia é uma descrição exaustiva de um ou vários aspectos culturais realizada pelo etnógrafo.

6. Etnologia. É a análise e interpretação dos dados fornecidos pelo etnógrafo tendo em vista estabelecer comparações entre as mais distintas culturas. Tais comparações podem se operar no todo, porém, normalmente apenas alguns aspectos são comparados, evitando generalizações que dificilmente retratariam a realidade destas sociedades.

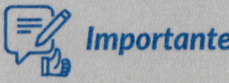

> **Importante**
>
> O etnógrafo é o especialista que faz o levantamento de dados que servirá de base às análises do etnólogo. O mais comum é que etnógrafo e etnólogo sejam a mesma pessoa, mas é plenamente possível que sejam pessoas diferentes.

7. Linguística. É o estudo científico das línguas. Ao contrário do apregoado pelo senso comum, a língua não é só um instrumento que possibilita a comunicação. Trata-se de um complexo que interfere na forma como os indivíduos, em determinada cultura, pensam e agem. É um produto e ao mesmo tempo uma fonte de concretude à cultura, estudada de maneira relativamente autônoma (em relação às outras áreas da antropologia).

8. Folclore. É o estudo da cultura espontânea de um grupo materializada em eventos (festas populares, cantigas, danças, lendas etc.), que de alguma forma quebram a rotina restrita (mas integram a ampla) de determinada sociedade. São fenômenos indissociáveis e característicos de uma cultura específica. Tais estudos visam relacionar as dimensões espaciais, temporais e funcionais do evento.

> **Exemplos**
>
> Da Cultura brasileira em sentido amplo, podemos citar: Bumba meu boi, Bonecos de Olinda; Frevo; Festa do Divino, Folia dos Reis, Maracatu etc.

9. Antropologia social. É o estudo dos processos culturais de cunho social com ênfase nas instituições. Busca-se o conhecimento das relações sociais em todos os âmbitos (familiar, econômico, jurídico, mágico, político) e o entendimento de quais regras se ocultam e estruturam tais relações. O indivíduo (e sua personalidade) só é relevante na medida em que se torna um elemento destes processos, ficando, na Antropologia Social, relegado a um segundo plano. Por estas razões, este é o ramo da Antropologia que mais se aproxima da Sociologia, fazendo uso, inclusive, de teorias e autores comuns.

10. Cultura e personalidade. Em oposição à irrelevância da personalidade do indivíduo para a Antropologia Social, surge este ramo da Antropologia cultural que se ocupa precipuamente da personalidade individual, atribuindo-lhe *status* de objeto de estudo enquanto meio de compreensão sociocultural.

Para seus adeptos, o indivíduo é um elemento modificador e criador da cultura, além de ser muito influenciado pela mesma. Desta sorte, ao se estudar sua personalidade, seria possível extrair algumas características da própria cultura que o influenciou.

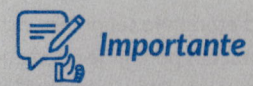

> **Importante**
>
> Esta vertente da análise antropológica se aproxima da Psicologia, sem se confundir com a mesma. Nela, a personalidade do indivíduo só é relevante enquanto meio para se entender dado aspecto da cultura

e sociedade na qual se insere o mesmo, ao passo que na Psicologia, o conhecimento da personalidade é o próprio objeto.

11. Métodos do estudo antropológico. Como é característico das ciências, a Antropologia, ao longo dos séculos, desenvolveu e aprimorou alguns métodos próprios de análise e recolhimento de dados.

Método	Características
Histórico	Busca de causas e explicações para determinada ocorrência social em outras que incidiram anteriormente. Reconstrução cultural a partir da qual se observam as modificações culturais sofridas.
Estatístico	Perquirição de significados e interpretações de fenômenos específicos por meio da análise quantitativa dos dados.
Etnográfico	Coleta e descrição exaustiva de dados por meio da observação.
Etnológico	Análise de dados coletados na Etnografia a partir da qual se estabelecem comparações entre culturas e sociedades distintas.
Monográfico	Estudo aprofundado e complexo acerca de um caso específico que pode, por indução, revelar características culturais gerais.
Genealógico	Estudo da estrutura familiar e suas relações internas com vista à influência destas na cultura e na sociedade como um todo.
Funcionalista	Análise que pressupõe que cada unidade da cultura tem uma função. A partir desta premissa, objetiva determinar e descrever tais funções.

III Cultura

1. Conceito. Conforme ensina Roque de Barros Laraia, a palavra *cultura* é uma tradução da construção de Edward Tylor que, no século XIX, uniu o termo germânico *kultur* (todos os aspectos mágico-espirituais de uma comunidade) e o francês *civilization* (realizações materiais de um povo) gerando o vocábulo inglês *culture*. (*Cultura: um conceito antropológico*. 14. ed. Rio de Janeiro: Jorge Zahar editor, 2001, p. 14)

Engloba todas as possibilidades humanas de realização, tanto no campo físico, quanto no metafísico e por essa razão é empregado por grande parte dos antropólogos para nomear o objeto de estudos da Antropologia.

> **Importante**
>
> Para Edward Tylor, Cultura é "todo complexo que inclui conhecimentos, crenças, Arte, Moral, leis, costumes ou qualquer outra capacidade ou hábitos adquiridos pelo homem como membro de uma sociedade" (*Primitive Culture*. Londres: John Mursay, 1958, p. 1). Tal definição ainda se mantém adequada e atualizada.

2. Teorias sobre o surgimento da cultura. Descobrir o momento em que o homem se diferenciou dos demais animais passando a produzir e se influenciar pela cultura ensejou uma série de teorias, apresentadas a seguir:

Teoria	Momento da transformação em ser cultural
Cérebro Volumoso	Quando ocorreu o crescimento do cérebro com o consequente aumento no volume da caixa craniana. Anos mais tarde novos estudos comprovaram que a capacidade intelectual não guarda nenhuma relação com o tamanho do cérebro ou com a capacidade volumétrica da caixa cerebral, mas com a quantidade e qualidade de conexões cerebrais.
Bipedismo	Quando o homem passou a andar sobre duas pernas ficando com as mãos livres para a criação de instrumentos. Essa liberdade para as mãos teria gerado uma percepção tátil tridimensional. Macacos podem se movimentar sobre duas patas e possuem a referida percepção tridimensional e nem por isso são seres com cultura desenvolvida, razão pela qual esta teoria foi descartada pouco tempo depois de sua proposição.
Alfred Kroeber	Quando o homem passou a se exprimir, ensinar e aprender. O problema desta teoria é que o autor acreditava que houve um salto em determinado momento da evolução, advindo provavelmente de uma alteração orgânica. Ocorre que não há qualquer estudo científico que indique a possibilidade desta ocorrência, ao contrário, muitos apontam para o ineditismo e impossibilidade de um evento desta natureza.

Teoria	Momento da transformação em ser cultural
Leslie White	Quando o homem foi capaz de gerar e compreender símbolos. Para o autor, o que diferencia homens de animais é justamente a capacidade de gerar e atribuir significado a determinados símbolos e esta capacidade ensejaria o início da cultura.
Levi-Strauss	Quando o homem convencionou a primeira regra que seria a proibição do incesto. O autor defende que na natureza, a lei é a do mais forte, e que uma prova da existência da cultura seria justamente uma regra construída para conter o mais forte.

3. Homens e os outros animais. A diferenciação entre homens e outros animais consiste basicamente em sua capacidade exclusiva de:

a) acumular experiências e transmiti-las;

b) modificar e renovar seu comportamento de maneira a adaptarem-se às necessidades;

c) sofrer influência muito mais severa da cultura que dos instintos;

d) utilizar linguagem extremamente complexa e oral;

e) construir e empregar instrumentos.

Resumindo

A diferença existente entre homens e animais repousa na capacidade singular de produzir e se influenciar pela cultura.

4. Cultura x Instinto. É comum atribuir determinado comportamento a uma satisfação instintiva. Fala-se em instinto de preservação, de procriação (perpetuação da espécie), materno, filial etc. Não obstante, a cultura é capaz de subjugar, nos seres humanos, todos estes instintos animais.

> Não faltam exemplos históricos para comprovar esta tese. Como falar em instinto de preservação em havendo pessoas que se suicidam por uma causa? Ou em instinto materno ou filial em casos em que filhos atentam contra a vida dos pais e vice-versa? Ou ainda em instinto de procriação com a existência de voto de castidade?

Os seres humanos apresentam uma relação instinto/capacidade de aprendizagem inversa a dos animais. Nestes, o instinto é preponderante e a capacidade de aprender é muito pequena. Nos humanos, os instintos assumem uma proporção muito reduzida e a capacidade de aprender é preponderante. Por isso, ao se inserir um bebê de origem sueca na cultura brasileira, não há dúvida de que ele absorverá os costumes e hábitos característicos da cultura da região.

Importante

Os instintos animais reconhecíveis nos seres humanos são inibidos pela cultura, que se apresenta como a influência comportamental prioritária.

5. Processos de modificação cultural. A cultura apresenta uma característica notável e geral: a modificação em virtude do tempo. Não existem relatos de uma cultura que permaneceu inalterada ao longo de séculos. Há uma série de processos responsáveis por estas mudanças, dentre os quais é possível destacar:

Processo	Ocorrência	Exemplo
Extinção	Desaparecimento completo de uma cultura. As ocorrências de que se tem notícia foram geradas em virtude de doenças, desastres naturais ou extermínio (por guerras e invasões).	Populações Inca, Maia e Asteca, que habitavam a América à época da chegada dos europeus. Estima-se que a população Maia tenha passado de 13 milhões antes de ser extinta.
Endoculturação	Processo pelo qual o indivíduo absorve e interioriza a cultura de seu grupo.	Criança que aprende os costumes de sua família.
Inovação/Invenção	Criações de origem humana que se propagam por gerações tornando-se parte integrante do arcabouço cultural de determinada sociedade.	Formas e utensílios usados para comer no Japão.
Difusão	Transmissão cultural concluída. Influência de uma cultura em outra – empréstimo de suas características.	Redes de *fast food* no Brasil.
Aculturação	Fusão de culturas diferentes ainda em curso. Modificações nos padrões culturais por meio do contato entre duas culturas.	Influência árabe na Espanha.
Eliminação Seletiva	Um traço cultural somente sobrevive enquanto for o que melhor efetiva sua função dentro do sistema. Aparecendo um novo mais eficaz, o anterior é abandonado.	Substituição da escrita e reprodução manual de livros pela mecânica.

IV | Determinismo, Etnocentrismo e Alteridade

1. Determinismo – Conceito. É a teoria a qual preconiza que a vontade humana se apresenta irremediavelmente submetida e determinada por leis necessárias e imutáveis. Desta forma, o homem seria predeterminado por fatores externos e sua percepção de liberdade de escolha não passaria de uma ilusão.

A depender da natureza do fator condicionante, o determinismo pode se apresentar em três vertentes:

a) Determinismo biológico;
b) Determinismo geográfico;
c) Determinismo social.

Importante
Apesar de há muito superada, a escola determinista ainda possui adeptos. Não obstante, para a Antropologia, muitos fatores influenciam o comportamento humano, mas nenhum, isoladamente, é determinante.

2. Determinismo biológico. Trata-se de atribuir o condão de estabelecer a submissão inexorável do homem e suas vontades às diferenças genéticas. Atualmente, com os avanços no mapeamento genético, novamente se retoma a possibilidade de prever o comportamento humano em virtude da análise biológica.

Tal teoria foi empregada como justificativa e embasamento "científico" do Nazismo e de grande parte do extermínio ocorrido na segunda guerra mundial.

Importante
Não há qualquer indício científico que permita estabelecer uma relação direta entre o comportamento humano e qualquer caractere biológico.

3. Determinismo geográfico. Esta espécie de determinismo considera que as diferenças do ambiente físico condicionam a diversidade cultural. No entanto, a partir de 1920, antropólogos como Franz Boas, Clark Wissler, Alfred Kroeber, entre outros, refutaram este tipo de determinismo e demonstraram que existe uma limitação na influência geográfica sobre os fatores culturais

(Roque de Barros Laraia. *Cultura: um conceito antropológico*. 14. ed. Rio de Janeiro: Jorge Zahar editor, 2001, p.12).

> **Resumindo**
>
> Apesar de reconhecer a influência do ambiente físico na cultura, a Antropologia contemporânea não aceita que esta seja determinante do comportamento humano.

4. Determinismo social. Os partidários desta vertente afirmam que o ambiente social condiciona o comportamento humano, não restando espaço para a escolha do indivíduo. No Brasil, tal teoria está impregnada no senso comum ao ponto de promover discriminações.

> **Exemplo**
>
> Não é incomum relacionar o morador de comunidades carentes nas quais existe o tráfico de drogas, ao traficante. Tal associação é fruto do determinismo social e chega ao absurdo de se considerar que todas as crianças que ali residem e que por ventura tenham contato com traficantes, fatalmente se tornarão traficantes.

5. Etnocentrismo. É uma tendência natural do homem que consiste em analisar o fenômeno sob o seu ponto de vista. Quer dizer, a partir de sua cultura, o homem valora as demais, o que significa dizer que o certo e o errado e o bom e o ruim são categorias valorativas relativas à cultura da qual faz parte o observador.

No fenômeno do etnocentrismo, há uma tentativa de se transferir a lógica pela qual se pauta o próprio sistema cultural ao outro. Roque de Barros Laraia traz como exemplo a autodenominação de diferentes grupos:

a) os Cheyenne, índios das planícies norte-americanas, se autodenominavam "os entes humanos";

b) os Akuáwa, grupo Tupi do Sul do Pará, consideram-se "os homens"; os esquimós também se denominam dessa forma;

c) os Navajos se intitulavam "o povo";

d) os australianos chamavam as roupas inglesas de "peles de fantasmas", pois não acreditavam que os ingleses fossem parte da humanidade;

e) os Xavantes acreditam que o seu território tribal está situado bem no centro do mundo. (op. cit., p.38)

Pelo exposto, percebe-se que a crença no povo eleito, predestinado por seres sobrenaturais para ser superior aos demais, é bastante comum. Tais crenças contêm o germe do racismo, da intolerância, e frequentemente são utilizadas para justificar a violência praticada contra os outros.

Antropologia Jurídica | **431**

6. Alteridade. Nome dado à condição de que desfruta o outro, o diferente. Trata-se de uma situação que se constitui por meio do contraste do eu com o outro. Na Antropologia, a questão da alteridade toma uma dimensão nunca antes imaginada, na medida em que sociedades inteiras tiveram contato com outras absolutamente diferentes.

Só mediante o contato com o outro é possível estabelecer o eu, que se constitui justamente na diferença.

> **Importante**
>
> A alteridade é positiva até o momento em que se converte em preconceito e intolerância. Aceitar o outro e se reconhecer na diferença afastando as tendências etnocentristas é um desafio para todos, não só para os antropólogos.

7. Antes da Antropologia científica. Com o advento das grandes navegações (século XVI) e consequentemente, com a descoberta de novos povos pelos europeus, surge a seguinte dúvida: os índios são animais ou humanos? O que, na época, se resumia em determinar se eles possuíam ou não alma (critério religioso).

Atualmente estas perguntas são absurdas e inconcebíveis, mas na época mobilizaram filósofos, juristas, clérigos e membros da realeza. Para responder a este questionamento se elevaram duas doutrinas:

a) Doutrina da igualdade;
b) Doutrina da desigualdade.

> **Importante**
>
> O debate travado, aparentemente de cunho filosófico, oculta o desejo da nobreza de explorar os nativos dos territórios recém-descobertos e os da Igreja Católica em expandir seu domínio.

8. Doutrina da Desigualdade x Doutrina da Igualdade. A recusa do estranho (doutrina da desigualdade) repousa em uma boa autoimagem de si e de sua sociedade. Já a fascinação pelo estranho (doutrina da igualdade) se baseia em uma má autoimagem e num senso crítico apurado o bastante para perceber que o novo pode conter características desejáveis e aproveitáveis.

Este embate toma sua forma mais concreta em 1550 em Valladolid, Espanha, no debate entre o jurista e filósofo Gines de Sepúlveda (adepto da doutrina da desigualdade) e o padre dominicano Bartolomé de Las Casas (adepto da doutrina da igualdade). Na verdade, o cerne da discussão girava sobre a possibilidade dos índios serem ou não escravizados e cada qual elencou os seguintes argumentos na defesa de suas teses:

Sepúlveda	Las Casas
O escravo é um ser intrinsecamente inferior, que nunca poderá ascender à posição de senhor, pois lhe falta em parte a razão que é, justamente, o que define o homem. Posição ideológica oriunda de Aristóteles.	Todos podem, sem exceção, tornarem-se cristãos.
Há homens que nascem senhores e os que nascem escravos.	As diferenças de fato não correspondem a diferenças de natureza.
Desigualdade é sinônimo de inferioridade – quem não é igual, é inferior.	Quem não é igual, é inferior, mas pode evoluir (basta a conversão).
O estado natural da sociedade humana é a hierarquia e não a igualdade.	Existe o crente e o descrente, cristão e não cristão e é isso que diferencia os homens.
Os índios devem ser escravizados.	Os índios não podem ser escravizados.

9. Resultado do debate. Depois de ouvirem longos discursos, especialmente o de Las Casas, que durou cinco dias, os juízes exaustos se separam e não tomaram uma decisão oficial. Porém, pode-se dizer que Las Casas saiu vitorioso já que Sepúlveda não obteve a autorização de publicar o seu livro e os índios não foram escravizados.

Resumindo

Ambos acabam vendo a diferença como inferioridade, mas Las Casa acredita que o índio pode evoluir ao se tornar cristão enquanto Sepúlveda acredita que a inferioridade indígena é natural e intransponível.

V | Escolas Antropológicas – Evolucionismo

1. Surgimento e objeto. A Antropologia científica se inicia com a Escola Evolucionista, no século XIX. Esta surge com o objetivo de analisar os mais variados aspectos (Economia, Política, Religião...) das sociedades chamadas de *primitivas* na tentativa de se construir leis universais do desenvolvimento da humanidade com base em critérios ocidentais acerca do que é ou não avançado.

A maioria dessas sociedades foi descoberta em virtude das grandes navegações. Dado seu menor grau de complexidade e poderio bélico, foram analisadas como se equivalessem a uma fase primária e embrionária da própria sociedade europeia. Ou seja, eram análogas aos europeus em uma fase primária da evolução – daí o nome da escola antropológica – Evolucionismo.

> *Importante*
>
> Para os evolucionistas, todas as sociedades partem de um mesmo ponto original e se desenvolvem passando necessariamente pelos mesmos estágios. Posto o etnocentrismo que ofuscava a ciência da época, o estágio máximo de desenvolvimento era o do europeu.

2. Princípios analíticos. Os antropólogos evolucionistas partiam de algumas premissas, para seus estudos, como as que seguem:

a) existe apenas uma espécie humana, que se desenvolveu em ritmos diferentes gerando sociedades mais ou menos evoluídas (sucessão unilinear);

b) os europeus são os mais evoluídos (etnocentrismo) e as outras sociedades estariam no equivalente à infância ou à adolescência em relação à civilização europeia;

c) todo dado observado corresponde a um suposto estágio da evolução, já que o processo de evolução é o mesmo para todos só diferindo o estágio de cada sociedade;

d) há três estágios da evolução pelos quais todas as sociedades passam: selvageria, barbárie e civilização;

e) não há nenhuma predisposição irresistível que condicione o indivíduo.

> *Resumindo*
>
> Para o evolucionista, não existe a noção de culturas múltiplas e individualizadas. Há apenas uma cultura e uma história linear (sucessão unilinear) e cada sociedade se encontra em um ponto desta linha evolutiva.

3. Principais autores e obras da Antropologia evolucionista:

a) Lewis Morgan (1818-1881): *A sociedade antiga* – 1877;

b) Edward Tylor (1832-1917): *A cultura primitiva: sobre o conceito de cultura* – 1871;

c) James Frazer (1854-1941): *O ramo de ouro* – 1890.

4. Lewis Morgan (1818-1881).

Fundador da antropologia social e do estudo do parentesco, analisou com maior ênfase o papel das relações sociais, enquanto sistemas, na evolução da cultura. Foi dos primeiros pesquisadores a realizar pesquisa de campo.

Afirmava que no início da evolução, as sociedades são formadas ao redor de *genos*, grupamentos humanos fechados e unidos por laços de parentesco e solidariedade. Nas comunidades gentílicas (formadas por *genos*) não há propriedade privada e os membros do grupo realizam as tarefas necessárias à sobrevivência do todo tendo por base o apoio mútuo.

O enfraquecimento do princípio da solidariedade e a diminuição dos *genos* gera a necessidade de se estabelecer um terceiro (poder) que garanta as relações interfamiliares. Neste momento surge a organização em formato de cidade (*polis*), ao redor de um Estado embrionário, que assume a função de terceiro garante. Esta nova forma de organização social se mostraria mais adequada para lidar com o contínuo aumento na complexidade das relações sociais diretamente proporcional a evolução das mesmas.

Morgan dividiu a linha evolutiva da cultura em três períodos de acordo com o desenvolvimento de algumas características e técnicas específicas:

Evolução Cultural ↑

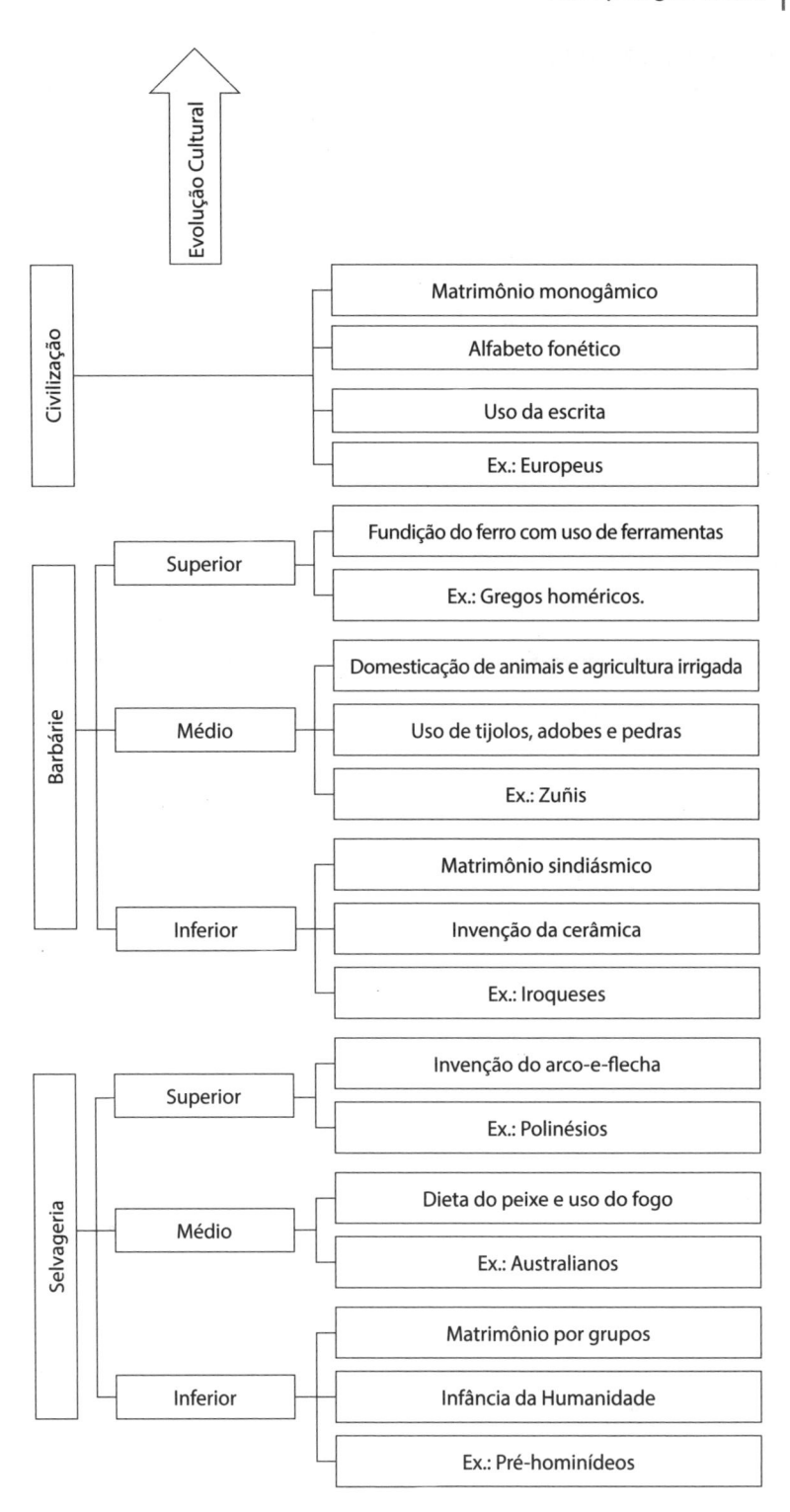

- **Civilização**
  - Matrimônio monogâmico
  - Alfabeto fonético
  - Uso da escrita
  - Ex.: Europeus

- **Barbárie**
  - **Superior**
    - Fundição do ferro com uso de ferramentas
    - Ex.: Gregos homéricos.
  - **Médio**
    - Domesticação de animais e agricultura irrigada
    - Uso de tijolos, adobes e pedras
    - Ex.: Zuñis
  - **Inferior**
    - Matrimônio sindiásmico
    - Invenção da cerâmica
    - Ex.: Iroqueses

- **Selvageria**
  - **Superior**
    - Invenção do arco-e-flecha
    - Ex.: Polinésios
  - **Médio**
    - Dieta do peixe e uso do fogo
    - Ex.: Australianos
  - **Inferior**
    - Matrimônio por grupos
    - Infância da Humanidade
    - Ex.: Pré-hominídeos

5. Edward Tylor (1832-1917). Antropólogo evolucionista inglês pioneiro no desenvolvimento do conceito de cultura (e da própria construção da palavra *cultura*). Também o foi quanto à valorização e sistematização dos aspectos não materiais da cultura tais como crenças, costumes, ideologias etc.

Utilizava, em suas análises, um modelo comparativo que denominou de *aritmética social*. Tal modelo era empregado para comparar costumes e práticas sociais estabelecendo relações entre eles.

Elaborou a teoria do *animismo*, que defende a existência de vida, personalidade e alma em objetos e seria essa essência da religião primitiva. Formulou também uma curta definição de religião: "uma crença no sobrenatural" que contém o cerne de todas as religiões (credulidade naquilo que escapa à compreensão humana) (Olney Queiroz Assis; Vitor Frederico Kümpel. *Manual de Antropologia Jurídica*. São Paulo: Saraiva, 2011, p. 67).

> **Importante**
>
> Tylor criou o significante e o significado de *cultura* empregados até os dias atuais, além da análise comparativa (*aritmética social*) e da teoria sobre a origem da religião primitiva (*animismo*).

6. James Frazer (1854-1941). Criador de uma vastíssima obra (mais de 12 volumes), defendia que o pensamento humano evolui da magia para religião e desta para a ciência.

O homem primitivo tentaria, por meio de rituais (magia), controlar o mundo natural que o envolve. Quando percebe as limitações de sua magia, passa a adorar criaturas que a possuem em muito maior quantidade (divindades) e que efetivamente podem alterar a natureza que o cerca. Esta percepção e mudança de paradigma marca a passagem da magia à religião.

Avançando mais na linha evolutiva, a sociedade se dará conta de que há razões por trás dos fenômenos naturais e métodos mais ou menos capazes de alterá-los ou prevê-los e passará a buscá-los substituindo seus deuses por este conhecimento – ciência.

A ciência não deixa de ser um retorno à magia, mas se utilizando de técnicas mais eficazes à obtenção do resultado almejado. Em ambas, ao contrário do que ocorre na religião, o sujeito busca o resultado. Somente na religião há o pedido de auxílio sobre-humano.

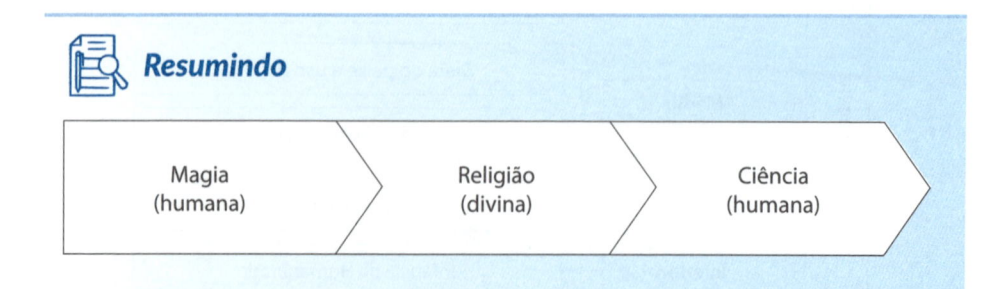

> **Resumindo**
>
> Magia (humana) → Religião (divina) → Ciência (humana)

7. Crítica ao evolucionismo. São três as principais críticas ao evolucionismo apontadas por vários autores, dentre os quais se pode destacar Franz Uri Boas:

Aspecto	Crítica
Método	Praticamente não havia pesquisa de campo. Era comum ao antropólogo evolucionista realizar suas análises, de dentro de seu gabinete, a partir de relatos e descrições absolutamente sem rigor metodológico.
Etnocentrismo	O evolucionismo media o "atraso" de um povo em relação aos critérios estabelecidos pelo Ocidente do século XIX, ou seja, pelo progresso técnico e econômico dos europeus. Desta sorte, não é difícil imaginar que somente eram comparados aspectos e valores que dariam "vantagem" ao europeu.
Justificativa à Colonização	O evolucionismo serviu como justificativa teórico-científica para o colonialismo. Ou seja, a justificativa oficial da colonização da África, da Ásia e da Oceania era a necessidade de ajudar outros povos a "evoluir", o que ocultou o escopo real dos europeus que era saquear, explorar e obter lucro de todas as formas possíveis.

VI | Escolas Antropológicas – Difusionismo

1. Surgimento. Escola antropológica que vigorou por um curto período (1900-1930) percebendo seu apogeu na década de 20. O nome da escola é oriundo do termo inglês *diffuse* que significa disseminar, difundir.

Os difusionistas acreditavam que as culturas possuíam uma pequena capacidade de autoinovação (autóctone) e que suas modificações decorriam principalmente da influência de outras culturas. Assim sendo, o desenvolvimento, alteração ou manutenção de uma dada cultura dependeria de uma maior ou menor ocorrência da *difusão cultural*.

> **Importante**
>
> Difusão cultural é o nome dado ao processo no qual se operam os empréstimos e influências de uma cultura em outra.

2. Difusionismo inglês. Também chamado de *hiperdifusionismo* por se tratar da vertente mais radical do difusionismo. Os antropólogos ingleses da época foram muito influenciados por descobertas arqueológicas que indicavam a antiguidade da cultura egípcia e seu desenvolvimento em diversos campos: agricultura irrigada, artes, organização social e religião.

A partir destas descobertas, concluíram que todas as culturas se originaram da egípcia antiga e se constituíram enquanto variantes desta. O hiperdifusionismo foi rapidamente abandonado, mesmo na Inglaterra, dada a precariedade científico-metodológica de sua proposição.

> **Resumindo**
>
> Para os antropólogos difusionistas ingleses, os egípcios teriam espalhado sua cultura, por meio de pequenos grupos de viajantes. Esta seria a origem de todas as culturas do mundo.

3. Difusionismo alemão. Diferentemente da inglesa, esta vertente acreditava que a cultura emanou de vários pontos distintos. Os núcleos provedores de cultura teriam ampliado sua área de abrangência e influência por meio de sucessivas migrações. A interação entre estes núcleos de influência, também chamados de *círculos culturais (Kulturkreise)*, seria a responsável pelo modelo cultural atual.

Era mais refinada do que a versão inglesa na medida em que apresentou algum grau de preocupação com a pesquisa histórica e com o método. Porém, logo foi abandonada dada a incapacidade em demonstrar como os círculos de cultura se originaram e como se difundiram por territórios tão distantes (Marconi & Presottto. *Antropologia: uma introdução*. 7. ed. São Paulo: Atlas, 2010, p. 252).

> ### Exemplo
> A geração do fogo foi descoberta pelo clã "A" e passada aos demais por meio da expansão do círculo cultural deste clã. O mesmo teria ocorrido com a roda no clã "B". Dadas as migrações, indivíduos do clã "A" encontram com os do clã "B" e trocam estas tecnologias ambos passando a conhecer a geração da roda e do fogo. Assim, a cultura atual seria fruto do encontro dos círculos culturais (difusão) disseminados por meio das migrações.

4. Difusionismo norte-americano. Os difusionistas norte-americanos buscavam a compreensão da cultura a partir da reconstrução histórica dos processos difusionistas que influenciaram na sua formação. Seus teóricos levantavam, por meio da pesquisa de campo, informações relevantes sobre aspectos culturais bem delimitados.

Ao contrário das outras duas vertentes difusionistas, esta não se preocupou com explicações acerca da origem da cultura, elegendo aspectos pontuais como objeto de pesquisa. Além disso, não acreditava que a influência da criação humana fosse desprezível enquanto fator de modificação cultural, atribuindo à inovação relevância enquanto processo de transformação cultural.

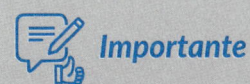

> ### Importante
> Os antropólogos difusionistas norte-americanos foram os maiores opositores à escola evolucionista. A partir desta oposição foi possível expurgar os princípios evolucionistas das análises antropológicas.

5. Franz Uri Boas (1858-1942). Antropólogo alemão naturalizado americano, foi o maior crítico dos evolucionistas ao demonstrar que distorciam as ideias de Charles Darwin (*A origem das espécies*) aplicando-as a uma ciência humana sem levar em consideração as diferenças primárias entre as duas ciências (antropologia e biologia). Tal crítica pôs um ponto final ao Evolucionismo enquanto escola antropológica.

Ponderava que a pesquisa de campo era indispensável ao estudo antropológico, mostrando que o etnólogo deveria ser, antes de tudo, um etnógrafo. Em 1883 inaugurou a junção entre etnógrafo e etnólogo ao partir para a Ilha Baffin para estudar os esquimós (Inuits).

Defendia um rigor extremo na coleta de dados e a necessidade de conhecer a língua do nativo. Em outras palavras, tudo que fora observado em campo possuía relevância e deveria ser considerado meticulosamente na reconstrução histórica de dado fenômeno cultural e somente seria possível fazê-lo, conhecendo a língua empregada na cultura estudada.

É considerado por muitos como pai da Antropologia Cultural Americana ou Escola Cultural Americana por considerar a existência de várias culturas (ao invés de uma) que se desenvolvem de formas diferentes, em espaços diferentes, ao longo do tempo.

> **Resumindo**
>
> Boas pôs fim ao Evolucionismo, defendeu a existência de várias culturas e a imperatividade da pesquisa de campo para o estudo antropológico.

6. Contribuições da escola antropológica difusionista:

a) Reação ao evolucionismo;

b) Percepção da ocorrência de empréstimos interculturais advindos de contatos culturais;

c) Noção de círculos culturais de influência (escola alemã);

d) Formulação de conceitos instrumentais ainda válidos (escola norte-americana).

7. Críticas ao difusionismo. Assis e Kümpel apontam as seguintes críticas em seu Manual de Antropologia Jurídica (São Paulo: Saraiva, 2011, p. 103).

a) No afã de se opor o evolucionismo, negou a existência de elementos culturais universais;

b) Desconsiderava a subjetividade do indivíduo e sua importância na composição da cultura, acreditando que o mesmo nascia absolutamente vazio e seria preenchido pela cultura.

VII | Escolas Antropológicas – Funcionalismo

1. Surgimento e objeto. Na década de 30 do século XX, na esteira do já criticado difusionismo, surge uma nova escola antropológica. Ao contrário das duas anteriores (Evolucionismo e Difusionismo), o Funcionalismo não está preocupado em explicar origens ou processos históricos que culminaram em tal e qual cultura. Seu objeto é o funcionamento dos elementos componentes da cultura em determinado momento.

2. Princípios analíticos:
a) Cada elemento na cultura apresenta uma função que está sempre relacionada à satisfação de uma necessidade biológica (*teoria das necessidades*);
b) O elemento persiste inalterado enquanto não surge outro que desempenhe a mesma função de maneira mais adequada às necessidades existentes no momento;
c) Em surgindo elemento mais adequado, o antecessor é descartado, já que não subsiste, no sistema, a instituição desprovida de função;
d) Cultura e sociedade são um todo orgânico do qual as instituições são os órgãos, ou seja, a sociedade deve ser vista como um sistema completo;
e) Cabe ao antropólogo a análise do funcionamento de cada elemento deste sistema (instituições) e do sistema como um todo (cultura);
f) O elemento pode ser entendido em isolado; a cultura deve ser entendida enquanto conjunto de elementos constitutivos;
g) Funcionamento e elemento se modificam com o tempo, mas os sistemas são estáveis, ou seja, as sociedades tradicionais não apresentam conflitos.

3. Principais autores:
a) Bronislaw Malinowski (1884-1942). *Argonautas do pacífico Ocidental* – 1922;
b) Alfred Reginald Radcliffe-Brown (1881-1955). *Estrutura e função na sociedade primitiva* – 1952.

4. Bronislaw Malinowski. Fundador da escola funcionalista e criador da *observação participante*, método fundamental da Antropologia empregado até os dias de hoje.

Na mesma época em que Boas estudou os Inuits, Malinowski foi à Austrália estudar os aborígenes. Lá desenvolveu seu método que consistia em passar por um processo de aculturação tão intenso ao ponto de se tornar possível estranhar a própria cultura e internalizar a da sociedade estudada.

Tal processo se faria necessário para apreender a lógica particular da cultura – algo que só poderia ser feito de dentro para fora e a partir de categorias criadas pela própria cultura analisada (e não por meio das categorias pertencentes à cultura do pesquisador).

Ao contrário de Boas, que registrava e se preocupava com tudo dentro da cultura analisada, Malinowski acreditava que mediante um único objeto, costume ou instituição, seria possível entender todo o funcionamento de uma sociedade.

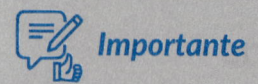

> **Importante**
>
> Para Malinowski, cultura é um ambiente artificial e secundário, criado pelo homem para satisfazer suas necessidades primárias originárias da própria natureza.

5. Radcliffe-Brown. Discorda de Malinowski quanto ao objeto de análise, que não seriam as instituições, mas a estrutura sociocultural. Também se afasta da noção de satisfação das necessidades biológicas.

Por isso, defende que a função de todas as instituições seria dar continuidade a estrutura social vigente. A base da referida estrutura social consiste na *família elementar* composta por pais e filhos. Nestas, haveria três tipos de relação: pai – mãe, pais – filhos e filhos – filhos.

Aproxima-se das ciências físicas e biológicas ao afirmar que as ciências sociais devem empregar o mesmo método destas.

6. Críticas ao funcionalismo. São apontados os seguintes pontos fracos da teoria funcionalista:

a) As premissas de estabilidade e ausência de conflitos, atribuídas às sociedades tradicionais, passaram a ser questionadas. O que se sabe hoje é que não existe nenhuma sociedade absolutamente estável ou sem conflitos;

b) É certo que o ser humano tende a satisfazer suas necessidades biológicas (comer, beber, respirar...), porém não é possível atribuir o funcionamento de toda uma sociedade aos regozijos destas necessidades primárias, posto que a própria cultura cria necessidades de outras ordens a serem satisfeitas por novas instituições;

c) Os funcionalistas ignoraram a importância do fenômeno da difusão e da história das culturas, o que torna suas conclusões absolutamente diacrônicas (presas a um momento no tempo) e locais (presas a um espaço).

VIII | Escolas Antropológicas – Configuracionismo

1. Surgimento e objeto. Também na década de 30 do século XX, como um desdobramento do Difusionismo. Foi proposta por alunos de Boas que continuaram suas pesquisas, mas sob outro enfoque: a busca pela individualidade, personalidade ou especificidade das culturas.

2. Princípios analíticos:

a) As culturas são constituídas pela influência e empréstimos de outras;

b) Apesar disso, cada qual se apresenta de maneira singular; possui uma individualidade;

c) A individualidade da cultura é o conjunto único de seus elementos em um dado tempo e espaço;

c) Todo comportamento cultural é simbólico, ou seja, significa algo além da mera ação em si;

d) As investigações devem se basear em pesquisa de campo a partir da observação de casos concretos.

3. Principais autores e obras:

a) Edward Sapir (1884-1939). *La Realité Psychologique des Phonèmes* – 1933.

b) Ruth Benedict (1887-1948). *Padrões de cultura* – 1934.

4. Edward Sapir. Linguista e antropólogo, Sapir uniu as duas ciências na tentativa de demonstrar a importância da linguagem. Muito além de mero instrumento apto a estabelecer comunicação, a linguagem seria um fator determinante na atribuição de sentido por parte do indivíduo bem como na forma como as sociedades se organizam e pensam.

Criticou o evolucionismo e o funcionalismo justamente por não perceberem o papel central exercido pela linguagem na construção da identidade cultural e da própria realidade individual.

Exemplo

Há culturas de esquimós que possuem vários nomes para o que denominamos de neve, dada a maior necessidade de compreender e isolar os diversos aspectos e possíveis variantes deste fenômeno natural – fundamental à sua existência. Assim, onde um europeu enxergaria apenas neve, um esquimó pode observar uma gama variada de elementos com características próprias atribuindo uma palavra para cada "tipo" de neve. Por isso, seria possível dizer que a linguagem limita nossa visão quanto à análise deste fenômeno e apreensão de sua realidade, já que só temos uma palavra que abarca todas as possíveis variantes.

5. Ruth Benedict. Criadora do conceito de *configuração cultural*. Defendia que a cultura não pode ser vista simplesmente como a somatória de todos os elementos que a compõe, mas como um todo uniforme e operante. A configuração seria um todo funcional, formado de partes em reciprocidade de ação (Marconi & Presottto. *Antropologia: uma introdução*. 7. ed. São Paulo: Editora Atlas, 2010, p. 261).

> **Resumindo**
>
> Mesmos elementos distribuídos de maneiras distintas (configurações diferentes) formam sociedades e culturas diferentes.

Classificava as culturas em:

a) Apolíneas: preocupadas com a aparência, com o comedimento e com a vida em grupo. Sociedades racionalizadas;

b) Dionisíacas: individualista, com tendências beligerantes, sensoriais. Sociedades espontâneas.

6. Críticas ao configuracionismo. São apontados os seguintes pontos fracos da teoria por Marconi e Presoto (idem, p. 261).

a) Há lacunas na demonstração da existência de um todo uniforme e operante – *todo cultural*;

b) Os mecanismos de integração cultural, responsáveis pela referida unificação e individualização da cultura, não foram explicados;

c) Os fenômenos estudados são convenientes à tese configuracionista, mas outros não se enquadrariam nos modelos analíticos criados;

d) Em decorrência disto, o configuracionismo pode ser bem empregado na análise de algumas culturas (que mais se aproximam do modelo proposto), mas não em todas.

IX — Escolas Antropológicas – Estruturalismo

1. Surgimento e objeto. Trata-se da escola antropológica predominante na atualidade. O Estruturalismo surge como crítica ao Funcionalismo, na medida em que afirma a impossibilidade de se analisar as sociedades por meio da função de suas instituições. A análise de função isoladamente não seria suficiente para compreender o complexo de combinações interinstitucionais que compõem determinada cultura.

Em contrapartida, aproxima-se dos funcionalistas na medida em que concorda com o fato de que só é possível conhecer dado grupo humano pela totalidade e complementariedade de suas instituições. Desta sorte, o objeto preferencial dos estruturalistas é o conjunto de relações sociais constitutivas dos modelos com os quais se tornará possível analisar a *estrutura social*.

Para conhecer uma cultura seria necessário compreender as suas *estruturas sociais*. E não é possível observar as referidas estruturas, mas somente seus efeitos.

> **Importante**
>
> Estrutura é o nome dado ao conjunto de relações sociais específicas de uma determinada organização da produção para a vida em grupo. Deve se comportar como um sistema fechado no qual a modificação de um elemento altere todos os demais.

2. Princípios analíticos. Para Claude Lévi-Strauss:

a) Toda estrutura é uma combinação de elementos, não sendo possível conhecer uma estrutura por meio de outras;

b) Toda estrutura é um conjunto determinado de relações organizado por regras internas passíveis de alteração;

c) A união de estruturas forma sistemas sociais complexos;

d) Devem-se empregar modelos eficazes para a análise cultural;

e) Modelo eficaz é aquele capaz de explicar todos os fatos observados em seu âmbito e de prever o resultado da alteração de um elemento no sistema.

> **Exemplo**
>
> São estruturas as relações de parentesco, religiosidade, produção etc.

3. Claude Lévi-Strauss (1908-2009). Lecionou na Universidade de São Paulo durante a década de 30 (século XX). Exilado, nos EUA, escreveu a obra tida como fundadora do estruturalismo: *As estruturas elementares do parentesco* (1949).

Strauss utiliza o termo estruturalismo e modelos da análise estruturais oriundos da linguística. Trata as relações sociais como a matéria-prima destes modelos.

Acredita que o desafio do antropólogo não é enxergar o que está colocado superficialmente ou é claramente perceptível (modelos conscientes), mas as causas ocultas e irrefletidas (modelos inconscientes) que geraram a ocorrência analisada. Estas causas seriam as estruturas que servem de base aos estudos culturais e só poderiam ser percebidas de fora do sistema.

Resumindo

A pesquisa antropológica deve ser objetiva, mas para tanto é necessário considerar as relações que se operam de maneira inconsciente no bojo da sociedade. Só é possível analisar as consequências em se conhecendo as causas, e estas estão em um nível muito mais profundo do que aquelas.

4. Críticas ao estruturalismo. Não há um conjunto de críticas contundentes o suficiente para gerar a substituição desta escola por outra. Desta sorte, o estruturalismo segue sendo a escola antropológica vigente e seus postulados norteiam os trabalhos do antropólogo pós-moderno.

X | Foucault e a Antropologia Jurídica

1. Noções introdutórias. Paul-Michel Foucault nasceu em 1926, na França, em uma família tradicional de médicos. Teve uma vida conturbada até os vinte anos, marcada pela dificuldade em se relacionar e por conflitos familiares e tentativas de suicídio que o levaram a um profundo conhecimento de si e de instituições psiquiátricas. Obteve reconhecimento acadêmico a partir da publicação do livro *História da loucura*, em 1961, sua tese de doutorado na Sorbonne.

Viajou ao Brasil mais de uma vez a convite de Gerard Lebrun – seu aluno e professor da Universidade de São Paulo. Em 1973, pronunciou uma série de conferências (na PUC-RJ) que deram origem ao livro *A verdade e as formas jurídicas* (1974). Tais conferências influenciaram profundamente o pensamento jurídico brasileiro. Porém, foi com *Vigiar e punir* (1975) que o autor se consolidou como uma das maiores referências da pós-modernidade no estudo das *estruturas* sociais. Faleceu em decorrência da AIDS em 1984, doença que tinha sido descoberta recentemente por um aluno de seu pai.

Importante

Muito se discute acerca do melhor enquadramento científico do autor: antropólogo, sociólogo, filósofo, literato. Sem entrar no debate, nesta obra, observaremos o tratamento antropológico com o qual o mesmo analisa determinadas *estruturas* sociais e as *funções* atribuídas às mesmas.

2. Arqueologia, História e verdade. Foucault concebia a verdade como uma das várias possibilidades de construção do poder. Esta não existiria fora do poder ou mesmo no plano metafísico, tratando-se de uma construção sociocultural de incumbência de algumas estruturas reconhecidas como aptas a estabelecê-la.

Neste sentido, percebe a História como um conjunto de verdades e como tal, parcial e dependente da visão daquele que a institui. Por isso, propõe uma *arqueologia do saber* ou *genealogia do conhecimento* que consistiria numa forma de reconstrução dos saberes, discursos e domínios a partir de pequenos fragmentos fáticos, sem a referência ao sujeito. Esta se oporia não à história, mas aos desdobramentos meta-históricos de significações ideais oriundos do historicismo.

Resumindo

A *genealogia* não se confunde com a história na medida em que não busca uma origem e nem significados atribuídos e modificados *a posteriori*, mas a reconstrução e inteligibilidade de um fenômeno em um momento do tempo.

3. Vigiar e Punir. Dentre as obras de Foucault analisadas e requisitadas nos cursos de graduação e concursos jurídicos, esta é certamente a de maior destaque. Por isso, será dada maior ênfase aos seus postulados e estrutura discursiva. *Vigiar e punir* é uma reconstrução *genealógica* das estruturas punitivas e suas funções.

O livro se divide em quatro partes, a saber:

a) Suplício;

b) Punição;

c) Disciplina;

d) Prisão.

4. Suplício. O capitulo inaugural da obra apresenta uma descrição detalhada dos suplícios sofridos por Damiens, na França (séc. XVIII), condenado à morte por matar o pai, e do regulamento da *Casa dos Jovens detentos em Paris*.

A partir destes dois fragmentos o autor demonstra que houve uma considerável modificação no sistema punitivo vigente na Europa, que passou do suplício dos corpos ao controle da utilização do tempo. No século XIX, ocorreu o abandono das práticas punitivas focadas na destruição do corpo e na espetacularização da pena.

> **Importante**
>
> A renúncia às práticas de suplício do corpo do condenado não se deu por questões humanitárias, mas pela percepção de que a violência das penas estimulava a violência do povo bem como sua banalização. O povo, brutalizado pelas penas, poderia se virar contra seus governantes empregando-as neles.

5. Punição. A partir do abandono do corpo, as penas passam a focalizar a reforma comportamental do indivíduo. Da mesma forma, a criminalidade que até então operava predominantemente contra a vida, passa a focar a economia, como reflexo da valorização das relações de propriedade e da evolução nos métodos de vigilância. O corpo deve ser preservado e o comportamento alterado e modulado para se adequar aos padrões vigentes.

> **Importante**
>
> À justiça criminal atribui-se a função de *punir* ao invés de *vingar*.
>
> *Punir* passa ser a arte do equilíbrio que consistiria em se encontrar o castigo mínimo, apto a gerar desvantagem suficiente à inibição do cometimento do delito.

6. Disciplina. É a técnica empregada para docilizar os corpos, ou seja, torná-los aptos à manipulação e aperfeiçoados para o trabalho. Este mecanismo reúne singularmente a utilidade e a obediência, relacionando-as de maneira diretamente proporcional.

O objetivo da disciplina é extrair o máximo possível das forças de produção minimizando os inconvenientes e riscos às ferramentas e materiais necessários à atividade econômica. Desta sorte, a disciplina serve ao programa capitalista de maximização da produção com a minimização dos desvios (que provocariam quebras na cadeia produtiva e nos rendimentos).

Para a consecução do adestramento dos corpos, foram criados mecanismos disciplinares empregados na maioria das instituições sociais tais como a família, escola, trabalho etc.

Mecanismos	Atuação	Exemplo
Vigilância hierárquica	Sistema de controle baseado em uma hierarquia social complexa responsável pela contínua existência de um superior responsável por garantir a otimização do tempo e da técnica do indivíduo.	Aluno → professor → coordenador → diretor → proprietário do estabelecimento.
Sanção normalizadora	Sanções e recompensas empregadas para corrigir e inibir eventuais desvios que comprometam a produtividade.	Advertência verbal → advertência escrita → suspensão → expulsão. Prêmio por produtividade ou assiduidade.
Exame	Junção da vigilância com a sanção. Consiste na análise subjetiva da eficácia do examinado na absorção/reprodução de uma verdade ou consecução de um objetivo. Trata-se de um mecanismo que permite avaliar, classificar e punir a partir do estabelecimento de verdades acerca do objeto da análise.	Provas da faculdade; exame de ingresso na Ordem dos Advogados etc.
Panoptismo	Modelo arquitetônico criado por Jeremy Bentham e amplamente utilizado na sociedade que consiste em estabelecer a percepção de vigilância irrestrita e ininterrupta. Ao se perceber vigiado, o indivíduo tende a não apresentar desvios. Inicialmente foi idealizado como modelo prisional composto por uma torre (com pequenas janelas) no centro de um anel composto por celas gradeadas. Dentro da torre permaneceriam os carcereiros que vigiariam os presos continuamente. Atualmente a torre e o anel foram substituídos por sistemas de monitoramento eletrônico (câmeras, tornozeleiras, GPS etc.), mas o princípio permanece inalterado.	Modelo arquitetônico de penitenciárias, escolas, fábricas, hospitais etc.

7. Prisão. Trata-se de uma aparelhagem para tornar os indivíduos dóceis e úteis a partir de uma confluência de tecnologias coercitivas do comportamento.

Tecnologias Coercitivas	Exemplo – Reformatório Mettray
Modelo da Família	Cada grupo de indivíduos constituia uma *família* composta por *irmãos*.
Modelo do Exército	Cada *família* era comandada por um chefe e se dividia em seções, cada qual com um subchefe.
Modelo da Oficina	Os chefes e contramestres asseguravam o enquadramento do trabalho e o aprendizado dos mais jovens.
Modelo da Escola	Uma hora e meia de aula por dia ministrada pelos subchefes e professores.
Modelo do Judiciário	A mínima desobediência deve ser castigada para evitar delitos mais graves.

> **Importante**
>
> A *forma-prisão* é muito anterior a sua previsão sistemática e generalizada nos códigos penais (como a pena por excelência), que só ocorreu no final do século XVIII e início do século XIX.

XI | Antropologia Brasileira

1. Noções introdutórias e trabalhos abordados. Neste capítulo serão apresentados estudos de renomados antropólogos que se dedicaram à análise da subjetividade e peculiaridade das relações interpessoais e institucionais do brasileiro com a norma. Com este intuito foram destacados os seguintes textos:

a) *Sabe com quem está falando? Um ensaio sobra a distinção entre indivíduo e pessoa no brasil*. Roberto DaMatta, 1979.

b) *O jeitinho brasileiro: a arte de ser mais igual do que os outros*: Lívia Barbosa, 1992.

c) *Sortilégio de saberes: curandeiros e juízes nos tribunais brasileiros (1900-1990)*: Ana Lúcia Pastore Schritzmeyer, 2004.

2. Sabe com quem está falando? Pressupõe duas posições sociais distintas. A primeira, teoricamente (ou faticamente) de superioridade do autor da pergunta e a segunda, de inferioridade do ouvinte. Tal prática é vista de maneira negativa pela sociedade e consiste em uma tentativa de impor um posicionamento por meio da exaltação de uma superioridade na relação social.

Deste conceito infere-se que esta interpelação é tida como um recurso ilegítimo e nefasto, sendo seu uso restrito e oculto; pois reflete sempre uma tentativa de resolução autoritária para uma situação conflitiva (e a sociedade brasileira parece avessa ao conflito). Desta sorte, nunca é percebido como característica social típica, mas como caractere negativo de um indivíduo.

A pesquisa de DaMatta demonstrou, ao contrário do que se poderia imaginar, que o uso desta expressão não é adstrito a uma determinada classe ou categoria social. Foram muitos os casos em que mulheres empregaram a identificação com seus maridos para estabelecer o distanciamento e empregados, a de seus empregadores.

Exemplo

"Você sabe com quem está falando? Eu sou esposa do juiz 'tal' ou motorista do general 'fulano'".

3. Hierarquia no Brasil. No mesmo estudo, DaMatta aborda a questão da hierarquia que se basearia tanto na intimidade social quanto na economia. Desta sorte, o eixo econômico básico de classificação seria entrecortado pelo eixo moral, diminuindo assim os conflitos sociais característicos da prevalência ou exclusividade do parâmetro econômico.

Em outras palavras, a questão fulcral na determinação da posição social hierárquica não é o dinheiro ou cargo, mas uma gama variada de fatores com fortes influências morais. Apesar de diminuir os conflitos, este modelo impede a percepção da horizontalidade das relações, ou seja, a identificação se dá com o superior e não com o igual.

> **Resumindo**
>
> O sistema hierárquico brasileiro é bastante complexo devido à concorrência de vários fatores (econômicos e morais) para o seu estabelecimento. Este modelo diminui os conflitos sociais na medida em que fomenta a identificação vertical.

4. Pessoa *versus* indivíduo. DaMatta desenvolve a tese de que o *"sabe com quem está falando?"* é uma forma de se transitar da noção de *indivíduo* à de *pessoa*. Ou seja, do anonimato/igualdade, para uma posição conhecida e diferenciada.

Indivíduo	Pessoa
Livre; tem escolhas; constrói as regras	Exerce uma papel social preestabelecido, ou seja, não tem escolhas e obedece às regras
Igual a todos	Complementar em virtude de seu papel
Possui espaço próprio	Preso ao espaço coletivo imposto socialmente
Apresenta consciência individual	Apresenta consciência social
A amizade é a base dos relacionamentos	A amizade é secundária e socialmente regrada
A lei se aplica	A lei não se aplica a este papel social

> **Importante**
>
> O brasileiro trabalha com uma dialética contínua: ora é pessoa, ora é indivíduo, o que gera uma série de tensões sociais representadas pelo *"sabe com quem está falando?"*. De um lado há o universo do indivíduo que se curva a uma lei geral; do outro a pergunta da pessoa que se indigna com a tentativa de aplicação da lei a ela.

5. O jeitinho brasileiro. Segundo a pesquisa da antropóloga Lívia Barbosa, esta expressão encerra uma forma especial de resolver um problema, que apela para o lado sentimental na tentativa de burlar a burocracia. A autora conclui que o *jeitinho* só existe porque o sistema burocrático brasileiro é rígido, ineficiente, intransigente e não dá espaço para o bom senso.

Nenhum dos entrevistados apresentou dúvida ou desconhecimento quanto ao significado do termo, o que sugere seu caráter universal (dentro da cultura brasileira) e consequentemente sua relevância. Além disso, conseguiram enunciar algumas estratégias e variantes relevantes na consecução do pedido:

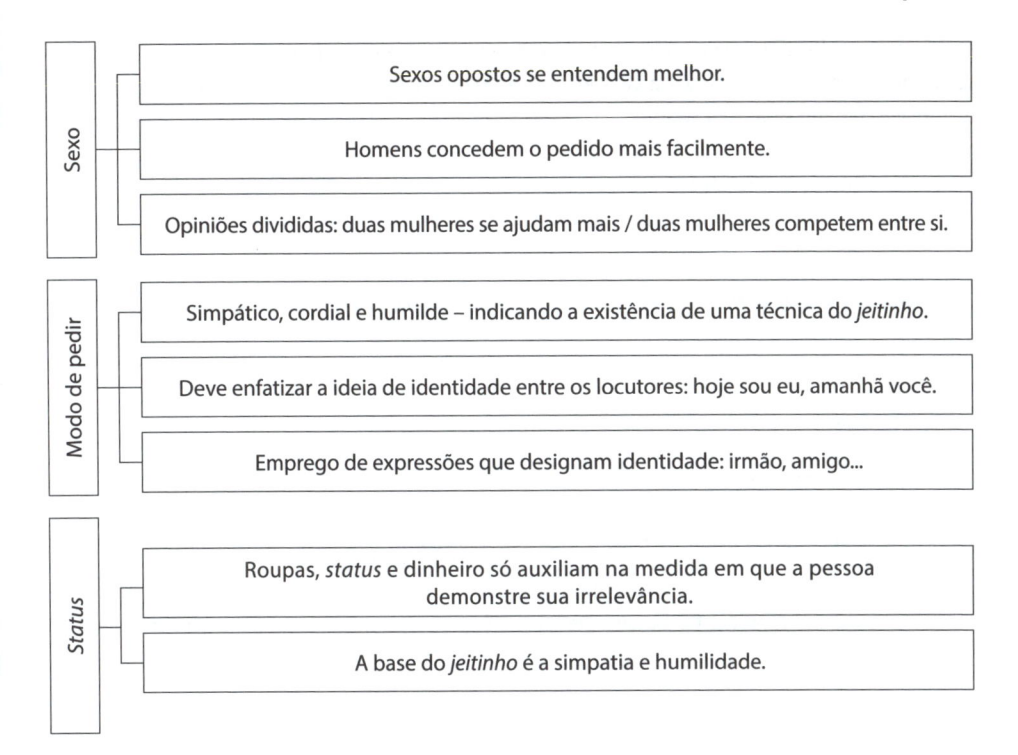

Sexo
- Sexos opostos se entendem melhor.
- Homens concedem o pedido mais facilmente.
- Opiniões divididas: duas mulheres se ajudam mais / duas mulheres competem entre si.

Modo de pedir
- Simpático, cordial e humilde – indicando a existência de uma técnica do *jeitinho*.
- Deve enfatizar a ideia de identidade entre os locutores: hoje sou eu, amanhã você.
- Emprego de expressões que designam identidade: irmão, amigo...

Status
- Roupas, *status* e dinheiro só auxiliam na medida em que a pessoa demonstre sua irrelevância.
- A base do *jeitinho* é a simpatia e humilidade.

6. Diferenças entre o *favor*, a *corrupção* e o *jeitinho*. As técnicas empregadas bem como as variantes apontam a proximidade do *jeitinho*, do *favor* e da *corrupção*. Porém, eles podem ser diferenciados da seguinte forma:

Jeitinho	Favor	Corrupção
Forma socialmente positivada e negativada	Forma socialmente positivada	Forma socialmente negativada
Envolve transgressão da norma e pouco dinheiro	Não envolve transgressão da norma e nem necessariamente dinheiro	Envolve transgressão da norma e muito dinheiro
Igualdade ou identificação entre quem dá e quem recebe	Envolve hierarquia e a noção de dívida	Envolve hierarquia e a noção de saldar a dívida
Pode ser pedido para desconhecidos	Só pode ser pedido para conhecidos	Pode ser ofertado a desconhecidos
Informal	Formal	Formal

7. Relação entre o *jeitinho brasileiro* e o *"sabe com quem está falando?"* Os estudos de Lívia Barbosa apontam para uma noção tipicamente brasileira: "a regra não se aplica ao meu caso". Esta noção gera tensões sociais e pessoais na medida em que, para cumprir a lei, seria necessário cortar os laços com a sociedade ao dizer não para o amigo. O *não* é signo de conflito e, como já foi dito, há algo na cultura brasileira que gera uma aversão ao conflito – mesmo a um pequeno conflito.

Em síntese, a cultura brasileira valoriza mais as *pessoas* que os *indivíduos* sendo o *jeitinho* a forma socialmente aceita de se relevar a *pessoa* e o *"sabe com quem está falando?"*, a negativada, conforme fica claro no quadro a seguir:

Sabe com quem está falando?	Jeitinho brasileiro
Negativo	Positivo
Resolução autoritária do conflito	Resolução amistosa do conflito
Ritual de separação	Ritual de aglutinação
Tendente à hierarquia	Tendente ao favor ou à corrupção
Não é valorizado e nem aceito socialmente	É valorizado e aceito socialmente
A posição social é fundamental. Não há anonimato quanto à pessoa	A posição social é, na maioria das vezes, irrelevante. É possível o anonimato
Emprego de recursos sociais. Ex.: sou chefe de tal setor	Emprego de recursos pessoais. Ex.: charme, carisma, simpatia, beleza etc.

8. *Sortilégio de saberes* – a Antropologia como instrumento do Direito. Nesta pesquisa, Schritzmeyer demonstra que ao longo do século XX, a teoria evolucionista, bem como o racionalismo, serviram para embasar "cientificamente" decisões jurídicas que tratavam de alguma forma de prática curativa mágico-religiosa proibida. Tal conclusão se baseou na análise de 233 acórdãos que abordavam os crimes de curandeirismo, charlatanismo ou exploração da credulidade pública (1900-1990).

Apesar de superada na época, a teoria evolucionista foi amplamente empregada por juristas e médicos brasileiros. Na maioria das vezes, foi (re)interpretada de maneira a servir como argumento para o autor da tese. Isto, pois convinha aos ideais de controle e contenção acentuadamente apregoados pela ordem jurídica vigente à época.

> **Importante**
>
> Antropólogos, sociólogos e psicólogos criaram tipologias(modelos) para prever e controlar comportamentos humanos (que até então eram tidos como aleatórios). Os resultados de algumas destas pesquisas foram ao encontro do que o Direito necessitava para legitimar-se cientificamente e, por isso, serviram como justificativa para muitas decisões, sendo amplamente empregados. As teorias e pesquisas que não serviram à ideologia jurídica vigente foram simplesmente descartadas pelos operadores do direito, não aparecendo nos acórdãos analisados.

9. A visão jurídica sobre as crenças mágico-religiosas. Para grande parte dos estudiosos do Direito do período, crenças em fenômenos mágico-religiosos seriam aberrações intelectuais e índice de simplicidade, sendo os crédulos, vítimas de seu próprio atraso cultural. Desta sorte, a vítima dos crimes de curandeirismo, charlatanismo ou exploração da credulidade pública era vista, de certa maneira, também como culpada pelos mesmos.

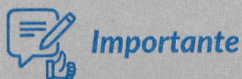

> **Importante**
>
> É notável a ausência de argumentos advindos da Escola Funcionalista nos acórdãos analisados. Tal ausência se justificaria pela impossibilidade de se manter a prevalência hierárquica da lei sobre os demais fatos sociais em uma abordagem funcionalista. Nesta abordagem, a lei, a magia e a religião se equiparariam enquanto fatos sociais – o que não seria interessante para os juristas da época.

METODOLOGIA DE PESQUISA CIENTÍFICA

O Conhecimento Humano

http://youtu.be/NlmbvNp5ANA

1. Conhecimento. Informação criada a partir de uma relação entre sujeito e objeto. Para Foucault, esta relação é sempre um ato de violência, pois para conhecer é preciso invadir, desfragmentar, violar o objeto. Kant percebia o conhecimento como algo subjetivo, pois seria formulado pelo sujeito e a partir de sua percepção, nunca emanando naturalmente e exclusivamente do objeto. Há vários tipos de conhecimento e formas de adquiri-los:

a) conhecimento empírico;
b) conhecimento filosófico;
c) conhecimento teológico;
d) conhecimento científico.

2. Conhecimento empírico, vulgar ou de senso comum. Alcançado pela pessoa a partir de sua interação direta com o meio ou por meio da observação, geralmente baseado na fórmula tentativa = acerto ou erro. Não se funda em preceitos e nem em procedimentos além daqueles estabelecidos subjetivamente pelo investigador.

A criança que encosta na tomada, toma o choque e não encosta mais, adquire um conhecimento empiricamente.

Importante

Apesar de pouco ou nada valorizado na esfera científica, todos os seres humanos adquirem grande parte de seus conhecimentos a partir deste método. Trata-se de uma forma relevante de aquisição, mas que não faz prova científica não sendo válida para estudos monográficos, dissertações e teses. Além disso, por não ter método definido, frequentemente gera informações falsas ao atribuir ocorrências a causas errôneas.

3. Conhecimento filosófico. Parte do material para alcançar o imaterial; daquilo que é físico ao metafísico; do particular ao universal. Busca as explicações últimas às questões fundamentais da humanidade pela reflexão. Não pode ser comprovado. Um conhecimento oriundo da busca pelo saber e não de sua posse.

4. Conhecimento teológico. Implica em uma atitude de fé diante de um conhecimento revelado (por outrem). Pode ser uma pessoa ou Deus o revelador. Desta sorte, têm-se um conjunto de verdades às quais as pessoas chegam, não por sua inteligência, experimentos ou reflexão, mas pela aceitação.

5. Conhecimento científico. Para Aristóteles, o verdadeiro conhecimento se alcança quando se sabe a causa que produziu o fenômeno e a razão pela qual não se poderia produzir, a partir da mesma causa, fenômeno distinto. Trata-se da formulação de verdades a partir da demonstração. Desta sorte, tem-se que o conhecimento científico é certo, geral e metódico.

Essas relações de certeza e construção de verdades absolutas e imutáveis podem ser aplicadas, com algum êxito, às Ciências Naturais; porém, a transposição de seus métodos às Ciências Humanas mostrou-se inadequada, senão impossível. Em outras palavras, é possível afirmar que todo metal aquecido se dilata, mas não que toda a pessoa pressionada se desespera, por exemplo.

> **Importante**
>
> Atualmente, a Ciência é vista enquanto processo de busca contínuo e inacabado por soluções e explicações, observando os métodos que propiciam maior segurança para as suas formulações. Não se trata mais de construir verdades absolutas e imutáveis, mas de, consciente de seus limites e de sua falibilidade, se aproximar da verdade por meio do método.

Tipos de Pesquisa Científica

1. A pesquisa científica. O conhecimento científico é oriundo de pesquisas científicas. Nem toda forma de pesquisa é aceita como ciência. Na sequência, listamos alguns tipos de pesquisa científica aceitos como constituintes do conhecimento científico:

a) pesquisa exploratória;

b) pesquisa bibliográfica;

c) pesquisa descritiva;

d) pesquisa experimental.

2. Pesquisa exploratória. Também chamada de pré-pesquisa, é aquela realizada para delimitação e problematização do tema e elaboração de hipóteses e objetivos que serão analisados na pesquisa propriamente dita. Trata-se do passo inicial no processo de realização da pesquisa científica.

3. Pesquisa bibliográfica. É o tipo de pesquisa mais empregado no Direito. Consiste em explicar ou comprovar uma tese a partir de informações oriundas de artigos, livros, outras teses etc. Nela, o pesquisador apoiará suas conclusões em um compêndio de argumentos obtidos por meio da análise de outras obras de autores reconhecidos.

> **Importante**
>
> Não se deve confundir pesquisa bibliográfica com plágio ou paráfrase. É lícito e ético empregar informações obtidas em outras obras científicas para comprovar ou explicar determinada tese desde que a fonte seja devidamente citada. O que não pode ocorrer em nenhuma hipótese é a cópia de informações, ideias ou mesmos teses inteiras sem se atribuir a real autoria destas. Tal prática configura ilícito penal (violação de direito autoral) e gera a desclassificação automática do candidato.

4. Pesquisa descritiva. Ocupa-se com a compilação de fatos, fenômenos, comportamentos etc., sem manipulá-los ou alterá-los de qualquer maneira. Trata-se da elaboração de registros e criação de bancos de dados (quando estes não existirem) através, principalmente, da pesquisa de campo. Serve de base para outros tipos de pesquisa. É bastante empregada pelas ciências sociais.

5. Pesquisa experimental. Baseia-se na observação oriunda da manipulação direta das variáveis relacionadas ao objeto de estudo. Normalmente é realizada em laboratório, mas não está restrita a este ambiente. É bastante empregada por pesquisadores das ciências biológicas e química.

III Raciocínios Empregáveis à Pesquisa Científica

1. O raciocínio científico. Nem todas as afirmações são cientificamente válidas. Para que seja aceita, uma assertiva deve ser demonstrada e comprovada. Para tanto, há alguns métodos e técnicas de raciocínio que são comumente empregados:
a) inferência;
b) indução;
c) dedução;
d) analogia;
e) intuição.

2. Inferência. Processo de formulação de conclusões a partir de premissas conhecidas. Para alguns, sinônimo de raciocínio. Pode ser:
a) imediata: oriunda de apenas uma premissa.

Exemplo
Nenhum molusco raciocina (premissa um); logo, nada que raciocine pode ser considerado um molusco (conclusão).

b) mediata: procedente de pelo menos duas premissas.

Exemplo
Todo homem é mortal (premissa um). Sócrates é um homem (premissa dois); logo, Sócrates é mortal (conclusão).

Importante
Indução, dedução e analogia são espécies de inferência mediata.

3. Indução. Raciocínio que parte de verdades particulares para alcançar uma verdade mais geral. A partir da coleta de dados (verdade particular), é possível chegar cientificamente a formulações válidas e mais abrangentes.

> **Exemplo**
>
> Em uma sala de aula há cinco meninas. Ana, Maria, Clara e Jucéfala são muito inteligentes (verdades particulares); logo, grande parte das meninas é inteligente (verdade geral).

4. Dedução. Raciocínio que parte de verdades gerais para se obter particulares. Na pesquisa científica, a partir de algumas assertivas universais é possível chegar a uma explicação (racional e cientificamente aceita) aplicável a um objeto particular.

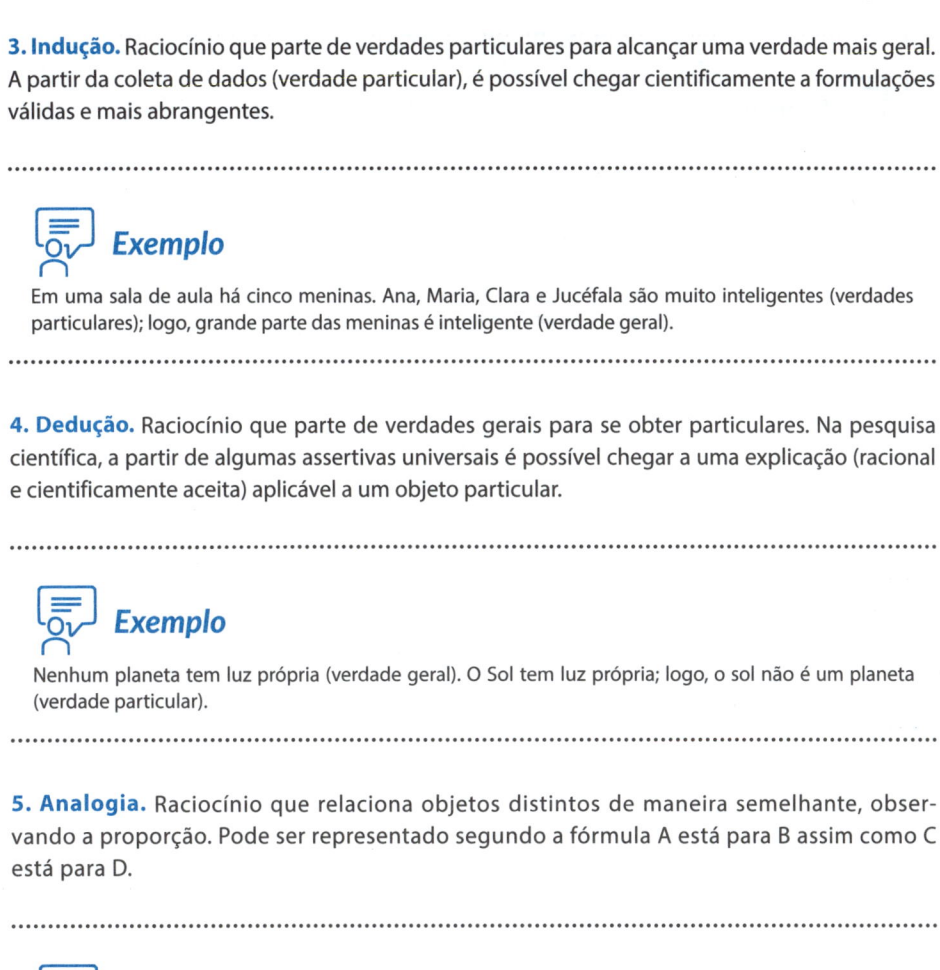

> **Exemplo**
>
> Nenhum planeta tem luz própria (verdade geral). O Sol tem luz própria; logo, o sol não é um planeta (verdade particular).

5. Analogia. Raciocínio que relaciona objetos distintos de maneira semelhante, observando a proporção. Pode ser representado segundo a fórmula A está para B assim como C está para D.

> **Exemplo**
>
> O bisturi está para o cirurgião assim como o carro está para o taxista.

Ou seja, ambos são instrumentos fundamentais (com o mesmo valor proporcional) indispensáveis ao exercício das respectivas profissões.

A analogia possibilita a resolução de inúmeros problemas aproveitando um conhecimento que já existe e já é aplicado em uma situação semelhante (sem a necessidade de se iniciar o processo do zero).

6. Intuição. Conclusões subjetivas normalmente associadas à experiência e vivência do pesquisador. Tais conclusões não passam por um processo de conhecimento consciente.

Essa conclusão não é aceita por parte das escolas científicas. Ainda assim, pode ser bastante relevante em alguns tipos de pesquisa.

> **Exemplo**

Em visita a uma unidade de internação de adolescentes em conflito com a lei, o experiente pesquisador se depara com uma situação de enorme contentamento por parte dos internos. Apesar de não observar nenhum dado objetivo que fundamente suas desconfianças, ele intui que há algo de errado, pois em sua vivência nunca observou tal fenômeno. A inquietação gerada pela intuição fez com que continuasse a pesquisa com outras técnicas. Esta modificação levou-o a descobrir que os adolescentes haviam sido ameaçados para que transpassassem o contentamento observado, mas que estavam terrivelmente insatisfeitos com o tratamento oferecido pela instituição.

IV | Técnicas de Coleta de Dados

1. Coleta de dados. Configura parte fundamental da pesquisa científica na medida em que é utilizada para embasar teses e confeccionar pesquisas descritivas. Consiste num método para a obtenção de informações relevantes à pesquisa.

Assim como não é aceito todo tipo de pensamento ou pesquisa na construção das verdades científicas, também não o são todo tipo de dado utilizado na comprovação ou demonstração da tese. Desta sorte, há algumas técnicas de coleta de dados que são mais indicadas:

a) entrevista;

b) questionário;

c) formulário.

2. Entrevista. Não se trata de um bate-papo informal com o entrevistado; mas de técnica empregada com o intuito de recolher, por meio de um interrogatório do informante, dados relevantes para determinada pesquisa. Normalmente é indicado para pesquisas qualitativas, ou seja, aquelas para as quais é mais relevante a qualidade da informação obtida do que a quantidade. Para isso, é necessário:

a) Ter claro quais os objetivos da pesquisa e como o informante poderá contribuir para o mesmo.

b) Conhecer o máximo possível acerca do entrevistado e escolher aqueles que efetivamente possam contribuir com a pesquisa.

c) Elaborar as questões previamente, tendo em vista o escopo da pesquisa, sem limitar as respostas do informante. Assim, ele poderá fornecer informações além daquelas esperadas.

d) Criar um ambiente propício à obtenção das informações e tratar o entrevistado com cordialidade.

e) Nunca interferir, editar ou alterar a resposta do informante e nem induzi-lo a responder aquilo que se espera, sob pena da invalidação total dos dados obtidos.

f) Gravar, sempre que possível e com autorização do entrevistado, o interrogatório em sua íntegra.

g) Avisar ao informante, sempre que possível, acerca do escopo da pesquisa e dos objetivos da entrevista.

3. Questionário. Conjunto de questões, normalmente objetivas, que se relaciona diretamente ao escopo da pesquisa e que deve ser respondido pelo próprio entrevistado. Pode ser enviado pelo correio e é indicado para pesquisas quantitativas, ou seja, aquelas para as quais é mais relevante a quantidade de dados obtidos do que a qualidade dos mesmos. As perguntas podem levar a dois tipos de resposta.

a) *Resposta livre*. Empregadas quando há a necessidade de informações mais ricas e variáveis, por isso mais complexas. Possibilitam um enorme número de respostas, dificultando a tabulação dos dados obtidos.

> **Exemplo**
> Qual a sua cor favorita?

b) *Resposta limitada*. Empregadas quando se necessita de um número exato de respostas idênticas para a construção de uma estatística. Possibilita um número bastante reduzido de respostas, o que garante a uniformidade e facilidade de tabulação dos dados.

> **Exemplo**
> Das opções de cores abaixo, assinale aquela que você gosta mais.
> ( ) Verde   ( ) Amarelo   ( ) Azul   ( ) Branco

A escolha entre os dois tipos de pergunta deve se basear nos objetivos da pesquisa.

> **⚠ Atenção**
> Perguntas fechadas (que geram respostas limitadas) são padronizadas, de fácil aplicação e tabulação dos resultados. Já as perguntas abertas (que geram respostas livres), apesar de possibilitarem o recolhimento de dados mais ricos e variáveis, são mais difíceis de analisar e tabular.

4. Formulário. Documento utilizado para coleta de dados que é preenchido pelo próprio pesquisador. Isto o coloca entre a entrevista e o questionário. O formulário possibilita a pesquisa com analfabetos, deficientes e demais pessoas que por alguma razão não conseguiriam preencher o questionário. Além disso, garante a uniformidade na análise dos dados e nos meios de obtenção destes, vez que o pesquisador é o próprio aplicador. Pode ser utilizado em pesquisas qualitativas e quantitativas.

Assim:

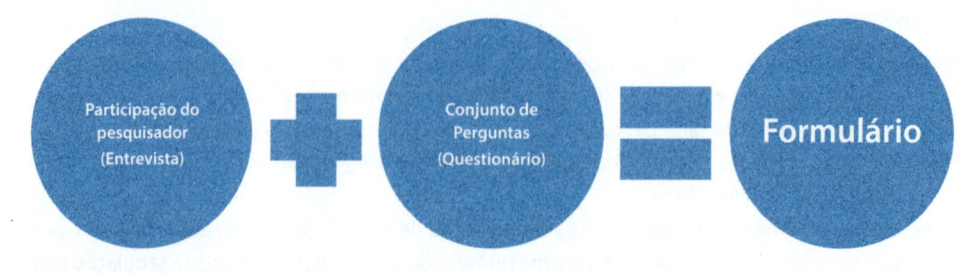

Participação do pesquisador (Entrevista) **+** Conjunto de Perguntas (Questionário) **=** Formulário

V | Linguagem Científica

1. Conceito. É a linguagem empregada na apresentação dos resultados de qualquer pesquisa científica. Trata-se de uma linguagem que deve garantir a precisão, objetividade, clareza e correção da informação oferecida. Por isso, apresenta algumas exigências características:
a) obrigatoriedade de emprego da linguagem técnica da área específica;
b) prevalência de termos unívocos e do uso denotativo da linguagem;
c) obrigatoriedade de emprego da norma padrão.

2. Linguagem técnica. É a linguagem característica de uma determinada área do conhecimento humano. Aquela empregada para estabelecer a comunicação entre os elementos que formam o grupo de profissionais da área. Normalmente é uma linguagem objetiva repleta de termos técnicos peculiares à profissão.

Exemplo

Médicos, advogados, engenheiros empregam a linguagem técnica pertinente às respectivas áreas de atuação. Cada qual possui um conjunto de termos técnicos característicos.

3. Termos unívocos e uso denotativo da linguagem. Para evitar ambiguidade e garantir a clareza, devem-se empregar termos unívocos e a forma denotativa.
a) *Termos unívocos*. Termos que possuem apenas um significado. Normalmente os termos técnicos são unívocos.

Exemplo

Habeas corpus (direito); *Staphylococcus aureus I* (medicina); *baldrame* (engenharia).

b) *Uso denotativo*. Emprego de palavras ou expressões em seu sentido original, aquele consagrado pelos dicionários e que não depende do contexto para ser entendido. No exemplo a seguir, a frase apresenta o uso denotativo de todos os termos que a compõe.

Exemplo

Não há crime sem lei anterior que o defina.

4. Norma padrão ou linguagem culta. É obrigatório o emprego da norma padrão na apresentação de pesquisas científicas. Isto significa que as normas apregoadas pela gramática normativa devem ser observadas. Por vezes, a inobservância das normas gramaticais gera problemas de entendimento e o descrédito do pesquisador. Erros de acentuação, concordância, regência, pontuação e até ortografia ocorrem com certa frequência em monografias e devem ser evitados.

5. Problemas recorrentes em monografias: acentuação e ortografia. Programas de edição de texto como o *Word* (Microsoft) ou o *Pages* (Apple) não detectam todos os possíveis problemas de acentuação ou ortografia de um texto. Na verdade, o sistema de correção é bastante simples e limita-se a conferir se a palavra está escrita conforme seu banco de dados. Assim, se for escrito *secretária* no lugar de *secretaria*, ele não acusará, pois ambas as palavras estão inseridas em seu banco de dados. O mesmo ocorrerá com *está* e *esta* ou com *seção* e *sessão*.

> **Dica**
> O corretor ortográfico não aponta todos os erros ortográficos e de acentuação. Leia atentamente o texto antes de enviá-lo à impressão e utilize sempre um dicionário. Se não possuir um, busque na internet em sites confiáveis.

6. Problemas recorrentes em monografias: concordância, regência e pontuação. Tão comum quanto os problemas ortográficos, são os de pontuação. O aumento do número de verbos dentro de uma frase gera um aumento exponencial na ocorrência de erros de concordância, regência e pontuação. A quebra da ordem direta (sujeito → verbo → complemento → circunstância) provoca a necessidade de pontuação especial, sobretudo do emprego de vírgulas.

> **Dica**
> Dê preferência a frases curtas, com poucos verbos e na ordem direta para evitar erros de pontuação, concordância e regência.

7. Problemas recorrentes em monografias: o parágrafo. O parágrafo não é um instrumento estético de divisão igualitária do texto. Antes, é uma ferramenta útil para a divisão dos subtemas tratados dentro de um mesmo capítulo. O parágrafo deve conter todas as frases diretamente relacionadas à abordagem do subtema tratado.

> **Importante**
> Não há limite mínimo e nem máximo de frases ou linhas que compõe um parágrafo e os parágrafos de um texto não precisam ter o mesmo tamanho. Contudo, é necessário que cada parágrafo trate de um subtema ou de uma abordagem diferente.

8. Problemas recorrentes em monografias: eu ou nós? Não se deve utilizar, em textos científicos, o pronome pessoal do caso reto em primeira pessoa (eu). Este pronome denota opinião pessoal e não fato ou verdade científica. É possível empregar o plural majestático (nós) ainda que não seja o mais indicado. Sempre que possível, prefira a forma impessoal, ou seja, verbo na terceira pessoa + *se*.

Aplicabilidade	Exemplo
Inadequado: nunca se deve utilizar.	Eu preciso de mais provas para chegar a esta conclusão.
Possível: deve-se utilizar com cautela.	Precisamos de mais provas para chegar a esta conclusão.
Adequado: pode ser utilizado sem restrições.	São necessárias mais provas ou precisa-se de mais provas para se chegar a esta conclusão.

9. Problemas recorrentes em monografias: repetição de palavras. Uma palavra não deve ser repetida na mesma frase e deve-se evitar a repetição no parágrafo.

Dica

Utilize sinônimos, pronomes oblíquos e demonstrativos para evitar a repetição de palavras.

VI — A Importância da Leitura e dos Gêneros Auxiliares no Trabalho Científico

1. Leitura. É a parte mais relevante na produção de um trabalho científico. Ao contrário do que alguns pensam, o processo de construção do texto científico se inicia muito antes de sua escrita, com a leitura dos livros e artigos que servirão de base ao mesmo.

> A escola deveria garantir que o estudante, ao concluir o Ensino Médio, estivesse apto a realizar as leituras necessárias à sua formação superior. Não é o que ocorre em muitos casos. Por isso, o que se propõe aqui é uma rápida exposição das modalidades de leitura imprescindíveis ao trabalho acadêmico.

Muitas vezes o pesquisador não sabe exatamente quais obras são relevantes para o desenvolvimento do seu tema. Para resolver esta questão, sugere-se uma leitura exploratória.

2. Leitura exploratória ou pré-leitura. Leitura rápida e superficial que possibilitará determinar a relevância da obra ao trabalho proposto. Deve-se atentar, sobretudo, ao prefácio, ao índice, à introdução e às orelhas que trarão informações resumidas e importantes para se antever o conteúdo do texto e consequentemente sua utilidade para o trabalho proposto.

3. Leitura analítica. Analisar significa decompor, fragmentar e estudar cada uma das partes que compõe o todo. Este tipo de leitura objetiva o conhecimento dos mecanismos de produção e organização do texto lido, bem como a apreensão objetiva do pensamento do autor. Para tanto, não tema grifar as principais ideias do autor – o livro não é um enfeite – deve ser utilizado, consumido, o que significa que é imprescindível que o leitor o marque ao longo da leitura.

4. Gênero: fichamento. Após a leitura analítica de dezenas de livros, pode ser muito difícil se lembrar da exata localização daquele trecho extremamente importante para seu texto científico. Para facilitar o processo de confecção das citações e bibliografia, indica-se o fichamento. Este gênero consiste em um conjunto de frases e/ou parágrafos retirados de um texto original.

Faça um cabeçalho contendo todos os dados bibliográficos da obra analisada. Após, capítulo a capítulo, extraia do texto fonte a indicação das frases ou parágrafos mais relevantes ou que possivelmente serão utilizados em seu trabalho e copie indicando a página (grifos).

Exemplo

Você está lendo um livro e grifa o conceito de norma jurídica na página 17.
Escreva na ficha: "conceito de norma jurídica" p. 17.

Assim, após fichar todos os textos que serão empregados na formulação do seu, será muito mais fácil retomar e utilizar as ideias mais relevantes.

> **Dica**
>
> Com o avanço tecnológico e a grande quantidade de livros digitais, ficou muito mais fácil realizar o fichamento. Abra um arquivo digital no Word ou em qualquer outro programa de edição de texto. Formule o cabeçalho com os dados bibliográficos da obra. Selecione o trecho relevante com o mouse durante a leitura; aperte as teclas *Ctrl + c* para copiar do texto fonte e *Ctrl + v* para colar em seu arquivo. Não se esqueça de indicar a página cada vez que realizar esta operação. Quando estiver escrevendo seu trabalho científico, bastará copiar os trechos relevantes do seu arquivo, procedendo à correta citação.

5. Leitura interpretativa. Interpretar, mais do que apreender ou entender uma ideia, implica em se posicionar acerca da mesma. Neste tipo de leitura, o pesquisador deverá correlacionar as afirmações do autor com os problemas investigados em sua pesquisa, definindo como estas contribuirão no desenvolvimento de sua tese.

> **Dica**
>
> Faça a *leitura exploratória* de todas as obras às quais tiver acesso e que possam se relacionar ao tema escolhido. Após, selecione as que realmente contribuem com o desenvolvimento do tema e aplique nestas a *leitura analítica* realizando concomitantemente o *fichamento*. Concluídas estas etapas, será possível efetivar *a leitura interpretativa* e iniciar a escrita do texto.

VII | Elaboração do Projeto de Pesquisa

1. Para que serve um projeto de pesquisa? As faculdades que exigem um trabalho de conclusão de curso para a concessão do título de Bacharel também o fazem com relação ao projeto de pesquisa. Além disso, todas as agências de fomento da pesquisa científica exigem um para a análise antes da liberação do crédito. O projeto de pesquisa consiste na formulação de um planejamento prévio para a execução de uma pesquisa científica. Por isso, deve conter alguns itens fundamentais para a realização do trabalho.

> **Importante**
>
> O modelo de formatação e os itens obrigatórios para o projeto de pesquisa vão variar dependendo da instituição e dos objetivos; contudo, listamos aqui os tópicos comumente exigidos:

a) tema;
b) justificativa;
c) objetivos;
d) problema de pesquisa;
e) hipóteses;
f) metodologia;
g) bibliografia básica;
h) cronograma das atividades.

2. A escolha do tema. O primeiro passo para o desenvolvimento da pesquisa científica é a escolha e delimitação do tema. Neste sentido, o pesquisador deve buscar um tema com o qual tenha ou possa ter algum grau de familiaridade e gosto. Além disso, deve se ocupar do estudo de algo que ainda não tenha sido exaustivamente tratado ou propor um novo enfoque a um tema bastante discutido. Propor um estudo já realizado não trará acréscimo à ciência e nem facilitará a aprovação do projeto.

> **Dica**
>
> Busque por um tema inovador ou por uma abordagem inovadora de um tema comum.

Além de um grau mínimo de inovação, o projeto deve delimitar claramente quais aspectos do tema serão analisados. Tentar abordar muitas facetas ou o tema como um todo fará com que o projeto se torne superficial e infactível, o que ocasionará sua recusa.

> **Exemplo**
>
> Proposta inadequada: ~~estupro~~.
> Proposta adequada: inovações trazidas pela nova legislação penal acerca do estupro de vulneráveis.

3. Justificativa. Escolhido o tema é importante explicar o porquê da opção realizada e qual a relevância da pesquisa para o cenário acadêmico no qual se insere. Se bem utilizadas, essas informações facilitarão a aprovação do projeto. Não se devem empregar motivações pessoais ou absolutamente subjetivas.

> **Exemplo**
>
> Justificativa inadequada: ~~por se tratar de um tema interessante eu fiquei com vontade de estudar mais!~~
> Justificativa adequada: as recentes modificações legislativas suscitam a necessidade de um estudo aprofundado acerca dos novos institutos que norteiam o tema, bem como dos possíveis efeitos de sua aplicação imediata no cenário jurídico nacional.

4. Delimitando os objetivos e o problema de pesquisa. Escolhido e delimitado o tema, deve-se transformá-lo em problema para o qual a pesquisa será a solução. Ou seja, será necessário formular perguntas, a partir do tema, para as quais a pesquisa trará respostas. Encontrar as respostas para tais indagações será o objetivo da pesquisa que deverá compor o projeto.

> **Exemplo**
>
> O objetivo da pesquisa será descobrir as implicações que a nova legislação, que trata do estupro de vulneráveis, trará para a ordem jurídica nacional.

5. Formulando hipóteses. Mesmo antes da pesquisa, é possível antever ou supor seus resultados. Estes serão afastados ou comprovados pelos dados obtidos no decorrer do exame. As suposições do pesquisador acerca do resultado da pesquisa devem estar presentes no projeto, já que possibilitarão a construção de uma expectativa de resultado por parte dos avaliadores. Isto contribuirá para a aceitação ou aprovação do projeto de pesquisa.

> **Exemplo**
>
> A inovação legislativa relativa ao estupro de vulneráveis aumentará o número de julgamentos e condenações dos suspeitos desta prática delitiva.

6. Metodologia. Deve-se explicitar qual o tipo de pesquisa (ver capítulo II) e que técnicas de coleta de dados (ver capítulo IV) serão utilizadas. Assim, os examinadores do projeto poderão analisar a viabilidade e adequabilidade técnica do estudo.

> **Exemplo**
>
> Para a análise proposta será realizada pesquisa descritiva mediante o emprego de formulários endereçados aos juízes responsáveis pelo julgamento deste tipo de delito na cidade de São Paulo.

7. Bibliografia básica. A partir da leitura exploratória (ver capítulo VI), deverão ser citadas as referências bibliográficas que preliminarmente se mostrem adequadas ao estudo proposto observando as regras da ABNT expostas no capítulo XII.

8. Cronograma de atividades. Levando em consideração o prazo que a instituição oferece para a realização da pesquisa, o estudante deverá programar toda a sequência de atividades necessárias à conclusão satisfatória da pesquisa proposta.

> **Dica**
>
> Separe a programação das atividades em semanas e reserve ao menos 20% do prazo para eventualidades e imprevistos.

9. Formatação. A formatação deve seguir estritamente o determinado pela instituição de ensino. Na ausência destas instruções, o pesquisador deverá seguir os critérios estabelecidos pela ABNT no que couber:

a) Folha: papel A4 branco;

b) Letra: fonte *Times New Roman*, tamanho 14, cor preta; ou fonte Arial, tamanho 12, cor preta;

c) Margens: superior 3,0 cm; inferior 2,0 cm; direita 2,0 cm e esquerda 3,0 cm;

d) Numeração: no canto inferior direito, em algarismos arábicos de mesmo tamanho e fonte;

e) Espaçamento: 1,5 cm entre linhas.

VIII — Elaboração da Monografia: Elementos Formais Introdutórios

1. Fonte. Uma vez que o projeto de pesquisa tenha sido aceito e as leituras e coleta de dados estejam finalizadas, é hora de iniciar a escrita da monografia, dissertação ou tese. Para tanto, prefira uma fonte que garanta facilidade na leitura. A Associação Brasileira de Normas Técnicas (ABNT) não estipula uma fonte, mas a mais utilizada em trabalhos científicos é a Arial, seguida pela Times New Roman.

Utilize o tamanho 12, justificado, como padrão para o texto e as seguintes variações quando necessário:

a) no grifo, utilize a mesma fonte em negrito;

b) nos títulos, utilize a mesma fonte em negrito e no tamanho 14;

c) nos subtítulos, utilize a mesma fonte em negrito e no tamanho 12;

d) para notas de rodapé e comentários, utilize a mesma fonte no tamanho 10;

e) para citações longas (mais de três linhas), utilize a mesma fonte com recuo de 4,0 cm e no tamanho 10;

f) para citações curtas (menores do que três linhas), utilize a mesma fonte, no tamanho 12 e entre aspas.

2. Margem e folha. O padrão indicado pela ABNT na NBR 14724:2005 é o seguinte:

a) folha branca de papel A4;

b) impressão de boa qualidade em apenas um dos lados da folha;

c) margem superior de 3,0 cm;

d) margem inferior de 2,0 cm;

e) margem esquerda de 3,0 cm;

f) margem direita de 2,0 cm.

> **Dica**
>
> Para automatizar a operação, ao utilizar o *Word 2007* ou posterior, clique na aba *Layout da Página* → no ícone *Margens* → *Margens Personalizadas* → digite os valores e clique em *Padrão*.

3. Espaçamento. Deve-se configurar o espaço entre linhas, entre parágrafos e o recuo.

a) a despeito do que diz a NBR 14724:2005 (espaço duplo entre linhas), a prática consagrou o emprego do espaço de 1,5 cm entre linhas;

b) entre parágrafos, use 6 pt antes e 6 pt depois;

c) utilize recuo de 1,5 na primeira linha.

> **Dica**
> Todas as configurações citadas neste item podem ser inseridas na aba *Início* → no campo *Parágrafo* → na *Caixa de Diálogo*.

4. Numeração. A numeração das páginas do trabalho científico começa na primeira página da introdução e termina na última da bibliografia. O número deve ser inserido no canto superior ou inferior direito utilizando algarismo arábico.

> **Dica**
> A numeração pode ser inserida automaticamente clicando na aba *Inserir* → no ícone *Número de Página* → *Fim da Página*.

5. Capa. Item obrigatório na apresentação do trabalho científico, deve conter a identificação completa da instituição, o nome do autor, o título do trabalho, o local e a data da aprovação, dispostos conforme o modelo a seguir:

```
┌─────────────────────────────────────┐
│                                     │
│     Nome da Instituição de Ensino   │
│     Nome da Faculdade ou Instituto  │
│        Nome do Departamento         │
│                                     │
│                                     │
│        Nome do Autor do Trabalho    │
│                                     │
│                                     │
│             Título do Trabalho      │
│                                     │
│                                     │
│                                     │
│                                     │
│          Local e data da aprovação  │
└─────────────────────────────────────┘
```

6. Folha de rosto. Item obrigatório que vem logo após a capa e deve conter o nome do autor, o título, o texto de apresentação e identificação do trabalho, o nome do orientador, o local e a data da apresentação, conforme o modelo:

```
┌─────────────────────────────────┐
│     Nome do Autor do Trabalho   │
│                                 │
│                                 │
│        Título do Trabalho       │
│                                 │
│                                 │
│   Monografia apresentada à (nome da │
│   instituição de ensino) como pré-requisi- │
│   to parcial para a obtenção do título de │
│   bacharel em (área), sob a orientação do │
│   Prof. Dr. (nome do orientador) │
│                                 │
│                                 │
│   Titulação e Nome do orientador │
│                                 │
│                                 │
│     Local e data da aprovação   │
└─────────────────────────────────┘
```

7. Folha de aprovação. Item obrigatório que segue a folha de rosto. Deve-se indicar o nome do autor, o título, o texto de apresentação e identificação do trabalho e o nome dos componentes da banca examinadora conforme modelo:

```
┌─────────────────────────────────┐
│     Nome do Autor do Trabalho   │
│                                 │
│        Título do Trabalho       │
│                                 │
│   Monografia apresentada à (nome da │
│   instituição de ensino) como pré-requisi- │
│   to parcial para a obtenção do título de │
│   bacharel em (área), sob a orientação do │
│   Prof. Dr. (nome do orientador) │
│                                 │
│        Banca Examinadora        │
│        Prof. Dr. _____    │
│        Prof. Dr. _____    │
│        Prof. Dr. _____    │
│                                 │
│     Local e data da aprovação   │
└─────────────────────────────────┘
```

8. Folha de dedicatória. Item opcional que, se inserido, deve se localizar imediatamente após a folha de aprovação, contendo uma homenagem. Pode ser o nome ou o parentesco das pessoas para as quais a pesquisa foi dedicada – sempre em itálico.

À (nome da pessoa ou parentesco)

9. Folha de agradecimento. Item opcional que, se inserido, deve se localizar imediatamente após a folha da dedicatória, contendo os agradecimentos àqueles que de alguma forma contribuíram com a pesquisa. Todo o agradecimento deve ser escrito em itálico.

Agradeço aos professores...

10. Epígrafe. Item opcional. Trata-se de uma citação pertinente ao tema que inicia o capítulo. Vem logo após o título e deve observar as regras aplicáveis às demais citações.

> **Título do Capítulo**
>
> Epígrafe. Epígrafe. Epígrafe. Epígrafe.
> Epígrafe. Epígrafe. Epígrafe. Epígrafe.
> Epígrafe. Epígrafe. Epígrafe. Epígrafe.
> Epígrafe. Epígrafe. Epígrafe. Epígrafe.
>
> Parágrafo com o conteúdo do capítulo. Parágrafo com o conteúdo do capítulo. Parágrafo com o conteúdo do capítulo. Parágrafo com o conteúdo do capítulo. Parágrafo com o conteúdo do capítulo.
> Parágrafo com o conteúdo do capítulo. Parágrafo com o conteúdo do capítulo. Parágrafo com o conteúdo do capítulo. Parágrafo com o conteúdo do capítulo. Parágrafo com o conteúdo do capítulo. Parágrafo com o conteúdo do capítulo. Parágrafo com o conteúdo do capítulo.

11. Resumo. Segundo a NBR 6028:2003, o resumo é um texto capaz de condensar o conteúdo de toda a pesquisa. Não deve ultrapassar 500 palavras e tem que ser seguido por palavras representativas chamadas de palavras-chave.

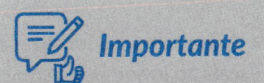

> ### Importante
>
> O resumo é um texto coeso e coerente que sintetiza a pesquisa. Em nenhuma hipótese pode ser construído através de uma enumeração de tópicos desconexos.

> **Resumo**
>
> Parágrafo com o conteúdo do resumo que não deve ultrapassar 500 palavras. Parágrafo com o conteúdo do resumo que não deve ultrapassar 500 palavras. Parágrafo com o conteúdo do resumo que não deve ultrapassar 500 palavras. Parágrafo com o conteúdo do resumo que não deve ultrapassar 500 palavras.
> Parágrafo com o conteúdo do resumo que não deve ultrapassar 500 palavras. Parágrafo com o conteúdo do resumo que não deve ultrapassar 500 palavras. Parágrafo com o conteúdo do resumo que não deve ultrapassar 500 palavras.

Após o resumo em língua vernácula, é necessário traduzi-lo para outra língua, normalmente para o inglês. Neste caso, receberá a denominação de *abstract*. Se, por exemplo, o pesquisador traduzir para o idioma francês, a denominação do texto será *résumé*; se utilizar o alemão, *Zusammenfassung*. Independentemente da língua escolhida, a tradução virá após o resumo.

Abstract

Paragraph with the content of the summary should not exceed 500 words. Paragraph with the content of the summary should not exceed 500 words. Paragraph with the content of the summary should not exceed 500 words. Paragraph with the content of the summary should not exceed 500 words.

Paragraph with the content of the summary should not exceed 500 words. Paragraph with the content of the summary should not exceed 500 words. Paragraph with the content of the summary should not exceed 500 words

12. Listas. São elementos opcionais indicados para facilitar a leitura do trabalho e a localização dos elementos listados quando os mesmos são utilizados em larga escala ao longo da pesquisa. Inserem-se depois do resumo, numeram-se com algarismos romanos e se constituem conforme o exposto na tabela que segue:

Tipo de lista	Aspectos formais e materiais	Exemplo
Lista de tabelas	Elaborada de acordo com a ordem em que as tabelas aparecem no texto. Deve conter o nome da tabela e a página na qual está inserida.	Número de Crianças desaparecidas no Estado de São Paulo............ p. 5. I
Lista de abreviaturas e siglas	Consiste numa relação alfabética das abreviaturas e siglas utilizadas ao longo de todo o texto seguidas pelas palavras e expressões correspondentes grafadas por extenso.	ABNT – Associação Brasileira de Normas Técnicas II
Lista de ilustrações	Elaborada de acordo com a ordem em que as ilustrações aparecem no texto. Deve conter o nome da ilustração e a página na qual está inserida.	O Retirante..............p. 108 III

13. Sumário. De acordo com a NBR 6027:2003, consiste numa enumeração das principais divisões do texto e deve ser inserido após as listas (se houver alguma) ou após o resumo (em não havendo lista). Indica a localização de todas as partes constitutivas do texto, inclusive das listas, anexos, apêndices etc. A indicação dos elementos estruturais deve estar alinhada com a margem esquerda e a página correspondente, com a direita, conforme o modelo que segue:

Sumário	
Introdução	1
1. (Nome do Capítulo)	10
1.1. (Nome da seção do capítulo)	13
1.1.1 (Nome subseção do capítulo)	15
2. (Nome do Capítulo)	20
3. (Nome do Capítulo)	30
4. (Nome do Capítulo)	45
4.1. (Nome da seção do capítulo)	48
Conclusão	50
Referências Bibliográficas	60
Anexo	I
Apêndice	II

IX. Elaboração da Monografia: Introdução, Desenvolvimento e Conclusão

1. Introdução. Após o sumário, dá-se início ao elemento material de comunicação da pesquisa com a alocação da introdução. Nesta etapa, será necessário apresentá-la para que o leitor decida sobre a validade de sua leitura.

Esta apresentação deve ser sucinta e clara, abordando os aspectos necessários para que o leitor tenha uma visão panorâmica e crie uma expectativa do que encontrará na pesquisa: Para tanto, deverá conter:

a) a delimitação do tema;
b) a indicação do problema da pesquisa;
b) a importância do estudo;
c) a metodologia empregada;
d) o modo como o tema será desenvolvido ao longo do trabalho (estrutura interna).

> **Importante**
>
> Nenhuma parte da tese deve ser defendida ou desenvolvida na introdução. Esta é apenas uma apresentação consistente num convite à leitura para aqueles que se interessam pelo tema abordado e pela forma como foi desenvolvido.

2. Desenvolvimento. Esta é a chave da apresentação da pesquisa. Após a introdução, temos a sequência de capítulos concatenados logicamente de maneira a propiciar o encadeamento das ideias e a apresentação dos dados obtidos.

O desenvolvimento do tema precisa se operar por meio de capítulos que por sua vez serão divididos em seções e subseções conforme a necessidade de desdobramento do que foi abordado, conforme o exemplo.

> **Exemplo**
>
> 1. A delinquência juvenil sob o enfoque criminológico
> 1.1. A sociedade e sua percepção da delinquência juvenil
> 1.2. Punição e sociedade
> 1.3. O indivíduo, a família e a escola
> 1.4. Contribuições da Criminologia para o entendimento da delinquência juvenil brasileira
> 1.4.1 Escola de Chicago / Teoria ecológica

1.4.2 Teoria da associação diferencial
1.4.3 Teoria da anomia
1.4.4 *Labelling approach*

....

Esta divisão não é estética. Deve ser empregada de maneira a facilitar a leitura e a localização das ideias, deixando claro o fio condutor empregado pelo autor.

A grandeza das partes da divisão segue a seguinte ordem:

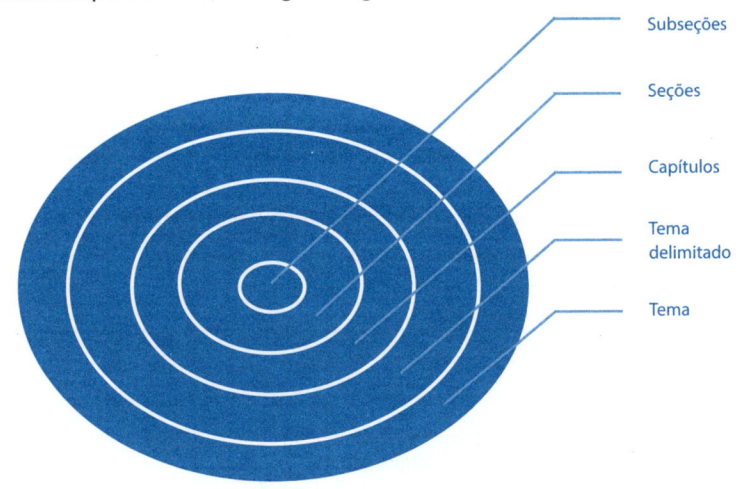

- Subseções
- Seções
- Capítulos
- Tema delimitado
- Tema

3. Conclusão. Quando bem realizado, o desenvolvimento levará naturalmente à formulação dos resultados e conclusões oriundos de todo o trabalho científico desenvolvido. A apresentação sintética dos resultados, logicamente decorrentes do exposto no desenvolvimento, deve ser concretizada na conclusão.

X. Elaboração da Monografia: Elementos de Apoio – Aspectos Materiais

1. Notas de rodapé. São colocadas na parte inferior da página, com letra menor do que a do corpo do trabalho (tamanho 10) e podem ser utilizadas com propósitos bastante distintos:

a) indicar as referências bibliográficas do trecho citado;

> Prefira indicar as referências bibliográficas no próprio corpo da citação (conforme será visto no próximo item) e utilize a nota de rodapé em suas demais funções para não gerar confusão.

b) tecer considerações marginais que quebrariam a sequência lógica do texto;
c) fazer menção a outras obras (para corroborar ou rechaçar o que foi dito);
d) remeter a outras partes do escrito.

Dica

O programa de edição textual *Word 2007* insere notas de rodapé numeradas automaticamente: basta clicar na aba *Referência* → no ícone *Inserir Nota de Rodapé*.

2. Citações. São fundamentais para garantir a validade da obra científica e a honestidade acadêmica do autor. Toda informação externa ao trabalho utilizada deve ter suas fontes indicadas por meio das citações.

3. Tabelas, quadros e gráficos. Ilustram o texto melhorando a compreensão e facilitando a leitura dos dados apresentados. Todos estes elementos devem ser numerados com algarismos arábicos e de forma independente. Além disso, o nome deve localizar temporalmente e espacialmente os dados apresentados.

Exemplo

Tabela 1. Número de casos conhecidos de estupro de vulnerável no ano de 2012 em São Paulo.

Sexo dos ofendidos	Suspeitas	Casos confirmados por meio de exame	Casos em que houve condenação	Hipótese de cifra negra
Masculino	(número de ocorrências)	(número de ocorrências)	(número de ocorrências)	(número de ocorrências)
Feminino	(número de ocorrências)	(número de ocorrências)	(número de ocorrências)	(número de ocorrências)

4. Referências bibliográficas. Insere-se após a conclusão do trabalho. Trata-se de um compêndio de todo o material autoral que fora utilizado na pesquisa. É provavelmente a parte da monografia mais propícia ao erro e, por essa razão, vamos elencar alguns dos mais comuns e as formas de evitá-los:

a) deve haver uma relação estreita e direta entre o que foi utilizado na pesquisa e as referências bibliográficas, não devendo faltar e nem sobrar (autores e obras);

b) elencar um número absurdo de obras, ao contrário de demonstrar erudição, chama a atenção dos membros da banca para a possibilidade de que alguns estejam inseridos de maneira indevida, ou seja, não tenham sido lidos ou utilizados no texto;

c) em contrapartida, uma quantidade muito pequena leva o examinador a considerar que o pesquisador talvez não tenha se aprofundado teoricamente o suficiente ou, o que é pior, que nem todo o material utilizado tenha sido devidamente indicado;

d) é muito interessante utilizar obras originais em língua estrangeira, porém o emprego de muitas obras em línguas distintas causa estranheza à banca, sobretudo em se tratando de monografias;

e) as leis se modificam muito rápido em nosso país e consequentemente a doutrina também, por isso, utilizar livros muito antigos não é aconselhável;

f) erros formais não são aceitáveis (inversão da ordem dos nomes, editora...) e podem ser evitados observando as regras da ABNT e os exemplos expostos no capítulo XII.

XI Elaboração da Monografia: Citações – Aspectos Formais

1. Aspectos formais das citações. A NBR que regulamenta a forma das citações é a 10520:2002 e assevera que há dois tipos:
a) direta;
b) indireta.

2. Citação direta. Transcrição de um trecho de outra obra. Para citações com mais de três linhas (longas) é necessário alterar a fonte diminuindo seu tamanho em dois pontos (de 12 para 10) e aumentar o recuo para 4,0 cm em parágrafo próprio.

Se a citação for curta (menos de três linhas), coloque entre aspas, no mesmo parágrafo e com a mesma fonte. Em ambos os casos é obrigatório indicar, ao término do trecho, entre parênteses, as referências constituídas pelo sobrenome do autor em caixa alta (isto é, todas em maiúscula), ano de publicação e página abreviada, seguidas pela numeração correspondente.

> Texto da pesquisa. Texto da pesquisa: "citação breve, citação breve, citação breve, citação breve." (SOBRENOME DO AUTOR, ano, p. número da página).
>
> Texto da pesquisa. Texto da pesquisa. Texto da pesquisa. Texto da pesquisa:
>
> > Citação longa. Citação longa. Citação longa. Citação longa. Citação longa. Citação longa Citação longa. Citação longa. (SOBRENOME DO AUTOR, ano, p.número).

3. Citações indiretas. Aquelas baseadas em um trecho de outra obra (paráfrase). Neste caso, não é necessário fazer nenhuma alteração gráfica, somente indicar ao término do trecho, entre parênteses, as referências constituídas pelo sobrenome do autor em caixa alta, ano de publicação e página abreviada, seguidas pela numeração correspondente.

> Trecho citado de forma indireta. Trecho citado de forma indireta. Trecho citado de forma indireta. Trecho citado de forma indireta. Trecho citado de forma indireta. Trecho citado de forma indireta (SOBRENOME DO AUTOR, ano, p. número da página)
>
> Trecho citado de forma indireta. Trecho citado de forma indireta. Trecho citado de forma indireta. Trecho citado de forma indireta (SOBRENOME DO AUTOR, ano, p. número da página).

4. Citações indiretas por terceiros. É possível citar um autor ou obra que foi citado/a por outro apesar de não ser o mais indicado (a leitura da obra original seria o ideal). Estes casos devem ser identificados com a expressão *apud*, conforme o modelo:

> Texto da pesquisa. Texto da pesquisa: "citação breve, citação breve, citação breve, citação breve." (SOBRENOME DO AUTOR, ano, p. número da página apud SOBRENOME DO AUTOR QUE CITOU, ano, p. número da página).
>
> Texto da pesquisa. Texto da pesquisa:
>
>> Citação longa. Citação longa. Citação longa. Citação longa. Citação longa. Citação longa Citação longa. Citação longa. (SOBRENOME DO AUTOR, ano, p.número apud SOBRENOME DO AUTOR QUE CITOU, ano, p.número).

Exemplo

(ARISTÓTELES, 2001, p. 23 apud LIMA, 2012, p. 350)

5. Tipos de referência em citações. É possível utilizar dois tipos de referência para a citação:
a) autor-data (americano);
b) numérica (francês).

6. Referência autor-data. Ocorre quando a indicação é colocada logo em seguida à citação - como fizemos nos modelos anteriores. Neste caso, é necessário que a referência esteja completa na bibliografia.

Exemplo

(LIMA, 2012, p.353)

7. Referência numérica. Ocorre quando após a citação é colocado um número e a indicação é posta em nota de rodapé. Esta forma deve ser evitada quando se utilizam notas de rodapé com outras finalidades.

Dicas

Utilize o modelo americano e reserve as notas de rodapé para suas outras finalidades. Independentemente do tipo de referência escolhido, utilize apenas um em todo o trabalho.

8. Como evitar a repetição de referências em citações. Muitas vezes utilizamos mais de um trecho de uma mesma obra. Para evitar a repetição das mesmas referências, utilize os elementos da tabela que segue:

Abreviatura	Expressão	Uso	Exemplo
Id.	Idem	Quando a obra foi citada imediatamente antes	(idem, p. 20)
Ibid.	Ibidem	Quando a obra citada já foi indicada duas vezes anteriormente (uma citação e um idem)	(ibidem, p.30)
Op. cit.	Opus citatum Opere citato	Quando a obra citada já foi indicada anteriormente (independentemente do número de vezes)	(LIMA, op. cit., p. 40)
Et seq.	Sequentia	Quando a citação prossegue adiante no texto original	(LIMA, 2013, p. 50 et seq.)
Et al.	E outros	Quando não se quer numerar ou nomear todos os itens de uma lista	(LIMA, et al., 2012, p. 60)

XII - Elaboração da Monografia: Referências Bibliográficas – Aspectos Formais

1. Aspectos formais das referências bibliográficas. Segundo a NBR 6023:2002 as notações de referências bibliográficas devem ser realizadas com a mesma fonte, no mesmo tamanho do corpo do texto e sem recuo. Há maneiras diferentes de construir as notações a depender do:
a) número de autores;
b) tipo de autores;
c) tipo de obra.

> **Atenção**
> Nos itens a seguir, perceba a disposição dos elementos (ordem das informações, pontuação), bem como os efeitos e os tamanhos utilizados na fonte, que devem ser seguidos.

2. Número de autores.
a) um autor: SOBRENOME, Nome. **Título**: subtítulo. Número da edição. Local da publicação: Editora, ano da publicação, volume.

Exemplo
ARENDT, Hanna. Entre o passado e o futuro. 5. ed. São Paulo: Perspectiva, 2005.

b) mais de um autor: acrescente os sobrenomes em ordem alfabética. SOBRENOME, Nome; SOBRENOME, Nome; SOBRENOME, Nome. **Título**: subtítulo. Número da edição. Local da publicação: Editora, ano da publicação, volume.

Exemplo
CARNIO, Henrique Garbellini; GONZAGA, Alvaro de Azevedo. **Curso de sociologia jurídica**. São Paulo: Revista dos Tribunais, 2011.

c) autor desconhecido: em caso de autoria desconhecida, a entrada deve ser realizada pelo título e o termo ANÔNIMO não deve ser empregado em substituição ao nome do autor. Nestes casos teremos: PRIMEIRA PALAVRA DO TÍTULO restante do título: subtítulo. Número da edição. Local da publicação: Editora, ano da publicação, volume.

Exemplo

DIAGNÓSTICO do setor editorial brasileiro. São Paulo: Câmara Brasileira do Livro, 1993. 64 p.

3. Tipo de autores.

a) organizador ou coordenador: SOBRENOME, Nome (org. ou coord.). **Título**: subtítulo. Número da edição. Local da publicação: Editora, ano da publicação, volume.

Exemplos

AQUINO, Julio G. (Org.). **Indisciplina na Escola:** alternativas teóricas e práticas.13. ed. São Paulo: Summus, 1996.

GONZAGA, Alvaro de Azevedo; ROQUE, Nathaly Campitelli (Coord.). **Vade Mecum Jurídico**. 2. ed. São Paulo: Revista dos Tribunais, 2011.

b) entidade: NOME DA INSTITUIÇÃO. **Título**: subtítulo. Número da edição. Local da publicação: Editora, ano da publicação, volume.

Exemplo

ASSOCIAÇÃO NACIONAL DOS CENTROS DE DEFESA. **Justiça Juvenil**: a visão da ANCED sobre seus conceitos e práticas, em uma perspectiva dos Direitos Humanos. São Paulo: ANCED, 2007.

c) Órgãos governamentais: iniciar com o nome da unidade a qual é subordinado (país, estado ou município). NOME DA UNIDADE DE SUBORDINAÇÃO. Nome do órgão. **Título**: subtítulo. Número da edição. Local da publicação: Editora, ano da publicação, volume.

4. Tipo de obra.

a) dissertações e teses que não foram publicadas em formato de livro: SOBRENOME, Nome. **Título**: subtítulo. Ano da apresentação. Número de folhas. Grau obtido pelo autor e área de concentração – Instituição, local e ano da defesa.

b) Capítulos de livros: SOBRENOME DO AUTOR DO CAPÍTULO, Nome. Título do capítulo: subtítulo. In: SOBRENOME DO AUTOR DO LIVRO, Nome. **Título do livro**: subtítulo. Número da edição. Local da publicação: Editora, ano da publicação, volume.

> **Exemplo**

LIMA, Cauê Nogueira de. A delinquência juvenil sob o enfoque criminológico. In: Sá, A.; Shecaira, S. (org.). **Criminologia e os problemas da atualidade**. São Paulo: Atlas, 2008.

c) Artigos de revista: SOBRENOME DO AUTOR DO ARTIGO, Nome. Título do artigo. **Título da Revista**, Local da Publicação, número do volume, número do fascículo (se houver), páginas inicial e final, mês e ano.

d) Artigos de jornal: SOBRENOME DO AUTOR DO ARTIGO, Nome. Título do artigo. **Título do Jornal**, Local da Publicação, dia, mês e ano. Título do caderno, página inicial e final do artigo.

e) Páginas da internet: SOBRENOME, Nome. **Título**: subtítulo. Disponível em: <endereço eletrônico>. Acesso em: data.

> **Exemplo**

DIET. **Missão**. Disponível em: <http://www.institutodiet.org.br/materias.php?cd_secao=11&codant=>. Acesso em: 10 dezembro 2009.

f) Congressos e conferências: NOME DO CONGRESSO. Número, ano, Cidade onde se realizou. **Título do texto citado**. Local da publicação. Número de páginas.

g) Referências legislativas: podem ser feitas no próprio corpo do trabalho indicando o nome, o número e o ano da promulgação. Se houver necessidade de acrescer à bibliografia, utilize a sequência PAÍS, ESTADO OU MUNICÍPIO. Nome e número, data da promulgação.

h) Referências judiciárias: podem ser feitas no próprio corpo do trabalho. Na bibliografia deve-se indicar o periódico de onde foi retirada a decisão.

XIII — Elaboração da Monografia: Apêndices, Anexos, Índices e Glossário

1. Apêndice. Texto desenvolvido pelo autor de maneira autônoma e independente da unidade nuclear do estudo científico. Serve para complementar a argumentação do trabalho (NBR 14724:2005). Sua elaboração é opcional e, caso seja realizado, suas páginas devem ser numeradas com algarismos romanos.

Exemplo

O questionário desenvolvido pelo autor para coleta de dados poderia ser inserido como apêndice.

2. Anexo. Documentos, não necessariamente de autoria própria, que servem para fundamentar, comprovar ou ilustrar a tese (idem). Suas páginas devem ser numeradas com algarismos romanos e não é obrigatório.

Exemplo

Uma decisão judicial poderia ser reproduzida na íntegra e anexada ao trabalho.

3. Índice. É uma lista de palavras ou frases que remete às informações contidas no texto (ibidem). Suas páginas devem ser numeradas com algarismos romanos e não é obrigatório.

Exemplo

O mesmo que os índices alfabéticos remissivos dos Códigos no Direito.

4. Glossário. Algumas palavras empregadas ao longo do texto podem gerar dificuldade ou ambiguidade comprometendo o seu entendimento. Para resolver esse problema é possível fazer um glossário que consiste em uma lista de palavras e expressões seguidas por seus respectivos significados. Suas páginas devem ser numeradas com algarismos romanos e não é obrigatório.

> **Dica**
>
> O glossário se assemelha ao vocabulário presente em textos didáticos e tem a mesma finalidade: facilitar a leitura e o entendimento do texto.

XIV — Apresentação e Defesa da Monografia

1. Vestimentas. Ainda é bastante comum, nas Faculdades de Direito de todo o país e em outras áreas, a exigência de terno ou roupa social no dia da defesa da monografia. Uma das formas de comunicação que o candidato tem ao seu dispor é a roupa. Uma bermuda e chinelos indicam menor grau de formalidade e preocupação do candidato para com o evento. Sendo assim, ainda que não esteja explícita a obrigatoriedade do terno ou veste social de outra natureza, tal uso deve ser observado.

> **Importante**
>
> O ato de defesa da monografia é formal e solene.

2. Postura. Não só a roupa e a fala são instrumentos de comunicação; o corpo também o é. Todos estes elementos compõe a chamada postura diante da banca e há uma expectativa dos examinadores com relação a ela. Por esta razão, o candidato deve prestar especial atenção a sua durante a defesa e seguir algumas sugestões além do uso das vestimentas adequadas:

a) jamais eleve seu tom de voz para com um membro da banca;
b) não discorde de maneira agressiva ou através de sons pitorescos dos comentários da banca;
c) nunca interrompa a fala de um membro da banca;
d) não sente de maneira displicente (pernas abertas, ombros caídos, olhos fixos no chão ou no teto...);
e) evite gesticulações exageradas, batuques na mesa e batidas com o pé no chão;
f) não demonstre seu nervosismo (chorar e tremer não ajudarão na aprovação!);
g) respire de forma serena e mantenha a concentração;
h) não tenha pressa, pense antes de falar e mantenha o tom suave e amistoso;
i) fale, quando lhe for facultada a palavra, de forma clara e pausada;
j) responda aos questionamentos da banca de maneira objetiva e se não entender a pergunta, peça para que o examinador a reformule.

3. Conhecer a monografia. O conhecimento acerca do tema abordado é condição básica para a defesa da tese. Algumas vezes o candidato se coloca em situação desfavorável ao abordar de maneira muito superficial um tópico ou ao citar autores em demasia que eventualmente não chegou a estudar com a profundidade necessária.

Não é necessário decorar a monografia, mas deve-se conhecê-la de maneira profunda, afinal, foi feita por você.

> **Importante**
>
> Todos os tópicos inseridos na monografia, de maneira superficial ou profunda, podem ser alvo de indagações por parte da banca. Por isso, evite inserir tópicos desnecessários ou superficiais.

4. Conhecer a banca examinadora. Não é obrigatório conhecer a ideologia ou o posicionamento dos membros da banca acerca de seu tema e nem suas obras. Ainda assim, tal conhecimento pode ser muito útil na medida em que possibilitará antecipar as indagações que provavelmente serão feitas. Neste sentido, uma rápida leitura no currículo Lattes dos membros da banca pode ajudar.

> **Dica**
>
> O currículo dos membros da banca está disponível em: [http://lattes.cnpq.br/]. A busca pode ser feita pelo nome do pesquisador.

5. Saudação e tratamento. Ainda que todos os membros da banca sejam conhecidos ou até mesmo íntimos, a defesa é um momento solene de formalidade. Por esta razão, o candidato deverá saudar formalmente e empregar o pronome de tratamento *Vossa Excelência* para com os membros da banca. Se a banca dispensar o tratamento formal, ainda assim deverão ser chamados ao menos de *Doutores*.

6. Errata. Toda vez que relemos o texto encontramos desvios e equívocos. Depois de impresso o trabalho, se forem pequenos erros de digitação, não há porque mencioná-los no dia da defesa. Porém, se estiverem faltando partes do texto ou citações erradas será necessário elaborar uma errata, corrigindo estes mesmos equívocos. A errata deve conter a página com o erro e a reparação do mesmo, e deve ser impressa e entregue a cada um dos membros da banca no dia da defesa.

CRIMINOLOGIA

Noções Introdutórias

1. Conceito. "É uma ciência empírica e interdisciplinar que se ocupa do estudo do crime, da pessoa do infrator, da vítima e do controle social do comportamento delitivo e que trata de fornecer uma informação válida sobre a origem dinâmica e variável do crime, assim como os programas de prevenção eficaz do mesmo e técnica de intervenção positiva no homem delinquente" (Antonio Garcia Pablos de Molina).

2. Características:

a) *ciência empírica*: é baseada na experiência, na observação de uma realidade fenomênica;

b) *ciência interdisciplinar*: mantém relação direta com outras disciplinas, tais como Direito Penal, Política Criminal, Ciências Sociais, Sociologia, Filosofia, Psicologia, dentre outras. Além disso, permite um olhar diferenciado sobre cada objeto de pesquisa;

c) *ciência causal-explicativa*: busca contribuir com uma informação válida, que possa ser aplicada pragmaticamente sobre seus objetos de estudo;

d) *objetos do estudo*: crime, criminoso, vítima e controle social (vide capítulo II);

e) *finalidade*: discutir a origem da criminalidade e as técnicas de prevenção ao crime, tanto no aspecto geral (sobre a coletividade), como na esfera especial (sobre o delinquente). Vide capítulo IV.

3. Ciências Penais:

a) Direito Penal e Processual Penal;

b) Criminologia;

c) Política Criminal.

4. Direito Penal e Processual Penal. A base de estudo é a lei. São disciplinas normativas e dogmáticas. São classificadas como disciplinas do "dever-ser". O foco central não repousa sobre a realidade, e sim sobre a norma.

Exemplo

O Direito Penal estuda os aspectos normativos da pena privativa de liberdade.

5. Criminologia. Estuda o fato e suas variáveis. Tem como base a pesquisa científica, que revelará ao seu estudioso uma determinada fonte de experiência. É uma ciência do "ser", que se contrapõe ao direito penal (ciência do "dever-ser").

> **Exemplo**
>
> A Criminologia estuda a idoneidade da pena privativa de liberdade alcançar os objetivos pretendidos.

6. Política Criminal. É o conjunto de estratégias elaboradas pelo Estado para prevenir e reprimir a prática do crime. É uma ciência programática. As políticas públicas postas em prática também são aqui contempladas.

> **Exemplo**
>
> A discussão por parte dos congressistas a respeito da terceirização dos presídios.

7. Relação entre as ciências penais. O estudo das ciências penais não pode ocorrer de forma estanque. É necessário que todas as ciências sejam aplicadas simultaneamente, quando se estuda um determinado objeto.

> **Exemplo**
>
> Uma determinada pesquisa criminológica pode resultar na tomada de uma política criminal, por parte do Estado. Caso seja submetida ao Congresso Nacional, e aprovada, passa a integrar o ordenamento jurídico penal. Da mesma forma, a Criminologia pode atuar como fator estimulante para a modificação deste ordenamento.

8. Metodologia de estudo. O método de estudo criminológico é experimental e dedutivo. Possui caráter científico e busca a análise da validade, mediante a exploração de um método quantitativo ou qualitativo.

Caráter científico	O método é interdisciplinar, explorando o olhar de várias disciplinas a respeito do mesmo objeto de estudo. Há investigação da realidade, baseando-se nos fatos e não nas opiniões.
Análise da validade	O estudioso pode se valer dos seguintes métodos: – quantitativo: baseado nas estatísticas criminais. Requer amostragem significativa para se compreender uma determinada realidade; – qualitativo: análise do discurso de uma pessoa ou órgão. Não requer amostra significativa.

9. Problemas enfrentados no estudo da Criminologia (Sérgio Salomão Shecaira).

Acesso a material confiável	Ao investigar a realidade, nem sempre são recebidas informações confiáveis, uma vez que no Brasil não existia uma cultura de produção de estatística sobre monitoramento de aplicação da lei, sistema penitenciário e segurança pública.
Ideias preconcebidas	O pesquisador precisa abandonar sensações que construiu durante sua experiência, em outros trabalhos, e tratar o objeto de estudo de forma imparcial, apurando e desenvolvendo o trabalho, para chegar a conclusões válidas e legítimas.
Apuração do resultado	Normalmente o tempo para encerramento das pesquisas é escasso e o material colhido volumoso.
Formação e composição da equipe	O estudo criminológico reúne profissionais de várias áreas, que devem interagir. São métodos, linguagem técnica e formas diferentes de visualizar o mesmo objeto, obtidos a partir de formação diversa. Assim sendo, deve haver uma boa engrenagem da equipe para que se obtenha um resultado mais eficaz.

Objetos de Estudo

1. Objetos de estudo. A Criminologia investiga quatro objetos de estudo:
a) crime;
b) criminoso;
c) vítima; e
d) controle social.

2. Crime. Para o Direito Penal, crime é um fato típico, ilícito e culpável. Já para a criminologia, é um fenômeno social, dotado de mutabilidade determinada por diversos fatores, tais como o tempo e o lugar no qual foi praticado.

Desta forma, o conceito de crime para o Direito Penal é petrificado, imutável. Já para a Criminologia, é dinâmico, uma vez que pode ser alterado no decorrer de um período histórico.

Exemplo

Nas Ordenações Filipinas, o crime de adultério era considerado gravíssimo, punido com pena de morte. Já nos dias de hoje, esta conduta é atípica do ponto de vista penal.

Conclui-se que isto decorre de alterações nos planos sociais e culturais, que implicam a falta de justificativa para manter a criminalização da conduta. O caminho inverso ocorreu com a tortura – antes atípica e legal e hoje criminalizada e equiparada a crime hediondo.

3. Violência e crime. Crime é uma espécie de violência, o que não significa que são sinônimos. Muitas espécies de violência, tais como a miséria e a privação, não são tipificadas.

4. Critérios que justificam a criminalização de uma conduta – visão criminológica (Sérgio Salomão Shecaira):

a) *incidência massiva da conduta*: a conduta deve ocorrer de forma reiterada para que mereça o *status* de crime. Não pode constituir um episódio isolado. Apenas a sua frequente prática é que sinaliza a necessidade de criminalização, já que representa uma situação que merece ser prevenida e reprimida;

b) *incidência aflitiva*: consiste na relevância social da conduta. É a dor provocada na sociedade. Para que haja criminalização, relevantes valores ou interesses da sociedade devem ser atingidos;

c) *persistência espaço-temporal*: a conduta deve ser praticada de forma reiterada, na mesma época, em diferentes partes do território nacional;

d) *inequívoco consenso*: deve ser constatada a vontade significativa da sociedade no sentido da criminalização de uma determinada conduta. Do contrário, aplica-se o princípio da adequação social, que torna atípica a conduta tolerada por parcela representativa da sociedade.

5. Critérios que justificam a criminalização de uma conduta – visão do Direito Penal:

a) *intervenção mínima*: o Direito Penal não será utilizado sempre, mas apenas quando necessário. Esta necessidade é constatada a partir do instante em que as outras formas de controle social fracassam (tutela administrativa e tutela civil). É por esta razão que o Direito Penal é chamado de *ultima ratio*.

> **Resumindo**
>
> Cabe, portanto, ao legislador verificar em primeiro lugar se há necessidade da tutela penal para coibir a prática de determinadas condutas. Somente desta forma é que o uso do Direito Penal será legítimo.

b) *proteção ao bem jurídico*: nem todos os bens jurídicos são tutelados pelo Direito Penal. Devem estar resguardados na Constituição Federal e também é necessário que se demonstre que a sua tutela é indispensável. Refere-se ao princípio da fragmentariedade do Direito Penal.

6. Criminoso. Evolução histórica.

O estudo do criminoso varia de acordo com o período histórico analisado:

a) *Escola Clássica* (século XVIII): o criminoso era visto como alguém que possuía livre arbítrio. A sua vontade não era sujeita a qualquer tipo de influência. Desta forma, não sofria qualquer tipo de influência, seja no âmbito interno (psicológica), seja do ponto de vista externo (meio social).

> **Importante**
>
> O criminoso nunca sofrerá qualquer tipo de influência (interna e/ou externa).

b) *Escola Positiva* (século XIX): com o nascimento da Criminologia, o criminoso passa a ser estudado sob outro foco, e passa a ser admitida a influência interna e/ou externa, dependendo do caso concreto.

> **Importante**
>
> O criminoso sempre sofrerá algum tipo de influência (interna e/ou externa).

c) *Escola Correcionalista* (século XIX): o criminoso era visto como doente. Assim, sempre era admitida a influência interna ou psicológica. Desta forma, o criminoso, por ser doente, não poderia ser punido, mas sim tratado e a sua pena era indeterminada, ou seja, não possuía prazo de duração, pois somente cessava diante da sua cura. Tem-se aqui o embrião da medida de segurança, espécie de sanção penal hoje prevista no nosso ordenamento jurídico.

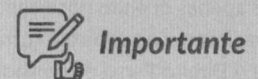

> **Importante**
> O criminoso sempre sofrerá influência interna.

d) *Período contemporâneo*: admite-se que o criminoso possa sofrer influência, seja interna ou externa, mas isto deve ser analisado no caso concreto.

7. Classificação do criminoso. Cesare Lombroso (Escola Positiva).

Nato	O criminoso tem predisposição para a prática da infração penal. Sofre de atavismo, consistente numa degeneração cerebral. Lombroso listou as seguintes características que revelam o perfil do criminoso nato: – *físicas*: crânio assimétrico, pouca ou nenhuma barba, canhoto, orelhas em forma de asa, mandíbula desenvolvida, pequena força muscular nas mãos, grande agilidade. – *psicológicas*: inveja, vingança, vaidade, astúcia, insensibilidade moral, crueldade, preguiçoso e falta de arrependimento.
Louco	Sofre um déficit mental, consistente numa doença ou num retardamento mental.
Passional	Age por impulso e sem premeditação. A paixão é um sentimento duradouro e intenso. Não está relacionada apenas à paixão amorosa, mas também à ira, ao fanatismo religioso e à idolatria, por exemplo.
De ocasião	Em geral, não tem antecedentes criminais e não demonstra periculosidade. O criminoso pratica a infração penal envolvido numa situação facilitadora, que se apresenta como uma grande oportunidade (por exemplo, para enriquecer).

8. Classificação do criminoso. Enrico Ferri (Escola Positiva). Além da classificação proposta por Lombroso, acrescenta mais uma espécie: criminoso habitual. Trata-se daquele que pratica de modo reiterado o crime, revelando o seu próprio estilo de vida (fonte de renda, meio de subsistência).

9. Classificação do criminoso. Hilário Veiga de Carvalho.

Biocriminoso puro	O criminoso sofre apenas influência interna (psicológica), determinada por um déficit mental, desenvolvimento mental incompleto ou retardado. Atualmente, são os inimputáveis e os semi-imputáveis.
Mesocriminoso puro	Existe a influência do meio social sobre o criminoso. Exemplo: desemprego, fome, miséria, vizinhança marginalizada, dentre outros.
Mesobiocriminoso	Tanto a influência interna como a externa, na mesma medida, recaem sobre o criminoso.
Biocriminoso preponderante	O criminoso sofre os dois tipos de influência – interna e externa, mas a psicológica prevalece.
Mesocriminoso preponderante	O criminoso sofre os dois tipos de influência – interna e externa, mas a do meio social prevalece.

10. Classificação do criminoso. Newton e Valter Fernandes.

Biocriminoso	O criminoso sofre apenas influência interna (psicológica).
Sociocriminoso puro	Existe a influência do meio social sobre o criminoso.
Sociobiocriminoso	Tanto a influência interna como a externa, na mesma medida, recaem sobre o criminoso.
Habitual	Pratica o crime de forma reiterada, incorporando a atividade criminosa ao seu estilo de vida.
Situacional	O criminoso é pessoa que ocupa cargos ou funções que oferecem privilégios e poder econômico e político. Ele se vale deste poder para praticar a infração penal, aproveitando-se da facilidade que o seu poder proporciona.

Para mais detalhes, vide FERNANDES, Valter; FERNANDES, Newton. *Criminologia integrada*. 3. ed. São Paulo: Ed. RT, 2010.

11. Coculpabilidade. Em determinadas situações, por não oferecer oportunidades e possibilidades ao criminoso, o Estado e a sociedade se tornam coculpáveis da prática da infração penal. Atualmente, existe divergência doutrinária e jurisprudencial a respeito da possibilidade de aplicação desta teoria. Aqueles que defendem sua aplicação, o fazem com base no art. 66 do CP (circunstância atenuante inominada).

> Nas palavras de Zaffaroni, "todo sujeito age numa circunstância dada e com um âmbito de autodeterminação também dado. Em sua própria personalidade há uma contribuição para esse âmbito de autodeterminação, posto que a sociedade – por melhor organizada que seja – nunca tem a possibilidade de brindar a todos os homens com as mesmas oportunidades.
>
> Em consequência há sujeitos que têm um menor âmbito de autodeterminação, condicionado desta maneira por causas sociais. Não será possível atribuir estas causas sociais ao sujeito e sobrecarregá-lo com elas no momento da reprovação de culpabilidade".

12. Vítima. Evolução histórica. O conceito de vítima pode ser dividido em três fases:

a) *1.ª fase (Idade de Ouro da vítima)*: Começa na Antiguidade e se desenvolve até a Idade Média, nos períodos conhecidos como tempos primitivos, vingança privada e vingança divina. Nesta fase, a vítima é protagonista da relação jurídico-criminal. A própria existência de persecução, bem como a aplicação de sanção penal, estavam condicionadas ao seu querer.

b) *2.ª fase (Idade de Esquecimento da Vítima)*: A vítima passa a figurar em segundo plano. Praticamente se reveste da função de objeto do processo, já que a sua importância é reduzida ao valor das declarações por ela prestada, que pode ser maior ou menor, dependendo da natureza do crime praticado.

Exemplo

No crime de estupro, até mesmo pela clandestinidade e intimidade que cercam o fato, a palavra da vítima tem grande valor, vez que é um crime que geralmente não conta com testemunhas.

c) *3.ª fase (Idade de Redescoberta da Vítima)*: A vítima resgata a sua importância histórica e assume o papel de sujeito de direitos no processo, principalmente no que diz respeito à obtenção de indenização rápida e justa, celeridade processual, atendimento multidisciplinar, se necessário, e recebimento de informações sobre o andamento do processo (principalmente sobre a prisão do criminoso).

13. Espécies de vítima:

a) *primária*: sofre diretamente as consequências da prática da infração penal. É a chamada vítima material do Direito Penal (titular do bem jurídico atingido ou exposto a risco pela prática do crime).

Exemplo
No crime de furto, a vítima primária é aquela que teve a coisa de sua propriedade subtraída.

b) *secundária*: trata-se da hipótese de dupla vitimização. Além de ser atingida diretamente pela prática do crime, também sofre com má atuação dos órgãos do poder estatal, tais como Polícia Judiciária, Ministério Público e Magistratura.

Exemplo
No crime de estupro, vítima secundária é aquela que sofreu a violência sexual e recebeu mau atendimento quando foi noticiar a ocorrência do fato criminoso (descaso, pouca importância e demora).

c) *terciária*: trata-se do autor do crime, que sofre algum tipo de violência durante a persecução penal.

Exemplo
Autor do crime de homicídio que é torturado na prisão.

14. Tratamento da vítima no sistema penal brasileiro.

Justiça Tradicional	Espaço de conflito (litígio)	Na ação penal pública incondicionada, a vítima pode se habilitar como assistente de acusação, durante a ação penal.
		Na ação penal pública condicionada, além dessa possibilidade de habilitação, deve manifestar sua vontade para que seja iniciada a persecução penal, mediante representação, no prazo legal.
		Já na ação penal de iniciativa privada, é titular da ação penal.
		Em caso de condenação, pode ser aplicada pena de prestação pecuniária, que permite a destinação do valor à vítima.
		Nesta hipótese, o juiz também poderá fixar valor mínimo para reparação dos danos causados pela infração penal, considerando os prejuízos experimentados pela vítima.

| Justiça Consensual (Juizado Especial Criminal) | Espaço de diálogo (conciliação) | Na fase preliminar, a vítima possui participação mais ativa, principalmente na composição civil, consistente num acordo realizado entre o autor do fato e a vítima, com vistas a possibilitar a fixação de indenização rápida, logo no primeiro ato praticado em juízo. |

Importante

A partir da Lei 11.690/2008, há previsão de atendimento multidisciplinar à vítima, assim como a obrigação de que seja transmitida a ela informação sobre a prisão ou colocação em liberdade do acusado, bem como data de designação de audiência e sentença.

15. Controle social. É o conjunto de mecanismos e sanções sociais que pretendem submeter o indivíduo aos modelos e normas comunitários (Sérgio Salomão Shecaira).

16. Controle social informal. É exercido pela própria família e coletividade (vizinhos, local de trabalho, estudo, lazer e espaços religiosos). Funciona como um freio de censura, para que a pessoa não pratique infração penal. Quanto menor a comunidade, maior a sua eficiência.

17. Controle social formal. Realizado pelo Estado, por intermédio de seus órgãos encarregados de fiscalizar e promover a tutela (Poder Judiciário, Ministério Público, Polícia Judiciária, Secretarias e Ministérios).

18. Espécies de controle social formal. O Estado dispõe, sinteticamente, de três meios de controle social formal: *administrativo, civil e penal*. O primeiro é o mais brando, enquanto que o último é o mais rigoroso, em razão da resposta aplicada. Desta forma, a intervenção penal, para não ser banalizada, somente deve existir em último caso (*ultima ratio*).

19. Cifras negras (cifras ocultas ou subnotificação). Dizem respeito às ocorrências criminais que não chegam ao conhecimento dos órgãos responsáveis pelo controle social formal, tais como Polícia Judiciária, Ministério Público e Poder Judiciário. A causa é diversa, podendo ser explicada pela falta de confiança da vítima nestes órgãos, pela preservação de sua intimidade ou ainda pelo sentimento de que eventual comunicação será ineficaz, dentre outras.

Exemplo

Mulher, vítima de violência doméstica, que deixa de noticiar a ocorrência do crime, por acreditar que não será tomada qualquer medida por parte do Estado.

20. Cifras cinzas. A Polícia Judiciária se torna mediadora de conflitos, sem que a ocorrência criminal seja submetida aos demais órgãos de controle social formal. Tal prática fortalece os micropoderes locais e impede que o caso seja submetido a julgamento.

> **Exemplo**
>
> Ocorrência que é registrada formalmente pela Polícia Judiciária, sem que tenha sido colhida a representação da vítima, nos casos de infração penal cuja ação penal é pública condicionada.

21. Cifras amarelas. Diz respeito à violência policial praticada contra a sociedade que não é registrada nos órgãos de controle social formal. Corresponde a soma dos casos de violência policial que são levados às respectivas Corregedorias e aqueles que sequer são registrados em qualquer instância administrativa ou judicial.

III | Breve História do Pensamento Criminológico

1. Antecedentes históricos. Período humanitário (século XVIII). Com o fim do absolutismo, o período humanitário nasceu com a finalidade de afastar o arbítrio do Estado e, dentre outros aspectos, a crueldade e a falta de segurança jurídica na aplicação e execução das penas. É neste período que se desenvolve a Escola Clássica do Direito Penal.

2. Antecedentes históricos. Escola Clássica. Expoentes. Teve como expoentes Cesare Bonesana (Marquês de Beccaria), na área filosófica, e Francesco Carrara, na seara jurídico-penal.
O grande marco da Escola é a obra Dos Delitos e das Penas, escrita por Beccaria. A Criminologia não surgiu neste período, mas o seu estudo é importante, para que se verifiquem as causas de seu nascimento.

3. Antecedentes históricos. Escola Clássica. *Dos Delitos e das Penas*. Cesare Bonesana defendeu que as leis deviam ser escritas claramente, eliminando-se, portanto, as obscuridades que tanto interessavam aos absolutistas. No contexto de sua época, é válido o que afirmou acerca da proibição imposta ao magistrado de se interpretar a lei penal.
Combateu a tortura e se posicionou de forma contrária à pena de morte, com base no contrato social e sinalizando a sua comutação por prisão perpétua. Sustentou que a pena deve ser proporcional ao crime praticado e que o processo deve ser célere.

4. Antecedentes históricos. Escola Clássica. Postulados.
a) *o crime é um ente jurídico*. Para Carrara, crime é a infração da lei do Estado, promulgada para proteger a segurança dos cidadãos. O crime é resultante de um ato externo do homem, positivo ou negativo, moralmente imputável e politicamente danoso;
b) *a responsabilidade penal tem fundamento na responsabilidade moral*;
c) *a pena tem natureza de retribuição jurídica*. Não há preocupação com a ressocialização do criminoso;
d) *é utilizado o método dedutivo*;
e) *acredita no livre arbítrio*, de modo que o criminoso não pode sofrer influência interna ou externa (vide capítulo II);
f) *não se preocupa especificamente com o homem criminoso*.

5. Período Criminológico (século XIX). Os postulados da Escola Clássica foram vitoriosos e consagrados nas legislações do mundo todo. A humanização do direito e do processo penal já eram uma realidade.
Por esta razão, outras preocupações vieram a tona, dentre elas, a de estudar o criminoso, as causas do crime e formas de preveni-lo e reprimi-lo. Neste período, foi criada a Escola Positiva.

6. Escola Positiva. Expoentes.
Neste período, destacaram-se:

Cesare Lombroso	Antropologia Criminal
Enrico Ferri	Sociologia Criminal
Rafael Garófalo	Criminologia

> **Importante**
> É neste momento que nasce a Criminologia, resultado das preocupações da época.

7. Conceito de delito natural (Rafael Garófalo).
Para o fundador da Criminologia, crime é uma lesão que parte do sentido moral que consiste nos sentimentos altruístas fundamentais, segundo o padrão médio em que se encontra a raça humana cuja medida é necessária para a adaptação do indivíduo em sociedade.

8. Escola Positiva. Postulados.
Ao contrário da Escola Clássica, vê o direito como proveniente da vida em sociedade, sujeito a variações durante a evolução social e possui os seguintes postulados:

a) o homem criminoso é considerado como ponto de partida do estudo do Direito Penal, com a observação de sua realidade biológica e social;

b) a responsabilidade penal tem fundamento na responsabilidade social;

c) o crime é uma realidade fenomênica, que contraria a ordem jurídica positivada;

d) a reprimenda é um instrumento de defesa social, que busca a recuperação do criminoso. Pela primeira vez, a pena passa a ter caráter ressocializador;

e) estabelece que o criminoso sofre influência interna e/ou externa na prática do crime (vide capítulo II);

f) é utilizado o método experimental.

9. Quadro comparativo. Escola Clássica e Escola Positiva.

	Escola Clássica	Escola Positiva
Conceito de crime	É um ente jurídico.	É um fenômeno social.
Finalidade da pena	Retributiva.	Ressocializadora.
Método	Dedutivo.	Experimental.
Possibilidade do criminoso sofrer influência	Não admite. Crença no livre arbítrio.	Admite influência interna e/ou externa.
Responsabilidade penal	Fundamento na responsabilidade moral.	Fundamento na responsabilidade social.

10. Período criminológico. Escola Correcionalista.
Esta Escola também se desenvolveu no Período Criminológico e firmou os seguintes postulados:

a) o criminoso era visto como doente;

b) a pena deveria ter natureza de tratamento, para recuperá-lo;

c) a reprimenda pode ter duração por prazo indeterminado, em algumas situações;

d) defender o criminoso significa também resguardar a sociedade.

11. Teoria da associação diferencial (*social learning*). Criada por Edwin Sutherland. O comportamento delituoso não é hereditário. É assimilado durante a vida, a partir do instante em que o agente adquire alguns valores, que podem ser determinados pela convivência com outras pessoas. Existe um aprendizado e a prática do comportamento criminoso requer habilidade e conhecimento técnico.

12. Escola de Chicago. Estuda o ambiente urbano e sua relação/influência com a prática do crime. Abrange a teoria ecológica (segundo a qual desenvolvimento e crescimento das cidades – crescimento populacional e geográfico – implica no aumento da criminalidade, eis que afrouxa o controle social informal) e a teoria espacial (defende que uma reforma arquitetônica nos centros urbanos é capaz de prevenir a prática de infrações penais. Para tanto, seria necessário que os espaços permitissem uma ação positiva de proteção dos próprios moradores, permitindo a vigilância por parte deles e apresentando uma imagem de segurança, que dissuadisse os criminosos a agir no local, com a presença de policiamento nas redondezas).

13. Teoria das janelas quebradas. Guarda relação com a Escola de Chicago. Foi implantada por Rudolph Giuliani, então prefeito de Nova York. A ideia central é reprimir as infrações penais mais brandas para evitar que aquelas de maior gravidade possam ser praticadas, além de evitar que determinadas áreas urbanas se tornem centros e concentração da criminalidade.

> **Exemplo**
>
> Ação policial realizada recentemente na região da Cracolândia, em São Paulo.

14. Teoria do etiquetamento (teoria da rotulação ou *labelling approach*). Estuda os estigmas deixados sobre o indivíduo que se submeteu ao sistema penal, defendendo que estes podem ser diminuídos com a aplicação dos substitutivos penais (penas restritivas de direitos aplicadas em substituição às penas privativas de liberdade).

> **Importante**
>
> Com a edição da Lei 12.403/2011, foram criados substitutivos processuais, consistentes nas medidas cautelares, que visam afastar a hipótese de decretação de prisão cautelar (antes da prolação de sentença condenatória transitada em julgado), mediante a adoção de instrumentos que protegem a sociedade e/ou o processo, sem que o indiciado ou processado seja privado de sua liberdade.

15. Criminologia clínica. Busca aplicar os conhecimentos teóricos trazidos pela Criminologia, bem como seus métodos e princípios, principalmente em relação à observação e tratamento dos delinquentes (prevenção especial, calcado na ideia de ressocialização).

Trata-se de aplicação integrada da ciência criminológica com a finalidade de estabelecer diagnóstico e sua respectiva terapia, com fundamento no estudo da personalidade do delinquente.

IV — Teorias da Pena e Prevenção

1. Teorias da pena:
a) absoluta (retribuição);
b) relativa (prevenção);
c) híbrida (mista).

2. Teoria absoluta. É fundada na retribuição jurídica. A retribuição, que possui natureza jurídica, consiste na imposição do mal justo com que a ordem jurídica responde à injustiça do mal causado pelo infrator. A retribuição do mal causado pelo delinquente (teoria absoluta da pena) se dá pela imposição de um castigo. A doutrina penal majoritária indica o fundamento deste pensamento na doutrina de Kant e Hegel, embora, filosoficamente, seja uma aproximação um pouco arriscada a de Kant com Hegel.

Para mais detalhes, vide comentários sobre Kant em Filosofia do Direito.

3. Teoria relativa. A base desta teoria está na ideia de prevenção, de Feuerbach, que assim se apresenta:

a) prevenção geral: é endereçada à toda coletividade. O objetivo é fazer com que a aplicação da pena sirva de exemplo para a coletividade. Assim, aquele que observa o destino do criminoso, que cumpre a pena, deixará de praticar a conduta delituosa, para que não tenha o mesmo fim;

b) prevenção especial: é oferecida ao criminoso, que cumpre a reprimenda. O objetivo é alcançar a sua reinserção social, também conhecida como ressocialização.

> Há corrente doutrinária que identifica paradoxo na busca da reintegração do indivíduo pela aplicação da pena privativa de liberdade. Isto porque a prisão é a antítese da comunidade livre, não reproduzindo, assim, as condições ali encontradas.

4. Teoria híbrida (mista). Ao mesmo tempo em que visa impor um castigo ao delinquente (retribuição), também tem a finalidade de alcançar a prevenção, tanto no aspecto especial como na modalidade geral.

> **Importante**
> Para a corrente doutrinária majoritária, esta é a teoria adotada pelo ordenamento jurídico brasileiro.

5. Criminologia clínica e prevenção. Tomando por base a proposta de prevenção na saúde pública, foi traçada uma política de prevenção à criminalidade, que contempla três espécies (Alvino Augusto de Sá):

a) *prevenção primária*: busca reduzir a prática de novos crimes. É uma política ampla, dirigida a toda coletividade, que pressupõe a intervenção estatal e da sociedade civil organizada. É implementada oferecendo melhor qualidade de vida para a população e respeitando-se os direitos individuais e sociais (educação, moradia, saúde, lazer, transporte público, dentre outros).

> **Exemplo**
>
> No caso de porte de droga para consumo próprio, consiste em evitar que se faça o primeiro uso de droga.

b) *prevenção secundária*: atua sobre os chamados "grupos de risco", ou seja, sobre um grupos de pessoas que, por suas condições pessoais e também por fatores externos, se mostram vulneráveis e tendem a praticar determinada infração penal. A finalidade da prevenção é, portanto, dupla: evitar que a prática deste crime aconteça; ao mesmo tempo, caso já tenha ocorrido, diminuir a sua incidência.

> **Exemplo**
>
> Atuação preventiva sobre estudantes de uma escola localizada próxima a um local que se sabe ser ponto de venda de drogas.

c) *prevenção terciária*: tem por finalidade diminuir as consequências causadas pela prática de um determinado crime, fazendo com que seja apagado o estigma e que seja possível um retorno harmônico ao convívio social. Em síntese, objetiva afastar as sequelas da prática do crime.

> **Exemplo**
>
> Reinserir o dependente de drogas ao convívio social.

V | Sistemas Penitenciários

1. Conceito. "São corpos de doutrina que se realizam através de formas políticas e sociais constitutivas das prisões" (Manoel Pedro Pimentel).

2. Principais espécies:

a) Pensilvânia (*solitary system*, celular, belga ou da Filadélfia);

b) Auburn (*silent system*);

c) Panóptico;

d) Progressivo inglês;

e) Progressivo irlandês.

3. Sistema penitenciário da Pensilvânia (*solitary system*, celular, belga ou da Filadélfia). Foi criado por William Penn, em 1790, sendo aplicado inicialmente em Walnut Street. Possui as seguintes características:

a) isolamento constante dos reclusos no interior de uma cela, em permanente silêncio;

b) emprego da religião como meio para alcançar a reinserção social do apenado, sendo previstas a leitura da Bíblia e de orações;

c) proibição expressa de exercício de atividade laborterápica e de visitas.

> **Importante**
>
> A aplicação deste sistema trouxe como resultado alto índice de suicídio dos reclusos e consequências psicológicas gravosas em razão do isolamento absoluto.
>
> É semelhante ao que se aplica nos dias de hoje no Regime Disciplinar Diferenciado (RDD), no Brasil, e aos criminosos políticos, na Alemanha.

4. Sistema penitenciário de Auburn (*silent system*). Criado por Elam Lindys, em 1818. Seguem as características mais importantes:

a) prática de atividade laborterápica em oficinas, em grupo, durante o dia e em silêncio absoluto;

b) isolamento noturno;

c) proibição de visitas e de comunicação com outros presos;

d) disciplina rigorosa, exercida por intermédio da tortura;

e) despreocupação com a educação do preso.

> **Resumindo**
>
> A leitura da Bíblia e de orações, que purificaria a alma do criminoso, no sistema da Pensilvânia, foi substituída pela atividade laborterápica exercida no interior de oficinas.

5. Sistema penitenciário do Panóptico. Idealizado por Jeremias Bentham, previa o cumprimento da pena em dois estágios distintos. No primeiro período, o recluso trabalha durante o dia e isola-se durante a noite.

A fase seguinte, denominada por Jeremias Bentham como 'meia liberdade', consiste numa liberdade transitória. Suas características mais relevantes são:

a) instrução moral e religiosa, com o escopo de prevenir a ocorrência de novos delitos e almejando a ressocialização do condenado;

b) adoção do *separaty system*;

c) manutenção de vigilância rigorosa sobre o recluso, sem aplicação de castigos corporais;

d) exigência de que os apenados trabalhassem intensamente, em atividades produtivas, sem que pudessem se comunicar uns com os outros;

e) assistência ao egresso;

f) arquitetura peculiar dos presídios.

> **Importante**
>
> "O dispositivo Panóptico organiza unidades espaciais que permitem ver sem parar e reconhecer imediatamente. (...) o inspetor invisível reina como um espírito" (Jeremias Bentham).
>
> O objetivo é exercer uma eficaz vigilância sobre o condenado, ou sobre qualquer outra categoria de indivíduos, por todo o tempo, mesmo que não exista ninguém nas torres centrais de inspeção, tendo em vista que é empregado um recurso que possibilita o fiscal observar o interior de todas as celas sem ser visto.

6. Sistema progressivo inglês. Implantado na Ilha de Norfolk, na Austrália, em 1840.

> **Importante**
>
> Sistemas progressivos (João Farias Júnior): são aqueles cuja execução da pena se faz em dois ou mais estágios ou regimes, iniciando pelo mais rigoroso e terminando por um mais brando.
>
> Tem como objetivos estimular a interação e a cooperação do recluso ao regime aplicado e atingir a ressocialização do reprimido.

Seguem abaixo suas principais características:

a) instituiu o sistema de vales (*mark system*), que consistia na indeterminação relativa da reprimenda pela sentença condenatória. Na hipótese de bom comportamento, o recluso recebia vales e, do contrário, perdia marcas. O débito ou o crédito de vales determinavam a sanção que deveria ser cumprida;

b) dividido em três etapas:

1.ª etapa	Período de prova: isolamento celular absoluto (Pensilvânia).
2.ª etapa	É atribuído trabalho ao preso, adotando-se o sistema auburniano.
3.ª etapa	Livramento condicional.

c) foi muito bem sucedido, não se tendo notícia da ocorrência de motins.

7. Sistema progressivo irlandês. Foi criado e implementado por Walter Crofton, na Irlanda, em 1853. É composto por quatro fases, também com adoção do *mark system*:

1.ª etapa	Período de prova: isolamento celular absoluto (Pensilvânia).
2.ª etapa	É atribuído trabalho ao preso, adotando-se o sistema auburniano.
3.ª etapa	Cumprida em prisões especiais. O rigor disciplinar era mitigado nesta fase. Dentre as vantagens concedidas aos reclusos, destacam-se a desnecessidade da utilização de uniformes, remuneração pelo trabalho executado, liberdade de comunicação com a comunidade livre e a garantia de não sofrer castigos corporais.
4.ª etapa	Livramento condicional.

VI | Política Criminal

1. Conceito. É o conjunto de estratégias adotadas pelo poder público com a finalidade de prevenir e reprimir a prática de crimes.

> Embora a Política Criminal seja ciência autônoma, que não se confunde com a Criminologia, optou-se em trazer aqui informações básicas a seu respeito, devido a sua importância acadêmica, incidência em editais de concursos públicos e também pela possibilidade de ser matéria solicitada em Exame de Ordem.

2. Principais movimentos contemporâneos.
a) Lei e Ordem;
b) Direito Penal do Inimigo;
c) Nova Defesa Social;
d) Abolicionismo Penal.

3. Movimento de Lei e Ordem.
a) defende exasperação das penas;
b) sustenta a necessidade de uma intervenção maior do Direito Penal, com criação de novas figuras criminosas;
c) advoga o emprego maior da pena privativa de liberdade, chegando, até mesmo, ao uso da pena de morte;
d) conta com apoio decisivo da mídia, principalmente a sensacionalista, que incute medo na população, criando, assim, uma atmosfera de pânico, a justificar um recrudescimento do Direito Penal.

4. Direito Penal do Inimigo.
a) Seletividade: a escolha do inimigo;
b) Antecipação da tutela penal;
c) Relativização do princípio da legalidade;
d) Endurecimento do sistema punitivo;
e) Flexibilização de direitos e garantias individuais;
f) Uso exagerado de medidas cautelares;
g) Manifestação do Direito Penal do autor.

5. Nova Defesa Social.
a) propõe a descriminalização de condutas de menor gravidade, dando guarida ao direito penal mínimo;
b) recomenda a diminuição do uso indiscriminado da pena privativa de liberdade, e, em substituição, sugere maior emprego das penas alternativas;

c) apresenta a ideia de criminalização de condutas que atingem bens difusos e coletivos, tal como se deu em relação aos crimes ambientais, por exemplo.

6. Abolicionismo Penal ou Criminologia Crítica.

a) defende a diminuição sensível do emprego da coerção penal;

b) propõe a resolução dos conflitos por outros meios de controle;

c) aponta a necessidade da criação de figuras de crimes macroeconômicos.

> **Dica**
>
> Para compreender melhor os postulados da Criminologia Crítica, consultar: BARATTA, Alessandro. *Criminologia crítica e crítica do Direito Penal*. Rio de Janeiro: Revan, 1991.

ROTAPLAN
GRÁFICA E EDITORA LTDA
Rua Álvaro Seixas, 165
Engenho Novo - Rio de Janeiro
Tels.: (21) 2201-2089 / 8898
E-mail: rotaplanrio@gmail.com

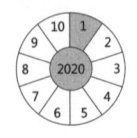